Emmet Connor

Pandemia rossa:
Il culto marxista globale

OMNIA VERITAS®

Emmet Connor

Emmet Connor è un autore e youtuber irlandese. Il suo lavoro si concentra su temi quali patriottismo, ideologia, indottrinamento, globalismo, attualità e geopolitica. Nel suo primo libro - *Red Pandemic: The Global Marxist Cult* - Connor espone la fonte di tutto il folle attivismo rivoluzionario nel mondo di oggi - l'ideologia del marxismo - evidenziando il suo impareggiabile impatto tossico sugli affari mondiali e sull'umanità in generale.

RED PANDEMIC:
The Global Marxist Cult,
2024, Omnia Veritas Ltd

PANDEMICO ROSSO:
Il culto marxista globale

Tradotto dall'inglese e pubblicato da
OMNIA VERITAS LTD

☦MNIA VERITAS.

www.omnia-veritas.com

Questo lavoro è dedicato alle centinaia di milioni di persone (e non solo) che hanno dovuto sopportare irritazioni, disagi, giudizi, ostracismi, molestie, intimidazioni, danni alla proprietà, aggressioni, torture, stupri, suicidi forzati, omicidi e genocidi "rivoluzionari", "progressisti" o "attivisti" nel corso della storia del marxismo; e a tutti gli autentici amanti della verità, della libertà e della giustizia, chiunque voi siate e ovunque vi troviate in questo mondo infetto.

"Il marxismo è il sospiro della creatura oppressa, il cuore di un mondo senza cuore e l'anima delle nostre condizioni senza anima. È l'oppio dei popoli".

Karl Marx

"Il mio popolo è distrutto per mancanza di conoscenza".

Osea 4:6

"Quando non ci sarà più posto all'inferno, i morti cammineranno sulla terra".

Peter Washington, L'alba dei morti, 1978

Pandemia rossa: Il culto marxista globale - Indice

PREFAZIONE

Possiamo constatare che negli ultimi tempi il mondo ha subito profondi e straordinari cambiamenti. Abbiamo anche visto che questi cambiamenti colossali non sono semplicemente circostanziali, o il risultato di una sorta di evoluzione organica della società, o di altri fattori al di fuori del controllo dell'umanità; ma cambiamenti che sono stati incoraggiati e sostenuti da alcuni movimenti, organizzazioni e individui motivati.

Nel 2020 abbiamo visto la pandemia di Covid diventare un evento che ha cambiato la vita di tutti i giorni, una situazione che ha avuto un impatto praticamente sulla popolazione di tutto il mondo. Le proteste e le rivolte di Black Lives Matter dello stesso anno hanno dominato i titoli dei giornali del mondo occidentale, creando ripercussioni in molti Paesi, anche se più intensamente (e prevedibilmente) negli Stati Uniti. Abbiamo visto il movimento allarmista per il clima guadagnare ancora più slancio; ci è stato detto che "diventare verdi" è così cruciale che, se non viene raggiunto, porterà a un'inevitabile catastrofe globale a meno che non si agisca immediatamente. Questo sembra valere anche per i Paesi la cui produzione di CO_2 è relativamente infinitesimale nello schema globale delle cose, come l'Irlanda.

Abbiamo assistito a cambiamenti massicci in materia di sesso, sessualità, genere e relazioni; e non solo per quanto riguarda gli adulti, ma, stranamente, anche per gli adolescenti e i bambini. C'è stata un'intensificazione del movimento LGBTQ e la proliferazione di organizzazioni per i "diritti dei trans". Le cosiddette marce *dell'orgoglio sono diventate* un appuntamento fisso nelle strade di molte città del mondo.

Abbiamo anche assistito a un'enfasi inquietante sulla questione della pedofilia da parte di alcuni ambienti; e non un indurimento sulla questione (come qualsiasi persona ragionevole sottoscriverebbe), ma in realtà un ammorbidimento; una "normalizzazione". È strano che qualcosa che in passato è stato considerato da molti come una malattia mentale o come una vera e propria malvagità, ora venga suggerito da alcuni come un'altra forma di orientamento sessuale.

La migrazione di massa è stata una questione molto divisiva e d'impatto in tutto il mondo, in particolare in Europa. Tuttavia, non è stata una strada a doppio senso: si è trattato per lo più di un movimento di massa di persone provenienti per lo più da aree del terzo mondo verso Paesi occidentali generalmente più prosperi, stabili e civilizzati. Questo fenomeno è stato talvolta presentato come un ragionevole e naturale movimento organico di grandi quantità di persone da un'area all'altra, ma è incoraggiato, promosso, coordinato e giustificato dall'establishment a livello nazionale (e anche da organizzazioni conglomerate internazionali come le Nazioni Unite e l'Unione Europea). È stato anche confezionato come un movimento di rifugiati da aree devastate dalla guerra, ma questo è chiaramente falso per la maggior parte delle masse, considerando l'enorme numero e i Paesi di origine (non devastati dalla guerra) in questione; altri replicano ragionevolmente che si tratta di migranti economici, venuti per una vita migliore in Occidente. C'è stato anche un aumento della retorica anti-bianco. A prima vista, è più evidente negli Stati Uniti, grazie all'interesse dell'Occidente anglofono per le vicende americane, ma questa retorica razzista è presente in misura variabile anche in altre parti del mondo.

Alcuni Paesi stanno subendo cambiamenti più drastici di altri. L'Irlanda, un Paese relativamente isolato dal punto di vista geografico rispetto al resto dell'Europa - e in precedenza considerato cristiano-cattolico e in qualche modo tradizionale - ha assistito a cambiamenti a un ritmo allarmante: tra il 2015 e il 2018 si sono svolti notevoli referendum costituzionali per modificare la legge sui matrimoni gay e sull'aborto; e i cambiamenti sono ancora in corso. Considerando la velocità con cui il Paese si sta trasformando, è quasi come se fosse costretto a "mettersi al passo" con gli altri, perché non stava diventando "progressista" abbastanza velocemente.

Guardando agli eventi mondiali, potremmo semplicemente dire che non tutti sono d'accordo con questi cambiamenti, ma questo è un enorme eufemismo. Infatti, c'è un movimento crescente di individui di tutto il mondo che si oppongono o si oppongono attivamente a questa "rivoluzione" globale. In realtà, una volta messe da parte tutte le distrazioni, possiamo vedere che ciò che sta accadendo non è altro che un conflitto: tra coloro che accolgono con favore questi cambiamenti colossali - questa "rivoluzione" - e coloro che non lo fanno.

La domanda più importante, "perché?", deve essere posta: perché stanno avvenendo questi cambiamenti? E perché stanno avvenendo ora, in questo periodo, e in una successione relativamente rapida? Perché tanta mentalità rivoluzionaria e attivista? Perché tante divisioni tra gruppi diversi e nella società in generale? Perché molti di questi gruppi rivendicano una qualche forma di oppressione? Perché si parla tanto di giustizia sociale?

Perché spesso, ogni volta che si vuole esprimere in pubblico un'opinione non "politicamente corretta", ci si aspetta una contraddizione immediata, quasi per default? Perché, infine, anche il solo pensiero di esprimere un'idea del genere può spesso mettere a disagio? Perché il politicamente corretto sembra essere ormai una pietra miliare della società a cui i nostri comportamenti devono conformarsi? Perché l'inosservanza può spesso portare a conseguenze terribili per coloro che contraddicono questo status quo?

Perché stiamo assistendo a un'intensificazione del fenomeno del virtue-signalling? Perché questo comportamento è la prassi di chiunque abbia una posizione di influenza nel nostro mondo? Perché lo osserviamo con un grado e una frequenza nauseanti? Coloro che si impegnano nel virtue-signalling sono in realtà esseri umani eccezionali (come vorrebbero farci credere), o ci sono altre ragioni per cui si comportano così?

Perché gli apparati statali dei paesi occidentali insistono affinché ci impegniamo in un altruismo patologico e cerchiamo di salvare il mondo a spese dei nostri paesi e delle nostre popolazioni? Perché hanno costantemente reintrodotto questo messaggio nella psiche delle masse? Perché ci viene detto che i Paesi occidentali hanno l'obbligo di accettare un flusso infinito di migranti, anche se i nostri governi non riescono nemmeno a gestire i nostri Paesi con i livelli di popolazione attuali?

Perché paesi come la Svezia e la Germania - che si trovano in una fase molto più avanzata e catastrofica di saturazione migratoria - sono ancora costretti a importarli, nonostante questi paesi siano ormai in grave difficoltà? Perché questo comportamento suicida continua a prescindere dai risultati evidenti? Perché questo estremo dominio delle emozioni sulla logica?

Perché i media mainstream dei Paesi occidentali ci mostrano costantemente quanto sia meraviglioso il "multiculturalismo" e presentano regolarmente gli stranieri che si sono "integrati" nelle nostre società; eppure l'aggressione, lo stupro e l'omicidio quasi sistematico degli europei autoctoni da parte degli immigrati fanno appena notizia?

Al contrario, perché l'uccisione o la fucilazione di membri di bande, pericolosi drogati e altri criminali sono ora considerati dai media mainstream come orribili crimini contro l'umanità, se non sono bianchi? Perché ci viene regolarmente ricordata la sofferenza dei non bianchi in Africa o in Medio Oriente, mentre la discriminazione e la violenza verso i bianchi in Sudafrica, approvate dal governo, vengono ignorate? Perché nei Paesi occidentali ci viene detto di prenderci cura e rispettare gli altri gruppi, ma questo atteggiamento non è generalmente ricambiato? Perché questi due pesi e due misure? Da dove viene questo palese disprezzo razzista per i bianchi? Perché, se si sollevano questi punti, si viene contraddittoriamente (e bizzarramente) etichettati come razzisti?

Perché, nonostante i numerosi e autentici problemi e mali in corso nel nostro mondo, ci viene detto incessantemente che il razzismo è uno dei peggiori, se non il peggiore?

Perché quando il criminale George Floyd viene ucciso negli Stati Uniti da un poliziotto bianco, tutto il mondo si inginocchia? Chi (o cosa) decide quali sono gli incidenti di cui il mondo deve essere informato e per i quali deve indignarsi? Perché, in un mondo in cui c'è un morto ogni pochi secondi, alcuni vengono enfatizzati in questo modo?

Perché i nostri governi e le nostre istituzioni spendono tempo, energia e risorse in iniziative bizzarre e perverse come l'"educazione sessuale" dei nostri giovani? Perché il loro atteggiamento quasi predatorio e di forza nel farlo? Perché sentiamo parlare di "teoria queer" e "eteronormatività"? Perché il recente fenomeno di maschi e femmine che dicono di essere "gender non-binary", credendo di non essere né maschi né femmine? Dove sono tutti gli esperti che spiegano che questo è impossibile? Perché alcuni governi insistono con forza sul fatto che i bambini che vogliono sottoporsi a interventi di "riassegnazione sessuale" non debbano consultare i genitori prima di vedersi alterare il corpo, massacrare i genitali e finire sterili? Perché ci viene detto che una persona chiaramente maschile deve essere chiamata "lei"? O una persona chiaramente femminile con "lui"? Perché dobbiamo chiamare gli altri con i pronomi "loro" o "loro"? Perché genitori e insegnanti sono nei guai per aver chiamato i giovani con il termine (apparentemente) sbagliato?

Perché materie che dovrebbero essere maggiormente valorizzate nelle scuole, come la storia, la cultura nazionale e le lingue indigene, vengono ora emarginate o del tutto trascurate a favore di materie più "progressiste"? Perché i nostri figli vengono incoraggiati a diventare quasi-rivoluzionari politici pubblicamente attivi e a impegnarsi in questioni come il cambiamento climatico, quando hanno appena l'età per allacciarsi i lacci delle scarpe? Perché ci viene detto che i ragazzi devono essere educati a non violentare le ragazze, per combattere una cosa chiamata "cultura dello stupro"? Perché assistiamo alla pratica strana e inappropriata del "Drag-Queen Story Time"? Che cosa si pensa di ottenere? Quali conoscenze, qualifiche o abilità di vita possiedono le drag queen per essere utili ai nostri bambini? Cercare di apparire come una donna (se si è uomini) richiede conoscenze o abilità? Di tutti gli uomini e le donne brillanti del mondo che potrebbero essere presentati come modelli di comportamento per i nostri figli, perché questi strani e insignificanti personaggi?

Perché è permessa la critica aperta e l'emarginazione del cristianesimo, approvata dallo Stato, ma non è permessa la critica di altre confessioni religiose? Perché inoltre, come nel caso dell'Islam, una confessione non cristiana può essere attivamente promossa e sostenuta dallo Stato? Perché questo doppio standard, soprattutto in un'epoca in cui il concetto di uguaglianza è sacrosanto? Perché abbiamo visto figure politiche bianche e non musulmane in tutto l'Occidente parlare e agire in finta "solidarietà" con l'Islam e i musulmani? Perché ogni critica all'ebraismo o agli ebrei è considerata condannabile e "antisemita", mentre le critiche al cristianesimo e ai cristiani non solo sono permesse, ma incoraggiate e alla moda? Perché questo pregiudizio?

Perché sentiamo continuamente termini come "uguaglianza", "diversità", "multiculturalismo", "compassione" e "solidarietà"; e sono sempre enfatizzati come positivi? Perché vengono continuamente cantati come i mugugni di una setta? Perché sentiamo una lista quasi infinita di termini che, al contrario, vengono usati come insulti, come: "omofobo; misogino; xenofobo; islamofobo; transfobo; razzista; negazionista del cambiamento climatico; anti-vaxxer; teorico della cospirazione; fascista; nazista", ecc. Perché sentiamo termini come "esitazione da vaccino" quando il vaccino Covid è apparso sulla scena?

Perché si parla tanto di "discorso d'odio"? Perché sentiamo le persone usare la parola "odio" quando si riferiscono alle critiche? Perché viene usata per respingere le critiche a priori? E che tipo di critica viene usata per respingere/neutralizzare esattamente? Tutti i tipi o solo alcuni?

Perché sentiamo tutte queste persone parlare di "oppressione" o di "oppressione" degli altri? Perché tutta questa enfasi sulla politica dell'identità? Perché sentiamo spesso molte organizzazioni, politici e media parlare di "estrema destra"? Perché sentiamo altri termini per descrivere certi concetti, come "victim blaming" e "slut shaming"? Perché sentiamo parlare di "mascolinità tossica" e non di "femminilità tossica"? Perché sentiamo cose come "man-splaining" e non "woman-splaining"? Perché sentiamo cose come "privilegio bianco" o "privilegio maschile", ma non "privilegio nero" o "privilegio asiatico" o "privilegio femminile"? È perché solo i maschi bianchi hanno tutti i "privilegi"? I maschi bianchi sono privilegiati, mentre i neri o gli asiatici o le donne non lo sono? Oppure c'è un'altra ragione per cui sentiamo questi termini diseguali e doppi? Perché sentiamo termini come "teoria critica della razza", "relativismo culturale" e "relativismo morale"? Da dove vengono tutti questi termini relativamente nuovi?

Perché negli ultimi decenni sembra che il mondo si stia riempiendo di attivisti rivoluzionari? Perché molti di loro sono in qualche modo associati alle università o sono essi stessi studenti? Negli Stati Uniti, durante i disordini di Black Lives Matter, perché questi studenti attivisti sono così fanatici da arrivare a farsi male o a farsi investire da veicoli? Cosa li spinge a farsi mutilare o uccidere? Perché questi attivisti, molti dei quali ragazzi, sono così completamente posseduti da questa energia rivoluzionaria e distaccati dalla realtà? Perché sembrano sottoposti a un lavaggio del cervello così intenso? Perché gli Stati Uniti sono sprofondati in disordini così violenti e su così larga scala per la morte di una persona, mentre lì la gente muore in continuazione? (come tendono a fare anche in altri Paesi). Perché la gente comune è costretta a scendere in strada e ad affrontare queste folle "rivoluzionarie"? Perché queste persone sono costrette a fare il lavoro che la polizia/le forze statali si rifiutano (in molti casi) di fare, per impedire a queste folle aggressive di distruggere le loro case e le loro attività? Perché questi "rivoluzionari" attaccano queste persone comuni, di tutti i giorni, come se fossero loro il problema, quando in realtà sono loro stessi il problema? Come possono avere le idee così completamente rovesciate?

Perché il movimento patriottico mondiale - che si oppone al totalitarismo internazionale/al "globalismo" - è perseguitato da questi gruppi "rivoluzionari" o "ribelli" che, di default, servono il sistema a cui dicono di opporsi? Com'è possibile che ora (in modo apparentemente contraddittorio) servano e proteggano il sistema? Ancora una volta, come possono avere le cose così capovolte? Perché questa inversione?

Perché tutti questi attivisti "rivoluzionari" sono sostanzialmente identici, come se fossero usciti dalla stessa linea di produzione in una fabbrica? Perché quelli del Canada la pensano apparentemente come quelli dell'Australia? Perché quelli degli Stati Uniti usano la stessa terminologia e le stesse frasi ad effetto di quelli dell'Irlanda? Perché quelli della Nuova Zelanda si comportano come quelli della Svezia? Che vi troviate a Toronto o a Tokyo, a Perth o a Portland, a Londra o a Los Angeles, a Stoccolma o a Stanley, a Dublino o a Dubai, a Città del Capo o a Canberra, ad Amsterdam o ad Aberdeen, a Seattle o a Siviglia, a Parigi o a Praga, a Mosca o a Monaco, a Roma o a Reykjavik, a San Paolo o a San Francisco, Santiago o San Jose, Edmonton o Edimburgo, Berlino o Pechino, Buenos Aires o Bangkok, New York o Nuova Delhi, Chicago o Shanghai, Washington o Wellington, Helsinki o Hell's Kitchen - perché queste persone sono tutte praticamente identiche nei loro atteggiamenti, comportamenti e discorsi?

Com'è possibile, nonostante la varietà di luoghi, lingue e culture? Perché sono così poco diversificati? Perché hanno tutti gli stessi punti di vista e promuovono gli stessi programmi? Perché tutti chiamano le persone che non sono d'accordo con loro "razzisti", "fascisti", "nazisti" ecc. e con lo stesso livello di animosità?

Perché in Irlanda i media mainstream si comportano più o meno come in altri Paesi occidentali? Perché i media mainstream di Regno Unito, Canada, Australia, Francia, Spagna, Italia, Germania, Svezia ecc. si comportano in modo molto simile, anche se con leggere variazioni? Perché cantano tutti più o meno lo stesso inno?

Perché una persona può tranquillamente twittare/postare/pubblicare le cose più degenerate e stupide, purché siano conformi al politicamente corretto, mentre se critica la "cultura PC" con veleno, queste opinioni possono essere soppresse? Perché alcuni sono banditi online, mentre altri no? Chi decide cosa è giusto e cosa è sbagliato in questo caso, e qual è il suo ragionamento? Perché alcune opinioni sono permesse, mentre altre sono soppresse, e quali sono i tipi di opinioni?

Perché in questo momento nella società c'è un'enfasi sponsorizzata dallo Stato sulla "salute mentale", eppure abbiamo l'enorme problema globale di salute mentale dell'indottrinamento che proviene dallo stesso sistema? Perché abbiamo un problema di psicopatia di massa dilagante nel mondo che la stragrande maggioranza degli "esperti" non affronta mai?

Perché tutti questi termini/concetti/agende "politicamente corretti" sembrano dominare il discorso politico, sociale, culturale, educativo e mediatico negli ultimi decenni, con un allarmante aumento della saturazione in queste aree?

Perché non possiamo nemmeno guardare un giornale, accendere la TV o la radio senza che ci vengano costantemente ricordati? Queste cose su cui apparentemente dobbiamo concentrarci - cambiamento climatico, giustizia sociale, disuguaglianza, razzismo, ecc. - sono questioni serie che dovrebbero preoccuparci davvero o ci viene detto di concentrarci su di esse per altri motivi? Perché tutti questi problemi e comportamenti si manifestano a livello globale e quasi contemporaneamente, come se fossero coordinati?

Perché sembra che stiamo vivendo in un'apocalisse di zombie, con milioni di persone senza cervello che non sono in grado di formarsi un'opinione propria e che pensano, parlano e agiscono tutti allo stesso modo? Perché stiamo vivendo questa pandemia di comportamenti folli, coordinati, che distruggono la civiltà, come se avessimo a che fare con un'enorme setta globale?

Introduzione

"Così il paradiso l'ho perso, lo so bene. La mia anima, un tempo fedele a Dio, è stata scelta per l'inferno".

Karl Marx, *Fanciulla pallida*, 1837[1]

Un solo problema centrale ...

La causa di tutti questi cambiamenti e problemi elencati è un'infezione ideologica globale chiamata marxismo.

Il problema principale del vostro Paese non è il governo o la classe politica, gli organi dello Stato, la polizia, le Nazioni Unite, l'Unione Europea, le multinazionali, le "élite", il capitalismo, i banchieri e il sistema bancario internazionale, la "borghesia", le ONG/non profit, George Soros, i media mainstream, i migranti, i musulmani, i sionisti, i massoni, gli Illuminati ecc. ecc. Il problema principale, alla radice, del vostro Paese (e della maggior parte degli altri) è che è infettato dal marxismo. È difficile trovare una qualsiasi questione problematica nel mondo di oggi che non sia collegata, influenzata o originata da questa ideologia. In tutta la società e nel mondo, il "filo rosso" marxista è presente. Questo problema centrale nel vostro Paese esiste perché la popolazione indigena/residente normale ha (o ha avuto storicamente) una mancanza di ostilità suicida nei confronti di questa ideologia tossica e straniera. Questo è il problema fondamentale, e tutti gli altri grandi problemi elencati che stiamo vivendo in questo momento derivano da questo.

La parola da sottolineare è ostilità. Come la storia ci dimostra, qualsiasi altro atteggiamento è inadeguato a proteggere una nazione dagli effetti dannosi di questa ideologia. Qualsiasi tipo di tolleranza o compromesso nei suoi confronti è visto solo come un segno di debolezza, e sarete sopraffatti a prescindere; qualsiasi tolleranza per la sua presenza viene sfruttata appieno. La tolleranza nei suoi confronti è, di fatto, un suicidio per un popolo e una nazione. Se esaminiamo la società di oggi, possiamo constatare che non solo non c'è ostilità nei confronti di questa ideologia anti-sovranità e internazionalista, ma anche un'inquietante fascinazione nei suoi confronti. Si è radicata nei nostri Paesi al punto da diventare parte dell'arredamento, per così dire. A causa di questo radicamento, chiedere gentilmente di andarsene non è sufficiente. Senza

---

[1] Marx, M. «Fanciulla pallida», 1837 («Giovane Marx-Scritture di Karl Marx prima della Rheinsche Zeitung», 1975).

una presa di posizione estremamente dura sull'argomento, è impossibile rimuoverlo in primo luogo. Inoltre, senza questa forte presa di posizione, la reinfezione si ripresenterà, poiché l'ideologia troverà inevitabilmente i punti più deboli della società (cioè alcuni individui e gruppi) e li userà per riaffermarsi. Questo è già successo molte volte nella storia della nostra lotta contro questa ideologia.

"Buona fortuna..."

A tutte le persone (ragionevolmente) libere che cercano di impedire che questa macchina internazionalista "globalista" distrugga il loro Paese, dico questo: buona fortuna nel cercare di fermarla senza prima affrontare sufficientemente l'infezione marxista nella vostra terra. Una volta riconosciuta e compresa da un numero sufficiente di persone, deve essere affrontata di petto.

Cercare di ottenere una vera trazione con un movimento pro-sovranità/patriottico/nazionalista (chiamatelo come volete) nella vostra terra - senza prima affrontare il problema del marxismo - sarà estremamente difficile. Forse, per quanta energia/entusiasmo ci si possa dedicare, non si farebbe altro che girare a vuoto.

Forse si potrebbe ancora raggiungere la libertà senza prima affrontare l'infezione marxista, ma questo sarebbe inefficiente e richiederebbe più tempo del necessario; e non è forse vero che il tempo è essenziale?

Lo scopo di questo libro non è quello di esaminare i monotoni dogmatismi della teoria marxista (ufficiale) e di tutte le varie interpretazioni; ci vorrebbero volumi e si arriverebbe comunque a una sola conclusione: non merita questo tipo di analisi. Sarebbe come setacciare a mani nude una discarica puzzolente per anni alla ricerca di gingilli. Inoltre, che differenza farebbe? Avrebbe un effetto nullo su chi è già indottrinato, e per chi non lo è sarebbe come "predicare ai froci" (sono consapevole che nessuno lo dice davvero). Detto questo, sono sicuro che il messaggio di questo libro fornirà un enorme valore, chiarezza e divertimento a coloro che hanno l'atteggiamento giusto. Chi è in grado di comprendere quest'opera, lo farà. Ovviamente non è rivolto ai tipi indottrinati, che hanno già le idee chiare (o fatte per loro, per essere più precisi); è rivolto a coloro che sono desiderosi di porre fine a questa pandemia globale di follia.

Man mano che procederete in questo lavoro, diventerà chiaro il motivo per cui dovremmo concentrarci specificamente sul marxismo. Qualunque sia la causa particolare che vi piace sostenere, avere una profonda comprensione di questo tema sarà di beneficio per voi (e per coloro che beneficiano dei vostri sforzi). Oppure, se volete semplicemente proteggere le persone a voi vicine, questo lavoro vi fornirà l'antidoto nel caso in cui vengano "esposte" a questo agente patogeno.

Negli ultimi anni si è spesso detto, a causa di Covid, che il mondo non ha mai vissuto nulla di simile, che questo è un periodo senza precedenti. È vero. Questi tempi sono unici anche per un'altra ragione, meno ovvia: mai prima d'ora nella storia abbiamo assistito a una tale pandemia globale di comportamenti psicotici che distruggono la civiltà.

Un ingrediente chiave

Il marxismo non è l'unico problema del nostro mondo, né l'origine di ogni singolo problema, ma è un grosso problema. È esso stesso, come vedremo, l'origine di molti problemi (alcuni dei quali sono stati menzionati nella prefazione). Se dobbiamo concentrarci su una sola cosa per produrre il massimo effetto, dovremmo concentrarci su questa. In confronto, discutere di altri aspetti per migliorare la nostra situazione generale è semplicemente una perdita di tempo.

Poiché questo argomento può essere, in termini di logica, un gomitolo ingarbugliato per certi versi, dobbiamo sciogliere un nodo prima di andare avanti. Dobbiamo affrontare le tendenze psicologiche del "questo o quello" che abbiamo quando decidiamo quale posizione assumere su grandi temi come questo. Quando si propone "Il marxismo è un problema serio e dovremmo concentrarci principalmente su questo!", le risposte possono essere del tipo "La colpa non è solo del marxismo!" e "Il marxismo non è l'origine del problema!". In un certo senso è vero, e in parte verrà affrontato in seguito; ma dobbiamo stabilire delle priorità. Inoltre, questo tipo di atteggiamenti non è costruttivo, poiché non permette di formare un consenso (di cui si ha assolutamente bisogno per affrontare il problema del marxismo).

Quindi, a causa di questa tendenza di alcuni (e di coloro con cui il lettore potrebbe interagire), dobbiamo ribadire il punto: questo libro non sta suggerendo che il marxismo sia l'unico ingrediente utilizzato nella macchina internazionalista "globalista", o che sia l'origine di tutto il caos del mondo. Sta invece evidenziando che il marxismo è un ingrediente chiave e universale che permette alla macchina globalista internazionalista di funzionare a livello di base nelle nostre società.

Tutti spingono nella stessa direzione

Inoltre, non è bene avere troppe opinioni divergenti o antagoniste, contraddittorie; è necessario che tutti spingano in un'unica direzione. Troppe idee/soluzioni contrastanti non fanno altro che annullare il possibile impatto di una singola idea/soluzione e non si ottiene alcun progresso. Perciò, per progredire nella risoluzione del problema in cui ci troviamo, è necessario che ci sia un consenso massiccio.

Immaginate alcuni uomini laboriosi che cercano di spostare un grosso masso da una strada in tempi passati, senza l'aiuto di un animale (ad esempio un bue) o di strumenti utili. Non importa quanti uomini ci siano o quanto siano forti: se spingono tutti in direzioni alterne o opposte, è un grande spreco di tempo ed energia. Se invece spingono insieme in un'unica direzione, la questione è diversa. Si tratta di efficienza della forza, dovuta alla combinazione degli sforzi. Ci sono modi efficienti e inefficienti di fare le cose, e la nostra ricerca collettiva di un po' di libertà da questo mostro globalista non è diversa. Se vogliamo tutti un mondo migliore, più libero e più sano, dobbiamo lavorare insieme su questo tema, per essere efficienti e avere consenso.

Considerate anche che siamo in un mondo pieno di inganni/propaganda e demoralizzazione marxista, che cerca sempre di sfruttare le debolezze della sua opposizione, capitalizzando qualsiasi disunione al suo interno. Pertanto, il nostro messaggio deve essere chiaro e unito: no al marxismo, nessuna eccezione. Quando avremo il controllo di questo problema, potremo vedere dei miglioramenti nella nostra situazione collettiva.

L'importanza di mantenere la concentrazione

Dobbiamo concentrarci su questo problema e mantenerlo in modo permanente, senza distrarci con altre questioni. L'indottrinamento marxista cerca sempre di farci concentrare (e attribuire la colpa) altrove: le istituzioni religiose (ad esempio la Chiesa cattolica); il sistema bancario/capitalismo; l'"impero statunitense"; la borghesia/élite o le multinazionali, ecc. Inoltre, siamo costantemente divisi e conquistati dalle varie iniziative o "sotto-agenzie" sostenute dal marxismo (alcune delle quali sono state menzionate nella prefazione). Quindi, tutta questa divergenza e mancanza di concentrazione non favorisce la costruzione di una resistenza a questo grande sistema internazionalistico contro cui ci stiamo scontrando. In effetti, il marxismo è bravo a raccogliere tutte le energie opposte e a diffonderle o deviarle, fino al punto in cui non esiste alcuna opposizione coesa.

Un altro motivo per cui dovremmo concentrarci sull'ideologia marxista (e sui suoi aderenti) è che si tratta di un problema che possiamo affrontare ed evidenziare con relativa facilità nei nostri Paesi. Si dà anche il caso che il marxismo sia la prima linea di difesa utilizzata dalla macchina globalista internazionalista per impedire che si sviluppi una vera resistenza nella società. Se il grande mostro "globalista" ha una fessura sfruttabile nella sua armatura, è proprio questa...

Un ingrediente chiave del controllo

Il marxismo è un ingrediente chiave per il controllo globale e un massiccio fattore causale di tutto il caos mondiale, a causa degli elementi che compongono questa ideologia; i concetti di uguaglianza, "rivoluzione", internazionalismo (e governo unico mondiale) e la formula oppressore contro oppresso, per citarne alcuni. Questi sono stati i suoi elementi centrali fin dall'inizio, ma ce ne sono anche altri. È importante notare che è la combinazione di questi elementi a rendere così potente la miscela di indottrinamento ideologico marxista. La formula Oppressore contro Oppresso, in particolare (e le sue numerose manifestazioni), si combina molto bene con gli altri elementi di "rivoluzione" e uguaglianza.

La drammatica, cinica, eccessiva semplificazione del funzionamento della società sostenuta da Karl Marx (1818-1883) e Friedrich Engels (1820-1895) - la "lotta di classe" tra i ricchi capitalisti "borghesi" oppressori e i poveri lavoratori "proletari" oppressi - è stata una semplificazione eccessiva contenuta nel *Manifesto comunista* (1848) che è riecheggiata in eterno.[2] Questa semplificazione eccessiva - che da allora è stata adulata da "intellettuali" e altri in tutto il mondo - si è ora trasformata in questo mostro che sta distruggendo la civiltà, le cui ramificazioni porteranno il mondo in luoghi sempre più oscuri se non si fa nulla per fermarlo. Per essere chiari, non stiamo parlando solo del cosiddetto "marxismo culturale" o della *Scuola di Francoforte*. Come vedremo, qualsiasi forma di marxismo (in qualsiasi momento della sua storia) è un problema per la società; compresi il socialismo o il socialismo democratico e la moltitudine di altre manifestazioni/etichette, indipendentemente da quanto sembrino benigne o da quante persone le apprezzino.

Tutte le tracce devono sparire

Quindi, tutte le tracce del marxismo devono sparire. Se volete riprendere il controllo del vostro Paese fermando questo mostro totalitario globalista, voi e i vostri connazionali dovete rifiutare e odiare completamente il marxismo in tutte le sue forme. Abbiamo bisogno di una forte posizione di tolleranza zero nei suoi confronti, a causa della situazione generale in cui ci troviamo: per il funzionamento della mente umana individuale e per il paesaggio sociale altamente contaminato dei nostri Paesi. Da qui la parola "odio": avere questo peso emotivo aiuterà a generare la mentalità necessaria nella popolazione generale. Più le persone sentiranno ed esprimeranno ostilità nei confronti del marxismo e più l'ideologia sarà considerata tossica, meglio sarà. Così, vi darete una possibilità di combattere...

Comprendere gli effetti di questa ideologia parassitaria sul nostro mondo - e cercare di esserne "immuni" - è un'impresa enorme. Ha una natura insidiosa e la esprime con una varietà di metodi. È una minaccia sempre presente e trasformista che ha una lunga e orgogliosa tradizione di adattamento e sovversione. Esistono diversi "ceppi" e continua ad adattarsi, anche oggi. In tempi recenti, si è adattato a sovvertire i movimenti patriottici/nazionalisti di tutto il mondo. Pertanto, più una popolazione è unita nell'ostilità nei suoi confronti, meglio è.

Una società non può essere e rimanere immune?

Senza questo rifiuto unificato, ostile, quasi allergico, la persona media ha la capacità di restarne immune? È per questo che è stato così efficace nel proliferare e nel radicarsi nelle nostre società, nonostante il suo orribile

---

[2] Marx ed Engels, *Il Manifesto comunista* (1848).

curriculum? Una società non può essere immune senza essere vigile? In sostanza, può una società avere qualcosa di meno di una posizione di tolleranza zero contro l'ideologia e rimanere complessivamente inalterata? Sono domande grandi e importanti.

Considerando il modus operandi del marxismo (passato e presente), forse molte persone farebbero fatica a imbattersi in questa ideologia senza esserne traviate, senza essere per così dire "risucchiate dal culto". Non si tratta di scartare la capacità di discernimento di molti solo per il gusto di farlo; si tratta solo di illustrare quanto il marxismo sia bravo a insinuarsi nella società e nella mente delle persone, e a costruirsi una casa, come farebbe ogni buon parassita. Infetta coloro che non sono psicologicamente immuni, e poi si diffonde da una persona 'vulnerabile' all'altra.

I molti modi in cui questa ideologia può distorcere le percezioni di una persona e iniziare a dettare le sue risposte emotive potrebbero rendere molto difficile per qualcuno non esserne influenzato, specialmente se si trova in un ambiente filo-marxista (ad esempio un'università infetta).

Per alcuni, cercare di rimanere immuni in un ambiente del genere sarebbe come camminare psicologicamente su una corda tesa, cercando di rimanere sulla retta via. Per alcuni, potrebbero dover scegliere tra conformarsi o essere ostracizzati, o semplicemente decidere di uscire da quell'ambiente al più presto!

L'esposizione a questa ideologia può essere rischiosa per chiunque, ma soprattutto per i giovani. Possiamo vedere chiaramente come la politica di indottrinamento di questo culto si rivolga al pubblico ignaro in età sempre più giovane. Negli ultimi tempi, hanno utilizzato il folle movimento per il cambiamento climatico per trasformare adolescenti e preadolescenti in piccoli rivoluzionari. Non è un caso: più una persona è giovane, più è suscettibile di essere indottrinata, soprattutto da un'ideologia emotivamente manipolatrice come il marxismo. L'esperienza di vita, il controllo emotivo e la maturità generale possono aiutare a mantenere una persona immune, cose che i giovani in genere non hanno in misura sufficiente. Hanno bisogno di una guida e di una protezione da parte di chi è più maturo per evitare queste insidie, ed è qui che entrano in gioco i genitori e gli insegnanti. Naturalmente, se questi "adulti" sono essi stessi indottrinati, i ragazzi non hanno alcuna possibilità... In altri casi, la semplice ignoranza del marxismo da parte dei genitori è sufficiente a creare un disastro.

Questa ideologia può essere pompata nelle teste morbide degli studenti a qualsiasi età. Ci sono molti altri mezzi attraverso i quali può raggiungere le menti delle persone, e l'"istruzione"/università è solo uno di questi. Tuttavia, è forse il più efficace perché può mascherarsi da "istruzione" per nascondere il suo vero volto: l'indottrinamento.

Priorità...

Cerchiamo di stabilire delle priorità e di mettere le cose in una prospettiva razionale, dal punto di vista della gestione della nazione. Considerando i danni causati ai Paesi occidentali dagli atteggiamenti internazionalisti/marxisti, non è un po' sciocco concentrarsi sulle questioni interne dimenticando il quadro generale? Nel caso dell'Irlanda, ad esempio, concentrarsi su aspetti quali i prezzi degli alloggi/costi degli affitti, la criminalità, lo stato del servizio sanitario, la salute mentale, i fondi avvoltoio o i senzatetto è irrilevante se il Paese viene progressivamente spinto verso un precipizio a causa dell'ideologia marxista al posto di guida. È una buona priorità concentrarsi su questi aspetti in primo piano, mentre le varie conseguenze di una grave infezione marxista (e le varie "sotto-agenzie" che sostiene) stanno lacerando il tessuto della società sullo sfondo?

Ad esempio, l'immigrazione di massa in un paese (dovuta in primo luogo all'infezione marxista) distruggerà tutto, e i problemi interni già presenti saranno esacerbati all'estremo (ad esempio la disponibilità e il costo degli alloggi, il servizio sanitario, l'economia, la scuola, ecc.) Se diamo la priorità a questi problemi interni e cerchiamo di risolverli in una società con una demografia razziale in continua evoluzione e con livelli di popolazione in aumento (a causa del marxismo al comando), stiamo semplicemente perdendo tempo! Priorità. Bisogna anche notare che i vari movimenti marxisti in un dato Paese amano coinvolgersi in questo tipo di questioni interne, come parte del loro DNA di virtuosità; beatamente ignari del fatto che l'ideologia a cui aderiscono farà sì che queste questioni non vengano mai risolte! Ingenuità al massimo.

Perché dovremmo dire #Notomarxismo

> "Non potete concedere un centimetro alla sinistra di merda, se gli concedete un centimetro, lo useranno per distruggervi!".

Il Presidente argentino Javier Milei durante un'intervista televisiva[3]

Se il patriottismo/nazionalismo/sovranità nazionale (scegliete voi l'etichetta) è l'idea che un Paese abbia il diritto sovrano di decidere il proprio futuro, allora questa è una risposta ideologica razionale al totalitarismo internazionalista che oggi viene imposto ai nostri Paesi. Queste posizioni "di destra" generalmente permettono a un Paese di avere più libertà di rifiutare di partecipare ai piani dell'internazionalismo. Questo perché sostengono che un Paese dovrebbe avere un ragionevole grado di separazione dal resto del mondo (ovvero l'indipendenza). Questo dovrebbe essere ovvio per tutti!

Al contrario, un'ideologia internazionalista - come il marxismo - fa sì che un Paese abbia meno capacità di decidere del proprio futuro. Perché? Perché il

---

[3] *Milei, J., «Javier Milei: non si può concedere un centimetro ai l3ftard di merda!»*, YouTube.

marxismo (in generale) sostiene che un Paese dovrebbe essere "uguale" agli altri Paesi e non dovrebbe avere un grado di separazione dal resto del mondo. In sostanza, i Paesi dovrebbero mostrare "unità" o "solidarietà" con gli altri Paesi, e ognuno di essi verrebbe plasmato secondo l'ideologia/culto. Si pensi all'ingenua mentalità del "chi ha bisogno di confini?". Inoltre, basta aderire a questa ideologia (anche solo in parte) per far sì che il proprio Paese venga travolto dall'onda rossa dell'ideologia internazionalista; e questo è esattamente ciò che sta accadendo in tutto il mondo in questo momento. Il culto, in generale, vuole una federazione "socialista" del mondo.

Se un Paese è infettato dal marxismo in misura significativa, significa semplicemente che una parte significativa della popolazione è psicologicamente contaminata da questa ideologia. Questo porta a una mancanza di volontà, di convinzione (e di consenso!) sul fatto che questo Paese debba avere l'indipendenza e persino identificarsi come un'entità separata e distinta! Questi tipi indottrinati tendono ad apprezzare l'idea che il Paese sia parte del collettivo internazionale e che debba cedere la propria sovranità a organizzazioni come l'Unione Europea e le Nazioni Unite. Tutto questo perché il marxismo è un'ideologia internazionalista. Naturalmente, gli apologeti del marxismo potrebbero ribattere che non tutte le forme di marxismo sono internazionaliste, ma questo è irrilevante. Il marxismo porta inevitabilmente un Paese ad aderire al movimento di culto internazionale, ad essere travolto dalla "rivoluzione" e a perdere il controllo dei propri affari.

Il marxismo è l'ideologia di base più pericolosa, quasi universale, del mondo di oggi. È veramente globale e ha distrutto ovunque abbia preso piede nel corso della sua storia. È estremamente tossico per un Paese. Il marxismo (o il socialismo che ne deriva) non è un sistema economico o politico alternativo, né un sistema di "filosofia" o di analisi. È un'ideologia di culto che fa l'opposto di ciò che sostiene: serve le "élite" internazionaliste della vera borghesia, non le contrasta; sopprime il proletariato, non lo libera; non rende forti un Paese e il suo popolo, ma li rende deboli.

Il marxismo è la fonte interna di energia sovrana e patriottica di un Paese. È l'antitesi della libertà e del patriottismo veri, sani e naturali, che sabota un Paese dall'interno. Il patriottismo è l'antidoto all'internazionalismo globalista e il marxismo è il veleno che neutralizza l'antidoto, tenendolo occupato abbastanza a lungo da permettere alla macchina globale di imporre la sua agenda a un determinato Paese.

Basta guardare a come i membri del culto marxista in tutto il mondo hanno cercato di sopprimere la resistenza non marxista/patriottica al "globalismo" negli ultimi tempi - questa è tutta la prova di cui avete bisogno. Non importa cosa pensano di essere o cosa affermano di essere: cosa ci dicono le loro azioni? Ci dicono che sono essenzialmente traditori, in termini nazionali.

Il marxismo è controllo totalitario internazionale. Non è l'opposto di cose come il sistema bancario internazionale, ma lo completa piacevolmente; non è un avversario del sistema di controllo mondiale, ne è un aspetto criticamente importante; non è l'antitesi del dominio imperialistico oligarchico, ma lo serve.

Questa ideologia è al centro di questo libro, perché è il filo rosso comune a tutto il mondo: è l'elefante rosso nell'area VIP della discoteca gay LGBTQIXYZ+ a forma di dildo color arcobaleno in cui ci troviamo tutti.

Il marxismo è l'ideologia alla base delle varie agende anti-civilizzazione attive nelle nostre società: che si esamini il movimento marxista anti-bianco in Sudafrica, o la legalizzazione dell'aborto in Irlanda, o le rivolte di Black Lives Matter negli Stati Uniti o a Londra, o il problema dell'immigrazione di massa nei Paesi occidentali, o i problemi economici dei Paesi socialisti, o la sub-agenda sul cambiamento climatico a livello globale, il marxismo è l'ideologia a livello sociale alla base di tutto. Senza i milioni di aderenti a questo culto rosso in tutto il mondo, questi movimenti distruttivi della società non esisterebbero.

Dietro il marxismo ci sono altre ideologie che risalgono alla storia dell'umanità, ma questa in particolare è la chiave per combattere il caos. Il concetto di rivoluzione è ancora efficace oggi come lo era nel periodo precedente la *Rivoluzione francese* (1787-1799), come strumento incendiario e di manipolazione psicologica. (Lo slogan di allora era "Liberté! Égalité, Fraternité!", che equivale a "Libertà, Uguaglianza, Fraternità (Solidarietà)!").[4] Per quanto riguarda la potenza dell'ideologia, sarebbe difficile trovare una forma più efficace di lavaggio del cervello, se solo ci si provasse! È un sistema fantastico e (all'inizio) difficile da identificare e neutralizzare in una popolazione.

Il marxismo è l'ingrediente principale dello stufato del totalitarismo globalista (mmm, stufato totalitario!). Per essere più precisi, se questo totalitarismo globale è una pozione alchemica, allora il marxismo è il legante che tiene insieme tutti gli altri ingredienti. Senza questo legante, la pozione non funziona. Qual è dunque l'equazione per la libertà? La formula d'oro, la chiave scheletrica, la pallottola magica è questa: meno marxismo c'è nel vostro Paese, più possibilità avete di fermare questo mostro globalista. Al contrario, più alto è il livello di contaminazione, più sarà difficile fermarlo.

Tracciare una linea nella sabbia ...

Se eliminassimo il fattore di indottrinamento marxista in una società più grande, e avessimo solo la classe politica e alcuni altri fanatici globalisti che cercano di imporre la loro volontà su di noi, sarebbero ampiamente in minoranza (molto più di quanto lo siano ora)! Inoltre, poiché la maggioranza sarebbe composta

---

[4] «Unità e indivisibilità della Repubblica. Libertà, uguaglianza, fraternità o morte», Wikipedia.

da persone razionali, anti-globaliste e anti-marxiste, questa minoranza di traditori spiccherebbe come un dito dolente. Così come le loro opinioni, i loro programmi, ecc. Sarebbe molto più facile tenerli d'occhio e assicurarsi che siano impotenti. Per dirla in altro modo, sarebbe facile tracciare una chiara linea nella sabbia.

Purtroppo, però, non è così semplice e qui entra in gioco l'ideologia marxista. È il fattore che fa cambiare le cose a favore dei globalisti.

Non solo può favorire una mentalità favorevole al globalismo nella popolazione in generale, ma di fatto trasforma le persone in mini-globalisti. Poiché i numeri contano, dobbiamo ridurre progressivamente la quantità di persone nella società con questa mentalità.

Questo è un libro di "odio", giusto?

Senza dubbio, quelli che hanno subito il lavaggio del cervello lo descriverebbero come un libro di odio. "Questo è un discorso di odio! " e "è un orribile libro di cattivi fascisti, razzisti, malvagi, senza valore, malvagi, schifosi, orribili malvagi, malvagi!" (inserire qui un elenco di "insulti" marxisti). Quando sappiamo che cos'è veramente il marxismo, che cosa ha già fatto e che cosa continua a fare al nostro mondo, tutto questo diventa divertente; dovrebbe farci ridere dell'ipocrisia di questa pseudo-logica infantile e odiosa del virtuosismo.

È come se un pedofilo criticasse un padre per aver sgridato uno dei suoi figli. O come uno stupratore che cerca di svergognare un uomo perché non tiene cavallerescamente la porta aperta a una signora. O come una donna superficiale e narcisista che rimprovera un'amica per essersi scattata troppi selfie. Psicotico. Ipocrita. Doppio. Standard.

Come falene rosse alla fiamma nazista

Avete mai notato come, quando qualcuno esprime pubblicamente opinioni che contraddicono le narrazioni "PC" (politicamente corrette/marxiste), attiri il comportamento da parassiti stronzi dei droni marxisti? Sono costretti a volare verso la persona, come le falene verso la proverbiale lampadina. Sono programmati, attraverso l'indottrinamento marxiano, a sciamare (consciamente o inconsciamente) verso qualsiasi fonte di luce (verità). Sciamano per cercare di bloccare o diffondere la luce. Quelli di noi che dicono la verità, che parlano contro il comportamento del culto: noi siamo la luce, noi siamo la verità, e inevitabilmente attireremo queste piccole falene rosse marxiste. "Questa è una lampadina fascista nazista razzista! Prendiamola!" (inserire SFX di falena che colpisce la lampadina e urla di capriccio indotte dalla soia). "Questa lampadina è odiosa!... emana una luce razzista e odiosa!". (ecc. ecc. ad nauseam)

Quando critichiamo la setta/ideologia (o le sue iniziative e i suoi effetti) veniamo messi sotto tiro: rappresentiamo una minaccia che deve essere affrontata e messa a tacere al più presto. Poiché questo è un campo di battaglia ideologico, la vostra voce deve essere soffocata dalla retorica marxista, permettendo loro di dominare. Questo può comportare che veniate contraddetti, "discussi" o addirittura sgridati. Le molestie meschine e stronze nei confronti dei loro avversari politici/ideologici sono una tradizione marxista; l'uso del "ridicolo". Qualsiasi minaccia viene contrastata da una rappresaglia collettivista, simile a un branco, da parte dei membri della setta. Questo è estremamente importante per soffocare qualsiasi opinione dissenziente alle varie sotto-agenzie/iniziative del culto/ideologia, spesso nel momento stesso in cui appaiono nel discorso pubblico.

Queste ritorsioni sono spesso di natura infantile e possono andare da semplici attacchi ad hominem a quelli più elaborati. Può trattarsi di abusi sull'aspetto del bersaglio, sul suo modo di parlare/accento, sulla sua vita sociale/familiare, di prese in giro dei suoi figli/familiari/partner, ecc. o può includere cose come la disinformazione, l'infamia, l'assassinio professionale del personaggio, i tentativi di far licenziare le persone (o di comprometterne in altro modo l'occupabilità o il reddito), o semplicemente la vecchia menzogna. Per i marxisti, il fine giustifica i mezzi. È la solita ipocrisia di questo culto della "compassione", dell'"umanitarismo", della "tolleranza" e dei "diritti umani".

È necessaria una riapplicazione periodica

Questo messaggio anti-marxista deve essere ripetuto, finché tutti (quelli che ne sono capaci) non lo capiranno. Gli avvertimenti sono stati soppressi o non sono stati ascoltati. Indipendentemente da ciò che è stato detto o scritto in precedenza, troppe persone continuano a cadere nella truffa e a farsi indottrinare; ecco perché questo messaggio deve essere ripetuto regolarmente, finché non diventa una seconda natura per una società reagire in questo modo. Nella storia del mondo, ogni volta che questo messaggio anti-marxista è stato scritto su un muro, una volta che il graffito è stato dimenticato (o, in realtà, non appena si distoglie lo sguardo da esso!), arriva un tirapiedi marxista zombificato a spalmare doverosamente la vernice rossa... Il messaggio anti-marxista ha bisogno di essere riapplicato regolarmente, a quanto pare. Il filosofo George Santayana (1863-1952) disse una volta: "Coloro che non possono ricordare il passato sono condannati a ripeterlo"[5] ; una variante pertinente è: "Coloro che non possono capire il passato sono condannati a ripeterlo".

Un errore commesso negli ultimi tempi è che alcuni non credono che gli orrori degli ultimi secoli possano ripetersi nel loro tempo. È una presunzione molto pericolosa. Se non si comprende la storia, possono ripetersi e lo faranno, in un modo o nell'altro. L'ingenuità sarà la fine per tutti noi. È un atteggiamento ragionevole da avere in generale, ma soprattutto quando abbiamo a che fare

---

[5] Santayana, G., *Vita della ragione, La ragione nel senso comune* (1905), p. 284.

con un'ideologia pericolosa come quella del marxismo. È un'ideologia che non fa semplicemente parte della nostra storia, o che è in qualche modo tramontata, ma un'ideologia che sta diventando più potente che in qualsiasi altro momento.

Occhiali da sole Magic Anti-Red

Il marxismo è un programma ideologico per il lavaggio del cervello. Si tratta quindi di una questione psicologica, tanto quanto politica, geopolitica, ecc. Non possiamo ignorare il primo aspetto; è di importanza centrale. Concentrarsi solo sulla politica/geopolitica non è sufficiente. Dobbiamo essere più intelligenti e più profondi e affrontare il problema con una mentalità nuova.

Per essere i migliori sostenitori della libertà/patrioti/nazionalisti/sovranisti/antiglobalisti che possiamo essere, dobbiamo combattere l'indottrinamento marxista; e quindi dobbiamo comprendere appieno con cosa abbiamo a che fare; come funziona l'intero processo. Idealmente, dovremmo sforzarci di comprendere meglio il programma, il programmato e i programmatori. Dobbiamo guardare a questo problema a un livello sociale ampio, esaminando con attenzione anche gli individui coinvolti. Con una nuova prospettiva e le conoscenze necessarie, possiamo facilmente identificare chi è indottrinato e chi no, e in che misura. Inoltre, possiamo identificare quando qualcuno è a rischio di indottrinamento, sulla base di un'analisi della sua personalità, del suo ambiente, del suo background, della sua età, ecc. Con la pratica, possiamo fare tutte queste cose in pochi secondi. In sostanza, saremo in grado di capire chi è infetto e chi no, e quanto sarà un problema per il resto di noi.

Nel film *Essi vivono* (1988)[6] il personaggio centrale scopre che le élite che governano la società sono in realtà alieni travestiti da umani (due parole: David Icke). E come ha fatto? Indossando questi incredibili occhiali da sole, che mostrano cosa c'è sotto il travestimento dell'essere che si sta guardando. Questo è ciò che dobbiamo fare collettivamente nelle nostre rispettive società: indossare i nostri occhiali anti-marxismo.

---

[6] *Essi vivono* (1988).

Sezione I - Definizioni

"Il comunismo è una malattia dell'intelletto. Promette fratellanza universale, pace e prosperità per attirare umanitari e idealisti a partecipare a una cospirazione che conquista il potere con l'inganno e la menzogna e lo mantiene con la forza bruta. Il comunismo promette l'utopia. Ha portato alla fame di massa, alla povertà e al terrore da stato di polizia il suo stesso popolo e ha promosso lotte e odio in tutto il mondo mettendo razza contro razza, classe contro classe e religione contro religione. Il tradimento, il terrore, la tortura e le guerre di "liberazione nazionale" dirette da Mosca hanno diffuso la "fratellanza, la pace e la giustizia sociale nel mondo" comunista.[1]

John A. Stormer, *Nessuno osi chiamarlo tradimento* (1964)

Introduzione

Poiché il marxismo è un cliente scivoloso, è prudente passare in rassegna alcune definizioni in questa sezione; anche la stessa parola "marxismo" è problematica in quanto può far divergere le opinioni (a vantaggio del culto/ideologia). Nella prossima sezione analizzeremo anche alcuni elementi di base ed elementi rilevanti dell'ideologia. Dovremmo sempre cercare di non farci risucchiare dalle ciance pseudo-intellettuali che circondano questa ideologia, ma alcuni elementi devono essere esaminati. Ciò serve a preparare il lettore alle sezioni successive, in cui esamineremo come l'infezione marxista stia distruggendo la civiltà di oggi. Se si esaminano le definizioni in questa sezione, è bene ricordare che le nostre precedenti percezioni di cosa sia il marxismo possono essere basate su definizioni, interpretazioni e analisi provenienti dal sistema, a sua volta infarcito di marxismo/marxisti (in particolare dall'"istruzione").

Nella sezione III ("La nostra storia di infezione globale") esamineremo la diffusione geografica dell'ideologia/infezione, oltre a una panoramica generale della sua presenza nel corso della storia. Più avanti, nella sezione "I passi rossi verso l'utopia", esamineremo i meriti della teoria marxista in termini economici (alias il socialismo), per non impantanarci in questa sezione. È un'interpretazione errata comune che il marxismo riguardi soprattutto la sociologia, l'economia e la politica, ma non è così. Si tratta solo di una cortina di fumo che gli conferisce legittimità, per nascondere la sua vera natura, come vedremo.

---

[1] Stormer, J., *Nessuno osi chiamarlo tradimento* (1964), pag. 16.

Teoria contro realtà

Il problema della teoria contro la realtà è uno strumento che possiamo usare per capire perché alcune persone difendono il marxismo, nonostante la sua natura malevola, la sua storia e i suoi effetti. Molti apologeti del marxismo (occasionali o fanatici) che cercano di convincerci che ci stiamo sbagliando sull'ideologia, non riescono a capire che non dovrebbe essere difesa. Allo stesso modo, non capiscono (un po' ironicamente) che è nel nostro interesse collettivo non farlo (al contrario, come afferma questo libro, l'ideologia dovrebbe essere attivamente criticata, soppressa ed eliminata). Ma perché è così? Perché queste persone si sbagliano completamente? Come si fa ad essere così indietro? È semplicemente perché hanno una percezione distorta della sua natura?

Il problema, per alcuni, è che la realtà e i risultati del marxismo non corrispondono a ciò che pensano che il marxismo sia e a ciò che produce. Si lasciano prendere dall'analisi teorica, ipotetica e accademica di ciò che hanno detto alcuni morti (o i loro fan). Certamente, l'indottrinamento marxista gioca un ruolo fondamentale in questo caso. Ci riferiremo a questo concetto nel corso del tempo come al problema "Teoria contro Realtà".

Definizioni

È importante dedicare un po' di tempo alle definizioni, perché ci sono diverse percezioni distorte di vari concetti legati a questo argomento, che potrebbero essere problematiche per alcuni lettori. Problematico non solo in termini di comprensione personale, ma anche quando si cerca di analizzare il culto/ideologia nel mondo che ci circonda e, soprattutto, di smascherarlo attivamente. Esistono letteralmente pile di definizioni e interpretazioni del marxismo, quindi tratteremo una selezione di quelle comuni e/o rilevanti. Sarà utile anche per i lettori totalmente nuovi a questo argomento, che potrebbero non avere familiarità con i vari termini. Saranno brevi e molti di essi saranno approfonditi in sezioni successive.

Prima di elencare le definizioni, va notato che anche le varie etichette/nomi associati al marxismo possono confondere. Fanno un ottimo lavoro per distrarre le persone dalla verità di base: si tratta di un'ideologia pericolosa e sovversiva a cui dovremmo prestare la massima attenzione, e queste varie etichette aiutano a evitare che la popolazione generale giunga a questa conclusione. È piuttosto appropriato che anche queste diverse etichette per il marxismo possano indurre confusione, che assiste uno degli attributi fondamentali dell'ideologia: la sovversione. Questo stesso attributo implica spesso l'offuscamento: nascondere intenzionalmente il vero significato di qualcosa.

Quindi, come possiamo risolvere un problema se prima non è possibile identificarlo chiaramente? Come possiamo dimostrare agli altri che esiste, se non siamo tutti d'accordo su come chiamarlo (per non parlare di convincerli della gravità del problema e dei suoi effetti negativi, ecc.) Mentre facciamo definizioni....

Che cos'è un'ideologia?

Andiamo subito al sodo: un'ideologia è un sistema di credenze, un modo di vedere il mondo che ci circonda, un modo di percepire la realtà, un certo modo di percepire noi stessi, gli altri, la vita, ecc. Ma le ideologie sono cattive? Dipende se sono positive o negative. Possiamo giudicarlo in base agli effetti che producono. Sembra semplice, no? Per non andare troppo a fondo, ecco una definizione tratta da *Dictionary.com*:

"*1*. Il corpo di dottrine, miti, credenze, ecc. che guida un individuo, un movimento sociale, un'istituzione, una classe o un grande gruppo". Questa definizione è sufficiente. Quindi, quando diciamo "il marxismo è un'ideologia" stiamo dicendo che è una credenza (o credenze) sostenuta da un gruppo. Strano, la seconda definizione è questa: "2. un insieme di dottrine, miti, ecc. in riferimento a un qualche piano politico e sociale, come quello del fascismo, insieme ai dispositivi per metterlo in atto".[2] L'uso della parola "fascismo" qui è divertente. Non c'è scampo, vero? Anche i dizionari online sono prevenuti a favore del marxismo, e il suo vecchio nemico viene invece citato qui. (Fascismo e marxismo non sono la stessa cosa. Ci sono alcune somiglianze generali, ma non sono la stessa ideologia. Questo punto verrà approfondito più avanti).

Che cos'è un marxista?

C'è un po' di confusione nell'etichettatura. Vedrete/sentirete usare altri termini come "socialista" o "comunista" o anche "liberale" (a volte negli Stati Uniti si usa il termine "Neo-con"). Non lasciate che questi termini vi confondano e lasciate da parte qualsiasi idea preconcetta; costruiamo questo progetto dalle fondamenta.

Dal momento che ci stiamo concentrando sull'ideologia stessa (e sui suoi aderenti al culto) nel mondo moderno, l'etichetta di "marxista" è perfettamente accurata. Nell'interesse del consenso e dell'efficienza (come sottolineato in precedenza) e per mantenere le cose semplici nel risolvere questo problema, dovremmo chiamarli tutti "marxisti".

Un "membro di una setta" marxista è una persona che - volontariamente o meno - sostiene un qualsiasi ceppo dell'ideologia marxista (elencato più avanti) e che, pertanto, contribuisce all'infezione ideologica generale del marxismo nel nostro mondo. A causa delle loro convinzioni, stanno dando energia all'ideologia e quindi la sostengono in un modo o nell'altro (che se ne rendano conto o meno). Le loro convinzioni aiutano l'infezione a proliferare. Più persone di questo tipo ci sono nel mondo, più l'ideologia diventa

---

[2] https://www.dictionary.com/browse/ideology

influente/potente, più persone possono essere potenzialmente influenzate e più l'ideologia diventa influente/potente, ecc. Da qui la "pandemia" ideologica.

Queste persone possono essere di tutte le forme e dimensioni, possono essere solo lievemente infettate/indottrinate o gravemente infettate/indottrinate, e tutti i livelli intermedi. Non si tratta di una cosa in bianco e nero, ma di sfumature, di una scala mobile di fanatismo e indottrinamento. Può essere un vero e proprio sostenitore o un apologeta. Può essere un apologeta appassionato, o un apologeta non entusiasta (alcuni possono essere apologeti senza nemmeno rendersene conto, o senza sapere cosa sia il marxismo). Può essere politicamente informato e attivo, oppure no. Possono essere giovani o anziani, ricchi o poveri, istruiti o meno, di qualsiasi nazionalità, etnia o credo religioso. Può essere un negoziante, un poliziotto, un insegnante, un medico, un falegname, un attore, uno studente, la vostra ragazza/ragazzo, un membro della famiglia, un cugino perso da tempo, un collega, un vicino di casa, ecc. Il culto/ideologia non fa discriminazioni in questo senso. Non è esigente.

Il termine "marxista" non include solo coloro che amano/provocano/sostengono l'interpretazione tradizionale e superficiale del marxismo, ossia coloro che vedono il marxismo come una forma di rivoluzione contro il sistema o come un sistema politico o economico alternativo (alias "socialismo"). Include anche coloro che amano/appoggiano/supportano gli aspetti sociologici più moderni del marxismo, più comunemente noti come "marxismo culturale" (che è dove, probabilmente, le teorie basate sul marxismo hanno davvero un impatto sulla società e fanno il vero danno). Questi tipi sono spesso erroneamente etichettati come "liberali" (per saperne di più, più avanti).

Anche se tutti questi tipi di persone sono collegati, essendo aderenti al marxismo, significa che sono tutti identici? Ovviamente no. Se consideriamo questo come un unico, grande culto o quasi-religione internazionale, allora non tutti sono "veri credenti"; alcuni seguono solo un po' la folla. E non è nemmeno vero che tutte queste persone sono degenerate, malvagie, nichiliste, non etiche, distruttive, ecc. Sono tutti, tuttavia, in errore (in un grado o nell'altro), qualunque sia l'aspetto del marxismo che sottoscrivono. Poiché il marxismo ha molte varietà/interpretazioni diverse, possono sbagliarsi in molti modi diversi (quanti ne vogliono! È un buffet libero di credenze sbagliate!).

È tradizione marxista disorientare i nemici ideologici e politici usando termini confusi o distraenti, anche per descrivere se stessi. Non possono usare il termine "marxista" ma altri termini, tra cui (ma non solo): Sinistra, Progressisti, Antirazzisti, Radicali, Rivoluzionari, Antifascisti, Partigiani antifascisti, Partigiani; o altri termini come Attivisti della giustizia sociale, Attivisti di Black Lives Matter, Femministe/Radicali; o altre combinazioni delle parole "Radicale", "Attivista", "Progressista", "Rivoluzionario", "Sinistra", "Socialista" ecc. Altri termini come "Lavoratori" o "Lega" o "Partito" o "Antifascista" saranno particolarmente presenti nell'etichettatura di club, organizzazioni, sindacati ecc. La realtà, ovviamente, è che si tratta di un unico grande movimento. Il fatto che la setta/ideologia abbia una tale varietà di etichette ha contribuito a tenere questa verità sufficientemente nascosta, fino ad oggi...

Che cos'è il marxismo?

Questo è molto importante. È fondamentalmente qualsiasi forma di attivismo folle e "rivoluzionario".

Alcuni di coloro che si sono limitati a guardare il libro e il suo titolo saranno scoraggiati o sconcertati dalla parola "marxismo". La parola "marxismo" indica qualsiasi variante di: socialismo, comunismo, marxismo culturale, neomarxismo, marxismo classico (che a sua volta contiene il marxismo ortodosso e il marxismo revisionista), marxismo libertario, socialdemocrazia (legata al marxismo revisionista e considerata da alcuni una corrente "favorevole al capitalismo"), socialismo democratico, socialismo fabiano, il marxismo occidentale, il leninismo, il marxismo-leninismo, il maoismo, il castrismo, il guevarismo, l'hoxhaismo, l'eurocomunismo, il titoismo, il krusciovismo, l'Ho Chi Minh-ismo (alias Ho Chi Minh Thought), il comunismo Juche, il comunismo Goulash, il trotskismo, il luxemburgismo, l'anarco-comunismo, il socialismo libertario, il progressismo, il politicamente corretto, ecc. ecc. ad nauseam.

(Anche l'anarchismo merita una menzione; è un movimento contaminato con il marxismo/marxisti. Sebbene si possa sostenere che l'anarchismo "puro" sia, in teoria, l'idea di avere una società senza governanti (il che suona piuttosto bene), si dà anche il caso che serva molto il marxismo, volendo che le strutture della civiltà vengano abbattute per raggiungere questo obiettivo. L'anarchismo "puro" è utopico in quanto prevede una società molto diversa e migliore senza governanti. Molte varianti dell'anarchismo sono solo distruttive e nichiliste per il gusto di farlo).

Sono tutti collegati, essendo diverse interpretazioni/variazioni della stessa ideologia di base; alcuni sono più fedeli alle idee originali di Karl Marx e Friedrich Engels rispetto ad altri (il che è irrilevante: sono tutti parte del problema). Altre hanno radici più lontane nella storia, poiché le idee socialiste non sono nate con questi due uomini, ma hanno plagiato molti concetti.

Alcuni di essi sono ceppi generati da ceppi precedenti. Il marxismo-leninismo, ad esempio, essendo esso stesso una fusione/interpretazione delle idee di Karl Marx e Vladimir Lenin (1870-1924), ha generato diversi ceppi. Nel complesso, alla fine si riducono tutti alla stessa cosa: sono solo diverse sfumature della stessa merda, come diciamo in Irlanda. I fan di una particolare varietà possono insistere sul fatto che sono diversi dagli altri e che qualsiasi critica al marxismo, al socialismo o al comunismo non si applica al loro particolare marchio (piccoli enigmi come questi sono elencati nella sezione "Scuse (marxiste) della gente").

Teniamo presente che tutte queste diverse etichette sono solo l'interpretazione o le idee di una persona basata sull'interpretazione o sulle idee di un'altra persona. Alcuni ceppi sono idee basate su idee di idee di qualcun altro su idee di qualcun altro (no, non proprio).

In termini logici, se le idee di base sono sbagliate, è come costruire un muro scadente, uno strato sopra l'altro: il primo strato di mattoni è costituito da barrette di gelato, il secondo da panini B.L.T., il terzo da banane marce, il quarto da sacchetti di vomito grandi come un cestino da pranzo, ecc. Buona fortuna nel cercare di far stare in piedi quel muro, soprattutto in una calda giornata estiva!

Pensate a tutti gli innumerevoli "generi" diversi che alcuni pazzi a cui è stato fatto il lavaggio del cervello si inventano oggi: il fatto che si usino un sacco di etichette non aumenta la legittimità del concetto erroneo di base (cioè che esista qualcosa di più di "maschio" e "femmina")! Lo stesso vale per il marxismo: possono inventarsi un milione di nomi se vogliono, non cambia il fatto che è un veleno ideologico.

Alcuni ceppi sono reinterpretazioni della stessa ideologia di base (ad esempio, il "marxismo culturale" della Scuola di Francoforte); o diversi metodi di diffusione di tale ideologia (ad esempio, il socialismo fabiano). Alcuni possono anche rappresentare fasi diverse dello stesso processo attraverso il quale il marxismo prende piede in un Paese: questo processo inizia con una leggera infezione fino al dominio del marxismo in quel Paese (ad esempio, la "correttezza politica" è un segno di una leggera infezione).

Che impressione ci dà tutta questa etichettatura? Che ci sia molta sperimentazione in corso, come se la civiltà stessa - e chi ne fa parte - dovesse essere oggetto di esperimenti. È stato detto che la follia consiste nel commettere ripetutamente gli stessi errori aspettandosi risultati diversi. Considerando il suo curriculum di continui fallimenti, cosa ne è del marxismo? Se le teorie marxiste avessero un valore reale, non avrebbero bisogno di essere modificate costantemente e poi ritentate, all'infinito. Gli enormi ego maniaci del controllo tradizionalmente dominanti in questo culto tentano eternamente di convincerci del contrario.

È possibile, considerando il modus operandi del culto, che i marxisti abbiano (consapevolmente o inconsapevolmente) inventato/utilizzato termini come "stalinismo", "leninismo" e "maoismo" per distrarci dalla verità di fondo (che l'ideologia stessa è sempre stata il problema di fondo). Poiché questa compartimentazione dei termini protegge la setta/ideologia, nascondendoci questa verità, è un problema serio. Ci impedisce di attaccarla e sopprimerla.

Marxismo, socialismo, comunismo: qual è la differenza?

Prima alcune interpretazioni di base:

Il "marxismo" è il nucleo, l'ideologia di partenza e il fondamento di tutte le altre varianti; il filo rosso che le attraversa tutte. Non si tratta solo di ciò che autori come Marx ed Engels hanno detto nei loro scritti. È il motore ideologico di tutto il sentimento rivoluzionario marxiano.

Il "socialismo" è il metodo politico, economico e sociologico per mettere in pratica le teorie marxiste; per costruire una società secondo i principi marxiani. Secondo alcune interpretazioni, il socialismo è la fase che una società attraversa nella sua ipotetica "transizione" dal capitalismo al comunismo.

Il "comunismo" è la società egalitaria "utopica" prevista da Marx e dai suoi discepoli una volta che il socialismo sarà pienamente attuato e il capitalismo completamente sostituito. Naturalmente, secondo il marxismo in generale, è necessaria una "rivoluzione" di qualche tipo per realizzare questi cambiamenti e raggiungere questa "utopia". Il comunismo è l'obiettivo finale del marxismo.

Nel Manifesto comunista (1848), Marx ed Engels si riferiscono a questo "nuovo" movimento rivoluzionario e ai suoi aderenti come "comunismo" e "comunisti".[3] È anche corretto, per certi versi, chiamare i marxisti "comunisti", ma poiché le parole "comunista" e "comunismo" sono per lo più equiparate a certi regimi nel corso della storia e a questa ipotetica "utopia" futura, non è altrettanto vantaggioso per noi usare questi termini (oltre ad altre ragioni, come vedremo). Inoltre, Marx stesso è l'origine principale dell'ideologia.

Per mantenere la nostra attenzione collettiva sul problema (il culto/ideologia in generale), è più efficace usare i termini "marxismo" e "marxisti" (indipendentemente dal fatto che siano o meno veri discepoli di Marx). Sono la scelta migliore.

Che cos'è il socialismo?

Il socialismo, ufficialmente, è un sistema politico, sociologico ed economico alternativo, rivoluzionario e anti-establishment. Il suo obiettivo è creare una società "socialista" in cui i mezzi di produzione, distribuzione e scambio siano di proprietà della comunità ("il popolo") nel suo complesso, piuttosto che di individui privati. In pratica, ciò significa una leadership centrale e la proprietà governativa di questi mezzi di produzione, distribuzione e scambio (in nome del "popolo"). Secondo alcune interpretazioni (ad esempio il marxismo classico), il socialismo è una fase di transizione tra il capitalismo e il comunismo, per cui una società socialista dovrebbe, in teoria, "progredire" verso la destinazione finale del comunismo.

Il socialismo è stato presentato come un miglioramento dei sistemi precedenti in termini di etica, soprattutto per il "proletariato" della classe operaia che generalmente costituiva la maggioranza della popolazione. È l'idea che ci debba essere una proprietà pubblica collettiva dei "mezzi di produzione", delle risorse, della terra, ecc. a beneficio di questa maggioranza, in contrapposizione

---

[3] Marx ed Engels, *Il Manifesto comunista* (1848).

alla proprietà privata/controllo di queste cose da parte di pochi ricchi "borghesi". Marx riteneva che il nuovo sistema capitalistico industriale emerso nel XIX secolo, grazie ai progressi delle tecnologie industriali, stesse creando una situazione intollerabile in cui i ricchi imprenditori capitalisti erano in grado di sfruttare i lavoratori (su scala industriale). Questo concetto di "lotta di classe", di importanza critica, era una prima manifestazione del principio "oppressore contro oppresso" (uno dei pilastri centrali e sempre presenti dell'ideologia).

A questo punto va notato che non è mai stato dimostrato che il socialismo sia un sistema efficace e funzionante nella pratica (nonostante la propaganda marxista insista sul contrario). Tratteremo il socialismo in una sezione successiva ("Passi rossi verso l'utopia", sotto il titolo "La distruzione del sistema capitalistico").

Che cos'è il socialismo democratico?

Ufficialmente, il socialismo democratico cerca di stabilire una società democratica con un modo di produzione di tipo socialista. Significa semplicemente che il socialismo è in atto in un Paese attraverso il sistema democratico, al contrario di un colpo di stato militare, di una dittatura o di un'invasione da parte di forze esterne. Naturalmente, non importa come questo sistema venga implementato, i risultati finali distruttivi - i suoi impatti sociali ed economici - sono gli stessi. Quindi ancora socialismo, ma con l'illusione della democrazia, perché questo tipo di socialismo consente elezioni "imparziali" (in teoria). Democrazia, quando è coinvolto il marxismo, significa in realtà "democrazia" - una situazione in cui, apparentemente, "il popolo" può scegliere chi sono i suoi leader e come è strutturata la società; ma in pratica, il marxismo domina.

Quindi, la domanda è: se i marxisti hanno il controllo, sarà consentita una vera opposizione anti-marxista? Ovviamente no. Oggi possiamo vedere questo processo in azione in tutti i Paesi "democratici" che hanno una significativa infezione marxista (ad esempio, i Paesi occidentali in generale).

Il comunismo

Il comunismo (lo "scopo" del socialismo) è l'obiettivo di creare una società basata sui principi marxisti: una società egualitaria ("uguale") senza classi sociali, in cui la proprietà privata e i diritti di eredità, la religione e il sistema capitalistico (compreso il denaro stesso) sono tutti aboliti. Una "utopia".

Anche in questo caso, si tratta solo di teoria e i membri della setta affermeranno che, storicamente, il comunismo (come previsto da Marx ed Engels e altri) non è mai stato effettivamente realizzato. Se consideriamo questo fatto vero, allora i vari regimi "comunisti", oggi famosi, del XX secolo non erano "comunisti".

Si tratta di un'argomentazione estremamente problematica, irrilevante ed errata, che permette all'ideologia del marxismo di sopravvivere nel presente, "tirandosi costantemente fuori dai guai" (questo aspetto viene approfondito nella sezione "Le scuse (marxiste) delle persone").

Questi regimi "comunisti" erano altamente repressivi nei confronti degli abitanti dei rispettivi Paesi, per cui il comunismo ha la reputazione di essere di natura ultra-totalitaria. Ciò comportava l'accentramento del potere, uno Stato monopartitico e l'inevitabile abolizione della democrazia, della libertà, ecc. Anche gli omicidi di massa di civili e le guerre erano risultati tipici di questi Paesi ad alto livello di infezione (poiché l'infezione cerca di diffondersi, naturalmente). Alcuni esempi sono riportati nella sezione storica.

Il termine "comunismo lite" indica una dittatura totalitaria "morbida". Se il "comunismo" è un controllo totalitario palese da parte dello Stato, il comunismo lite è più nascosto. Quindi non la versione dura, con i tacchi in faccia, ma una varietà più "gentile" e sottile. Nel complesso, lo stesso sistema di controllo e gli stessi risultati, ma con metodi diversi. Un termine in qualche modo correlato è "socialismo strisciante": una presa di potere graduale, incrementale, relativamente lenta, in contrapposizione a una presa di potere improvvisa o istantanea (cioè un'invasione militare da parte di forze "socialiste" o "comuniste").

Interpretazioni ufficiali

Una definizione di "marxismo" da *Dictionary.com*: "Il sistema di pensiero economico e politico sviluppato da Karl Marx, insieme a Friedrich Engels, in particolare la dottrina secondo cui lo Stato, nel corso della storia, è stato un dispositivo per lo sfruttamento delle masse da parte di una classe dominante, che la lotta di classe è stata la principale agenzia del cambiamento storico e che il sistema capitalista, che contiene fin dall'inizio i semi della sua stessa decadenza, sarà inevitabilmente, dopo il periodo della dittatura del proletariato, sostituito da un ordine socialista e da una società senza classi".[4]

Strano, lì non si parla di ideologia... Significa che mi sbaglio? Che ne dite di un'altra. Questa volta useremo *Merriam-webster.com:* "I principi e le politiche politiche politiche, economiche e sociali sostenute da Marx, in particolare: una teoria e una pratica del socialismo, compresa la teoria del valore del lavoro, il materialismo dialettico, la lotta di classe e la dittatura del proletariato fino all'instaurazione di una società senza classi".[5] Ok, ancora nessun accenno all'ideologia... Forse dobbiamo fare i bagagli e abbandonare subito? No, non credo.

Guardando le definizioni, che impressione ci danno finora? Entrambe dicono essenzialmente che il marxismo è costituito da concetti di natura politica, economica e sociologica, ideati da un tizio di nome Karl e da un altro tizio di

---

[4] https://www.dictionary.com/browse/Marxism

[5] https://www.merriam-webster.com/dictionary/Marxism

nome Friedrich. C'è questo termine fantasioso chiamato "materialismo dialettico" e questo concetto aggressivo di "dittatura del proletariato" che emana queste vibrazioni di vendetta. Questa è più o meno l'impressione che abbiamo qui. Suggerisce grandi cambiamenti, con un tono quasi incendiario.

Allora perché insisto sul fatto che si tratta di un'ideologia? Ecco la definizione di "ideologia" di prima, ma sostituiamo la parola "marxismo" al posto di "fascismo": "1. Il corpo di dottrine, miti, credenze, ecc. che guida un individuo, un movimento sociale, un'istituzione, una classe o un grande gruppo. 2. Tale corpo di dottrine, miti, ecc. con riferimento a un piano politico e sociale, come quello del marxismo, insieme ai dispositivi per metterlo in atto".

Ora, se guardiamo a ciò che sta accadendo nel mondo di oggi, quale parola sembra più appropriata in questo spazio? Il marxismo è il corpo di dottrine/miti/credenze che sta guidando individui/movimenti sociali/istituzioni/classi/grandi gruppi? Sì, assolutamente: è più che mai evidente.

Il marxismo ha un qualche piano politico e sociale e ci sono strumenti per metterlo in pratica? Sì, è innegabile: la maggior parte degli organi dello Stato in tutto il mondo sono dedicati alla sua causa. Come vedremo, in base a queste definizioni di ideologia, il marxismo vi rientra a pieno titolo.

Le definizioni di marxismo (secondo *Dictionary.com* e *Merriam-webster.com)* riflettono la percezione ufficiale, "politicamente corretta" e quotidiana di ciò che è il marxismo. La verità è che il marxismo è un'ideologia che va ben oltre l'ambito politico, finanziario o sociologico. Influisce sugli individui e sulla società in molti modi precedentemente non esaminati. Inoltre, un grande e sanguinoso pasticcio ideologico come questo non può essere completamente incapsulato in un paio di frasi all'interno di una semplice definizione, purtroppo.

Inoltre, non si tratta solo di ciò che Marx o Engels pensavano o dicevano, o di ciò che era contenuto nel Manifesto Comunista e in *Das Kapital* (Marx, 1867),[6] o di ciò che qualsiasi altro apologeta marxista/marxista (passato o presente) ha detto; né si tratta solo dei vari regimi cosiddetti comunisti, della Scuola di Francoforte, o del socialismo democratico ecc. È molto più grande di tutto questo! La maggior parte delle definizioni o degli articoli ufficiali che troverete online e che descrivono cosa sia il marxismo saranno contaminati dal marxismo stesso. La parola "distorto" non è adatta.

"Culto"

La parola "culto" deriva dal latino "cultus" che significa "culto" e dalla parola "colere" che significa "coltivare". Da *Dictionary.com* (ridotto alle parti rilevanti). Sottolineato per enfasi): "un'istanza di grande venerazione di una

---

[6] Marx, K. *Das Kapital* (1867).

persona, di un ideale o di una cosa, specialmente se manifestata da un gruppo di ammiratori; un gruppo o una setta legati dalla venerazione della stessa cosa, persona, ideale, eccetera; un gruppo che ha un'ideologia sacra e un insieme di riti incentrati sui suoi simboli sacri; una religione o una setta considerata falsa, non ortodossa o estremista".[7]

Guardando al collettivo marxista in generale, mostra una grande venerazione per alcune personalità storiche e le tiene in alto come quasi profeti (Marx, Lenin, Trotsky, Guevera, Mao ecc.)? Si.

Utilizzano alcuni simboli e immagini sacre universali (pugno chiuso, colore rosso, falce e martello, stella rossa)? Sì.

Sono uniti dal culto collettivo di alcuni ideali (rivoluzione, uguaglianza, solidarietà, "compassione", internazionalismo, lotta di classe/principio dell'oppressore contro l'oppresso, ecc.) Sì. Sono estremisti/fanatici e si considerano diversi (e superiori) rispetto a chi non fa parte del culto? Sì.

Un'altra definizione di "culto" da *merriam-webster.com* (modificata nelle parti rilevanti): "una religione considerata non ortodossa o spuria. Anche: il suo corpo di aderenti. Il culto del voodoo. Un culto satanico; una grande devozione verso una persona, un'idea, un oggetto, un movimento o un'opera (come un film o un libro); un gruppo solitamente piccolo di persone caratterizzato da tale devozione".[8]

Possiamo usare queste definizioni e combinarle con la nostra percezione generale di cosa siano i culti. Il marxismo è una religione considerata non ortodossa o spuria (che significa "esteriormente simile o corrispondente a qualcosa senza averne le qualità genuine" e "di natura o qualità ingannevole")? L'idea di "utopia" (e la sua promessa) corrisponde alla parte della "natura ingannevole"? Ad esempio, il marxismo promette l'utopia, quindi rientra nella categoria delle religioni "spurie" (ovvero dei culti).

Il marxismo è una "grande devozione a una persona (Marx e altri), a un'idea (socialismo/comunismo) o a un'opera, come un libro" (Il Manifesto comunista, Das Kapital, il *Libretto rosso* (Mao Zedong, 1964) ecc.[9] Potremmo chiamare "sette" tutti i vari ceppi/interpretazioni del marxismo?

Quali sono gli attributi di una setta? Una setta è spesso un gruppo che ha un complesso di superiorità. Può anche avere un forte senso di fratellanza o di "amore" tra i suoi membri che non si applica a coloro che ne sono al di fuori (qualunque cosa essi dichiarino). Un gruppo che ha manie di grandezza, che fa appello alle manie di grandezza degli individui che ne sono attratti (e che lo

---

[7] https://www.dictionary.com/browse/cult

[8] https://www.merriam-webster.com/dictionary/cult

[9] Zedong, M. *Il libretto rosso* (1964).

compongono). Un gruppo che sente di "combattere" per una qualche questione importante e irrisolta di cui il mondo deve essere messo al corrente, o per qualche altro scopo elevato! Per questo motivo, è spesso di natura "rivoluzionaria": vuole influenzare o cambiare il mondo, costringendolo a cambiare.

Nei culti, possono dirvi che siete speciali e possono riempirvi la testa di nozioni elevate - che cambierete/salverete il mondo; che capite cose che gli altri non capiscono (in particolare quelli al di fuori del culto). È un metodo di lavaggio del cervello molto efficace perché utilizza/stimola l'ego, e tutti noi abbiamo un ego! Inoltre, molte persone vorrebbero sentirsi speciali e/o potenti a qualche livello del loro essere.

I culti possono avere canti o mantra come "potere al popolo", "una sola razza, razza umana!", "case per le persone, non per i profitti!" o "via la feccia nazista dalle nostre strade!". Inoltre, ci sono i termini marxisti spesso utilizzati, "uguaglianza", "diversità", "solidarietà", ecc. È come un canto religioso, una trance... magia rossa (in contrapposizione a quella nera). I termini e i tormentoni che il culto utilizza in tutto il mondo sono una sorta di incantesimo, per invocare lo "spirito" della rivoluzione.

I membri del culto possono provenire da tutti i ceti sociali: ricchi/poveri, neri/bianchi/asiatici, alti/corti, maschi/femmine/altri/non-binari/terziari/ermafroditi trans bi gay queer/che vi piace provare a infilarvi l'estremità spessa di una bottiglia di champagne nel culo una volta alla settimana per dimostrare che non siete omofobi. I membri sono di tutte le forme e dimensioni perché questa è un'ideologia che fa il lavaggio del cervello.

Tutto ciò che serve è un cervello in grado di subire il lavaggio del cervello; non ci sono altri requisiti e l'ideologia (chiaramente) non è esigente riguardo al cervello che infetta. In un senso pseudo-spirituale, sono tutti un tutt'uno all'interno del culto.

Trotskismo

Il trotskismo è un'altra corrente del marxismo, che prende il nome da un "uomo" chiamato Lev Davidovich Bronstein o Leon Trotsky (1879-1940), come egli stesso scelse di essere chiamato. Trotsky fu uno dei principali protagonisti della Rivoluzione russa del 1917, insieme a Vladimir Lenin. Il trotskismo è comunemente legato al concetto di "rivoluzione permanente" e all'idea che il socialismo debba essere un affare internazionale e non solo nazionale. Gli aderenti a questa particolare corrente sono i trotskisti (o colloquialmente chiamati "trots" in Gran Bretagna).

Marxismo-Leninismo

Questo ceppo è la fusione delle idee di due personaggi diversi - Karl Marx e Vladimir Lenin - e delle due diverse interpretazioni del marxismo che prendono il loro nome: Marxismo e Leninismo. Combina l'idea di Marx di un'economia centralizzata (e della proprietà delle risorse e dei mezzi di produzione da parte del "popolo") con l'idea di Lenin di un'"avanguardia proletaria" (gruppo dirigente di culto marxista). Questa mostruosità ideologica fu aiutata a nascere da una mostruosità biologica nota come Joseph Stalin (1878-1953), che salì al potere sulla scia di Lenin. Questo ceppo riceve spesso il grosso delle critiche per la reputazione totalitaria del "comunismo".

È un termine importante perché è problematico per comprendere la natura dell'infezione marxista nel mondo. Perché? Perché le conseguenze catastrofiche e deleterie dell'affermazione del marxismo in un Paese sono spesso attribuite a questo ceppo "marxista-leninista" del marxismo.

Questo permette ai membri della setta di distaccarsi da questi regimi, sostenendo che non hanno nulla a che fare con il "vero" marxismo/comunismo, ecc.

In sostanza, il marxismo-leninismo è ciò che si ottiene quando si uniscono le idee di due personalità disturbate. È difficile stabilire a quale di questi personaggi vada la maggior parte della colpa per l'affermazione dell'ideologia nel mondo: sebbene Marx stesso sia stato il primo a partecipare al processo, il contributo di Lenin ha portato alla creazione dell'Unione Sovietica (e a tutto ciò che ne consegue), oltre alle successive emulazioni da parte di personaggi del calibro di Mao Zedong (1893-1976) e della sua Cina Rossa (che hanno portato a eventi come la Guerra di Corea (1950-1953), la Guerra del Vietnam (1954-1975) e numerose altre manifestazioni). Se l'Unione Sovietica non fosse mai esistita, l'ideologia non si sarebbe diffusa a livello globale come invece è accaduto.

Marxismo "centrista

È un termine descrittivo generalmente utilizzato per indicare un tipo di marxismo che si colloca tra due tipi di strategia tipicamente utilizzati dal culto: Rivoluzione: l'assalto e la distruzione del sistema esistente, per poi sostituirlo con uno marxista. E Riformismo: l'infusione del sistema esistente con il marxismo per trasformarlo in marxista. Quest'ultimo è spesso più insidioso e probabilmente una strategia molto più difficile da contrastare. Il marxismo centrista non è meno distruttivo di altri ceppi/interpretazioni. Centrista in questo contesto non significa ovviamente "moderato", poiché il marxismo non può essere moderato in nessuna forma.

Marxismo occidentale

Questo è legato al "neo-marxismo". È solo un altro nome per un'altra corrente o interpretazione delle idee marxiste, che ha iniziato ad allontanarsi dal formato/strategia della rivoluzione sanguinosa e operaia per passare a un formato più "civile" e infine accademico. Il periodo successivo alla Prima guerra mondiale e alla Rivoluzione russa segnò una nuova fase del marxismo, con membri di culto come l'italiano Antonio Gramsci (1891-1937), il tedesco

Karl Korsch (1886-1961) e l'ungherese Gyorgy Lukacs (1885-1971) che si affermarono con le loro interpretazioni. Più tardi, un famigerato gruppo cripto-marxista chiamato Scuola di Francoforte sarebbe apparso sulla scena per fare la stessa cosa, proliferando ulteriormente l'infezione ideologica.

Mettere il "culto" nella "cultura": Il marxismo culturale

È un termine spesso coniato per indicare l'eredità dei "marxisti occidentali" della Scuola di Francoforte o di altri individui/gruppi che hanno avuto o hanno un'influenza marcatamente marxiana sui Paesi occidentali. Il termine può essere usato quando si descrivono le iniziative/concetti promulgati da questo tipo di individui/gruppi e i loro effetti, come il cosiddetto multiculturalismo, *la* political-correctness, la teoria critica, ecc.

I marxisti/apologeti sostengono (com'è prevedibile) che questa apparente agenda di distruzione dei Paesi occidentali è una teoria della cospirazione. Altri cercano di screditare o liquidare il termine "marxismo culturale", dicendo che non è accurato, ecc. Niente di tutto questo ha importanza: è molto reale, indipendentemente da come viene chiamato. Potremmo chiamarlo "marxismo dei gruppi sociali" o "marxismo dei conflitti di gruppo" o "marxismo della lotta tra classi sociali", ma non suonano altrettanto bene, vero? Non possiamo chiamarlo "marxismo sociale" perché anche le precedenti incarnazioni del marxismo avevano un elemento sociale.

Il "marxismo culturale" prende la formula oppressore contro oppresso della lotta di classe e la applica ad altri gruppi della società. Così, invece di parlare di ricchi contro poveri (come nel marxismo tradizionale), ora si parla di uomo contro donna (femminismo), nero contro bianco ("razzismo"), etero contro gay/bisessuali (diritti dei gay), "trans" contro non trans (diritti dei trans), "genere cis" contro "genere non binario" (??? diritti), animali contro umani (veganismo), umani contro il pianeta (cambiamento climatico) ecc. Tutto ciò ha l'eterno e onnipresente effetto marxiano di creare un conflitto tra gruppi diversi in modo che si distruggano a vicenda (divide et impera).

PC e linguaggio d'odio

Così come esiste oggi, questo è un altro aspetto importante del totalitarismo marxiano. È un meccanismo per tenere sotto controllo il pubblico, in particolare coloro che hanno opinioni che sfidano lo status quo (che il marxismo ha creato). In parole povere, se esprimete un'opinione che non è approvata dal sistema, voi (e la vostra opinione) sarete oggetto di soppressione.

Il "politicamente corretto" (PC) o "correttezza politica" è anche un modo molto efficace per il culto marxista di tenere sotto controllo i suoi avversari politici, controllando l'uso del linguaggio nella società. Ciò consente di identificare i potenziali oppositori politici nel momento stesso in cui aprono bocca. È anche una forma di sottile terrorismo psicologico, poiché può far sì che una persona abbia paura (consciamente o inconsciamente) di esprimere opinioni non conformi al programma marxista. Questo può creare stress nelle menti dei potenziali oppositori del culto nella società e soffocare la generazione di morale in qualsiasi movimento anti-marxista che possa svilupparsi.

Questo è un classico! Al giorno d'oggi "hate speech" è essenzialmente qualsiasi opinione che non sia di natura marxista; spesso significa semplicemente dire la verità. Incarna molto bene l'ideologia e il marchio di fabbrica della doppia morale ipocrita, il tutto racchiuso in due sole parole! Magnifico, non è vero? L'ideologia è allergica alla verità; non può funzionare in sua presenza, quindi deve essere distrutta. Ergo, il carico di propaganda linguistica "hate speech".

È un modo per controllare il discorso pubblico, etichettando qualsiasi opinione non marxista come cattiva/negativa/male. Un modo per programmare e convincere le masse addormentate (che possono non essere né pro né contro il marxismo) che le opinioni non marxiste sono cattive (e, per suggestione, che le opinioni marxiste sono buone). Lo fa controllando emotivamente la loro percezione di tali opinioni.

Ovviamente, l'introduzione di leggi "che incitano all'odio" in un Paese è la creazione di leggi a favore del marxismo, e quindi un chiaro segno che il culto/ideologia sta diventando dominante in quel Paese.

Abbiamo sentito membri di una setta commentare "l'estrema destra", pronunciando parole del tipo "non siamo d'accordo con la politica dell'odio"; è come se un piromane dicesse "controllate regolarmente gli allarmi antincendio". Per loro, tutto ciò che è "di destra" o nazionalista è la politica dell'odio, il che implica che il marxismo è la politica dell'amore (!). Essere a favore del genocidio, del conflitto razziale, dell'anti-cultura e del governo unico mondiale è "amore", vero? Oh, capisco, ora capisco (face palm). In un certo senso, il marxismo ha a che fare con l'amore: amore per l'ideologia, per la rivoluzione; amore per i membri del culto (da parte dei membri del culto); amore per l'ego, l'illusione, il conflitto, l'anarchia, la degenerazione, lo squilibrio, ecc. L'espressione "politica dell'odio" è un tipico inganno marxista di tipo virtuosistico. È un classico e la gente ci casca sempre.

Relativismo culturale o morale

Sono concetti che possiamo far risalire a un'altra manifestazione del marxismo, il postmodernismo. Il "relativismo" deriva dall'idea di soggettività: la realtà è aperta all'interpretazione individuale, in quanto non è necessariamente fissata nella pietra. (Il postmodernismo viene esaminato più approfonditamente in una sezione a sé stante). Da Wikipedia: "Il relativismo culturale è l'idea che le credenze e le pratiche di una persona debbano essere comprese in base alla sua cultura. I sostenitori del relativismo culturale tendono anche a sostenere che le norme e i valori di una cultura non dovrebbero essere valutati utilizzando le norme e i valori di un'altra".[10]

Il relativismo culturale è l'idea, ispirata dal marxismo, che tutte le culture siano uguali e debbano essere considerate tali. Insiste, soprattutto, sul fatto che non dovremmo decidere che alcune culture/pratiche culturali sono superiori ad altre (in particolare se riteniamo che la cultura occidentale sia superiore a quelle non occidentali in qualsiasi modo). Inoltre, il culto/ideologia si oppone alle gerarchie, quindi non può permettere a nessuno di pensare in questo modo. Ovviamente, possiamo vedere che concetti come questi sono usati per indottrinare le masse ad accettare sub-agende marxiane come il "multiculturalismo" e la migrazione di massa.

Da Wikipedia: "Il relativismo morale o relativismo etico (spesso riformulato come etica relativista o morale relativista) è un termine usato per descrivere diverse posizioni filosofiche che si occupano delle differenze nei giudizi morali tra i diversi popoli e le loro particolari culture".[11] Quindi "Relativismo morale" è un altro termine inventato per impedire alle persone di giudicare qualsiasi comportamento di culture o gruppi diversi dal proprio.

Ad esempio, se una persona in un Paese occidentale esprime un giudizio contro le mutilazioni genitali femminili che avvengono nel suo Paese, le sue obiezioni possono essere respinte utilizzando i termini del relativismo culturale e morale. Potrebbero essere affrontate con frasi del tipo: "non è sbagliato, voi pensate solo che sia sbagliato, perché la vostra cultura è diversa dalla loro!". È un'assurdità assoluta: le mutilazioni genitali femminili sono sbagliate.

È interessante notare che in altri casi (quando fa comodo), il culto spesso insiste sul fatto che tutte le culture sono uguali e uguali (ad esempio nel "multiculturalismo"), ma in casi come questo (MGF) sottolinea che sono diverse e che queste differenze devono essere accettate. In questo caso è evidente un po' di cherry-picking.

Naturalmente, questa accettazione delle differenze culturali non è una strada a doppio senso: I Paesi occidentali devono accettare qualsiasi "differenza culturale" e adattare il loro comportamento/atteggiamento di conseguenza, ma i non occidentali che migrano nei Paesi occidentali non sono tenuti ad adattare il loro comportamento/atteggiamento (perché questo sarebbe piegarsi ai capricci dei "razzisti", giusto?). Il cherry-picking e i due pesi e due misure sono temi continuamente ricorrenti all'interno dell'ideologia. Il primo è interconnesso con la propaganda: l'uso selettivo e creativo delle informazioni.

"Socialista dello Champagne"

Un tema comune a tutta la storia dell'ideologia è che persone provenienti da

---

[10] https://en.wikipedia.org/wiki/Cultural_relativism

[11] https://en.wikipedia.org/wiki/Moral_relativism

ambienti privilegiati si alleano alle cause socialiste, sostenendo di essere "campioni dei poveri", ecc. Come sottolineato in precedenza, persone di ogni estrazione sociale sono state risucchiate dal culto marxista, non solo i poveri o i privilegiati. A parte questo, c'è stata una presenza significativa di questi tipi "borghesi".

Queste persone sono veri umanitari, che si preoccupano davvero dei meno fortunati? Sono veramente empatiche o stanno solo romanzando la povertà e la depravazione? Credono davvero che il marxismo sia benevolo? O forse sono consapevoli del fatto che, di fatto, tiene sotto controllo le masse?

Per quanto riguarda la comprensione dell'ideologia, alcuni hanno la percezione che il capitalismo e il socialismo/comunismo siano due opposti polari, e che se si partecipa o si sostiene l'uno si deve sicuramente rifiutare l'altro al cento per cento. In pratica, questo suggerisce che una persona non può essere ricca e servire/sostenere/incoraggiare il marxismo.

Ciò non è chiaramente vero se si considera l'appartenenza globale al culto. Il mondo della politica, ad esempio, è pieno di personaggi ipocriti che sposano i concetti marxisti ma sono felici di diventare ricchi sfondati (di solito mentre si impegnano in comportamenti traditori e altre imprese criminali). Questo vale anche per l'infinito nastro trasportatore di celebrità e portavoce dei media che si prostituiscono ideologicamente per promuovere le cause marxiste in pubblico, tutto l'anno (per saperne di più). All'ideologia stessa non interessa se siete ricchi o meno, ma solo che la aiutate a diffondersi.

Questa apparente contraddizione è stata in effetti una pietra miliare dell'ideologia fin dal suo esordio. In effetti, quando si esaminano i vari movimenti nel mondo che spingono i concetti marxisti, spesso gli istigatori provengono da ambienti relativamente privilegiati; Marx ed Engels compresi. Quindi no, il marxismo non è un movimento dei "poveri" o degli "operai", popolato esclusivamente dalle "umili" classi lavoratrici.

"Utile idiota"

Questo termine implica due parti: il manipolatore e il manipolato. Viene spesso coniato per descrivere coloro che vengono usati per promuovere una causa (ad esempio ideologica/politica), senza esserne pienamente (o forse anche parzialmente) consapevoli. Descrive perfettamente coloro che si trovano all'estremità ingenua dello spettro e che contribuiscono a diffondere l'infezione marxista, consapevolmente o meno, anche a proprio danno.

Cos'è un "SJW"?

Acronimo di Social Justice Warrior (guerriero della giustizia sociale): una persona che pensa di comportarsi per il bene della società; un eroe degli oppressi. La cultura SJW esiste solo grazie al marxismo, quindi un SJW potrebbe essere classificato come un utile idiota dell'ideologia.

Tutti i manifestanti che in quest'epoca sono scesi in piazza nelle città e nei paesi di tutto il mondo, con i loro pugni chiusi, i loro striscioni e i loro megafoni, sostenendo le sub-agenzie marxiste, rientrano in questa categoria.

È divertente notare che la pagina di Wikipedia dedicata al Social Justice Warrior presenta un evidente pregiudizio marxista nella sua "definizione": "Guerriero della giustizia sociale" (SJW) è un termine peggiorativo e un meme su Internet usato soprattutto per indicare un individuo che promuove opinioni socialmente progressiste, di sinistra o liberali, tra cui il femminismo, i diritti civili, i diritti dei gay e dei transgender, le politiche identitarie, la correttezza politica e il multiculturalismo. L'accusa di essere un SJW implica che si sta cercando di ottenere una convalida personale piuttosto che una convinzione profonda e che ci si sta impegnando in argomentazioni insincere".[12] Benvenuti all'inferno, gente. Notate come viene usato "liberale", ma "marxismo/marxista" non è presente da nessuna parte. Come già detto, l'ideologia sta cercando di controllare la narrazione, controllando le percezioni.

"Sveglia"

> "Sei un'infezione, la definizione di debolezza. Tutto ciò che non va nel mondo è colpa tua, cazzo. Il mondo non si beve le tue stronzate che stai propinando. Questo tizio è il fottuto nemico. Se vuoi vedere il nemico del nostro mondo, è quel figlio di puttana lì".[13]
>
> Il lottatore UFC Sean Strickland risponde al giornalista "sveglio giornalista alla conferenza stampa, gennaio 2024

Dal sito del *dizionario macmillan*: "Consapevole delle questioni sociali e politiche relative alla razza, al genere, alla classe, ecc.[14]

L'uso del termine "woke" è un tentativo da parte del culto/ideologia di commercializzarsi come una forma di intelligenza superiore e di consapevolezza. Suggerisce che sostenere l'ideologia (e le sue sotto-agende) è segno di una persona con un senso etico superiore, in particolare sulle questioni sociali (il che è l'esatto contrario della verità; un'inversione). Per estensione, suggerisce che essere un membro di una setta è in realtà una forma di coscienza superiore o di "risveglio" (c'è un legame con la "spiritualità" e il movimento "new age" qui, naturalmente). Se sei "sveglio" sei un membro di una setta "spiritualmente evoluta", in pratica (alza gli occhi al cielo).

È solo un altro esempio di come la setta/ideologia cerchi di controllare il modo in cui viene percepita, attraverso un linguaggio propagandistico. Anche questo

---

[12] https://en.wikipedia.org/wiki/Social_justice_warrior

[13] MMAWeekly.com, «Sean Strickland SLAYS Reporter 'Sei un'infezione'», 18 gennaio 2024.

[14] https://www.macmillandictionary.com/dictionary/british/woke_2

termine è usato come peggiorativo dai non membri della setta, ma allo stesso tempo è una fonte indiretta di orgoglio per alcuni settori della setta.

Cos'è un "ideologo fondamentalista"?

Questo è un fanatico, fondamentalmente. Qualcuno che ha una visione a tunnel su qualunque ideologia sottoscriva, che è intollerante nei confronti di altri punti di vista e che può esprimersi con fervore religioso quando difende la propria "fede".

Non tutti coloro che sono stati contagiati dal marxismo (in un grado o nell'altro) sono ideologi fondamentalisti, ma nel culto ce ne sono molti che lo sono, con diversi livelli di fanatismo al suo interno.

Tuttavia, il fatto che non tutti i partecipanti siano fanatici a tutti gli effetti è irrilevante quando si tratta dell'impatto complessivo del culto sulla società, perché gli ideologi fondamentalisti che si trovano in posizioni di dominio/influenza determineranno il comportamento complessivo del movimento. Inoltre, ogni persona infetta/indottrinata che sostiene qualsiasi aspetto dell'ideologia (indipendentemente dal suo livello di indottrinamento), sta dando all'ideologia il suo sostegno/energia in qualche modo. Ogni contributo di questo tipo, grande o piccolo che sia, aumenta il potere complessivo della setta/ideologia.

Dissonanza cognitiva

La dissonanza cognitiva è uno stato mentale assolutamente rilevante per il tema dell'indottrinamento marxista. Si può cadere in questo stato mentale quando si hanno contemporaneamente convinzioni contrastanti nella propria mente, e questo può portare a un "conflitto psicologico". Dal sito web *psychologytoday.com*: "La dissonanza cognitiva è un termine che indica lo stato di disagio che si prova quando due o più modalità di pensiero si contraddicono a vicenda. Le cognizioni in conflitto possono includere idee, credenze o la consapevolezza di essersi comportati in un certo modo".[15]

Forse se una persona è solo leggermente indottrinata e/o è giovane, può scivolare in questo stato abbastanza facilmente, poiché il brain-cement (l'ideologia nel cablaggio del cervello) non è completamente "impostato", per così dire. Al contrario, forse per qualcuno che è stato indottrinato per molto tempo e che è più anziano, è molto meno probabile che accada. Per alcuni, la "plasticità neurale" può essere persa con il tempo. Da qui la frase "Non si possono insegnare nuovi trucchi a un cane vecchio". Anche l'orgoglio e/o la paura possono essere un problema in questo caso, e ovviamente una persona che usa consapevolmente il proprio libero arbitrio per impuntarsi ed essere

---

[15] «Dissonanza cognitiva«. https://www.psychologytoday.com/us/basics/cognitive-dissonance

testarda è una cosa piuttosto potente.

In altre parole, quando si ha a che fare con qualcuno a cui è stato fatto il lavaggio del cervello, non avrà alcun dubbio sul fatto che ha ragione e che tu hai torto (se non sei d'accordo con lui). Queste persone sono quelle che io chiamo affettuosamente "pezzi di ricambio" (come un'auto distrutta). Una personalità rovinata, probabilmente irrecuperabile: l'indottrinamento ha fatto il suo lavoro su di loro. Sono finiti come essere umano autentico. Un non-individuo. Purtroppo, il mondo si sta riempiendo di loro a causa dell'infezione...

Per vedere questo concetto di Dissonanza Cognitiva da una prospettiva ottimistica, quando si ha a che fare con i membri di una setta, forse una persona che mostra questi segni (quando cerchiamo di farla ragionare) non è da salvare?

Forse questo vale soprattutto per i giovani, a causa del fattore plasticità neurale? Studi e sperimentazioni future sugli indottrinati risponderanno a queste (e altre) domande.

"Non intende dire "liberismo"?

"Quando ci prepareremo a prendere gli Stati Uniti, non li prenderemo con l'etichetta di comunismo; non li prenderemo con l'etichetta di socialismo. Queste etichette sono sgradevoli per il popolo americano e sono state troppo inflazionate. Prenderemo gli Stati Uniti sotto le etichette che abbiamo reso molto amabili; li prenderemo sotto "liberalismo", sotto "progressismo", sotto "democrazia". Ma li prenderemo".[16]

Discorso del milionario membro della setta Alexander Trachtenberg, membro del Comitato Centrale di Controllo del CPUSA, alla Convenzione Nazionale dei Partiti Comunisti, Madison Square Garden, 1944 (come raccontato dalla whistleblower Bella Dodd in una conferenza alla Fordham University nel 1953)

No. L'infezione marxista e le conseguenze che ne derivano sono spesso attribuite al liberalismo. Si tratta di una diagnosi comunemente errata. Spesso si verifica quando alcuni degli effetti del "marxismo culturale" stanno diventando evidenti nella società, come ad esempio: la costante enfasi sull'"uguaglianza" (che molti pensano erroneamente abbia a che fare con un autentico umanitarismo); gli effetti dell'immigrazione di massa/multiculturalismo e della "diversità"; la prevalenza del movimento LGBTQ e del femminismo, ecc. Per alcuni, questi effetti (tra gli altri) possono far sembrare che la causa sia il "liberalismo", ma in realtà è il marxismo. Se una persona/società non comprende l'ideologia e non è in grado di identificare dove e come sta avendo un impatto, spesso arriva a questa conclusione errata.

Questa etichettatura errata può essere dovuta a una serie di ragioni, ma

---

[16] «Bella Dodd spiega le anatre del comunismo»,
https://www.YouTube.com/watch?v=VLHNz2YMnRY

principalmente a questa mancanza di conoscenza/comprensione (che, a dire il vero, è molto comune). Si può usare l'etichetta errata di "liberalismo" quando si cerca di spiegare i cambiamenti sociali di cui sopra usando solo l'inadeguata definizione ufficiale e superficiale di cosa sia il marxismo (cioè non un'ideologia malevola e sovversiva, ma una scuola di pensiero politico e socioeconomico rivoluzionario e benevolo, ecc.)

In altre parole, nella mente di quella persona si potrebbe pensare: "Beh, il marxismo/socialismo riguarda l'uguaglianza economica e il modo in cui la società nel suo complesso è strutturata politicamente, ecc. e non tanto i moderni diritti civili e la libertà di scegliere le proprie convinzioni, il proprio comportamento sessuale, ecc. E questa è la conclusione a cui giungono. Altri poi li imitano. (Ancora una volta, se non sappiamo cosa sia effettivamente il marxismo (in verità), come potremo sapere per cosa incolparlo? Come potremo distinguerlo da altre cose (come il liberalismo)? Come potremo vedere gli effetti che produce? Le etichette sono importanti! Etichette sbagliate = identificazione errata).

Al problema di conoscere solo l'interpretazione ufficiale del marxismo si aggiunge un altro fattore: se qualcuno non conosce nemmeno la Scuola di Francoforte e il "marxismo culturale", potrebbe non essere in grado di identificare il marxismo come responsabile di questi cambiamenti sociali. Non capiscono la natura subdolamente sovversiva del marxismo, per cui "liberalismo" sembra un'etichetta appropriata. Non riescono a capire come il marxismo possa essere responsabile di questi cambiamenti sociali perché il liberalismo è una cosa ufficialmente riconosciuta e apertamente discussa nell'educazione/società tradizionale, mentre l'influenza sovversiva marxista non lo è.

Inoltre, il termine "liberalismo" può essere utilizzato da agenti di disinformazione consapevoli (membri di una setta) per distogliere l'attenzione e la colpa dal marxismo (una tattica già menzionata).

Liberalismo e marxismo sono molto diversi (a parte le diverse tendenze/interpretazioni di ciò che sono). Il liberalismo può essere descritto come una filosofia politica, mentre il marxismo (in verità) è un movimento rivoluzionario che mira a cambiare la società costringendola a cambiare. È vero che il liberalismo può essere stato considerato rivoluzionario per il suo tempo, ma il marxismo ha un aspetto rivoluzionario duraturo che non è mai soddisfatto.

Il liberalismo pone l'accento su alcune idee associate alla libertà personale, come la proprietà, il diritto di scegliere una religione o di non essere religiosi e, a livello sociale, su aspetti come la pace, la democrazia, la libertà di parola, l'uguaglianza di fronte alla legge, il governo limitato, la tolleranza e altri diritti civili. Questa sarebbe la definizione generale del liberalismo "classico".

Gli ultimi - "tolleranza" e "diritti civili" - potrebbero essere il punto di confusione per alcuni. Il marxismo non sostiene la tolleranza e i diritti civili? No, sembra solo che lo faccia per raggiungere l'"uguaglianza". Il marxismo non sostiene la democrazia? No, ma è felice di usare il sistema democratico per raggiungere il dominio politico. Il marxismo, per la maggior parte, si oppone all'idea dei diritti di proprietà. Inoltre, come abbiamo visto in tempi recenti, si oppone all'idea di libertà di parola una volta che è sufficientemente dominante. In termini economici, il liberalismo sostiene l'idea del libero mercato, mentre il marxismo è del tutto contrario al capitalismo.

Una differenza fondamentale tra il marxismo e il liberalismo è che il primo (come vedremo) usa la "rivoluzione" per attaccare i pilastri fondamentali della civiltà occidentale - capitalismo, cristianesimo e cultura - oltre ad altre componenti correlate (ad esempio, il nucleo familiare tradizionale).

Un'altra è che il liberalismo sostiene la libertà dell'individuo, mentre il marxismo vuole imporre l'uguaglianza e il cambiamento alla società; e la libertà è consentita solo se ci si conforma al marxismo. La creazione di una società "uguale" richiede l'applicazione di un controllo totalitario, poiché l'uguaglianza è un concetto artificiale e creato dall'uomo (cioè non riflette il funzionamento pratico della società).

A questo proposito, il liberalismo non ha un atteggiamento spietato e militante, quindi non persegue attivamente la soppressione dell'opposizione politica. Né il liberalismo ha una lunga tradizione di sovversione professionale e sistematica, con una rete mondiale di organizzazioni che cercano di costringere il mondo a conformarsi alla sua ideologia(!). (Ancora una volta, questo punto non viene colto da chi non conosce la natura sovversiva del marxismo). Infine, il liberalismo è l'idea che una persona sia libera dal controllo totalitario/governativo, mentre il marxismo (come il mondo sta scoprendo ora, ma i membri della setta non lo sanno) è in realtà favorevole al totalitarismo.

Soprattutto, ed è un punto molto pertinente per questo lavoro, il liberalismo non può spiegare il livello di indottrinamento sistemico e coordinato che stiamo vedendo nel mondo. Non spiega come abbiamo a che fare con un culto massiccio e globale che esemplifica il fanatismo! Se questo non è ancora chiaro al lettore, lo sarà man mano che procederemo.

Il marxismo si nasconde dietro il liberalismo? Cioè, la natura distruttiva dell'ideologia si sta camuffando con la maschera del liberalismo sociale? Il marxismo finge di essere benevolo, quindi il liberalismo fornisce questa piacevole patina. In altre parole, il marxismo può sembrare a favore della "libertà dell'individuo", ecc. ma lo fa solo perché sa che queste "libertà" producono solo effetti distruttivi. L'aborto rientra in questa categoria. La sotto-agenda marxiana del femminismo lo promuove/sostiene con il pretesto di volere il meglio per le donne in nome dell'"uguaglianza", ma ciò che il marxismo vuole veramente è la distruzione dell'unità familiare, la riduzione della popolazione, l'incoraggiamento del femminismo "radicale", la distruzione della mascolinità ecc.

Una delle pistole fumanti che ci dimostrano che si tratta di marxismo e non di liberalismo è quando questi movimenti apparentemente "umanitari" o "per i diritti civili" sono molto esagerati e sembrano causare intenzionalmente distruzione. Questo ci dimostra che l'idea che il movimento in questione stia effettivamente aiutando qualcuno è solo una cortina di fumo; la vera intenzione è la distruzione. Un esempio molto chiaro è stato il movimento marxista Black Lives Matter negli Stati Uniti nel 2020. Fingeva di occuparsi di diritti civili, ma finiva per essere distruttivo e chiedeva una revisione completa della società. Alcuni li chiamano erroneamente "liberali" o "liberali". È sbagliato! È l'ideologia che fa quello che sa fare meglio: trova una causa e raduna gli utili seguaci per promuovere la propria agenda; poi, il caos e la distruzione.

Si inizia con un evento catalizzatore (la morte di George Floyd), e poi si afferma che la loro risposta è tutta incentrata sulla giustizia, sui diritti umani, sull'uguaglianza, ecc. (e qualcuno lo attribuirà al "liberalismo"); ma presto si trovano persone che parlano della distruzione del malvagio stato di polizia fascista e capitalista, di imprenditori e proprietà private che vengono attaccati/distrutti, e di appelli a distruggere e ristrutturare l'intero paese, ecc. Questo è marxismo, non liberalismo!

Dobbiamo essere consapevoli dell'applicazione delle tattiche marxiste. Gli ingannatori marxisti getteranno volentieri il termine "liberalismo" per evitare che le masse capiscano chi è il vero nemico. Lo vediamo accadere continuamente in rete nella moltitudine di discussioni, anche nei circoli conservatori/destra/nazionalisti/patriottici. Volenti o nolenti, i membri della setta non vogliono che si parli di marxisti/marxismo e che li si identifichi come il problema, perché per loro è l'inizio della fine...

Come detto, questa etichettatura errata è un problema serio. Dobbiamo tenere presente che il termine "liberalismo" può essere usato nel discorso pubblico per diverse ragioni, tra cui la goffaggine, l'abitudine, la mancanza di comprensione/consapevolezza del culto/ideologia, o l'uso deliberato di questo termine da parte dei membri del culto per le ragioni sopra citate. Ricordate che non si definiscono marxisti, e per una buona ragione (perché è vantaggioso per loro). Per lo stesso motivo, non vogliono che noi li chiamiamo così.

Bolscevico

Questo termine descriveva i membri di una fazione politica russa creata all'inizio del XX secolo, all'epoca di Vladimir Lenin. Bolscevico significa semplicemente "maggioranza" in russo (bolshinstvo), ed è emerso da una scissione con i menscevichi ("minoranza"); entrambi i gruppi erano essenzialmente fazioni del Partito Socialdemocratico del Lavoro, un partito marxista nella Russia dell'epoca.[17] I bolscevichi sono saliti alla ribalta per essere stati la forza trainante delle due rivoluzioni trasformative in Russia nel 1917. Bolscevismo è il termine usato per descrivere il modus operandi di questa mafia.

Quindi, è corretto chiamare i marxisti di tutto il mondo "bolscevichi"? No. E non è nemmeno costruttivo/pratico, dal momento che i marxisti amano prendere le distanze da ciò che è accaduto in quei grandi Stati disastrosi "socialisti" come la Russia dopo il 1917.

Quindi sì, c'è un legame tra i bolscevichi, il bolscevismo e il marxismo; ma il marxismo è più al centro della questione. Quello su cui ci stiamo concentrando è l'ideologia centrale e onnipresente, non un gruppo, un movimento, un regime, ecc.

Termini malvagi

Ecco alcune definizioni di termini che non piacciono ai membri della setta. La propaganda del culto nel corso dei decenni ha fatto un ottimo lavoro nel distorcere la percezione dei concetti non marxisti (non c'è da sorprendersi!). In effetti, in questo libro consideriamo che il marxismo ha assicurato una percezione costantemente distorta di questi concetti in gran parte del mondo moderno, compresi quelli che potrebbero essere a nostro vantaggio (cioè le ideologie di "destra" come il "nazionalismo"). Un passo alla volta, però... Inoltre, a beneficio del lettore, dobbiamo essere chiari sul significato di questi termini. Potremmo approfondire (alcuni) di questi termini nelle sezioni successive, ma per il momento è prudente fare almeno un accenno.

Cosa si intende per "destra"?

Non marxista. Questo include opinioni politiche o sociali che possono essere considerate nazionalistiche, conservatrici o tradizionali. Analizzeremo la dicotomia politica destra-sinistra più avanti. Per ora è sufficiente dire che "sinistra" e "destra" non sono uguali! La "sinistra" è il vero problema nel mondo di oggi, non la "destra" (come il culto vorrebbe farci credere, ovviamente). La "sinistra" è quella che per lo più si trova al posto di guida, non la "destra", e siamo tutti diretti verso il precipizio.

Cosa sono il "nazionalismo" e il "patriottismo"?

Il nazionalismo è l'idea che un Paese possa avere indipendenza e sovranità come nazione e che possa essere un'entità distinta e separata dagli altri Paesi. In altre parole, può governarsi da solo, senza dover cedere il proprio controllo a un'entità straniera. Ad esempio, un Paese europeo non è controllato dall'Unione Europea e quindi decide il proprio destino. A causa della

---

[17] «Bolscevismo»,
https://www.oxfordreference.com/display/10.1093/oi/authority.20110803095516209

confusione che il marxismo ispira, alcuni possono ritenere che si possa essere nazionalisti e allo stesso tempo "di sinistra" su certe cose (ad esempio, un movimento marxista "repubblicano", che sostiene di essere nazionalista e allo stesso tempo socialista/marxista; per saperne di più in seguito).

Per capire cosa significhi esattamente questa interpretazione, dovremmo esaminare la questione persona per persona. L'unica cosa che conta è quanto questa persona sostenga il marxismo. Il resto è solo etichettatura e discussione.

Che cos'è il patriottismo? La mentalità di un individuo/gruppo che vuole la sovranità per il proprio popolo, il proprio Paese. Un patriota è anche una persona orgogliosa della propria identità nazionale (cultura, tradizioni, ecc.) e che vuole preservarla, che vuole il "meglio" per il proprio Paese/popolo e che si preoccupa delle sue condizioni. Purtroppo, non tutti hanno una percezione corretta di ciò che è "meglio"; dipende dal fatto che una persona abbia o meno una coscienza. Naturalmente, se qualcuno è un membro di una setta indottrinata, con una percezione distorta di ciò che è giusto e sbagliato (una coscienza inferiore alla norma), la sua percezione di ciò che è meglio per un paese/gruppo/individuo sarà inferiore a quella di qualcuno che non è indottrinato.

Questa è una questione centrale di enorme importanza in tutta la nostra lotta con il culto/ideologia: l'importanza che ciò che è eticamente "giusto" si manifesti nella nostra realtà.

L'interpretazione marxista di queste cose

Più avanti faremo un'analisi più approfondita dei vari termini (e "insulti") marxisti. Per ora, ecco la versione breve: La propaganda marxista ha cercato di convincerci tutti, nel corso della sua storia, che certe cose sono assolutamente malvagie. Tutto ciò che si oppone al culto/ideologia è "male", in sostanza. Sicuramente questo vi è familiare, grazie al recente comportamento patetico dei membri delle sette in tutto il mondo.

Secondo la setta, se si è "di destra" significa che non si è marxisti e quindi si è malvagi. Siete fascisti, autoritari, potenzialmente assassini e genocidi, ecc. Naturalmente "di sinistra" significa umanitarismo, pace, amore, compassione, ecc. In sostanza, se sei di "destra" sei cattivo, mentre se sei di "sinistra" sei un essere umano fantastico. Quindi "sinistra" è buono e "destra" è cattivo. Chiunque non piaccia alla setta viene etichettato come "di destra" ("cattivo"), o peggio ancora come "di estrema destra" ("molto cattivo"). Quindi, essenzialmente, è un modo molto infantile per la setta di chiamare i propri nemici "cattivi". È tutto qui! Non c'è nulla di intellettualmente complesso qui: solo un'invocazione di nomi psicologicamente elementari, in stile parco giochi, con un pizzico di infantilismo e di virtuosismo, oltre a una grande quantità di ego economico. È molto triste che una gran parte della popolazione mondiale sembri essere caduta in questo gioco di parole. Stupidaggini infantili.

Se sei un "nazionalista" significa che non sei un marxista e sei proprio come i nazisti che volevano conquistare il mondo, quindi anche tu vuoi conquistare il mondo perché sei un nazista e invaderai la Polonia e inizierai la terza guerra mondiale e gaserai 666 milioni di ebrei (e respira e rilassati). Che è tutto malvagio!!! Male, male, male, male!

Se sei un "nazionalista" (secondo i marxisti) significa che pensi che il tuo Paese e il tuo popolo siano così grandi, che inevitabilmente vorrai iniziare ad attaccare altri Paesi, ecc. Ergo, "nazionalismo" = male. Ovviamente, i milioni di esseri umani sani di mente, intelligenti e di buon carattere in tutto il mondo che si definiscono "nazionalisti", "patrioti" o con un'altra etichetta (e che rifiutano di conformarsi al "globalismo"/marxismo) non hanno intenzione di diventare assassini militaristi e giramondo, come insinua la setta! Vogliono solo essere lasciati in pace!

Sezione II - Panoramica e informazioni rilevanti

"Il capitale è una forza internazionale. Per sconfiggerlo, è necessaria un'alleanza internazionale dei lavoratori, una fratellanza internazionale dei lavoratori. Ci opponiamo alle inimicizie e alle discordie nazionali, agli esclusivismi nazionali. Siamo internazionalisti".[1]

Lenin, "Lettera agli operai e ai contadini dell'Ucraina", 1919

"Il marxismo è internazionalismo. Il nostro obiettivo non è erigere nuove frontiere, ma dissolvere tutte le frontiere in una federazione socialista del mondo".[2]

Articolo su *socialist.net* (*Appello socialista*)
di Alan Woods, luglio 2001

Cose a favore o contro

Tenendo presente i vari filoni del pensiero marxiano, ecco la posizione del culto internazionalista su varie questioni in generale (qui stiamo esaminando l'ideologia, non le opinioni particolari di ogni individuo o gruppo).

Il marxismo è per: Rivoluzione e cambiamento della società secondo la sua volontà; confini "aperti" o inesistenti, dal momento che i Paesi non dovrebbero comunque esistere, e, per estensione, Paesi/regioni che fanno parte di grandi organizzazioni internazionali (ad esempio l'ONU, l'UE); "uguaglianza"; divisione delle persone in gruppi; collettivismo e uniformità; "multiculturalismo"/società multietniche; governo in stile socialista e che il "popolo" dovrebbe avere la "proprietà collettiva" della proprietà di un Paese, delle risorse, delle infrastrutture, dei servizi pubblici ecc. (alias "proprietà comune"); avere una posizione "progressista" sulle questioni sociali e sulle cause dei "diritti civili", tra cui il femminismo, le questioni LGBTQ, l'aborto, ecc; la degenerazione (nella salute, nelle relazioni, nel comportamento sociale, nell'uso di droghe, nella legge e nell'ordine, ecc.

---

[1] Lenin, V.I., «Lettera agli operai e ai contadini dell'Ucraina», 28 dicembre 1919.

[2] Woods, A., «Marxismo contro femminismo - La lotta di classe e l'emancipazione delle donne», 18 luglio 2001. https://socialist.net/marxism-feminism-class-struggle-emancipation-women/

Il marxismo è contro: l'esistenza di confini/separazione da altri Paesi; il capitalismo, il libero mercato, la ricchezza, i profitti, la proprietà privata e i diritti di successione; tutto ciò che è considerato di destra, fascista ecc, compreso tutto ciò che è considerato "razzista", xenofobo ecc.; i "teorici della cospirazione" e tutto ciò che il sistema considera una "teoria della cospirazione"; il nazionalismo, l'identità nazionale e la cultura (l'idea che un Paese abbia la sovranità, l'orgoglio della propria identità unica, etnica o di altro tipo); la libertà di parola (o, per essere più precisi, qualsiasi punto di vista non marxista) quando ha il controllo; la religione (in generale, ma in particolare il cristianesimo); l'omogeneità razziale (un Paese/la sua popolazione che rimane prevalentemente un gruppo razziale. Questo vale solo per i Paesi tradizionalmente/prevalentemente bianchi); qualsiasi critica o maltrattamento percepito di qualsiasi persona/creatura appartenente a un gruppo "oppresso" (incluse le donne, le persone non bianche, quelle appartenenti alle categorie LGBTQ, alcuni animali, ecc.); la privatizzazione dei servizi (in contrapposizione alla proprietà statale/nazionalizzazione); le gerarchie; l'"imperialismo" americano/la politica estera.

La promessa di "Utopia

Il marxismo promette di realizzare l'"utopia" una volta che ci sarà la necessaria "rivoluzione", che è un'enorme carota psicologica da far penzolare davanti alle persone. È la promessa di un mondo migliore in un ipotetico futuro lontano. Alcune forme di ideologia spingono apparentemente per il "riformismo", che è comunque un tipo di rivoluzione: è un cambiamento deliberato dell'ordine stabilito in una società per renderla più marxista. Qualunque sia il metodo scelto dal culto/ideologia, questa utopia è sempre dietro l'angolo, come un miraggio nel deserto.

È mai esistita una vera "utopia" nel mondo? L'idea dell'utopia tende a piacerci come esseri umani? Assolutamente sì, sembra molto bella. Ed è a causa di questa tendenza che l'idea di utopia crea un'opportunità di manipolazione emotiva nelle menti di chiunque sia esposto all'ideologia. I membri della setta sentono che stanno inaugurando una bella rivoluzione e che alla fine ciò che rimane è una società quasi utopica (a patto che la rivoluzione abbia successo e sia completa). Questa nobile ricerca può dare uno "scopo" alla vita di una persona. Come scrisse una volta il grande profeta marxista bolscevico Leon Trotsky: "La vita non è una cosa facile... Non si può vivere senza cadere nella frustrazione e nel cinismo, a meno che non si abbia davanti a sé una grande idea che ci elevi al di sopra della miseria personale, della debolezza, di ogni tipo di perfidia e di bassezza". Questo è molto vero, ma non dà il diritto di essere un membro di una setta marxista degenerata.[3]

---

[3] Trotsky, L., *Diario dell'esilio* (1935). https://libquotes.com/leon-trotsky/quote/lbq4f3f

Distruzione per creare l'utopia

"Un marxista inizia con la sua verità principale, ovvero che tutti i mali sono causati dallo sfruttamento del proletariato da parte dei capitalisti. Da qui procede logicamente alla rivoluzione per porre fine al capitalismo in un nuovo ordine sociale della dittatura del proletariato e... (poi) il paradiso politico del comunismo".

Saul Alinsky, *La sveglia dei radicali* (1946)[4]

"La rivoluzione non è una mela che cade quando è matura. Bisogna farla cadere".[5]

Il membro del culto argentino Ernesto "Che" Guevara

Il concetto di distruggere la struttura della società per creare un'utopia comunista priva di ingiustizie ed egualitaria è sempre stato al centro della rivoluzione marxista, anche se i metodi esatti con cui questo obiettivo sarebbe stato raggiunto (secondo i profeti del culto) si sono evoluti nel tempo.

Karl Marx e Friedrich Engels predissero che i lavoratori si sarebbero sollevati e avrebbero rovesciato i loro padroni capitalisti in una rivoluzione sanguinosa e avrebbero instaurato una dittatura del proletariato. Nel Manifesto comunista scrissero: "I comunisti disdegnano di nascondere le loro opinioni e i loro obiettivi. Essi dichiarano apertamente che i loro fini possono essere raggiunti solo con il rovesciamento forzato di tutte le condizioni sociali esistenti. Che le classi dominanti tremino di fronte a una rivoluzione comunista. I proletari non hanno nulla da perdere se non le loro catene. Hanno un mondo da conquistare. Lavoratori di tutti i Paesi, unitevi!".[6]

In seguito, uno dei principali protagonisti della Rivoluzione russa del 1917 - Vladimir Lenin - si rese conto che i lavoratori del proletariato non si sarebbero semplicemente "sollevati" senza ricevere una "guida".

In seguito, egli elaborò l'idea di un'"avanguardia proletaria" (nota anche come "avanguardia rivoluzionaria" e altri nomi), il che significa che un gruppo di devoti membri del culto marxista avrebbe guidato la strada verso la rivoluzione.

Essi avrebbero poi (inevitabilmente) governato in seguito, una volta che l'establishment precedente fosse stato rovesciato e distrutto. Questa idea iniziò a fare la sua comparsa nel pamphlet del 1902 "What is to be Done? Questioni scottanti del nostro movimento". In esso Lenin affermava la necessità di creare

---

[4] Alinsky, S., *Reveille for Radicals* (1946). https://libquotes.com/saul-alinsky/quote/lbt7s4h

[5] Che Guevara parla: Discorsi e scritti scelti (1967). https://libquotes.com/che-guevara/quote/lbi9v5x

[6] Marx ed Engels, *Il Manifesto Comunista* (1948), sezione 4, paragrafo 11.

un partito politico che incarnasse questo movimento rivoluzionario. Esso avrebbe potuto "influenzare"/indovinare la classe proletaria a partecipare alla rivoluzione.

Scriveva: "Tutti concordano sulla necessità di sviluppare la coscienza politica della classe operaia. La questione è come farlo e cosa è necessario per farlo".[7] Parlava dell'idea di "andare tra gli operai" e che "la coscienza politica della classe può essere portata agli operai solo dall'esterno, cioè dall'esterno della sfera delle relazioni tra operai e datori di lavoro". [8]

Parlò di sovversione (sottolineato per enfasi): "Dobbiamo "andare tra tutte le classi della popolazione" come teorici, propagandisti, agitatori e organizzatori",[9] e "La cosa principale, naturalmente, è la propaganda e l'agitazione tra tutti gli strati del popolo".[10] Infine: "Dobbiamo assumerci il compito di organizzare una lotta politica a tutto campo sotto la guida del nostro Partito in modo tale da rendere possibile a tutti gli strati dell'opposizione di dare il loro più completo sostegno alla lotta e al nostro Partito. Dobbiamo formare i nostri lavoratori socialdemocratici pratici a diventare dirigenti politici, in grado di guidare tutte le manifestazioni di questa lotta a tutto campo". [11]

Il 14 novembre 1917, nel suo Discorso sulla questione agraria, disse: "Un partito è l'avanguardia di una classe e il suo compito è quello di guidare le masse e non solo di riflettere il livello politico medio delle masse".[12]

Quindi, in sostanza, dopo tutti quei discorsi e quelle dichiarazioni, e tutti quegli sconvolgimenti e spargimenti di sangue, ci si ritrova con un regime a partito unico che non deve rendere conto a nessuno e che sta per radere al suolo il paese con teorie marxiste che distruggono la civiltà.

Nel suo libro del 2008 *The World on Fire: 1919 and the Battle with Bolshevism*, lo storico Anthony Read ha scritto: "Il bolscevismo fu fondato su una menzogna, creando un precedente che sarebbe stato seguito per i successivi novant'anni. Lenin non aveva tempo per la democrazia, non aveva fiducia nelle masse e non si faceva scrupoli a usare la violenza. Voleva un partito piccolo, strettamente organizzato e rigorosamente disciplinato, composto da rivoluzionari professionisti della linea dura, che avrebbero fatto esattamente

---

[7] Lenin, V. I. «Che cosa si deve fare? Le questioni più scottanti del nostro movimento», 1902, p. 48.

[8] Ibid. P. 48.

[9] Ibid. P. 50.

[10] Ibid. P. 50.

[11] Ibid. P. 52-53.

[12] Lenin, V.I., «Discorso sulla questione agraria», 14 novembre 1917.

ciò che veniva loro detto".[13]

Così Lenin, in quanto figura marxista di spicco, iniziò a promuovere l'idea che il "proletariato" dovesse essere "guidato" (spinto) verso la rivoluzione. Un allontanamento in qualche modo dalle idee di Marx ed Engels, secondo cui si sarebbe trattato di un processo naturale ed evolutivo (ricordate "idee basate su idee basate su idee").

Le idee di Lenin sulla rivoluzione e sulla classe proletaria si sono evolute nel tempo. Inizialmente pensava che gli operai si sarebbero sollevati spontaneamente, come avevano fatto Marx ed Engels; ma all'epoca del suo pamphlet del 1920 "Comunismo di sinistra": Un disordine infantile. A Popular Exposition of Marxist Strategy and Tactics", si rese conto che le sue precedenti opinioni sul comportamento della classe proletaria erano troppo "ottimistiche" (cioè non si comportavano come avrebbe voluto un marxista).[14] E qui abbiamo l'idea che questi lavoratori fossero troppo sotto l'incantesimo del sistema capitalistico borghese per volere la rivoluzione. Beh, come è fottutamente comodo!

Più avanti nell'evoluzione dell'ideologia, i membri del culto svilupparono l'idea che le masse non volessero sollevarsi o abbracciare pienamente il socialismo perché troppo legate e influenzate dai pilastri percepiti dell'Occidente: capitalismo, cristianesimo e cultura. Pertanto, affinché le masse accettassero il socialismo (e infine il comunismo), bisognava prima distruggere la civiltà occidentale. Queste idee furono poi ampliate da personaggi come Herbert Marcuse (1898-1979) e Theodore Adorno (1903-1969) della *Scuola di Francoforte*.

Questa natura "critica" distruttiva del marxismo spiega gran parte del comportamento anti-civile che stiamo vivendo nel mondo di oggi. Questa natura è evidente nel prodotto marxista del socialismo. Il socialismo contribuisce alla distruzione della civiltà occidentale attaccando il capitalismo e offrendo una "alternativa" impraticabile ad esso; un'alternativa che potrebbe portare a una società più "giusta" (utopica). Va inoltre notato che i movimenti "socialisti" non sono semplicemente anti-capitalistici, ma sono generalmente anche anti-cristiani e anti-cultura.

"Il fine giustifica i mezzi ".

"Per fare il male un essere umano deve innanzitutto credere che ciò che sta facendo sia buono, oppure che sia un atto ben ponderato e conforme alla legge naturale. Fortunatamente, è nella natura dell'essere umano cercare una giustificazione per le sue azioni... L'ideologia - che è ciò che dà al fare del male

---

[13] Read, A. *The World on Fire: 1919 and the Battle with Bolshevism* (2008). P. 5.

[14] Il comunismo «di sinistra» di Lenin: Un disturbo infantile. Esposizione popolare della strategia e della tattica marxista», 1920.

la giustificazione a lungo cercata e dà al malfattore la necessaria fermezza e determinazione".[15]

Aleksandr Solzhenitsyn, *Arcipelago Gulag:*
Un esperimento di indagine letteraria (1973)

L'idea che "il fine giustifica i mezzi" è un altro aspetto importante del marxismo, collegato alla sua propensione alla distruzione per creare "utopia". Questo significa essenzialmente che qualsiasi sofferenza, morte e depravazione si verifichi durante la distruzione non solo è completamente giustificabile, ma è addirittura positiva! È l'inversione di ciò che è etico/morale (secondo qualsiasi persona sana di mente e razionale), quindi ciò che prima era considerato un cattivo comportamento, ora è in realtà buono. Se vi siete mai chiesti perché, quotidianamente, i marxisti di tutto il mondo, di ogni tipo, possono commettere i crimini imperdonabili che compiono contro i loro connazionali (consapevolmente o meno), ecco perché. Vengono compiuti "per un bene superiore".

Ciò che dobbiamo capire dei membri del culto è che la maggior parte di essi crede nella fantasia utopica marxiana (socialista/comunista), apparentemente benevola, ma non percepisce l'effettivo effetto malevolo dell'ideologia nel mondo reale (il problema teoria/realtà). Per alcuni, non sono in grado di elaborare la realtà da un punto di vista consapevole, pragmatico ed etico. Questi tipi possono essere semplicemente indottrinati e forse sono un po' carenti come esseri umani a prescindere.

Altri, invece, si accorgono che è distruttivo, ma non se ne preoccupano e anzi possono godere della distruzione. Questi tipi sono psicotici sadici. Il marxismo si rivolge a molti tipi di persone danneggiate e la sua natura distruttiva dà ai tipi di personalità distruttive la scusa di cui hanno bisogno... per distruggere. Possiamo vedere questo processo in azione osservando le "giuste" rivolte che coinvolgono i gruppi marxisti nel corso della storia.

L'idea di fare una rivoluzione per distruggere l'ordine esistente e sostituirlo con una società utopica - o di "riformare" la società per renderla più "utopica" - è un aspetto importante e centrale dell'ideologia. Il caos che stiamo vivendo oggi nelle nostre società esiste a causa di questo principio errato e fuorviante. Il culto/ideologia pensa di portarci verso il paradiso, ma, in realtà, ci sta trascinando tutti all'inferno (non necessariamente nel senso di "aldilà religioso", ma di una letterale esistenza di merda qui sulla Terra, in questa vita).

In sintesi, il marxismo distruggerà o trasformerà tutto ciò che è buono o che funziona, per poter poi ricostruire la società sulla base di un mucchio di teorie sbagliate. In altre parole, distruggerà tutto senza una buona ragione, come ha sempre fatto.

---

[15] Solzhenitsyn, A., *Arcipelago Gulag: Un esperimento di indagine letteraria* (1973).

Alcune cose dette da Karl e Freddy

Marx ed Engels produssero molti scritti, il più famoso dei quali è Il Manifesto Comunista del 1848 (l'altro scritto più famoso di Marx sarà Das Kapital o "Capitale" del 1867). In generale, le loro opinioni su come il capitalismo emergente stava plasmando il loro mondo erano generalmente negative e le loro opinioni sulle motivazioni degli uomini d'affari, dei proprietari terrieri e dei ricchi (la "borghesia") erano a dir poco ciniche. Questo cinismo è all'origine dell'odio del culto per il capitalismo e per tutto ciò che vi è associato, compresi i profitti, la proprietà terriera, le gerarchie imprenditoriali e qualsiasi "sfruttamento" percepito, ecc. L'idea che una persona possa essere grata di avere la possibilità di guadagnare un po' di denaro e di mantenere se stessa e la propria famiglia (o semplicemente di sopravvivere) non è stata messa in risalto.

Marx ed Engels ritenevano immorale che una persona potesse trarre profitto dal lavoro di un'altra nel modo in cui lo facevano i capitalisti del loro tempo. Marx avrebbe in seguito aggiunto a questa nozione la promozione di concetti errati come la "teoria del valore del lavoro" e la ridicola teoria dell'"alienazione" nel suo libro Il Capitale (che è considerato da molti un'opera di genio). È a causa di cose come questa che vediamo la mentalità "i profitti sono il male!" emanata dai membri del culto.

Secondo loro, a causa delle carenze del capitalismo e dello "sfruttamento nudo, spudorato, diretto e brutale"[16] al suo interno, questo sistema - e la borghesia imprenditoriale/proprietaria che lo dominava - era destinato a essere violentemente rovesciato dalle classi lavoratrici ("il proletariato") che i capitalisti avevano (apparentemente) predato.

Questo concetto negativo, eccessivamente semplificato e incendiario di dividere la società in due classi distinte - oppressori (ricchi) e oppressi (poveri) - è stato il seme che si è sviluppato in questo carrozzone di caos che ora sta distruggendo la civiltà; è la base scadente su cui sono costruite tutte le "rivoluzioni" e le istituzioni marxiste.

Va notato che nel marxismo la "classe media" è stata tradizionalmente considerata come collegata alla classe "borghese", il che la rendeva inevitabilmente un bersaglio: chiunque fosse ricco, in sostanza. (Ovviamente, la definizione di "classe media" è cambiata nel tempo).

Analizzeremo e utilizzeremo questo concetto di "oppressore contro oppresso" in modo approfondito. Per ora, è sufficiente dire che questo concetto ha dato a innumerevoli persone, negli ultimi due secoli, uno sbocco per i loro sentimenti di indignazione e una scusa per "ribellarsi" e distruggere: "Siamo i poveri, innocenti oppressi, e ci stiamo vendicando dell'oppressore!".

---

[16] Marx ed Engels, *Il Manifesto comunista* (1848). P. 16.

Hegel

Alcune componenti del lavoro teorico di Marx ed Engels sono state influenzate dall'opera del filosofo tedesco G.W.F. Hegel (1770-1831). Il dialetto hegeliano, ad esempio, è stato giustamente identificato come parte del DNA del marxismo. Questo dialetto è stato descritto utilizzando la triade di termini tesi, antitesi e sintesi, anche se non da Hegel stesso (la descrizione proviene da un altro filosofo tedesco di nome Heinrich Moritz Chalybaus (1796-1862)). Hegel usava i termini astratto, negativo e concreto (un'altra interpretazione è Problema-Reazione-Soluzione). La manipolazione dialettica, in sostanza, si ha quando una "scelta" viene presentata a un soggetto (individuo o gruppo) con un secondo fine, e la parte che presenta questa "scelta" desidera un certo risultato. Il principio dell'oppressore contro l'oppresso si basa su questo: incoraggia a "scegliere da che parte stare", attraverso la manipolazione emotiva (spiegata altrove). Anche altri concetti familiari erano evidenti nell'opera di Hegel: "I cattolici erano stati nella posizione di oppressori e i protestanti di oppressi".[17]

Sebbene fortemente influenzato dal lavoro in gran parte filosofico di Hegel, il lavoro di Marx e di Engel ha mantenuto una minore componente filosofica, ponendo maggiormente l'accento su una prospettiva materialistica di come la società è strutturata e sulle dinamiche tra queste componenti (lavoro, classe, economia, ecc.). È interessante notare che per Marx la civiltà si basava principalmente su cose materialistiche, tra cui il denaro (probabilmente perché non aveva mai lavorato o generato ricchezza nella sua vita e aveva un complesso al riguardo).

Il loro lavoro combinava l'elemento dialettico e l'idea di "lotta di classe" con le loro opinioni su storia, società ed economia. La loro analisi principalmente materialistica di questi argomenti (e del tema della natura) ha portato alla creazione del "materialismo dialettico" e del "materialismo storico" come sorta di sotto-ideologie all'interno del marxismo.

Possiamo anche dire che Marx ed Engels reinterpretarono le idee di Hegel in modo meno idealistico; il loro lavoro divenne più "scientifico". Questo è un punto molto significativo e spiega in parte la natura dell'ideologia: priva di vere qualità umane (tra cui la genuina empatia); priva di apprezzamento per l'unicità, la disuguaglianza e la diversità che si verificano naturalmente; eccessivamente "logica" su alcune questioni, come la religiosità, ecc.

Un altro concetto influente di Hegel è il rapporto padrone-schiavo. Questo ha gettato le basi del principio oppressore contro oppresso nel marxismo.

Possiamo vedere il DNA marxiano quando Hegel scrive: "Il padrone è in

---

[17] Hegel, G.W.F., *La costituzione tedesca* (1802). https://libquotes.com/georg-wilhelm-friedrich-hegel/quote/lbr3v8e

possesso di un'eccedenza di ciò che è fisicamente necessario; il servo ne è privo, e in effetti in modo tale che l'eccedenza e la mancanza non sono aspetti accidentali ma l'indifferenza dei bisogni necessari".[18]

Possiamo scambiare "padrone" con "oppressore" o "borghesia", e "servo" con "oppresso" o "proletariato". Inoltre, questa citazione si riferisce alla "teoria del valore del lavoro" utilizzata da Marx nella sua opera Das Kapital: l'idea che il "padrone" trattenga ingiustamente il "plusvalore" del lavoro dell'operaio.

Oppressore" contro "Oppresso".

Questo è un aspetto originale del marxismo che esiste ancora oggi, come fondamento della maggior parte dei sotto-movimenti e dei programmi marxisti. In origine, "oppressore" e "oppresso" erano termini usati per descrivere la classe dei ricchi capitalisti/proprietari d'impresa (la borghesia) e la classe operaia povera (il proletariato). Possiamo anche dire: l'utente contro l'usato; il controllore contro il controllato; il dominante contro il dominato; o padrone e schiavo.

In particolare, questa formula fa leva sulle emozioni delle persone, sfruttando qualsiasi sentimento di risentimento o di disistima che possano provare nei confronti degli altri, della vita, ecc. Si fa leva sulla mentalità vittimistica e la si incoraggia, usandola per manipolare la persona a partecipare attivamente (o almeno a sostenere) l'azione "rivoluzionaria" (marxista). Il risultato finale è la distruzione, attraverso il caos. Gran parte della popolazione mondiale sta sperimentando questo processo da molti decenni ormai, e molti non sanno nemmeno che esiste.

Tutti noi, nel corso della nostra vita, ci siamo sentiti a un certo punto esclusi o vittimizzati; è solo una tendenza psicologica degli esseri umani, ma va tenuta sotto controllo! Tuttavia, a volte possiamo essere giustificati nel sentirci così (se siamo stati veramente maltrattati in qualche modo), ma a volte saltiamo a conclusioni convenienti e dobbiamo controllarci; alcune persone, chiaramente, non hanno la costituzione necessaria per farlo. Finché non riusciamo a gestire questa tendenza nella nostra vita, con il tempo e la maturità, può essere un vero e proprio gioco di equilibri decidere se siamo giustificati a sentirci vittimizzati. Basta una spinta nella direzione sbagliata (al momento giusto) perché una persona decida di scegliere il vittimismo come mentalità "predefinita", in un certo senso.

È per questo motivo che molti cadono nella trappola psicologica ed emotiva dell'indottrinamento marxista oppressore contro oppresso. (Dovrebbe essere risaputo che le persone che si maltrattano l'un l'altra sono state una caratteristica naturale dell'esistenza per l'umanità: cercare in qualche modo di impedire che questo accada a livello sociale può essere interpretato come un

---

[18] Hegel, G.W.F., *Sistema di vita etica e prima filosofia dello spirito* (1802).

comportamento "utopico" e rivoluzionario).

L'ideologia si nutre di questo meccanismo fornendo un comodo sfogo alle nostre emozioni. Se non comprendiamo questo meccanismo dentro di noi e non siamo in grado di controllarlo, assorbire l'ideologia può renderci emotivamente carichi, oltre che potenzialmente stupidi e irrazionali. In questo stato mentale di "bassa frequenza", siamo più prevedibili, più facilmente manipolabili e quindi più facili da controllare.

Guardando al movimento globale degli attivisti marxisti e dei culti "rivoluzionari", queste persone non ne sono forse l'esempio perfetto? Se dovessimo scegliere un termine per descriverli, parole come "controllato" e "prevedibile" sarebbero altrettanto appropriate di "marxista" o "membro di una setta" o qualsiasi altra cosa.

Questo elemento di manipolazione emotiva è sempre stato una caratteristica del marxismo. Che si tratti di una folla di operai scontenti da qualche parte in Europa nel 1800, che si scatena davanti ai cancelli della fabbrica, o delle folle aggressive durante le rivolte di Black Lives Matter nel 2020, che assaltano i negozianti o bloccano il traffico e danneggiano le auto, il meccanismo è lo stesso. Semplicemente: iniettare un po' di marxismo nelle menti delle persone (attraverso iniziative governative, università, media, gruppi comunitari, ecc.); dire loro quello che vogliono sentirsi dire ("siete oppressi!") e accarezzare il loro ego; dire loro chi è il nemico; sedersi e guardare la carneficina!

L'inizio del Manifesto comunista mostra chiaramente l'enfasi sulla divisione tra gruppi nella società, incapsulata nel concetto centrale, distruttivo e pervasivo di Oppressore contro Oppresso (sottolineato per enfasi): "La storia di tutte le società finora esistenti è la storia delle lotte di classe. Il libero e lo schiavo, il patrizio e il plebeo, il signore e il servo della gleba, il maestro di corporazione e l'artigiano, in una parola, l'oppressore e l'oppresso, si sono costantemente opposti l'uno all'altro, hanno portato avanti una lotta ininterrotta, ora nascosta, ora aperta, una lotta che ogni volta si è conclusa o con una ricostituzione rivoluzionaria della società in generale, o con la rovina comune delle classi contendenti".[19]

Oltre a dividere la società in gruppi/classi, suggerisce anche un conflitto e che o ci sarà una rivoluzione o tutti i gruppi saranno annientati. Uno dei motti della Rivoluzione francese era "La Liberté ou la mort!", *la* libertà o la morte. Ora, immaginate quante menti impressionabili hanno letto questo passaggio nell'ultimo secolo o giù di lì? Proprio all'inizio del Manifesto. Ve lo immaginate? Anche il lettore più pigro l'avrebbe assorbito, nonostante le sole 68 pagine del testo.

I marxisti insegnano anche che le forze storiche sono causa di oppressione,

---

[19] Marx ed Engels, *Il Manifesto comunista* (1848), pag. 14.

essendo state imposte loro senza il loro consenso, e quindi li portano verso la necessità di una completa rivoluzione sociale per liberarsi di queste forze. Dalla prefazione dell'edizione tedesca del 1883, scritta da Engels: "questa lotta, tuttavia, è ormai giunta a uno stadio in cui la classe sfruttata e oppressa non può più emanciparsi dalla classe che la sfrutta e la opprime, senza allo stesso tempo liberare per sempre l'intera società dallo sfruttamento, dall'oppressione, dalle lotte di classe".[20] È come bere il proprio Kool-aid! Questo suggerisce che l'intera società deve essere "liberata" e che la rivoluzione deve essere totale.

Pensate ai membri del culto marxista ("attivisti") di oggi: ripetono ancora questi concetti come pappagalli in continuazione? Sì, in modo nauseante. Ancora una volta, questo è il motivo per cui il tutto deve finire nella spazzatura. Il problema sono i principi di base che sono stati parte di tutto questo fin dall'inizio, non semplicemente una particolare interpretazione o fazione.

Anche in questo caso, dobbiamo evitare di farci risucchiare dalle ciance pseudo-intellettuali del marxismo, in particolare dalle parti non utili. Si tratta solo di uomini con opinioni, teorie. Non c'è nulla di necessariamente sbagliato in questo, ma i problemi iniziano quando i membri del culto a cui è stato fatto il lavaggio del cervello vogliono costruire la società attorno a queste opinioni. Se le teorie sono sbagliate (o se sono utili ma interpretate in modo errato), possono diventare dannose. Soprattutto se la loro applicazione nella società deve essere forzata (ad esempio, cercando di imporre i concetti artificiali di uniformità e uguaglianza).

La centralizzazione del potere

La collettivizzazione è uno dei principi fondamentali dell'ideologia. Il marxismo (attraverso il suo veicolo, il socialismo) insiste sul fatto che se una società deve essere trasformata in una società più "giusta" ed egualitaria, allora bisogna dare più potere e ricchezza al "popolo" (cioè alle persone che non sono ricche e/o non hanno "libertà" o "potere"). Questa è la strada per l'"uguaglianza". Il concetto di "comunismo", in un certo senso, è la comunità di questi tipi relativamente "dis-impiegati" che potrebbe essere formata in un unico collettivo (secondo l'ideologia).

La teoria è che si possa creare un sistema di governo per rendere manifesto questo ideale, con una proprietà/direzione collettiva proveniente dal "popolo". Inevitabilmente, nella pratica, qualcuno/qualche gruppo deve effettivamente dirigere lo spettacolo. Ovviamente, il "popolo", inteso come un'intera popolazione di milioni di individui, non può gestire un Paese; qualsiasi altro pensiero è solo una ridicola assurdità collettivista. Non è così che funziona la realtà. Se la società è una nave, qualcuno controlla il timone.

---

[20] Engels, F., *Il Manifesto comunista* (1848), prefazione all'edizione tedesca del 1883, pag. 6.

Ovunque e ogni volta che il marxismo ha guadagnato abbastanza slancio da prendere il controllo di un Paese, ciò si traduce in un sistema di controllo marxista a partito unico (o sistema simile). Anche se non corrisponde a questo formato esatto, l'ideologia è ancora al posto di guida. Di solito segue il controllo dell'economia, la nazionalizzazione delle industrie e delle infrastrutture, la confisca delle terre e delle risorse, ecc. A parte qualsiasi brama di potere personale e individuale (tra i membri del culto coinvolti), l'ideologia stessa, in un certo senso, richiede il controllo di queste cose.

Storicamente, quindi, il marxismo, che avrebbe dovuto dare "potere al popolo", ha inevitabilmente portato a questa centralizzazione del potere, di solito nelle mani di violenti teppisti/criminali/terroristi marxisti di un tipo o dell'altro, che (sorprendentemente!) non avevano le capacità necessarie per gestire un Paese una volta acquisito il controllo. Perché? Perché non sono qualificati per farlo; l'unica conoscenza che hanno delle economie e degli affari è costituita da percezioni e teorie marxiste errate. Partecipare a una rivoluzione distruttiva non significa contraddittoriamente, come per magia, acquisire capacità costruttive!

I membri del culto possono non essere d'accordo sul fatto che questo non sia un vero comunismo, insistendo sul fatto che un governo totalitario monopartitico non è quello previsto da Marx ed Engels (e dai loro fedeli discepoli), che dovrebbe essere un governo composto dal "popolo". Chi se ne frega di quello che possono o non possono aver previsto! In pratica, quando i rivoluzionari marxisti prendono il potere, finiscono per avere il controllo, naturalmente. Ogni volta che c'è un vuoto di potere, qualcuno si inserisce sempre in quel vuoto: è così che ha sempre funzionato, ben prima che il marxismo arrivasse sulla scena.

Se si distrugge l'ordine costituito, si crea un vuoto di potere. E quando la società si trova in uno stato di caos, ecco che entrano in scena gli psicopatici bruti...

La storia del potere e del controllo nel mondo risale a millenni fa, agli albori dell'uomo. Nella società ci sono sempre stati maniaci del controllo psicopatici, molto prima che comparisse il marxismo. Tuttavia, da quando si è manifestato, ha fornito a questi tipi un comodo veicolo per mettere le mani sulle redini del potere. Quando parliamo dei molti regimi marxisti nel corso della storia - Lenin e Trotsky (poi Stalin) in Russia, Mao Zedong in Cina, Fidel Castro (1926-2016) a Cuba, Nicolae Ceausescu (1918-1989) in Romania, Pol Pot (1925-1998) in Cambogia, Robert Mugabe (1924-2019) in Zimbabwe e i molti altri regimi in Africa e in Sud America - tutti (in una misura o nell'altra) hanno lo stesso schema.

Lo schema è: il marxismo convince un numero sufficiente di persone che il marxismo è la risposta, il che significa la distruzione di tutta l'opposizione (non marxista) da parte del gruppo marxista leader coinvolto. Questo dominio porta poi a una situazione in cui il leader psicopatico di questo gruppo sarà in grado di governare un intero Paese. (È anche vero che non tutte queste rivoluzioni erano movimenti popolari al cento per cento, e non c'erano parti esterne coinvolte. Ad esempio, i bolscevichi sono stati finanziati e incoraggiati da partiti esterni alla Russia; l'ascesa di Mao e la nascita della Cina rossa sono state sostenute da partiti simili, ecc.)

Qualsiasi tipo di centralizzazione del potere comporta questo rischio intrinseco, naturalmente, ma dipende da chi tiene le redini, no? Certamente, avere al comando un gruppo di fanatici ultrapartitici con tendenze distruttive è una cattiva notizia, soprattutto per chi non fa parte della banda/culto. Dal momento che il marxismo opera nel nostro mondo in modo coerente da tempo, dobbiamo sempre essere vigili, perché il potere e il controllo sono il nome del gioco.

Su scala globale, quando cerchiamo segni di queste cose, tutte le grandi organizzazioni internazionali che cercano di consolidare il potere dovrebbero essere viste con sospetto (usando i nostri speciali occhiali anti-marxisti). Ovviamente, quando un'entità come le Nazioni Unite - una grande organizzazione intergovernativa globale con 193 Paesi membri - inizia a parlare di "unità" o "solidarietà", dovremmo considerarla un'enorme bandiera rossa comunista. L'ideologia è presente e voi - e il vostro Paese - fareste meglio a stare attenti.

Naturalmente, il tentativo di creare una società "uguale" richiede la coercizione, poiché l'uguaglianza è un concetto artificiale e marxista. Attualmente vediamo questa coercizione manifestarsi in tutto il mondo, attraverso l'imposizione del controllo sulle nostre vite. L'uguaglianza è il codice marxista per l'uniformità e il conformismo (che porta alla passività e al controllo delle masse). Non ha nulla a che fare con la benevolenza o la carità di qualsiasi tipo, o con l'"umanitarismo". Decine di milioni di persone in tutto il mondo - che sono membri di una setta, che se ne rendano conto o meno - sono controllati con questo semplice inganno che segnala la virtù. ("L'uguaglianza" verrà approfondita più avanti).

Cospirazione e sovversione: una tradizione marxista

"Il comunismo viene spesso descritto come una filosofia, ma non è una filosofia in cui gli uomini intellettualmente onesti possano credere a lungo. È una cospirazione a cui partecipano uomini guidati dall'odio. Lenin lo ha confermato. Nella sua importante e autorevole opera *Che cosa si deve fare*, scritta nel 1902, esponeva le sue opinioni sulla struttura del Partito Comunista e diceva: "La cospirazione è una condizione così essenziale di un'organizzazione di questo tipo che tutte le altre condizioni... devono essere rese conformi ad essa". in altre parole, la filosofia del comunismo deve essere piegata e distorta a seconda delle esigenze cospirative della situazione".[21]

---

[21] Stormer, John A., *Nessuno osi chiamarlo tradimento* (1964), pag. 16.

John A. Stormer, *Nessuno osi chiamarlo tradimento* (1964)

"È necessario accettare ogni e qualsiasi sacrificio, e persino - se necessario - ricorrere a ogni sorta di stratagemmi, manovre e metodi illegali, all'evasione e ai sotterfugi per penetrare nei sindacati, per rimanervi e per portarvi avanti il lavoro comunista ad ogni costo".[22]

Vladimir Lenin, *V.I. Lenin Opere scelte* (1938)

Guardiamo la questione da un punto di vista razionale: la nozione stessa di "cospirazione" è ridicola? O è solo una cosa inventata che dovrebbe farci ridere? È qualcosa che è appannaggio di isterici paranoici o è qualcosa che dovremmo prendere sul serio? In tempi recenti, il termine "teorico della cospirazione" ha giocato un ruolo nel modo in cui il concetto di "cospirazione" viene percepito.

Il concetto di cospirazione è contenuto nel diritto penale. Da Wikipedia: "Nel diritto penale, un'associazione a delinquere è un accordo tra due o più persone per commettere un reato in un momento futuro".[23] Dal sito web del *Legal Information Institute*: "Un accordo tra due o più persone per commettere un atto illegale, insieme all'intenzione di raggiungere l'obiettivo dell'accordo". La maggior parte delle giurisdizioni statunitensi richiede anche un atto manifesto per portare avanti l'accordo".[24] Va notato che il tradimento è un crimine, e questo è ciò che la sovversione e l'attivismo marxista sono: tradimento. Questo è un punto che spesso sfugge nella nebbia della guerra, grazie all'effetto dell'ideologia sulla percezione delle persone (su argomenti come la nazione, la legge, l'etica, ecc.).

La cospirazione e la sovversione sono il cuore del marxismo. In origine, si trattava di un movimento per andare contro il sistema e i primi sostenitori avevano una mentalità cospiratoria e sovversiva. Per tenere le loro riunioni e sviluppare un movimento, era una necessità. Quindi, questa è stata una caratteristica delle attività del culto per tutto il tempo. Il primo movimento socialista in Germania ne è un esempio: Marx ed Engels suggerirono a questo gruppo di allearsi con i liberaldemocratici. Questo avrebbe permesso loro di conquistare il potere dai conservatori che erano al potere in quel momento. Una volta raggiunto questo obiettivo, il piano prevedeva di rivoltarsi contro i loro "alleati".[25]

La Fabian Society fu fondata sul principio del socialismo sovversivo "riformista" (ampliato in seguito). La *Terza Internazionale* o *Comintern* era

---

[22] Lenin, V.I., Opere scelte, vol. 10, (p. 95), 1938.

[23] https://en.wikipedia.org/wiki/Criminal_conspiracy

[24] «Cospirazione«. https://www.law.cornell.edu/wex/conspiracy

[25] Marx ed Engels, «Discorso del Comitato Centrale alla Lega dei Comunisti», marzo 1850 (*MESW*, vol. 1, pp. 175-85).

un'organizzazione sovversiva internazionale professionale, finanziata dallo Stato sovietico. I successivi tentativi da parte di (alcuni) americani di liberare il loro Paese dal marciume marxista evidenziarono le questioni cospiratorie e sovversive ("maccartismo"). Tutte le rivoluzioni e i regimi ispirati al marxismo nella storia dell'ideologia hanno coinvolto la cospirazione e la sovversione. Stiamo approfondendo questi elementi/gruppi altrove. Tutto ciò dovrebbe rendere evidente il motivo per cui il termine "teorico della cospirazione" è un prezioso strumento di difesa per il culto/ideologia.

Un cavallo di Troia (rosso)

"Compagni, ricorderete l'antica storia della presa di Troia... L'esercito attaccante non riuscì a ottenere la vittoria finché, con l'aiuto del famoso cavallo di Troia, non riuscì a penetrare fino al cuore del campo nemico. Noi lavoratori rivoluzionari non dovremmo essere timidi nell'usare la stessa tattica nei confronti del nostro nemico fascista".[26]

George Dimitrov, segretario generale del Comintern, agosto 1935

Una metafora appropriata dell'ideologia - e del suo impatto sulla società - è il Cavallo di Troia della mitologia greca e un incidente che pare sia avvenuto durante la *guerra di Troia* (circa 13 e 12 secolo a.C.).

La storia racconta che l'antica città di Troia fu attaccata dai Greci che, dopo un assedio decennale, escogitarono un piano astuto per aggirare le difese della città: costruirono un enorme cavallo di legno abbastanza grande da contenere alcuni soldati e lo lasciarono fuori dalle porte della città. Sembrava un'offerta di pace premurosa.

Mentre i Greci sembravano arrendersi e salpare, i Troiani portarono il cavallo all'interno della città, del tutto ignari del fatto che nel suo ventre senza pretese nascondesse un carico di guerrieri nemici. Al momento opportuno, gli uomini uscirono dal cavallo e aprirono le porte della città. Questo permise all'esercito greco di entrare e conquistare la città, dal momento che erano tornati nella zona con il favore delle tenebre. L'incidente fu decisivo e pose fine alla guerra.[27]

Il modus operandi comune dell'ideologia è un tipo simile di attacco subdolo e penetrante a qualsiasi società. Viene presentata come qualcosa di benigno: un dono, un salvatore, una soluzione a qualsiasi problema (reale o percepito). Diventa parte dell'ambiente, dell'arredamento. Non viene visto per quello che è e poi viene dimenticato. All'insaputa della società di riferimento, è un parassita che si insinua nel cuore di una nazione, facendo marcire l'organismo ospite dall'interno. Dopo la gestazione, divora la società come un cancro, divorando gli organi dell'organismo che sono essenziali per la sua salute:

---

[26] Dimitrov, G., «L'offensiva fascista e i compiti dell'Internazionale comunista nella lotta della classe operaia contro il fascismo», 2 agosto 1935.

[27] https://www.britannica.com/topic/Trojan-horse

relazioni sane, famiglia, tradizione, identità culturale, patriottismo, sovranità, salute fisica e psicologica, forme costruttive di religiosità e spiritualità, ecc. Può infettare e distruggere molte società nel mondo, da cui il termine "pandemia". In un sistema informatico, un Trojan è un tipo di virus maligno; la società è il "sistema" in questo caso.

Il principio del Cavallo di Troia Rosso è fondamentale per comprendere l'efficacia della sovversione dell'ideologia in una determinata società. Questo concetto è presente in tutto il testo.

Sezione III - La nostra storia di infezione globale

"Siamo invincibili, perché la rivoluzione proletaria mondiale è invincibile".

Vladimir Lenin, "Lettera agli operai americani", agosto 1918[1]

Introduzione

L'infezione marxista è globale e lo è da tempo. Storicamente, ha avuto una presenza facilmente identificabile, in una forma o nell'altra, in: Europa e Russia, Asia, Africa, Medio Oriente, Stati Uniti, America centrale e meridionale. Inutile dire che è ancora presente in questi luoghi, indipendentemente dallo status o dalla posizione politica ufficiale dei Paesi di quelle aree (poiché un'ideologia risiede nelle menti della popolazione, non solo nella sfera politica di un Paese). Ha avuto una presenza anche in altri Paesi/regioni al di fuori di queste zone, come il Canada e l'Australasia, anche se non così identificabile a prima vista. L'Australia e la Nuova Zelanda, ad esempio, pur non rientrando nell'elenco dei Paesi normalmente considerati marxisti dal punto di vista storico, sono punti di contagio significativi per il "socialismo fabiano" e il "marxismo culturale". Lo stesso vale per il Canada: è evidente anche ai non addetti ai lavori che questo Paese è oggi infestato dal "marxismo culturale" o dal "progressismo".

Le ideologie non hanno confini

Mentre incorporiamo alcune questioni geografiche in questa sezione, teniamo presente che non si tratta solo di Paesi. Si tratta di ideologia, mentalità, indottrinamento, credenze, ecc. L'ideologia è presente in quasi tutto il mondo, in un modo o nell'altro, in una forma o nell'altra, da più di due secoli; e non tiene conto dei confini creati dall'uomo (come le pandemie). Sollevo questo punto per il modo in cui questo tema può essere percepito da alcuni, in particolare quando sentono le parole "socialismo" o "comunismo". Alcuni (in particolare le generazioni più anziane) possono identificare questo problema con alcuni Paesi, ad esempio i regimi "comunisti" più comunemente indicati: URSS, Cina, Corea del Nord, Cuba, Vietnam, Cambogia, ecc.; oppure i casi meno noti di Africa, Sud America, India, Romania, Albania, ecc. o qualsiasi altro esempio a cui si possa pensare quando si sentono le parole "marxismo", "socialismo" o "comunismo".

Un'ideologia può esistere in tipi diversi di individui, luoghi, culture, ecc. Può essere onnipresente e prosperare indipendentemente dai cambiamenti

---

[1] Lenin, V.I., «Lettera agli operai americani», 20 agosto 1918.

sfavorevoli dell'ambiente circostante. Può esistere nella mente di una persona, indipendentemente dalla sua ubicazione o dalla sua demografia.

Eventi nel calendario storico dei comunisti

Ecco una selezione di eventi notevoli nella storia del marxismo. In questo modo il lettore potrà avere una visione d'insieme di ciò che stiamo trattando; un punto di vista più panoramico.

Anche se Il Manifesto Comunista può essere considerato una pietra miliare nello sviluppo del marxismo e della rivoluzione, un simile pensiero rivoluzionario risale a tempi più remoti. Infatti, dal momento che stiamo trattando l'ideologia del marxismo (e i suoi concetti fondamentali e correlati, tra cui il "socialismo"), il "marxismo" non comprende solo l'opera di Marx e Friedrich Engels, ma la precede notevolmente.

Non torneremo indietro nella storia perché questo richiederebbe troppo tempo ed è controproducente per i nostri scopi. Detto questo, il filosofo ateniese Platone include idee come una società "giusta" quasi utopica nella *Repubblica* (circa 375 a.C.). [2]

Alessandro "Il Grande" di Macedonia, egli stesso allievo di Aristotele, voleva creare una sorta di utopia.[3] Sir Thomas More scrisse *Utopia* nel 1516.[4] Il filosofo francese Jean Janques-Rosseau (1712-1778) scrisse il *Discorso sull'uguaglianza* (1755) e il *Contratto sociale* (1762).[5]

Tornando all'epoca di Karl Marx, egli fu influenzato dai proto-marxisti del suo tempo, tra cui i socialisti francesi Charles Fourier (1772-1837), Rousseau e Pierre-Joseph Proudhon (1809-1865). Frequentò il *liceo di Treviri*, l'*Università di Bonn* e poi l'*Università di Berlino; fu* educato da coloro che erano stati influenzati dalla Rivoluzione francese.[6]

Inoltre, Marx nacque nel 1818 in un periodo di grandi cambiamenti rivoluzionari in Europa, non molto tempo dopo le *guerre napoleoniche* (1801-1815) e il successivo *Consiglio di Vienna* (1814-1815). Le idee di Hegel influenzarono pesantemente il pensiero accademico dell'epoca (in particolare dopo la sua morte nel 1831). Naturalmente, Marx stesso era un SJW (social justice warrior) che è stato "radicalizzato" durante la sua "educazione", proprio come Vladimir Lenin e i milioni di membri del culto marxista da allora.

---

[2] Platone, *Repubblica* (circa 375 a.C.).

[3] https://www.britannica.com/biography/Alexander-the-Great

[4] More, T. *Utopia* (1516).

[5] https://www.britannica.com/biography/Jean-Jacques-Rousseau

[6] https://en.wikipedia.org/wiki/Karl_Marx#Influences

Su questa "rivoluzione" dell'età moderna e sulla sua durata, la scrittrice britannica Nesta Webster (1876-1960) ha detto questo nel suo libro del 1921 *World Revolution: The Plot Against Civilisation* (sottolineato per enfasi): "La verità è che negli ultimi centoquarantacinque anni il fuoco della rivoluzione è rimasto costantemente acceso sotto l'antica struttura della civiltà, e a momenti è già divampato minacciando di distruggere fino alle fondamenta quell'edificio sociale che diciotto secoli hanno speso per costruire. La crisi di oggi non è quindi uno sviluppo dei tempi moderni, ma una mera continuazione dell'immenso movimento iniziato a metà del XVIII secolo. In una parola, si tratta della stessa rivoluzione, quella che ha trovato la sua prima espressione in Francia nel 1789. Sia per la sua natura che per i suoi obiettivi, si differenzia completamente dalle rivoluzioni precedenti che avevano come origine una causa localizzata o temporanea. La rivoluzione che stiamo attraversando non è locale ma universale, non è politica ma sociale, e le sue cause vanno ricercate non nel malcontento popolare, ma in una profonda cospirazione che usa il popolo per la propria rovina". [7]

Webster scrisse questo testo quando il culto/ideologia stava iniziando a proliferare nel periodo successivo alla Prima Guerra Mondiale. Non c'è dubbio che le attività della setta in Russia e in Europa in quel periodo l'abbiano ispirata.

La Rivoluzione francese

"Punire gli oppressori dell'umanità è clemenza; perdonarli è crudeltà". [8]

Maximillien Robespierre, *Principi di moralità politica*, 1794

Cosa c'entra questo evento storico con il marxismo? Oltre ad avere una notorietà internazionale come pietra miliare rivoluzionaria, merita di essere menzionato perché alcuni aspetti di esso hanno riecheggiato nella storia successiva dell'ideologia. È molto significativo anche perché è stato una delle principali fonti di ispirazione per le prime figure del movimento comunista nei decenni successivi.

Alcuni aspetti rilevanti di questa rivoluzione furono: la violenza della folla, il furto di proprietà private, il massacro di preti e suore cattoliche e, naturalmente, frasi ad effetto. Lo slogan "Unità e indivisibilità della Repubblica. Liberté, Égalité, Fraternité ou la Mort", ovvero "Libertà, uguaglianza, fraternità o morte". Come il linguaggio marxista di oggi: Solidarietà (unità e indivisibilità), uguaglianza, collettivismo/"amore"/fratellanza (fraternità) e obbligo di conformarsi o affrontare la morte (mort). La "Congiura degli Eguali" (Conjuration des Égaux), che ebbe luogo durante la rivoluzione del 1796, fu uno dei numerosi tentativi di colpo di Stato per sostituire il comitato direttoriale ("le Directoire"). Questo gruppo voleva un tipo di repubblica

---

[7] Wester, N., La *rivoluzione mondiale: Il complotto contro la civiltà* (1921)

[8] Robespierre, M. «Sui principi della morale politica» (1794).

socialista ed egualitaria.[9]

La Rivoluzione francese portò alle Guerre napoleoniche, che fecero di Napoleone stesso una sorta di dittatore proto-marxiano anti-monarchico e pro-repubblica. Arrivò al potere dopo un periodo di "rivoluzione" e l'instabilità che essa provoca, un tema comune ai dittatori marxisti in tutta la storia dell'ideologia.

1800s

Il 19 secolo ha visto molti sconvolgimenti rivoluzionari, in quanto l'epoca dei tradizionali sistemi religiosi imperiali, oligarchici e legati allo Stato ha iniziato a essere sostituita dalla democrazia e dal liberalismo. Le guerre napoleoniche, scaturite dalle conseguenze della Rivoluzione francese (e dal grande ego del piccolo Napoleone), diedero il via a questo cambiamento. Il Congresso di Vienna ristrutturò l'Europa dopo la sconfitta di Napoleone.[10]

La *Lega dei Comunisti* viene fondata il 1° giugno 1847. Si è formata in seguito alla fusione di due altre organizzazioni, la *Lega dei giusti* e il *Comitato di corrispondenza comunista*.[11] Il Manifesto comunista fu scritto da Marx ed Engels per questo gruppo. Il 1848 segnò un anno chiave di sconvolgimenti rivoluzionari in tutta Europa, ma queste rivoluzioni ebbero diversi gradi di successo.[12] Nel 1850, in Gran Bretagna fu pubblicato un giornale socialista chiamato *The Red Republican*. In seguito continuò con il nome di *The Friend of the People*.[13]

La Prima Internazionale (1864-1876) fu un'organizzazione creata per unire diversi gruppi marxisti in tutto il mondo.[14] Marx produce il primo volume dell'altra famosa opera Das Kapital nel 1867 (con altri due volumi nel 1885 e nel 1894).[15] Nell'aprile del 1870, Vladimir Ilich Ulyanov (alias V.I. Lenin) emerge dal grembo dell'inferno.[16]

Nel 1871, dopo la sconfitta della Francia da parte delle forze germaniche nella *guerra franco-prussiana* (1870-1871), un gruppo definito "*comunardi*" creò

---

[9] https://www.britannica.com/event/French-Revolution

[10] https://www.britannica.com/event/Napoleonic-Wars

[11] https://www.history.com/this-day-in-history/marx-publishes-manifesto

[12] https://en.wikipedia.org/wiki/Revolutions_of_1848

[13] https://en.wikipedia.org/wiki/The_Red_Republican

[14] https://www.britannica.com/topic/First-International

[15] https://www.britannica.com/money/Das-Kapital

[16] https://www.britannica.com/biography/Vladimir-Lenin

la Comune di Parigi. [17]

Questo gruppo vide l'opportunità di tentare una rivoluzione proletaria, sullo sfondo della guerra (un altro tema ricorrente di queste "rivoluzioni"); la comune durò da marzo a maggio di quell'anno. Questo fu uno degli unici esempi di "rivoluzione" ispirata al socialismo di cui Marx stesso fu testimone. Commentò: "Se la Comune dovesse essere distrutta, la lotta sarebbe solo rimandata. I principi della Comune sono eterni e indistruttibili; si ripresenteranno ancora e ancora finché la classe operaia non sarà liberata".[18] Quel miserabile bastardo aveva ragione quando disse "eterni" - abbiamo ancora a che fare con questa merda eterna oggi (sbagliò, invece, quando disse "indistruttibili").

Martedì 5 settembre 1882 *si* tiene a New York la prima *Festa del Lavoro* degli Stati Uniti, *organizzata* dalla *Central Labor Union.*[19] Nel 1889 la Seconda Internazionale scelse il primo giorno di maggio come "Giornata internazionale dei lavoratori", che viene celebrata dalla maggior parte dei Paesi del mondo in questa data, da cui il nome "May Day".[20] (Per inciso, questa data segna la *notte di Valpurga* nel folklore tedesco e la data di fondazione degli ormai famigerati Illuminati di Baviera nel 1776).[21] Nel marzo 1883, Karl Marx torna all'inferno.[22] In gennaio 1884, meno di un anno dopo, mentre una mostruosità demoniaca lascia la Terra, un'altra prende il suo posto sotto forma di Società Fabiana.[23]

Nel 1886, il fratello e il padre di Lenin morirono quando lui aveva solo quindici anni. Il fratello di Vladimir, Alexander, essendo anch'egli un attivista piantagrane, fece parte di un complotto per uccidere lo zar Alessandro Romanov III (1845-1894). Per la sua parte in questa cospirazione fu impiccato e l'esecuzione ebbe luogo nel maggio dello stesso anno.[24] A quanto pare, Lenin non era interessato alla politica e non si era "radicalizzato" (si sarebbe vendicato molti anni dopo del figlio di Alessandro, lo zar Nicola Romanov II, e della sua famiglia in seguito alla rivoluzione bolscevica del 1917). Nel 1889

---

[17] https://www.britannica.com/event/Commune-of-Paris-1871

[18] Marx, K. «Il resoconto di un discorso sulla Comune di Parigi», 1871.

[19] «Storia della festa del lavoro«. https://www.dol.gov/general/laborday/history

[20] Chase, E. «Le brevi origini del Primo Maggio», 1993. https://archive.iww.org/history/library/misc/origins_of_mayday/

[21] https://www.britannica.com/topic/Walpurgis-Night

[22] https://www.britannica.com/biography/Karl-Marx

[23] https://www.britannica.com/topic/Fabian-Society

[24] https://www.britannica.com/biography/Vladimir-Lenin

si forma la *Seconda Internazionale* (che si scioglie nel 1916).[25]

1900s

Nel giugno 1908, a Tokyo, in Giappone, ebbe luogo una manifestazione chiamata *"Incidente della bandiera rossa"*. L'evento fu una dimostrazione di solidarietà da parte dei membri del culto giapponese per la liberazione del loro compagno "anarchico" Koken Yamaguchi (1883-1920). Lo Stato riuscì a reprimere questo raduno di culto, arrestando diversi partecipanti.[26]

Poco dopo, nel 1910, ci fu l'*incidente* dell'*alto tradimento. Si trattava di un* complotto della setta per uccidere l'imperatore giapponese Meiji (1852-1912) e molti di loro furono giustiziati.[27] (È un tema storico comune che le leggi siano create dallo Stato per affrontare tali attività da parte dei membri della setta, e quelli coinvolti nell'incidente dell'Alto Tradimento furono perseguiti in base al Codice Penale Giapponese del 1908, che la setta stessa aveva essenzialmente provocato).

Non è vero, come alcuni credono, che il Giappone sia riuscito a rimanere relativamente indenne dall'infezione. Infatti, il *Partito Comunista Giapponese* (PCG) conta oggi circa 250.000 membri ed è il partito più antico del Paese.[28] Tra le prime figure chiave di questo gruppo vi erano Hitoshi Yamakawa (1880-1958), che fu arrestato per l'incidente della Bandiera Rossa, e Fukumoto Kazuo (1894-1983), che fu infettato/indottrinato mentre studiava in Europa nel 1922.[29]

Saltando avanti cronologicamente, la storia del Giappone contiene un atto simbolico e brutale di anticomunismo. Il 12 ottobre 1960, in diretta televisiva, lo studente diciassettenne Otaya Yamaguchi (1943-1960) uccise con una spada da samurai il presidente del *Partito socialista giapponese* Inejirō Asanuma (1898-1960).[30] È l'equivalente di un irlandese che "fa fuori" il leader del partito più dichiaratamente marxista d'Irlanda - il presidente del *Sinn Fein* Mary Lou McDonald - con una pinta di Guinness.

---

[25] https://www.britannica.com/topic/Second-International

[26] https://en.wikipedia.org/wiki/Red_Flag_Incident

[27] Mackie e Yamaizumi, «Introduzione: Il Giappone e l'incidente dell'alto tradimento», 2013.https://ro.uow.edu.au/lhapapers/832/

[28] «Che cos'è il PCG? Un profilo del Partito Comunista Giapponese», 1 novembre 2022.

https://www.jcp.or.jp/english/what-jcp.html

[29] https://en.wikipedia.org/wiki/Fukumoto_Kazuo;
https://en.wikipedia.org/wiki/Hitoshi_Yamakawa

[30] https://en.wikipedia.org/wiki/Otoya_Yamaguchi

Russia

Nel 1905, un tentativo di rivoluzione in Russia fallisce (una prova generale per gli scherzi del 1917).[31] La *Rivoluzione di febbraio* del 1917 e la *Rivoluzione d'ottobre* del 1917, ad opera dei bolscevichi di Vladimir Lenin, danno inizio a un importante periodo rivoluzionario in Russia, che durerà fino al 1923, quando verrà istituita l'*Unione Sovietica*. La rivoluzione segnò la fine del dominio monarchico della Casa Romanov e dello zar Nicola II (1868-1918).[32] Su ordine clandestino di Lenin, lo zar e la sua famiglia furono attirati in uno scantinato dai bolscevichi, che poi li fucilarono. Fate sempre fuori i parenti/discendenti del vostro obiettivo, altrimenti un giorno si vendicheranno (come fece Lenin).[33]

Nel dicembre 1917 viene costituita una brutale forza di polizia chiamata *Cheka*. Il nome completo in russo si traduce in "Commissione straordinaria tutta russa per la lotta contro la controrivoluzione e il sabotaggio" (in altre parole "mettere a tacere/uccidere chiunque si opponga al culto"). Attiva fino al 1922, fu la prima di una serie di forze di polizia segrete sovietiche. Sotto il comando di Felix Dzerzhinsky (1877-1926), questo gruppo aveva il compito di garantire che ogni opposizione politica ai bolscevichi fosse schiacciata, oltre a uccidere chiunque fosse colpevole di "pensiero antisociale" (cioè chiunque fosse in disaccordo con loro).[34]

La Rivoluzione del 1917 coinvolse diverse fazioni in una lotta per il controllo. Alla fine sfociò in un conflitto su larga scala e furono coinvolti diversi gruppi, tra cui l'*Armata Rossa* bolscevica, marxista e pro-Lenin, e l'*Armata Bianca*, che a sua volta era composta da diverse posizioni politiche, tra cui pro-democratica, pro-capitalistica e pro-monarchia. Un terzo gruppo - composto da un misto di socialisti non bolscevichi e milizie non partigiane ecc. - ha combattuto entrambe le parti. Purtroppo per la Russia (e per l'umanità), i bolscevichi vinsero. L'Armata Rossa, guidata dallo psicopatico "intellettuale" Leon Trotsky, inflisse quindi un "Terrore Rosso" al popolo russo. Questo portò alla morte di milioni di persone e fu successivamente insabbiato dagli scrittori di storia infettati dal marxismo.[35]

L'invasione bolscevica della Polonia - la *guerra polacco-sovietica* - ha luogo nel 1920. Lenin e Stalin ritenevano che la Polonia separasse la rivoluzione

---

[31] https://www.britannica.com/event/Russian-Revolution-of-1905

[32] https://www.britannica.com/event/Russian-Revolution

[33] Remnick, D., «Lo storico dice che Lenin ordinò la morte dello zar», 20 novembre 1990. https://www.washingtonpost.com/archive/politics/1990/11/21/historian-says-lenin-ordered-/

[34] «La Cheka«. https://alphahistory.com/russianrevolution/cheka/

[35] https://www.britannica.com/event/Russian-Revolution

russa da quella europea e che la Polonia cristiana fosse d'intralcio; pertanto, doveva essere liquidata.[36]

Il periodo successivo alla Rivoluzione russa ha incluso un evento poco discusso ma significativo: l'invasione dell'Unione Sovietica da parte delle forze militari statunitensi (1918-1920). Il presidente Woodrow Wilson (1856-1924) inviò le truppe per raggiungere vari obiettivi, tra cui contenere il regime bolscevico. Il fallimento della missione e l'ingerenza generale degli Stati Uniti e dei loro alleati (e il loro schierarsi con l'esercito bianco contro i bolscevichi nella guerra civile russa) catalizzarono l'atteggiamento di Lenin nei confronti del colosso capitalista.[37]

Il Comintern

La *Terza Internazionale* o *Internazionale Comunista* (o "Comintern") è esistita tra il 1919 e il 1943. Si tratta di un gruppo di importanza cruciale nella storia della sovversione marxista nel mondo. Lenin, nella sua arroganza, non si accontentava di sperimentare le sue teorie marxiste solo in Russia (e quindi di mandarla in rovina); voleva esportare questa follia a livello internazionale. A questo scopo fu creato il Comintern. Tra gli altri compiti, era responsabile della creazione (e del controllo) di vari partiti comunisti in tutto il mondo. Questi partiti avrebbero poi agito come sedi/divisioni locali del Comintern nei rispettivi Paesi. (Poiché questa organizzazione è stata fondata nel 1919, ciò non si applica ovviamente a nessun partito/gruppo marxista fondato prima di questa data; tuttavia, questi gruppi erano ancora fondati da membri di culto, ovviamente).[38]

Il Comintern era un'entità pionieristica, professionale e finanziata dallo Stato con un mandato inequivocabile: esportare essenzialmente la "rivoluzione" - l'ideologia - e infettare altri Paesi dall'interno, utilizzando tutti i mezzi necessari, compresa la sovversione. Ha anche generato una miriade di altre organizzazioni internazionali. Più avanti vedremo i gruppi marxisti elencati paese per paese, continente per continente, compresi i partiti da loro fondati e/o controllati (prima i gruppi nazionali, poi quelli internazionali).

Il massacro delle banane

Un esempio interessante di un'altra "protesta" marxista, avvenuta in Colombia

---

[36] Centek, J., «Guerra polacco-sovietica 1920-1921», 8 ottobre 2014.

https://encyclopedia.1914-1918-online.net/article/polish-soviet_war_1920-1921

[37] Hoslter, Roderick A., «L'intervento americano nella Russia del Nord, 1918-1919».

https://armyhistory.org/the-american-intervention-in-north-russia-1918-1919/

[38] «L'Internazionale Comunista (1919-1943), storia organizzativa».

https://www.marxists.org/history/usa/eam/ci/comintern.html

nel 1928. Si trattava dei lavoratori della *United Fruit Company* e di uno sciopero apparentemente per le condizioni di lavoro. Furono coinvolti il *Partito Liberale Colombiano* e il *Partito Socialista Colombiano*, oltre a membri del nascente *Partito Comunista Colombiano* (il membro della setta Mariá Cano fu imprigionato in seguito). Gli Stati Uniti erano al corrente degli sviluppi ed esercitarono una certa pressione diplomatica per garantire che la situazione fosse risolta, minacciando apparentemente di invadere il paese in caso contrario.

Avendo individuato che la protesta aveva una componente ideologica, il governo colombiano ha quindi chiamato l'esercito per affrontare i manifestanti.[39]

Come in tutti i casi in cui la setta ritiene di aver subito un torto o un rifiuto, si è affermato che sono state uccise fino a 2.000 persone, che i corpi sono stati sepolti in fosse comuni, che i bambini sono stati uccisi, ecc. È un esempio della tattica marxista di fare dei lavoratori degli utili idioti per far progredire l'ideologia.

La Russia di Stalin

> "Il compagno Stalin, essendo diventato segretario generale, ha un'autorità illimitata concentrata nelle sue mani, e non sono sicuro che sarà sempre capace di usare tale autorità con sufficiente cautela".[40]

Vladimir "Signor Understatement" Lenin, "Lettera al Congresso", 1922

Nasce un uomo d'acciaio

Nel 1878, in una terra stretta tra Europa, Medio Oriente e Asia, tra il Mar Nero e il Mar Caspio, nasce un altro merito marxista per l'umanità. Ioseb Dzhugashvili emerge dal grembo dell'inferno nella città di Gori, in Georgia, nell'Impero russo. Da giovane, mentre frequenta un seminario ortodosso russo, Ioseb inizia a leggere le opere di influenti scrittori rivoluzionari come Marx e Nikolay Chernyshevsky (1828-1889). All'età di vent'anni lascia il seminario per diventare un attivista marxista. In seguito viene coinvolto nei movimenti dei lavoratori industriali per fomentare le agitazioni e si schiera con i bolscevichi. Nel 1905 incontra Vladimir Lenin, che gli affida il compito di raccogliere fondi per la rivoluzione. In seguito si dedica a una serie di attività criminali, tra cui rapine in banca, estorsioni, aggressioni, furti e persino la gestione di bordelli ("il fine giustifica i mezzi").

Dopo aver cambiato molti nomi nel corso della sua vita (per evitare le autorità della Russia zarista), a trent'anni avrebbe assunto il nome di Joseph Stalin

---

[39] https://www.britannica.com/event/Banana-Massacre

[40] Lenin, V.I., «Lettera al Congresso», 1922.
https://www.marxists.org/archive/lenin/works/1922/dec/testamnt/congress.htm

("Stalin", in russo, significa "uomo d'acciaio"). Rimane un sostenitore di Lenin, gli sta vicino e aspetta il momento giusto per la sua brama di potere. Con un'altezza di 162 centimetri, era decisamente affetto dalla "sindrome dell'uomo piccolo".[41]

Leader della Russia rossa

Nel 1924, alla morte di Lenin, Stalin - ora Segretario Generale del Partito Comunista - si auto-impone come leader de facto dell'Unione Sovietica, segnando l'inizio di quella che sarebbe diventata probabilmente la tirannia più dispotica di sempre. Uno dei suoi primi obiettivi fu quello di neutralizzare i rivali politici, tra cui Leon Trotsky (che esiliò e poi fece assassinare in Messico nel 1940).[42]

Nel 1929, Stalin ha la sua prima grande idea brillante, che si manifesta attraverso le solite folli ossessioni marxiste per la lotta di classe, la proprietà privata, i lavoratori, l'agricoltura e qualsiasi forma di ricchezza percepita. Identifica i Kulaki, i contadini proprietari terrieri, come una classe adatta allo sterminio. Vengono quindi spazzati via in massa.

Dopo aver eliminato i kulaki dall'equazione, Stalin impone la collettivizzazione alla classe contadina, usando i suoi sgherri per costringerli a lavorare in grandi zone agricole ora di proprietà dello Stato. I prodotti vengono poi confiscati e utilizzati altrove. Inevitabilmente, il sistema fallisce e milioni di persone muoiono.[43] La situazione è stata nascosta al mondo occidentale, grazie a bugiardi membri del culto della spazzatura come il giornalista Walter Duranty (1884-1957). Egli ha invece raccontato i grandi successi degli esperimenti comunisti ed è stato più volte premiato con il Premio Pulitzer per il suo "lavoro". Duranty era un corrispondente del New York Times, capo dell'ufficio di Mosca del giornale.[44]

L'Holodomor

Sotto la direzione di Stalin, l'Unione Sovietica commette un crimine orribile contro il popolo ucraino nel 1932 e nel 1933. Si trattò di un genocidio, con carestia forzata, che venne conosciuto come l'*Holodomor*.[45] Le stime del

---

[41] https://www.britannica.com/biography/Joseph-Stalin

[42] https://www.britannica.com/biography/Leon-Trotsky/Exile-and-assassination

[43] https://www.britannica.com/topic/kulak

[44] «Dichiarazione del New York Times sul premio Pulitzer 1932 assegnato a Walter Duranty».

https://www.nytco.com/company/prizes-awards/new-york-times-statement-about-1932-pulitzer-prize-awarded-to-walter-duranty/

[45] https://www.britannica.com/event/Holodomor

numero di morti variano e, a causa del fatto che il culto marxista copre o mente continuamente sui suoi crimini, non c'è un ampio consenso sulle cifre. Sembra ragionevole collocare la stima tra i cinque e i dieci milioni.

Il crimine degli ucraini è stato quello di resistere alla collettivizzazione. Il culto si assicurò anche che le masse affamate non potessero mettere le mani sul grano delle fattorie collettive. Fu introdotta la "Legge delle tre spighe": chi fosse stato sorpreso a rubare grano sarebbe stato fucilato o incarcerato per dieci anni.[46] Il 16 novembre 1933, l'*Unione delle Repubbliche Socialiste Sovietiche* (URSS) viene riconosciuta a livello internazionale.[47]

Il Gulag

Il regime prevedeva anche l'uso di un brutale sistema di campi di prigionia per il lavoro forzato sparsi in tutta la Russia, chiamati *Gulag* ("La parola è russa, da G(lavnoe) u(pravlenie ispravitel'no-trudovykh) lag(ereĭ) 'Amministrazione capo per i campi di lavoro correttivo').[48] Milioni di persone furono lavorate fino alla morte nei campi, morirono di malattia o di fame o furono giustiziate (alcune durante il trasporto). Molti campi si trovavano in zone isolate e inospitali del Paese, dissuadendo (la maggior parte) coloro che meditavano di fuggire. Questo sistema di gulag fu un'idea di V.I. Lenin, costruito allo scopo di intimidire o imprigionare i nemici del culto, ma fu Stalin a testarne realmente le capacità. Altri membri della setta psicologica attivi all'epoca di Stalin avrebbero cercato di emulare questo sistema, come Enver Hoxha (1908-1985) in Albania e Mao Zedong in Cina.

Questo sistema di campi di prigionia per lavori forzati è ancora in uso oggi: la rete *Laogai* della Cina. Ospita inquilini felici di ogni tipo, compresi i dissidenti politici (ad esempio i critici del Partito Comunista Cinese, il partito al potere permanente in Cina). Esistono oltre 1.000 prigioni di questo tipo e, secondo la *Laogai Research Foundation, nel* 2008 contavano tra i 500.000 e i 2.000.000 di prigionieri.[49]

Cina rossa

Nel 1917, il ventiquattrenne Mao Zedong (alias Mao Tse Tung) inizia a leggere la letteratura marxista, compreso il Manifesto Comunista. Riceve un ulteriore lavaggio del cervello all'*Università di Pechino* e nel 1921 è membro fondatore del *Partito Comunista Cinese* (PCC). Nel 1927 la leadership del PCC gli

---

[46] https://en.wikipedia.org/wiki/Law_of_Spikelets

[47] «Riconoscimento dell'Unione Sovietica, 1933«.
https://history.state.gov/milestones/1921-1936/ussr

[48] «Gulag», Oxford Reference.
https://www.oxfordreference.com/display/10.1093/oi/authority.20110803095912832

[49] https://en.wikipedia.org/wiki/Laogai

conferisce il titolo di "Comandante in capo dell'Armata Rossa".

Questo piccolo gruppo (più simile a una milizia) gira poi per le campagne diffondendo l'infezione ideologica, suscitando il fervore rivoluzionario negli ignari contadini: indottrinandoli, incoraggiando l'odio per i proprietari terrieri, ottenendo sostegno, reclutando nuovi membri, ecc. Questi erano i piccoli inizi che avrebbero deciso il destino della Cina. (Prendere di mira intenzionalmente i non istruiti, gli "oppressi" è una tattica comune).[50]

All'inizio del XX secolo la Cina ha vissuto grandi sconvolgimenti: la transizione dal passato imperiale e dal dominio della *dinastia Qing* (1644-1912); la formazione della *Repubblica di Cina* (1912-1949); la guerra tra fazioni dell'*era dei signori della guerra* (1916-1928 circa); l'invasione del Giappone e il conseguente conflitto (1937-1945); e infine la *guerra civile cinese* (1945-1949), che avrebbe deciso il destino permanente del Paese, creando la Cina di oggi.[51]

I membri del culto in Unione Sovietica erano fortemente interessati a capitalizzare i disordini di questo periodo. Furono coinvolti nella creazione del PCC - attraverso il Comintern e l'*Ufficio del* Partito Comunista dell'Unione Sovietica dell'*Estremo Oriente* - utilizzando figure come Li Dazhao (1888-1927) e Chen Duxiu (1879-1942). Mao si sarebbe poi fatto strada ai vertici del PCC.[52]

La vicinanza della Cina ai membri del culto ben radicati nell'Unione Sovietica significava che sarebbe stata sempre altamente infetta. Nonostante tutte le fazioni in guerra in Cina in quei primi decenni instabili del XX secolo, sono stati l'influenza e il sostegno dei membri del culto sovietico a permettere ai membri del culto cinese di emergere in cima. È un buon esempio di come l'ideologia prolifera da sola.

Nel 1949, dopo decenni di conflitti e in seguito alla sconfitta delle forze nazionaliste del *Kuomintang* guidate da Chiang Kai Shek, viene annunciata da Mao la *Repubblica Popolare Cinese*. Finalmente i membri del culto avevano il controllo militare della Cina e le forze nazionaliste si ritirarono sull'isola di Taiwan (alias *Repubblica di Cina*).[53]

---

[50] https://www.britannica.com/biography/Mao-Zedong

[51] «Cronologia della storia moderna della Cina», 30 aprile 2012. https://www.chipublib.org/timeline-of-chinas-modern-history/

[52] Jianyi, L., «Le origini del Partito comunista cinese e il ruolo svolto dalla Russia sovietica e dal Comintern», marzo 2000. https://etheses.whiterose.ac.uk/9813/1/341813.pdf

[53] «La rivoluzione cinese del 1949«. https://history.state.gov/milestones/1945-1952/chinese-rev

Questa presa di controllo marxista del Paese creò un secondo grande punto di origine/infezione globale per l'ideologia (oltre all'URSS). Ciò significava che la Cina sarebbe stata un convinto sostenitore delle conquiste marxiste in altri Paesi vicini, tra cui la Corea, la Cambogia, il Vietnam e così via, oltre a zone più lontane, come l'Africa. La Cina rossa avrebbe anche avuto violente dispute di confine con l'India. L'infezione in quel Paese ha segnato non solo un punto significativo nella storia della Cina, ma anche nella storia mondiale, essendo ora probabilmente il principale punto di infezione del pianeta. Una situazione dalle conseguenze potenzialmente catastrofiche...

La grande leadership di Mao

Il governo di Mao ha portato al periodo più terribile della storia cinese attraverso decenni di governo dispotico. Un esempio è il *Grande balzo in avanti* (fine anni '50-inizio anni '60). Questo "grande" balzo ha comportato l'applicazione del collettivismo marxista alle infrastrutture della Cina, per plasmarle secondo i desideri di Mao e del Partito Comunista Cinese.

Si trattava di porre una forte enfasi sulla produzione industriale, di costringere i cinesi a lavorare in sistemi agricoli collettivisti di tipo schiavistico e di appropriazione governativa delle risorse e dei prodotti agricoli (ovvero il furto della proprietà privata).[54]

I membri del culto che operavano in tutto il Paese - desiderosi di compiacere Mao - misero in atto i piani, rubando i prodotti agricoli alle masse che dipendevano da questi per il cibo. Mao governava con la paura, quindi piuttosto che informarlo sulle reali quantità di prodotti agricoli, i suoi fedeli commissari ricorsero a rubarne alcuni, dando a Mao l'impressione che fossero in abbondanza. Inoltre, la popolazione fu costretta a partecipare ai piani di industrializzazione di Mao (compresa la produzione di acciaio), invece di essere lasciata a coltivare la terra. L'acciaio non è ovviamente commestibile (è duro per i denti, un po' "ahi").

Un'altra idea di Mao fu la campagna "Quattro parassiti". Si trattava di prendere di mira alcuni roditori, mosche, zanzare e passeri (incolpati rispettivamente di peste, malaria e di aver mangiato i semi di grano). I cinesi si mobilitarono in modo solidale per uccidere in massa i passeri, ritenendo che ciò avrebbe favorito la resa dei raccolti di riso. Idioti.

In realtà, ha fatto l'esatto contrario, poiché anche i passeri si nutrono di insetti. Di conseguenza, gli insetti - tra cui bruchi e locuste che decimano le piante - hanno avuto una giornata campale (gioco di parole), ripulendo i raccolti in tutto il Paese. Almeno i cinesi hanno ottenuto un po' di solidarietà, no?[55] Questi eventi innescarono un periodo di fame di massa chiamato *Grande carestia*

---

[54] https://www.britannica.com/event/Great-Leap-Forward

[55] https://en.wikipedia.org/wiki/Four_Pests_campaign

cinese, che causò la morte di circa 30 milioni di persone.[56]

Queste sciocche iniziative erano esempi di ciò che accade quando le teorie/idee incontrano la realtà; se vengono forzate, disturbano l'equilibrio naturale che esiste nella società e nella natura. Il risultato è la distruzione della vita (un altro schema comune all'ideologia). L'uccisione dei passeri, oltre a essere incredibilmente stupida e miope, è anche quasi divertente perché rientra nel modus operandi dell'ideologia: distruggere/uccidere le cose per migliorare la vita! In effetti, è sorprendente che Mao non abbia ordinato alle masse di iniziare a uccidere i semi di riso con spade da samurai per farli crescere più velocemente. O di iniziare a sminuzzare ferocemente a colpi di karate il minerale di ferro per produrre acciaio. A parte gli stereotipi razzisti sull'Asia, quello che hanno fatto è stato giusto.

Fiori e rivoluzione culturale

La *Campagna dei Cento Fiori* della fine degli anni Cinquanta fu un tentativo di consolidare il controllo del culto sul Paese. Mao ottenne questo risultato suggerendo subdolamente che le critiche al regime non solo erano accettabili, ma anche auspicabili.

L'eliminazione dei dissidenti funzionò quando un membro del culto di nome Wang Shiwei (1906-1947) si espresse. Fu brutalmente torturato e giustiziato, servendo da esempio per tutti gli altri che avessero sfidato la leadership.[57] Mao non era altro che un subdolo e viscido stronzo.

Un'altra è stata la *Grande Rivoluzione Culturale Proletaria* (o *Rivoluzione Culturale*) dalla metà degli anni Sessanta alla metà degli anni Settanta. Il regime fece il lavaggio del cervello alle giovani generazioni per epurare il Paese dalle generazioni più anziane (e non indottrinate) (prendete nota!). A un'organizzazione chiamata *Guardie Rosse* fu data carta bianca per terrorizzare, aggredire e uccidere. Chiunque non facesse parte del culto era un bersaglio facile. Veniva incoraggiato il vandalismo e la distruzione di qualsiasi cosa di carattere culturale o storico. Questo processo di "pulizia" comprendeva anche l'epurazione dei rivali politici di Mao all'interno del Partito Comunista.[58] Ricordate, si tratta di cinesi a cui è stato fatto il lavaggio del cervello che si uccidono in massa, uccidendo anche altri membri del culto; per

---

[56] Brown, Clayton D. «Il grande balzo in avanti della Cina», 2012.

https://www.asianstudies.org/publications/eaa/archives/chinas-great-leap-forward/

[57] King, G. «Il silenzio che ha preceduto il grande balzo della Cina nella carestia», 26 settembre 2012. https://www.smithsonianmag.com/history/the-silence-that-preceded-chinas-great-leap-into-famine-51898077/

[58] Lamb, S. «Introduzione alla rivoluzione culturale», dicembre 2005.

https://spice.fsi.stanford.edu/docs/introduction_to_the_cultural_revolution

niente!

L'uomo Mao

Mao è stato uno dei leader più brutali della storia del culto. Uno psicopatico e fanatico senza cuore, manipolatore e sadico. Sicuramente uno dei miei candidati al premio "peggior rifiuto umano di sempre", insieme al suo ispiratore Stalin. Sapeva come creare morte e terrore su larga scala; un autentico discepolo della massima marxista "il fine giustifica i mezzi".

Il governo di Mao era noto per la tattica di neutralizzare gli oppositori politici prima che si concretizzassero, utilizzando i campi di lavoro, la tortura e l'omicidio dell'"intellighenzia" (persone "istruite") del Paese. Per quanto riguarda il numero di vittime del regime, la stima più alta di oltre settanta milioni di morti proviene da un libro degli autori Jung Chang e Jon Halliday intitolato *Mao: The Unknown Story* (2006). Questa stima è stata più o meno sostenuta dal professor R.J. Rummel (1932-2014), uno specialista nella stima delle morti causate dal comunismo (approfondita più avanti). (A quanto pare, secondo Chang e Halliday, la setta riceveva alcuni finanziamenti dall'oppio. Fatevi avanti e prendete la vostra dose di comunismo, gente!)[59]

Ovviamente, il culto sminuirà il numero di morti quando si tratta di regimi "comunisti". Si tratta di un controllo dei danni da parte delle pubbliche relazioni. Cercare di ottenere una stima onesta e accurata di quanti siano effettivamente morti è quasi impossibile, poiché la setta ama mentire e nascondere le cose sotto il tappeto. Il Partito Comunista Cinese non ha intenzione di permettere una vera indagine, ovviamente.

Il governo di Mao porterà anche alla creazione di un'altra interpretazione/filone dell'ideologia, il maoismo. Nel 1964, Mao produsse una raccolta dei suoi discorsi e delle sue chiacchiere nel *Piccolo Libro Rosso*. Ne furono pubblicate miliardi di copie e, naturalmente, furono presi di mira soprattutto i giovani.[60] Queste generazioni, sottoposte al lavaggio del cervello da bambini vulnerabili, avrebbero portato avanti l'ideologia nei decenni successivi, contribuendo a creare la Cina del futuro. Mao sopravvisse fino al suo ottantaduesimo anno. Eccezionale, vero? Probabilmente il peggior pazzo omicida di sempre, avrebbe dovuto essere bruciato vivo usando qualche centinaio di copie del suo libro come legna da ardere.

Le guerre d'Indocina

Si tratta di una serie di conflitti in Asia - fomentati dal culto - che iniziano nel secondo dopoguerra, nel 1946, e durano fino a circa il 1991 (il più famoso è la

---

[59] Chang e Halliday, *Mao: The Unknown Story* (2006).

[60] https://en.wikipedia.org/wiki/Quotations_from_Chairman_Mao_Tse-tung

guerra del Vietnam, 1955-1975).[61] Questi conflitti si estesero sui territori di diversi Paesi della regione, tra cui Cambogia, Laos, Thailandia e Vietnam. Le parti in conflitto erano generalmente divise tra marxisti e anti-marxisti. L'ideologia era fondamentale per convincere i potenziali membri del culto che era auspicabile raggiungere l'indipendenza dalle potenze coloniali in declino (ad esempio la Francia). Alcuni di questi conflitti (ad esempio, la guerra cambogiana-vietnamita) illustrano anche come le diverse fazioni del culto si eliminino a vicenda.

In sostanza, tutti i conflitti in quella regione sono stati il risultato del marxismo che si è sviluppato in quei Paesi, con il sostegno delle più grandi entità precedentemente infettate a nord (Russia e Cina). Ad esempio, nel caso del Vietnam, Mao era alleato del membro del culto vietnamita Ho Chi Minh (1890-1969) nel Vietnam del Nord.[62] Il conflitto, a un certo punto, oppose l'Esercito nazionale vietnamita, sostenuto dai francesi, alle forze comuniste di Ho Chi Minh. Minh combatté il VNA per molti anni, fino a circa il 1954. Quella fu la prima guerra d'Indocina e si concluse con l'accordo di Ginevra. I francesi e i cinesi fecero un accordo e il Vietnam fu diviso in due. Pur avendo ottenuto il controllo del nord, ovviamente le sette/ideologie non erano soddisfatte e cercavano il controllo del sud; il risultato è la guerra del Vietnam. Il resto è storia.

La guerra di Corea

Conflitto nato dall'infezione di quella che oggi è la Corea del Nord. Durò dal 1950 al 1953 e portò alla divisione della Corea in nord e sud (divisione che dura ancora oggi): a nord c'è la *Repubblica Democratica Popolare di Corea* e a sud la *Repubblica di Corea*.[63] Questo conflitto non è stato estraneo alle guerre d'Indocina, poiché il marxismo si è diffuso in tutta l'Asia, più o meno. Proprio come nelle guerre d'Indocina e in Vietnam, le parti in conflitto erano divise lungo linee marxiste e anti-marxiste, con la Cina Rossa e l'URSS che assistevano l'infezione nel nord.

La Corea del Nord è stata poi governata dalla dinastia Kim (una stirpe di membri del culto). Questo ha persino portato alla loro interpretazione dell'ideologia chiamata *comunismo Juche*[64] (Cina e Corea del Nord hanno lo stesso sistema: ufficialmente è un sistema multipartitico, ma in realtà un unico partito governa permanentemente. Questo non rende divertente l'uso di

---

[61] https://www.britannica.com/event/Indochina-wars

[62] https://www.britannica.com/biography/Ho-Chi-Minh

[63] https://www.britannica.com/event/Korean-War

[64] «Breve introduzione e valutazione dell'ideologia Juche», novembre 1980.

https://digitalarchive.wilsoncenter.org/document/brief-introduction-and-assessment-juche-ideology

"democratico" nel titolo?).

In Corea del Sud era al timone un importante antimarxista di nome Syngman Rhee (1875-1965). Egli dovette affrontare un grave problema di attivismo e sovversione marxista durante il suo mandato di presidente della *Prima Repubblica* (1948-1960). Questo portò alla *Rivoluzione d'aprile* del 1960, che alla fine lo rovesciò dal potere. I membri di una setta traditrice all'interno della Corea del Sud (in particolare nelle università) furono la forza trainante dei continui disordini.[65]

La *seconda guerra di Corea* ebbe luogo dal 1966 al 1969. Si trattò di un tentativo da parte della setta della Corea del Nord di conquistare la Corea del Sud, dato che il grosso delle forze statunitensi era impegnato in Vietnam, dove alcune risorse erano state riassegnate. Si trattò di un conflitto di dimensioni relativamente ridotte rispetto ad altre incursioni della setta in Asia. Si è rivelato infruttuoso e l'infezione non si è diffusa nel sud del Paese.[66] È un esempio di come l'ideologia, a prescindere dai disaccordi tra le diverse fazioni del culto, cerchi sempre di trovare un modo per diffondersi.

Oggi la Corea del Nord ha come ideologia di Stato ufficiale il "Juche", che non è altro che l'interpretazione del marxismo della dinastia Kim fusa con la sua interpretazione del nazionalismo. Juche significa "fiducia in se stessi".[67] La costituzione è stata modificata nel 2009 per eliminare i termini e i passaggi tradizionali normalmente associati all'ideologia marxista, come la parola "comunismo". Ma perché preoccuparsi? Forse per evitare che i nordcoreani addormentati si rendano conto di vivere in uno Stato-prigione comunista? O forse perché le apparenze esteriori sono importanti per il leader del regime, Kim Jong Un (alias Fatboy Kim). (Non il suo aspetto personale, ovviamente).

La Romania di Ceausescu

Un altro fiasco marxista, questa volta nella zona del Conte Dracul (gioco di parole?) nell'Europa orientale, in un luogo un tempo chiamato Regno di Romania. Questo spettacolo di merda era gestito da un altro pazzo di culto chiamato Nicolae Ceausescu, che sarebbe caduto nell'infamia (e in una grandinata di proiettili).[68] Le cose, come al solito, cominciarono a cambiare quando il marxismo apparve sulla scena nella prima parte del XX secolo. In questo caso erano coinvolti diversi gruppi di culto, il più significativo dei quali era il *Partito Comunista Rumeno (Partidul Comunist Roman)* o PCR. Fondato

---

[65] «Prima Repubblica della Corea del Sud«.
https://countries.fandom.com/wiki/First_Republic_of_South_Korea

[66] Lerner, M. «La seconda guerra di Corea«.
https://digitalarchive.wilsoncenter.org/essays/second-korean-war

[67] https://en.wikipedia.org/wiki/Juche

[68] https://www.britannica.com/biography/Nicolae-Ceausescu

nel 1921, era sotto il controllo del Comintern, anche se per molti anni non ebbe un ruolo di primo piano.[69]

Naturalmente, la Romania faceva parte delle potenze dell'Asse nella Seconda Guerra Mondiale, con Ion Antonesu al comando. Questi fu rimosso dal potere e giustiziato nel 1944. A questo punto, la Romania cadrà progressivamente sotto il controllo della setta. Il PCR sarebbe ora in grado di espandersi apertamente e senza essere molestato (perché nessuno vuole essere molestato dai nazisti). Re Michele fu costretto ad abdicare nel dicembre del 1947, sotto le pressioni della setta (in seguito affermò che avevano minacciato di uccidere mille studenti, che avevano in custodia, se non avesse obbedito). Il Regno di Romania sarebbe diventato la *Repubblica Socialista di Romania* e uno Stato satellite dell'Unione Sovietica. Negli anni successivi ci fu una profonda ristrutturazione del governo.

I membri del culto si impegnarono nella repressione degli oppositori politici (non appartenenti al culto) con l'aiuto della *Securitate,* una forza di polizia segreta statale istituita nel 1948, sul modello dell'NKVD russo. La Securitate disponeva di una vasta rete di spie e di informatori nella popolazione rumena, per monitorare qualsiasi dissenso contro il regime. Era uno dei più grandi gruppi di questo tipo (in relazione alle dimensioni della popolazione che terrorizzava): A metà degli anni '80 la Romania contava ventidue milioni di abitanti e pare che la Securitate avesse circa 500.000 informatori che facevano la spia ai loro connazionali. La Securitate era nota per la sua brutalità e molti rumeni lo hanno testimoniato.[70]

Dall'inizio degli anni '40 all'inizio degli anni '50, nella prigione di Pitesti, i membri della setta cercarono di "liberare" gli anti-marxisti dal loro apparente "lavaggio del cervello". Tra questi prigionieri c'erano molti cristiani, che erano prevedibilmente presi di mira perché la nuova Romania comunista doveva imporre l'ateismo di Stato. Venivano torturati e "battezzati" dai membri della setta con urina e feci. [71] Prevedibilmente, la setta impose anche la collettivizzazione dell'agricoltura, con conseguenze per chi si opponeva alla rivoluzione; qualsiasi gruppo di resistenza anti-marxista, elementi religiosi o contadini furono trattati con torture, imprigionamenti, omicidi e trasferimenti forzati o esilio.

Al passo con il Ceausco

Il 1965 fu un anno di svolta per il PCR, con la morte del segretario generale

---

[69] https://dbpedia.org/page/Romanian_Communist_Party`

[70] https://balkaninsight.com/2019/12/25/keys-mikes-spies-how-the-securitate-stole-romanias-privacy/

[71] Mihai, S.A.R. Re, «Ciò che è stato fatto alla Romania tra il 1945 e il 1947 è stato fatto dal 1989» (articolo in rumeno), 23 agosto 2000.

Gheorghiu-Dej. Sebbene all'inizio ci fosse una "leadership collettiva", Nicolae Ceausescu - come spesso accade con i membri di una setta fanatica - iniziò a manovrare per ottenere il posto di vertice. Dopo una lotta per il potere, emerse come leader e annunciò che la Romania era ora una Repubblica Socialista (piuttosto che una "Democrazia Popolare"). Iniziò quindi a proiettare sul popolo rumeno l'immagine di un leader comunista "nazionalista", indipendente da Mosca. Questo gli procurò un certo sostegno popolare e l'adesione al PCR aumentò notevolmente.[72]

Alla fine, Ceausescu si trasformò in un maniaco del controllo estremo, con una stretta presa sul popolo rumeno. Nella sua ricerca sarebbe stato aiutato dalla moglie Elena (1919-1989), un altro membro devoto del culto. Durante il loro regno, i Ceausescu vissero una vita di estrema opulenza. Il loro palazzo a Primaverii, a Bucarest, presentava pareti in legno intagliato e ornato, tappeti di seta, un cinema e un bagno tempestato d'oro. [73] Molto elitario, molto "borghese", mi sembra. Così, mentre la maggior parte del popolo rumeno era costretta a razionare e a vivere una vita di estrema oppressione e indigenza, i membri della setta di più alto rango facevano esattamente il contrario. Questo non è tipico di quando il culto prende il controllo di un Paese, ma nel caso della Romania, Ceausescu e sua moglie lo hanno portato a un livello completamente nuovo.

Il livello di ego che emanava quest'uomo era irreale. Nel 1974 si è autonominato Presidente della Repubblica Socialista, oltre ad essere il Segretario Generale del PCR. Ha insistito per ricevere una moltitudine di onorificenze e titoli sia in patria che all'estero, fino a diventare essenzialmente presidente a vita.

Le decisioni prese dal nuovo el presidente a partire dagli anni Settanta fecero apparire le crepe, e le politiche di austerità e il razionamento divennero il tema di sviluppo negli anni Ottanta. [74] Ciò è dovuto, in parte, all'insistenza di Ceausescu nel ridurre il debito internazionale, oltre che nel far cassa. Le sue decisioni inutili e dispendiose includevano la *Sistematizarea* (Sistematizzazione), una massiccia ricostruzione in stile socialista del paesaggio urbano e rurale che prevedeva la demolizione di città, paesi e villaggi e la costruzione di uniformi e brutti grattacieli ad alta densità (blocchi di "appartamenti"). Nello spirito del socialismo, questi sarebbero stati più "efficienti" e "uguali" per i felici compagni che vi abitavano. Un terremoto nel 1977 e i danni che ne derivarono fornirono a Ceausescu una scusa per demolire

---

[72] https://www.britannica.com/biography/Nicolae-Ceausescu

[73] Euronews, «Vedere il bagno d'oro di Nicolae Ceausescu», 20 giugno 2016. https://www.YouTube.com/watch?v=M4XLXzUmZHw

[74] https://www.britannica.com/place/Romania/Communist-Romania

le strutture culturali e storiche.

Nonostante l'accesso della Romania a grandi quantità di petrolio - e la sua capacità di raffinare il petrolio su larga scala - la Romania dovette razionare il petrolio (!). Anche i servizi di base, come l'elettricità, cominciavano a scarseggiare e si registravano gravi livelli di inquinamento (ancora una volta, troppa enfasi sull'industrializzazione!). Alle masse è stato detto dal regime che il razionamento del cibo era un bene per combattere l'obesità (faccia di bronzo). La Romania aveva il più basso tenore di vita in Europa. Che spreco del cazzo. [74]

La fine

Nel 1989 i rumeni ne avevano abbastanza. Il sentimento anticomunista stava crescendo ed era diretto contro i Ceausescu e il PCR. Questo era senza dubbio accelerato dai crescenti livelli di oppressione che dovevano sopportare per mano della Securitate. Ceausescu, percependo il crescente malcontento (e piuttosto che fare la cosa più nobile e gettare un tostapane collegato nel suo bagno turco serale), spinse i suoi scagnozzi a estendere la loro rete di informatori e a migliorare le loro tecniche di sorveglianza. Che stronzo.

Nonostante lo sforzo dello Stato di isolare il pubblico rumeno dalle informazioni non approvate dal culto, la consapevolezza del malcontento cominciava a diffondersi tra le masse. Vennero organizzate proteste e scioperi. Ironia della sorte, uno dei catalizzatori di questa nuova rivoluzione per deporre il regime fu uno sciopero che coinvolse i lavoratori della Trucks Brasov. Poiché questi particolari proletari erano ostili al culto, furono rapidamente trattati. Seguirono numerose altre proteste e sommosse, che portarono la polizia e la Securitate a usare la mano pesante. Molti manifestanti sono stati uccisi durante le proteste di Timisoara del 17 dicembre. [74]

Non sorprende che, a causa del lavaggio del cervello, Ceausescu sia rimasto incredulo di fronte ai disordini e abbia tenuto un incredibile e delirante discorso al Palazzo del Comitato Centrale il 21 dicembre (disponibile su YouTube!).[75] L'enorme folla lo derideva. Alla fine i militari si schierarono con i manifestanti e Ceausescu fu rovesciato. Lui e sua moglie Elena furono rapidamente processati e giustiziati il 25 dicembre. Che regalo di festa per il popolo rumeno! L'incantesimo comunista era stato finalmente spezzato, grazie a Gesù!

Ceausescu è stato uno dei pochi leader di culto nella storia ad aver ricevuto la sua punizione; la maggior parte di loro tende a sfuggire alla punizione con una morte relativamente piacevole. L'aspetto più affascinante della sua fine è che, quasi fino al momento dell'esecuzione, egli continuava a sfidare e a protestare, cantando l'inno comunista "Internationale". Un esempio di come gli

---

[75] «L'ultimo discorso di Nicolae Ceausescu«.
https://www.YouTube.com/watch?v=TcRWiz1PhKU

indottrinati non riescano a capire cosa sono, nemmeno quando stanno per morire.[76]

Albania comunista

"Nessuna forza, nessuna tortura, nessun intrigo può sradicare il marxismo-leninismo dalla mente e dal cuore degli uomini".[77]

Enver Hoxha, L'*eurocomunismo è anticomunismo* (1980)

"Il sistema socialista mondiale... è diventato oggi il fattore decisivo nello sviluppo della storia mondiale. Esercita un'enorme influenza sul mondo; è diventato una grande forza attrattiva e rivoluzionaria... (sta) dimostrando ogni giorno che passa la sua indiscutibile superiorità sul sistema capitalista. È diventata lo scudo di tutte le forze progressiste del mondo, il baluardo inespugnabile della libertà e della pace, della democrazia e del socialismo".[78]

Enver Hoxha, discorso per il 20° anniversario del partito (1961)

Un'altra mostruosa infezione ha preso piede poco più in là, nei Balcani, sulla costa del Mar Adriatico, sotto forma della *Repubblica Socialista Popolare d'Albania. È* esistita dal 1946 al 1992.[79] Il capo psicopatico marxista era Enver Hoxha (pronunciato "hoe-ja". J come "Jennifer"). Questo tizio riceve cinque stelle comuniste per il suo fanatismo.

L'unica cosa che gli impediva di creare un grande numero di morti erano i limiti del suo potere e della sua influenza, dovuti alla posizione relativamente isolata dell'Albania e alle sue dimensioni/popolazione (rispetto ad altri paesi comunisti dell'epoca). In effetti, se ci fosse stato un grande bottone rosso per far scoppiare la terza guerra mondiale, quest'uomo l'avrebbe premuto molte volte, se ne avesse avuto l'occasione. Egli personificava la tendenza dell'ideologia a manifestare versioni sempre più estreme di se stessa, poiché alla fine avrebbe considerato altre forme di comunismo troppo "morbide", persino traditrici della causa! In modo divertente, a un certo punto Hoxha si riferì persino a Mao Zedong (probabilmente il peggior comunista di sempre) come a un "maiale capitalista", per darvi un'idea di quanto fosse estremo questo tizio.[80]

---

[76] TVR (emittente pubblica rumena), «Processo ed esecuzione«.
https://artsandculture.google.com/story/HQVhRMp6MAUA8A?hl=en

[77] Hoxha, E., «L'eurocomunismo è anticomunismo», 1980.
https://www.marxists.org/reference/archive/hoxha/works/euroco/env2-1.htm

[78] Hoxha, E., Discorso per il 20° anniversario del partito, 1961.
https://en.wikiquote.org/wiki/Enver_Hoxha

[79] https://www.britannica.com/topic/history-of-Albania/Socialist-Albania

[80] https://www.britannica.com/biography/Enver-Hoxha

Gli inizi dell'infezione

Aiutato da altri membri del culto nel vicino "Paese" già infetto della Jugoslavia, contribuì a fondare il *Partito Comunista d'Albania* nel 1941 (poi ribattezzato *Partito del Lavoro d'Albania* (o PLA) nel 1948); il catalizzatore fu l'invasione tedesca della Jugoslavia nello stesso anno. Il leader del culto in Jugoslavia era Josip Broz (detto "Tito"), e la sua assistenza nel diffondere l'infezione in Albania fu incoraggiata dal Comintern sovietico.

Hoxha è stato anche il leader del *Movimento di Liberazione Nazionale* (ecco di nuovo questa parola), un gruppo marxista che si è opposto all'occupazione nazista dell'Albania durante la Seconda Guerra Mondiale.[81] Sebbene l'Albania si sia unita al partito comunista mondiale relativamente più tardi rispetto ad altri Paesi europei (in termini di quando si sono dotati di un vero e proprio partito marxista), Hoxha ha fatto in modo che si raggiungesse molto velocemente. Le azioni iniziali del culto includevano prevedibilmente l'eliminazione di tutti gli oppositori, molti dei quali venivano opportunamente etichettati come "collaboratori dei nazisti" o "nemici del popolo". Un'altra mossa prevedibile fu l'attacco alla religione. Una prima, tipica dichiarazione dei membri del culto - nel Comitato Centrale del PLA - includeva l'idea che essi dovessero "lottare contro il tentativo del fascismo di dividere il popolo albanese per mezzo della religione".[82] Giusto (alzando gli occhi al cielo), quella vecchia tiritera dei comunisti.

Come per la creazione della Repubblica Socialista Federale di Jugoslavia, anche in Albania sono state organizzate elezioni farsa per dare l'illusione che la sua creazione fosse una scelta del "popolo".

L'hoxhaismo è l'interpretazione/strazione dell'ideologia che prende il nome da Enver Hoxha.[83]

Si caratterizza come una variante di natura "anti-revisionista", fedele alle interpretazioni di Joseph "Little Bastard" Stalin. In altre parole, Hoxha ha aderito alla versione più dura.

Il regime

Si trattava di un regime particolarmente brutale e repressivo, anche per gli standard della setta. Le persone giustiziate direttamente e i "prigionieri politici" (che ebbero diversi destini) furono decine di migliaia. Molti morirono anche nel tentativo di fuggire, raggiungendo a nuoto la Grecia (passando per l'isola di Corfù) o attraversando le montagne per raggiungere la Jugoslavia. Poveri

---

[81] https://en.wikipedia.org/wiki/National_Liberation_Movement_(Albania)

[82] Tonnes, B., «Albania: Uno Stato ateo«. https://biblicalstudies.org.uk/pdf/rcl/03-1_3_04.pdf

[83] «Hoxhaismo«. https://en.prolewiki.org/wiki/Hoxhaism

bastardi disperati. Rivoluzione o morte. La popolazione dell'Albania è relativamente esigua: nel 1946 era di circa 1,2 milioni di abitanti, mentre nel 1991 era di quasi 3,3 milioni.[84]

In questo caso, la squadra di sicari di Stato/forza di polizia non tanto segreta era il famigerato *Sigurimi*. Essi monitorarono, terrorizzarono, torturarono e fecero "sparire" gli albanesi durante tutto il regno di Hoxha. Il regime comprendeva le solite cose, come la garanzia del dominio dell'ideologia, attuata dallo Stato attraverso l'intimidazione, la coercizione, la violenza e l'omicidio.

Inoltre, si impegnò nella sorveglianza della popolazione; nella "rieducazione" forzata dei dissidenti; nel dirottamento delle risorse per la costruzione di infrastrutture militari, contribuendo alla fame della popolazione; nella costruzione di alloggi angusti "in stile socialista"; nel razionamento delle risorse e del cibo; nell'uso di campi di lavoro in stile Gulag, dove i prigionieri venivano mandati a lavorare nelle miniere (il campo di lavoro Spaç è uno dei più noti). Molti "scomparvero" o vennero torturati a morte e poi sepolti in massa in tombe segrete, con l'uso di sacchi di plastica neri.[85]

Gli albanesi non potevano viaggiare - se non per affari ufficiali - e venivano arrestati se cercavano di uscire; i movimenti dei visitatori stranieri nel Paese erano controllati e monitorati. Durante questa prigionia virtuale, i membri della setta - tra cui lo stesso Hoxha - vivevano un'esistenza relativamente borghese nel ricco quartiere Ish-Blloku di Tirana. La setta era circondata da un muro che la separava dalle aree circostanti (e quindi dalla popolazione generale di cui era preda). Inoltre, il regime vietò la proprietà privata di automobili (a meno che non si fosse membri del partito). Un culto borghese "antiborghese"?

Anti-religione e libertà di espressione

Nella più pura tradizione del culto, Hoxha era estremamente antireligioso e l'ateismo fu imposto dall'apparato statale, con la pratica religiosa che fu effettivamente vietata nel 1967. In un discorso dello stesso anno, dichiarò con sicurezza che l'Albania era il "primo Stato ateo del mondo". Analogamente a quanto incoraggiato da Mao nella Cina rossa durante la Rivoluzione culturale, Hoxha incoraggiò la distruzione di moschee e chiese in tutto il Paese da parte di organizzazioni giovanili (di culto).[86]

---

[84] https://www.statista.com/statistics/1076307/population-albania-since-1800/

[85] Abrahams, F., «Communist-Era Disappearances Still Haunt Albania», 17 marzo 2021. https://www.hrw.org/news/2021/03/17/communist-era-disappearances-still-haunt-albania

[86] Bezati, V., «Come l'Albania è diventata il primo paese ateo del mondo», 28 agosto 2019. https://balkaninsight.com/2019/08/28/how-albania-became-the-worlds-first-atheist-country/

Naturalmente, dal momento che l'Albania ha dovuto subire la sua versione di "rivoluzione culturale", le arti dovevano esaltare la genialità del marxismo. In un'intervista rilasciata alla *NBC Left Field* nel 2018, un importante artista albanese di nome Maks Velo ha raccontato le molestie subite dal regime di Hoxha.[87] Nel 1978 è stato monitorato dai membri di una setta, che poi lo hanno avvicinato. Velo non stava producendo il tipo di lavoro filo-marxista che ci si aspettava dagli artisti: il suo era considerato "ostile" al regime. Come punizione, fu spedito in un campo di prigionia, dove fu condannato a dieci anni. I farabutti impiccabili del Sigurimi cercarono poi, senza successo, di reclutarlo come informatore dei suoi connazionali. Il culto elimina ogni dissenso percepito cercando di controllare ogni forma di espressione.

I Sigurimi

Un gruppo fanatico e crudele come i suoi omologhi della polizia di Stato in Romania (Securitate), Germania Est (Stasi), Ungheria (AVH) o U.S.S.R. (KGB), i Sigurimi hanno rovinato la vita di generazioni di albanesi. Erano in qualche modo diversi da questi altri gruppi, poiché i loro poteri erano relativamente illimitati: qualsiasi azione commessa era accettabile se era di supporto al regime. Un'altra differenza - dovuta alla piccola popolazione/area dell'Albania - era che potevano effettivamente realizzare le loro intenzioni di monitorare (e controllare) l'intera popolazione (mentre le loro controparti sopra elencate dovevano invece proiettare l'illusione di avere questa capacità, attraverso l'indottrinamento, la propaganda, la paura, ecc.)[88][89]

L'organizzazione era suddivisa in diversi dipartimenti, che si occupavano di tutto, dalla censura al controspionaggio, dagli archivi pubblici agli interrogatori, ecc. Si indagava anche sui compagni di setta nei ranghi del PLA per epurare eventuali membri del partito ideologicamente sleali. Tra i soggetti presi di mira c'erano, ad esempio, quelli con simpatie filo-sovietiche, filo-jugoslave o filo-cinesi. Tra questi vi erano anche i membri del Comitato Centrale e del Politburo.

Oltre alle intercettazioni telefoniche convenzionali, si usavano cimici per monitorare le conversazioni del pubblico, anche nelle loro case. Migliaia di questi dispositivi furono collocati in tutto il Paese, a volte inseriti in scarpe,

---

[87] «E se il tradimento dei vostri cari vi facesse finire in prigione? | NBC Left Field», luglio 2018.

https://www.YouTube.com/watch?v=OHfg2mog2sk

[88] https://www.wikiwand.com/en/Sigurimi

[89] Gjoka, B. «Documenti declassificati mostrano il potere della polizia segreta comunista albanese», 16 novembre 2021.

https://balkaninsight.com/2021/11/26/declassified-documents-show-power-of-albanias-communist-secret-police/

borse, cravatte, mobili, vasi, gioielli e persino pipe da fumo (ovunque, tranne che nel buco del culo di Hoxha, in pratica). Le conversazioni venivano poi registrate nel quartier generale della Sigurimi, l'edificio della Casa delle Foglie. Questi farabutti incoraggiavano gli albanesi a denunciare i propri amici e parenti, in alcuni casi ricorrendo alla coercizione. In breve, stavano cercando di creare una società di culto di ratti. Questa forma di controllo sfrutta la tendenza di molte persone a criticare o lamentarsi degli altri quando non è giustificata. L'ideologia fa emergere il male nelle persone, incoraggiandole a distruggersi a vicenda.

Tutto ciò è piuttosto sorprendente se si considera questa frase di Hoxha: "Un Paese in cui un uomo ha paura di criticare un altro uomo non è un Paese socialista".[90] Ovviamente Hoxha non tollerava alcuna vera critica nei suoi confronti. Al primo congresso del Partito Comunista, nel novembre 1948, Hoxha definì il Sigurimi "l'arma d'amore" del partito. P.s.y.c.h.o! Alla fine dell'Albania comunista, troppi albanesi erano stati terrorizzati da loro. Tante vite rovinate.

Eredità

L'11 aprile 1985, Hoxha lasciò questo regno per le fiamme dell'inferno, per essere amorevolmente violentato da Marx e altri (probabilmente la sua fantasia di sempre). Con il crollo del comunismo a livello mondiale a partire dal 1988, forse un po' nello spirito della (folle) sfida di Hoxha, il regime albanese ha resistito un po' più a lungo rispetto ad altri Paesi non sovietici. Un altro fattore è che, poiché il regime controllava ancora strettamente il flusso di informazioni - comprese le notizie dal mondo esterno - gli albanesi non erano nemmeno a conoscenza del crollo del Muro di Berlino! Alla fine, nel dicembre 1990, l'APL permise lo svolgimento di libere elezioni e la nascita di partiti di opposizione. La statua di Hoxha a Tirana fu abbattuta nel 1991.[91]

Purtroppo, poiché molti membri della setta sono riusciti a rimanere presenti nella politica albanese dopo la caduta del regime (e i loro tentativi di mantenere la verità sepolta), il processo di ricerca e identificazione di tutte le vittime è stato fortemente limitato. I tentativi di accedere alle informazioni raccolte dal Sigurimi sono stati oggetto di discussione politica.

Nel 2008, il Partito socialista albanese ha ostacolato tali tentativi nel Parlamento albanese (non sorprende che il Partito socialista albanese sia una continuazione del PLA, che governava durante lo Stato monopartitico di Hoxha). Le cose potrebbero cambiare: nel giugno 2023 il sito web *Balkaninsight* ha riferito che era in corso un'indagine sulle vittime del campo

---

[90] https://www.azquotes.com/quote/770880

[91] Cavendish, R., «Morte di Enver Hoxha», 4 aprile 2010.
https://www.historytoday.com/archive/months-past/death-enver-hoxha

di lavoro Spac.[92]

Quasi incredibilmente, come ulteriore sfacciato insulto al popolo albanese, esiste ancora un gruppo chiamato *Partito Comunista d'Albania*, a cui è stato permesso di partecipare alle elezioni. Si chiamano anche "Volontari di Enver".[93] Questi coglioni dovrebbero essere sepolti vivi in enormi e resistenti sacchi di plastica nera, in onore delle vittime di Hoxha! Come altre terre post-comuniste, l'Albania si sta ancora riprendendo dalla devastazione del culto/ideologia. Era - ed è tuttora - uno dei Paesi più poveri d'Europa.[94]

Rivoluzione ungherese

Il 4 novembre 1956, le forze sovietiche invadono la Repubblica Popolare Ungherese, ponendo fine alla *rivoluzione ungherese*.[95] Gli scontenti ungheresi non erano contenti di vivere sotto l'unico partito del Paese - il *Partito Popolare Operaio Ungherese* - che era sotto il diretto controllo del Cremlino.

Ispirate dal discorso di Nikita Khruschev dell'inizio dell'anno, che denunciava il regime di Stalin, le proteste iniziarono seriamente, chiedendo democrazia e libertà dall'oppressione sovietica. Il leader della ribellione era il membro del culto di tutta la vita Imre Nagy (1896-1958). Nagy aveva intenzione di consentire elezioni multipartitiche e persino di rimuovere l'Ungheria dal Patto di Varsavia.[96] Il conflitto durò solo dodici giorni, prima che i ribelli fossero sconfitti dall'esercito sovietico, di gran lunga superiore.

In seguito, Nagy fu giustiziato e migliaia di persone furono processate e imprigionate; ci fu anche un'esecuzione di massa. L'evento portò alla creazione del *Partito Socialista Operaio Ungherese, che* governò come partito unico fino alla caduta del comunismo nel 1989.

I sovietici avrebbero poi affermato che quella che era iniziata come una protesta onesta e ragionevole era stata poi presa di mira da forze fasciste sostenute dall'Occidente. I sovietici invasero solo su richiesta dei "veri patrioti" (cioè i membri del culto marxista filo-sovietico), con i quali si unirono per schiacciare questa controrivoluzione. Oh... quindi la colpa è del fascismo e dell'imperialismo occidentale, giusto? (alza gli occhi al cielo). (Per inciso,

---

[92] Erebara, G., «L'Albania inizierà a cercare i resti delle vittime dei campi comunisti», 2 giugno 2023. https://balkaninsight.com/2023/06/02/albania-to-start-searching-for-remains-of-communist-camp-victims/

[93] https://en.wikipedia.org/wiki/Communist_Party_of_Albania_(1991)

[94] https://worldpopulationreview.com/country-rankings/poorest-countries-in-europe

[95] «I sovietici mettono brutalmente fine alla rivoluzione ungherese», 24 novembre 2009. https://www.history.com/this-day-in-history/soviets-put-brutal-end-to-hungarian-revolution

[96] https://www.britannica.com/event/Hungarian-Revolution-1956

negli ultimi tempi il presidente russo Vladimir Putin ha affermato che l'Ucraina è piena di "nazisti"....).

Il grande muro del comunismo

"Vale la pena di riconoscere che la scomparsa dell'Unione Sovietica è stata la più grande catastrofe geopolitica del secolo".[97]

Presidente russo Vladimir Putin,
discorso al Parlamento russo, 25 aprile 2005

Nel 1961 inizia la costruzione del famigerato *Muro di Berlino*, che divideva la Germania in "Germania Ovest" (*Repubblica Federale Tedesca*), apparentemente democratica, e "Germania Est" (*Repubblica Democratica Tedesca*), comunista.[98]

Apparso alla fine della seconda guerra mondiale, a causa della divisione di Berlino, il muro fu una manifestazione simbolica e fisica della natura divisiva e di controllo dell'ideologia. Aveva la duplice funzione di tenere fuori i non marxisti e di impedire a quelli della Germania Est di uscire a loro piacimento. Faceva parte della cosiddetta *Cortina di ferro*, una barriera fisica e ideologica che imprigionava di fatto tutti coloro che si trovavano a est di essa nel "blocco orientale", separandoli dal "libero" Occidente.

Come barriera fisica, questa "cortina" si estendeva quasi interamente in Europa - dalla costa tedesca a nord fino alla Jugoslavia a sud - per una lunghezza di circa 7.000 chilometri. I video online che mostrano le persone che cercano di fuggire attraverso il filo spinato illustrano la disperazione meglio di quanto possano fare le parole. Il muro cadde nel novembre 1989, simboleggiando la fine della Guerra Fredda e liberando i popoli a est dalla stagnazione economica e dall'oppressione ideologica.

La scissione sino-sovietica

Una differenza ideologica di opinioni all'interno del culto, tra i membri dell'Unione Sovietica e della Cina. Nell'URSS post-staliniana, il premier Nikitia Khruschev denunciò pubblicamente molti aspetti del regime dello Zio Joe in un discorso tenuto nel 1956 (in realtà non si riferì a lui come Zio Joe, non erano parenti). Questo segnò quello che sarebbe stato chiamato il processo di "de-stalinizzazione" dell'Unione Sovietica. Questo allontanamento dal precedente approccio/sistema (definito stalinismo) provocò un effetto a catena nel culto mondiale, inducendo il leader della Cina Rossa - Mao Zedong - a

---

[97] Associated Press, «Putin: il crollo sovietico è una 'tragedia' autentica», 25 aprile 2005. https://www.nbcnews.com/id/wbna7632057

[98] https://www.britannica.com/topic/Berlin-Wall

etichettare questo processo come "revisionismo".[99]

In questo contesto, per revisionismo si intendeva un allontanamento dai principi marxisti tradizionali; una sorta di "ammorbidimento" su alcune questioni (in particolare sull'idea che le nazioni comuniste avessero relazioni pacifiche con quelle non comuniste, dove entrambe potevano coesistere). Questo sviluppo ebbe un effetto a catena su altri Paesi comunisti e portò allo sviluppo di nuovi ceppi/interpretazioni dell'ideologia (elencati altrove).

Il discorso che Kruscev tenne nel 1956 si intitolava "Sul culto della personalità e le sue conseguenze".[100] L'ideologia/culto in sé è il culto di Marx. È interessante notare che il titolo alternativo del libro che state leggendo era "Il culto delle fighe e le sue conseguenze fighette".

La Primavera di Praga

Nel 1968 sono stati compiuti tentativi interni di riforma della *Repubblica Socialista Cecoslovacca, all'*epoca Stato satellite dell'Unione Sovietica. Questo periodo di riforme politiche, insieme alle proteste di massa che ebbero luogo nel Paese, sono note come la *Primavera di Praga.*[101] Il catalizzatore di questa rivolta fu l'allora leader del *Partito Comunista Cecoslovacco* Alexander Dubcek. Come per la Rivoluzione ungherese del 1956, i cecoslovacchi volevano una liberalizzazione della società: libertà di parola, di movimento, decentralizzazione dell'economia, ecc. Come in precedenza, i fanatici del Cremlino non ne vollero sapere e la notte del 20 agosto avvenne l'invasione della Cecoslovacchia.

A differenza della Rivoluzione ungherese, non ci furono combattimenti tra i residenti e gli invasori. Tuttavia, ci fu un esodo di massa, con oltre un quarto di milione di persone in fuga (mi chiedo perché la gente dovrebbe fuggire dall'eroica e gloriosa Armata Rossa?). Il 25 agosto 1968, otto persone organizzarono una protesta contro l'invasione nella Piazza Rossa di Mosca.[102] Ovviamente, il governo sovietico la considerò un tradimento e la represse con estremo pregiudizio. Alcuni manifestanti furono inviati nei brutali campi di prigionia Gulag in Siberia, altri in ospedali psichiatrici. Quando il culto/ideologia è in pieno controllo, le proteste non sono permesse.

---

[99] https://www.britannica.com/topic/20th-century-international-relations-2085155/The-Sino-Soviet-split

[100] Khruschev, N. «Discorso al 20° Congresso del C.P.S.U.», 1956.https://www.marxists.org/archive/khrushchev/1956/02/24.htm

[101] https://www.britannica.com/event/Prague-Spring

[102] Kramer, M. «La protesta dell'agosto 1968 sulla Piazza Rossa e la sua eredità», 24 agosto 2018. https://www.wilsoncenter.org/blog-post/the-august-1968-red-square-protest-and-its-legacy

La Kampuchea Democratica e i Khmer Rossi

"Se sono stato violento? No. Per quanto riguarda la mia coscienza e la mia missione, non c'era alcun problema".

L'intervista finale di Saloth Sar (alias Pol Pot), 1979[103]

Un'altra mostruosità assoluta, anche per gli standard marxisti, ha avuto luogo in quella che oggi si chiama Cambogia, nel Sud-Est asiatico. Per un certo periodo, questo Paese è stato uno Stato a partito unico "marxista-leninista" chiamato *Kampuchea Democratica,* esistito tra il 1975 e il 1979. Era governato dal *Partito Comunista di Kampuchea* (alias i *Khmer Rossi*).[104] Questo gruppo è apparso sulla scena mentre il marxismo si diffondeva in tutta l'Asia nel secondo dopoguerra, nell'era del post-colonialismo. Tra i suoi alleati, in vari momenti, c'erano la Cina di Mao Zedong, i Viet Cong, la Corea del Nord e il *Pathet Lao* (*Esercito di liberazione del popolo laotiano*) nel vicino Laos.

Il nome "Khmer Rossi" significa "Khmer rossi": "Rouge" è "Rosso" in francese, ovviamente, e il popolo "Khmer" era il gruppo etnico dominante in quell'area. Quindi, un altro gruppo di culto.

La leadership dei Khmer Rossi era composta da membri del culto cambogiano, molti dei quali erano stati esposti al marxismo mentre ricevevano una "educazione" in Francia. Lo psicopatico al comando in questo caso era un cambogiano di nome Saloth Sar (che in seguito si ribattezzò Pol Pot).[105] Il signor Pot proveniva da un ambiente agricolo relativamente ricco e alla fine si ritrovò con un'educazione socialista di tipo champagne. Imparò a conoscere figure storiche come Maximillian Robespierre (1758-1794) della Rivoluzione francese) e divenne un fan dello zio Joe Stalin. Dopo aver subito il lavaggio del cervello a Parigi come studente, tornò in Cambogia nel 1953 per fare ciò che i membri di una setta fanno di solito: infettare il loro paese d'origine.

Quando i Khmer Rossi presero il controllo, Pol Pot fece svuotare la capitale Phnom Penh, costringendo la gente a uscire nelle aree rurali, che furono divise in zone. Voleva che tutti fossero contadini, in modo da poterli trattare allo stesso modo (ci risiamo...).[106] Le persone ricche che cercavano di portare con sé i propri beni venivano respinte. Il regime era caratterizzato dal solito autoritarismo marxista; "uguaglianza" forzata; lavoro forzato;

---

[103] «L'ultima intervista a Pol Pot (sottotitoli in inglese)«. https://www.YouTube.com/watch?v=CQ9_BMshyiw

[104] «Khmer Rossi«. https://www.britannica.com/topic/Khmer-Rouge

[105] «Pol Pot», 21 agosto 2018. https://www.history.com/topics/cold-war/pol-pot

[106] Deth, S.U., «L'ascesa e la caduta della Kampuchea democratica», 2009.

https://www.asianstudies.org/publications/eaa/archives/the-rise-and-fall-of-democratic-kampuchea/

collettivizzazione; liquidazione di molti ricchi (cioè della classe media o superiore), intellettuali e dissidenti politici, ecc. Prevedibilmente, quando il sistema di merda messo in atto dal regime non ha funzionato, Pol Pot non ha accettato la colpa. Al contrario, incolpava i nemici politici e gli infiltrati di aver rovinato tutto. Gli ex membri dei Khmer Rossi venivano a loro volta uccisi nei centri di interrogatorio. In rapporto ai livelli di popolazione, il numero di morti è uno dei più alti di qualsiasi regime di culto marxista. Le stime sul numero di morti variano da 1,5 a 3 milioni. [107] È stata un'altra manifestazione dell'ideologia, frutto dell'instabilità e del conflitto che ha generato in tutta l'Asia.

Come preludio a questo fiasco, la *guerra civile cambogiana* si svolse in concomitanza con la guerra del Vietnam dal 1968 al 1975. Si trattava di una guerra tra i Khmer Rossi e i loro alleati marxisti (Viet Cong, Vietnam del Nord, ecc.) e il Regno di Cambogia e i suoi alleati (Vietnam del Sud, Stati Uniti, ecc.). [108] Purtroppo, il culto prevalse e i Khmer Rossi presero il controllo. Poiché durante la guerra del Vietnam le forze marxiste si ritiravano spesso oltre il confine con la Cambogia e il Laos, l'azione degli Stati Uniti oltre il confine era inevitabile, ufficialmente o meno. Sebbene le loro forze abbiano fatto incursioni in Cambogia (a malincuore) con l'*Operazione Menu* (1969-1970) e l'*Operazione Freedom Deal* (1970-1973), sfortunatamente i Khmer Rossi non furono affrontati in modo adeguato. Naturalmente, la setta utilizzò queste azioni militari per generare simpatia per la propria "causa", sia a livello regionale che internazionale. I comunisti fanno la vittima lamentandosi che qualcuno sta cercando di fermarli. Cercando di incolpare gli Stati Uniti di essere il cattivo dell'equazione. Tipico.

La pressione politica generata dai membri della setta a livello internazionale, compreso il movimento "per la pace" in territorio americano, ha contribuito al ritiro degli Stati Uniti dalla regione e il conseguente calo del sostegno pubblico ha fatto sì che un'invasione su larga scala della Cambogia non sarebbe mai avvenuta, ovviamente.

L'infezione rimase e i cambogiani furono lasciati alla mercé della setta, che non solo massacrò milioni di civili, ma anche i vietnamiti lungo il confine. Quindi, tutti quegli imbecilli hippie e gli studenti delle proteste "pacifiste" americane, a cui era stato fatto il lavaggio del cervello, avevano le mani sporche di sangue... proprio come tutti i traditori marxisti presenti negli Stati Uniti in quel periodo.

Il regime dei Khmer Rossi fu infine rovesciato dai vietnamiti nel 1978 nella *guerra cambogiana-vietnamita*, negli anni successivi al ritiro delle forze

---

[107] «Cambogia«. https://cla.umn.edu/chgs/holocaust-genocide-education/resource-guides/cambodia

[108] https://www.britannica.com/place/Cambodia/Civil-war

statunitensi dalla regione.[109] Il conflitto tra questi due gruppi continuò a lungo dopo la rimozione dei primi dal potere, con le ostilità che continuarono fino al 1989, quando i vietnamiti si ritirarono dal Paese. È interessante notare che le Nazioni Unite hanno riconosciuto la Kampuchea Democratica come governo legittimo durante l'occupazione vietnamita (!).

Questa situazione dimostra la capacità dell'ideologia di generare diversi regimi che poi competono per il controllo della regione e si eliminano a vicenda. È anche una lezione su quali orrori possono emergere quando non si interviene completamente e non si eliminano i regimi di culto.

Rhodesia/Zimbabwe

Un altro spettacolo dell'orrore marxista, questa volta in Zimbabwe, nell'Africa sudorientale. Questa terra aveva i tipici attributi complessi di molte nazioni africane post-coloniali, compresa la divisione all'interno della popolazione non bianca (i popoli Shona e Ndebele). Formalmente controllata dalla *British South Africa Company,* alla fine dichiarò la propria indipendenza come Rhodesia nel 1965, per poi diventare Zimbabwe Rhodesia nel 1979.[110] Per gran parte di questo periodo, il governo della minoranza bianca ha avuto il controllo, anche se di un Paese non riconosciuto a livello internazionale. Questa situazione era il risultato della politica britannica di concedere l'indipendenza alle colonie africane solo a condizione che vi fosse una maggioranza. In altre parole, la minoranza bianca era sfortunata.

La minoranza bianca fu quindi in gran parte lasciata sola a fronteggiare la crescente ondata omicida del marxismo nero, ricevendo un certo sostegno dal vicino Sudafrica. Questo conflitto costituì la *Rhodesian Bush War* o *Zimbabwe War of Liberation* ("Liberazione" per essere marxisti; possiamo anche chiamarla "presa di potere marxista della Rhodesia").[111] La guerra contrappose le due principali fazioni marxiste Z.A.N.L.A. (*Zimbabwe African National Liberation Army*) e Z.I.P.R.A. (*Zimbabwe People's Revolutionary Army)* alla minoranza bianca. Lo ZANLA era l'ala militare dello ZANU (*Zimbabwe African National Union*); lo ZIPRA era l'ala militare dello ZAPU (*Zimbabwe African Peoples Union*).

Sia lo ZANU che lo ZAPU formarono una coalizione chiamata *Fronte Patriottico*. Le fazioni marxiste erano sostenute dal *FRELIMO* (dal vicino Mozambico) e dal *Consiglio Nazionale Africano* (dal vicino Sudafrica), oltre che dal *FROLIZI* (*Fronte per la Liberazione dello Zimbabwe*). Mercenari come gli americani *Crippled Eagles* combatterono per le forze di sicurezza

---

[109] «Guerra Vietnam-Cambogia | Panoramica, contesto e storia«. https://study.com/learn/lesson/vietnam-cambodia-war-causes-effects.html

[110] https://www.britannica.com/place/Zimbabwe

[111] «Guerra di Bush«. https://www.rhodesianstudycircle.org.uk/bush-war/

rhodesiane.

Lo ZANLA lanciò la sua campagna dal Mozambico, situato a est dello Zimbabwe. Erano composti per lo più dall'etnia Shona e venivano riforniti dalla Cina Rossa. La ZIPRA, composta prevalentemente da Ndebele, aveva sede in Zambia (a nord/nord-ovest dello Zimbabwe). Questo gruppo aveva come sponsor i sovietici. Anche Fidel Castro di Cuba offrì il suo sostegno.

Quindi, essenzialmente, c'erano diversi gruppi di culto da una parte e le Forze di Sicurezza Rhodesiane (più gli alleati) dall'altra. Le fazioni marxiste a volte si combattevano tra loro. Il conflitto durò circa quindici anni, dal 1964 al 1979, e si concluse con una situazione di stallo. Alla fine della guerra, la Gran Bretagna è stata coinvolta come mediatore tra tutte le parti coinvolte, dando vita all'*Accordo di Lancaster House.* [112]

Questo ha portato alla fine al dominio della maggioranza nera, con il partito marxista *ZANU-PF che ha* vinto le prime elezioni tenutesi nello Zimbabwe, ora riconosciuto a livello internazionale. Non si trattò quindi di una vera e propria "situazione di stallo", ma di una vittoria del culto. Di conseguenza, un uomo di nome Robert Mugabe è diventato il primo leader del Paese, nel ruolo di Primo Ministro.

Entrare in Mugabe

Robert Gabriel Mugabe è stato un altro africano "istruito" all'università che avrebbe preso il destino del suo Paese per la collottola e lo avrebbe trascinato verso una deliziosa utopia marxista. Questo idiota frequentò l'*Università di Fort Hare* in Sudafrica con una borsa di studio nel 1949. È qui che Mugabe si è infettato inizialmente, contraendo il virus dai membri di una setta. Si unì all'*African National Congress* e fu esposto alle idee del "nazionalismo africano". In seguito si interessò agli scritti dei compagni Marx ed Engels. Dopo aver conseguito una laurea in storia e letteratura inglese, nel 1952 tornò nella Rhodesia meridionale.[113]

Iniziò quindi la sua carriera di insegnante in varie località (poveri ragazzi!), per poi finire in Ghana nel 1958. Fu lì che ricevette la sua seconda dose di marxismo, quando frequentò l'*Istituto ideologico Kwame Nkrumah* in Ghana. Kwame Nkrumah (1909-1972) era un altro membro del culto "educato" all'università e divenne il primo presidente del Ghana nel 1960. Nkrumah creò uno Stato monopartitico e procedette a radere al suolo il suo Paese imponendo il "socialismo africano".[114]

Mugabe ha iniziato a impegnarsi in politica negli anni Sessanta e, a causa delle

---

[112] https://en.wikipedia.org/wiki/Lancaster_House_Agreement

[113] https://www.britannica.com/biography/Robert-Mugabe

[114] https://en.wikipedia.org/wiki/Kwame_Nkrumah_Ideological_Institute

sue attività, è stato incarcerato nel 1964; ha trascorso i dieci anni successivi in prigione, venendo rilasciato nel 1974. Fuggì in Mozambico, dove trascorse alcuni anni in esilio, mentre infuriava la guerra di Bush in Rhodesia. Dopo il conflitto, una volta assunto il potere, Mugabe creò una dittatura a partito unico e iniziò l'inevitabile persecuzione della minoranza Ndebele.

Le sue politiche portarono a nuovi controlli governativi sull'economia e sulle imprese statali e alla confisca (ovviamente senza indennizzo) delle proprietà degli agricoltori bianchi. Questo accaparramento di terre seguì la formula marxista "anticolonialismo"/"anticapitalismo", in nome dell'"uguaglianza". Nessuno considerò che i contadini bianchi erano le persone migliori per gestire le fattorie (per via dell'esperienza e del know-how), e la produzione alimentare si arrestò, provocando una fame diffusa. Milioni di persone fuggirono. Il fanatismo miope e maldestro del marxismo colpisce ancora.

(Un altro esempio di questa visione a tunnel, idiota e tipicamente marxista, si è verificato durante la guerra di Bush in Rhodesia, quando le forze marxiste di stanza oltre il confine, in Zambia, erano perplesse per il fatto di essersi tagliate fuori dall'approvvigionamento idrico proveniente dallo Zimbabwe, un approvvigionamento idrico costruito e mantenuto da quei malvagi, oppressivi, non marxisti, bianchi colonizzatori).

In seguito, l'*Esercito Nazionale dello Zimbabwe* avrebbe condotto i massacri di *Gukurahundi*, contro la minoranza Ndebele (dal 1982 al 1987 circa).[115] Oltre all'elemento di genocidio etnico, gli Ndebele erano tipicamente sostenitori dello ZAPU; a parte le etichette dei partiti e la politica interna, si trattava di soppressione politica di coloro che si opponevano al governo marxista (tipico della setta quando era al potere). Le stime ragionevoli dei massacri variano da otto a ventimila persone. Un altro esempio di maschera che scivola: in questo caso il culto/ideologia non si preoccupava dei diritti dei neri/africani.

Un tempo conosciuto come il "gioiello dell'Africa", il regno di Mugabe ha trasformato lo Zimbabwe in un vero e proprio inferno. A coloro che hanno combattuto per il culto o comunque lo hanno sostenuto non è mai passato per la testa che non fosse saggio distruggere le infrastrutture che la minoranza bianca aveva costruito. È davvero un livello di stupidità sconcertante, visto che hanno letteralmente combattuto fino alla morte per circa quindici anni con questo obiettivo in mente. È un altro buon esempio di ciò che accade quando l'ordine organico delle infrastrutture viene sostituito dalle teorie marxiste.

Perestroika

Nella seconda metà degli anni '80, verso la fine dell'era dell'URSS, l'amministrazione sovietica ha compiuto un evidente sforzo per modificare il

---

[115] Boddy-Evans, A. «Cos'è stato il Gukurahundi in Zimbabwe?», 12 febbraio 2019. https://www.thoughtco.com/what-is-gukurahundi-43923

modo in cui conduceva i propri affari. Questo ha comportato cambiamenti in diversi settori. L'obiettivo apparente non era quello di abbandonare il socialismo, ma di includere aspetti di "economia liberale". Il termine "Perestroika" è stato reso famoso dal premier sovietico Mikhail Gorbaciov (1931-2022) e significa "ricostruzione" o "ristrutturazione".[116]

Un altro termine usato era "Glasnost", che significa "apertura" o "trasparenza" (suona bene, vero?). Credo che questo sia stato un tentativo da parte della setta di nascondere le proprie intenzioni, fingendo che il "comunismo" si stesse ammorbidendo; in sostanza, stava diventando più benevolo e rispecchiava la cultura occidentale. Questo argomento è trattato in *The Perestroika Deception: Memoranda to the Central Intelligence Agency* (1998), di un disertore di alto profilo del KGB chiamato Anatoliy Golitsyn.

Per contestualizzare tutto questo, il regime russo di oggi ha l'immagine, in alcuni ambienti, di essere molto più "gentile" dei regimi precedenti, ma non dovremmo fare supposizioni. È chiaro che la Russia di Putin ha alleanze con la Cina, la Corea del Nord e altri Paesi, il che è preoccupante. Al momento in cui scriviamo, le forze russe sono attualmente in Ucraina. Prego che quando leggerete queste righe non abbia ancora annesso il Paese. Ciò significherebbe che l'alleanza 'comunista' ha fatto un altro passo verso ovest, e un altro pezzo sulla scacchiera...

Sintesi della sezione storica

Alcuni potrebbero pensare che questi regimi "comunisti" del passato non abbiano alcun parallelo nelle società di oggi, che si tratti di un'epoca passata. Questo è sbagliato: ci sono molte somiglianze. Ci possono essere differenze nei metodi del culto o dell'ideologia, ma ciò che conta è il suo livello di influenza/dominanza ideologica complessiva.

Alcune cose che stanno accadendo negli ultimi tempi ricordano quei regimi: il controllo degli spostamenti all'interno di un paese e la possibilità di lasciare/entrare in un paese solo a determinate condizioni (ad es. lo Stato decide quali tipi di alimenti, servizi e posti di lavoro sono "essenziali" (blocco del Covid); molestie/punizioni da parte dei servizi di polizia statali se si criticano apertamente i membri della setta/culto (applicazione del "linguaggio dell'odio"), e/o la protezione dei membri della setta da parte dello Stato; la creazione di società di topi "politicamente corretti" sottoposti a lavaggio del cervello e l'uso della tecnologia per monitorare il pubblico in generale.

Inoltre: i media mainstream che pompano costantemente propaganda e la censura di tutto ciò che la contraddice; il controllo del culto sui sistemi educativi e l'indottrinamento dei giovani con vari metodi; i tentativi di ottenere maggiore influenza sui giovani separandoli "legalmente" dai loro genitori; il

---

[116] https://www.britannica.com/topic/perestroika-Soviet-government-policy

controllo della parola/linguaggio nella società; il controllo delle arti/cultura/spettacolo e la loro marxificazione; l'attacco alla religione e alla spiritualità, in particolare al cristianesimo; i tentativi di imporre l'uguaglianza; la promozione/utilizzazione del socialismo come sistema economico; la costante riproposizione dell'apparente imperialismo degli Stati Uniti/Paesi della NATO (come forma di distrazione e propaganda, ecc.). ecc.).

La colpa è dell'ideologia stessa, nel suo complesso.

Non è stato incluso ogni singolo caso di infezione, ma solo una breve panoramica. Sono stati esaminati altrove e richiederebbero libri e libri. Teniamo presente un punto chiave: se il marxismo "rivoluzionario" non fosse esistito - o almeno se fosse stato trattato come l'ideologia tossica che è - tutti questi regimi/incidenti non sarebbero accaduti.

Tutte le intimidazioni, le torture, i furti, il terrore, la violenza, la fame e la morte non avrebbero colpito tutte quelle decine di milioni di persone o distrutto tutte quelle terre. Sto includendo gli impatti negativi di qualsiasi forma di ideologia, che si tratti delle conseguenze della catastrofe economica creata dal socialismo, o dell'invasione/guerra da parte delle forze marxiste, ecc.

I membri delle sette moderne in tutto il mondo cercano costantemente di prendere le distanze da questa storia di eventi. Possono identificarsi come qualsiasi tipo di "sinistra", socialista, marxista, trotzkista ecc. e affermare di essere separati da tutto questo. Non lasciateli scappare! Gridateglielo, ficcateglielo nelle orecchie e ficcateglielo in gola. Non è una perdita di tempo solo perché non ascoltano o non capiscono, perché altri membri non appartenenti alla setta vi sentiranno e si uniranno a voi.

In molti casi, non stiamo cercando di convincere, ma di criticare e reprimere. È assolutamente vostro/nostro diritto sfogarvi con loro in questo modo, per aver stupidamente sostenuto questa ideologia. Questa è la loro ideologia/culto.

Questo è ciò che stanno cercando di imporci oggi. Questa è la loro causa, volente o nolente, e ciò di cui vanno fieri. Questa è la loro eredità marxista, e noi gli faremo da specchio.

Ceppi diversi (per persone diverse)

"A partire dal rivoluzionario Marx, si costituisce un gruppo politico con idee concrete. Basandosi sui giganti, Marx ed Engels, e sviluppandosi per tappe successive con personalità come Lenin, Stalin, Mao Tse-tung e i nuovi governanti sovietici e cinesi, stabilisce un corpo di dottrina e, diciamo, di esempi da seguire".[117]

Il fanatico argentino di culto Ernesto "Che" Guevara,

---

[117] Guevara, E., *Note sulla rivoluzione cubana* (1960). https://libquotes.com/che-guevara/quote/lbd0b8u

Note sulla rivoluzione cubana (1960)

Diamo uno sguardo ai "ceppi" marxisti - diverse interpretazioni, "marchi" o sette del culto - che sono nati a livello globale in vari momenti della storia dell'ideologia. Concentratevi sull'idea che l'infezione ideologica è stata presente in tutte queste situazioni (in una forma o nell'altra, in un grado o nell'altro), qualunque sia l'etichetta che questi gruppi si sono dati, o qualunque sia il loro nome attuale. L'ideologia stessa ha svolto un ruolo centrale, quindi non lasciatevi confondere o ingannare da chi vi dice il contrario. Ciò che è importante qui è dove l'infezione ideologica è stata presente, non le differenze tra ogni sistema, regime, gruppo ecc. su cui altri (specialmente i membri di una setta) amano concentrarsi.

Di seguito è riportata una tabella di alcuni dei vari ceppi, con l'indicazione del nome della variante, dell'omonimo, del luogo di origine e del periodo approssimativo di origine e/o di esistenza.[118]

Variante/trazione	Nomi di battesimo	Origine	Periodo di tempo
Socialismo fabiano	Società Fabiana	REGNO UNITO	Dal 1884 in poi
Il leninismo	Vladimir Lenin	Russia	pre/post 1917
Luxemburgismo	Rosa Luxemburg	Germania	prima del 1919
Marxismo-Leninismo	Karl Marx, V.I. Lenin (Stalin)	Russia	prima/post 1924
Trotskismo	Leon Trotksy	Russia	Dal 1927 in poi
Stalinismo	Giuseppe Stalin	Russia	Dal 1927 in poi
Maoismo	Mao Ze Dong	Cina	Dagli anni '20 in poi
Titoismo	Josip Broz (alias "Tito")	Jugoslavia	1945- 1980
Castrismo	Fidel Castro	Cuba	1959-2008
Guevarismo	Ernest "Che" Guevara	N/D	1960s

---

[118] https://en.wikipedia.org/wiki/List_of_communist_ideologies

| Hoxhaismo | Enver Hoxha | Albania | Dal 1978 in poi |
| Il pensiero di Ho Chi Minh | Ho Chi Minh | Vietnam | Dal 1991 in poi |

Tavoli continentali

Come possiamo cercare di quantificare un'infezione ideologica che esiste nella mente delle persone? È possibile? A meno che non ci sieda con ogni persona sulla Terra una alla volta e la si intervisti, come possiamo sapere chi è infetto e in che misura? Forse in futuro potremmo adottare un approccio *alla Star Trek* con un sistema automatizzato di qualche tipo, che preveda determinate domande di approfondimento, ecc. Una persona si siede su una sedia e bam! riceve immediatamente i risultati della sua infezione. Oppure un gadget come una speed gun, che basta puntare su qualcuno e ti dà le informazioni, dicendoti quanto è pazzo chi ha subito il lavaggio del cervello.

Purtroppo non abbiamo questo lusso. Eppure sappiamo che questo culto è globale. Beh... quanto globale? Questa sezione è stata pensata solo per dare al lettore un'idea generale della diffusione geografica e storica dell'ideologia. Poiché questo non è un libro storico, cercare di documentare l'intera storia del marxismo non fa parte del programma, né è necessario (tuttavia, può stuzzicare l'appetito per ulteriori studi).

Nelle tabelle che seguono, quindi, viene presentata una selezione di gruppi politici marxisti in ogni Paese per mostrare una chiara presenza cronologica, dalla loro comparsa fino ai giorni nostri. Ciò dimostra che il "comunismo" non è esistito e non ha raggiunto il suo apice solo nel XX secolo (percezione errata), ma è vivo e vegeto oggi e più forte che mai! In effetti, nessun altro movimento nella storia può essere paragonato ad esso, in termini di scala e struttura.

Inoltre, l'uso dei gruppi politici è un modo semplice per mostrare una chiara presenza organizzativa marxista in ogni paese e (in molti casi) il coinvolgimento di gruppi internazionali sovversivi (ad esempio il Comintern sovietico). Naturalmente, i gruppi politici (per quanto importanti possano essere) sono solo la parte più visibile dell'intero movimento di culto internazionale.

Quando si guarda a un paese in particolare in questo contesto, ovviamente il tipo di individui che fondano gruppi/organizzazioni marxiste non sono marxisti da salotto (cioè non sono seduti a casa a leggere la letteratura del culto e a tenere le loro idee per sé, o semplicemente a influenzare/infettare quelli intorno a loro, il che è già abbastanza grave!) Si uniscono ad altre persone infette e intendono infettare il resto della popolazione del loro Paese. Pertanto, concentrarsi su questi gruppi è un buon punto di partenza per comprendere la portata globale dell'ideologia.

Inoltre, la presenza (o la mancanza) di organizzazioni marxiste può mostrare il livello di tolleranza che la popolazione ha nei confronti del marxismo/marxisti: una società veementemente anti-marxista non permetterà a questi individui di organizzarsi e di procedere con la loro contaminazione/distruzione del Paese (non comune nel mondo di oggi); al contrario, una società ingenua permetterà loro di organizzarsi, di guadagnare slancio, di crescere in forza, di entrare nel governo ecc. Probabilmente non sorprenderà il lettore (come dimostreranno le tabelle) il fatto che quasi ogni parte della Terra sia stata infettata in qualche momento dell'era marxiana. Il "punto di infezione" di un Paese è quando le idee marxiste vi compaiono inizialmente (ad esempio, individui di una società che scrivono o declamano il marxismo).

Come già detto, sembra che la setta/ideologia ami colpire quando i Paesi si trovano in uno stato di transizione, instabilità e debolezza; in altre parole, condizioni molto favorevoli per una presa di potere (ad esempio, l'Europa del primo dopoguerra). Spesso crea essa stessa queste condizioni favorevoli (ampliate altrove). Per riprendere un'osservazione fatta altrove, il marxismo è intervenuto per sostituire l'imperialismo tradizionale; possiamo vedere chiaramente questo processo per quanto riguarda l'Africa. I movimenti "indipendentisti" di molti Paesi sono stati spesso creati dal marxismo. I nomi dei gruppi elencati - e il periodo - rifletteranno questo fatto.

Fusibile ritardato e influenza esterna

L'impatto di un'infezione marxista ha di solito una miccia ritardata. Se, ad esempio, un'organizzazione marxista (un partito politico socialista/comunista, un sindacato, ecc.) viene fondata in un Paese sudamericano nel 1920, ci possono volere anni, spesso decenni, perché l'infezione si diffonda a livello nazionale in misura sufficiente per iniziare a esercitare una reale influenza sugli affari del Paese. Sono molte le variabili che influenzano questo processo in un determinato Paese, tra cui il livello di stabilità politica e quanto la popolazione sia suscettibile/vulnerabile a una presa di potere marxista. Inoltre, il progresso di un Paese verso un'infezione importante può essere accelerato dall'influenza di altri Paesi che si trovano in una fase successiva e più avanzata dell'infezione. Questo si manifesta come un paese più grande che aiuta la "rivoluzione" offrendo assistenza/aiuto, sia esso di tipo consultivo e diplomatico, personale, finanziario, addestramento militare e hardware, ecc. Esempi di questo processo sono l'U.R.S.S. o la Cina Rossa che hanno creato/supportato/influenzato la moltitudine di rivolte marxiste in Africa e in Sud America nel XX secolo.

Un'infezione ostinata

Una volta che l'infezione di un paese si instaura, se non viene fermata, inizia a proliferare, poi ottiene il controllo e inizia il processo di inevitabile rovina del paese con il socialismo (tra le altre cose). Spesso si assiste a una reazione di "destra", quando l'opinione pubblica è rinsavita; una volta che l'incantesimo è svanito e la promessa di un'utopia socialista fatta dai marxisti non si è materializzata, si comincia a capire qual è (e chi è!) il problema. Qualsiasi regime venga messo in atto, se sufficientemente anti-marxista, può tenere a bada l'infezione.

Purtroppo questo periodo non può durare all'infinito e prima o poi l'infezione riemerge. Questo è esattamente ciò che è accaduto in Spagna nel periodo compreso tra la formazione della *Repubblica spagnola* filomarxista nel 1931, il governo del generalissimo antimarxista Francisco Franco dalla fine della guerra civile spagnola nel 1939 fino alla sua morte nel 1975 e l'inevitabile riemergere del marxismo a quel punto. Un altro esempio è quello che è accaduto prima, durante e dopo il regime di Augusto Pinochet in Cile per la maggior parte degli anni Settanta e Ottanta.

Un altro esempio è la storia del socialismo e di *Bela Kun* in Ungheria dal 1919 fino al periodo finale dell'Unione Sovietica nel 1989: per un breve periodo è stata la *Repubblica Socialista Ungherese* nel 1919, poi, dopo alcuni sconvolgimenti nel periodo tra le due guerre e l'alleanza con le *potenze dell'Asse* nella seconda guerra mondiale, è stata sotto il completo controllo dei sovietici per decenni. Un altro esempio evidente è l'Italia prima, durante e dopo il regno di Mussolini. Ci sono molti altri esempi e variazioni di questo schema di infezione, disinfezione e reinfezione. I partiti/gruppi possono essere banditi in un Paese da un particolare regime e forse anche costretti alla clandestinità (possono essere dormienti o attivi illegalmente, durante questo periodo), per poi riemergere in un momento successivo. Lo vediamo spesso con i gruppi marxisti nel corso della storia.

Ed ecco un punto di importanza capitale per questo argomento (e, oserei dire, per l'umanità): una volta che i non membri della setta si trovano in una posizione di dominio, se la volontà di mantenere l'infezione soppressa non è abbastanza forte in una data società, essa inevitabilmente riemerge. Dobbiamo spezzare questo ciclo, una volta per tutte...

Spesso, come dimostra la storia, quando i Paesi escono da un periodo catastrofico di vera e propria infezione marxista (cioè hanno un governo socialista, che inevitabilmente rovina il posto), cadono poi in una dittatura militare. Questo è accaduto in diverse occasioni in Sud America. Un esempio famoso è la presidenza del marxista cileno Salvador Allende (1908-1973), membro di culto democraticamente eletto.

Dopo alcuni anni di distruzione, fu sostituito da una giunta militare, con Augusto Pinochet come leader. Se questo sia un male o meno dipende dalla posizione del nuovo regime nei confronti del marxismo e del culto (Pinochet era fermamente anticomunista).

Cosa è incluso nelle tabelle

Lo scopo principale di questa sezione è mostrare la

presenza/influenza/dominanza dell'ideologia in questi Paesi/Stati, sia storicamente che attualmente. Sebbene la compilazione di queste tabelle abbia richiesto molto tempo, non si tratta di un elenco esaustivo; ci sono innumerevoli gruppi di breve durata o falliti che non sono stati inclusi.

Non sono incluse nemmeno le innumerevoli ali giovanili di ciascuno di questi gruppi (molte delle quali influenzano attivamente i giovani di oggi). Sono inclusi alcuni dei gruppi di guerriglia terroristica marxista "rivoluzionaria" o "di liberazione" attivi in tutto il mondo durante il XX secolo. Sono inclusi anche alcuni partiti "verdi" e alcuni partiti femministi, poiché questi movimenti non esisterebbero senza il marxismo.

Non sono inclusi i gruppi anarchici, anche se molti (se non tutti, a un certo livello) possono essere contaminati dal marxismo in una certa misura (a livello ideologico/in termini di personale/entrambi). Inoltre, se sono attivamente coinvolti nell'attacco al "sistema", possono essere (consapevolmente o meno) al servizio del marxismo. Quindi potremmo considerare gruppi di questo tipo come parte dell'intera struttura marxista mondiale di organizzazioni infettate dall'ideologia.

Sono inclusi alcuni partiti che si etichettano come "liberali" o "progressisti", in quanto possono essere anch'essi contaminati. In effetti, in questi tipi di gruppi c'è una presenza significativa di marxisti e marxiste, che possono essere (consapevolmente o meno) al servizio del marxismo con idee di "giustizia sociale", uguaglianza, ecc. Che il partito o i membri si identifichino ufficialmente con l'ideologia o meno, possono comunque contribuire con la loro mentalità/approccio marxista. Il marcio marxista è felice di proliferare nascondendosi dietro queste etichette. Si tratta di un groviglio molto serio, comune e complesso che dobbiamo in qualche modo districare. Lo facciamo comprendendo l'ideologia e identificando chi la sposa come marxista, indipendentemente da come si definiscono o da quali gruppi appartengono. Non sono incluse le numerose organizzazioni/federazioni di lavoratori e lavoratrici, i sindacati o altri tipi di organizzazioni che sono state utilizzate come "organizzazioni di facciata comuniste" e che possono essere o essere state presenti in un Paese.

Ha importanza se un partito marxista è al potere o meno?

Abbiamo a che fare con una rete quasi clandestina di influenza ideologica globale; è allo stesso tempo palese e occulta. È sufficientemente nascosta da tenere le masse all'oscuro.

Indipendentemente dal fatto che un partito marxista sia al potere, o che faccia parte del governo/parlamento, può comunque esercitare un'influenza sugli affari di un Paese. Ciò è possibile grazie ai collegamenti con altre entità ideologicamente contaminate (università, sindacati, ONG, ecc.). In Irlanda, ad esempio, gruppi politici marxisti come *Solidarity-People Before Profit* operano ai margini e non saranno mai "al governo", ma contribuiscono in altri modi alla marxificazione dell'Irlanda nel suo complesso. Gruppi come questo agiscono anche come "opposizione" ai principali partiti (ufficialmente non marxisti) nel discorso politico generale.

Ancora una volta, stiamo parlando dell'ideologia del marxismo e di tutte le sue varianti. Pertanto, può essere presente anche in gruppi che si identificano come "conservatori" o "di destra", a causa delle tattiche marxiste di "sovversione ideologica" o di quello che viene chiamato Entrismo, l'infiltrazione di gruppi opposti (la prima è descritta nella sezione Vari gruppi e incarnazioni).

Un gruppo non marxista può comunque essere in qualche modo contaminato o filomarxista?

Sì, questo è possibile. Per aggiungere un altro livello di complessità alle nostre percezioni, è possibile che i gruppi (che ufficialmente non sono marxisti) possano sembrare relativamente indenni dalla sovversione diretta/entryism, ma questi individui/gruppi possono già essere contaminati da una mentalità marxista/socialista. Ciò è dovuto al fatto che i membri sono essi stessi contaminati (forse del tutto inconsapevoli di sabotare gli sforzi complessivi del gruppo).

Questo può valere indipendentemente dalla posizione ufficiale di un individuo/gruppo (ad esempio, se è ufficialmente "nazionalista" o "patriottico"), se è un ricco capitalista o persino se è ufficialmente "anticomunista" in alcuni casi. Solo perché un gruppo si presenta come "patriottico" o "nazionalista", non significa che non stia spacciando marxismo in una forma o nell'altra, consciamente o inconsciamente. Dipende dalla mentalità e dalla vigilanza delle personalità che dirigono il gruppo. Questo è ciò che rende così complesso affrontare l'infezione marxista: le cose non sono come appaiono in superficie, e purtroppo molti nella società prendono le cose al valore nominale (a nostro danno collettivo).

Quindi, anche se le tabelle che seguono elencano in genere solo i gruppi socialisti e comunisti veri e propri, ciò non significa che non vi siano contaminazioni marxiste nei partiti di "centro" o di "destra" di un dato Paese. Elencare tutte le incidenze di questo tipo richiederebbe un bel po' di tempo...

Nella Repubblica d'Irlanda, due dei maggiori partiti - *Fianna Fáil* e *Fine Gael* - non sono considerati organizzazioni marxiste (ufficialmente, sono rispettivamente "centro-centro-destra" e "centro-destra", etichette prive di significato), ma sono anche pieni di pensiero marxista e di marxisti che si atteggiano a non marxisti, o "internazionalisti"/"globalisti". Un altro grande partito, *il Sinn Fein*, un partito marxista pseudo-patriottico, è stato spesso considerato "opposizione". Non c'è opposizione al marxismo internazionalista nel governo irlandese! Come già accennato, purtroppo basta che i gruppi appaiano diversi per far credere alle masse che ci sia una certa varietà nel sistema, o che abbiano una scelta quando è il momento di recarsi alle urne con la stella rossa dei comunisti.

I nomi di questi gruppi

Dobbiamo davvero dare al culto il massimo dei voti (Karl) quando si tratta di marketing. La natura virtuosistica dell'ideologia è evidente persino nei nomi che crea per se stessa. Molti dei nomi dei partiti/gruppi cercano di promuoverli come benevoli umanitari, salvatori, "radicali", guerrieri ecc.

Oltre ai termini più prevedibili di "socialista", "operaio", "comunista", "rivoluzionario", "popolo" o "laburista", ne vedremo altri: termini come "operaio", "lavoratore", "operaio". (Naturalmente, "Popolo" è un modo suggestivo per dire "Noi vi sosteniamo! Il piccolo, impotente, di basso status, povero oppresso!". Ovviamente, in ogni società ci sono sempre molte persone di questo tipo, per cui l'uso di questi termini tende a ingannare una fetta significativa della popolazione). Il termine "democratico" è importante - e ironico - perché il marxismo manipola il sistema democratico, per portare al suo interno (dove non sono ammesse voci dissenzienti (non marxiste)).

Per la gente comune, termini come "progressista" suggeriscono un cambiamento costruttivo o un movimento benevolo in avanti; che questo gruppo intende migliorare le cose in qualche modo. Molti partiti "progressisti" sono membri dell'*Internazionale Progressista* (che anche un inesperto può vedere essere un'organizzazione chiaramente marxista). [119] Quindi sì, "progressista". Progressista in senso marxista. Progresso per il marxismo.

Questo si ricollega al punto fatto in precedenza sui gruppi/organi marxisti che si etichettano con qualsiasi cosa tranne che con "marxista". Possiamo vedere nomi di gruppi che includono le parole "socialdemocratico" e "repubblicano". Altri termini chiave sono Liberazione, Libertà, Lotta, Unità, Solidarietà, Radicale, Indipendenza, Giustizia, Rivoluzione. Oh, e ho già parlato di "popolo"?! (Lo so, l'ho già fatto). Non possiamo dimenticarlo! "Popolo" questo e "Popolo" quello per mille (ironico per un'ideologia anti-umana). Non si tratta forse di termini manipolatori e fuorvianti, se accettiamo che l'ideologia è in realtà malevola (invece di essere benevola, come si presenta sul mercato)? Il fattore Cavallo di Troia è evidente in questo caso: è una manipolazione emotiva che utilizza il linguaggio.

In alcune parti delle tabelle, dove sono citati Stati/paesi a partito unico marxista completamente infetti, essi sono chiamati: (inserire i nomi dei paesi) _____ Repubblica Socialista, Repubblica Democratica di _____, Repubblica Federale di _____, Repubblica Unita di _____, Repubblica Popolare di _____, Repubblica Democratica Popolare di _____, Repubblica Democratica Socialista di _____, Repubblica Rivoluzionaria Popolare di _____ ecc. ecc.

Immaginate un mondo pieno di Paesi completamente marxisti, che noia!

---

[119] «Chi siamo«. https://progressive.international/about/en

Naturalmente, anche se uno Stato o un Paese ha cambiato nome (da uno di quelli sopra elencati), ciò non significa che questo luogo sia ora libero dal marxismo. Nonostante i danni che l'infezione marxista arreca ai Paesi, alcuni, sorprendentemente, continueranno ad esserne affezionati (e questo vale per tutto il mondo).

Partiti marxisti nazionalisti patriottici?

Alcuni gruppi usano parole come "patriottico" e "nazionalista" nei loro titoli. Questa è la vernice "di destra" che nasconde il motore marxista sotto il cofano. Hanno usato termini come questi con grande effetto in Paesi che erano (fino a un certo momento) controllati da una potenza/un impero straniero.

Il termine "nazionalista" è una buona scelta, perché può unire le masse di quel Paese come un gruppo, facendogli credere che stanno partecipando a qualcosa di vantaggioso per loro stessi. Purtroppo, in questo caso, sono stati solo ingannati nel partecipare/appoggiare una presa di potere marxista del proprio Paese (che porta inevitabilmente alla sua distruzione/alla loro distruzione). Il loro Paese - come è successo a molti nel XX secolo in tutto il mondo - passerà da un controllo imperiale oligarchico a un controllo dell'ideologia/culto marxista (esempio: la Repubblica d'Irlanda).

Quasi tutto il continente africano, in generale, si trasformò da un certo livello di controllo imperiale all'influenza del marxismo. Questo schema si è ripetuto più volte, quando i Paesi si sono resi indipendenti dai vari imperi oligarchici europei, tra cui Gran Bretagna, Francia, Paesi Bassi, Portogallo, Spagna e Italia. In effetti, molti Paesi sembravano diventare sempre più sotto la morsa del marxismo una volta che la potenza coloniale in questione concedeva al Paese l'indipendenza. Ovviamente, quando le potenze coloniali hanno deciso di ritirarsi da questi luoghi si è creato un vuoto di potere che il marxismo ha sempre voluto riempire.

Come già detto, è stato il marxismo stesso a scatenare le richieste di "indipendenza". Per riassumere questo punto (con la nostra nuova prospettiva antimarxista), quando i movimenti marxisti in questi Paesi hanno usato il termine "nazionalismo" per i loro scopi, non significava "libertà e indipendenza per essere liberi", ma "libertà e indipendenza per diventare marxisti" (e perdere la propria libertà e indipendenza). Una grande differenza.

Note tecniche per le tabelle

"Sconosciuto": A volte il periodo di attività di un gruppo viene indicato, ad esempio, come "1928-sconosciuto". Quando dico "sconosciuto" non significa che le informazioni non si trovano da nessuna parte, ma piuttosto che non sono stato in grado di trovarle abbastanza velocemente. È anche possibile che non mi sia preoccupato di farlo. In pratica, significa "non mi è noto". Inoltre, è inquietante notare come molti gruppi esistano ancora oggi (ad esempio, "1928-oggi").

Partiti del Comintern: La maggior parte dei gruppi/partiti fondati da/collegati al Comintern saranno sottolineati con "(Com)".

Geolocalizzazione: guardate pure una mappa del mondo mentre leggete queste tabelle, per farvi un'idea della copertura dell'ideologia.

Nord America e Groenlandia

La storia del marxismo negli Stati Uniti è lunga ed è stata trattata a sufficienza altrove. Sebbene l'ideologia si sia diffusa nel Paese nel corso del XIX secolo (come in molti altri luoghi), è stato solo nel periodo successivo alla Prima Guerra Mondiale che il Paese è stato direttamente preso di mira per la sovversione ideologica dal regime di Vladimir Lenin. Si tratta di un argomento molto vasto, sul quale sono stati scritti molti libri.

Gli Stati Uniti sono gravemente infetti; uno sguardo di cinque minuti allo stato degli affari correnti lo conferma. La portata del movimento socialista si riflette in qualche modo nel numero di partiti riportati nella tabella sottostante, che risale alla metà del XIX secolo. La storia del movimento operaio e sindacale negli Stati Uniti, oltre ad altri settori rilevanti della società (università, media, ecc.), indicano tutti un alto livello di infezione. Il Canada - che fa parte del Commonwealth britannico - era destinato a diventare altamente infetto, a causa della sua vicinanza e somiglianza con gli Stati Uniti e dei suoi legami con la società e la politica britanniche.

Il Messico, essendo il principale ponte terrestre verso gli Stati Uniti per l'America centrale e meridionale, era destinato a soccombere all'infezione. Da notare i gruppi alle Hawaii, laggiù nel Pacifico. Anche la Groenlandia, lassù nell'Atlantico settentrionale, non è rimasta indenne. È interessante notare che ha ottenuto il dominio nazionale dalla Danimarca nel 1979, più o meno nello stesso periodo in cui sono stati fondati i partiti marxisti. Molti Paesi hanno seguito questo schema.

Posizione	Gruppi di rilievo
Canada	*Partito socialista del lavoro* (1898-2005);
	Partito socialista della Columbia Britannica (1901-1905);
	Partito socialista del Canada (1904-1925);
	Partito laburista canadese (1917-1942);
	Partito Comunista del Canada (1921-presente); (Com)
	Partito Socialista del Canada (1931-presente);
	Federazione cooperativa del Commonwealth (1932-1962);
	Nuovo Partito Democratico (1961-presente);

Partito della Democrazia Socialista (1963-2002);

Partito Comunista del Québec (1965-oggi);

Partito Comunista del Canada-Marxista-Leninista (1970-presente);

Partito Comunista Rivoluzionario del Canada (2000-presente);

Solidarietà del Québec (2006-presente)

Groenlandia   *Comunità per il popolo* (1976-presente);

Attaccante (1977-presente);

Partito laburista (1979-1983)

La Groenlandia ha ottenuto l'autonomia dalla Danimarca nel 1979.

Messico   *Partito Comunista Messicano* (1917-1981);

Partito Comunista Bolscevico (1963-sconosciuto);

Partito Rivoluzionario del Proletariato (1964-sconosciuto);

Partito socialista unito del Messico (1981-1987);

Partito socialista messicano (1987-1989);

Partito Comunista del Messico (1994-presente)

U.S.A.   *Partito socialista del lavoro* (1876-oggi); (Com)

Partito socialdemocratico americano (1898-1901);

Partito Socialista d'America (*SPA*. 1901-1972);

Socialist Propaganda League of America (1915-sconosciuto);

Partito Socialista Mondiale degli Stati Uniti (1916-presente);

Partito Comunista USA (1919-oggi);

Partito Mondiale dei Lavoratori (1959-presente);

Partito Laburista Progressista (1962-presente);

Partito Socialista della Libertà (1966-presente);

Partito Marxista-Leninista USA (1967-1993);

Socialdemocratici (1972-presente);

Partito Comunista dei Lavoratori (1973-1985);

Partito Socialista degli Stati Uniti d'America (1973-presente);

Partito Comunista Rivoluzionario (1975-presente);

Democratic Socialists of America (un'organizzazione no-profit nata dall'*ASP*. 1982-oggi);

Partito Americano del Lavoro (2008-presente)

Stato americano delle Hawaii:

Partito Democratico delle Hawaii (1900-presente);

Partito comunista delle Hawaii (1937-1958);

Partito Verde delle Hawaii (1992 circa - oggi)

America Latina e Caraibi

L'America Latina e i Caraibi sono stati infestati a partire dal XIX secolo, seguendo così un tipico schema di infezione. Poiché questa regione ha un ampio passato imperiale coloniale e la conseguente eredità, è stato facile per l'ideologia scavare qui (cioè le imprese degli spagnoli e dei portoghesi in questa regione nei secoli passati, più i francesi, gli olandesi e gli inglesi, in misura minore). È diverso, invece, per l'Africa, poiché i Paesi di questa regione hanno raggiunto l'indipendenza dagli imperi stranieri molto prima, in generale, rispetto alle loro controparti africane.

La vicinanza dell'America Latina agli Stati Uniti fece sì che Lenin e il Comintern fossero molto desiderosi di appiccare il fuoco ideologico alle sue porte geografiche. In generale, a partire dagli anni Venti l'infezione si fece sempre più rapida, facendo precipitare queste regioni nel caos "rivoluzionario". Le false promesse del socialismo per i meno fortunati, come al solito, erano la carota fatta penzolare davanti ai meno abbienti, e così le fiamme crebbero. Purtroppo, come conseguenza, la guerra civile, gli assassinii, i colpi di stato e l'indigenza economica avrebbero caratterizzato l'America Latina per la maggior parte del 20 secolo e oltre.

L'ideologia ha avuto un ruolo in: la leadership di Juan Peron in Argentina; l'impatto "progressista" di Jorge Gaitan in Colombia e il suo assassinio, seguito da un decennio di disordini-La Violencia; la storia di Jacobo Arbenz in Guatemala; la collaborazione di Fidel Castro e Che Guevara e la Crisi dei Missili di Cuba (che portò quasi il mondo alla guerra atomica); il regime anti-marxista di Alfredo Stroessner in Paraguay; i Contras sostenuti dagli Stati Uniti che si oppongono alla giunta sandinista in Nicaragua; la presidenza del membro del culto Salvador Allende in Cile, seguita dal regime di Augusto Pinochet; un massiccio sforzo multinazionale e transfrontaliero per combattere l'infezione in tutta l'America Latina chiamato Operazione Condor; le zone autonome ribelli zapatiste in Messico; la Rivoluzione bolivariana e Hugo Chavez in Venezuela; e molti altri esempi.

Il Sudamerica si distingue anche per il numero di gruppi terroristici marxisti - alias "combattenti per la libertà" o "rivoluzionari" - e per il dramma che ne è derivato nel corso del XX secolo. Includere tutto questo richiederebbe un'ulteriore tabella.

Sud e Centro America

Posizione	Gruppi di rilievo
Argentina	*Unione Civica Radicale* (1891-oggi);
	Partito Socialista (1896-oggi);
	Partito Comunista Argentino (1918-oggi);
	Partito dei Lavoratori (1964-presente);
	Partito Comunista Rivoluzionario (1968-oggi);
	Partito Intransigente (1972-presente);
	Movimento per il socialismo (1982-2003);
	Partito Socialista dei Lavoratori (1988-presente);
	Partito comunista-Congresso straordinario (1996-presente);
	Movimento *Liberi del Sud* (2006-presente);
	Progetto Sud (2007-presente)
Belize	*Associazione nera unita per lo sviluppo* (1969-1974);
	Fronte popolare del Belize (2012-presente)
Bolivia	*Partito rivoluzionario dei lavoratori* (1935-presente);
	Partito della Sinistra Rivoluzionaria (1940-1979);
	Partito Comunista della Bolivia (1950-presente);
	Partito rivoluzionario della sinistra nazionalista (1963-1985/sconosciuto);
	Fronte rivoluzionario di sinistra (1978-presente);
	Partito socialista-1 (1978-2003);
	Movimento verso il socialismo (1995-presente);
	Movimento Senza Paura (1999-oggi)
Brasile	*Partito Comunista Brasiliano* (1922-oggi);
	Partito Comunista del Brasile-Marxista-Leninista (1922-presente); (Com)
	Partito Socialista Brasiliano (1947-presente);
	Partito dei Lavoratori (1980-presente);
	Partito Verde (1986-presente);
	Cittadinanza (1992-presente);

Partito Socialista Operaio Unificato (1994-presente);

Partito della Causa dei Lavoratori (1995-presente);

Unità Popolare (2016-presente)

Cile   *Partito Democratico* (1887-1941);

Partito socialista dei lavoratori (1912-1922);

Partito Comunista del Cile (1922-oggi); (Com)

Partito Socialista del Cile (1933-oggi);

Partito socialista dei lavoratori (1940-1944);

Partito Umanista (1984-presente);

Partito della Democrazia (1987-presente);

Partito rivoluzionario dei lavoratori (1999-2018);

Partito Ecologista Verde (2008-presente);

Partito della parità (2009-presente);

Partito Progressista (2010-presente);

Rivoluzione democratica (2012-presente);

Unione patriottica (2015-presente);

Broad Front (2017-presente);

Federazione regionalista dei Verdi sociali (2017-presente)

Colombia   *Partito liberale colombiano* (1848-oggi);

Partito socialista colombiano (1860-1936);

Partito comunista colombiano (1930-presente); (Com)

Forze Armate Rivoluzionarie della Colombia-Esercito del Popolo (1964-2017 circa);*

Esercito di Liberazione Nazionale (1964-presente);*

Partito Comunista di Colombia-Marxista-Leninista (1965/2009-presente);

Movimento rivoluzionario indipendente del lavoro (1970-presente);

Lega marxista-leninista della Colombia (1971-1982);

Tendenza marxista-leninista-maoista (1974-1982);

Partito rivoluzionario dei lavoratori della Colombia (1982-1991);

Gruppo Comunista Rivoluzionario della Colombia (1982-

presente);

Unione patriottica (1985-presente);

Partito comunista colombiano clandestino (2000-2017);

Alleanza Verde (2005-presente);

Polo Democratico Alternativo (2005-presente);

Forza rivoluzionaria alternativa comune (2017-presente)

* Famosi gruppi terroristici marxisti, noti come *ELN* e *FARC/FARC-EP*

Costa Rica *Partito dell'Avanguardia Popolare* (1943-oggi);

Partito di Liberazione Nazionale (1951-presente);

Partito popolare costaricano (1984-2006);

Forza Democratica (1996-2010);

Partito d'Azione dei Cittadini (2000-presente);

Broad Front (2004-presente);

Partito dei Lavoratori (2012-presente)

Ecuador *Partito Comunista dell'Ecuador* (1925-oggi);

Partito socialista ecuadoriano (1926-oggi);

Partito Comunista Marxista-Leninista (1964-presente);

Movimento Popolare Democratico (1978-2014);

Movimento di unità plurinazionale Pachakutik-Nuovo Paese (1995-presente);

Partito dei Lavoratori dell'Ecuador (1996-presente);

Partito della Società Patriottica (2002-presente);

Alleanza PAIS (2006-presente);

Movimento di unità popolare (2014-presente)

El Salvador *Partito Comunista di El Salvador* (1930-1995);

Forze popolari di liberazione di Farabundo Marti (1970-1995);*

Resistenza nazionale (1975-1992);

Partito Rivoluzionario dei Lavoratori Centroamericani (1975-1995);

Fronte di Liberazione Nazionale Farabundo Martí (1980-

presente)

* gruppo terroristico marxista, noto come FPL

Guatemala	*Partito d'Azione Rivoluzionaria* (1945-1954);
	Partito del Lavoro del Guatemala (1949-1998);
	Partito socialista (1951-1952);
	Unità nazionale rivoluzionaria guatemalteca (1982-1998);
	Unità nazionale della speranza (2002-presente);
	Incontro per il Guatemala (2007-2020);
	Winaq (2007-oggi);
	Movimento Nuova Repubblica (2009-2015)
Guyana	*Commissione Affari politici* (1946-1950);
	Partito laburista della Guiana britannica (1946-1950);
	Partito Progressista Popolare-Civico (1950-presente)
Honduras	*Partito Democratico Rivoluzionario dell'Honduras* (1948-1955);
	Partito Comunista dell'Honduras (1954-1990);
	Partito rivoluzionario honduregno (1961-1993);
	Partito per la Trasformazione dell'Honduras (1967-1992);
	Movimento per il socialismo (1976-1978);
	Partito socialista dell'Honduras (1978-1983);
	Forze popolari rivoluzionarie Lorenzo Zelaya (1980-1990);
	Partito del Rinnovamento Patriottico (1990-1992);
	Partito Democratico di Unificazione (1992-presente);
	Frente Amplio (2012-presente)
Nicaragua	*Partito Socialista Nicaraguense* (1944-oggi);
	Fronte Sandinista di Liberazione Nazionale (1961-oggi);
	Partito Marxista-Leninista del Nicaragua (1967-oggi);
	Partito Comunista del Nicaragua (1967-oggi);
	Lega rivoluzionaria marxista (1971-presente);
	Movimento di Unità Rivoluzionaria (1988-presente);

Movimento di Rinnovamento Sandinista (1995-presente);

Ecologista Partito Verde del Nicaragua (2003-presente)

Panama *Partito laburista* (1927-1930);

Partito Popolare di Panama (1930-1991);

Partito dei Lavoratori (1934-presente);

29 novembre Movimento di Liberazione Nazionale (1970-oggi);

Fronte operaio socialista-marxista-leninista (1973-1980);

Partito rivoluzionario democratico (1979-presente);

Partito Comunista di Panama Marxista-Leninista (1980-presente);

Fronte Ampio per la Democrazia (2013-presente)

Paraguay *Partito socialista* (1860-1936);

Partito Comunista Paraguaiano (1928-oggi);

Partito Febrerista Rivoluzionario (1951-presente);

Partito dei Lavoratori (1989-presente);

Partito per un Paese solidale (2000-presente);

Partito Democratico Progressista (2007-presente)

Perù *Partito comunista peruviano* (1928-oggi);

Avanguardia rivoluzionaria (1965-1984);

Partito Comunista del Perù-Percorso Alpino (1969-presente);

Partito Comunista del Perù-Patria Rossa (1970-presente);

Partito Comunista Rivoluzionario (1974-1977);

Partito Socialista Rivoluzionario (1976-presente);

Partito rivoluzionario dei lavoratori (1978-presente);

Partito Comunista del Perù-Marxista-Leninista (2001-presente);

Partito Socialista (2005-presente);

Partito politico nazionale Perù Libero (2007-presente);

Fronte largo per la giustizia, la vita e la libertà (2013-presente)

Suriname *Partito Comunista del Suriname* (1973-sconosciuto);

Unione Progressista dei Lavoratori e degli Agricoltori (1977-

presente);

Partito Nazionale Democratico (1987-presente)

Il Suriname ha ottenuto l'indipendenza dai Paesi Bassi relativamente di recente, nel 1975, quindi gli anni di infezione sono più tardivi rispetto alla maggior parte degli altri Paesi elencati.

Uruguay   *Partito Socialista dell'Uruguay* (1910-presente);

Partito Comunista dell'Uruguay (1920-presente);

Movimento rivoluzionario orientale (1961-presente);

Movimento di liberazione nazionale Tupamaros (1967-1972); *

Broad Front (1971-presente);

Movimento 26 marzo (1971-2013);

Partito dei Lavoratori (1984-presente);

Movimento di partecipazione popolare (1989-presente);

Assemblea dell'Uruguay (1994-presente);

New Space (1994-presente);

Commissione unitaria anti-imperialista (2008-presente);

Unità Popolare (2013-presente);

Partito Radicale Intransigente Ecologista (2013-presente)

* Un'organizzazione terroristica marxista, nota come i *Tupamaros*

Venezuela   *Partito rivoluzionario venezuelano* (1926-1931);

Partito Comunista del Venezuela (1931-oggi);

Azione Democratica (1941-presente);

Movimento elettorale popolare (sull'isola di *Aruba*. 1967-2007);

Partito della Bandiera Rossa (1970-presente);

Causa radicale (1971-presente);

Movimento per il Socialismo (1971-presente);

Movimento rivoluzionario Tupamaro (1992-presente);

Una nuova era (1999-presente);

Per la socialdemocrazia (2002-2012);

Unità Popolare Venezuelana (2004-presente);

Movimento ecologico del Venezuela (2005-presente);

Partito Socialista Unito del Venezuela (2007-presente);

Avanguardia del Bicentenario Repubblicano (2007-presente);

Volontà popolare (2009-presente)

Caraibi e Bermuda

Posizione	Gruppi di rilievo
Bahamas	Partito laburista (1962-1987); Partito nazionalista e socialista d'avanguardia (1971-1987)
Barbados	Partito Laburista di Barbados (1938-presente); Partito Democratico del Lavoro (1955-presente); Movimento Progressista Popolare (1956-1966); Partito dei lavoratori di Barbados (1985-1986); Movimento Clement Payne (1988-presente); Partito dell'emancipazione popolare (2006-presente)
Bermuda	Partito laburista progressista (1963-presente)
Cuba	Partito Popolare (1900-1902); Partito socialista dei lavoratori (1904-1906); Partito Socialista Popolare (1925-1961); Partito Unito della Rivoluzione Socialista Cubana (1962-1965); Partito Comunista di Cuba (1965-oggi); Partito Democratico Social-Rivoluzionario di Cuba (con sede a Miami. 1992-oggi)
Dominica	Partito laburista della Dominica (1955-presente); Partito Popolare della Dominica (2015-presente)
Repubblica Dominicana	Partito Rivoluzionario Dominicano (1939-presente); Partito Comunista Dominicano (1944-1996); Partito dei Lavoratori Dominicano (1979-2019);

Broad Front (1992-presente);

Partito Socialista Verde (2009-presente);

Alleanza nazionale (2011-presente);

Partito Rivoluzionario Moderno (2014-presente)

Grenada *Grenada United Labour Party* (1950-presente);

Congresso Nazionale Democratico (1987-presente)

Haiti *Partito Comunista di Haiti* (1934-1936);

Partito socialista haitiano (1946-sconosciuto);

Partito Socialista Popolare (1946-1948);

Partito unificato dei comunisti haitiani (1968-1971);

Organizzazione del popolo in lotta (1991-presente);

Fwon Lespwa (1995-2009);

Nuovo Partito Comunista-Marxista-Leninista di Haiti (2000-oggi);

Fusione dei socialdemocratici haitiani (2005-presente);

Inite (2009-oggi)

Giamaica *Partito Nazionale del Popolo* (1938-presente);

Partito Comunista della Giamaica (1975-oggi);

Partito dei lavoratori della Giamaica (1978-1992)

Porto Rico *Partito socialista* (1899-1956);

Partito comunista portoricano (1934-1991);

Partito dell'Indipendenza Portoricana (1946-oggi);

Partito socialista portoricano (1959-1993);

Partito Portoricani per Porto Rico (2003-presente);

Partito del Popolo Lavoratore (2010-presente)

Porto Rico è un territorio non incorporato degli Stati Uniti.

Saint Kitts e Nevis *Partito laburista di Saint Kitts e Nevis* (1932-presente)

Santa Lucia *Partito Laburista di Santa Lucia* (1949-oggi)

Trinidad	*Partito laburista di Trinidad* (1934-1957);
e Tobago	*Partito dei lavoratori e dei contadini* (1966-sconosciuto);
	Unione nazionale dei combattenti per la libertà (1972-1974);*
	Fronte Unito del Lavoro (1976-1986);
	Partito Comunista di Trinidad e Tobago (1979-sconosciuto);
	Movimento per la giustizia sociale (2009-presente);
	Fronte patriottico (2019-presente)

* Gruppo terroristico marxista, noto come *NUFF*

Europa

Beh... è qui che è iniziato tutto. L'Europa ha subito un'infezione lunga e lunga, dalla Norvegia a Malta, dall'Islanda alla Moldavia. Il punto di contagio è molto più precoce rispetto agli altri continenti.

L'ideologia ha avuto un ruolo in: il periodo successivo alla Rivoluzione Russa e al primo dopoguerra, quando la setta tentò di ottenere il controllo dei paesi di tutto il continente; l'istituzione dell'Unione Sovietica e la creazione della Cortina di Ferro, che divise l'Europa in due fino al crollo del Muro di Berlino; l'ascesa del fascismo in Italia sotto Benito Mussolini e la guerra civile italiana; la guerra civile spagnola e il regime di Francisco Franco; l'ascesa di Adolf Hitler, della Germania nazionalsocialista e lo scoppio della Seconda Guerra Mondiale; le attività del gruppo terroristico marxista ETA dei Paesi Baschi e dell'Esercito Rivoluzionario Bretone in Bretagna, Francia; il brutale conflitto pluridecennale in Irlanda del Nord, che ha coinvolto diverse organizzazioni marxiste; la stagnazione economica o la rovina dei Paesi a causa della loro appartenenza agli Stati Uniti.S.S.R.R, come la Repubblica Popolare Polacca; la diffusione dell'ideologia nei Balcani, con la Repubblica Socialista Federale di Jugoslavia come fulcro; i brutali regimi di Nicolae Ceausescu in Romania e di Enver Hoxha in Albania; le numerose rivolte anticomuniste e le guerre civili, tra cui quelle in Cecoslovacchia, Georgia, Grecia e Finlandia; il movimento Pan-Europa, il Trattato di Roma, *la* Comunità Economica Europea e la formazione dell'Unione Europea; le attività delle numerose, traditrici e crudeli forze di "polizia" e "sicurezza" marxiste segrete e statali utilizzate dal culto in tutta Europa, tra cui il KGB in Russia e la Stasi nella Germania dell'Est (e altre menzionate); il cancellierato tedesco dell'ex membro della Gioventù Comunista Angela Merkel, che ha creato il precedente per l'immigrazione di massa in Europa approvata dallo Stato; e molti, molti altri casi.

Posizione	Gruppi di rilievo
Albania	*Partito del Lavoro d'Albania* (1941-1991);* (Com)
	Movimento di liberazione nazionale (1942-1945);
	Partito Socialista d'Albania (1991-presente);
	Partito Comunista d'Albania (1991-presente)
	* *L*'Albania è stata la *Repubblica Popolare Socialista d'Albania* - tra il 1946 e il 1992 - uno Stato marxista a partito unico. Il *Partito del Lavoro d'Albania* è stato il partito al potere durante questo periodo.
Andorra	*Partito socialdemocratico* (2000-presente);
	Verdi di Andorra (2003-presente)
Austria	*Partito socialista austriaco* (1889-oggi);
	Partito Comunista d'Austria (1918-oggi) (Com)
Bielorussia	*Partito Comunista di Bielorussia* (1918-1991);* (Com)
	Partito di sinistra bielorusso - "Un mondo giusto" (1991-presente);
	Partito Verde Bielorusso (1994-presente);
	Partito Comunista di Bielorussia (1996-presente)
	* La Bielorussia faceva parte dell'*URSS* e questo partito era il ramo locale del *Partito Comunista dell'Unione Sovietica* (*CPSU/KPSS*).
Belgio	*Partito Comunista del Belgio* (1921-1989);
	Partito dei Lavoratori del Belgio (1979-presente);
	Partito Comunista del Belgio (1989-presente)
Bulgaria	*Partito Socialdemocratico Bulgaro* (1891-1894);
	Partito operaio socialdemocratico bulgaro (1903-1919);
	Partito comunista bulgaro (1919-1990); (Com) *
	Partito dei socialdemocratici bulgari (1989-presente);
	Partito Socialista Bulgaro (1990-presente);
	Partito Comunista di Bulgaria (1996-presente)

* La Bulgaria è stata la *Repubblica Popolare di Bulgaria* tra il 1946 e il 1990, uno Stato marxista a partito unico. Il *Partito Comunista Bulgaro è stato il* partito al potere durante questo periodo.

Cecoslovacchia	*Partito Comunista di Cecoslovacchia* (KSC. 1921-1992) (Com)*
(1918-1993)	Repubblica Ceca

Partito socialdemocratico ceco (1878-oggi);

Partito Comunista di Boemia e Moravia (1990-presente);

Partito Verde (1990-presente);

Alternativa Socialista Futura (1990-presente);

Partito del Socialismo Democratico (1997-2020)

Slovacchia

Partito comunista slovacco (1939-1990);

Partito Verde (1989-presente);

Partito della Sinistra Democratica (1990-2004);

Partito Comunista Slovacco (1992-presente);

Unione dei lavoratori della Slovacchia (1994-presente);

Dawn (2005-oggi);

Partito Verde Slovacco (2006-presente);

Slovacchia progressista (2017-presente)

* La Cecoslovacchia è stata chiamata *Repubblica Socialista Cecoslovacca* - dal 1948 al 1990 - uno Stato marxista a partito unico. In questo periodo il partito al potere era la *KSC*.

Danimarca	*Partito Comunista di Danimarca* (1919-oggi);

Partito Popolare Socialista (1959-presente);

Socialisti di sinistra (1967-2013);

Partito comunista danese marxista-leninista (1978-2006);

·*Politica operaia socialista* (1979-presente);

Alleanza rosso-verde (1989-presente);

Partito Comunista in Danimarca (1990-presente);

*Partito Comunista dei Lavoratori (*2000-presente)

Estonia	*Partito radicale socialista estone* (1917-1919);

Partito Social Travaillista (1917-1919);

Partito comunista dell'Estonia (1920-1990); *(Com)

Partito della sinistra estone (1990-2008);

Partito della Sinistra Unita Estone (2008-presente)

* L'Estonia faceva parte dell'*URSS* e questo partito era il ramo locale del *Partito Comunista dell'Unione Sovietica* (*CPSU/KPSS*).

Isole Faroe (Regno di Danimarca)	*Avanzamento per le isole-marxista-leninista* (1968-sconosciuto); *Partito Comunista Faroese* (1975-1993)

Finlandia

Partito Socialdemocratico di Finlandia (1899-oggi);

Partito Comunista di Finlandia (1918-1992); (Com)

Partito Socialista Operaio Finlandese (1920-1923);

Partito di Unità Socialista (1946-1955);

Partito Socialista dei Lavoratori (1973-1990);

Partito Comunista di Finlandia (1984-presente);

Lega Verde (1987-presente);

Partito Comunista dei Lavoratori - Per la Pace e il Socialismo (1988-presente);

Alleanza di sinistra (1990-presente);

Partito Femminista (2016-presente)

Francia

Federazione dei lavoratori socialisti di Francia (1879-1902);

Partito Operaio Francese (1880-1902);

Partito operaio socialista rivoluzionario (1890-1901);

Partito socialista di Francia (1902-1905);

Sezione francese dell'Internazionale dei lavoratori (1905-1969); (Com)

Partito Repubblicano-Socialista (1911-1934);

Partito socialista francese (1919-1935);

Partito comunista francese (1920-presente); (Com)

Unione Comunista (1939-presente);

Partito Socialista (1969-presente)

Poiché si tratta di dipartimenti/regioni francesi d'oltremare, in alcuni casi i partiti sopra elencati vi sono presenti (o hanno filiali locali), oltre ai seguenti gruppi:

Guiana francese (costa settentrionale del Sud America)

Partito Socialista Guianese (1956-presente);

Movimento di decolonizzazione ed emancipazione sociale (1991-presente);

Alternativa Libertaire Guyane (2004-presente)

Guadalupa (gruppo di isole dei Caraibi orientali)

Partito Comunista della Guadalupa (1958-oggi);

Movimento del Nuovo Gioiello (1973-1983);

Partito Democratico Progressista della Guadalupa (1991-presente)

Martinica (isola dei Caraibi orientali)

Partito Comunista Martinicano (1957-presente);

Movimento indipendentista martinicano (1978-presente);

Costruire il Paese della Martinica (1998-oggi)

Réunion (isola al largo della costa orientale dell'Africa, vicino al Madagascar):

Partito Comunista della Riunione (1959-oggi);

Organizzazione comunista marxista-leninista della Riunione (1975-sconosciuto)

Georgia   *Partito socialdemocratico della Georgia* (1890-1950);

Mesami Dasi (1892-1920);

Partito comunista della Georgia (1920-1991);*

Partito Comunista della Georgia (1992-presente);

Partito Comunista Unificato della Georgia (1994-presente);

Nuovo Partito Comunista della Georgia (2001-presente);

Socialdemocratici per lo sviluppo della Georgia (2013-presente)

* La Georgia faceva parte dell'*URSS* e questo partito era il ramo locale del *Partito Comunista dell'Unione Sovietica* (*CPSU/KPSS*).

Germania	*Lega dei Comunisti* (1848-1852);
	Associazione generale dei lavoratori tedeschi (1863-1875);
	Partito Operaio Socialdemocratico di Germania (1869-1875);
	Partito Socialdemocratico di Germania (1875-oggi);
	Lega Spartaco (1914-1919); (Com)
	Partito Comunista di Germania (1918-1946/1956); (Com)
	Partito Comunista della Germania Est (1946-1989);*
	Partito di Unità Socialista di Berlino Ovest (1962-1991);
	Partito Comunista Tedesco (1968-oggi);
	Partito del Socialismo Democratico (1989-2007);
	Alleanza 90/I Verdi (1993-presente)

* Conosciuto anche come *Partito di Unità Socialista di Germania,* ha governato la *Repubblica Democratica Tedesca* marxista (o *Germania Est)* fino alla caduta del Muro di Berlino.

Gibilterra (Territorio britannico d'oltremare)	*Partito Socialista di Gibilterra* (1978-presente)
Grecia	*Partito Comunista di Grecia* (1918-oggi);
	Partito socialista greco (1920-1953);
	Partito Socialista dei Lavoratori di Grecia (1971-presente);
	Movimento socialista panellenico (1974-presente);
	Coalizione della Sinistra Radicale-Alleanza Progressista (2004-presente);
	Movimento dei Socialisti Democratici (2015-presente)
Ungheria	*Partito socialdemocratico ungherese* (1890-1948);
	Partito comunista ungherese (1918-1948); (Com)
	Partito popolare operaio ungherese (MDP. 1948-1956); *
	Partito socialista operaio ungherese (MSzMP. 1956-1989); *

Partito Socialista Ungherese (1989-presente);

Partito dei Lavoratori Ungheresi (1989-presente)

* L'Ungheria è stata chiamata *Repubblica Popolare Ungherese* - dal 1949 al 1989 - uno Stato marxista a partito unico. Il *MDP* e (il suo successore) il *MSzMP* sono stati i partiti al potere durante questo periodo.

Islanda   *Partito socialdemocratico* (1916-2000);

Partito Comunista d'Islanda (1930-1938);

Partito di unità popolare-Partito socialista (1938-1968);

Alleanza Popolare (1968-1998);

Partito socialista islandese (2017-presente)

Irlanda   Repubblica d'Irlanda:

Partito socialista repubblicano irlandese (1896-1904);

Partito socialista d'Irlanda (1904-1923); (Com)

Sinn Féin (1905-oggi);

Partito laburista (1912-oggi);

Lega operaia irlandese (1923-1933 circa); (Com)

Partito Comunista d'Irlanda (1933-presente);

Congresso repubblicano (1934-1936);

Partito comunista irlandese marxista-leninista (1965-2003);

Partito dei Lavoratori (1970-presente);

Rete dei lavoratori socialisti (1971-presente);

Partito socialista repubblicano irlandese (1974-presente);

Partito Verde (1981-presente);

Partito Socialista (1996-presente);

Le persone prima del profitto (2005-presente);

Alleanza di sinistra unita (2010-2013);

Sinistra Unita (2013-2015);

Solidarietà (2014-presente);

Socialdemocratici (2015-presente);

RISE ("Ambientalista Socialista Rivoluzionario Internazionalista"). (2019-presente)

Irlanda del Nord:

Partito laburista di Belfast (1892-1924);

Sinn Féin (1905/1970-oggi);

Partito socialista dell'Irlanda del Nord (1935-1940);

Partito comunista dell'Irlanda del Nord (1941-1970);

Esercito repubblicano ufficiale irlandese/IRA ufficiale (1969-1972/1998 circa);*

Esercito di liberazione nazionale irlandese/INLA (1974-1998/2009 circa)*.

* L'*Official Irish Republican Army* o *Official IRA* e l'*Irish National Liberation Army* (INLA) erano gruppi terroristici marxisti.

Italia

Partito Socialista Italiano (1892-1944);

Partito Comunista d'Italia * (1921-1926); (Com)

Partito Comunista Italiano (1943-1991);

Partito Democratico della Sinistra (1991-1998);

Partito della Rifondazione Comunista (1991-presente);

Socialisti italiani (1994-1998);

Socialisti Democratici Italiani (1998-2007);

Partito dei Comunisti Italiani (1998-2014);

Partito Socialista Italiano (2007-presente);

Partito Comunista d'Italia (2014-2016);

Partito Comunista Italiano (2016-presente)

Lettonia

Partito Comunista di Lettonia (1904-1991);* (Com)

Partito operaio socialdemocratico lettone (1918-oggi);

Partito Socialista di Lettonia (1994-presente);

Partito socialdemocratico (2009-presente)

* La Lettonia faceva parte dell'*URSS* e questo partito era il ramo locale del *Partito Comunista dell'Unione Sovietica* (*CPSU/KPSS*).

Liechtenstein

Elenco libero (1985-presente)

Il Liechtenstein è un principato lungo 25 km/15,5 m con una

popolazione di 40.000 abitanti.

Lituania	*Partito Socialdemocratico di Lituania* (1896-oggi);
	Partito Comunista di Lituania (1918-1991);* (Com)
	Partito Democratico del Lavoro della Lituania (1989-2001);
	Partito socialista di Lituania (1994-2009);
	Fronte popolare socialista (2009-presente);
	Partito Verde Lituano (2011-presente):
	Partito socialdemocratico del lavoro della Lituania (2018-presente)

* La Lituania faceva parte dell'*URSS* e questo partito era il ramo locale del *Partito Comunista dell'Unione Sovietica* (*CPSU/KPSS*).

Lussemburgo	*Partito socialista operaio del Lussemburgo* (1902-oggi);
	Partito Comunista del Lussemburgo (1921-oggi);
	Partito Radicale Socialista (1925-1932);
	Partito socialdemocratico (1971-1984);
	I Verdi (1983-presente);
	La Sinistra (1999-presente)

Il Lussemburgo ha una popolazione di circa 660.000 abitanti.

Malta	*Partito laburista* (1920-presente);
	Partito Comunista di Malta (1969-presente)

Malta ha una popolazione di circa 540.000 persone.

Moldavia	*Partito comunista della Moldavia* (1940-1991);*
	Partito socialista moldavo (1992-presente);
	Partito dei Socialisti della Repubblica di Moldova (1997-presente)

* La Moldavia faceva parte dell'*URSS* e questo partito era il ramo locale del *Partito Comunista dell'Unione Sovietica* (*CPSU/KPSS*).

Paesi Bassi	*Lega socialdemocratica* (1881-1900);

Partito operaio socialdemocratico (1894-1946);

Partito comunista dei Paesi Bassi (1909-1991); (Com)

Partito laburista (1946-presente);

Partito socialista pacifista (1957-1991);

Sinistra verde (1989-presente)

Norvegia

Partito laburista (1887-oggi)*; (Com)

Partito Comunista di Norvegia (1923-oggi);

Partito della Sinistra Socialista (1975-presente);

Partito della Società (1985-presente);

Partito Verde (1988-presente);

Partito Rosso (2007-presente)

Polonia

Partito Rivoluzionario Sociale Internazionale (1882-1886);

Partito socialista polacco (1892-1948);

La socialdemocrazia del Regno di Polonia (1893-1918);

Partito Comunista di Polonia (1918-1938); (Com)

Partito Operaio Polacco (1942-1948);

Partito Operaio Unitario Polacco (1948-1990);*

Democrazia sociale della Repubblica di Polonia (1990-1999);

Unione del lavoro (1992-presente);

Alleanza democratica di sinistra (1999-oggi);

Sinistra polacca (2008-presente)

* Questo partito ha governato la *Repubblica Popolare Polacca* - uno Stato marxista a partito unico - dal 1948 al 1989.

Portogallo

Partito socialista portoghese (1875-1933);

Partito Comunista Portoghese * (1921-presente); (Com)

Partito Comunista Operaio Portoghese (1970-presente);

Partito Socialista (1973-presente);

Partito dei Lavoratori di Unità Socialista (1976-presente);

Blocco di sinistra (1999-oggi);

Movimento di Alternativa Socialista (2000);

Partito ecologista (2004-presente);

Partito laburista portoghese (2009-presente)

Romania   *Partito Socialdemocratico di Romania* (1910-1916);

Partito Socialista di Romania (1918-1920);

Partito comunista rumeno (PCR. 1921-1989); * (Com)

Partito socialdemocratico rumeno (1927-1948);

Partito socialdemocratico (2001-presente);

Partito Socialista Rumeno (2003-presente);

Partito Comunista di Romania (2010-presente)

* Il *PCR* è stato conosciuto per un certo periodo anche come *Partito dei Lavoratori Rumeni. Il* suo segretario generale più famoso fu *Nicolae Ceausescu,* che governò la Romania come dittatore fino al 1989. Tra il 1947 e il 1989 la Romania è stata la *Repubblica Socialista di Romania,* uno Stato marxista a partito unico.

Russia   *Volontà popolare* (1879-1884);

Emancipazione del lavoro (1883-1903);

S.B.O.R.K. (1895-1900); #

Bund generale del lavoro ebraico (1897-1921);

Partito socialdemocratico russo del lavoro (*RSDLP,* 1898-1912);

Partito Socialista Rivoluzionario (1902-1921);

Fazione *menscevica* del *RSDLP* (1912-21 in Russia e fino al 1965 fuori dalla Russia);

Partito comunista dell'Unione Sovietica (dalla fazione *bolscevica* dell'*RSDLP.'*17-'91); *

Partito Comunista della Repubblica Federativa Socialista Sovietica Russa (1990-1991);

Partito Comunista della Federazione Russa (1993-presente);

Movimento politico-sociale russo (alias *Eredità spirituale*) (1995-2003);

Partito Socialista Unito di Russia (2003-2008)

* Partito di governo dell'*Unione delle Repubbliche Socialiste Sovietiche* o *U.R.S.S.;* questo partito controllava le filiali

locali in altri paesi sovietici (evidenziati altrove).

 # SBORK: Lega di lotta per l'emancipazione della classe operaia di San Pietroburgo.

San Marino

Partito Comunista Sammarinese (1921-1990)

Spagna

Partito Socialista Operaio Spagnolo (*PSOE.* 1879-oggi);

Partito comunista spagnolo (1920-1921); (Com)

Partito Comunista di Spagna (1921-oggi);

Partito Operaio di Unificazione Marxista (1935-1980);

Partito Comunista delle Isole Baleari (Mallorca, 1977-presente);

Federazione Progressista (1984-1988);

Partito Comunista del Popolo di Spagna (1984-presente);

Partito animalista contro il maltrattamento degli animali (:))(2003-presente);

United We Can (2016-presente);

Partito Comunista dei Lavoratori di Spagna (2019-presente)

Isole Canarie:

Movimento indipendentista delle Canarie (1964-1979 circa);

Cellule comuniste (1969-1984);

Partito Socialista delle Canarie (sezione canaria del *PSOE,* anni '70-oggi);

Partito Comunista delle Isole Canarie (1973-1991);

Partito di unificazione comunista delle Canarie (1975-2012);

Unione Popolare Canaria (1979-1986);

Assemblea delle Canarie (1982-1987);

Sinistra Unita Canaria (1986/1993-presente);

Azarug (1992-oggi);

Partito Socialista Canario (1995-sconosciuto);

Alternativa Nazionalista Canaria (2006-presente);

Inekaren (2008-presente)

Svezia

Partito socialdemocratico svedese (1889-oggi);

Partito della Sinistra (1917-presente); (Com)

Partito Comunista di Svezia (1924-1926);

Partito socialista (1929-1948);

Partito Comunista (1970-presente);

Partito Comunista di Svezia (1977-1995);

Partito Verde (1981-presente);

Iniziativa femminista (2005-presente)

Svizzera   *Partito Socialdemocratico della Svizzera* (1888-oggi);

Partito Comunista della Svizzera (1918 ca.-1940); (Com)

Partito Svizzero del Lavoro (1944-oggi);

Partito comunista svizzero marxista-leninista (1969-1987);

Partito Verde della Svizzera (1983-presente);

Solidarietà (1992-presente);

Sinistra alternativa (2010-2018)

Turchia   *Partito Comunista di Turchia* (1920-1988); (Com)

Partito dei lavoratori della Turchia (1961-1987);

Partito Comunista Unito di Turchia (1987-1991);

Partito di Unità Socialista (1991-1995);

Partito dei Lavoratori (1992-2015), poi diventato *Partito Patriottico* (2015-oggi);

Partito Comunista di Turchia (1993-presente);

Partito Popolare di Liberazione (2005-presente);

Partito Democratico dei Popoli (2012-presente);

Partito comunista popolare della Turchia (2014-2017);

Partito dei Lavoratori della Turchia (2017-presente)

Ucraina   *Partito comunista dell'Ucraina* (1918-1991);* (Com)

Partito Socialdemocratico dell'Ucraina (1990-1994);

Partito socialista ucraino (1991-presente);

Partito contadino dell'Ucraina (1992-presente);

Partito Comunista di Ucraina (1993-presente);

Partito Socialista Progressista dell'Ucraina (1996-presente);

Partito Comunista dei Lavoratori e dei Contadini (2001-

2015)

* L'Ucraina faceva parte dell'*URSS* e questo partito era il ramo locale del *Partito Comunista dell'Unione Sovietica* (*CPSU/KPSS*).

REGNO UNITO	*Lega dei Comunisti* (1847-1852);
	Associazione Internazionale dei Lavoratori (*IWA* o *Prima Internazionale* (1864-'76);*
	Federazione socialdemocratica (*SDF.* 1881-1911);
	Fabian Society (1884-oggi);
	Lega socialista (nata dall'*SDF.* 1885-1901);
	Partito laburista (1900-oggi);
	Partito socialista del lavoro (1903-1980);
	Partito socialista della Gran Bretagna (1904-presente);
	Partito socialista britannico (1911-1920);
	Lega di propaganda socialista (1911-1951); (Com)
	Partito comunista della Gran Bretagna (1920-1991); (Com)
	Partito comunista gallese (1920-presente);
	Partito Comunista della Gran Bretagna (1988-presente);
	Sinistra democratica (1991-1998);
	Partito Comunista di Scozia (1992-presente);
	Partito socialista (1997-presente);
	Partito Socialista Scozzese (1998-presente)
	*Con sede a Londra fino al 1873 e poi a New York dal 1873 al 1876.
Jugoslavia (1918-1992)	*Lega dei Comunisti di Jugoslavia* (*SKJ/CKJ.* 1919-1990). (Com)
	Bosnia ed Erzegovina:
	Lega dei comunisti della Bosnia-Erzegovina (1943-1990); *
	Partito socialdemocratico della Bosnia-Erzegovina (1992-presente);
	Partito Socialista (1993-presente);
	Partito Comunista dei Lavoratori della Bosnia-Erzegovina

(2000-oggi);

Verdi della Bosnia-Erzegovina (2004-oggi);

Partito Comunista (2012-presente)

Croazia:

Lega dei comunisti di Croazia (1937-1990); *

Partito Socialdemocratico di Croazia (1990-presente);

Partito Serbo Democratico Indipendente (1997-presente);

Partito socialista del lavoro della Croazia (1997-presente);

Partito laburista croato (2010-presente);

Fronte dei lavoratori (2014-presente);

Nuova Sinistra (2016-presente);

Zagabria è NOSTRA! (2017-oggi);

Possiamo! Piattaforma politica (2019-presente)

Macedonia (alias Macedonia del Nord):

Lega dei comunisti di Macedonia (1943-1991); *

Partito Comunista di Macedonia (1992-presente);

Unione delle forze di sinistra di Tito (2005-presente);

La Sinistra (2015-presente)

Montenegro:

Lega dei Comunisti del Montenegro (1943-1991); *

Partito Democratico dei Socialisti del Montenegro (1991-presente);

Partito Socialista Popolare del Montenegro (1998-presente)

Serbia:

Lega dei Comunisti di Serbia (1945-1990); *

Alleanza socialista dei lavoratori della Jugoslavia (1945-1990);

Partito Socialista di Serbia (1990-presente);

Partito Comunista (2010-presente)

Slovenia:

Lega dei Comunisti di Slovenia (1937-1990);*

Socialdemocratici (1993-presente);

Iniziativa per il socialismo democratico (2014-2017);

La Sinistra (2017-presente)

* La *Lega dei Comunisti di Jugoslavia* (*SKJ/CKJ*) aveva il controllo generale delle 6 repubbliche costituenti la Jugoslavia. Il simbolo * indica la sezione locale dell'*SKJ/CKJ*.

Africa

"... il malvagio sistema del colonialismo e dell'imperialismo è sorto e ha prosperato con la schiavitù dei negri e il commercio dei negri, e sicuramente giungerà alla sua fine con la completa emancipazione del popolo nero".[120]

Leader della Cina comunista Mao Zedong, "Dichiarazione di sostegno ai negri americani nella loro giusta lotta contro la discriminazione razziale da parte dell'imperialismo statunitense", 8 agosto 1963.

"Noi, in Africa, non abbiamo bisogno di essere "convertiti" al socialismo più di quanto abbiamo bisogno di essere "educati" alla democrazia. Entrambi sono radicati nel nostro passato, nella società tradizionale che ci ha generato".121

Julius Nyerere, *Uhuru na Umoja (Libertà e unità):*
Saggi sul socialismo (1969)

"La società africana tradizionale è stata fondata su principi di egualitarismo. Qualsiasi umanesimo significativo deve partire dall'egualitarismo. Da qui il socialismo. Da qui il socialismo scientifico".[122]

Kwame Nkrumah, *Il socialismo africano rivisitato* (1967)

L'Africa è l'emblema di un luogo che è passato dal dominio imperiale straniero al dominio marxista e all'autodistruzione. Diverse potenze europee erano presenti sul posto, tra cui Gran Bretagna, Francia, Belgio, Portogallo, Italia e Paesi Bassi. La percezione da parte di alcuni ambienti che il marxismo (attraverso il suo prodotto, il socialismo) fosse necessario per l'Africa postcoloniale è stato un errore molto grave e fatale. Ha distrutto il continente, le cui conseguenze la propaganda marxista ha, prevedibilmente, imputato al passato coloniale dell'Africa o al moderno "imperialismo" occidentale.

È vero, tuttavia, considerando il modo in cui l'ideologia sceglie i bersagli

---

[120] Zedong, M. «Dichiarazione di sostegno ai negri americani nella loro giusta lotta contro la discriminazione razziale da parte dell'imperialismo statunitense», 8 agosto 1963. https://www.marxists.org/subject/china/peking-review/1966/PR1966-33h.htm

[121] Nyerere, J., *Uhuru na Umoja (Libertà e unità): Saggi sul socialismo* (1969). https://www.juliusnyerere.org/resources/quotes

[122] Nkrumah, K., *African Socialism Revisited* (1967). https://www.marxists.org/subject/africa/nkrumah/1967/african-socialism-revisited.htm

instabili, che l'Africa era, in generale, molto vulnerabile in questo momento della sua storia. Di fatto, era un bersaglio facile. Non sorprende che gli accademici africani che sostenevano i benefici del socialismo fossero un fattore importante; Julius Nyerere (1922-1999), ad esempio, che fu il primo presidente dello Zambia.

Senza dubbio ci sono stati alcuni individui imperiali egomaniaci di stirpe europea, come il famigerato elitario britannico Cecil Rhodes (1853-1902), e questo viene spesso menzionato nella cultura PC infettata dal marxismo (poiché l'imperialismo "coloniale" è un male che ci ricordano spesso). Ciò che non viene evidenziato è che nell'Africa post-coloniale ci sono stati molti regimi africani orribili gestiti da africani, catalizzati da un'infezione marxista quasi continentale. Le figure coinvolte in questi regimi erano peggiori di Rhodes.

In effetti, molti dei leader dei Paesi africani dopo l'indipendenza erano attivisti marxisti, terroristi e dittatori di ceppo africano: Nelson Mandela (1918-2013), Robert Mugabe, Julius Nyerere e il primo premier e presidente del Ghana Kwame Nkrumah, per citarne alcuni. Cecil Rhodes è morto nel 1902! Il fatto che oggi i membri delle sette ci ricordino costantemente i personaggi di quell'epoca, ignorando opportunamente i molti membri delle sette africane che da allora hanno oppresso il loro stesso popolo e contribuito a distruggere il continente, è tipico e divertente.

Naturalmente, la divisione etnica tra bianchi e non bianchi presente in alcune parti dell'Africa - con la minoranza bianca che ha il controllo del governo, delle infrastrutture ecc. - era un ovvio punto di ingresso per la setta/ideologia. Essa poteva sfruttare facilmente questa divisione, essendo i bianchi gli "oppressori".

Questo particolare marchio localizzato dell'ideologia - il socialismo africano - è emerso negli anni Cinquanta e Sessanta. Questo ha portato a una quantità quasi non quantificabile di instabilità e difficoltà in tutto il continente.[123] Un altro termine significativo generato da questo culto/ideologia è "panafricanismo".[124] Un altro è "Ujamaa", *un* termine usato dal membro del culto Julius Nyerere per descrivere la sua versione del socialismo in Tanzania. Ha scritto Ujamaa: Saggi sul socialismo nel 1969.

In una lettera al *Tanjanyika Standard* del luglio 1943, Nyerere affermò che "l'africano è per natura un essere socialista".[125] Non tutti gli africani si sono bevuti le voci dell'altra parte dell'argomento, come George Ayittey (1945-2022), che ha scritto tra l'altro *Africa Unchained: the blueprint for*

---

[123] https://www.britannica.com/money/topic/African-socialism

[124] https://www.britannica.com/topic/Pan-Africanism

[125] https://en.wikipedia.org/wiki/Julius_Nyerere

development (2004) e *Defeating Dictators: Fighting Tyrants in Africa and Around the World* (2011).[126]

Le innumerevoli rivoluzioni marxiste che si sono verificate in quel continente, ovviamente, hanno seguito il solito schema: uccidere la "classe oppressore" (i bianchi); uccidere i cristiani; distruggere i simboli della cultura e della civiltà occidentale (comprese le infrastrutture che i bianchi avevano costruito in Africa); togliere la terra ai bianchi per ridistribuirla alla maggioranza nera in nome dell'"uguaglianza", il che ha portato alla carestia (dato che i bianchi avevano la competenza/esperienza agricola). Tutto questo è stato fatto in nome della "giustizia" e dell'"uguaglianza" ed è stato giustificato dalla storia di apparente oppressione dell'Africa.

La propaganda marxista nasconde ciò che è accaduto in Africa

Una delle cause principali della stagnazione economica dell'Africa è l'infezione marxista, in particolare l'attuazione del socialismo in tutto il continente. In una tipica manovra dell'ideologia, essa ci distrae dalla propria colpevolezza incolpando i suoi nemici (in questo caso il capitalismo, l'imperialismo e i bianchi).

Attribuendo la colpa dell'attuale stato dell'Africa a queste cose, il culto/ideologia può proteggere la sua "reputazione" e contemporaneamente promuovere il suo "messaggio" anti-bianco, anti-europeo, anti-borghese e "anti-razzista". Il caos causato da questa ideologia è evidente ancora oggi: possiamo vedere come la sua eredità abbia essenzialmente causato il crollo della civiltà in Sudafrica negli ultimi decenni.

In tutto il continente, l'infezione portò a: il "Suppression of Communism Act" del 1950, che mise al bando il *Partito Comunista del Sudafrica*; i ventiquattro anni di dittatura di Julius Nyerere in Tanzania; l'ascesa al potere dell'*African National Council* (reso famoso dal noto membro del culto e terrorista condannato Nelson Mandela); la fine dell'Apartheid in Sudafrica (che ha contribuito in modo determinante allo stato attuale del Paese); il regno di Kwame Nkrumah come Presidente del Ghana; Patrice Lumumba nell'allora Repubblica del Congo; l'ascesa al potere del dittatore Robert Mugabe in Zimbabwe; la *guerra civile etiope* (1974-1991), il *Derg* come avanguardia etiope e il *Terrore Rosso etiope* (1976-1978); la *guerra coloniale portoghese* (1961-1974) in Guinea-Bissau, Angola e Mozambico e il successivo dominio del *FRELIMO* marxista; la *Rivoluzione di Marzo* in Mali nel 1991; la *guerra civile angolana* (1975-2002), un conflitto che ha provocato un enorme numero di morti e di sfollati; la discriminazione razzista (e l'uccisione) dei contadini bianchi sudafricani, approvata dallo Stato (come tradizione marxista in Africa); e molti, molti altri eventi.

---

[126] https://en.wikipedia.org/wiki/George_Ayittey

Molti dei movimenti "nazionalisti" e di "liberazione" in tutto il continente, che hanno spinto tanti a combattere contro le "forze imperiali malvagie e oppressive", erano solo movimenti marxisti, nient'altro; si trattava solo di una nuova forma di imperialismo che entrava in scena per prendere il sopravvento. Inoltre, la percezione distorta di ciò che è accaduto in quei luoghi (grazie all'impatto dell'ideologia) ha senza dubbio contribuito a creare una percezione distorta del "razzismo" nei Paesi occidentali, che oggi viene spacciata e perpetuata dal culto/ideologia. Ciò che è accaduto in Africa a causa del marxismo ha causato un effetto a catena in tutto l'Occidente, comprese le tensioni razziali negli Stati Uniti.

Nelson Mandela è stato venerato come un quasi-messia nell'ultima parte della sua vita, dopo l'incarcerazione, a causa dell'estremo livello di virtuosità marxiana che ha mostrato in tutto il mondo. Ha ricevuto innumerevoli premi e onorificenze, tra cui il Premio Nobel per la Pace e il Premio Lenin per la Pace (esilarante: è come ricevere un premio per "essere gentili" dal diavolo).[127] Il suo mandato di Presidente del Sudafrica, dal 1994 al 1999, è stato il simbolo del successo della setta nel continente. Molti dei gruppi terroristici della setta operavano in Africa, ricevendo sostegno estero dalle più grandi entità marxiste, tra cui la Cina Rossa, l'URSS e la Cuba di Fidel Castro. L'ascesa al potere del *FRELIMO (Fronte di Liberazione del Mozambico)* è stato un buon esempio di come i gruppi marxisti possano mascherarsi da "nazionalisti", ma poi rivelare i loro veri colori (rossi) una volta al potere. Poco dopo aver ottenuto l'indipendenza dal Portogallo nel 1975, il Mozambico decise di intraprendere la strada dei comunisti, trasformando il Paese in uno Stato marxista a partito unico.[128]

Posizione	Gruppi di rilievo
Angola	*Partito della Lotta Unita per gli Africani in Angola* (1953-1956);
	Partito comunista angolano (1955-1956);
	Movimento Popolare per la Liberazione dell'Angola (MPLA. 1956-presente);*
	Unione Nazionale per l'Indipendenza Totale dell'Angola (1966-presente);
	Partito socialdemocratico (1988-presente);

127

https://en.wikipedia.org/wiki/Nelson_Mandela#Orders,_decorations,_monuments,_and_honours

[128] https://www.britannica.com/topic/Frelimo

Partito Socialista Liberale (1993-presente)

* L'Angola è stata uno Stato marxista a partito unico chiamato *Repubblica Popolare dell'Angola* dal 1975 al 1992; l'*MPLA è stato il* partito al potere durante questo periodo.

Algeria

Partito comunista algerino (1920/1936-1962);

Fronte delle Forze Socialiste (1963-presente);

Partito Socialista dei Lavoratori (1989-presente);

Partito dei Lavoratori (1990-presente);

Partito algerino per la democrazia e il socialismo (1993-presente)

Benin

Partito della Rivoluzione Socialista del Benin (1959-sconosciuto);

Partito Rivoluzionario del Popolo del Benin (*PRPB*. 1975-1990);*

Partito Comunista del Benin (1977-oggi);

Partito socialdemocratico (1990-presente);

Unione per la Patria e il Lavoro (1997-presente)

* Il Benin è stato uno Stato marxista a partito unico chiamato *Repubblica Popolare del Benin* dal 1975 al 1990; il *PRPB è* stato il partito al potere durante questo periodo.

Botswana

Partito Popolare del Botswana (1960-presente);

Fronte Nazionale del Botswana (1965-presente);

Movimento MELS del Botswana (1984-presente);

Socialisti Internazionali del Botswana (sconosciuti);

Partito del Congresso del Botswana (1998-presente)

Burkina Faso

Partito dell'Indipendenza Africana (1963-1999);

Partito Comunista Rivoluzionario Voltaico (1978-presente);

Gruppo marxista-leninista (1983-1984);

Gruppo comunista burkinabé (1983-1991);

Unione dei comunisti burkinabé (1984-1989);

Organizzazione per la democrazia popolare-Movimento operaio (1989-1996);

Partito socialista burkinabé (1992-2001);

Partito indipendentista africano (1999-2011);

Unione per la Rinascita-Partito Sankarista (2000-presente);

Partito della Democrazia e del Progresso (2001-presente);

Partito Socialista Unificato (2001-presente);

Partito della democrazia e del socialismo (2002-2012);

Convergenza per la socialdemocrazia (2002-presente);

Fronte Democratico Sankarista (2004-presente);

Partito dell'Indipendenza, del Lavoro e della Giustizia (2011-presente)

Burundi	*Partito Socialista Libero del Burundi* (1961-sconosciuto); *Partito dei lavoratori del Burundi* (1979-1986); *Fronte per la democrazia* (1986-presente); *Movimento socialista panafricano-Inkinzo* (sconosciuto)
Capo Verde	*Partito Africano per l'Indipendenza della Guinea e di Capo Verde* (1956-presente); *Partito Africano dell'Indipendenza di Capo Verde* (1981-presente); *Partito del Lavoro e della Solidarietà* (1998-presente) Capo Verde ha ottenuto l'indipendenza dal Portogallo nel 1975
Africa centrale Repubblica	*Movimento per l'evoluzione sociale dell'Africa nera* (1949-1979); *Movimento di liberazione del popolo centrafricano* (1978-presente); *Rally Democratico Centrafricano* (1987-presente); *Partito socialdemocratico* (1991-presente); *Fronte patriottico per il progresso* (1991-presente); *Convergenza nazionale - Kwa na Kwa* (2009-presente)

Congo	*Partito Progressista Congolese* (1945-sconosciuto);
	Partito della Solidarietà Africana (1959-1965);
	Partito Lumumbista Unificato (1964-presente);
	Partito congolese del lavoro (PCT. 1969-presente);*
	Unione per la democrazia e il progresso sociale (1982-presente)
	* Il Congo è stato uno Stato marxista a partito unico chiamato *Repubblica Popolare del Congo* dal 1969 al 1992; il *PCT è stato il* partito al potere durante questo periodo.
Chad	*Partito progressista ciadiano* (1947-1975);
	Partito socialista indipendente del Ciad (1950-1956);
	Scissione del Partito socialista indipendente del Ciad-1955 (1955-sconosciuto);
	Azione ciadiana per l'unità e il socialismo (1981-presente);
	Unione Nazionale per la Democrazia e il Rinnovamento (1992-presente);
	Movimento socialista africano rinnovato (2006 circa - oggi)
Comore	*Convenzione per il rinnovamento delle Comore* (2002-presente)
Gibuti	*Partito del Movimento Popolare* (1958-1974 circa);
	People's Rally for Progress (1979-presente);
	Fronte per la restaurazione dell'unità e della democrazia (1991-presente);
	Partito popolare socialdemocratico (2002-presente)
Guinea Equatoriale	*IPGE* (1958 circa-1970);
	Partito Nazionale Unito dei Lavoratori (1970-1979);
	Convergenza per la socialdemocrazia (1990-presente)
Eritrea	*Fronte di Liberazione Eritreo* (1961-presente);
	Partito Democratico del Popolo Lavoratore Eritreo (1968-1982);
	Fronte popolare per la democrazia e la giustizia (1994-presente)

Eswatini	*Partito Progressista dello Swaziland* (1959 circa-1973);
	Congresso nazionale liberatorio di Ngwane (1963-1973);
	Movimento Democratico Unito del Popolo (1983-presente);
	Partito Comunista dello Swaziland (1994-presente);
	Partito Comunista dello Swaziland (2011-oggi);
	Partito Democratico Swazi (2011-presente)
Etiopia	*Movimento socialista di tutta l'Etiopia* (1968-presente);
	Partito rivoluzionario del popolo etiope (1972-presente);
	Organizzazione rivoluzionaria marxista-leninista etiope (1974-1979);
	Fronte di Liberazione del Popolo del Tigray (1975-presente);
	Lotta rivoluzionaria del popolo oppresso etiope (1975-1978);
	Fiamma rivoluzionaria (1976-1979);
	Unione delle organizzazioni marxiste-leniniste etiopi (1977-1979);
	Commissione per l'organizzazione del Partito dei Lavoratori d'Etiopia (1979-1984);
	Lega marxista-leninista del Tigray (1983-1991);
	Partito dei Lavoratori d'Etiopia (WPE. 1984-1991);*
	Fronte democratico rivoluzionario del popolo etiope (1988-2019);
	Partito Democratico Somalo (1998-2019);
	Forze Democratiche Etiopiche Unite (2005-2008)
	* L'Etiopia è stata uno Stato marxista a partito unico chiamato *Repubblica Democratica Popolare d'Etiopia* dal 1987 al 1991; il WPE era il partito al potere durante questo periodo.
Gabon	*Partito di unità nazionale gabonese* (1958-sconosciuto);
	Partito del Progresso Gabonese (1990-presente);
	Partito socialista gabonese (1991-presente);
	Forum africano per la ricostruzione (1992-presente)

Gambia	*Partito socialista rivoluzionario del Gambia* (1980-1981); *Organizzazione Democratica Popolare per l'Indipendenza e il Socialismo* (1986-presente)
Ghana	*Partito Popolare della Convenzione* (1949-presente); *Partito nazionale del popolo* (1979-1981); *Partito della Convenzione popolare* (1992-1996); *Partito Democratico del Popolo* (1992-presente); *Congresso nazionale democratico* (1992-presente); *Convenzione Nazionale del Popolo* (1992-presente)
Guinea	*Partito Socialista di Guinea* (1946-sconosciuto); *Partito Democratico di Guinea-Raduno Democratico Africano* (1947-presente); *Democrazia socialista della Guinea* (1954-1958); *Raduno del popolo guineano* (1965 circa-oggi); *Partito Rivoluzionario del Popolo Africano* (1968-presente)
Guinea-Bissau	*Partito Africano per l'Indipendenza della Guinea e di Capo Verde* (1956-presente); *Forze armate rivoluzionarie del popolo* (1964-1973); *Partito Socialista della Guinea-Bissau* (1994-presente); *Partito dei Lavoratori* (2002-presente); *Alleanza Popolare Unita* (2004); *Partito Socialista Democratico* (2004-presente); *Movimento per l'Alternanza Democratica* (2018-presente)
Costa d'Avorio	*Partito Comunista Rivoluzionario della Costa d'Avorio* (1965 circa - sconosciuto); *Fronte Popolare Ivoriano* (1982-presente); *Partito ivoriano dei lavoratori* (1990-presente); *Unione Socialista del Popolo* (1996-oggi, con sede a Londra) La Costa d'Avorio ha ottenuto l'indipendenza dalla Francia nel 1960

Kenya	*Unione Popolare del Kenya* (1966-1969);
	Partito Comunista del Kenya (1992-presente);
	Partito Verde Mazingira del Kenya (1997 circa-oggi)
Liberia	*Partito rivoluzionario africano* (1861-1936);
	Partito Comunista della Liberia (1878-1936);
	Partito Popolare Unito (1985 circa-oggi)
Libia	*Partito comunista libico* (1945-1952);
	Partito arabo socialista libico Ba'ath (1950-1980 circa);
	Consiglio di comando della rivoluzione libica (1969-1977);
	Unione socialista araba (1971-1977);
	Movimento Nazionale Popolare Libico (2012-presente)
Lesotho	*Partito del Congresso del Basutoland* (1952-oggi);
	Partito Comunista del Lesotho (1962-oggi);
	Congresso del Lesotho per la democrazia (1997-presente);
	Congresso democratico (2011-presente)
Madagascar	*Partito Comunista della Regione del Madagascar* (1936-1938);
	Partito comunista malgascio (1958-sconosciuto);
	Partito del Congresso dell'Indipendenza del Madagascar (1958-oggi);
	Movimento per il Progresso del Madagascar (1972-presente);
	Associazione per la Rinascita del Madagascar (1976-presente)
Mali	*Unione Sudanese-Raduno Democratico Africano* (1945-2010);
	Partito del Lavoro del Mali (1965-presente);
	Unione democratica del popolo maliano (1975-1991);
	Alleanza per la democrazia in Mali (1990-presente);
	Solidarietà africana per la democrazia e l'indipendenza (1996-presente);

Rally per il Mali (2001-presente)

Malawi	*Lega socialista del Malawi* (1964-1991); *Alleanza per la democrazia* (1993-presente)
Mauritania	*Unione delle Forze del Progresso* (1991-presente); *Partito Socialista Democratico Unionista* (1994-presente); *Alleanza Progressista del Popolo* (2002-presente); *Raduno delle Forze Democratiche* (2002-presente); *Alleanza per la giustizia e la democrazia* (2007-presente)
Mauritius	*Partito Laburista* (1936-presente); *Blocco Indipendente Avanti* (1958-1976 circa); *Congresso indù di Mauritius* (1964-1967); *Movimento militante mauriziano* (1969-presente); *Movimento militante mauriziano-MMMSP* (1973-1980 circa); *Partito socialista mauriziano* (1979-1983); *Lalit* (1981-oggi); *Movimento socialista militante* (1983-presente); *Movimento socialista militante mauriziano* (1995-2008); *Verdi Fraterni* (2002-presente); *Movimento dei Liberatori* (2014-presente); *Piattaforma militante* (2018-presente)
Marocco	*Partito comunista marocchino* (1943-1964); *Partito di Liberazione e Socialismo* (1968-1974); *Avanti* (1970-1974 circa); *Movimento del 23 marzo* (1970-1983 circa); *Partito del Progresso e del Socialismo* (1974-presente); *Partito d'Azione* (1974-presente); *Unione Socialista delle Forze Popolari* (1975-presente); *Partito dell'Avanguardia Socialista Democratica* (1991-presente);

Via Democratica (1995-presente);

Fronte delle Forze Democratiche (1997-presente);

Partito del Congresso Nazionale Ittihadi (2001-presente);

Partito laburista (2005-2013);

Partito Socialista Unificato (2005-presente);

Partito socialista (2006-2013)

Sahara occidentale

Fronte Polisario (1973-presente)

Mozambico   *Fronte di Liberazione del Mozambico-FRELIMO* (1962-presente);*

Partito Comunista del Mozambico (1995-sconosciuto);

Partito dei Verdi del Mozambico (1997-presente)

* Il Mozambico è stato uno Stato marxista a partito unico chiamato *Repubblica Popolare del Mozambico* dal 1975 al 1990; il *FRELIMO è stato il* partito al potere durante questo periodo.

Namibia   *Unione Nazionale dell'Africa Sud-Occidentale* (1959-presente);

Organizzazione popolare dell'Africa sud-occidentale (1960-presente);

Partito comunista della Namibia (1981-1989);

Partito rivoluzionario dei lavoratori (1989-presente);

Congresso dei Democratici (1999-presente);

Partito del Popolo (2008-presente);

Combattenti per la libertà economica della Namibia (2014-presente);

Riposizionamento affermativo (2014-oggi)

Niger   *Unione delle Forze Popolari per la Democrazia e il Progresso* (1956-presente);

Partito nigeriano per la democrazia e il socialismo (1990-presente);

Partito per il Socialismo e la Democrazia in Niger (1992-presente)

Nigeria   *Unione Progressista degli Elementi del Nord* (1950-1964);

Partito Comunista della Nigeria e del Camerun (1951-sconosciuto);

Gruppo d'azione (1951-1966);

Partito comunista della Nigeria (1960-1966 circa);

Partito socialista dei lavoratori e dei contadini della Nigeria (1963-presente);

Partito Comunista Nigeriano (sconosciuto-1966 circa);

Partito della Redenzione Popolare (1978-presente);

Partito dell'Unità della Nigeria (1978-sconosciuto);

Movimento Socialista Democratico (1986-presente);

Partito socialdemocratico della Nigeria (1989 circa - oggi);

Partito Socialista della Nigeria (2013-presente);

Partito dei Giovani Progressisti (2017-presente)

Ruanda
Partito Socialista Ruandese (1991-presente);

Partito socialdemocratico (1991-presente);

Partito Verde Democratico del Ruanda (2009-presente)

Sao Tomé
e Principe
Movimento di liberazione di São Tomé e Principe (1960-presente);

Partito dei lavoratori di Sao Taoméan (2002-sconosciuto)

La popolazione di questi arcipelaghi è di poco inferiore a 234.000 abitanti.

Senegal
Partito Repubblicano Socialista Indipendente (1919-sconosciuto);

Partito socialista senegalese (1934-1938);

Unione Democratica Senegalese (1946-1956);

Partito senegalese di azione socialista (1957-1958);

Partito dell'Indipendenza Africana (1957-presente);

Partito socialista del Senegal (1958-oggi);

Partito comunista senegalese (1965-sconosciuto);

Comitato per l'Iniziativa per l'Azione Rivoluzionaria Permanente (1970 circa);

Movimento dei giovani marxisti-leninisti (1970-

sconosciuto);

Lega Democratica-Movimento per il Partito del Lavoro (metà anni '70-oggi);

Organizzazione socialista dei lavoratori (1973-1991);

Movimento rivoluzionario per la Nuova Democrazia (1974-1991);

Lega operaia comunista (1977-sconosciuto);

Partito dell'Indipendenza e del Lavoro (1981-presente);

And-Jef/Partito africano per la democrazia e il socialismo (1991-2014);

Movimento dei Radicali di Sinistra (2004-presente);

Socialisti Uniti per il Rinascimento del Senegal (2004-presente)

Seychelles	*Fronte Progressista del Popolo delle Seychelles* (1978-2009);
	Partito Lepep - Seycheles Unite (2009-presente)
Sierra Leone	*Congresso di tutto il popolo* (1962-presente);
	Fronte unito rivoluzionario (1991-2002)
Somalia	*Partito del Lavoro e del Socialismo* (1960-1969);
	Consiglio rivoluzionario supremo (1969-1976);
	Partito Socialista Rivoluzionario Somalo (SRSP. 1976-1991);*
	Partito Verde Somalia (1990-presente);
	Partito di unità sociale somala (2004-presente);
	Partito laburista somalo (2011-oggi);
	Partito Democratico Cosmopolita (2015-oggi);
	Partito Wadajir (2016-presente)

* La Somalia è stata uno Stato marxista a partito unico chiamato *Repubblica Democratica Somala* dal 1969 al 1991; l'*SRSP* è stato il partito al potere dal 1976 al 1991.

Somaliland	*Per la giustizia e lo sviluppo* (2001-presente)
Sudafrica	*Partito Laburista Sudafricano* (1910-1958);

Congresso nazionale africano (1912-presente);

Partito Comunista Sudafricano (1921-oggi);

Partito dei Lavoratori del Sudafrica (1935-sconosciuto);

Congresso panafricanista di Azania (1959-presente);

Convenzione del popolo nero (1972-sconosciuto);

Organizzazione popolare azena (1978-presente);

Partito Operaio e Socialista (1979-presente);

Partito d'Avanguardia Internazionale dei Lavoratori (1985-presente);

Mantenere la sinistra (1987-oggi);

Organizzazione dei lavoratori per l'azione socialista (1990-sconosciuto);

Partito Ecopeace (1995-presente);

Partito Socialista di Azania (1998-presente);

Partito Verde del Sudafrica (1999-presente);

Convenzione popolare africana (2007-presente);

Women Forward (2008-presente);

Combattenti per la libertà economica (2013-presente);

Congresso Unito (2013-presente);

Black First Land First (2015-oggi);

Ambasciatori nazionali del popolo (2015-presente);

Partito bolscevico del Sudafrica (2016 circa - oggi);

Movimento dei contenuti africani (2018-presente);

Buono (2018-presente);

Partito Socialista Rivoluzionario dei Lavoratori (2019-presente);

Partito della terra (2019-presente)

Sud Sudan   *Partito Comunista del Sud Sudan* (2011-presente)

Il Sud Sudan è diventato indipendente dal Sudan solo di recente, nel 2011, quindi solo un gruppo

Sudan   *Partito Comunista Sudanese* (1946-oggi);

Fronte antimperialista (1952-1958 circa);

Direzione del Partito Comunista Rivoluzionario Sudanese

(1965-sconosciuto);

Forze operaie (1967-sconosciuto);

Unione socialista sudanese (1971-1985);

Fronte socialista del popolo sudanese (1984-sconosciuto);

Movimento sudanese dei comitati rivoluzionari (1985-1987 circa)

Tanzania   *Associazione Africana del Tanganica* (1929-1954);

Unione Nazionale Africana del Tanganica (1954-1977);

Chama Cha Mapinduzi (1977-oggi);

Alleanza per il cambiamento e la trasparenza (2014-presente)

Zanzibar

Partito Afro-Shirazi (1957-1977);

Partito Umma (1963-sconosciuto)

Togo   *Partito della Rivoluzione Socialista del Benin* (1959-sconosciuto);

Partito comunista del Togo (1980-sconosciuto);

Convenzione democratica dei popoli africani (1980-sconosciuto);

Partito socialista panafricano (1991 circa - sconosciuto);

Partito dei Lavoratori (1998-presente);

Collettivo Lets Save Togo (2012-presente)

Tunisia   *Partito comunista tunisino* (1934-1993);

Partito Socialista Destouriano (1964-1988);

Movimento di Unità Popolare (1973-presente);

Movimento dei socialisti democratici (1978-presente);

Partito di Unità Popolare (1981-presente);

Partito unificato dei patrioti democratici (1981-presente);

Partito dei Lavoratori (1986-presente);

Unione Democratica (1988-presente);

Movimento Ettajdid (1993-2012);

Partito Verde Tunisia (2004-presente);

Partito socialista (2006-presente);

Corrente Democratica (2011-oggi);

Percorso socialdemocratico (2012-presente)

Uganda   *Congresso nazionale dell'Uganda* (dal 1952 al 1960);

Congresso del Popolo dell'Uganda (1960-presente);

Movimento di Resistenza Nazionale (1986-presente);

Partito Progressista del Popolo (2004-presente)

Zambia   *United National Independence Party* (1959-presente);

Movimento per la democrazia multipartitica (1990-presente);

Partito socialista rivoluzionario (1991-1998);

Fronte patriottico (2001-presente)

Zimbabwe   *Partito laburista della Rhodesia* (1923-1950 circa);

Partito Comunista della Rhodesia Meridionale (1941-sconosciuto);

Zimbabwe African National Union-Patriotic Front (1953-presente);

Unione Popolare Africana dello Zimbabwe (1961-presente);

Partito Democratico dei Popoli (2015-presente);

Movimento per il cambiamento democratico (2018-presente)

Medio Oriente (e Asia occidentale)

Posizione   **Gruppi di rilievo**

Armenia   *Partito Comunista d'Armenia* (*CPA*. 1920-1991);* (Com)

Partito comunista armeno (1991-presente);

Partito Democratico dell'Armenia (1991-presente);

Partito Popolare Armeno (1998-presente);

Rinnovato Partito Comunista d'Armenia (2002-2003);

Partito Comunista Unito d'Armenia (2003-presente);

Decisione del cittadino (2018-presente)

* L'Armenia faceva parte dell'*URSS* e questo partito era il ramo locale del *Partito Comunista dell'Unione Sovietica* (*CPSU/KPSS*).

Azerbaigian	*Partito Comunista dell'Azerbaigian* (*CPA*. 1920-1991);*

Partito Comunista Unito dell'Azerbaigian (1993-presente);

Partito Comunista dell'Azerbaigian-CPA-2 (1996-presente)

* L'Azerbaigian faceva parte dell'*URSS* e questo partito era il ramo locale del *Partito Comunista dell'Unione Sovietica* (*CPSU/KPSS*).

Bahrain — *Partito arabo socialista Ba'ath* (1947-1966);

Fronte di liberazione nazionale del Bahrein (1955-presente);

Fronte Popolare per la Liberazione del Bahrein (1974-2001);

Assemblea nazionale democratica (1991-presente);

Tribuna Democratica Progressista (2001-presente)

Cipro
(Rep. e Nord) — *Partito Progressista del Popolo Lavoratore* (1926-presente);

Movimento per la Democrazia Sociale (1969-presente);

Nuovo Partito di Cipro (1989-presente);

Partito di Cipro Unito (2003-presente);

Movimento di Ecologia Sociale di Cipro (2009-presente);

ERAS - Comitato per un raduno della sinistra radicale (2011-2014);

Coalizione della sinistra radicale-Alleanza progressista (2012-presente)

Egitto — *Partito socialista egiziano* (1921-1923);

Unione socialista araba (1962-1978);

Partito Comunista Egiziano (1975-oggi);

Partito Arabo Democratico Nasserista (1984-presente);

Socialisti Rivoluzionari (1995-presente);

Partito dell'Alleanza Popolare Socialista (2011-presente);

Partito dei lavoratori e dei contadini (2012-presente);

Coalizione democratica rivoluzionaria (2012-2015);

Partito del Pane e della Libertà (2013-presente)

Iran — *Partito socialdemocratico* (1904-1910);

Partito Comunista di Persia (1917-1921);

Partito socialista (1921-1926);

Partito Repubblicano Rivoluzionario dell'Iran (1925-sconosciuto);

Partito Tudeh dell'Iran (1941-oggi);

Partito dell'Iran (1941-oggi);

Partito dei compagni (1942-1944);

Lega dei socialisti iraniani (1960-1980 circa);

Partito del Lavoro dell'Iran (con sede in Germania. 1965-presente);

Partito dei Lavoratori dell'Iran (con sede in Svezia. 1979-oggi);

Partito Comunista dell'Iran (1983-presente);

Partito comunista operaio dell'Iran (con sede in Germania. 1991-oggi);

Partito Verde dell'Iran (1999-oggi);

Partito comunista iraniano marxista-leninista-maoista (2001-presente)

Iraq   *Partito Comunista Iracheno* (1934-oggi);

Avanti (1942-1944);

Movimento dei lavoratori arabi (1962-1964);

Unione socialista araba irachena (1964-1968);

Partito dell'Unità Araba (1967-1971);

Partito Socialista Democratico del Kurdistan (1976-presente);

Partito dei Lavoratori del Kurdistan (1985-presente);

Partito Comunista Operaio dell'Iraq (1993-presente);

Partito Comunista del Kurdistan/Iraq (1993-presente);

Partito Verde dell'Iraq (2003-presente);

Partito comunista operaio di sinistra dell'Iraq (2004-presente);

Unione Popolare (2005-2010)

Israele   *Maki* (1948-1973);

Partito Comunista Israeliano (1965-oggi);

Partito Laburista Israeliano (1968-presente);

Moked (1973-1977);

Fronte democratico per la pace e l'uguaglianza (1977-presente);

Partito dei Lavoratori Da'am (1995-presente)

Poiché Israele è stato costituito nel 1948, si veda la *sezione* "Palestina" per i gruppi precedenti al 1948.

Giordania   *Partito comunista giordano* (1948-oggi);

Partito popolare democratico giordano (1989-presente);

*Partito comunista giordano dei lavoratori (*1997-presente)

Kuwait   *Movimento progressista kuwaitiano* (1975-presente)

Libano   *Partito Comunista Libanese* (1924-oggi);

Partito comunista siro-libanese (1924-1964);

Partito Socialista Progressista (1949-oggi);

Libano socialista (1965-1970);

Lega dei Lavoratori (1968-presente);

Organizzazione di Azione Comunista in Libano (1970-presente);

Partito Comunista dei Lavoratori Palestinesi (1978-1991)

Oman   *Fronte Popolare per la Liberazione dell'Oman* (1974-1992)

L'Oman è una monarchia assoluta; non sono ammessi partiti politici.

Palestina   *Partito Socialista dei Lavoratori* (1919-1921 circa);

Partito Comunista Palestinese (1922-1923);

Partito Comunista Palestinese (1923-1982);

Fronte Popolare per la Liberazione della Palestina (1967-presente);

Fronte Democratico per la Liberazione della Palestina (1968-presente);

Partito Popolare Palestinese (1982-presente)

Qatar   N/D

Il Qatar è una monarchia assoluta de-facto (ufficialmente in fase di transizione verso una monarchia costituzionale). In precedenza, non erano ammessi partiti politici.

Arabia Saudita   *Unione Popolare della Penisola Arabica* (1959-1990 circa);

Partito d'azione socialista arabo - Penisola araba (1972-1990);

Partito comunista in Arabia Saudita (1975-sconosciuto)

L'Arabia Saudita è una monarchia assoluta; non sono ammessi partiti politici.

Siria	*Partito comunista siriano* (1924-1986);
	Movimento socialista arabo (1950-1960);
	Partito Socialista Unionista (1962-presente);
	Partito rivoluzionario arabo dei lavoratori (1966-presente);
	Partito Comunista Arabo (1968-sconosciuto);
	Partito d'Azione Comunista (1976-presente);
	Partito comunista siriano unificato (1986-oggi);
	Partito comunista siriano-Bakdash (1986-presente);
	Partito della Volontà Popolare (2012-presente)
Emirati Arabi Uniti	N/D
	Gli Emirati Arabi Uniti sono una monarchia federale; non ci sono partiti politici.
Yemen	*Partito socialista yemenita* (1978-presente)
	Yemen del Sud (provincia meridionale e orientale dello Yemen, più l'isola di Socotra)
	Lo Yemen del Sud è stato uno stato marxista a partito unico chiamato *Repubblica Democratica Popolare dello Yemen* dal 1967 al 1990.

Asia

Questo continente è stato assolutamente devastato dall'infezione, causando molte divisioni e conflitti nel corso del XX secolo che persistono tuttora. È anche la sede di una delle più grandi roccaforti dell'infezione: la *Repubblica Popolare Cinese*. Inoltre, l'Asia contiene alcuni dei Paesi più popolosi del mondo, con Cina e India che si aggirano entrambe intorno alla soglia di 1,4 miliardi di persone. L'Indonesia conta 273 milioni di persone e il Pakistan 220 milioni.[129]

In realtà, la popolazione della Cina è stimata in oltre 1,4 miliardi (1.445.327.346). Questo è particolarmente inquietante, perché se diciamo che solo la metà di questa popolazione è composta da membri di culti indottrinati, si tratta di 722.663.673 persone (quasi l'attuale popolazione europea). Se si tratta solo di un quarto, si tratta di 361.331.836,5 persone (più dell'attuale

---

[129] https://www.worldometers.info/world-population/population-by-country/

popolazione degli Stati Uniti, che è di quasi 340 milioni).

Non sorprende che, a causa del suo passato coloniale britannico, anche l'India abbia una lunga storia di fascinazione per l'ideologia e abbia (come mostra la tabella) un numero considerevole di gruppi di culto. Sono inclusi alcuni dei Paesi mediorientali confinanti con l'Asia, come l'Afghanistan, il Kazakistan, il Kirghizistan, il Tagikistan, il Turkmenistan e l'Uzbekistan, la maggior parte dei quali ha trascorso la maggior parte del XX secolo come parte dell'Unione Sovietica (questo vale anche per la Mongolia).

In Asia l'ideologia ha avuto un ruolo in: la *guerra civile cinese* e la formazione della Cina rossa; la *seconda guerra sino-giapponese; il* Siam e la sua transizione verso la Thailandia e i conflitti e le lotte per il potere che si sono protratti fino agli ultimi anni; il *Partito Comunista di Malaya, l'Unione Generale del Lavoro di Malesia* e l'infiltrazione dei sindacati a Singapore; la *guerra sovietico-afghana* (1979-89) durante la guerra fredda; la *guerra di Corea;* le guerre d'Indocina, compresa la *guerra del Vietnam*; il *Pathet Lao* e l'istituzione di un altro Stato marxista a partito unico, la *Repubblica Democratica Popolare di* Laos; l'invasione e l'annessione del Tibet da parte della Cina Rossa, chiamata *"Liberazione pacifica del Tibet"* (sgh... 1950-1951); la presidenza di Sukarno in Indonesia, il *Movimento Gerakan del 30 settembre* e un'epurazione anti-marxista chiamata *Pembunuhan;* i *Khmer Rossi* e il regime di Pol Pot in Cambogia; la formazione dello *Stato Wa* in Birmania; il *Partito Comunista del Nepal* e la *guerra civile nepalese* (1996-2006); Velupillai Prabhakaran (1954-2009) e le *Tigri Tamil* in Sri Lanka; la repressione della Cina nei confronti di qualsiasi non conformista all'interno dei suoi confini, il suo espansionismo e i suoi piani per diventare la prima potenza mondiale in questo secolo.

Posizione	Gruppi di rilievo
Afghanistan	*Organizzazione della Gioventù Progressista* (1965-1972);
	Partito Democratico del Popolo dell'Afghanistan (PDPA. 1965-1992);*
	Partito Democratico Progressista dell'Afghanistan (1966-oggi);
	Organizzazione per la liberazione dell'Afghanistan (1973-presente);
	Organizzazione di Liberazione del Popolo dell'Afghanistan (1977-1989);
	Partito Watan dell'Afghanistan (1997-oggi);
	Partito Repubblicano dell'Afghanistan (1999-oggi);
	Partito Nazionale Unito dell'Afghanistan (2003-presente);
	Partito della Solidarietà dell'Afghanistan (2004-presente);

Partito Comunista dell'Afghanistan-Maoista (2004-presente)

* L'Afghanistan è stato uno Stato marxista a partito unico chiamato *Repubblica Democratica dell'Afghanistan* dal 1978 al 1992; il *PDPA è stato il* partito al potere durante questo periodo.

Bangladesh	*Partito Comunista del Bangladesh* (1968-oggi);
	Partito Comunista-Leninista del Bangladesh (1971-1980);
	Partito Nazionalsocialista del Bangladesh (1972-presente);
	Bangladesh Krishak Sramik Awami League (1975);
	Partito socialista del Bangladesh (1980-presente);
	Partito dei Lavoratori del Bangladesh (1980-presente);
	Partito Nazionalsocialista (2002-presente);
	Partito rivoluzionario dei lavoratori del Bangladesh (2004-presente)
	Il Bangladesh è diventato una nazione "sovrana" nel 1971
Bhutan	*Partito del Popolo del Bhutan* (1990-oggi. In esilio in Nepal);
	Partito comunista marxista-leninista del Bhutan (2003-presente);
	Partito Bhutan Kuen-Nyan (2013-presente);
	Partito della gente comune del Bhutan (2013-2018)
Brunei	*Partito del popolo del Brunei* (1956-1962)
Birmania/Myan mar	*Partito Comunista di Birmania* (1939-oggi);
	Partito socialista birmano (1945-1964);
	Partito Comunista Bandiera Rossa (1946-1978);
	Partito dei lavoratori della Birmania (1950-1962);
	Consiglio rivoluzionario dell'Unione (1962-1974);
	Partito del Programma Socialista Birmano (1962-1988);
	Partito di Unità Nazionale (1988-presente);
	Partito di Stato United Wa (1989-presente);
	Partito popolare dei contadini e dei lavoratori del Myanmar (2014-presente);
	Partito degli agricoltori confederati (2015-presente)
Cambogia	*Fronte unito Issarak* (1950-1954);
	Partito Popolare Cambogiano (1951-presente);

Partito comunista della Kampuchea (1951-1981);*

Gruppo popolare (1954-1972);

Partito della Kampuchea Democratica (1981-1993);

Partito di unità nazionale cambogiano (1992-1997)

* Partito di governo della *Kampuchea Democratica* (Stato marxista a partito unico, esistito nel 1975-1979).

Cina (alias Repubblica Popolare Cinese)

Partito comunista cinese (PCC. 1921-oggi);*

Partiti minori:

Partito Zhi Gong della Cina (1925-oggi);

Unione democratica dei contadini e dei lavoratori cinesi (1927-presente);

Lega Democratica Cinese (1941-presente);

Società Jiusan (1945-oggi);

Associazione Nazionale Costruzioni Democratiche (1945-presente);

Associazione cinese per la promozione della democrazia (1945-presente);

Partito socialista democratico cinese (1946-2020);

Lega per l'autogoverno democratico di Taiwan (1947-oggi);

Comitato rivoluzionario del Kuomintang cinese (1948-presente)

Altre parti:

Partito comunista cinese (1976-1978);

Partito Comunista Maoista della Cina (2008-presente);

Partito Zhi Xian (2013)

* Il PCC è il partito al potere nella *Repubblica Popolare Cinese.* Controlla tutti i partiti minori attraverso il Fronte *Unito,* un'organizzazione che comprende anche altri gruppi sotto il controllo del *PCC.*

Hong Kong:

Partito Comunista Rivoluzionario della Cina (1948-oggi);

Federazione dei sindacati di Hong Kong (1948-presente);

Azione Quinto Aprile (1988-oggi);

Partito comunista di Hong Kong (1997-presente);**

Azione Socialista (2010-presente);

Potere al popolo (2011-presente);

Lega della giustizia terrestre (2011-presente)

** Lo status territoriale di Hong Kong è cambiato nel 1997, con il trasferimento alla Cina da parte del Regno Unito.

Timor Est
Fronte rivoluzionario per un Timor Est indipendente (1974-presente);

Partito Socialista di Timor (1990-presente)

India
Congresso Nazionale Indiano (1885-oggi);

Partito Comunista dell'India (1925-oggi);

Partito socialista del Congresso (1934-1948);

Partito Comunista Rivoluzionario (1934-oggi);

All India Forward Bloc (1939-presente);

Partito Socialista Rivoluzionario (1940-presente);

Partito bolscevico-leninista dell'India, Ceylon e Birmania (1942-1947);

Partito Kisan Mazdoor Praja (1951-1952);

Partito socialista Praja (1952-1972);

Fronte nazionale Mizo (1961-presente);

Partito Comunista dell'India-Marxista (1964-presente);

Partito comunista indiano marxista-leninista (1969-1972);

Partito Comunista dell'India-Marxista-Leninista di Liberazione (1974-presente);

Partito Comunista Marxista dell'India (1983-2005);

Partito Comunista dell'India-Marxista-Leninista Bandiera Rossa (1988-2005);

Fronte democratico del Sikkim (1993-presente);

Partito Popolare Nazionale (1997-presente);

Fronte Democratico Popolare (2001-presente);

Janata Dal-United (2003-presente);

Partito Comunista dell'India-Maoista (2004-oggi);

Manithaneya Makkal Katchi (2009-presente);

Fronte rivoluzionario del Sikkim (2013-presente);

Janta Congress Chhattisgarh (2016-presente);

Apna Dal Sonelal (2016-oggi);

All India Women's Empowerment Party (2017-presente);

Jannayak Janta Party (2018-presente);

Partito Socialista Progressista di Lohia (2018-presente)

Indonesia   *Partito comunista indonesiano* (1914-1966);

Fronte dei contadini dell'Indonesia (1945-65);

Unione popolare indonesiana di Marhaen (1945-1955);

Partito socialista indonesiano (1945);

Partito Popolare Socialista (1945);

Partito socialista indonesiano (1948-1960);

Partito Murba (1948-1973);

Partito laburista (1949-1956);

Partito Acoma (1952-1965);

Partito Democratico del Popolo (1996-presente);

Partito di lotta della Nuova Indonesia (2002-presente);

Partito Verde Indonesiano (2012-presente);

Partito della Solidarietà Indonesiana (2014-presente)

Giappone   *Partito socialdemocratico* (1901);

Partito socialista giapponese (1906-1907);

Partito comunista giapponese (1922-presente); (Com)

Partito laburista-contadino del Giappone (1926-1928);

Partito socialista di massa (1932-1940);

Partito Proletario del Giappone (1937);

Partito socialista giapponese (1945-1996);

Partito socialdemocratico (1996-presente);

Nuovo Partito Socialista del Giappone (1996-presente);

Verdi Giappone (2008-presente)

Kazakistan   *Partito comunista del Kazakistan* (QKP. 1936-1991);*

Partito Socialista del Kazakistan (1991-presente);

Partito Comunista del Kazakistan (1991-2015);

*Partito Rukhaniyat (*1995-2013);

Resistenza socialista del Kazakistan (2002-presente);

Partito Comunista del Popolo del Kazakistan (2004-presente);

Partito socialdemocratico nazionale (2006-presente)

* Il Kazakistan faceva parte dell'*URSS* e questo partito era il ramo locale del *Partito Comunista dell'Unione Sovietica* (*CPSU/KPSS*).

Kirghizistan   *Partito Comunista della Kirghizia* (*CPK*. 1924-1991);*

Partito Socialista della Patria (1992-presente);

Partito dei Comunisti del Kirghizistan (1992-presente);

Partito Socialdemocratico del Kirghizistan (1993-presente);

Partito Comunista del Kirghizistan (1999-oggi)

   * Il Kirghizistan faceva parte dell'*URSS* e questo partito era il ramo locale del *Partito Comunista dell'Unione Sovietica* (*CPSU/KPSS*).

Laos   *Nazione Lao* (1950-1975);

Partito Rivoluzionario del Popolo Lao (*LPRP*. 1955-presente);

Fronte Lao per la Costruzione Nazionale (LFNC. 1979-presente)

Il Laos è uno Stato monopartitico e il *LPRP* è il partito al potere. L'*LFNC* è asservito all'*LPRP*, in quanto organo di organizzazione nazionale.

Malesia   *Partito comunista malese* (1930-1989);

Kesatuan Melayu Muda (1938-1945);

Partito Popolare Malese (1955-presente);

Partito d'Azione Democratica (1965-presente);

Partito comunista di Malaya-Fazione rivoluzionaria (1970-1983);

Partito comunista del Kalimantan settentrionale (1971-1990);

Partito comunista della Malesia marxista-leninista (1974-1983);

Partito Fiduciario Nazionale (1978-presente);

Partito comunista malese (1983-1987);

Partito Socialista della Malesia (1998-presente)

Maldive   *Partito di Unità Nazionale* (2013-presente);

Movimento socialista comunista delle Maldive (2016-presente);

Partito laburista e socialdemocratico delle Maldive (2019-presente)

Mongolia   *Partito del Popolo Mongolo* (MPP. 1920-presente); (Com) *

Partito socialdemocratico mongolo (1990-presente);

Partito Verde Mongolo (1990-presente);

Partito Democratico Nuovo Socialista della Mongolia (1992-presente)

* La Mongolia è stata uno Stato marxista a partito unico chiamato *Repubblica Popolare Mongola* dal 1924 al 1992; il *MPP è stato il* partito al potere durante questo periodo.

Nepal   *Partito comunista del Nepal* (1949-1962);

Congresso nepalese (1950-presente);

Partito dei lavoratori e dei contadini del Nepal (1975-presente);

Partito Comunista del Nepal-Unificato Marxista-Leninista (1991-2018);

Fronte Nazionale del Popolo (1999-presente);

Sanghiya Loktantrik Rastriya Manch (2007-oggi);

Partito Comunista del Nepal (2013-oggi);

Forum socialista federale (2015-2019);

Partito di Forza Nuova (2016-2019);

Partito socialista federale del Nepal (2016-presente);

Partito Comunista del Nepal (2018-presente);

Partito Socialista Nepal (2019-2020);

Partito Socialista Popolare (2020-oggi)

Pakistan   *Partito socialista pakistano* (1948-1958);

Partito Comunista del Pakistan (1948-oggi);

Partito comunista del Pakistan orientale marxista-leninista (1966-1978);

Partito Popolare Pakistano (1967-oggi);

Awami National Party (1986-presente);

Partito laburista pakistano (1986-2012);

Movimento Popolare Pakistano (1989-presente);

Partito Comunista Mazdoor Kissan (1995-2015);

Partito dei Lavoratori Awami (2012-presente);

Partito Barabri (2018-presente)

Filippine   *Partito Comunista delle Filippine* (1930-oggi);

Partito Laburista Filippino (1963-presente);

Partito Comunista delle Filippine (1968-oggi);

Partito Socialista Democratico Filippino (1973-presente);

Partito Democratico-Potere del Popolo (1983-presente);

Partito d'azione dei cittadini Akbayan (1998-presente);

Bayan Muna (1999-oggi);

Ang Ladlad LGBT Party Inc (2003-presente);

Coalizione patriottica del popolo (2009-presente);

Partito delle masse lavoratrici (2009-presente)

Singapore   *Partito Comunista dei Mari del Sud* (1925-1930);

Partito Comunista di Malaya (1930-1989);

Partito laburista (1948-1960);

Fronte del Lavoro (1954-1960);

Partito liberalsocialista (1956-1963);

Partito dei lavoratori di Singapore (1957-presente);

Singapore Peoples Alliance (1958-1965);

Fronte socialista (1961-1988);

Partito Democratico Progressista (1973-presente);

Fronte socialista (2010-2011);

*Partito del Potere Popolare (*2015-presente)

Sri Lanka   *Lanka Equal Society Party* (1935-presente);

Partito Comunista dello Sri Lanka (1943-oggi);

Partito comunista maoista di Ceylon (1964-oggi);

Fronte Popolare di Liberazione (1965-presente);

Partito comunista dello Sri Lanka marxista-leninista (1972-presente);

Partito della Nuova Società Equa (1977-presente);

Partito Socialista Unito (1989-presente);

Fronte Democratico di Sinistra (1999-oggi);

Alleanza Popolare Unita per la Libertà (2004-2019);

Partito socialista dello Sri Lanka (2006-presente);

Partito Socialista di Frontiera (2012-presente);

Alleanza per la libertà del popolo dello Sri Lanka (2019-presente)

Taiwan	*Partito comunista di Taiwan* (1928-1931);
(Repubblica di Cina)	*Partito Laburista* (1989-presente);
	Partito Verde di Taiwan (1996-presente);
	Unione di Solidarietà di Taiwan (2001-presente);
	Partito comunista di Taiwan (2008-2020);
	Partito comunista democratico di Taiwan (2009-2020);
	Partito Comunista della Repubblica Cinese (2009-2018);
	Partito socialdemocratico (2015-presente);
	Partito per la costruzione dello Stato di Taiwan (2016-presente)

Tagikistan *Partito comunista del Tagikistan* (1918-presente);*

Partito socialista del Tagikistan (1996-presente)

* Il Tagikistan faceva parte dell'*URSS* e questo partito era il ramo locale del *Partito Comunista dell'Unione Sovietica* (*CPSU/KPSS*).

Thailandia *Partito Comunista dei Mari del Sud* (1925-1930);

Partito Comunista di Thailandia (1942-1990 circa);

Partito socialista di Thailandia (1974-1976);

Partito della Forza Nuova (1974-1988)

Turkmenistan *Partito comunista della Repubblica socialista sovietica turkmena* (1924-1991);*

Partito comunista del Turkmenistan (1998-2002)

* Il Turkmenistan faceva parte dell'*URSS* e questo partito era il ramo locale del *Partito Comunista dell'Unione Sovietica* (*CPSU/KPSS*).

Il Paese ha dichiarato l'indipendenza dall'*URSS* nel 1990. Dall'indipendenza, è stato uno Stato a partito unico, fino a poco tempo fa

Uzbekistan *Partito Comunista dell'Uzbekistan* (1925-1991);*

Partito socialdemocratico della giustizia (1995-presente);

Partito ecologico dell'Uzbekistan (2008-presente)

* L'Uzbekistan faceva parte dell'*URSS* e questo partito era il ramo locale del *Partito Comunista dell'Unione Sovietica* (CPSU/KPSS).

Il Paese ha dichiarato l'indipendenza dall'URSS nel 1991. Dall'indipendenza è stato uno Stato monopartitico, fino a poco tempo fa

Vietnam	*Partito Comunista dei Mari del Sud* (1925-1930);
	Nuovo Partito Rivoluzionario del Vietnam (1925-1930);
	Lega della gioventù rivoluzionaria vietnamita (1925-1929);
	Lega comunista indocinese (1929-1930);
	Partito comunista di Annam (1929-1930);
	Partito comunista dell'Indocina (1929-1930);
	Partito Comunista del Vietnam (*CPV.* 1930-presente);*
	Partito comunista indocinese (1930-1945);
	Unione della Gioventù Comunista di Ho Chi Minh (1931-oggi);
	Lega Internazionale dei Comunisti (1932-1946);
	Partito Democratico del Vietnam (1944-1988);
	Partito socialista del Vietnam (1946-1988);
	Fronte della Patria vietnamita (1977-presente)

* Il *Partito Comunista del Vietnam (CPV)* è il partito al potere; il Vietnam è uno stato monopartitico.

Australasia

Posizione	Gruppi di rilievo
Australia	*Partito Laburista Australiano* (1901-presente);
	Partito socialista del lavoro (1901-1940/1970);
	Partito Comunista d'Australia (1920-1991); (Com)
	Società Fabiana Australiana (1947-presente)
Figi	*Partito Laburista delle Figi* (1985-presente)
Nuova	*Fronte di Liberazione Nazionale Kanak e Socialista*

Caledonia	(1984-presente)
Nuova Zelanda	*Partito socialista neozelandese* (1901-1913);
	Lega politica indipendente del lavoro (1904-1919);
	Partito laburista unito (1912-1916);
	Partito Comunista della Nuova Zelanda (1921-1994);
	Partito di Unità Socialista (1966-1990)

Organizzazioni internazionali

Ecco alcune organizzazioni internazionali di rilievo. PE = Gruppo del Parlamento europeo. (Com) = Creato/controllato dal Comintern:

Periodo	Organizzazione
1847-1852	*Lega dei Comunisti*
1864-1876	*Prima Internazionale o Associazione Internazionale dei Lavoratori* (IWA)
1889-1916	*Seconda Internazionale*
1904-oggi	*Movimento Socialista Mondiale* (WSM)
1919-1943	*Terza Internazionale* (alias Comintern)
1920-1937	*Internazionale rossa dei sindacati del lavoro, o "Profintern"* (Com) *
1920-1930s	*Internazionale femminile comunista* (Com)
1921-1923	*Unione Internazionale di Lavoro dei Partiti Socialisti* (IWUSP)
1922-1938	*Aiuto Rosso Internazionale* (MOPR) (Com)
1922-1933	*Soccorso Internazionale dei Lavoratori* (WIR)
1923-1939	*Internazionale contadina o Krestintern* (Com)
1923-1940	*Internazionale laburista e socialista* (LSI)
1927-1936	*Lega contro l'imperialismo e l'oppressione coloniale* (Com)

1932-sconosciuto	*Centro Marxista Rivoluzionario Internazionale o Ufficio di Londra*
1938-sempre	*Quarta Internazionale* (FI) (ha subito diverse scissioni)
1947-1956	*Ufficio di Informazione dei Partiti Comunisti e Operai (alias Cominform)*
1951-oggi	*Internazionale Socialista* (SI)
1973-oggi	*Partito dei Socialisti Europei* (PES)
1974-oggi	*Comitato per un'Internazionale dei Lavoratori* (CWI)
1979-oggi	*Conferenza permanente dei partiti politici dell'America Latina e dei Caraibi* (COPPPAL)
1984-sconosciuto	*Movimento Rivoluzionario Internazionalista* (RIM) (marxismo-leninismo-maoismo)
1886-oggi	*SAMAK - Comitato congiunto del movimento socialdemocratico nordico del lavoro*
1989-oggi	*Lega per la Quinta Internazionale* (L5I)
1990-oggi	*Forum di San Paolo* (FSP)
1990-oggi	*Internazionale dei lavoratori per la ricostruzione della Quarta Internazionale* (WIRFI)
1992-2014	*Seminario Comunista Internazionale* (SCI)
1992-oggi	*Tendenza marxista internazionale* (IMT)
1993-oggi	*Unione dei partiti comunisti-Partito comunista dell'Unione Sovietica* (UPC-CPSU)
1994-oggi	*Conferenza internazionale dei partiti e delle organizzazioni marxisti-leninisti* (ICMLPO)
1995-oggi	*Sinistra unitaria europea/Sinistra verde nordica* (GUE) EP
1995-sconosciuto	*Unità Internazionale dei Lavoratori - Quarta Internazionale*

1998-oggi	*Conferenza internazionale dei partiti e delle organizzazioni marxisti-leninisti* (ICMLPO)
1998-oggi	*Incontro internazionale dei partiti comunisti e operai* (IMCWP)
2000-oggi	*Sinistra anticapitalista europea* (EACL)
2001-oggi	*Verdi globali* (GG)
2004-oggi	*Alleanza Bolivariana per i Popoli della Nostra America* (ALBA)
2004-oggi	*Alleanza della Sinistra Verde Nordica* (NGLA)
2004-oggi	*Partito della Sinistra Europea* (PEL) EP
2004-oggi	*Partito Verde Europeo* (EGP)
2010-oggi	*Coordinamento Internazionale dei Partiti e delle Organizzazioni Rivoluzionarie* (ICOR)
2012-oggi	*Alleanza Progressista* (PA)
2013-oggi	*Iniziativa dei partiti comunisti e operai*
2018-oggi	*Internazionale progressiva* (PI) #
2019-oggi	*Comitato per un'Internazionale dei Lavoratori* (CWI)
2020-oggi	*Alternativa Socialista Internazionale* (ISA)

Lo slogan di questa organizzazione è "Internazionalismo o estinzione". Una minaccia sottile, forse involontaria, nascosta in bella vista ("comunismo o morte!").

* Il Profintern è stato creato per reclutare/controllare i membri del culto attraverso i movimenti sindacali. [130]

Il bilancio del marxismo

Una delle conseguenze più terribili dell'infezione marxista globale è stato il numero di morti. Si tratta di un argomento sufficientemente esaminato altrove, ma che deve essere brevemente ripreso in questa sede. Di solito, questo punto

---

[130] https://en.wikipedia.org/wiki/Profintern

viene sollevato quando si parla degli effetti catastrofici che si verificano quando il culto controlla un paese, tra cui la collettivizzazione forzata e l'egualitarismo nell'industria, nell'agricoltura, ecc.

L'ideologia è il più grande assassino di tutti i tempi? C'è qualcosa nella storia del mondo che ha ucciso più persone in un secolo del marxismo? In termini di impatto, c'è stato qualcosa di peggiore? Anche se l'ideologia è relativamente nuova nel mondo, non ha eguali in termini di numero di morti. Più delle religioni/guerre religiose, o di altre ideologie politiche, ecc. Forse più di molte di queste messe insieme. Quanti ne ha uccisi l'Impero romano? L'Impero Ottomano o quello Britannico? Nel XIII secolo, l'impero mongolo di Gengis Khan e le invasioni mongole, che si estesero su vaste aree dell'Eurasia, pare abbiano ucciso 30 milioni di persone. Le stime del bilancio totale delle guerre napoleoniche variano da 3,5 a 6 milioni di morti. Nel XX secolo: la *pandemia di influenza* o *influenza spagnola* del 1918 ha una stima media di 50 milioni e una stima massima di 100 milioni. La Seconda guerra mondiale è stimata tra i 60 e gli 85 milioni; la prima era intorno ai 15-20 milioni. (tutte le cifre relative alle guerre sono comprensive dei morti civili).[131] [132] [133]

Quando viene sollevato l'argomento del numero di morti del socialismo/comunismo, i membri delle sette cercano spesso di sviare l'attenzione adducendo la propaganda della "paura rossa", oppure cercano di deviare l'attenzione verso il loro vecchio nemico - la Chiesa cattolica - citando le Crociate (1095-1291 circa) o l'Inquisizione spagnola (1478-1834 circa). Sebbene sia impossibile ottenere cifre affidabili, si stima che le Crociate abbiano ucciso qualche milione di persone[132] ; tre sono le cifre massime (è interessante notare che la stravagante cifra di nove milioni è stata suggerita da un membro di una setta scozzese e fanatico anti-Gesù, John M. Robertson (1856-1933)).[134] L'Inquisizione spagnola fu più che altro un festival di torture, ma le stime realistiche sono solo nell'ordine delle migliaia.

Ovviamente, nell'era moderna, la tecnologia permette di aumentare il numero dei morti. Il culto punta anche sull'"imperialismo" americano. Come già detto altrove, molti dei conflitti di alto profilo in cui gli Stati Uniti sono stati coinvolti nel XX secolo (Corea, Vietnam, ecc.) non sarebbero avvenuti se non fosse esistito il marxismo. Per quanto riguarda le numerose incursioni dell'esercito statunitense in Medio Oriente nell'era moderna, a partire

---

[131] «Numeri di morte selezionati per guerre, massacri e atrocità prima del XX secolo».

http://necrometrics.com/pre1700a.htm#Mongol

[132] «Elenco delle guerre per numero di morti».

https://military-history.fandom.com/wiki/List_of_wars_by_death_toll

[133] https://www.britannica.com/event/influenza-pandemic-of-1918-1919

[134] https://en.wikipedia.org/wiki/J._M._Robertson

dall'*operazione Desert Storm* (1990-1991), le stime approssimative indicano un numero di vittime (per i conflitti veri e propri) facilmente inferiore ai due milioni. [132]

È ovvio perché il culto enfatizzi spesso questi numeri di morti: è una deviazione dalla conta dei morti del culto (che purtroppo ha risucchiato molti). La pandemia di peste buponica - o *Morte Nera* - della fine del XIV secolo sembra essere l'unica a contendere al culto il numero complessivo di morti; non ci sono cifre affidabili, ma pare che abbia spazzato via fino a 200 milioni di persone (anche se un articolo del New York Times del febbraio 2022 ha evidenziato come le precedenti stime sul numero di morti siano state messe in discussione)[135] . Questa sì che è una pandemia! Immaginate quante maschere e vaccini sarebbero necessari per questo.

Le Petit Livre Noir

Un libro francese intitolato *Le Livre noir du communisme: Crimes, terreur, répression* o *Il libro nero del comunismo: Crimini, terrore, repressione*, è stato pubblicato nel 1997. Messo insieme da un gruppo di accademici europei - guidati dal professore francese Stephane Courtois - documentava la storia dei crimini contro l'umanità commessi dai vari regimi comunisti. Spesso con questi regimi, la collettivizzazione forzata e la centralizzazione del potere, compreso il controllo dei mezzi per produrre cibo, hanno creato un livello quasi incredibile di sofferenza, orrore e morte.

Un termine molto utile in questo caso è "democidio". È stato coniato dal defunto scrittore, professore e scienziato politico R.J. Rummel (1932-2014) nel suo libro *Death by Government: Genocide and Mass Murder since 1900* (1997). Il termine è stato utilizzato per descrivere "l'uccisione intenzionale di una persona disarmata o inerme da parte di agenti governativi che agiscono in qualità di autorità e in base alla politica governativa o all'alto comando".[136] Secondo The Black Book of Communism, la stima non ufficiale delle morti causate dai regimi comunisti attraverso il democidio ammonta a quasi 100 milioni. La stima di Rummel era più alta.

Sul sito web *di WND*, il 15 dicembre 2004, sono state riportate le parole pertinenti di Rummel: "Di tutte le religioni, laiche e non, quella del marxismo è stata di gran lunga la più sanguinosa - più sanguinosa dell'Inquisizione cattolica, delle varie crociate cattoliche e della Guerra dei Trent'anni tra cattolici e protestanti. In pratica, il marxismo ha significato terrorismo sanguinario, purghe mortali, campi di prigionia letali e lavori forzati omicidi, deportazioni fatali, carestie create dall'uomo, esecuzioni extragiudiziali e

---

[135] https://www.britannica.com/event/Black-Death

[136] Rummel, R.J., *La morte del governo: Genocide and Mass Murder since 1900* (1997).

processi farsa fraudolenti, veri e propri omicidi di massa e genocidi. In totale, i regimi marxisti hanno ucciso quasi 110 milioni di persone dal 1917 al 1987. Per dare una prospettiva a questo incredibile tributo, si noti che tutte le guerre interne ed estere del XX secolo hanno ucciso circa 35 milioni di persone. In altre parole, quando i marxisti controllano gli Stati, il marxismo è più letale di tutte le guerre del XX secolo, comprese la prima e la seconda guerra mondiale e le guerre di Corea e del Vietnam. E cosa ha ottenuto il marxismo, il più grande degli esperimenti sociali umani, per i suoi poveri cittadini, a questo costo sanguinoso di vite umane? Niente di positivo. Ha lasciato dietro di sé un disastro economico, ambientale, sociale e culturale".[137]

A pagina quattro del Libro nero del comunismo sono elencati i metodi con cui questi regimi hanno ucciso le loro vittime nei rispettivi Paesi, oltre alle stime (formattate per risparmiare spazio): "Questi crimini tendono a rientrare in uno schema riconoscibile, anche se le pratiche variano in una certa misura a seconda del regime. Lo schema include l'esecuzione con vari mezzi, come plotoni d'esecuzione, impiccagione, annegamento, percosse e, in alcuni casi, gas, avvelenamento o "incidenti d'auto"; la distruzione della popolazione per fame, attraverso carestie provocate dall'uomo, il rifiuto del cibo o entrambi;

la deportazione, attraverso la quale la morte può avvenire in transito (per sfinimento fisico o per confinamento in uno spazio chiuso), nel luogo di residenza o attraverso il lavoro forzato (sfinimento, malattia, fame, freddo). I periodi descritti come "guerra civile" sono più complessi: non è sempre facile distinguere tra eventi causati da combattimenti tra governanti e ribelli ed eventi che possono essere propriamente descritti solo come un massacro della popolazione civile. Tuttavia, dobbiamo iniziare da qualche parte.

La seguente approssimazione, basata su stime non ufficiali, dà un'idea della portata e della gravità di questi crimini: U.R.S.S.: 20 milioni di morti; Cina: 65 milioni di morti; Vietnam: 1 milione di morti; Corea del Nord: 2 milioni di morti; Cambogia: 2 milioni di morti; Europa orientale: 1 milione di morti; America Latina: 150.000 morti; Africa: 1,7 milioni di morti; Afghanistan: 1,5 milioni di morti; Il movimento comunista internazionale e i partiti comunisti non al potere: circa 10.000 morti. Il totale si avvicina a 100 milioni di persone uccise".[138] Anche se dimezziamo questo numero, è comunque assolutamente orribile per un'ideologia che dovrebbe essere la liberatrice dell'umanità!

La risposta della setta al libro è stata che si trattava ovviamente di propaganda anticomunista, il che è tanto tipico quanto delirante. Ci sarà sempre una fila interminabile di membri della setta - accademici o meno - che cercheranno di minimizzare queste atrocità (questo era evidente guardando a come il libro fu

---

[137] Rummel, R.J. «La macchina per uccidere che è il marxismo», 15 dicembre 2004. https://www.wnd.com/2004/12/28036/

[138] Courtois (et al), *Il libro nero del comunismo* (1999), pag. 4.

accolto all'epoca). Il fatto che qualcuno cerchi di criticare un libro che documenta le atrocità comuniste lo smaschera come membro di una setta. Inoltre, l'introduzione di Courtois ha chiaramente toccato un nervo scoperto, suggerendo che il loro amato comunismo era cattivo quanto il loro temuto nemico - il nazismo - e questo non potevano tollerarlo. È interessante notare che Courtois stesso una volta era un membro di una setta - un maoista - ma si è "svegliato" e ha ammirevolmente intrapreso questa strada.[139]

A questo proposito va aggiunto (anche se è impossibile da quantificare) che le cifre reali dell'ideologia sono più alte di quelle riportate sopra. Prendiamo ad esempio l'aborto: nell'era moderna, la sotto-agenda dell'ideologia del femminismo ha contribuito a normalizzarlo e a renderlo popolare, portando all'uccisione di massa dei nascituri. Pertanto, l'aborto è un omicidio derivante dall'ideologia, ma non è incluso nel discorso convenzionale sul numero di morti del "comunismo" (le cifre relative all'aborto sono discusse più avanti). Tenete presente che il libro che state leggendo riguarda l'ideologia marxista nella sua interezza, non solo i regimi "comunisti" e il loro conseguente numero di morti (come era Le Livre noir du communisme). I regimi "socialisti" o "comunisti" sono solo un tipo di manifestazione dell'ideologia.

C'è anche il problema della sterilità nelle popolazioni occidentali - che il culto/ideologia esaspera - attraverso la sub-agenda transgender/gender-nonbinary e la sub-agenda dei diritti degli animali/veganismo. Insieme, contribuiscono a creare società piene di individui che non possono creare la vita. Oltre al culto/ideologia che uccide ciò che già vive, dobbiamo anche ritenerlo responsabile di come impedisce alla vita di iniziare. Ecco perché il marxismo è molto, molto peggiore di qualsiasi altra forma di ideologia, guerra, imperialismo o peste, come elencato prima! Il marxismo è una peste unica nel suo genere.

Dire che l'ideologia è contraria alla vita è un eufemismo gigantesco. L'ideologia è contemporaneamente anti-vita e creatrice di conflitti e di morte. In un certo senso, non solo manifesta la morte, ma è la morte.

Quante vite distrutte

Il marxismo ha distrutto/terminato un numero non quantificabile di vite. Nessuno può conoscere la risposta, a meno che non si abbia la possibilità di viaggiare nel tempo e intervistare l'intera popolazione mondiale degli ultimi due secoli.

Dobbiamo anche includere non solo coloro che hanno combattuto contro il comunismo, ma anche coloro che hanno combattuto per esso... Ricordiamo che abbiamo a che fare con un culto aggressivo, pericoloso e violento che ha distrutto (e continua a distruggere) le vite di chiunque venga risucchiato ad

---

[139] https://fr.wikipedia.org/wiki/Stephane_Courtois

aderirvi... Un esempio potrebbe essere rappresentato da tutti quei marxisti che sono stati picchiati, mutilati, incarcerati, torturati, accidentalmente uccisi o giustiziati nel corso del XX secolo nella moltitudine di "proteste", "ribellioni" e guerre marxiste (ad es.ad esempio, sparati dalle forze di Stato durante questi eventi o giustiziati dopo di essi). Nella maggior parte dei casi, queste persone si sono messe volontariamente nei guai a causa della loro credulità, egoismo e ignoranza. Questo processo è stato evidente in molte situazioni in tutto il mondo, dove la setta stava cercando di prendere il controllo, ma non ci è riuscita, oppure aveva il controllo ma è stata rimossa dal potere; mi riferisco ai vari regimi di "destra": Pinochet in Cile, Franco in Spagna, Mussolini in Italia, Hitler in Germania, Salazer in Portogallo, ecc.

"Il capitalismo è molto peggio!".

Un'altra risposta tipica dei membri della setta a tutto questo è che il capitalismo ha ucciso più del marxismo. Questa mentalità è parzialmente ispirata da *"Imperialismo: Lo stato più elevato del capitalismo"* (1917). I governi dei Paesi capitalistici non si impegnano in una democrazia di massa - la distruzione del popolo di un Paese! Dove nel XX secolo si può dire che il capitalismo ha ucciso più persone del marxismo?!

In termini di guerra, in un contesto moderno, i membri del culto si riferiscono a ciò che è accaduto/sta accadendo in Medio Oriente come dovuto alla presunta natura imperiale del capitalismo (Lenin ne sarebbe orgoglioso). Parleranno della Guerra del Golfo, *della* Guerra in Iraq e del sostegno degli Stati Uniti a Israele, ecc. Possono collegare tutti questi eventi al capitalismo e proiettare lì la colpa, senza incolpare le azioni di alcuni gruppi potenti. Per usare come esempio le invasioni del Medio Oriente guidate dagli Stati Uniti, secondo questa logica non si incolpano le azioni della famiglia Bush negli Stati Uniti, della lobby pro-Israele e del complesso militare-industriale; si incolpa invece l'intero sistema economico del capitalismo! Che assurdità!

I marxisti non riconoscono che il capitalismo funziona in molti paesi del mondo e che non è necessaria alcuna azione militare internazionale per mantenerlo in funzione (nonostante le opinioni contrarie di Lenin); basta chiedere alla Svizzera! Come sistema economico, esso esisterebbe e funzionerebbe benissimo senza le guerre del Golfo, la guerra del Vietnam, la creazione di Israele, le multinazionali o qualsiasi altro esempio dell'apparente natura imperiale del capitalismo che i membri del culto potrebbero sollevare! Allo stesso modo, in un contesto storico, le azioni degli imperi europei in tutto il mondo sono utilizzate dai marxisti per attaccare il capitalismo e sostenere il socialismo (come soluzione).

Cerchiamo di essere razionali: qualsiasi crimine contro l'umanità o comportamento ingiustificabile da parte di questi gruppi storicamente in qualsiasi luogo (da sempre) non ha nulla a che fare con il capitalismo di oggi. Cioè, no, non dovremmo sostituire il capitalismo con il sistema marxista del socialismo a causa di ciò che è accaduto in passato! Qualsiasi comportamento veramente avido e disumano da parte di queste forze imperiali è stato il risultato di decisioni prese da tipi elitari nei rispettivi paesi, non dall'intero sistema capitalistico globale.

Gli eserciti imperiali nel corso della storia (europea e non) erano controllati da un gruppo relativamente piccolo (e identificabile) di individui, non da una cosa relativamente nebulosa come il capitalismo! Naturalmente, la percezione del culto secondo cui qualsiasi tipo di profitto è intrinsecamente malvagio è alla base di tutto ciò e, ipso facto, anche tutti coloro che ne traggono beneficio sono malvagi (si alza lo sguardo). Questo significa che un moderno imprenditore ricco sfondato è altrettanto malvagio di un oligarchico invasato che sedeva sul trono di un paese imperiale nei secoli passati? O di qualche pazzo elitario britannico come Cecil Rhodes?

Tutto sommato è completamente ridicolo dire che il capitalismo ha ucciso più persone dell'ideologia. Non c'è alcuna competizione, se li stiamo confrontando in termini di prosperità economica o di numero di morti. Questa è solo un'altra deviazione. Inoltre, i Paesi economicamente prosperi non hanno, in circostanze normali, una carenza di cibo o di servizi sanitari (a differenza dei regimi marxisti), che tende a portare alla morte o alla morte precoce.

Infine, i membri del culto hanno talvolta accusato il capitalismo di avere un alto tasso di mortalità, non quantificabile, dovuto al sovraccarico di lavoro, allo stress, alle condizioni di schiavitù e/o all'oppressione, o semplicemente al fatto di morire troppo giovani (perché sfruttati dalla classe borghese oppressiva, ecc.). Ho una confutazione completa in tre parole: campo di lavoro comunista.

La sostituzione della popolazione come genocidio

Alcuni potrebbero non vedere come i precedenti genocidi dell'ideologia siano applicabili ai tempi moderni, specialmente per i Paesi occidentali, ma è così, dal momento che i programmi moderni etichettati come "spopolamento" o "sostituzione della popolazione" sono forme di genocidio, o no? (alla fine, si tratta della stessa cosa: la mancanza di certe persone/gruppi). Le forme moderne di genocidio sono rese possibili dalla presenza del culto o dell'ideologia nelle regioni interessate.

Più l'ideologia è diffusa e radicata a livello globale, più sono le terre e i popoli che partecipano a iniziative internazionaliste, razziali, genocide e di trasformazione della società, come l'immigrazione di massa "multiculturale" (ovvero anti-bianca). Questo programma genocida anti-bianco è un esempio lampante di come l'ideologia crei distruzione e morte, in questo caso di una razza. (Analizziamo l'"immigrazione di massa" in una sezione a parte).

Sezione IV - I passi rossi verso l'utopia

"Una mappa del mondo che non includa Utopia non vale nemmeno la pena di guardarla, perché lascia fuori l'unico Paese in cui l'Umanità approda sempre. E quando l'umanità vi approda, guarda fuori e, vedendo un paese migliore, salpa. Il progresso è la realizzazione delle utopie".[1]

Lo scrittore e drammaturgo Oscar Wilde,
"L'anima dell'uomo sotto il socialismo", 1891

Introduzione

In questa sezione esamineremo gli obiettivi principali dell'ideologia e i metodi con cui intende realizzare la sua "utopia". Inizieremo con alcuni reperti storici, come le Dieci tavole del Manifesto comunista e le interessanti osservazioni di Willard Cleon Skousen "Current Communist Goals". Poi ci concentriamo sulle "tre C", le tre aree principali della società occidentale che l'ideologia prende di mira: capitalismo, cristianesimo e cultura. Oltre alla distruzione dell'unità familiare.

I terribili dieci assi rossi di Markey Marx e di Freddy il mostro

Dal Manifesto Comunista, "Capitolo II-Proletari e comunisti", pagina 26: "Queste misure saranno, naturalmente, diverse nei vari paesi. Tuttavia, nella maggior parte dei paesi avanzati, quanto segue sarà abbastanza generalmente applicabile.

1. Abolizione della proprietà privata e destinazione di tutte le rendite fondiarie a scopi pubblici; 2. Una pesante imposta progressiva o graduata sul reddito; 3. Abolizione di tutti i diritti di successione; 4. Confisca delle proprietà di tutti gli emigranti e dei ribelli; 5. Centralizzazione del credito nelle mani dello Stato, per mezzo di una banca nazionale con capitale statale e monopolio esclusivo; 6. Centralizzazione dei mezzi di comunicazione e di trasporto nelle mani dello Stato; 7. Estensione delle fabbriche e degli strumenti di produzione di proprietà dello Stato, messa a coltura delle terre abbandonate e miglioramento generale del suolo. Centralizzazione dei mezzi di comunicazione e di trasporto nelle mani dello Stato; 7. Estensione delle fabbriche e degli strumenti di produzione di proprietà dello Stato, messa a coltura delle terre abbandonate e

---

[1] Wilde, O. «L'anima dell'uomo sotto il socialismo», 1891, pag. 3.

https://web.seducoahuila.gob.mx/biblioweb/upload/the_soul_of_man_under_socialis m.pdf

miglioramento del suolo in generale secondo un piano comune; 8. Uguale responsabilità di tutti nel lavoro. Creazione di eserciti industriali, specialmente per l'agricoltura; 9. Combinazione dell'agricoltura con le industrie manifatturiere, graduale abolizione della distinzione tra città e campagna, attraverso una più equa distribuzione della popolazione sul territorio; 10. Istruzione gratuita per tutti i bambini nelle scuole pubbliche. Abolizione del lavoro in fabbrica dei bambini nella sua forma attuale. Combinazione dell'istruzione con la produzione industriale".[2]

Obiettivi comunisti per conquistare l'America

"L'Occidente, con i suoi orchi imperialisti, è diventato un centro di oscurità e schiavitù. Il compito è distruggere questo centro, per la gioia e il sollievo dei lavoratori".[3]

Joseph Stalin, *Zhizn Narsional' nosti*, n. 6, 1918

Durante gli anni Quaranta e Cinquanta, i patrioti americani, alle prese con una grave infezione vecchia di decenni, presero provvedimenti per proteggere il Paese dall'infiltrazione e dalla sovversione comunista. Questo ha portato a indagini governative per affrontare il problema, esemplificate dagli sforzi del senatore Joseph McCarthy (1908-1957). Sebbene sforzi di questo tipo - in seguito definiti "maccartismo"[4] - non riuscissero a fermare l'infiltrazione e il marciume marxista, alcuni americani continuarono a esprimere pubblicamente (e coraggiosamente) sentimenti anticomunisti. Questo periodo è stato ampiamente analizzato da altri autori, quindi non lo approfondiremo in questa sede. Detto questo, c'è un gioiello assoluto di analisi di quel periodo che è utile ai nostri fini.

Giovedì 10 gennaio 1963, il deputato della Florida Albert S. Herlong Jr. ha parlato alla Camera dei Rappresentanti. Su richiesta di Patricia Nordman, elettrice e voce di spicco dell'anticomunismo, inserì nel verbale del Congresso un elenco di "obiettivi comunisti attuali".[5] Questo elenco è stato compilato dallo scrittore americano Willard Cleon Skousen nel suo libro del 1954 *The Naked Communist.*

Sebbene il *Partito Comunista USA* (CPUSA) non sia direttamente menzionato nella dichiarazione, è implicito che si tratti di un'organizzazione chiave. È

---

[2] Marx ed Engels. *Il Manifesto comunista* (1848). P. 26.

[3] Suvorov, V., *Icebreaker* (1988).
https://ia801301.us.archive.org/10/items/IcebreakerWhoStartedTheSecondWorldWar/ SuvorovVikto r-Icebreaker.WhoStartedTheSecondWarWar.pdf

[4] https://www.britannica.com/event/McCarthyism

[5] Congressional Record-Appendix, pp. A34-A35, «Current Communist Goals», 10 gennaio 1963. https://cultureshield.com/PDF/45_Goals.pdf

un'analisi eccellente del modus operandi della setta/ideologia. Scorrendo l'elenco, chiedetevi se questo obiettivo è stato raggiunto nel vostro Paese (se è rilevante). Molti di essi sono già stati raggiunti nei Paesi occidentali, mentre altri sono (probabilmente) obsoleti a causa della defunta Guerra Fredda (ad esempio quelli che si riferiscono alla guerra atomica).

Nel libro di Skousen, "Capitolo 12 - Il compito futuro", pagina 259, l'elenco recita:[6]

"1. L'accettazione da parte degli Stati Uniti della coesistenza come unica alternativa alla guerra atomica.

2. Gli Stati Uniti sono disposti a capitolare piuttosto che impegnarsi in una guerra atomica.

3. Sviluppare l'illusione che il disarmo totale [da parte] degli Stati Uniti sarebbe una dimostrazione di forza morale.

4. Permettere il libero commercio tra tutte le nazioni, a prescindere dall'affiliazione comunista e dal fatto che gli articoli possano o meno essere utilizzati per la guerra.

5. Estensione dei prestiti a lungo termine alla Russia e ai satelliti sovietici.

6. Fornire aiuti americani a tutte le nazioni indipendentemente dalla dominazione comunista.

7. Riconoscimento della Cina Rossa. Ammissione della Cina Rossa alle Nazioni Unite.

8. Creare la Germania Est e Ovest come Stati separati, nonostante la promessa di Kruscev nel 1955 di risolvere la questione tedesca con libere elezioni sotto la supervisione delle Nazioni Unite.

9. Prolungare le conferenze per la messa al bando dei test atomici perché gli Stati Uniti hanno accettato di sospendere i test finché i negoziati sono in corso.

10. Consentire a tutti i satelliti sovietici una rappresentanza individuale nelle Nazioni Unite.

11. Promuovere l'ONU come unica speranza per l'umanità. Se il suo statuto viene riscritto, chiedete che venga istituito un governo unico mondiale con forze armate indipendenti.

12. Resistere a qualsiasi tentativo di mettere fuori legge il Partito Comunista.

13. Eliminare tutti i giuramenti di fedeltà.

14. Continuare a concedere alla Russia l'accesso all'Ufficio brevetti degli Stati

---

[6] Skousen, W.C., *Il comunista nudo* (1954). P. 259.

Uniti.

15. Catturare uno o entrambi i partiti politici degli Stati Uniti.

16. Utilizzare le decisioni tecniche dei tribunali per indebolire le istituzioni americane di base, sostenendo che le loro attività violano i diritti civili.

17. Ottenere il controllo delle scuole. Usarle come cinghia di trasmissione del socialismo e della propaganda comunista corrente. Ammorbidire i programmi di studio. Ottenere il controllo delle associazioni degli insegnanti. Inserire la linea del partito nei libri di testo.

18. Ottenere il controllo di tutti i giornali studenteschi.

19. Usare le rivolte studentesche per fomentare proteste pubbliche contro programmi o organizzazioni che sono sotto attacco comunista.

20. Infiltrarsi nella stampa. Ottenere il controllo di incarichi di recensione di libri, di redazione, di posizioni politiche.

21. Ottenere il controllo di posizioni chiave in radio, TV e cinema.

22. Continuare a screditare la cultura americana degradando tutte le forme di espressione artistica.

23. Controllare i critici d'arte e i direttori dei musei d'arte. "Il nostro piano è promuovere la bruttezza, l'arte ripugnante e priva di significato".

24. Eliminare tutte le leggi che regolano l'oscenità definendole "censura" e violazione della libertà di parola e di stampa.

25. Abbattere gli standard culturali di moralità promuovendo la pornografia e l'oscenità in libri, riviste, film, radio e TV.

26. Presentare omosessualità, degenerazione e promiscuità come "normali, naturali, sane".

27. Infiltrarsi nelle chiese e sostituire la religione rivelata con una religione "sociale". Screditare la Bibbia e sottolineare la necessità di una maturità intellettuale che non ha bisogno di una "stampella religiosa".

28. Eliminare la preghiera o qualsiasi fase di espressione religiosa nelle scuole perché viola il principio della "separazione tra Stato e Chiesa".

29. Screditare la Costituzione americana definendola inadeguata, antiquata, non al passo con le esigenze moderne, un ostacolo alla cooperazione tra le nazioni su base mondiale.

30. Screditare i Padri fondatori americani. Presentarli come aristocratici egoisti che non si preoccupavano dell'"uomo comune".

31. Sminuire tutte le forme di cultura americana (inserire qui il proprio Paese) e scoraggiare l'insegnamento della storia americana (lo stesso) con la

motivazione che si tratta solo di una parte minore del "quadro generale". Dare maggiore importanza alla storia russa da quando i comunisti hanno preso il potere.

32. Appoggiare qualsiasi movimento socialista che dia il controllo centralizzato su qualsiasi parte della cultura: istruzione, agenzie sociali, programmi di welfare, cliniche per la salute mentale, ecc.

33. Eliminare tutte le leggi o le procedure che interferiscono con il funzionamento dell'apparato comunista.

34. Eliminare la Commissione per le attività antiamericane della Camera.

35. Screditare e infine smantellare l'FBI.

36. Infiltrarsi e ottenere il controllo di altri sindacati.

37. Infiltrarsi e ottenere il controllo delle grandi imprese.

38. Trasferire alcuni dei poteri di arresto dalla polizia alle agenzie sociali. Trattare tutti i problemi comportamentali come disturbi psichiatrici che solo gli psichiatri possono capire [o trattare].

39. Dominare la professione psichiatrica e usare le leggi sulla salute mentale come mezzo per ottenere un controllo coercitivo su coloro che si oppongono agli obiettivi comunisti.

40. Screditare la famiglia come istituzione. Incoraggiare la promiscuità e il divorzio facile.

41. Sottolineare la necessità di crescere i figli lontano dall'influenza negativa dei genitori. Attribuire pregiudizi, blocchi mentali e ritardi dei bambini all'influenza soppressiva dei genitori.

42. Creare l'impressione che la violenza e l'insurrezione siano aspetti legittimi della tradizione americana; che gli studenti e i gruppi di interesse speciale debbano insorgere e usare la ["]forza unita["] per risolvere problemi economici, politici o sociali.

43. Rovesciare tutti i governi coloniali prima che le popolazioni native siano pronte per l'autogoverno.

44. Internazionalizzazione del Canale di Panama.

45. Abrogare la riserva Connolly, in modo che gli Stati Uniti non possano impedire alla Corte mondiale di assumere la giurisdizione [sui problemi interni. Attribuire alla Corte mondiale la giurisdizione] sia sulle nazioni che sugli individui".

La distruzione del sistema capitalistico

"In una fase superiore della società comunista, dopo la subordinazione schiavizzante dell'individuo alla divisione del lavoro, dopo che il lavoro è diventato non solo un mezzo di vita ma il primo desiderio della vita, dopo che anche le forze produttive sono aumentate con lo sviluppo globale dell'individuo, e tutte le sorgenti della ricchezza cooperativa sgorgano più abbondantemente - solo allora l'orizzonte ristretto del diritto borghese può essere attraversato nella sua interezza e la società può scrivere sui suoi vessilli: Da ciascuno secondo le sue capacità, a ciascuno secondo i suoi bisogni!".[7]

Karl Marx, "Critica del programma di Gotha", 1875, parte prima

Dei tre pilastri principali della civiltà occidentale - capitalismo, cristianesimo e cultura - forse il capitalismo è quello che viene attaccato più frequentemente e apertamente dal culto. Infatti, sono certo che avrete notato quanto i membri del culto siano critici nei suoi confronti (e in modo drammatico e stucchevole), e come venga incolpato di tutto (escluse, ovviamente, le questioni che vengono imputate esclusivamente alla religione, al razzismo, all'"estrema destra", al nazionalismo, al fascismo, ecc.)

E come già detto, il marxismo - come ideologia - si presenta come una sorta di alternativa politica, sociologica ed economica a come le cose sono già strutturate. Un'antitesi benevola e ribelle all'ordine costituito, giusto? Per questo motivo, i suoi molti aderenti credono che il sistema "scientifico" marxiano del socialismo sia la risposta ai mali percepiti della società e del mondo. In effetti, il socialismo non viene semplicemente presentato come un'alternativa al capitalismo, ma come superiore ad esso. Ma è davvero così? Ha qualche merito o si tratta solo di ulteriore propaganda marxista? In questa sezione analizzeremo alcuni degli impatti del socialismo. Naturalmente, un'analisi completa del pensiero socialista marxiano non solo esula dagli scopi del libro, ma è anche una perdita di tempo. Stiamo già setacciando abbastanza spazzatura.

Può salvarci dai mali del capitalismo

Da alcune parti si ha la percezione che il marxismo abbia un valore enorme perché ci ha dato il socialismo, che è (tra le altre cose) un sistema economico alternativo, ci dicono. È stato dimostrato molte, molte volte che l'attuazione delle teorie marxiste (attraverso il socialismo) garantisce la distruzione del Paese, soprattutto dal punto di vista economico. Questo perché queste teorie, pur essendo attraenti e preziose per alcuni, sono sbagliate quando si tratta della natura umana e di ciò che motiva le persone a lavorare, a sopravvivere e ad eccellere.

Gli autori ritengono che la percezione che il marxismo (attraverso il socialismo) sia un sistema economico alternativo sia solo una cortina di fumo, un'altra distrazione. Come detto, il vero scopo dell'ideologia è distruggere la civiltà

---

[7] Karl Marx, «Critica del programma di Gotha», 1875, parte prima.

https://www.marxists.org/archive/marx/works/1875/gotha/

occidentale per ricostruirla a sua immagine e somiglianza. L'argomento economico è usato solo come carota, che viene fatta penzolare davanti alle masse ignare, come esca, per far accettare l'ideologia nel suo complesso: "Se facciamo questa rivoluzione, la nostra vita sarà migliore! Avremo più cose gratis e più soldi senza motivo!" ecc. Si tratta di un cavallo di Troia ricoperto da una miriade di "fatti" che convincono l'ignaro lettore dei mali del capitalismo e del perché il socialismo sia la risposta. Mentre il lettore legge, i demoni all'interno affilano le loro lame.

Che cos'è davvero il socialismo

Prima di proseguire, che cos'è il "socialismo"? Come già detto, è un sistema teorico che prevede l'applicazione dei principi marxisti. Un sistema che può essere applicato ai vari settori di una società, tra cui l'economia (risorse, commercio, industria, commercio ecc.) e ovviamente anche il governo. I principi includono cose come l'egalitarismo/uguaglianza/"giustizia sociale", il collettivismo/solidarietà, la "proprietà comune dei mezzi di produzione e distribuzione", un governo che serva il "popolo" (una "dittatura del proletariato"), l'equa distribuzione della ricchezza, la lotta di classe/oppressore contro oppresso, l'opposizione alle gerarchie ecc. Viene presentato come un sistema apparentemente più benevolo rispetto all'ordine costituito. In un certo senso, il socialismo rappresenta l'idea di una distribuzione più etica delle risorse e della ricchezza.

Una delle frasi più famose associate al comunismo e a Karl Marx è "Da ciascuno secondo le sue capacità, a ciascuno secondo i suoi bisogni".[8] Marx aveva l'idea che in questa società "utopica" le masse avrebbero avuto accesso a beni e servizi gratuiti, in base alle loro esigenze. Ciò sarebbe stato possibile grazie all'abbondanza di risorse a cui una società costruita sul socialismo avrebbe presumibilmente avuto accesso. L'ironia di concetti come questo è che il socialismo produce l'esatto opposto: la scarsità. Il comunismo (secondo la maggior parte delle definizioni) è lo stato finale di una società che passa con successo dall'essere un paese capitalista, attraverso la fase del socialismo, e poi alla fase finale (comunismo). Una società senza i "mali" delle classi, del denaro, della religione, della proprietà privata, dei profitti, ecc. Una "utopia".

La proprietà comune di beni, risorse ecc.

L'ossessione del culto per il collettivismo e l'egalitarismo lascia l'ideologia/culto cieco di fronte a certe realtà della società, come l'importanza e la necessità delle gerarchie. Se il socialismo è "una società in cui i mezzi di produzione, distribuzione e scambio sono di proprietà della comunità nel suo

---

[8] Marx non è l'autore della frase, ma si trova nella sua «Critica del programma di Gotha» del 1875.

https://www.marxists.org/archive/marx/works/1875/gotha/index.htm

complesso, piuttosto che di individui privati" (che vogliono quei malvagi profitti!), come funzionerebbe? Chi prenderebbe le decisioni? Come si possono prendere decisioni se non c'è una *gerarchia/catena* di comando? Ancora una volta, in pratica, qualcuno deve prendere le redini.

La comunità che cerca di possedere/gestire queste cose come comunità (che sia rappresentata da una "avanguardia proletaria" o meno) è solo una fantasia marxista. Non siamo tutti uguali e non siamo tutti ugualmente capaci di prendere decisioni. Ci sono dinamiche ed equilibri naturali che possono svilupparsi in una società quando si tratta di cose come la leadership, le infrastrutture, le risorse, la proprietà, la realizzazione personale/professionale e l'ambizione, gli affari, la produzione, ecc. La storia del marxismo illustra le conseguenze catastrofiche dell'interferenza con queste dinamiche.

Il marxismo e la narrativa anticapitalistica

Dobbiamo fidarci dell'opinione del culto sul capitalismo? Se chiedeste a una persona un'opinione imparziale su un'altra persona - che sapete che odia - potreste fidarvi di quell'opinione? No, dovreste prendere in considerazione il loro atteggiamento nei loro confronti (ovvero il pregiudizio), giusto? Vi fidereste di un'ideologia che è stata apertamente ostile al capitalismo fin dalla sua nascita quando si tratta di analizzare il sistema capitalistico?

In altre parole, se abbiamo questo culto marxista globale - con milioni di portavoce anticapitalisti a cui è stato fatto il lavaggio del cervello in tutto il mondo, nei nostri rispettivi Paesi - il nostro ambiente non è forse saturo di opinioni anticapitalistiche marxiane?

Ecco un aspetto ironico della presenza dell'ideologia nelle società odierne, in particolare nei Paesi occidentali relativamente prosperi: queste società contengono tutte una quantità significativa di membri di questi culti a cui è stato fatto il lavaggio del cervello e che (in generale) dicono di odiare l'idea dei profitti, della proprietà privata, delle grandi imprese, della disuguaglianza finanziaria, ecc. Eppure la capacità di fare profitti o di avere la proprietà privata di imprese/proprietà, o la capacità di avere grandi industrie e imprese, sono ciò che assicura un'economia e un paese di successo. Sono aspetti chiave dell'economia che permettono alla civiltà di funzionare. (Anche l'esistenza di una (malvagia!) disuguaglianza economica è parte integrante di un'economia sana, poiché riflette il fatto che le persone non sono uguali per natura).

È ironico perché le vite/piaceri/libertà di cui godono i membri di queste sette durante il loro periodo di permanenza nei Paesi prosperi (occidentali o meno), compresa la libertà di parola (e quindi di critica), esistono solo perché l'ideologia non ha contaminato completamente quel Paese.

Quindi, promuovono costantemente un'ideologia che rovinerebbe le loro vite/piaceri/libertà e quelle dei loro cari, amici ecc. Naturalmente, sono totalmente inconsapevoli di ciò che stanno facendo. È contraddittorio, perché il lavaggio del cervello anti-capitalismo fa sì che le persone nei Paesi capitalistici abbiano atteggiamenti anti-capitalistici e allo stesso tempo siano inconsciamente felici di vivere in un sistema capitalistico (e di tutti i benefici che questo offre loro!). È un atteggiamento ingrato, irrispettoso e miope.

È un elemento molto divertente del lavaggio del cervello marxista quando vediamo i membri del culto sfidare il sistema cercando di "andare avanti da soli" e di essere "separati dal sistema" in varie manifestazioni, spesso promuovendo il socialismo. È estremamente ingenuo, distaccato dalla realtà. (Durante i disordini ispirati al BLM a Portland nel 2021, dopo che i membri del culto hanno tentato in modo divertente di creare la loro piccola comunità marxista "indipendente", credo di aver visto una copertura mediatica che li mostrava mentre cercavano di coltivare ortaggi per sostenersi, in un'area urbana con pochissimo terreno. Non c'è niente di meglio che dover fare il lavoro da soli per apprezzare/rispettare il lavoro che si fa per produrre qualcosa).

Se si guarda a una prospettiva più ampia della società, su una nota più seria, questi atteggiamenti anti-capitalistici devono sicuramente avere un impatto sugli affari di un Paese. Si può solo ipotizzare quanto questi atteggiamenti bizzarri e contraddittori influiscano sul livello di prosperità e sulla performance economica complessiva di un Paese. Anche se è impossibile da quantificare, per me è un'altra ragione per cui l'ideologia deve essere eliminata dalla società: aiuterà un Paese a raggiungere livelli più elevati di prosperità.

Dobbiamo "sostituire" il capitalismo?

Se il capitalismo è considerato una delle pietre miliari della civiltà occidentale, e il socialismo non ha mai avuto successo come sistema economico (per saperne di più), è saggio sostituire il primo con il secondo? Se non fosse per l'ideologia, si chiederebbe di sostituire il sistema capitalista con qualcos'altro? Dobbiamo tenere presente che il marxismo ha cercato di convincerci fin dall'inizio che il problema è il capitalismo; e a questo scopo siamo stati esposti a una propaganda sempre più intensa.

Questo si aggiunge al fatto che il culto/ideologia ha cercato di sabotare il sistema dall'esterno e dall'interno durante tutto questo periodo, attraverso: la manipolazione del movimento sindacale da parte del culto; l'infiltrazione delle grandi imprese; l'imposta progressiva sul reddito/punizione della ricchezza; i tentativi di rubare i profitti alle industrie attraverso la carbon tax; l'incoraggiamento e l'espansione dello stato sociale (che dissangua economicamente un Paese); l'incanalamento dei fondi nel complesso marxista delle ONG/non profit che sperpera denaro; l'invio di aiuti esteri per motivi umanitari; la facilitazione dell'immigrazione di massa da parte del culto, ecc.

Mark ed Engels credevano che il capitalismo contenesse in sé i semi della propria distruzione, e quando si sono verificate situazioni negative in quel sistema da quando il culto è arrivato sulla scena (crisi, depressioni, crolli, salvataggi finanziari, ecc.), queste vengono considerate come "prove" che le previsioni erano corrette, facendo sembrare Marx e i suoi discepoli dei profeti (inoltre, come altri hanno sottolineato, quel tipo di eventi potrebbero essere stati effettivamente fabbricati, e non necessariamente normali in un sistema capitalistico).

Si noti come in generale, come movimento, non siano interessati a tentare di risolvere qualsiasi problema percepito all'interno del capitalismo; insistono semplicemente sul fatto che deve essere distrutto, sostituito o trasformato in modo severo. Non è strano? È più intelligente/efficiente distruggere e sostituire completamente un intero sistema (attorno al quale è attualmente costruita la società) piuttosto che ripararlo/modificarlo? Non credo. Il culto/ideologia non vuole costruire, migliorare o riparare, ma solo distruggere.

"Questa volta funzionerà...".

Ecco un importante tema ricorrente: ci sarà sempre una nuova ondata di membri del culto indottrinati che pensano di essere quelli che lo faranno funzionare. Sono quelli speciali che possono prendere le teorie difettose del socialismo e creare in qualche modo la prosperità. Il socialismo non può essere "aggiustato" o modificato, in modo che funzioni. Ancora una volta, i principi stessi del marxismo sono difettosi e non importa quale variante si provi, il risultato sarà un fallimento. Per quanto riguarda la nuova generazione di marxisti, il livello di intelligenza (per gli standard del culto), l'esperienza o il talento che possiedono sono irrilevanti. Per usare un'analogia disgustosa, non importa quanto sei bravo a cucinare e quanti dolci deliziosi hai fatto: se gli ingredienti che usi sono letteralmente sacchi di merda sporchi e marci, l'intera torta puzzerà.

Mettere il socialismo nella spazzatura

Dobbiamo buttare il socialismo nella spazzatura, ripetutamente, perché questo è fondamentale per impedire all'infezione marxista di proliferare ulteriormente. Questo è fondamentale ed è una delle mie più alte raccomandazioni.

Il socialismo - e la società quasi utopica a cui porterà (secondo i membri del culto) - è la carota sempre appetibile che viene fatta penzolare davanti alle masse (in particolare ai potenziali membri del culto). Promette una società migliore, uno stile di vita migliore e una maggiore prosperità per il "popolo", ecc. Il socialismo è la carota che funge da cuneo per aprire la società (in qualsiasi paese) a questa ideologia "rivoluzionaria". Una volta che questo cuneo è in atto, e la gente generalmente pensa che il marxismo/socialismo sia benigno, questo apre il varco per consentire l'ingresso del marxismo totale (e di tutto ciò che comporta). È il principio del cavallo di Troia in azione. Questo vale soprattutto per i giovani e gli impressionabili. Sono costantemente bersagliati dal culto, a cui viene detto che il socialismo è bello, in particolare attraverso le università.

Per queste ragioni, dobbiamo colpire/distruggere il socialismo come concetto e metterlo nella spazzatura, dove deve stare. Questo riduce massicciamente la commerciabilità - e quindi la potenza - del marxismo come ideologia in generale, diminuendo i suoi benefici percepiti.

Il marxismo si basa sulla falsificazione e sull'inganno, e il socialismo - presentato come una sorta di alternativa superiore al capitalismo - è una brutta barzelletta che si è sentita un milione di volte. Il culto/ideologia attacca il capitalismo perché sa che dà ai Paesi occidentali un certo grado di forza, stabilità, qualità della vita, ecc. Poiché l'ideologia vuole distruggere e poi ricostruire la civiltà a sua immagine e somiglianza, il capitalismo diventa uno dei pilastri principali che devono essere distrutti per primi. Solo un idiota distaccato dalla realtà potrebbe suggerire che un gruppo di teorie prolificamente fallite - che non hanno fatto altro che causare disagi, instabilità, caos e morte - debba sostituire un intero sistema alla base della civiltà!

Un sistema più etico del capitalismo ?

Le cose di cui i marxisti accusano il capitalismo - oppressione, schiavitù, violenza, inefficienza, autoritarismo, disumanità, ecc. - sono ancora più marcate in un sistema socialista. Tutto ciò che il capitalismo fa di male, il socialismo lo fa peggio. Ad esempio, il culto/ideologia in generale (a parte le diverse interpretazioni/strappi) cerca di convincerci che il capitalismo è un sistema intrinsecamente oppressivo, insinuando che il socialismo non lo sia. Tre parole per voi: Pentola. Bollitore. Nero. Ancora virtuosismi, doppi standard e propaganda.

Chi, al giorno d'oggi, in un Paese occidentale civile e stabile, può davvero affermare di essere (o di essere stato) realmente e terribilmente oppresso per aver vissuto sotto un sistema capitalista? Al contrario, quanti ci hanno raccontato le loro storie di vera e propria oppressione mentre vivevano in un Paese con la setta al timone? Il capitalismo consente una certa libertà di fare soldi, di possedere proprietà, ecc. Queste libertà non esistono in un sistema socialista; in teoria, ci sarebbe la proprietà collettiva della terra, delle risorse, dei mezzi di produzione da parte del popolo, eccetera, ma in pratica non funziona mai così.

Naturalmente, il culto cercherà continuamente di aggirare questa critica sostenendo che il vero socialismo o comunismo non è mai stato provato o non è mai esistito, e quindi ci si ritrova di nuovo nello stesso ciclo in cui si può promuovere continuamente il proprio sistema alternativo (di nuovo il problema "Teoria contro Realtà"). Qualsiasi problema si presenti in un sistema capitalistico, il culto/ideologia attirerà continuamente l'attenzione su di esso per promuovere l'alternativa marxista. Forse questi problemi si presenterebbero indipendentemente dal sistema che utilizziamo. La differenza è che in un sistema capitalistico abbiamo molta più libertà di evitare le insidie.

"Abbiamo bisogno del socialismo!"

I membri del culto insinuano che dobbiamo aggrapparci al pensiero marxista a causa dei difetti e dei mali percepiti del capitalismo. Ovviamente, se un numero sufficiente di persone è d'accordo con questa tesi e il pensiero marxista non viene considerato tossico, non verrà eliminato dalla società. Questo, a sua volta, porta a tutti gli altri problemi descritti in questo libro.

Inoltre, alcuni dei problemi che vengono percepiti come il risultato del capitalismo sono in realtà dovuti al fatto che viviamo in un mondo altamente controllato, internazionalista e globalizzato (che è intrinsecamente antagonista alla prosperità a livello nazionale). Un passo importante per cambiare questa situazione sarebbe quello di eliminare il più possibile il marxismo dalle nostre società.

Non abbiamo bisogno di alcuna forma di marxismo per risolvere qualsiasi problema all'interno di una nazione! Qualsiasi problema associato al sistema capitalistico potrebbe essere risolto con governi patriottici, sovrani e nazionalisti. Non ci sarebbe bisogno di far rientrare il marxismo dalla porta.

Ecco perché dobbiamo concentrarci sulla composizione ideologica di una nazione: è più importante dell'economia. Se nel vostro Paese c'è un governo internazionalista e favorevole al globalismo, avrete sempre problemi persistenti (economici e non). Tenendo presente che l'economia non conta se il Paese si sta distruggendo a causa degli altri effetti del culto/ideologia menzionati altrove (l'Irlanda, ad esempio, sta affondando come nazione a causa dell'immigrazione di massa; essa stessa a causa dell'adesione all'UE. Molti citerebbero ragioni economiche per rimanere nell'UE, che in questo caso non sono una priorità). In sostanza, i benefici dell'ideologia sono nulli, ma i danni che provoca sono catastrofici. Per questo motivo, non si dovrebbe darle tregua.

Il socialismo distruggerà il vostro paese dal punto di vista economico

Non è forse ovvio che un'ideologia che promuove l'odio per i profitti, la proprietà privata delle imprese e delle proprietà private (e dei mezzi di produzione, ecc.), è destinata a distruggere un'economia? Naturalmente, dovremmo giudicare i meriti del socialismo in base ai suoi effetti nel mondo reale, non in base alle sue applicazioni teoriche o ipotetiche. Perciò, l'impatto del socialismo (passato o presente) è in gran parte negativo.

I membri del culto cercheranno ovviamente di nascondere questo aspetto, sopprimendo qualsiasi enfasi su questo fatto; oppure, come è prevedibile, enfatizzeranno gli apparenti benefici. Un esempio di ciò è quando le voci marxiste sottolineano l'esistenza di Paesi socialisti "di successo".

Il politico "progressista" americano Bernie Sanders ha fatto notoriamente alcune vacue affermazioni sul successo del socialismo, in particolare nei Paesi scandinavi: "Quando parlo di socialismo democratico, non guardo al Venezuela. Non guardo a Cuba. Sto guardando a Paesi come la Danimarca e la

Svezia",[9] citando le loro politiche di welfare state, ecc. Possiamo vedere come ha funzionato per loro. Sanders è un appassionato membro di una setta che ha frequentato Mosca ed è noto per le sue opinioni antiamericane su vari temi, tra cui la politica estera degli Stati Uniti, il controllo delle armi, ecc.

L'implementazione del socialismo nell'economia di un Paese porta solo alla sua distruzione. L'unico modo per restare a galla è vivere dei benefici della ricchezza accumulata quando non era socialista, oppure ricevere assistenza finanziaria dall'esterno. La prima ipotesi si applica alla Svezia, che ha generato la sua ricchezza quando era capitalista, prima che i membri del culto iniziassero a dirigere i suoi affari. In sostanza, il suo successo come Paese è stato solo temporaneo, grazie ai progressi precedenti. Dopo la seconda guerra mondiale ha iniziato a orientarsi verso il socialismo. Ha potuto funzionare solo grazie ai guadagni del PIL ottenuti con un approccio più capitalistico e di libero mercato.

Quest'ultimo caso si applica a molti Paesi nella storia del marxismo, che avrebbero poi ricevuto aiuti da altri Paesi (compresi quelli capitalisti (!). La Russia di Lenin ricevette aiuti dall'estero e alla fine fu costretta a iniziare a consentire un'impresa privata limitata. Questo permise all'apparato industriale di tornare a funzionare normalmente.[10][11]

La Cuba di Castro aveva bisogno di sponsorizzazioni finanziarie da parte dell'Unione Sovietica per rimanere a galla (non c'è da sorprendersi, dato che credo che, a un certo punto, lo psicotico Che Guevera (1928-1967) fosse responsabile dell'economia. Un'ottima scelta, visto che aveva studiato medicina all'università).[12]

Un esempio di un Paese altamente contaminato che ha alleggerito il proprio atteggiamento nei confronti dell'economia è la Cina. A partire dal 1979, forse motivato dalla potenza economica della relativamente non marxista (allora colonia britannica) Hong Kong, il Partito Comunista Cinese decise di consentire l'adozione di principi capitalistici, permettendo alla Cina di modernizzarsi e di diventare ciò che è oggi.[13]

---

[9] MSNBC, «Hillary Clinton-Bernie Sanders Town Hall Part 1 | MSNBC», 19 febbraio 2016. https://www.YouTube.com/watch?v=w1cuTmJh8xM

[10] «Rivelazioni dagli archivi russi». https://www.loc.gov/exhibits/archives/sovi.html

[11] https://www.britannica.com/money/New-Economic-Policy-Soviet-history

[12] Anderson, J. «Aiuti sovietici a Cuba: 11 milioni di dollari al giorno», 18 giugno 1983. https://www.upi.com/Archives/1983/06/18/Soviet-aid-to-Cuba-11-million-a-day/2328424756800/

[13] Coase e Wang, «Come la Cina è diventata capitalista», gennaio/febbraio 2013. https://www.cato.org/policy-report/january/february-2013/how-china-became-capitalist

Nel 1989, la (presto ex) Repubblica sovietica di Estonia contribuì a innescare l'effetto palla di neve che portò al crollo dell'URSS. Gli estoni si resero conto che lo sviluppo della loro economia era limitato dall'appartenenza all'Unione. Le ragioni per cui i Paesi membri volevano liberarsi dalla morsa di Mosca durante l'era sovietica erano molteplici; la libertà economica e la prosperità erano una di queste.[14]

Altri Paesi dell'era sovietica, pur non facendo parte dell'URSS come repubbliche sovietiche, erano considerati Stati satellite. Si tratta di Polonia, Germania Est, Romania, Ungheria, Bulgaria, Albania e Cecoslovacchia. Tutti hanno attraversato gravi periodi di adattamento post-comunismo, con alcuni che hanno impiegato decenni per riprendersi dagli effetti della centralizzazione.

Il socialismo ha distrutto l'America Latina. Da esempi precedenti come l'Argentina di Juan Peron negli anni '40 e '50, a Cuba, Cile, Colombia e numerosi altri.

Un esempio di alto profilo più recente è il Venezuela di Hugo Sanchez e altri, anche con tutto il petrolio che hanno. L'India, dopo l'indipendenza dalla Gran Bretagna, ha deciso di intraprendere la strada del socialismo, con risultati disastrosi. Anche la stessa Gran Bretagna - sotto la guida del membro del culto Clement Atlee - ha deciso di fare qualche esperimento dopo la Seconda Guerra Mondiale, che ha portato alla rovina economica.

Il socialismo è un furto

Poiché l'acquisizione di ricchezza "ingiustificabile" - attraverso i profitti - da parte di privati e imprenditori è immorale secondo il dogma marxista, i guadagni di tali imprese devono essere confiscati, apparentemente per il "bene superiore". Questo è il motivo per cui il culto/ideologia spaccia l'idea che i profitti siano il male. È una delle tante cose che sbagliano: i profitti non sono malvagi, ma permettono all'economia di un Paese di funzionare.

Questa mentalità incoraggia la distruzione, la violenza e il furto della proprietà privata in nome della "giustizia" e dell'"uguaglianza". Permette inoltre a chi non ha ricchezza di sfogare le proprie emozioni su chi ce l'ha; le loro insicurezze personali si manifestano in sentimenti e azioni omicide. La storia del culto illustra l'aspetto di questo concetto quando viene messo in pratica: l'imprigionamento e/o l'omicidio di chiunque non faccia parte della classe povera/proletaria. Questo spesso si accompagna all'eliminazione dell'"intellighenzia", che può diventare dissenziente o oppositrice politica se non viene soppressa/eliminata.

Ecco i punti da uno a cinque del Manifesto comunista: Abolizione della

---

[14] Il crollo dell'Unione Sovietica - Un film documentario (2006).

https://www.YouTube.com/watch?v=OYD6ouVHXbo

proprietà privata e destinazione di tutte le rendite fondiarie a scopi pubblici; una pesante imposta progressiva o graduata sul reddito; abolizione di tutti i diritti di successione; confisca delle proprietà di tutti gli emigranti e dei ribelli; centralizzazione del credito nelle mani dello Stato, per mezzo di una banca nazionale con capitale statale e monopolio esclusivo.[15]

I punti da uno a quattro - confisca della proprietà, tassazione e "abolizione di tutti i diritti di eredità" - sono tutte forme di furto. Il quinto punto è il controllo/dominio finanziario centralizzato in nome del "popolo". Sebbene non si tratti di un furto diretto, serve a impedire l'acquisizione di ricchezza da parte di chi non è alleato del governo (che può essere marxista; quindi, in sostanza, qualsiasi ricchezza o potere che non appartenga al culto non deve essere permesso di accumularsi). Un esempio contemporaneo di furto marxiano, nascosto in bella vista, è la carbon tax, attraverso il movimento per il cambiamento climatico.

I problemi di DiLorenzo con il socialismo

> "Essere un moderno sostenitore del socialismo significa ignorare completamente ogni sana logica economica, più di un secolo di storia e le parole di onesti intellettuali socialisti come Heilbroner che sono stati finalmente costretti a confrontarsi con la realtà dopo averla ignorata per la maggior parte della loro vita adulta".[16]

Thomas DiLorenzo autore e professore di economia,
Il problema del socialismo (2016)

Approfondiamo i motivi per cui il socialismo è distruttivo. Il mio analista preferito in questo campo è Thomas DiLorenzo. DiLorenzo è autore e professore di economia alla *Loyola University Maryland*, a Baltimora, Maryland, USA. È considerato un esponente della disciplina economica della Scuola Austriaca (cioè del "laissez-faire" o del minimo intervento pubblico).[17] Le sue presentazioni al *Mises Institute* in Alabama sono facilmente reperibili online. Le sue opere scritte coprono una varietà di argomenti, ma le più rilevanti per questo libro includono *The Problem With Socialism* e *How Capitalism saved American* (2004). È rilevante anche un suo articolo intitolato "Perché il socialismo causa l'inquinamento".

Consiglio vivamente Il problema del socialismo a coloro che desiderano una sintesi completa dell'impatto dell'ideologia a livello economico nel mondo reale. Il libro evidenzia anche gli impatti negativi del socialismo in vari altri modi, tra cui politicamente, socialmente, ambientalmente, ecc.

---

[15] Marx, Engels. *Il Manifesto comunista* (1848). P. 26.

[16] Di. Lorenzo, T., *Il problema del socialismo* (2016), pag. 28.

[17] https://en.wikipedia.org/wiki/Thomas_DiLorenzo

È molto utile per i nostri scopi elencare i punti principali che Lorenzo delinea nel suo lavoro. Ove possibile, li collegherò al "quadro generale" (poiché non si tratta solo di economia o di socialismo). Quello che stiamo facendo in questa sottosezione è evidenziare il socialismo come prodotto dell'ideologia, come manifestazione fisica di essa applicata al governo, all'economia, alle infrastrutture, ai servizi pubblici, all'istruzione, alla sanità, ecc.

DiLorenzo ha ricordato che, all'inizio del XX secolo, il socialismo era generalmente definito come la proprietà dei mezzi di produzione da parte del governo (per conto del "popolo"), ma in seguito la definizione avrebbe incluso lo stato sociale (e le sue istituzioni) e l'imposta progressiva sul reddito. Ciò è stato evidenziato dal lavoro dell'economista Friedrich von Hayek (1899-1992) in *Road to Serfdom* (1944).[18]

Dal momento che il marxismo punta al controllo attraverso l'imposizione di un egalitarismo (artificiale), questi sono solo vari metodi per raggiungere questo obiettivo. I tre problemi centrali del socialismo. Sebbene non sia l'autore di questi concetti, il lavoro di DiLorenzo si riferisce ai tre problemi principali di un sistema socialista e al motivo per cui, in un modo o nell'altro, esso si risolve inevitabilmente in un fallimento, indipendentemente dal modo in cui viene attuato:

Il problema degli incentivi

In un sistema socialista egualitario, non c'è alcun incentivo ad essere ambiziosi, ad avere successo o a prosperare fiscalmente o in altro modo. Se lo Stato nega al pubblico in generale la libertà di creare/produrre con metodi propri, si crea un problema serio. Senza l'incentivo di poter guadagnare ricchezza attraverso lo sfruttamento del proprio lavoro (o anche solo di guadagnarsi da vivere!), perché mai qualcuno dovrebbe preoccuparsi di eccellere negli sforzi imprenditoriali, negli affari, eccetera? In un sistema socialista il successo viene di fatto punito, quindi non c'è alcun incentivo al successo.

Il culto replicherà che, in una società più socialista, le persone non sarebbero così "egoiste" e farebbero quelle cose per bontà d'animo, per il bene dei loro compagni, gratuitamente (alza gli occhi. Tipico virtuosismo e paternalismo). Comunque sia, anche se questo fosse pratico/possibile, non è la realtà di ciò che motiva le persone. La loro insistenza sul fatto che fare profitti a beneficio personale (privato) sia in qualche modo immorale (secondo il dogma marxista) li rende ciechi di fronte a questo fatto.

Il problema degli incentivi è parte della spiegazione del perché tutti i vari regimi di culto marxisti nella storia hanno dovuto usare la coercizione (compresa l'intimidazione, la violenza, l'omicidio ecc.) per costringere le persone a lavorare e a fare altre cose; cose che una persona non vorrebbe fare

---

[18] Hayek, F., *La via della servitù* (1944).

in quelle situazioni se non fosse costretta. Un esempio è il lavoro schiavo nelle fattorie collettiviste dell'Unione Sovietica, della Cina, della Cambogia, della Corea del Nord, dell'Albania, ecc.

Il problema della conoscenza

Quando uno Stato centralizzato (con un gruppo di membri del culto marxista al timone) inizia a centralizzare il potere per conto del "popolo", porta a un altro problema. Gli individui coinvolti in questo Stato centralizzato (e tutti i loro talenti individuali) non possono sostituire la moltitudine di competenze, talenti, conoscenze, professioni ecc. che le masse forniscono (in un sistema capitalista), sotto forma di proprietari di aziende, imprenditori, fornitori di servizi e la moltitudine di specialisti in tutti i settori. Questo è un concetto che Friedrich Von Hayek ha evidenziato nel suo articolo del 1945 "L'uso della conoscenza nella società".[19]

DiLorenzo approfondisce questo aspetto, sottolineando che anche una cosa semplice come la produzione di un trancio di pizza (di per sé composta da molti ingredienti) coinvolge diverse industrie e processi, ognuno dei quali implica competenze, tecnologie e attrezzature specializzate. Ovviamente, nell'intero processo sono coinvolti molti individui e aziende (agricoltura, logistica, marketing, ecc.), che interagiscono tra loro per permettervi di avere il vostro trancio di pizza. "La lezione da trarre è che ciò che rende possibile il mondo economico - anzi, la stessa civiltà umana così come la conosciamo - è la divisione internazionale del lavoro e della conoscenza in cui tutti noi ci specializziamo in qualcosa sul mercato, guadagniamo denaro facendolo e usiamo quel denaro per comprare cose da altri "specialisti".[20]

Continua dicendo che l'intero processo avviene spontaneamente, senza bisogno di alcuna pianificazione governativa. La parola chiave è "spontaneamente", a significare che tutto questo avviene naturalmente all'interno della società e che funziona a prescindere.

Questo si collega alla tendenza dell'ideologia a interferire con (e potenzialmente rovinare) le cose che funzionano perfettamente bene (che si tratti di infrastrutture, economia, natura, interazioni sociali, ecc.) Ogni caso in cui i membri del culto ottengono il potere si traduce inevitabilmente in livelli crescenti di interferenza distruttiva. Naturalmente, la loro abituale arroganza (combinata con l'indottrinamento della visione a tunnel) rafforza la loro convinzione di avere già tutto ciò che serve per gestire le cose, compresa la conoscenza, che è un'assoluta assurdità!

---

[19] Hayek, F., «L'uso della conoscenza nella società», settembre 1945. https://www.cato.org/sites/cato.org/files/articles/hayek-use-knowledge-society.pdf

[20] Di. Lorenzo, T., *Il problema del socialismo* (2016), pag. 24.

Il problema del calcolo

Il "problema del calcolo" riguarda il fatto che la proprietà privata e i prezzi di mercato devono esistere per avere un calcolo economico razionale ed efficiente. In un sistema socialista, poiché il governo possiede tutte le risorse (e la terra), non ci sarebbero scambi e prezzi per le risorse, i beni strumentali, ecc. Questo significa a sua volta che non c'è modo di calcolare i prezzi di beni e servizi. Gli analisti finanziari (in un'economia di mercato) possono usare i prezzi di mercato per determinare se un progetto/iniziativa è finanziariamente ragionevole o redditizio, ad esempio. In breve, un sistema socialista (che non prevede la proprietà privata, i prezzi di mercato, ecc.) elimina gli elementi fondamentali di un'economia, portando al caos.

Il lavoro dell'economista Ludwig von Mises (1881-1973) ha messo in evidenza questo problema in *Socialism: An Economic and Sociological Analysis* (1922). Egli ha notato le relazioni tra gli attori di un'economia di libero mercato - imprenditori, promotori, speculatori (e consumatori) - e il fatto che essi hanno partecipazioni personali nei loro investimenti, che allocano il capitale in un'economia di mercato.

Come sottolinea DiLorenzo: "Il loro strumento indispensabile sono i prezzi di mercato, che li guidano a investire in modo razionale e redditizio, soddisfacendo la domanda dei consumatori". Aggiunge che nel socialismo "dove il governo possiede tutti i mezzi di produzione "capitale" i mercati sono inesistenti, e le risorse sono assegnate dai burocrati per soddisfare "piani" che potrebbero non avere alcuna base nella realtà economica".

Inoltre, la domanda dei consumatori era un fattore importante: "In un'economia capitalista, gli imprenditori devono soddisfare domanda dei consumatori o fallire... Questo incentivo, invece, è totalmente assente in un'economia socialista".[21]

Anche in questo caso, come per il "problema della conoscenza" (se facciamo un attimo di zoom), si tratta di un caso di interferenza dell'ideologia con i processi organici e funzionanti che avvengono all'interno della società. Come disse una volta DiLorenzo: "se i prezzi sono dettati arbitrariamente dal governo e non riflettono la scarsità o la domanda e l'offerta in generale, allora si fa tutto a caso. È come cercare di guidare in una città sconosciuta senza cartelli stradali e trovare dove si sta andando. È impossibile".[22] (a parte le mappe di Google o la tecnologia GPS).

Il problema della "scelta pubblica

---

[21] Ibid. P. 27.

[22] Misesmedia, «Dieci cose che dovresti sapere sul socialismo | Thomas J. DiLorenzo 20 luglio 2018. https://www.YouTube.com/watch?v=hTvQBhYoJms

Un altro problema legato al controllo della società da parte dello Stato (con il culto al timone) è la mancanza di potere da parte del pubblico. Friedrich Von Hayek ha evidenziato questo problema. Dal momento che tutta la libertà di avere successo o di acquisire potere e ricchezza come individuo è proibita, allora l'unica strada aperta a chi cerca queste cose è quella di diventare parte dell'apparato statale del culto. Non si può decidere di accumulare ricchezza o di eccellere come imprenditore, proprietario di un'azienda o uomo/donna d'affari, ecc. perché queste non sono opzioni.

Ciò è evidente se si considerano tutti quei volenterosi commissari, attivisti, operatori, organizzatori, soldati e politici che sono stati impegnati a lavorare per il sistema nel corso della storia del culto. Per un esempio moderno, possiamo guardare ai nordcoreani. Guardate il numero di patetici servitori del regime, molti dei quali potrebbero aver sognato, a un certo punto della loro vita, di essere qualcos'altro.

Distruzionismo

Questo è un aspetto fondamentale del socialismo evidenziato da Ludwig Von Mises in *Socialism: an Economic and Sociological Analysis* (1922): "In realtà, il socialismo non è affatto ciò che pretende di essere. Non è il pioniere di un mondo migliore e più bello, ma il guastafeste di ciò che migliaia di anni di civiltà hanno creato. Non costruisce, distrugge. Perché la distruzione è la sua essenza. Non produce nulla, consuma solo ciò che l'ordine sociale basato sulla proprietà privata dei mezzi di produzione ha creato".[23] In altre parole, il socialismo non è un generatore di ricchezza e prosperità, ma un suo distruttore, addirittura un parassita. Il risultato inevitabile per qualsiasi Paese che strutturi la propria economia su politiche socialiste è lo svuotamento delle casse e la diminuzione del PIL.

Poi arrivano i tentativi di mettere vari cerotti finanziari temporanei sui problemi - più tasse, stampa di più denaro, ecc. È un tema ricorrente nella storia del socialismo che, una volta che inizia a crollare, cerca di stampare per tirarsi fuori dai guai, portando a livelli catastrofici di inflazione e all'aumento del costo della vita, ecc. Questa situazione caotica è aggravata dalla tendenza dei governi e delle politiche socialiste a regalare cose "gratis" (ad esempio welfare, servizi, aiuti esteri, alloggi, ecc.), per placare le frustrazioni edilizie del pubblico.

La mentalità dell'anticapitalismo

Allontanandosi brevemente dall'economia e tornando alla questione dell'indottrinamento, DiLorenzo ha utilizzato un buon punto sul sentimento anticapitalista e sull'invidia. Egli mette in evidenza il libro di Ludwig von Mises del 1956, *La mentalità anticapitalista*. Mises attribuisce questa

---

[23] Von Mises, L. *Socialism* (1922), pag. 458.

mentalità a diversi fattori, tra cui il fatto che alcune persone sono più ricche e hanno più successo nella società, e questo crea invidia e odio in coloro che non lo sono.

Nel suo libro, Mises ha anche sottolineato che, in un'economia di libero mercato in cui il livello di successo di una persona non è (in teoria) limitato, essa è responsabile del proprio successo o fallimento. Chi ha meno successo può quindi esprimere odio per il sistema capitalistico, rendendolo un facile capro espiatorio. Questa mentalità si collega anche all'aspetto "oppresso/vittima" dell'ideologia: è molto più facile incolpare qualcuno/qualcosa per i propri fallimenti piuttosto che accettarne la responsabilità.

È chiaro che questo è un fattore del mondo di oggi. È sufficiente trascorrere cinque secondi ad ascoltare il vetriolo velenoso che esce dalle bocche dei membri del culto nei confronti di chiunque sia considerato "borghese" (a meno che, ovviamente, quel tipo di borghese non stia facendo un po' di virtuosismo marxista, in stile champagne socialista. Allora sono perdonati! In effetti, alcuni di questi tipi possono sentirsi in colpa per essere ricchi; un sentimento che l'ideologia/culto aiuta a manifestare). Naturalmente, tutto questo si collega alla mentalità della "roba gratis" degli aderenti al socialismo: è un senso di diritto che si sposa molto bene con l'invidia di cui sopra. La gente dovrebbe ottenere cose gratis come forma di "vendetta" contro la borghesia, secondo questa logica.

A proposito di questo capro espiatorio, Mises scrisse: "... Nel capitalismo è tutta un'altra cosa. Qui la posizione di ognuno nella vita dipende dal suo operato... L'influenza del principio "a ciascuno secondo i suoi risultati" non consente alcuna scusa per le carenze personali". [24] Poiché esiste questa mentalità della "roba gratis", essa offre ai politici un'opportunità di manipolazione psicologica, offrendo alla gente cose come l'assistenza sanitaria gratuita, l'istruzione gratuita, ecc.

DiLorenzo fa un ottimo punto su questo capro espiatorio (sottolineato per enfasi): "Forse i capri espiatori più popolari di tutti sono gli "avidi capitalisti", spesso accusati di aver ottenuto buoni risultati finanziari con mezzi nefasti, spregiudicati o illegali. Naturalmente ci sono persone di questo tipo, ma non è una caratteristica generale dei mercati. Ci sono peccatori in tutte le sfere della vita, non solo nel mondo degli affari; e in un'economia di mercato (al contrario di un'economia socialista, governativa e monopolistica, dove le tangenti sono spesso un dato di fatto), nessuno vuole fare affari con persone disoneste, quindi il mercato penalizza gli imbroglioni e i prodotti con una cattiva reputazione

---

[24] Von Mises, L. *La mentalità anticapitalista* (1956), pagg. 11-12.

non vengono acquistati".[25]

Questa mentalità anticapitalista, lamentosa e implorante, è un'opinione da perdenti e può essere fatta risalire a Karl Marx stesso. Un uomo amaro, infelice, relativamente viziato e inutile, che non riusciva ad avere successo e insisteva sul fatto che il mondo doveva cambiare e non lui.

Le cose non possono essere "gratuite

Le voci marxiste spesso promuovono l'idea di cose gratuite, ma le cose possono davvero essere "gratuite"? Da quando in qua tutto ciò che ha un valore non costa nulla? (Non fate i saputelli e non dite "amore" o "pace" ecc.) La verità è che nulla (che costi qualcosa) può essere dato via gratuitamente senza conseguenze per l'economia. I costi si fanno sentire da qualche parte.

Sul tema delle imprese gestite dal governo rispetto a quelle gestite da privati, DiLorenzo ha scritto: "Ci viene detto che quando il governo fornisce un servizio è gratuito, ma ovviamente nulla è gratuito, perché qualcuno deve pagare tutti gli impiegati statali, le loro spese generali e tutto ciò che il governo fa, compra o si appropria. Questo "qualcuno" è ovviamente il contribuente. Ogni volta che i politici di stampo socialista parlano di servizi "gratuiti", quello che in realtà intendono è che il servizio sarà nascosto dalle tasse".[26]

Questo vale anche per i sistemi sanitari, educativi, ecc. gestiti dallo Stato: ogni cosa e ogni persona coinvolta in questi sistemi costa o riceve un salario. Le utenze (ad es. elettricità, acqua), la manutenzione degli edifici, le attrezzature, le materie prime e le risorse, ecc.

Il risultato di tutto ciò è un'ulteriore pressione su questi servizi "gratuiti", dato che sono gratuiti, e questo solo per la popolazione nazionale - teniamo presente che il culto è un fanatico sostenitore dell'immigrazione di massa, che tende ad aggiungerne ancora di più. Il risultato è un grave ritardo e una riduzione della disponibilità di servizi per la popolazione normalmente residente.[27]

L'essere "liberi" e l'essere viziati vanno di pari passo

Sebbene i membri delle sette siano di tutte le forme e dimensioni, il socialismo è certamente molto popolare tra le giovani generazioni di oggi. Forse questa mentalità della "roba gratis" è legata al fatto che il marxismo e l'essere viziati vanno spesso a braccetto. Infatti, l'ideologia è propensa a incoraggiare cose come la superficialità, l'egoismo, l'ego e il materialismo nella gioventù di oggi - cose che incoraggiano la mentalità del bambino viziato.

C'è una correlazione tra questo problema e il senso di diritto che porta le

---

[25] Ibid. P. 39.

[26] Ibid. P. 46.

[27] Ibid. P. 47.

persone a credere che possiamo avere le cose "gratis" (cioè quando qualcun altro le paga). Non tutti gli individui delle giovani generazioni sono viziati o indottrinati, naturalmente, ma in ogni caso queste ragioni combinate devono essere un fattore che spiega perché i più viziati tra loro sono dei fanatici del socialismo. È perché pensano che le cose materiali cadano dal cielo?

In effetti, sebbene l'ideologia abbia una storia che riguarda tutti i tipi di persone, è stato riconosciuto da tempo che coloro che provengono da ambienti più "privilegiati" sono spesso i più accaniti sostenitori del socialismo. C'è una correlazione tra questo e l'indottrinamento dei giovani privilegiati di oggi: la loro percezione ignorante della provenienza delle cose fisiche e materiali li lascia con una mente che pensa che le cose (i servizi, ecc.) possano essere date via gratuitamente.

Oltre a tutto ciò, avere una personalità viziata spesso porta una persona a non apprezzare e rispettare il modo in cui le cose vengono prodotte e organizzate nella società. Pertanto, sono felici di insistere sul fatto che le risorse/ricchezze o i prodotti/servizi che gli altri producono (con la loro stessa fatica) debbano essere dati via per niente, senza alcuna ricompensa. In breve, imparare a fare o a guadagnarsi le cose da soli può instillare un po' di umiltà, una virtù che manca molto ai membri delle sette in generale.

Un altro fattore è l'indottrinamento anticapitalistico menzionato in precedenza, che deriva dall'ideologia. Possiamo aggiungere questo a tutti i fattori precedenti per quanto riguarda i giovani indottrinati: avranno così tanto stupido astio nei confronti del capitalismo, del denaro, della ricchezza, della proprietà privata, ecc. che saranno felici di vedere tutte le cose regalate gratuitamente, indipendentemente da chi le possiede; soprattutto se questo porterà (apparentemente) all'"uguaglianza" e a un mondo "migliore" (marxista). È un regalo utopico! Vedono questo processo come equo e giusto, persino umanitario; soprattutto se in qualche modo va a beneficio degli "oppressi".

Il welfare danneggia i proletari

A proposito di cose "gratuite", in Il problema del socialismo DiLorenzo afferma che i pagamenti del welfare in realtà danneggiano i poveri, anziché avvantaggiarli. Prima di continuare, capisco perfettamente che nel mondo ci sono diverse persone che non possono o non vogliono lavorare per una serie di motivi e che possono ricevere un sostegno finanziario dallo Stato. Non c'è bisogno che qualcuno la prenda sul personale, e che (volente o nolente) usi questa energia per giustificare il socialismo (!).

Il punto da ricordare è che in una società più sana, prospera ed equilibrata, gli individui sarebbero finanziariamente autosufficienti e prosperi se potessero scegliere. Il socialismo (forse controintuitivamente per alcuni) non va a beneficio del "popolo", ma gli nega la prosperità.

Uno dei punti principali di questo libro è che la società migliorerebbe notevolmente se il marxismo fosse fortemente soppresso (pur mirando sempre a sradicarlo completamente). Ciò avrebbe un impatto positivo in molti settori, tra cui i livelli di entusiasmo, produttività, ambizione, opportunità e fiducia personale, ecc. Questo, a sua volta, avrebbe una moltitudine di effetti positivi a catena. In altre parole, in una società più sana e priva di marxismo non ci sarebbe bisogno dello Stato sociale come esiste oggi!

Come nota a margine, abbiamo avuto i pagamenti Covid durante la truffa Covaids. Quindi il culto marxista mondiale è fondamentale nel causare l'inganno Covid in primo luogo (la Cina comunista, i nostri governi contaminati, le frontiere aperte, i membri del culto nei media mainstream di tutto il mondo, ecc.), poi inizia a fare cose come: negare alle persone il diritto di lavorare e guadagnare denaro negando loro il viaggio da/per il lavoro, a meno che non siano lavoratori "essenziali"; negare loro il diritto di aprire le loro attività, portandole al fallimento; costringerle ad accettare pagamenti statali per sopravvivere attraverso il pagamento del Covid; chiamare coloro che si oppongono alle pressioni del governo per ottenere i vaccini "teorici della cospirazione"; dire che qualsiasi protesta/rivolta per tutto questo è alimentata da individui che pensano "in modo sbagliato e di estrema destra" ecc. Ovviamente, negare alle persone il diritto di andare a lavorare o di gestire un'attività in proprio, e incoraggiarle/forzarle ad accettare il pagamento Covid, sono tutti attacchi al capitalismo e all'indipendenza finanziaria di un individuo dallo Stato.

In realtà, questo è solo un altro esempio degli effetti dannosi dell'ideologia sulla psiche umana, compresa la riduzione della sovranità personale. Infatti, se accettiamo che il socialismo sia solo l'implementazione dei distruttivi principi rivoluzionari marxiani nel tessuto della società, non è solo distruttivo per gli individui che ne fanno parte, ma anche per il "malvagio" sistema capitalistico stesso.

Sebbene il seguente punto di DiLorenzo si concentri sull'impatto dello Stato sociale su una società capitalistica, rafforza anche i punti che ho fatto sopra - che l'ideologia sta aumentando il suo potere e il suo controllo, attaccando allo stesso tempo il suo vecchio nemico, il capitalismo: "Lo Stato sociale ha fatto un ottimo lavoro per paralizzare un importante caposaldo di una società capitalista intraprendente, di libero mercato: l'incentivo al lavoro. Al contrario, ha creato una classe dipendente che serve (con i programmi) e di cui beneficia (giustificando i programmi governativi e i posti di lavoro)".[28]

Lo stato sociale e la distruzione della famiglia

DiLorenzo solleva un punto molto importante che collega lo stato sociale con altre sotto-agenzie provenienti dall'ideologia. In sostanza, l'introduzione del welfare per le famiglie monoparentali ha favorito l'attacco del culto al nucleo

---

[28] Ibid. P. 47.

familiare tradizionale (anche se DiLorenzo non dice che questo fosse necessariamente l'obiettivo, ma piuttosto una conseguenza): "Tra il 1960 e il 2000, le nascite fuori dal matrimonio sono aumentate di oltre il 400%, e uno dei fattori principali, soprattutto nelle comunità di colore, è stato il fatto che la monogenitorialità porta benefici al governo. Nel 1950, prima della "guerra alla povertà", circa l'88% delle famiglie bianche e il 77% di quelle nere negli Stati Uniti era composto da famiglie con marito e moglie.

Nel 1980 la percentuale di famiglie nere con marito e moglie era scesa al 59%, mentre tra le famiglie bianche era dell'85%. E i numeri continuano a peggiorare. Nel 1960, il 73% dei bambini viveva in una famiglia tradizionale con due genitori. Nel 2013 la percentuale era del 46%".[29]

Ha anche scritto che i pagamenti del welfare possono essenzialmente sostituire il reddito proveniente da un marito/partner con un lavoro. Egli solleva anche la questione dello stigma e del suo effetto sull'intera situazione: oltre all'assenza dello stigma di ricevere i sussidi dallo Stato (rispetto al lavoro), anche lo stigma di avere figli fuori dal matrimonio ("illegittimità") è ora scomparso. Questi sono tutti attacchi marxiani a ciò che è tradizionale attraverso il socialismo: il sistema previdenziale incoraggia la disgregazione della società attraverso la rottura dell'unità familiare tradizionale.

DiLorenzo ha aggiunto che i bambini provenienti da famiglie monoparentali hanno maggiori probabilità di avere una serie di problemi, tra cui "problemi comportamentali o emotivi", avere figli fuori dal matrimonio, essere coinvolti nella criminalità, ecc. La dipendenza dal welfare "ha un "effetto domino" che non solo danneggia la società, ma distrugge anche la vita delle persone".[30] L'ideologia distrugge.

Il rapporto tra famiglie di sole madri e ideologia

In termini di indottrinamento e diffusione dell'ideologia, i pagamenti del welfare per i genitori single sono distruttivi anche in altri modi più insidiosi. Incoraggiano la nascita di bambini fuori dal matrimonio e il risultato principale è che i bambini vengono cresciuti con la donna come genitore principale (la maggior parte delle famiglie monoparentali sono di questo tipo). Questa situazione contribuisce anche a femminilizzare la società nel suo complesso, in quanto le donne non sono ovviamente in grado di fornire la dinamica maschile che può fornire un uomo.

Ciò è particolarmente significativo nelle società in cui l'ideologia è diffusa, poiché i maschi sono generalmente più adatti a proteggere i loro figli dagli effetti dell'indottrinamento marxista. Ciò è legato all'attacco alla mascolinità, spesso evidenziato. Quanto più una società manca di mascolinità, tanto più i

---

[29] Ibid. P. 91.

[30] Ibid. P.92.

suoi membri sono suscettibili all'indottrinamento marxista (poiché si basa molto sulla manipolazione emotiva, attraverso il principio oppressore contro oppresso). Sollevo questo punto perché, se è vero, il fenomeno delle famiglie monoparentali è creato dall'ideologia, è sostenuto da essa e, in ultima analisi, contribuisce a creare una società favorevole al marxismo nel lungo periodo. Le sue iniziative a breve termine alimentano i suoi obiettivi a lungo termine.

Per illustrare questo punto, possiamo vedere come la questione della famiglia monoparentale femminile si incastri bene con altre sotto-agenzie marxiste come il movimento di "liberazione della donna" e le cose che promuove, tra cui: la promiscuità femminile, le relazioni non monogame, il sesso fuori dal matrimonio, l'attacco all'istituzione del matrimonio, l'attacco alla mascolinità, ecc.

Ancora una volta, questo non è un attacco alle persone! Ovviamente, ci sono molte madri single fantastiche che fanno un ottimo lavoro con i loro figli. È vero che non tutte le famiglie monoparentali (maschili o femminili) sono uguali, o che le persone coinvolte hanno le stesse personalità/intenzioni, o che ogni situazione ha lo stesso impatto sullo sviluppo dei bambini (o, quindi, che ogni situazione ha lo stesso impatto sulla società, ecc.) Non è necessario affermare queste cose. Tuttavia, le famiglie monoparentali non sono ideali né per le persone coinvolte né per la società, e l'ideologia ne trae grande beneficio in diversi modi.

Al contrario, ciò che è più ideale per creare società forti, sane, felici e prospere è l'enfasi sui valori più tradizionali, compresa l'unità familiare nucleare. Il fatto che questi elementi diano forza e stabilità a una società è proprio il motivo per cui l'ideologia cerca di distruggerli. (Esamineremo il nucleo familiare tradizionale più avanti).

Aziende gestite dallo Stato e aziende private

Per quanto riguarda la questione delle imprese gestite dal governo rispetto a quelle private, DiLorenzo spiega che non ci sono conseguenze negative o "punizioni" per le imprese statali se prendono decisioni finanziarie sbagliate (a differenza delle imprese private). Possono semplicemente chiedere più fondi per pagare di più il personale, attingere alle casse del gettito fiscale, ecc. Il risultato è che le imprese gestite dal governo sono generalmente molto inferiori a quelle gestite da privati. In sostanza, non c'è alcun incentivo (o "pressione") per le imprese gestite dal governo a ottenere buoni risultati. Le imprese gestite da privati che non fanno un buon lavoro (nel fornire prodotti o servizi ai consumatori) non realizzano profitti e falliscono. Questo non vale per le imprese gestite dal governo, che riceveranno i fondi a prescindere dal loro rendimento (!). Anzi, se sprecano denaro, spesso ne ricevono di più: "Nelle imprese statali non esiste un meccanismo del genere, perché non ci sono conti economici, in senso contabile, ma solo bilanci". Infatti.[31]

Avere un sistema sanitario socialista

DiLorenzo sottolinea che i sistemi sanitari socialisti in luoghi come il Regno Unito (*National Health Service*) e il Canada (*Medicare*) sono inferiori ad altri tipi di sistemi, perché sono nazionalizzati e sotto il controllo del governo (nota: possiamo includere anche l'*Health Service Executive* (HSE) irlandese). In genere hanno: una qualità inferiore del servizio, tempi di attesa più lunghi in generale (per vedere gli specialisti, per ottenere operazioni salvavita), un'aspettativa di vita più bassa, meno attrezzature mediche specialistiche disponibili, tassi di mortalità più elevati, "fuga di cervelli" (dipendenti qualificati che vanno all'estero per migliori opportunità di lavoro). Qualcuno potrebbe replicare: "Certo, non è perfetto, ma è gratis, no?". In questo contesto, sicuramente avere qualcosa di buono è meglio che avere qualcosa di "gratuito".

"Gratis" = razionamento

Avere un servizio "gratuito", anche se a prima vista sembra bello, umano e attraente (in particolare per i pazienti/clienti), porta inevitabilmente a squilibri nel sistema, che a loro volta creano un ciclo di effetti a catena, il cui prodotto finale è tipicamente il razionamento (tipico dell'ideologia). DiLorenzo spiega che, poiché esiste la percezione che il servizio sia "gratuito", ciò ha una miriade di effetti negativi e che "dichiarare qualsiasi cosa come un bene o un servizio "gratuito" causerà un'esplosione della domanda, che a sua volta farà aumentare i costi di fornitura del bene o del servizio". Altri effetti includono lo spreco sconsiderato di tempo e risorse, ecc.[32]

La fase successiva del ciclo è la risposta dei membri della setta al governo all'ovvio aumento dei costi di questo servizio "gratuito": "Per coprire questi costi, i governi socialisti impongono tipicamente dei massimali di prezzo su tutto, dalle visite e dagli stipendi dei medici alle tariffe delle camere d'ospedale e alla tecnologia. Un tetto di prezzo è un prezzo imposto dal governo che è inferiore al prezzo esistente".[33]

Ciò si collega all'imposizione di prezzi artificiali da parte del governo per le cose, che non riflettono la realtà della situazione, compreso il loro valore effettivo (menzionato in precedenza nel "problema del calcolo").

Secondo DiLorenzo, l'effetto di questi tetti di prezzo imposti è quello di "stimolare ancora di più la domanda di servizi sanitari", e poiché l'offerta non riesce a soddisfare la domanda, si verifica una carenza "di tutto, dai medici alle macchine per la risonanza magnetica"; oltre al fattore "fuga di cervelli",

---

[31] Ibid. P. 94.

[32] Ibid. P. 95.

[33] Ibid. P. 96.

ovvero l'esodo di personale qualificato all'estero, dove può ricevere stipendi migliori per il proprio lavoro. E poi arriva l'inevitabile: "I governi rispondono sempre alle carenze create dalle loro politiche imponendo una sorta di razionamento".

Lorenzo ha notato che i pazienti anziani tendono a sentire maggiormente l'impatto di questo razionamento. Egli sottolinea come il Servizio sanitario nazionale neghi ai pazienti più anziani servizi vitali come lo screening oncologico se superano una certa soglia di età (65 anni). Aggiunge che: "Alcuni commentatori hanno accusato il Servizio sanitario nazionale britannico di praticare l'"eutanasia". Anche se l'eutanasia non era nelle intenzioni del governo britannico, è stata l'effetto del socialismo sanitario in quel Paese". [34] Un punto molto interessante. Considerando i precedenti dell'ideologia in materia di morte, nulla dovrebbe sorprenderci. Inoltre, cerca di sostituire le generazioni più anziane con generazioni più giovani che possono essere plasmate più facilmente (per sostenere/unirsi alla setta/ideologia). Inoltre, l'ideologia/culto sostiene l'immigrazione di massa/il "rimpiazzo della popolazione" nei Paesi occidentali, che questa pratica (di trascurare gli anziani) sostiene. Ciò accelera essenzialmente il processo, in quanto le giovani generazioni di immigrati vengono portate nel Paese in questione, mentre le vecchie generazioni di locali vengono lasciate morire.

Servizio sanitario nazionalizzato e Covid

Un altro problema dell'esistenza di un sistema sanitario controllato dal governo si è manifestato durante il fiasco del Covid. L'NHS britannico, l'HSE irlandese (e le loro controparti in altri Paesi) seguiranno ovviamente le istruzioni del governo e degli "esperti" o "specialisti" su come affrontare la plandemia di Covid: nessuna domanda, nessuna voce dissenziente (non ai vertici delle strutture dirigenziali, comunque). E molti (se non tutti) i membri del personale che dirigono e controllano queste organizzazioni sono essi stessi membri del culto, essendo passati attraverso il sistema educativo marxiano. Organizzazioni come questa sono parte integrante del sistema di controllo, più che pronte a iniettare milioni di persone nei loro rispettivi Paesi, senza fermarsi a chiedere se è il caso.

Sistemi educativi socialisti

Ovviamente, il controllo dei sistemi educativi è un obiettivo strategico importante per il culto, e lo è sempre stato (la prima parte dell'asse dieci del Manifesto comunista è "Istruzione gratuita per tutti i bambini nelle scuole pubbliche"). Permette di creare generazioni di droni sottomessi e obbedienti allo Stato che saranno infettati dall'ideologia. Lo vediamo chiaramente oggi con l'"insegnamento" di una "educazione" sessuale e degenerata, oltre alla promozione del femminismo, del cambiamento climatico, della

---

[34] Ibid. 101.

programmazione della "diversità", ecc. In pratica si cerca di inserire tutte le schifezze che la mente vulnerabile di un bambino può sopportare. In un sistema educativo socialista controllato dal governo, ha spiegato DiLorenzo, le scuole pubbliche dipendono finanziariamente - e quindi sono controllate - dallo Stato. Lo Stato può quindi dettare ciò che insegnano e come lo insegnano. Per dirla in un altro modo: non hanno la possibilità di discostarsi dai piani del governo e di non insegnare le stronzate marxiste.

Inoltre, DiLorenzo spiega come queste istituzioni abbiano problemi simili a quelli di altre imprese o servizi gestiti dal governo: "Una scuola privata deve competere per gli studenti... (altrimenti)... perde soldi, e alla fine potrebbe fallire. Una scuola gestita dal governo gode di un monopolio virtuale, soprattutto tra i poveri, che non possono permettersi una scuola privata; e come in tutti i monopoli, la convenienza di amministratori e dipendenti viene prima delle esigenze dei clienti, perché i clienti ci saranno sempre. Non hanno scelta".[35]

Le scuole gestite dal governo possono ottenere più fondi anche se fanno un lavoro mediocre o addirittura al di sotto degli standard, perché la richiesta di "abbiamo bisogno di più fondi/personale" può sempre essere avanzata (a differenza delle scuole private). DiLorenzo ha osservato come l'aumento della spesa non migliori necessariamente i livelli di istruzione. Quindi, ha affermato, stanno essenzialmente aumentando i loro costi, per non essere "all'altezza" di loro stessi!

A questo proposito, scrive: "Sarebbe difficile trovare un'impresa privata che abbia avuto un calo di produzione, di rendimento o di vendite, dopo massicce iniezioni di capitale. Solo nelle imprese monopolistiche e socialiste come le scuole pubbliche si trova l'assurdità di pagare di più per il servizio e non ottenere nulla in cambio".[36] Ha aggiunto che le scuole private devono "spendere i loro soldi in modo efficiente" perché cercano di ottenere un profitto; mentre le scuole pubbliche tendono a spendere di più per giustificare gli aumenti di bilancio.

L'imposta progressiva sul reddito

"La teoria dei comunisti può essere riassunta in un'unica frase: Abolizione della proprietà privata".[37]

Marx ed Engels, *Il Manifesto comunista* (1848)

Un'imposta progressiva sul reddito è elencata nel Manifesto comunista (secondo punto) ed è, tra le altre cose, una forma di furto, oltre a essere un

---

[35] Ibid. 173, 174.

[36] Ibid. P. 175-176.

[37] Marx ed Engels, *Il Manifesto comunista* (1848). P. 22.

tentativo di imporre l'uguaglianza. La maggior parte delle persone all'interno di questo sistema è letteralmente costretta a pagare le tasse o ci saranno conseguenze per loro, tra cui il carcere (o la minaccia di esso). DiLorenzo ha scritto che si tratta di una "tassa sul reddito discriminatoria" che "penalizza la produttività tassando i redditi più alti con aliquote progressivamente più alte" perché è "la loro negazione della realtà della disuguaglianza umana". Un'osservazione fantastica! È incredibile come questa tassa esista nella (maggior parte) delle nostre società da oltre un secolo (in una forma o nell'altra), con la maggioranza ignara delle sue origini ideologiche. È semplicemente accettata come una parte normale della vita.[38]

Anche se ci viene detto che questa imposta progressiva sul reddito è giusta e ragionevole, non è così. Anche in questo caso, l'indottrinamento convince le masse del contrario e che chi guadagna di più (alias "oppressori borghesi") merita di essere penalizzato. Come spiega DiLorenzo: "L'ideale di un'imposta sul reddito "progressiva" è creare una maggiore "uguaglianza" trattando le persone in modo diseguale".[39] Aggiunge che è l'esatto contrario del "principio fondamentale di equità in una società, che è l'uguaglianza sotto la legge". Un'imposta progressiva sul reddito è una politica di disuguaglianza sotto la legge". Fa parte della destabilizzazione delle società capitalistiche, spiega, e lo sfruttamento dell'invidia è un ottimo modo per farlo.

L'imposta progressiva sul reddito viene applicata sulla base dell'idea sempre presente che il proletariato/le classi lavoratrici vengono sfruttate dalla borghesia/classe ricca.[40] Questa tassa opera anche contro il principio dello "sviluppo del capitale umano" (di cui parla DiLorenzo) - l'idea che l'aumento della produttività in un'economia capitalista sia ricompensato con salari più alti perché "i datori di lavoro competono per i loro servizi".[41] Questo crea un incentivo per le persone a sviluppare le proprie competenze come dipendenti, eccetera; in breve, "il capitalismo incoraggia la mobilità verso l'alto".[42] L'imposta progressiva sul reddito agisce attivamente contro questa caratteristica positiva del capitalismo, penalizzando chi guadagna di più (ipso facto, è un attacco al capitalismo).

Un sistema bancario centralizzato

"La banca centrale è uno degli assi portanti del Manifesto Comunista. Parliamo dell'America come di un Paese capitalistico, ma allo stesso tempo abbiamo una

---

[38] DiLorenzo, T., *Il problema del socialismo*, pag. 123.

[39] Ibid. P. 124.

[40] Ibid. P. 124.

[41] Ibid. P. 124.

[42] Ibid. P. 125.

banca centrale".[43]

Il compianto produttore cinematografico americano Aaron Russo
sul sistema della Federal Reserve, 2009

Esiste una "banca comunista" o è un ossimoro? Sebbene il sistema bancario
centrale possa essere visto come capitalistico, in realtà ha avuto origine
dall'ideologia, cosa che viene trascurata. Il quinto punto del Manifesto
comunista è "Centralizzazione del credito nelle mani dello Stato, per mezzo di
una banca nazionale con capitale statale e monopolio esclusivo". Ciò significa
che quando la *Federal Reserve* fu istituita nel 1913 (dopo l'ormai famigerato
incontro a Jekyl Island tra i magnati delle banche nel 1910), il quinto punto del
Manifesto comunista fu raggiunto.

DiLorenzo ha scritto che fino a questo momento negli Stati Uniti c'era
un'economia funzionante, con una concorrenza tra le varie banche: "La Fed,
come tutte le banche centrali, è essenzialmente un'agenzia di pianificazione
centrale socialista che pretende di "stabilizzare" e "mettere a punto"
l'economia. Per gran parte della storia americana non è esistita alcuna agenzia
di pianificazione centrale di questo tipo... C'è stata una certa regolamentazione
delle filiali bancarie... ma per la maggior parte, gli Stati Uniti hanno goduto di
un sistema di capitale di libero mercato, senza un esercito di pianificatori
centrali".[44]

Ha inoltre sottolineato l'errata percezione che la Fed stabilizzi l'economia, e
che in realtà ha creato i vari cicli di boom-and-bust, tra cui "la bolla (e il
fallimento) del mercato azionario del 2000 e la bolla immobiliare che è esplosa
nella Grande Recessione del 2008". Le sue politiche negli anni Venti "hanno
generato una bolla del mercato azionario seguita dal famoso crollo dell'ottobre
1929".[45] L'esistenza (e il potere) di una banca centrale in un Paese porta a
questo tipo di problemi.

Proprio come gli altri elementi socialisti menzionati in questa sezione (sanità,
istruzione, gestione della terra e delle risorse, ecc.), i problemi da essi causati
sono dovuti alla centralizzazione, un controllo centrale che crea restrizioni e
instabilità all'interno del sistema. All'interno di questo sistema manca la libertà
di sviluppare una vera prosperità, frutto della concorrenza del libero mercato.
Naturalmente, questa socializzazione delle banche è internazionale, non solo
negli Stati Uniti.

Per concludere l'argomento: notate come i problemi sopra elencati, causati da
questi sistemi centralizzati comunisti, vengono imputati al capitalismo dai

---

[43] TruthTube1111, «Alex Jones intervista Aaron Russo (versione integrale)», 8 giugno
2011. https://www.YouTube.com/watch?v=N3NA17CCboA

[44] Ibid. P. 162.

[45] Ibid. P. 163.

membri del culto? Quante volte li avete sentiti dare la colpa dei crolli finanziari ecc. al loro vecchio nemico, mentre invocano "un sistema alternativo"?

Lo esclamano perché credono che il capitalismo abbia in sé i semi della sua stessa distruzione, beatamente ignari del fatto che, da quando il marxismo è apparso sulla scena nel XIX secolo, raramente il capitalismo è stato lasciato funzionare indisturbato da esso. In sostanza, vedono ciò che si aspettano - e vogliono - vedere, ma sono ciechi di fronte a tutto il resto (compresa la verità dei fatti). A causa dell'indottrinamento, molti non riescono a vedere che il capitalismo ha fatto uscire tanti dalla povertà nell'era moderna.

La distruzione della chiesa e della religione

"Il socialismo è proprio la religione che deve sopraffare il cristianesimo"[46]

Antonio Gramsci, Quaderni del carcere, 1929-1935

"Noi comunisti siamo come Giuda. È il nostro lavoro sanguinario quello di crocifiggere Cristo. Ma questa opera peccaminosa è allo stesso tempo la nostra vocazione: solo attraverso la morte in croce Cristo diventa Dio, e questo è necessario per poter salvare il mondo. Noi comunisti prendiamo quindi su di noi i peccati del mondo, per poter così salvare il mondo".[47]

Gyorgy Lukacs nell'Ungheria comunista del 1919

"Il comunismo è quella fase dello sviluppo storico che rende superflue tutte le religioni esistenti e le sostituisce".[48]

Friedrich Engels, La questione comunista della fede, 1847

"La religione è il sospiro della creatura oppressa, il cuore del mondo senza cuore e l'anima delle condizioni senza anima. È l'oppio dei popoli".[49]

Karl Marx, "Critica della filosofia del diritto di Hegel", 1844

Il marxismo è tanto anticristiano quanto anticapitalista. Perché? Sì, perché il marxismo vuole distruggere la civiltà occidentale e il cristianesimo (come il capitalismo) è tradizionalmente considerato uno dei suoi pilastri. Ma ci sono altre ragioni? In effetti, l'aspetto antireligioso dell'ideologia è stato una

---

[46] *Selezioni dai Quaderni del carcere* (1999), (scritti 1929-1935).
https://abahlali.org/files/gramsci.pdf

[47] Lopez, D., «La conversione di Georg Lukács».
https://www.jacobinmag.com/2019/01/lukacs-hungary-marx-philosophy-consciousness

[48] (48) Engels, F., «Progetto di una confessione di fede comunista», 9 giugno 1847.

https://www.marxists.org/archive/marx/works/1847/06/09.htm

[49] Marx, K. «Critica della filosofia del diritto di Hegel», 1844.
https://www.marxists.org/archive/marx/works/download/Marx_Critique_of_Hegels_Philosophy_of_Right.pdf

caratteristica fin dall'inizio.

Moses Kiessel Marx Mordechai Levi (alias Karl Marx) era un tipo inquietante e un satanista. Era innegabilmente, amaramente e fanaticamente anti-Dio e scrisse diversi pezzi che esprimevano le sue opinioni, il che sembra quasi strano visto che discendeva da una lunga stirpe di rabbini ebrei.

Nel suo poema "Orgoglio umano" (precedente al 1837) scrisse: "Le parole che insegno si confondono tutte in una confusione diabolica. Così, ognuno può pensare solo ciò che sceglie di pensare. Con sdegno getterò il mio guanto di sfida in faccia al mondo, e vedrò il crollo di questo gigante pigmeo la cui caduta non soffocherà il mio ardore. Allora mi aggirerò divino e vittorioso tra le rovine del mondo. E, dando alle mie parole una forza attiva, mi sentirò uguale al Creatore".[50] Sembra un uomo folle, amareggiato, con un enorme problema di ego, che si crede un Dio, determinato a rovinare la Terra... È interessante che le prime due frasi suggeriscano che le sue opere sono solo un'accozzaglia manipolatoria, e che il lettore può scegliere la propria interpretazione (pensiero post-modernista; esplorato più avanti) ed essere illuso. Infatti. Questo riassume perfettamente il culto/ideologia di oggi. Quindi, dopo tutto, era un profeta. Inoltre, il titolo "Orgoglio umano" si riferisce all'ego, un motore psicologico primario del culto.

Un estratto da un'altra sua poesia intitolata "Il violinista" (precedente al 1837): "Fino a quando il cuore è stregato, fino a quando i sensi si ribellano: Con Satana ho stretto il mio patto. Lui traccia i segni, batte il tempo per me, io suono la marcia della morte veloce e libera".[51] Un patto con Satana, eh? Direi che era bello bere una birra con lui. Ci sono molti esempi di scrittura di questo tipo. Teniamo presente che questo tizio è famoso in tutto il mondo, considerato una specie di genio, il dio padre della sociologia, ecc. Quindi adesso adoriamo i satanisti? Moses Hess sembra sia stato responsabile dell'introduzione di Marx ed Engels al satanismo.

È interessante notare che, a giudicare dagli scritti di Marx, egli non era ateo (come la setta/ideologia si autoproclama) - credeva chiaramente in Dio, ma lo odiava, scegliendo di stare dalla parte di Satana. Che qualcuno creda o meno in Dio o nel Diavolo è irrilevante: se l'ideologia/culto ha origini sataniche e distruttive (e le ha), questo riguarda tutti noi. Conosci il tuo nemico umano.

Marx si sarebbe poi concentrato sull'aspetto economico e sociologico delle cose e il suo lavoro sarebbe diventato apparentemente tutto incentrato sul lavoro, sulla lotta di classe, ecc. Inoltre, Marx era un fan di Charles Darwin (1809-1882), che pubblicò *On the Origin of Species by Means of Natural*

---

[50] Marx, K. «Orgoglio umano» (opere prime di KarlMarx in versi, prima del 1837).

[51] Marx. K. «*Canti selvaggi*», «*Il violinista*», (opere prime di Karl Marx: libro di versi, prima del 1837).

Selection nel 1859 (11 anni dopo il Manifesto comunista). A Marx piaceva la teoria di Darwin perché negava l'esistenza di una creazione (un'altra sfida a Dio). Legittimava un approccio "scientifico" e l'ateismo in un libro popolare. Forse il marxismo e il darwinismo sono stati i fattori di maggiore impatto che hanno contribuito all'ateismo in quest'epoca. In una corrispondenza con il socialista tedesco Ferdinand Lasalle, Marx scrisse che l'opera di Darwin "è molto importante e si adatta al mio scopo in quanto fornisce una base nella scienza naturale per la lotta storica di classe". [52] Naturalmente, la teoria dell'evoluzione di Darwin è "scientifica" nel senso in cui lo è l'ideologia: teorica, basata su ipotesi e non riflettente la realtà, ma anche ampiamente accettata dall'establishment intellettuale come legittima e brillante.

L'argomento è vasto, ma il punto principale è che il marxismo è esteriormente antireligioso (in un certo senso), e in particolare anti-cristiano. In generale, l'ideologia è ostile anche ad altri tipi di credenze spirituali (a meno che non sia vantaggioso agire diversamente). Esempi moderni sono il trattamento riservato dalla Cina ai buddisti in Tibet, al Falun Gong e ai musulmani uiguri dello Xinjiang. [53]

L'ideologia ha una lunga storia non solo di critica o di condanna delle pratiche religiose o spirituali, ma di un livello quasi incredibile di cattiveria, che si traduce in tutto, dalle aggressioni alle torture, dalle mutilazioni agli stupri efferati, fino alla liquidazione di massa dei praticanti. Questa estrema violenza anticristiana è stata una caratteristica di tutte le principali rivoluzioni marxiane a partire dalla Rivoluzione francese. Le nozioni di "diversità" e "uguaglianza" del culto, tipicamente, non vengono applicate quando si tratta di cristianesimo.

Nonostante ciò, tuttavia, alcune interpretazioni della spiritualità sembrano combaciare perfettamente con l'ideologia. Per esempio, tutti i tipi di pratiche spirituali che si basano su false interpretazioni dell'"amore" e della "compassione", sull'intero concetto di "siamo tutti uno" (unità, solidarietà, uguaglianza), o che fanno dell'edonismo o della felicità il centro della propria esistenza; tutto ciò che si basa principalmente sull'essere emotivi piuttosto che razionali. L'ideologia si sposa bene con le false alternative alla spiritualità o alla religiosità autentica e benevola. Il movimento New Age contiene molti esempi di queste false alternative, o pseudo-spiritualità, essenzialmente.

Va detto che l'autore non è cristiano né affiliato ad alcuna religione, eppure è il perfetto alleato non cristiano dei cristiani. Questo per evitare che il lettore pensi che la posizione protettiva dell'autore nei confronti del cristianesimo derivi da pregiudizi personali. No, il mio ragionamento è molto più lucido e

---

[52] Marx ed Engels, *Corrispondenza selezionata 1846-1895* (1975), vol. 41: 246-47.

[53] Cook, S. «Falun Gong: Libertà religiosa in Cina», 2017.

https://freedomhouse.org/report/2017/battle-china-spirit-falun-gong-religious-freedom

strategico. Assumo una posizione protettiva perché è nell'interesse di tutti noi farlo, sia che siate cristiani o religiosi o meno, sia che vi consideriate o meno una persona spirituale di qualsiasi tipo. Se non siete cristiani, dovete capire e seguire il mio esempio, e anche i cristiani devono capirlo. Questo permette di creare una potente alleanza.

Coloro che si oppongono a questa ideologia (e all'internazionalismo/"globalismo", al governo unico mondiale, ecc.) dovrebbero resistere all'attacco al cristianesimo in tutto il mondo, che siano cristiani o meno. Dovremmo farlo perché fa parte dell'agenda marxiana per raggiungere il dominio globale. Se ci impegniamo a deridere apertamente il cristianesimo o i cristiani, ci comportiamo effettivamente come la setta/ideologia vuole che ci comportiamo. Allo stesso modo, se ci tiriamo indietro e permettiamo che il cristianesimo venga sistematicamente rimosso dai nostri Paesi/culture da parte del culto, siamo complici di questa particolare sotto-agenda. I motivi diventeranno evidenti man mano che procediamo. Bisogna mettere da parte i pregiudizi personali per fare ciò che è giusto.

Specificamente anticristiano

L'ideologia/culto è specificamente anticristiana. Attacca il cristianesimo e i cristiani in ogni occasione, come ha sempre fatto, utilizzando vari metodi. Sebbene storicamente ci sia stato un palese massacro marxista di questo gruppo religioso, oggi non ci sono omicidi veri e propri nei Paesi occidentali; tuttavia la mentalità anticristiana è evidente. L'influenza del cristianesimo è sempre più marginalizzata e soppressa.

La setta (in generale) sostiene di essere atea e che la religione è un male per l'umanità, eccetera, il che sembra spiegare la sua posizione nei confronti del cristianesimo; tuttavia non tratta le altre religioni allo stesso modo. Infatti, non solo la setta non attacca l'ebraismo/gli ebrei o l'islam/musulmani, ma vi criticherà per averlo fatto e scatenerà i suoi temuti insulti, come "antisemita" e "islamofobo". In sostanza, questo significa che attaccare il cristianesimo/cristiani va bene, ma attaccare altri gruppi religiosi non è permesso.

Non vi sembra strano? Non si tratta di un palese doppio standard? Anche un principiante dovrebbe capirlo molto rapidamente. Basta prestare attenzione alla cultura pop marxista per cinque minuti per vederla in azione, anche nei media anticristiani prodotti dal culto, attraverso l'industria dell'"intrattenimento". Ora è aperta la stagione del cristianesimo, ma ancora una volta, lo stesso trattamento non è consentito per le altre denominazioni.

Confronto tra cristianesimo e islam

Inoltre, per giustificare la posizione anti-cristiana, essi tirano costantemente fuori esempi di comportamenti malvagi ispirati dal cristianesimo (ad esempio, l'Inquisizione, le Crociate), ma non hanno nulla da dire sulla storia sanguinosa (a volte imperiale) della Jihad islamica. Si potrebbe obiettare che semplicemente non conoscono la storia violenta dell'Islam, ma se conoscono le Crociate - un conflitto correlato principalmente tra cristiani e musulmani - non ci sono scuse.

Inoltre, probabilmente darebbero la colpa di qualsiasi sentimento di Jihad islamica all'"imperialismo" degli Stati Uniti e della NATO (ho visto alcuni membri del culto fare affermazioni stupide come questa!), anche se la Jihad esisteva molto prima che Cristoforo Colombo "scoprisse" le Americhe nel 1492! Maometto morì intorno al 632 d.C. e la Jihad era in pieno svolgimento durante la sua vita. La Dichiarazione di Indipendenza degli Stati Uniti risale al 1776! Non stiamo criticando l'Islam/Musulmani qui, ma solo evidenziando i doppi standard.

Quando si parla di cristianesimo, il culto mette in evidenza ogni punto debole/negativo percepito, come la pedofilia/stupro di minori, il crimine e la corruzione, il fatto che sia oppressivo e che sia stato responsabile di tante guerre, esecuzioni, massacri ecc. Anche se potremmo dire queste cose dell'Islam in egual misura, ciò non viene evidenziato. La storia dell'Islam - al tempo del profeta Muhammed - è la storia della conquista, della conversione forzata e del massacro dei kafir (infedeli o "non credenti" non musulmani).

Inoltre, oggi nel mondo non esistono torture, mutilazioni, omicidi, estremismi e terrorismo di matrice cristiana, ma non si può dire lo stesso dell'Islam. Anche questo viene opportunamente ignorato, mentre il culto cerca di minimizzare o coprire gli episodi di estremismo islamico nei Paesi occidentali. È solo la solita ciliegina sulla torta, due pesi e due misure, tipica del culto. È anche traditore, perché in pratica si schiera con chi non è della sua stessa nazionalità o razza e lo usa per farsi strada.

Le credenze cristiane sono sciocche, ma quelle musulmane o ebraiche no?

La folla marxista ama deridere il cristianesimo e i cristiani, con le loro preghiere e i loro rituali, e la loro fede in Dio o l'adorazione di Gesù Cristo, affermando che si tratta di sciocchezze superstiziose; ma se alcuni musulmani eseguono la Salah (preghiera) o parlano del Corano o di Allah, tutto d'un tratto, "oh è così meraviglioso, è così diverso! Voglio dire, non condivido le vostre credenze, ma le rispetto" ecc. ecc. bla bla; più "leccate di culo" (come diciamo in Irlanda).

Lo stesso vale per l'altra religione abramitica, il giudaismo. Se si suggerisce pubblicamente che il popolo "eletto" non è in realtà speciale o meritevole di un trattamento speciale, o si dichiara di ritenere che la Brit Milah (circoncisione dei bambini) sia una barbarie, si viene colpiti dall'etichetta di "antisemita". Il culto non tratta tutte le religioni allo stesso modo e considera il cristianesimo - e la Chiesa cattolica romana in particolare - il nemico.

Il culto si comporterà da "ateo" e dirà che l'Irlanda è ora molto più progressista dopo la separazione tra Stato e Chiesa, ma non avrà alcun problema quando i musulmani inizieranno inevitabilmente a dominare gli affari politici e a dare priorità all'Islam e ai musulmani o ai non musulmani nei Paesi occidentali.

Ovviamente, il culto sostiene l'islamizzazione dell'Occidente, soprattutto in Europa. Questo potrebbe essere interpretato come un attacco al cristianesimo, dato che l'Islam inizierà inevitabilmente a dominare il panorama religioso (grazie a una popolazione in rapido aumento). È vero, questo non sembra contraddire l'idea che la loro ideologia sia atea: sono programmati per sostenere i musulmani (pensano) per ragioni umanitarie (uguaglianza, diversità, compassione, ecc.).

La programmazione dell'ideologia è la forza trainante. Sarebbe interessante interrogare alcuni membri della setta per sapere se rispettano o meno le credenze religiose di un musulmano più di quelle di un cristiano (in particolare dei cattolici). Se no, perché? Naturalmente, grazie all'indottrinamento e alla cultura "PC" creata dal marciume marxista, se sollevi questi punti, sei un "islamofobo". È vero che questi ignoranti membri del culto non hanno alcuna conoscenza e sono consapevoli della storia solo da una prospettiva filo-marxiana; ma comunque, cose come queste sono più evidenti doppi standard; un'altra bandiera rossa (comunista). Il pregiudizio anticristiano è evidente.

La pedofilia come arma di propaganda

Un altro esempio di doppia morale è la questione della pedofilia. Nell'attacco della setta alla Chiesa cattolica e al Vaticano, la questione della pedofilia viene messa in evidenza di volta in volta. Questo permette alla propaganda di equiparare il cristianesimo e i cristiani alla pedofilia. Se vogliamo equiparare la pedofilia al cristianesimo sulla base dei casi in cui è coinvolta la Chiesa cattolica, allora dovremmo equipararla anche all'ebraismo e all'islam, dal momento che ci sono stati molti casi che hanno coinvolto questi gruppi religiosi, sia nel passato che nel presente.

Ancora una volta, l'ideologia non si preoccupa delle persone, compresi i bambini, ma solo di perpetuare se stessa. Quindi, in questo caso, la finta preoccupazione per il benessere dei bambini viene usata per raggiungere uno degli obiettivi dell'ideologia/culto (la distruzione del cristianesimo).

Perché deve distruggere il cristianesimo

La ragione più importante per cui l'ideologia attacca il cristianesimo (senza andare troppo in profondità o in esoterismo per ora), è perché si tratta di un avversario ideologico, con un sistema di credenze ben radicato. La diffusione globale dell'infezione è sempre stata in qualche modo ostacolata dalla presenza di questo sistema di credenze.

In generale, il cristianesimo genuino - il cattolicesimo in particolare - si è opposto a molte delle cose degenerate e distruttrici di civiltà che l'ideologia/culto promuove, pur essendo a favore di cose sane e costruttrici di civiltà a cui l'ideologia/culto si oppone (elencate più avanti). In sostanza, il cristianesimo e il marxismo hanno una relazione antagonista e non possono coesistere.

Perché attacca il cattolicesimo

Il cattolicesimo romano e il Vaticano sono stati tradizionalmente un obiettivo prioritario per la setta/ideologia. Il cristianesimo è la religione più popolare a livello globale e rappresenta circa il 30% della popolazione mondiale, ovvero 2,36 miliardi di persone (la popolazione mondiale totale al momento della stesura del presente documento è di 7,88 miliardi).[54]

Sebbene esistano molte denominazioni del cristianesimo, la stragrande maggioranza è costituita da cattolici, con circa 1,3 miliardi di aderenti.[55] Questo fa della Chiesa cattolica, con sede in Vaticano, l'organizzazione cristiana più grande, influente e potente del pianeta. Sebbene la Chiesa e il Vaticano stesso siano stati stravolti in molti modi, per diverse ragioni (un ampio argomento di ricerca e discussione trattato da altri autori), il cristianesimo rimane ancora molto influente, mantenendo aderenti nelle Americhe, in Europa, nell'Africa sub-sahariana, in Russia e in Australasia.

Questa presenza ben radicata e globale del cristianesimo pone un problema strategico importante per il marxismo, semplicemente per il numero di aderenti coinvolti (e quindi per la sua influenza globale). A titolo di esempio, la popolazione dei cristiani nel mondo, con 2,3 miliardi, è superiore alla popolazione della Cina. Anche se presumiamo che ogni singola persona in quel Paese, che conta circa 1,4 miliardi di persone, abbia subito il lavaggio del cervello da parte dell'ideologia (il che non è vero), possiamo vedere che il cristianesimo rappresenta un problema.

Sebbene i cristiani siano sparsi in tutto il mondo, lo sono anche i membri dei culti marxisti (che siano o meno di matrice cinese). In un certo senso, si tratta di una guerra religiosa globale, con la squadra Dio/Yahweh/Allah da una parte e la squadra Lucifero/Satana dall'altra. Parlando di cifre, si può solo ipotizzare quante persone ci siano nel mondo che possono essere classificate come membri di culti marxisti...

Il cristianesimo/religiosità si oppone all'ideologia

Ora possiamo entrare più nel dettaglio di come il cristianesimo (e le altre religioni in generale) si oppone all'ideologia. Tradizionalmente, il

---

[54] Hackett e McClenon. «I cristiani restano il gruppo religioso più numeroso al mondo, ma sono in calo in Europa», 5 aprile 2017. https://www.pewresearch.org/fact-tank/2017/04/05/christians-remain-worlds-largest-religious-group-but-they-are-declining-in-europe/

[55] https://en.wikipedia.org/wiki/List_of_religious_populations

cristianesimo è a favore di cose come il matrimonio (e quindi l'unità familiare tradizionale), ma è anche contrario alla contraccezione, all'aborto, ai matrimoni gay, ecc. Queste sono tutte posizioni positive da avere in una determinata società, in quanto contribuiscono a incoraggiare una cultura in cui uomini e donne si uniscono e hanno relazioni monogame significative per la crescita dei figli. È un bene per l'integrità delle nazioni, dei popoli e delle culture, per non parlare della soddisfazione di vita a lungo termine degli individui!

L'ideologia, ovviamente, ha promosso l'opposto di queste cose attraverso le sue varie sotto-agenzie, tra cui il femminismo e la "liberazione" delle donne (che a sua volta ha garantito un'ampia diffusione della contraccezione e dell'aborto), e il movimento LGBTQ, che cerca di spingere l'idea che le relazioni non eterosessuali siano uguali a quelle eterosessuali (cosa che ovviamente non è in un contesto di genitorialità); oltre ad altre sotto-agenzie, come quella di confondere completamente i confini tra "maschio" e "femmina"(!).

Quindi, in sostanza, l'influenza religiosa promuove tassi di natalità più elevati e incoraggia la maturità personale e il dovere (incoraggiando relazioni monogame, figli e matrimonio), mentre il marxismo promuove tutto il resto. Anche in questo ambito - che riguarda i tassi di natalità e gli ambienti familiari stabili - è chiaro che non c'è gara tra cristianesimo e marxismo quando si tratta di stabilire quale sia il male per la civiltà.

A un altro livello, possiamo vedere come il culto/ideologia si opponga a Dio/creatore/natura in generale, con le sue varie sotto-agenzie. Il veganismo contraddice l'idea che Dio/il creatore ci abbia dato il dominio sulle altre forme di vita e che sia più che accettabile per noi usare gli animali per scopi agricoli, poiché è per questo che sono qui.

Ovviamente, sostenere l'aborto e la contraccezione è quanto di più contrario alla vita e alla creazione: impedisce direttamente che la vita umana venga creata come parte del "piano di Dio". (Tra l'altro, entrambi sono anche atti simbolici, in quanto pongono la gratificazione personale e l'ego di qualcuno al di sopra della "volontà" di Dio (ciò che è meglio per l'umanità), il che è una forma di satanismo - la religione dell'ego, del culto di sé).

E poi c'è il fatto che la religione e la spiritualità possono incoraggiare un pensiero non materialista. Naturalmente, poiché il marxismo si basa su un materialismo senz'anima, anche gli aspetti spirituali del cristianesimo pongono problemi all'ideologia; tra questi, la convinzione che la moralità e l'etica non siano qualcosa che possiamo semplicemente inventare come esseri umani, ma siano una componente intrinseca della vita, della creazione.

Inoltre, l'idea che l'umanità sia il risultato di una creazione, e non solo di un incidente "scientifico" materialistico e ateo (come l'evoluzione, l'entropia, ecc.), è un altro elemento in conflitto con il dogma marxiano. L'idea che qualcosa di divino (se siamo ricettivi ad esso) possa guidare le nostre vite e le nostre azioni è un altro problema per l'ideologia.

Infine, molte religioni (tra cui il cristianesimo) hanno tradizionalmente suggerito che ciò che facciamo nella nostra vita qui sulla Terra - usando il nostro libero arbitrio - conta e che saremo giudicati in seguito; inoltre, che siamo osservati dal creatore. Naturalmente, questo insinua che esista uno standard universale e oggettivo di moralità a cui una persona deve in qualche modo conformarsi.

Si noti che questa era una convinzione diffusa in tutto il mondo prima dell'avvento del marxismo, in particolare in Occidente, e tali sentimenti ovviamente svaniscono nelle società che diventano "atee" grazie all'infezione ideologica. Ovviamente, essendo "libero" dalla preoccupazione di questo giudizio, un umano può scegliere un percorso di degenerazione, o diventare un traditore dell'umanità in un modo o nell'altro. I membri di una setta, volenti o nolenti, spesso rientrano in questa categoria per impostazione predefinita. Il marxismo, se vogliamo, elimina l'incentivo a essere una brava persona secondo gli standard morali tradizionali, che fanno parte del "piano di Dio".

Il cristianesimo contiene norme morali

Questo è fondamentale. Come già detto, l'ideologia distorce la percezione di molte cose, tra cui la percezione di ciò che è oggettivamente, universalmente, effettivamente giusto e sbagliato (alias "bene e male"). Osservando il comportamento psicotico e immorale del culto in tutto il mondo, possiamo vedere gli effetti di questa distorsione. L'ideologia è accompagnata da un insieme preconfezionato di convinzioni immorali, contenute nell'indottrinamento. Va da sé che esse contraddicono l'insieme di credenze che il cristianesimo fornisce. (E prima di continuare, è ovvio che una persona può avere una coscienza senza essere cristiana/religiosa, spirituale, eccetera, ma non è questo il punto!)

La religione spesso porta con sé certe interpretazioni di ciò che è giusto o sbagliato, certi standard e regole su come comportarsi. Il marxismo ha bisogno di imporre le proprie regole di comportamento (compreso il modo in cui si pensa, si parla, si sente, ciò in cui si dovrebbe credere, ecc.), quindi ha bisogno di eliminare tutte le ideologie concorrenti che cercano di fare lo stesso lavoro. Una persona può avere un solo sistema di credenze che guida i suoi pensieri, le sue parole, le sue azioni e le sue convinzioni alla volta. Possiamo paragonare questa situazione alla sostituzione di un sistema operativo (OS) con un altro su un computer (ad esempio, da Windows o Mac a Linux, o viceversa).

Quindi, i membri delle sette credono nella moralità/etica, nell'idea di "giusto" e "sbagliato"? Ho visto/sentito membri di una setta prendere in giro il cristianesimo/cristiani sul tema della moralità oggettiva. L'interpretazione cristiana generale è che esiste un sistema oggettivo, universale, dato da Dio, che fa parte della creazione stessa; una nozione che i membri della setta ritengono ridicola e "irrazionale". Altri membri della setta sembrano semplicemente non credere all'idea di una morale oggettiva, a parte il cristianesimo.

Eppure, il fanatismo e l'attivismo della setta si basano sulla loro convinzione di conoscere la differenza tra giusto e sbagliato! Non solo, ma credono anche di avere il diritto di imporla alla società. Questo è contraddittorio, nel senso che chi può sapere cosa sia giusto o sbagliato? Secondo chi? Con l'autorità di chi? Degli altri membri del culto? Degli "esperti" marxisti? Forse il loro punto di riferimento è che si commette un errore quando qualcuno grida "oppressione"?

L'ateismo e l'agenda anti-bianco

È interessante notare che una delle tante sotto-agende che il marxismo sostiene è quella razzista e anti-bianca. In effetti, molte delle altre sotto-agende dell'ideologia sostengono questa: il femminismo, l'aborto, il multiculturalismo/la programmazione della diversità, ecc. contribuiscono ad abbassare i tassi di natalità soprattutto nei Paesi occidentali, a loro volta principalmente caucasici (stiamo esaminando l'immigrazione di massa e il multiculturalismo in modo più dettagliato altrove).

Prima dell'avvento del marxismo, la maggior parte delle popolazioni bianche di tutto il mondo erano in qualche modo cristiane. Da quando il marxismo è entrato in scena e ha iniziato ad avere un impatto culturale significativo (durante il XX secolo), c'è stato un massiccio aumento dell'ateismo tra queste popolazioni. Questo ateismo è stato un fattore importante per il dominio dell'ideologia, che a sua volta ha portato alle numerose conseguenze distruttive della civiltà e della razza che stiamo vivendo oggi nei Paesi occidentali (prevalentemente bianchi e cristiani). Non è una coincidenza.

Sapendo come opera l'ideologia, sarebbe sciocco per essa permettere che l'ideologia opposta del cristianesimo esista e debba competere con essa per l'influenza sulle masse. È molto più efficiente dal punto di vista tattico eliminare completamente la sua influenza dall'equazione. Ed è proprio quello che ha fatto. Purtroppo, a causa della mancanza di comprensione/coscienza, milioni e milioni di persone nel mondo (membri di culti o meno) hanno aiutato l'ideologia in questa rimozione durante la loro vita, dando così potere al culto/ideologia e precipitando la loro stessa distruzione.

Essere omicidi nei confronti dei cristiani

"I principali bolscevichi che hanno preso il controllo della Russia non erano russi. Odiavano i russi. Odiavano i cristiani. Spinti dall'odio etnico hanno torturato e massacrato milioni di russi senza un briciolo di rimorso umano. Non si può esagerare. Il bolscevismo ha commesso il più grande massacro umano di tutti i tempi. Il fatto che la maggior parte del mondo sia ignorante e incurante di questo enorme crimine è la prova che i media globali sono nelle mani dei colpevoli".

Aleksandr Solzhenitsyn, *Arcipelago Gulag*, 1973[56]

Non è strano che sembrino sempre attaccare direttamente il cristianesimo? Se queste rivoluzioni dovrebbero avere lo scopo di rendere la società migliore, più egualitaria, eccetera, allora perché è così prioritario uccidere i cristiani? È una grande bandiera rossa comunista quando osserviamo questo aspetto delle rivoluzioni marxiste. Possiamo vedere che non si tratta solo di economia o di politica: c'è un elemento religioso/antireligioso nella sua agenda.

Fin dai tempi della Rivoluzione francese, i rivoluzionari si sono sempre scagliati violentemente contro i cristiani per genocidiarli con ogni mezzo disponibile (il clero e la popolazione cristiana in generale). Oltre a essere un avversario ideologico del marxismo, il cristianesimo è stato a volte anche un avversario fisico e militare. Poiché i marxisti erano sempre intenzionati a liquidare i cristiani in ogni occasione, era prudente per loro reagire fisicamente quando possibile, o almeno schierarsi con un alleato protettivo: le foto della guerra civile spagnola, ad esempio, mostrano uomini di chiesa armati che combattono con i nazionalisti spagnoli contro il culto internazionale. In altre occasioni, i membri della setta hanno istigato alla violenza attaccando la Chiesa attraverso la politica, incoraggiando la separazione tra Stato e Chiesa: in Messico, negli anni Venti e Trenta, le azioni del presidente Calles (membro della setta) portarono alla *Guerra Cristero* (1926-1929).[57]

Altri esempi di assalti cultuali al cristianesimo: una caratteristica ben nota della Rivoluzione francese fu il feroce attacco non solo alla proprietà privata appartenente alla chiesa, ma anche il massacro del clero;[58] subito dopo la presa del potere da parte dei bolscevichi in Russia, scoppiò una guerra civile, con l'Armata Rossa di Trotsky da una parte e l'Armata Bianca cristiana dall'altra. La persecuzione e l'assassinio dei cristiani da parte dei bolscevichi erano all'ordine del giorno; [59] durante la guerra civile spagnola, la Chiesa cattolica e le forze nazionaliste di Francisco Franco combatterono contro le forze marxiste interne e internazionali;[60] nell'Ucraina sovietica, tra il 1932 e il 1933, milioni di cristiani vennero fatti morire di fame dal regime di Joseph Stalin nell'*Holodomor* (già citato). Ci sono innumerevoli altri esempi.

Si tratta di uno scontro tra "ateismo" e cristianesimo più che altro, e la setta ha cercato di sradicare il cristianesimo e i cristiani. E non si tratta di semplice

---

[56] Solzhenitsyn, A. *Arcipelago Gulag* (1973).

[57] https://www.britannica.com/biography/Plutarco-Elias-Calles

[58] https://www.britannica.com/event/French-Revolution

[59] https://www.britannica.com/event/Russian-Civil-War

[60] https://www.britannica.com/event/Spanish-Civil-War

oppressione o esecuzione, ma di torture e mutilazioni terribilmente disumane, con un elemento quasi satanico (cioè abomini sanguinari e innaturali).

L'opera di Richard Wurmbrand (1909-2001) descrive in dettaglio questi aspetti. Sacerdote luterano e critico del culto, Wurmbrand fu imprigionato per 14 anni nella Romania comunista del secondo dopoguerra.

È autore di diverse opere, tra cui *Marx & Satan* (1976), che documenta i crimini brutali commessi dai membri delle sette contro i cristiani, tra cui un caso di "crocifissione".[61] Qui è evidente un'enorme quantità di odio. Perché? I membri più fanatici della setta insisteranno sul fatto che questo genocidio migliora le cose, che fa parte del meraviglioso effetto di "pulizia" della rivoluzione marxista. Ripeteranno anche l'idea che il cristianesimo è un'ideologia intrinsecamente omicida, quindi ciò che gira gira, in un certo senso. Occhio per occhio, giusto?

Il marxismo come quasi-religione

L'ironia dell'atteggiamento della setta nei confronti degli adepti religiosi è persa per loro. Deridono le persone religiose, considerandole irrazionali; che le loro credenze non sono supportate dalla scienza, dalla verità/realtà. Ma secondo questi standard, anche la loro ideologia è un sistema di credenze irrazionali quasi religiose.

Le idee del culto - su tutto, dalle dinamiche sociali all'economia, dalla biologia alla scienza, fino alla rivoluzione stessa - sono altrettanto poco scientifiche e distaccate dalla realtà quanto quelle che accusano di essere le credenze religiose tradizionali. Accusano gli aderenti alle religioni di pensare di possedere la verità, eppure i membri delle sette sono uguali. Credono di avere un sistema di credenze superiore che li rende eticamente superiori agli altri (che lo ammettano apertamente o meno), che è esattamente ciò di cui accusano gli aderenti alle religioni (in particolare i cristiani).

Si prendono anche gioco di come questi aderenti possano rispettare o addirittura seguire ciecamente i loro rispettivi sacerdoti, pastori ecc. Nel frattempo, anche la loro ideologia ha la sua classe sacerdotale: gli innumerevoli membri del culto in tutto il mondo che si atteggiano a insegnanti/professori in scuole, college e università, per esempio. È la loro posizione di autorità - parlando a stanze piene di giovani menti vulnerabili e ingenue - che porta al fanatismo della fede cieca del culto!

Altri - amici, partner, familiari - possono essere quelli che li "iniziano" al culto, se l'autorità è presente, a condizione che credano ciecamente a ciò che viene detto loro. Questi influenzatori possono persino essere considerati un essere umano meraviglioso dal nuovo adepto, sebbene lo abbiano essenzialmente infettato con l'ideologia (e quindi gli abbiano potenzialmente rovinato la vita)!

---

[61] Wurmbrand, R. «L'ora del tempo/Marx e Satana» (1976).

Immaginate di ammirare qualcuno che vi ha rovinato la vita mentre non siete consapevoli di questo fatto...

Profeti e martiri

Il culto deride l'adorazione degli idoli religiosi, perplesso sul perché qualcuno dovrebbe venerare una persona morta che ha detto o fatto alcune cose. È ovviamente stupido venerare qualcuno come Gesù Cristo, no? Eppure, in tutti i regimi comunisti della storia, possiamo vedere la venerazione dei profeti comunisti Marx, Lenin, Mao ecc. Persino Leon Trotsky (Lev Bronstein) è stato venerato dal sottoculto trotskista. Venerare un Gesù (che non era un delinquente assassino che ha creato morte di massa intorno a sé) è triste e arretrato, ma venerare uno psicopatico assassino come Bronstein no? Abbiamo visto il culto di Che Guevera - il Gesù marxista - il cui volto ha ornato un milione di magliette a buon mercato e muri ricoperti di graffiti (un altro fanatico assassino).

Il culto ama anche venerare altri "rivoluzionari" morti da tempo come Rosa Luxemburg e Antonio Gramsci, o anche intellettuali alla moda e influenti come Noam Chomsky, Herbert Marcuse o Christopher Hitchens (1949-2011). Ancora oggi, assistiamo all'idolatria dei fanatici membri del culto del premier cinese Xi Jinping e del "leader" nordcoreano Kim Jong Un. Il culto ama adorare i propri idoli, e lo ha sempre fatto.

Vuole essere una religione

La setta prende in giro i cristiani perché vogliono credere in qualcosa di più grande (un potere superiore, ecc.) ed essere uniti ad altri cristiani, eppure essi stessi hanno credenze "religiose" e vogliono essere parte di qualcosa di più grande. Se il mondo "religione" deriva dal latino "religare" o "religio", che significa "legare" o "unire" (solidarietà!), allora i membri della setta sono essi stessi in un'unione e vogliono che il mondo si unisca a questa unione, legato insieme ("Una razza, razza umana!"; uno dei loro slogan di protesta).

È forse perché (molti) esseri umani vogliono appartenere a qualcosa di più grande? Vogliono sentirsi collegati ad altri che vogliono provare la stessa cosa. Non vedo alcun problema in questo. Se l'unico effetto è benevolo, allora perché no? È interessante che l'ideologia consenta anche questo tipo di religiosità/connessione, solo che non si tratta di un potere superiore o di una divinità, ma di credere in una "utopia" egualitaria e mondiale e di essere connessi con altri che credono nella stessa cosa. Si tratta di unirsi a questa convinzione di un mondo migliore e più etico (da un punto di vista marxiano). Ovviamente, le interpretazioni marxiane di queste idee non sono belle; sono brutte e sbagliate (e pericolose!).

Dieci assi e dieci comandamenti

È interessante notare che l'ideologia ha la sua versione dei Dieci Comandamenti, i dieci punti del Manifesto Comunista. Inoltre, l'ideologia/culto agisce apertamente in spregio a questi comandamenti, che sono: Non avrai altri dèi di fronte a me; non ti farai idoli; non nominerai il nome del Signore tuo Dio invano; santifica il giorno di sabato; onora tuo padre e tua madre; non uccidere; non commettere adulterio; non rubare; non testimoniare il falso contro il tuo prossimo; non desiderare.[62]

In barba a tutto ciò, l'ideologia/culto: incoraggia apparentemente l'ateismo, ma promuove ciò che possiamo chiamare satanismo o luciferianesimo (anti-Dio/anti-creatore/anti-natura, e il sé/ego); incoraggia l'adorazione degli idoli (compresi gli idoli marxisti); ha una storia che cita apertamente la religione come uno dei principali mali; ha sempre cercato di separare i bambini dai loro genitori e incoraggia i bambini a sfidarli; come ideologie, è il più grande assassino di tutti i tempi, libbra per libbra; ha cercato di distruggere il matrimonio, la monogamia e le relazioni normali; incoraggia il furto in molte forme in nome della "giustizia sociale" e dell'"uguaglianza"; incoraggia le persone a fare la spia l'una sull'altra attraverso la calunnia e l'inganno (in particolare se mettono in discussione l'ideologia) e trasforma le persone in traditori contro la razza umana; incoraggia la cupidigia, l'invidia e la gelosia, in particolare nei confronti di qualsiasi cosa o persona di successo, ricca ecc.

Ancora una volta, questo mostra la tattica malvagia e satanica dell'inversione: capovolgere le cose, in barba a ciò che è buono.

Ipocrisia e pedofilia

Poiché il marxismo ha bisogno di distruggere la religione, e il cristianesimo in particolare, ha cercato di sfruttare qualsiasi debolezza (percepita o meno) per raggiungere il suo obiettivo. Questo è il tipico modus operandi dell'ideologia in termini tattici. Per quanto riguarda la Chiesa cattolica in particolare, un tema che l'ideologia utilizza a suo vantaggio è la pedofilia. È usata in modo simile a come la sub-agenda femminista usa la questione dello stupro e la amplifica, per far sembrare che tutti gli uomini siano stupratori/potenziali stupratori, o che si tratti di un atto più frequente di quanto non sia in realtà. In una parola: propaganda. Se consideriamo il numero di uomini nel mondo, ovviamente una quantità trascurabile di essi ha commesso uno stupro. È il caso dei sacerdoti che hanno praticato la pedofilia nel corso del cristianesimo. Dato che stiamo analizzando le tattiche marxiane, quale modo migliore di attaccare il proprio nemico se non quello di farlo considerare disgustoso, malvagio, disposto ad abusare dei bambini, ecc?

La questione della pedofilia ecclesiastica è legata al tema dell'infiltrazione della setta nella Chiesa cattolica, trattato da altri autori. Inoltre, la Massoneria è legata al marxismo e, sebbene questo argomento esuli dallo scopo di questo libro, si può affermare che il "Dio" di entrambi è Lucifero. L'infiltrazione

---

[62] «Elenco dei dieci comandamenti«. https://www.bibleinfo.com/en/topics/ten-commandments-list

massonica nella Chiesa è descritta in diverse opere, tra cui *L'istruzione permanente dell'Alta Vendita* (John Vennari, 1999) e *Massoneria e Vaticano: una lotta per il riconoscimento* (Leon De Poncins, 2000). Si trattava di un'agenda per iniettare nella Chiesa idee e pratiche "liberali", degenerative e anticristiane. I cattolici saranno consapevoli dei bizzarri cambiamenti di direzione e degli allontanamenti dalle pratiche tradizionali della Chiesa, come il Concilio Vaticano II (1962-1965). Sembra esserci una chiara correlazione tra questa infiltrazione e il problema della pedofilia.

A parte questo, anche se fosse vero che la pedofilia è una pietra miliare della religione organizzata, è ipocrita da parte del culto sottolinearlo, come se si opponesse alla degenerazione sessuale! Basta guardare l'influenza che hanno sulla società di oggi per quanto riguarda il sesso, la sessualità e le relazioni, compresa la promozione/normalizzazione di: omosessualità (per gli eterosessuali); poliamore (avere più di un partner); promiscuità (soprattutto nelle donne); genere "non binario" (che di per sé equivale all'abuso di minori attraverso l'automutilazione) ecc. Tutte queste cose, pur raggiungendo determinati obiettivi in sé, sono state anche solo dei trampolini di lancio "progressivi" verso cose più sinistre. Il culto/ideologia sta ora per promuovere e sostenere attivamente la pedofilia, difendendo i pedofili ed etichettando coloro che si oppongono all'agenda come "omofobi" o "non compassionevoli" o altre bizzarre e irrazionali assurdità. È interessante notare che Pat Corcoran, ex funzionario pubblico e fondatore di Antifa in Irlanda, è stato catturato con migliaia di immagini pedopornografiche nel 2009. È comparso in tribunale ma non è andato in prigione.[63]

Come detto, il culto/ideologia non sta evidenziando alcun problema (percepito o meno) con la pedofilia nella Chiesa cattolica a causa della "compassione" per i bambini! Lo fanno perché contribuirà a distruggere la Chiesa, distruggendo la sua immagine pubblica. È solo il loro metodo collaudato e fidato di segnalare ipocritamente le virtù per raggiungere determinati obiettivi tattici. Hanno deciso di agganciarsi (e di mettere costantemente in risalto) la cosa più controversa e disgustosa che il grande pubblico attribuisce alla Chiesa cattolica: la pedofilia. Poi viene ripetuta dai membri della setta in continuazione, finché alla fine, attraverso il condizionamento, diventa la prima cosa a cui si pensa quando qualcuno dice "Chiesa cattolica" (come è appena successo in questo momento quando alcuni lettori hanno letto queste due parole).

La distruzione della cultura e dell'identità nazionale

> "La cultura rivoluzionaria è una potente arma rivoluzionaria per le grandi masse del popolo. Prepara ideologicamente il terreno prima della rivoluzione ed è un

---

[63] «Ex funzionario pubblico sorpreso con 7.000 immagini pedopornografiche evita il carcere», 14 novembre 2013. https://www.independent.ie/irish-news/courts/former-civil-servant-caught-with-7000-child-porn-images-avoids-jail/29755182.html

fronte di lotta importante, anzi essenziale, nel fronte rivoluzionario generale durante la rivoluzione".[64]

Mao Zedong, "Sulla nuova democrazia", Opere scelte, Vol. II, (1940)

"Ogni documento è stato distrutto o falsificato, ogni libro è stato riscritto, ogni immagine è stata ridipinta, ogni statua e edificio stradale è stato rinominato, ogni data è stata alterata. E il processo continua giorno per giorno e minuto per minuto. La storia si è fermata. Non esiste nulla se non un presente infinito in cui il Partito ha sempre ragione".[65]

George Orwell, 1984 (1949)

La distruzione della cultura e dell'identità nazionale è un altro importante obiettivo strategico del culto, che lo rende un culto anti-cultura. Si tratta di un argomento ampio che meriterebbe un'analisi separata e approfondita, ma che qui va elencato in breve. Anche questo, come l'attacco al capitalismo e al cristianesimo, ha caratterizzato il comportamento dell'ideologia nel corso della sua storia. Dal Libro nero del comunismo: "Il comunismo ha commesso una moltitudine di crimini non solo contro i singoli esseri umani, ma anche contro la civiltà mondiale e le culture nazionali. Stalin ha demolito... decine di chiese a Mosca; Nicolae Ceausescu ha distrutto il cuore storico di Bucarest per dare libero sfogo alla sua megalomania; Pol Pot ha smantellato pietra per pietra la cattedrale di Phnom Penh e ha permesso alla giungla di impadronirsi dei templi di Angkor Wat; e durante la Rivoluzione culturale di Mao, tesori inestimabili sono stati distrutti o bruciati dalle Guardie rosse".[66]

Questo attacco marxiano alla cultura indigena si collega a molti altri obiettivi dell'ideologia, tra cui: la sub-agenda dell'immigrazione di massa/multiculturalismo attraverso la distruzione dell'identità nazionale; l'imposizione dell'uguaglianza a livello culturale (il mito "tutte le culture sono uguali"); la cancellazione della comprensione della propria storia da parte di un popolo per sostituirla con le narrazioni storiche approvate dal culto/ideologia; la soppressione dell'arte, che può essere una forma di espressione politica (e quindi una potenziale fonte di dissenso contro il culto/ideologia); la creazione di società monotone, uniformi e prive di vita, per prosciugare letteralmente l'umanità delle persone eliminando ogni parvenza di bellezza dall'ambiente circostante (negli edifici, nelle abitazioni, nelle infrastrutture, ecc.); e la distruzione della civiltà occidentale in generale.

Un altro obiettivo interconnesso del culto è l'erosione di qualsiasi sentimento genuinamente sovrano, patriottico e nazionalistico che ispira/consente alla

---

[64] Zedong, M, «Sulla nuova democrazia», Opere scelte, Vol. II, (1940). https://www.marxists.org/reference/archive/mao/works/red-book/ch32.htm

[65] George Orwell, G. (Eric Blair), 1984 (1949).

[66] Courtois e altri, Il libro nero del comunismo, pag. 3.

popolazione di un Paese di resistere al culto/ideologia a livello internazionale. Questo è forse l'effetto più cruciale della distruzione della cultura/identità nazionale. La "cultura/nazione", in questo caso, include la sepoltura dei ricordi di qualsiasi attività di ribellione nazionalistica genuinamente patriottica del passato. Con l'immigrazione di massa/multiculturalismo/diversità, ovviamente, la cultura e le credenze religiose autoctone consolidate di un determinato Paese devono passare in secondo piano rispetto a quelle dei migranti in arrivo.

Ecco perché, ad esempio, nei Paesi dell'Europa occidentale le istituzioni marxiste permettono contemporaneamente la distruzione del cristianesimo (e di tutto ciò che comporta) e accolgono (o danno priorità) all'Islam. Ciò è simboleggiato dalla costruzione di moschee, combinata con gli attacchi fisici e ideologici al cristianesimo, tra cui la distruzione fisica e la profanazione di proprietà, monumenti, artefatti cristiani, ecc.

La distruzione di edifici cristiani

L'attacco marxiano alla cultura occidentale si collega anche alla già citata distruzione della religione, dal momento che anche la religione (nello specifico il cristianesimo) è diventata una parte importante della cultura occidentale. Ciò è esemplificato dal vandalismo e dalla distruzione delle proprietà delle chiese nei Paesi occidentali.

Un articolo pubblicato sul sito web dell'*Agenzia di stampa cattolica* il 4 maggio 2021 ha messo in evidenza questo problema, includendo le opinioni del presidente dell'*Observatoire du Patrimoine Religieux* Edouard de Lamaze. Lamaze avrebbe affermato che in Francia scompare in media un edificio religioso ogni due settimane.[67] L'articolo affermava, secondo Lamaze, che sebbene ci fossero diverse ragioni per cui questi edifici stavano scomparendo - tra cui la demolizione, l'incendio accidentale, la trasformazione e il crollo - "circa due terzi degli incendi in edifici religiosi sono dovuti a incendi dolosi". Sono sicuro che molti degli incendi "accidentali" lo siano solo in apparenza. L'articolo include anche dati di intelligence criminale delle autorità francesi, che indicano che "solo nel 2018 sono stati registrati 877 attacchi a luoghi di culto cattolici in tutto il Paese". Forse l'incendio di più alto profilo è stato quello della Cattedrale di Notre Dame nell'aprile 2019.[68]

L'odio genera abbandono e atti distruttivi. Non c'è da indovinare chi e cosa genera l'odio. Sembra che lo spirito di Maximilien Robespierre sia ancora vivo.

---

[67] Tadie, S, «Perché la Francia perde un edificio religioso ogni due settimane», 4 maggio 2021. https://www.catholicnewsagency.com/news/247514/why-france-is-losing-one-religious-building-every-two-weeks

[68] Gray, Shamsian. «Le ossessionanti foto dei resti carbonizzati della Cattedrale di Notre-Dame mostrano cosa è rimasto all'interno», 17 aprile 2019.

Perché distruggono la cultura e l'identità nazionale

Quando il culto prende il sopravvento, è importante distruggere qualsiasi legame con il passato. Questo deve essere fatto per distruggere qualsiasi idea che il gruppo/la nazione/il popolo sia unico e diverso dagli altri. Questo a sua volta rende il gruppo più disposto ad accettare di far parte del culto internazionale, poiché lo stesso processo avviene anche in altri Paesi infetti. È un egualitarismo e un'uniformità forzata, a livello culturale. Ovviamente, secondo il dogma marxista in generale (a parte le diverse interpretazioni), la nozione di separazione nazionale da altri gruppi/paesi non è solo indesiderabile, ma addirittura malvagia (e fascista, razzista, ____fobica, suprematista bianca ecc.)

Poiché ogni Paese avrà la sua storia, le sue statue/monumenti, i suoi manufatti, la sua arte, la sua musica, la sua lingua ecc. che possono essere unici per quel Paese, tutti questi devono essere distrutti, cooptati o reinterpretati da una prospettiva marxiana. Per la massima efficacia, dal punto di vista del culto, ciò deve avvenire a livello internazionale e simultaneamente (come sta accadendo da decenni in tutto il mondo). Un esempio di un famoso evento storico in Irlanda, la *Rivolta di Pasqua* del 1916, rientra in questa categoria: ora viene interpretata da molti nel mainstream infettato dal marxismo attraverso una lente marxiana (cioè la rivoluzione contro l'impero è buona). Questo può essere applicato anche ad altre ribellioni storiche.

La verità di fondo che le ribellioni di questa natura riguardavano la vera sovranità dell'Irlanda - che include la libertà di essere veramente irlandese e diversa da altri Paesi, e libera da ideologie straniere (!) - non viene ovviamente sottolineata (poiché ciò può potenzialmente coltivare l'idea di nazionalismo: l'eterno nemico del marxismo). Ancora una volta, si tratta di un'ideologia che seleziona gli elementi di cui ha bisogno per promuovere la propria agenda.

Gli oggetti fisici, come le statue, possono essere distrutti, sostituiti, deturpati, ecc. Le cose immateriali, come il linguaggio, sono trattate in modo diverso: i cambiamenti nella cultura - attraverso il cambiamento degli atteggiamenti (grazie all'influenza marxista) - raggiungono i risultati desiderati.

La lingua irlandese

La completa distruzione della lingua irlandese (gaelica) in Irlanda sarà un'altra vittima dell'infezione marxista, anche se l'occupazione dell'Irlanda da parte dell'Impero britannico ha dato inizio al processo. Sebbene l'irlandese sia ancora ufficialmente una materia obbligatoria in generale, negli ultimi anni il Dipartimento dell'Istruzione ha introdotto cambiamenti progressivi. Permette esenzioni per alcuni studenti.

Questo porterà inevitabilmente a un numero sempre maggiore di esenzioni, soprattutto perché la demografia razziale delle scuole irlandesi continuerà a cambiare grazie all'immigrazione di massa (di cui l'ideologia/culto è responsabile). Prevedibilmente, i genitori e i bambini non irlandesi non avranno interesse a parlare irlandese. Alla fine, con l'aumento del numero di studenti non irlandesi nelle scuole, l'insegnamento dell'irlandese sarà considerato del tutto impraticabile.

Il sentimento che "non è pratico" è stato (e sarà) spinto con entusiasmo dal mainstream marxista del paese. L'irlandese è pratico per l'uso quotidiano? A meno che una persona non viva in una delle aree irlandesi "Gaeltacht" o nelle loro vicinanze, no. Non è pratico o necessario, ma non è questo il punto. La lingua gaelica irlandese è uno degli elementi che rende gli irlandesi (e l'Irlanda) relativamente unici nello schema globale delle cose, per quanto riguarda i Paesi occidentali. Anche gli scozzesi e i gallesi, l'isola di Man (Manx) e alcune parti dell'Inghilterra (Cornish) hanno i loro dialetti e le loro influenze celtiche. Le radici di queste lingue risalgono a molte migliaia di anni fa. Naturalmente, questa unicità deve essere eliminata se si vuole raggiungere l'egualitarismo e l'uniformità. Un articolo del gennaio 2024 sul sito web *rte.ie*, intitolato "L'irlandese dovrebbe essere ancora una materia obbligatoria nelle scuole?", affermava che "il futuro dell'insegnamento della lingua irlandese nelle scuole è sotto esame". Aggiungendo che quasi "60.000 scolari hanno ricevuto un'esenzione dalla materia tra il 2022 e il 2023, secondo il Dipartimento dell'Istruzione".[69]

Da G.A.A. a G.A.Y.

Un altro aspetto unico della cultura irlandese sono gli sport gaelici, tra cui il calcio gaelico, l'hurling e il camogie. Questi sport sono ancora molto popolari in Irlanda e hanno anche club in altri Paesi (in particolare negli Stati Uniti). La *Gaelic Athletic Association* è l'organizzazione di spicco per questi sport. Tradizionalmente, è stata principalmente nazionalista, conservatrice e cattolica.

Poiché gli sport gaelici sono parte della cultura irlandese tanto quanto la lingua irlandese, ciò ha posto la G.A.A. in una posizione centrale di influenza. Non sorprende che questa organizzazione stia progressivamente soccombendo al marciume marxista, essendo stata saldamente nel mirino per decenni.

Negli ultimi anni sono state avanzate richieste di maggiore "diversità" e "inclusione" dei gruppi LGBTQ nel G.A.A. e negli sport gaelici. L'organizzazione ha partecipato (per la prima volta) alla parata del Dublin Pride il 29 giugno 2019.[70] Nello stesso anno è stato istituito il *Gender Diversity Working Group* (giggles) come parte del G.A.A., insieme ad altre

---

[69] Upfront, «L'irlandese dovrebbe ancora essere una materia obbligatoria nelle scuole?», 10 gennaio 2024. https://www.rte.ie/news/upfront/2024/0108/1425307-should-irish-still-be-a-compulsory-subject-in-schools/

[70] «La GAA parteciperà al Dublin LGBTQ+ Pride Festival», 24 maggio 2019.

https://www.gaa.ie/hurling/news/gaa-to-take-part-in-dublin-lgbtq-pride-festival

organizzazioni simili come la *Ladies Gaelic Football Association* (L.G.F.A.). Il suo presidente è Gearóid Ó Maoilmhichíl, che è anche il responsabile nazionale della GAA per i bambini (un'altra persona in una posizione di influenza sui bambini che assiste l'ideologia). Alla fine del 2020 i media irlandesi hanno riferito che un club LGBTQ-friendly sarebbe stato registrato presso la G.A.A.[71] Il nome scelto è Na Gaeil Aeracha, che si traduce come "Rainbow Gaels" (pronunciato "Gayles"); stanno chiaramente cercando di mettere il "gay" in "Gael".

Parco della Mecca

Questo pezzo potrebbe essere inserito nella sezione "distruzione della religione/cristianesimo", ma dato che riguarda la G.A.A. viene inserito qui. Il quartier generale della Gaelic Athletic Association - e sede principale degli sport gaelici in Irlanda - è Croke Park. È il più grande stadio sportivo del Paese, con una capacità di oltre 82.000 posti. Questo iconico campo sportivo è sinonimo di sport gaelico dal 1891 ed è quindi un simbolo della cultura irlandese. Come la stessa G.A.A., Croke Park era destinato a diventare prima o poi un bersaglio del culto. Il 31 luglio 2020 è stata messa in atto una manovra marxiana molto simbolica e plateale, e non in una sala riunioni all'interno della struttura, ma proprio in mezzo al campo da gioco.

Secondo i MarxiStMedia irlandesi, circa 200 musulmani hanno partecipato a questo "storico" servizio di preghiera per celebrare la festa di *Eid al-Adha*.[72] Naturalmente, l'evento è stato presentato dai membri del culto irlandese come una meravigliosa dimostrazione di "unità" e "diversità", ecc. Simbolico dell'islamizzazione dei Paesi occidentali, compresa l'Irlanda, questo evento ha mostrato la volontà del G.A.A. di conformarsi al "progressismo" che sta distruggendo il Paese. A quanto pare, la persona che ha avuto l'idea (di rivolgersi al G.A.A.) è stato il Dr. Shaykh Umar Al-Qadri, membro di spicco della comunità musulmana in Irlanda e presidente del *Consiglio irlandese per la pace e l'integrazione dei musulmani*. Non è significativo; se non fosse stato lui, sarebbe stato qualcun altro. Il punto importante è che queste cose non accadrebbero (e non dovrebbero accadere) se il Paese non fosse istituzionalmente marxista (e quindi più patriottico/nazionalista).

Dissacrazione e distruzione di monumenti

Non sembra strano che durante le rivolte di Black Lives Matter negli Stati Uniti e nel Regno Unito siano stati attaccati dei monumenti? Cosa mai c'entra la

---

[71] «I Gael Arcobaleno: Il primo del suo genere», novembre 2020.

https://www.rte.ie/gaeilge/2020/1123/1179874-the-rainbow-gaels-the-first-of-its-kind/

[72] Ní Aodha, G, «I musulmani pregano per la prima volta al Croke Park per celebrare l'Eid al-Adha», 31 luglio 2020. https://www.thejournal.ie/eid-celebrations-in-croke-park-5164698-Jul2020/

morte di George Floyd con le statue? Naturalmente, se ascoltiamo i cervelloni, tutto questo riguarda la cultura malvagia del razzismo istituzionale contro i non bianchi, giusto? Quindi si tratta di razzismo? (alza gli occhi). No, non lo è, è solo una scusa. Come detto, i danni alle proprietà e gli atti di vandalismo fanno parte dell'eredità di classe del culto. L'obiettivo principale del marxismo è distruggere la civiltà occidentale prima di poter costruire la sua utopia; la distruzione o la sostituzione della cultura consolidata è quindi fondamentale. Per questo motivo attaccano qualsiasi simbolo di essa, compresi i monumenti.

Durante le "proteste" marxiste del BLM, le rivolte e il caos, ecc. è iniziata una tendenza ad abbattere o vandalizzare statue nel Regno Unito, negli Stati Uniti e altrove. Le statue prese di mira dai membri del culto erano di chiunque fosse lontanamente collegato all'"oppressione istituzionale bianca", ecc. A Londra è stata presa di mira la statua di Winston Churchill (1874-1965). A Oxford, la statua di Cecil Rhodes. A Washington DC, la statua di Albert Pike (1809-1891). Tra le altre, le statue di Cristoforo Colombo (1451-1506), del mercante di schiavi Edward Colston (1636-1721) e del re Leopoldo II del Belgio (1835-1909). In apparenza è stato fatto perché queste persone sono malvagie e abbattere le statue è per il bene della società, giusto? O c'è qualche altro motivo?

C'è un sito web britannico chiamato *toppletheracists.org*. [73] L'intestazione sulla homepage: "Una mappa in crowdsourcing delle statue e dei monumenti del Regno Unito che celebrano la schiavitù e il razzismo". Statue che celebrano la schiavitù e il razzismo? Cosa? Le iniziative di questo gruppo includono la rimozione di statue, la ridenominazione di edifici e la rimozione di targhe e cartelli da tutto il Regno Unito. tra cui (al momento in cui scriviamo): una statua di un africano inginocchiato che regge una meridiana nel Cheshire; la ridenominazione della Gladstone Hall dell'Università di Liverpool (intitolata a William Gladstone); l'insegna del pub The Black Boy a East Retford, nel Nottinghamshire; la ridenominazione della Colston Hall di Bristol (intitolata a Edward Colston); la statua di Robert Milligan nella zona est di Londra; e una targa blu a nome di Edward Codrington a Brighton.

Come dovremmo sentirci quando queste statue vengono deturpate, danneggiate, rimosse o abbattute? Questi uomini non erano forse individui marci? Churchill era un criminale di guerra, apparentemente con sangue reale elitario (sua madre era figlia della regina Vittoria e di Nathan Meyer Rotschild). È stato un attore chiave nello scatenare e prolungare la Seconda Guerra Mondiale e ha approvato il bombardamento e l'incenerimento di diverse centinaia di migliaia di civili tedeschi durante quel conflitto; Cecil Rhodes era un imperialista arrogante, che voleva che la Gran Bretagna governasse il mondo. La Tavola Rotonda è stata creata come parte della sua eredità (e contiene gruppi come il Royal Institute of International Affairs e il Council on Foreign Relations, ecc. Fu l'autore di *Morals and Dogma* (1871) - un libro

---

[73] https://www.toppletheracists.org/

massonico molto influente - e ricoprì contemporaneamente le tre cariche di leader mondiale, nazionale e statale della Massoneria.

Ora, dovremmo essere sconvolti dal fatto che statue di uomini come queste vengano attaccate? A ciascuno il suo, ma io personalmente - a parte il contesto - non sono sconvolto da questo. Tuttavia, dobbiamo capire, come detto prima, che l'ideologia richiede che queste cose siano fatte per dominare/annichilire il paesaggio. Quindi, dovremmo essere tutti molto preoccupati quando vediamo queste cose accadere sotto i nostri occhi. Per la ragione di cui sopra, il culto non dovrebbe essere autorizzato a fare queste cose! Si tratta di un'altra forma di virtuosismo combinata con un comportamento violento e distruttivo e, soprattutto, alimenta il culto e l'ideologia. Le statue (o gli individui che onorano) non sono un problema nel presente, lo è il culto marxista!

Naturalmente, se qualcuno ostacola i membri del culto nel loro comportamento distruttivo, prevedibilmente viene bollato come se stesse condonando la vita, le azioni o le ideologie di questi uomini statuari. Bel tentativo da parte dei matti! Un tipico, radicato tentativo di tattica manipolativa di controllo mentale. Ancora una volta, gli stessi idioti che abbattono le statue non sono nella posizione di giudicare gli altri! Io chiaramente impedirei loro di abbattere le statue, pur non rispettando particolarmente coloro che le statue rappresentano, e sono sicuro che molti altri sarebbero della stessa idea. Li farei circondare e arrestare immediatamente.

Due pesi e due misure

Ancora una volta, vediamo i due pesi e le due misure marxiani: deturperanno o abbatteranno le statue dei vostri Cecil Rhodes o Winston Churchill, ma ovviamente tutte le statue di personaggi favorevoli al marxismo rimarranno indenni. I membri della setta ovviamente non abbatterebbero la scultura del marxista Martin Luther King Jr. (1929-1968) a Washington DC; o la statua di bronzo del terrorista comunista e anti-bianco dell'A.N.C. Nelson Mandela in Parliament Square, a Londra. Questo è un altro esempio del razzismo anti-bianco e dei due pesi e due misure della folla marxista, uniti alla loro ovvia tendenza ad attaccare chiunque faccia o non faccia parte del loro culto.

Quando guardiamo le folle che abbattono questi monumenti, ricordiamoci che quelle persone sono esistite nel passato; ma questi marxisti stanno causando distruzione nel presente. Hanno solo bisogno di una scusa; il loro ego e l'indottrinamento degli attivisti SJW fanno il resto. Potrebbe sembrare che abbiano una coscienza e un senso di giustizia, ma è solo in superficie. Questo fa parte del virtuosismo manipolatorio della setta: cercano di convincervi ad essere d'accordo con loro; vi convincono di avere nobili intenzioni. Vogliono farvi dire: "Oh sì, avete ragione. Rhodes era un bastardo imperialista!" o "Albert Pike era un bastardo massone che condannava la schiavitù!", ecc. La verità, però, è che state incoraggiando la loro voglia di "attivismo" distruttivo, che non sarà mai soddisfatta.

Naturalmente, quando iniziano a distruggere le cose con cui non si è d'accordo, allora si capisce che è troppo tardi: il mostro rosso ha già preso slancio! Quando inizieranno a insistere che l'asfalto nero delle strade è razzista e deve essere dipinto con i colori dell'arcobaleno LGBTQ o con il rosso dei comunisti (!), o che il colore del latte è razzista (non me lo sto inventando), vi pentirete di non averli sfidati prima. Ed è colpa vostra! Non lasciate mai che i marmocchi facciano a modo loro!

Non dobbiamo perdere di vista la foresta per gli alberi. Non dobbiamo farci distrarre da dibattiti che fanno perdere tempo, mentre il culto continua a marciare in avanti. Se parliamo di distruzione di statue, stiamo parlando di statue di persone morte, giusto? Non mi preoccupo troppo delle persone morte o di ciò che hanno fatto/creduto, mi preoccupo del presente. Il culto userà qualsiasi ragione virtuosa per giustificare la distruzione di cose che non approva, quindi non dobbiamo farci distrarre da loro. Ricordate, tutto questo riguarda il dominio del culto/ideologia. Un esempio eccellente e lampante di ciò è avvenuto in Germania...

Nel frattempo... In Germania ...

Nel giugno 2020, nella città di Gelsenkirchen, nella Germania occidentale, è stata eretta una statua del cagnolone comunista Vladimir Lenin. [74] Il responsabile è il *Partito Marxista-Leninista di Germania* (MLPD).[75] C'è stata una certa resistenza alla sua installazione da parte di altri gruppi. Ciò è avvenuto durante la mania di abbattere le statue che ha investito l'Occidente. Una coincidenza, vero? Una dichiarazione rilasciata dal commissario Gabi Fechtner, rappresentante dell'MLPD, si riferiva a questo: "Il tempo dei monumenti a razzisti, antisemiti, fascisti, anticomunisti e altre reliquie del passato è chiaramente passato". Lenin, al confronto, è stato "un pensatore in anticipo sui tempi di importanza storica mondiale, un combattente precoce per la libertà e la democrazia". Questo dice tutto. Benvenuti all'inferno, gente...

Come già detto, l'attività di Lenin è stata molto significativa per la proliferazione e l'evoluzione dell'ideologia. Se non fosse stato per lui, forse questo libro non avrebbe avuto bisogno di esistere. L'impatto distruttivo delle attività di Lenin sull'umanità è semplicemente incalcolabile; la sua eredità è l'epitome della sofferenza, della fame, della schiavitù e della morte. Se paragonato ai personaggi citati in precedenza, in termini di crimini contro l'umanità, egli si trova proprio in cima alla classifica.

I commenti del membro della setta di cui sopra sono oltremodo ridicoli. Non

---

[74] «Inaugurata in Germania la controversa statua di Lenin», 20 giugno 2020. https://www.dw.com/en/controversial-lenin-statue-unveiled-in-germanys-gelsenkirchen/a-53880002

[75] https://www.mlpd.de/english

sono un fan di questi tre, ma non si può sostenere che Churchill, Rhodes o Pike abbiano creato più sofferenza su questo pianeta di Lenin (a causa della portata, della tossicità e del numero di morti del culto/ideologia)! Impossibile, anche se combiniamo i loro conteggi! (nota: l'autore è consapevole delle evidenti connessioni tra logge massoniche, società segrete e tutti e quattro gli uomini, ecc.)

Questo evento di erezione dei comunisti è stata un'ovvia dichiarazione da parte della setta che sta prendendo il sopravvento - abbattendo le statue che non gli piacciono ed erigendone altre di loro gradimento. Stanno marcando il loro territorio, proprio lì, ovvio, alla luce del sole! Nascosti in bella vista! Nello stesso articolo si legge che nello stesso mese la statua ad Amburgo del primo cancelliere della Germania Otto von Bismarck (1815-1898) è stata vandalizzata con vernice rossa (comunista). All'epoca era cancelliera la cripto-comunista Angela Merkel.

Dissotterrare i cadaveri

Ecco altre due prove del fatto che questa faccenda della statua è tutta incentrata sul dominio del culto. L'amarezza verso i loro nemici è palpabile e si vede nelle loro azioni. Una delle figure "fasciste" più odiate è il Generalissimo Francisco Franco. Franco non ha dato tregua alla setta in Spagna fino alla sua morte, trattandola come meritava di essere trattata per decenni (dopo averla sconfitta in una guerra totale). Ovviamente, questo scatena la loro eterna amarezza. Le sue statue sono state sistematicamente rimosse nel corso dei decenni, l'ultima in Marocco è stata rimossa nel febbraio 2021, per la gioia del locale partito socialista PSOE.[76]

In Spagna, nel 2019, i suoi resti sono stati esumati dal grande mausoleo della Valle dei Caduti e trasferiti nel cimitero statale di Mingorrubio.[77] Il primo ministro spagnolo, il socialista Pedro Sanchez, è stato coinvolto. Non sorprende che le proteste per questa manovra marxiana non siano state autorizzate dal governo (sono state definite "estremiste di estrema destra", ne sono certo). Sanchez ha descritto l'atto come "un tributo a tutte le vittime dell'odio". Spostare i cadaveri perché il loro luogo di riposo originale offende il culto! Queste "persone" sono oltremodo patetiche! È interessante notare che Sanchez ha anche affermato che "la Spagna di oggi è completamente opposta

---

[76] «Rimossa l'ultima statua pubblica del dittatore spagnolo Franco», 23 febbraio 2021.

https://www.theguardian.com/world/2021/feb/23/last-public-statue-of-spanish-dictator-franco-is-removed

[77] Booker, B, «La Spagna sposta i resti del dittatore Francisco Franco dopo mesi di battaglie legali», 24 ottobre 2019.

https://www.npr.org/2019/10/24/773022042/spain-moves-dictator-francisco-francos-remains-after-months-of-legal-battles?t=1632821666327

a quella rappresentata dal regime franchista". In effetti.

Shek a Taiwan

Un altro esempio si trova a Taiwan. Come riportato nel settembre 2021, il governo di sinistra al potere aveva in programma di rimuovere una statua del leader nazionalista e dittatore Chiang Kai Shek. [78]

Come Franco, Shek ha mantenuto Taiwan libera dal marxismo fino alla sua morte, sopprimendo il culto dal 1949 al 1975. Franco fece lo stesso dal 1939 alla sua morte nel 1975 (allo stesso modo, entrambi combatterono una guerra civile contro il culto, ma Shek perse la sua e le forze nazionaliste fuggirono a Taiwan nel 1949, mentre la Cina continentale soccombeva alla nebbia rossa).

L'iniziativa è portata avanti dal *Partito Democratico Progressista* e dalla sua leader, la presidente Tsai Ing-wen, al timone dal 2016. Taiwan ha bisogno di un personaggio Shek oggi, considerando quello che sta facendo la Repubblica Popolare Cinese controllata dal PCC!

Non si tratta di semplice meschinità e fanatismo, no. Stanno cercando di seppellire le tracce storiche dei movimenti anti-marxisti per impedirci di trarne ispirazione, assicurando così il dominio del culto nel futuro. Le statue servono come promemoria e, una volta rimosse, vengono presto dimenticate (insieme a ciò che rappresentano) da tutte le generazioni tranne che da quelle più anziane - ed è proprio questo il punto. L'obiettivo è che le giovani generazioni conoscano solo il marxismo e gli idoli marxisti. Ovviamente, quando si arriva completamente a questo punto, ogni speranza è persa...

La distruzione della famiglia tradizionale

> "Lo Stato dovrebbe competere con i privati - specialmente con i genitori - nel fornire case felici ai bambini, in modo che ogni bambino possa avere un rifugio dalla tirannia o dalla negligenza dei suoi custodi naturali".79
>
> George Bernard Shaw, *Un manifesto, Fabian Tracts No. 2.*, 1884

Un articolo del 5 dicembre 2023 dell'Irish Times ha riferito che altri "referendum" marxiani sono imminenti in Irlanda; probabilmente si terranno nella data femminista marxiana dell'8 marzo 2024 - Giornata internazionale della donna.

Lo scopo ufficiale di questi referendum è "eliminare il riferimento costituzionale al ruolo della donna nella casa ed espandere il concetto di

---

[78] Hale, E, «Taiwan elimina i simboli del passato autoritario per rilanciarsi», 26 settembre 2021. https://asia.nikkei.com/Politics/Taiwan-axes-symbols-of-authoritarian-past-in-push-to-rebrand

[79] *Shaw, G.B., «A Manifesto. Fabian Tracts No. 2», 1884.*
https://oll.libertyfund.org/page/shaw-s-fabian-manifesto-1884

famiglia all'interno della Costituzione". [80] A quanto pare si vuole anche introdurre il termine "relazioni durature" (per erodere ulteriormente il concetto di famiglia costruita attorno al matrimonio).

Ricordo al lettore che questi matti conducono queste stronzate in un Paese afflitto da una miriade di altri problemi reali e seri. (Per inciso, nel 2012 in Irlanda c'è stato un referendum costituzionale sui "diritti dei bambini" promosso dai membri della setta, che ha sostanzialmente aumentato l'interferenza del governo negli affari familiari. La loro manovra di successo è stata commercializzata, attraverso il virtue-signalling, come "protezione dei bambini"). [81]

La distruzione dell'unità familiare nucleare tradizionale produce diversi effetti benefici per l'ideologia, tra cui:

(a) Controllare le menti degli individui fin dalla più giovane età. Poiché la setta/ideologia mira a ottenere il controllo totale della società, il modo migliore per ottenerlo è indottrinare gli individui alla più giovane età possibile. Ovviamente, coloro che conoscono solo l'ideologia - e sono completamente indottrinati fin dall'inizio - non possono resistere.

Eliminando i genitori dall'equazione e sostituendoli con "educatori" (insegnanti), consulenti sociali, assistenti sociali ecc. approvati dallo Stato (che sono essi stessi indottrinati), i giovani vengono direttamente plasmati a immagine dell'ideologia e possono iniziare a servire la gloriosa rivoluzione il più presto possibile. Tragico.

Questo grado di controllo crea generazioni di individui completamente asserviti e dipendenti dallo Stato. Questa è stata una caratteristica dei regimi di culto, passati e presenti. I sistemi educativi sono centrali nella creazione di nuove generazioni di membri di culti a cui viene fatto il lavaggio del cervello, dall'asilo all'università.

(b) Eliminando qualsiasi protezione psicologica che i genitori possono fornire da qualsiasi iniziativa predatoria spinta dal sistema (cioè qualsiasi forma di attivismo marxista). Questo oltre a proteggerli da tutte le varie fonti tossiche di influenza che spargono l'ideologia (media/intrattenimento, media online, social media, industria musicale ecc.), e da individui contaminati (ad esempio celebrità, attivisti), gruppi (ONG/non profit, gruppi comunitari o politici ecc.). L'ideologia cerca anche di sostituire i punti di vista potenzialmente

---

[80] Horgan-Jones, J, «I referendum sulle donne in casa e sul concetto di famiglia si terranno il prossimo marzo», 5 dicembre 2023.
https://www.irishtimes.com/politics/2023/12/05/referendums-on-women-in-the-home-and-the-concept-of-the-family-to-be-held-next-march/

[81] https://en.wikipedia.org/wiki/Thirty-first_Amendment_of_the_Constitution_of_Ireland

"problematici" (non marxiani) dei genitori con quelli dei membri del culto. La setta/ideologia stessa - attraverso il sistema e lo Stato - diventa il "genitore" amorevole e guida.

Il sub-agenda della distruzione dell'unità familiare utilizza la formula oppressore contro oppresso nel modo più bizzarro e spregevole, che sta venendo alla luce ancora di più negli ultimi tempi. Il culto - attraverso il sub-agenda del transgenderismo/non-binario - ha cercato di convincere le masse che lo Stato "compassionevole" è più adatto a fare da genitore ai bambini che ai genitori stessi! Indubbiamente i bambini sono "oppressi" dai loro genitori per quanto riguarda la loro identità sessuale, quindi lo Stato predatore "eroico" deve intervenire. Un articolo dell'Irish Independent del 2 giugno 2020 ha riferito dei piani per consentire ai minori di sedici anni di "cambiare sesso" legalmente.[82] Naturalmente, il gender-bender irlandese in capo Leo Varadkar è stato coinvolto, essendo membro del comitato LGBTQ del suo partito Fine Gael.

(c) ridurre/eliminare la possibilità di punizioni e disciplina dalla vita di un giovane. Queste cose sono indispensabili per crescere i bambini. Questo è fondamentale, perché essere membri di una setta e viziati vanno di pari passo. Più bambini viziati ci sono nella società, più ci sono deboli egomaniaci con manie di controllo e più forte diventa il culto/ideologia. L'assenza generale di questo tipo di genitorialità crea generazioni di individui che sono programmati per essere guidati principalmente da ciò che vogliono/sentono e che fanno i capricci quando non ottengono ciò che vogliono. Osservando il comportamento dei membri di una setta, non vi sembra familiare? Questo punto è collegato al successivo.

(d) eliminare l'influenza benefica di un sano e naturale equilibrio maschile e femminile che una partnership genitoriale maschile e femminile può fornire. Il nucleo familiare tradizionale è potenzialmente il più equilibrato dal punto di vista genitoriale, a beneficio dei bambini, con un maschio e una femmina eterosessuali nei loro rispettivi ruoli. La setta/ideologia promuoverà e normalizzerà ogni tipo di relazione/genitorialità/famiglia tranne questa, offrendo alternative false/inferiori per nascondere questa verità fondamentale (ad esempio, genitori gay che adottano bambini o usano forme artificiali di concepimento o maternità surrogata; uomini che "sono incinti"; "coppie" poliamorose con partner aggiuntivi, ecc.)

(e) Creare una situazione in cui i giovani comincino a considerare la società/la popolazione mondiale/il culto marxista come la loro "famiglia". Le famiglie

---

[82] «Il Fine Gael vuole cambiare la legge per consentire ai minori di 16 anni di cambiare legalmente sesso», giugno 2020.

https://www.independent.ie/irish-news/fine-gael-seeking-law-change-to-let-under-16s-legally-change-gender/39252644.html

possono fornire un senso di unità e un legame con gli altri che spesso diventa il fondamento della vita di una persona; pertanto, devono essere eliminate dall'equazione. Le famiglie (comprese le famiglie nucleari tradizionali), per definizione, possono essere contemporaneamente piccoli collettivi a sé stanti, ma anche nettamente diversi e separati da altre famiglie in una certa misura, relazioni a parte (e queste altre famiglie sono a loro volta collettivi simili, ecc.)

È la "separazione" che non va bene per l'ideologia; semplicemente non va bene! L'obiettivo dell'ideologia è rendere l'umanità un unico grande collettivo. Non ci possono essere "diversi" e "separati", c'è solo il tutto, il "popolo", l'unità, l'uguaglianza, la solidarietà, ecc. È l'intera stronzata del "siamo tutti una cosa sola!", spinta dal Movimento New Age.

(f) Rimuovere i maschi eterosessuali come capo dell'unità familiare tradizionale dalla loro posizione di autorità/influenza all'interno di essa. Questo aiuta a eliminare dall'equazione qualsiasi tipo di energia aggressiva, combattiva e resistente che potrebbe opporsi al culto/ideologia (compresa qualsiasi "mascolinità tossica"). Inoltre, gli uomini vengono allontanati dal loro ruolo tradizionale di protettori e portatori di reddito per la famiglia. Ciò si concretizza nella massima femminista (marxiana) secondo cui le donne non hanno bisogno degli uomini per essere genitori di successo.

Come già detto, i genitori single possono fare un lavoro relativamente buono e ogni situazione è diversa, ma non è l'ideale per tutti i soggetti coinvolti o per la società nel suo complesso (oltre che per l'ideologia stessa). Il compianto storico, giornalista e scrittore britannico Paul Johnson (1928-2023) una volta disse: "L'istituzione socialmente più sovversiva del nostro tempo è la famiglia monoparentale".[83] Naturalmente, rimuovendo gli uomini da questi ruoli, si crea in qualche modo "uguaglianza", combattendo contemporaneamente il temuto nemico del femminismo: il "patriarcato".

(g) L'eliminazione di un altro elemento tradizionale, culturale (e quindi legato al passato). L'unità familiare occupa un posto nel trio tradizionale di elementi per una società sana e prospera: famiglia, nazione e religione. Nel trasformare la società a sua immagine e somiglianza, il culto/ideologia deve eliminare i legami con le società del passato. Tutto ciò che è tradizionale deve sparire!

(h) Controllare il comportamento sessuale dei giovani. Il culto/ideologia mira a sostituire i genitori quando si tratta di educare (programmare) i giovani sul sesso, la sessualità e i rapporti di coppia (si veda più avanti).

Altre sotto-agende a cui si collega

La distruzione dell'unità familiare è promossa dal sistema infuso di marxismo

---

[83] Citato nel Sunday Correspondent, 24 dicembre 1989.

https://libquotes.com/paul-johnson/quote/lbd3o0d

che utilizza l'indottrinamento anti-tradizionalista (attraverso le "cinghie di trasmissione della cultura" - istruzione, media, industria dell'intrattenimento). Naturalmente, l'obiettivo generale è ridurre al minimo la quantità di famiglie stabili e tradizionali. È intessuto di numerosi altri sotto-agendi e concetti originati o promossi dall'ideologia:

-Il movimento "egualitario" di "liberazione" delle donne (femminismo) ha fatto il lavaggio del cervello alle donne, allontanandole dai ruoli tradizionali di madri e casalinghe, per farle entrare nel collettivo proletario della forza lavoro (e quindi iniziare a pagare le tasse). Questa sotto-agenda, combinata con i sistemi educativi marxiani, crea una situazione in cui lo Stato ha un maggiore controllo sullo sviluppo psicologico dei bambini. Questo è stato uno sviluppo epocale per la società del XX secolo e, di fatto, per il destino della razza umana: le donne passano più tempo a lavorare e meno tempo in compagnia dei loro figli che in qualsiasi altro momento della storia.

Ovviamente, l'aborto gioca un ruolo chiave nello scoraggiare/impedire alle donne di avere figli e di creare famiglie; e ovviamente non avrebbe lo status che ha ora senza il movimento femminista (l'aborto stesso fa parte di un'altra agenda per creare una separazione tra sesso/sessualità e procreazione; che il sesso è solo per il piacere (alias edonismo).

-La sub-agenda LGBTQ/transgenderismo/non-binario tenta di distruggere il normale sviluppo sessuale (biologicamente e psicologicamente) nei giovani, impedendo loro di creare famiglie più avanti nella vita (a causa di problemi mentali/di relazione/di identità, o di danni fisiologici - tra cui la sterilità - causati da interventi chirurgici di "riassegnazione" del genere/rimozione degli organi sessuali, ormoni, blocchi della pubertà, ecc.)

-La sotto-agenda anti-cristianesimo è collegata a questo tema perché il cristianesimo (il cattolicesimo romano in particolare) ha tradizionalmente svolto un ruolo nell'incoraggiare il matrimonio, l'istituzione su cui si è basata l'unità familiare tradizionale per secoli. Anche la popolarizzazione e la normalizzazione del divorzio (grazie, in parte, al femminismo) gioca ovviamente un ruolo: contribuisce a banalizzare il concetto di matrimonio.

-La distruzione della famiglia tradizionale si collega alla sotto-agenda dell'immigrazione di massa (alias l'agenda anti-bianco e della miscegenazione), dal momento che queste sotto-agende (oltre a quelle elencate sopra) vengono imposte ai Paesi principalmente occidentali, per lo più caucasici. Tutti si combinano per ridurre la quantità di persone bianche in quei Paesi.

L'influenza benefica di un naturale equilibrio maschile e femminile (continua)

L'unità familiare tradizionale si basa sull'antica e naturale partnership genitoriale tra uomo e donna. Per attaccare questo, il culto/ideologia ha cercato di spingere l'idea errata che tutte le forme di sessualità sono uguali e dovrebbero essere trattate come tali, anche quando si tratta di questioni genitoriali. Questo include anche l'idea che tutti gli orientamenti sessuali abbiano lo stesso valore per la società, il che significa che la sessualità di un uomo gay ha lo stesso valore di quella di un uomo eterosessuale; no, non è così! Quando si tratta di avere figli, gli uomini eterosessuali contribuiscono ovviamente di più; lo stesso si può dire delle donne eterosessuali (rispetto alle donne lesbiche).

Per quanto riguarda la questione cruciale della procreazione, le relazioni eterosessuali sono di gran lunga superiori ad altri tipi di relazioni perché possono generare figli in modo naturale (a parte le forme artificiali di procreazione, che possono essere costose per alcuni). Non c'è competizione tra relazioni eterosessuali e omosessuali in questo campo. Zero! Solo in un mondo così incasinato c'è bisogno di far notare queste cose! Questo non è un attacco personale a nessuno, è solo biologia. Il culto ha creato termini come "eteronormatività" per contribuire a offuscare questa verità, cercando di far sembrare uguali tutte le sessualità/orientamenti sessuali; il termine suggerisce che l'eterosessualità è solo ciò che percepiamo come normale. Bel tentativo. È un altro gioco di prestigio marxiano, progettato per distorcere la nostra percezione della realtà.

Le differenze biologiche (e quindi psicologiche) tra genitori eterosessuali e omosessuali sono importanti anche per quanto riguarda la genitorialità vera e propria. Ovviamente i genitori omosessuali dovrebbero ricorrere a forme di concepimento artificiale e alla maternità surrogata, ma quello su cui mi concentro qui è ciò che accade dopo la nascita del bambino. La combinazione ideale è quella di un uomo e di una donna, come previsto dalla natura/creazione, se l'intenzione è quella di avere figli regolari ed eterosessuali.

Ripropongo questo punto perché, ad esempio, nel caso in cui una coppia di uomini gay abbia una bambina, che cosa mai saprebbero dell'essere femmina? Lo stesso vale se hanno un ragazzo che non si rivela essere gay: cosa saprebbero dell'essere un maschio eterosessuale? Lo stesso vale per le coppie lesbiche: cosa saprebbero dell'essere maschio? O una femmina etero? Ancora una volta, a meno che non abbiano una figlia femmina gay, saranno davvero in grado di essere genitori corretti e di relazionarsi con la loro "prole"?

Naturalmente, potrebbero decidere di "incoraggiare" (in modo criminale) il proprio figlio a essere gay, per relazionarsi meglio con lui. Di certo non scoraggeranno il figlio dall'esprimere qualsiasi tendenza gay (nel caso in cui il bambino sia etero e possa o meno avere problemi di identità di genere durante lo sviluppo). Ci sono molte testimonianze in rete di persone che sono state "incoraggiate" in questo modo e che poi hanno avuto problemi di identità dannosi nel corso della vita, in alcuni casi catastrofici.

Non tutti i genitori gay in tutte le situazioni sarebbero cattivi genitori, naturalmente, e l'idea che tutti i genitori eterosessuali siano automaticamente ottimi genitori in tutte le situazioni è falsa: sappiamo tutti che ci sono genitori marci e stupidi là fuori!

Essere un buon genitore è una questione di personalità/atteggiamento, dedizione, responsabilità, pazienza, intelligenza, amore, uso della disciplina, ecc. e chiunque, indipendentemente dal proprio genere/orientamento sessuale, può offrire queste cose. Tuttavia, i genitori eterosessuali sono complessivamente avvantaggiati, in quanto possono relazionarsi meglio con i loro figli. Inoltre, avere un padre e una madre permette a entrambi i genitori di offrire diversi tipi di input (in circostanze normali), da diversi punti di vista a ciascun bambino: il maschile e il femminile; ed entrambi questi genitori sono fisicamente diversi l'uno dall'altro. Questo non avviene nemmeno con le coppie omosessuali.

Inoltre, non è forse un fattore che i genitori gay probabilmente crescono figli più "liberali" (cioè più inclini a crescere come membri di una setta)? Ciò significa che anche quando si tratta di come crescere i nostri figli, l'ideologia sta cercando di imporre la sua volontà. In conclusione, in questo caso tutti i tipi di coppie genitoriali non sono uguali. La propaganda del culto cerca di dirci il contrario.

Ritardi nelle relazioni

Oltre ad attaccare la famiglia tradizionale con mezzi diretti, l'ideologia lo fa anche indirettamente. Sostiene la degenerazione, che a sua volta contribuisce a distruggere, soprattutto per quanto riguarda le relazioni umane. Sostiene: l'edonismo eccessivo; la promiscuità (la mentalità "il sesso è per il piacere, non per la procreazione"); la superficialità; gli atteggiamenti irresponsabili ed egocentrici ("il mio corpo, la mia scelta"); il poliamore e altri strani tipi di "relazioni"; l'androginia, il genere non binario e il transgenderismo; la cultura guidata dall'ego dei social media (compresa la manipolazione/dipendenza da dopamina e serotonina che si verifica) ecc. E come già detto, dal momento che i giovanissimi vengono ora presi di mira, saranno saturati da questa robaccia dall'infanzia all'adolescenza e oltre.

Un ambiente pieno di questi elementi tossici contribuisce a creare individui che finiscono per essere ritardati nelle relazioni, incapaci di avere relazioni adulte funzionanti, stabili e significative. Più tempo una persona trascorre in una mentalità degenerata come quella sopra descritta, meno tempo passa ad imparare ad avere relazioni stabili attorno alle quali costruire una famiglia. Tutto questo ovviamente diminuisce il numero di famiglie stabili nella popolazione generale, creando società/nazioni deboli, al servizio dell'ideologia. Il termine "ritardato" significa essenzialmente "meno avanzato nello sviluppo mentale, fisico o sociale rispetto alla norma per la propria età".

È interessante notare che dove possiamo imparare ad avere questo tipo di relazioni nella nostra vita? A casa. Impariamo prima di tutto dai nostri genitori.

Se questo esempio non c'è, è meglio che ci sia un'influenza positiva da qualche parte. Quindi, immaginate in che condizioni si troveranno le future generazioni di giovani se l'unità familiare tradizionale viene ulteriormente allontanata dalla società, oltre a crescere in questo tipo di ambiente tossico? Previsione: generazioni di ritardatari delle relazioni. Molti tra le recenti generazioni del XXI secolo, che vengono contaminate e influenzate in età sempre più giovane, potrebbero non imparare mai ad avere relazioni significative.

Creare una famiglia per motivi patriottici, religiosi o etnici.

L'ideologia neutralizza qualsiasi senso di dovere all'interno di una popolazione di creare famiglie per il bene della propria nazione, del proprio gruppo religioso o della propria razza, a causa della sua opposizione a queste cose, o della loro totale negazione. Secondo il suo dogma, le nazioni non dovrebbero esistere, la religione è un'illusione e la razza è un costrutto sociale; pertanto, l'idea di creare famiglie e avere figli per questi motivi è semplicemente ridicola, giusto? L'ideologia/culto (in generale) promuove queste falsità come parte della sua sotto-agenda anti-famiglia tradizionale e della sua sotto-agenda anti-nazione (oltre ad altre). Questi sono i tipi di attacchi sottili e diretti che aiutano l'ideologia a raggiungere questo particolare sub-agenda (la distruzione della famiglia tradizionale).

L'idea di creare una famiglia per i motivi sopra descritti può sembrare un'idea aliena nelle società moderne, infettate dall'ideologia, eppure questa è stata una caratteristica di innumerevoli culture nel corso della storia, fin dagli albori dell'uomo! Naturalmente, queste ragioni non dovrebbero essere le uniche che spingono a creare una famiglia, ma è positivo quando sono presenti; l'indottrinamento fa in modo che non lo siano. Ancora una volta, questa sotto-agenda si applica principalmente ai Paesi occidentali, tradizionalmente a maggioranza bianca e cristiana. In questi Paesi l'ideologia ha avuto l'impatto maggiore su questo tema.

Controllo degli individui attraverso la programmazione sessuale

Un'altra questione enorme, trattata da altri ricercatori e autori. Poiché il fine ultimo della setta/ideologia è il completo dominio e la distruzione di tutto ciò che è buono, essa cerca modi sempre più efficienti per farlo. Pertanto, il controllo delle persone attraverso il loro comportamento sessuale è auspicabile. Naturalmente, tradizionalmente spetta ai genitori educare i figli alla sessualità. Questo è un altro motivo per cui il culto/ideologia deve rimuovere la propria influenza.

Questa iniziativa è prevalente nelle varie sotto-agende promosse dal culto attraverso il "sistema" (media, intrattenimento, istruzione, governo, ecc.). Il sistema educativo è il più efficace in questo senso, poiché i bambini si trovano a tu per tu con i loro indottrinatori e non possono "spegnerli" come la TV o il telefono, o fuggire.

In effetti, nel mondo è in corso una lotta di influenza tra i membri di una setta decisi a infettare i giovani attraverso l'"educazione" e i genitori che cercano di proteggere i loro figli da "materiale didattico" che sanno essere inappropriato o del tutto malvagio. Ovviamente, tutto questo non vale se i genitori non sono ostili al marxismo o, peggio, se sono essi stessi membri di una setta, nel qual caso non c'è alcuna lotta (e il destino dei loro figli è spesso più o meno segnato).

Nelle nostre società, grazie all'infezione, abbiamo assistito a: l'eccessiva enfasi sulla sessualità (alias "ipersessualizzazione"); l'assurdità trans/non binaria; l'ora della storia delle drag queen nelle scuole; il far scrivere ai bambini lettere d'amore gay; l'educazione sessuale "radicale" e la promozione del sesso anale; la programmazione delle relazioni; la normalizzazione dell'aborto; la promozione del femminismo che distorce le menti di maschi e femmine; la normalizzazione/incoraggiamento dell'omo/bi-sessualità. Tutti hanno un elemento sessuale o sono legati al sesso. In ogni Paese infetto, gruppi di membri della setta ("esperti") ci spiegheranno cosa i bambini dovrebbero imparare a scuola.

Il controllo della programmazione sessuale e del comportamento dei giovani contribuisce a creare generazioni di giovani che crescono come edonisti, mentalmente instabili, superficiali, ritardatari delle relazioni, che non sono in grado o non vogliono mettere su famiglia. Inoltre, non avranno la volontà di resistere al culto/ideologia, anche se in qualche modo ne avessero l'impulso. Il controllo della programmazione sessuale dei giovani può aiutare a raggiungere tutto questo.

A livello nazionale, queste varie iniziative vengono promosse attraverso i sistemi educativi. In Irlanda, l'Irish Times ha riportato nel luglio 2023 la notizia che le "lezioni di educazione sessuale" sarebbero diventate obbligatorie per gli studenti delle scuole secondarie superiori. [84] L'iniziativa si chiama "Social Personal and Health Education" (educazione sociale e alla salute) e gli studenti saranno sottoposti a un lavaggio del cervello per un'ora alla settimana. La controparte per la scuola primaria è "Educazione alle relazioni e alla sessualità (RSE)".

A livello internazionale, le sottoistituzioni delle Nazioni Unite (marxiste) (ad esempio l'UNESCO) svolgono un ruolo centrale nel dettare queste iniziative e i governi asserviti degli "Stati" (Paesi) membri sono "obbligati" a rispettarle. Sono stati creati modelli globali su come i bambini dovrebbero essere "educati", in particolare quando si tratta di "educazione" sessuale. Roba molto strana, da pedofili...

---

[84] O'Brien, C, «Le lezioni di educazione sessuale saranno obbligatorie per gli studenti della maturità», 12 luglio 2023.
https://www.irishtimes.com/ireland/education/2023/07/12/sex-education-classes-to-be-mandatory-for-leaving-cert-students/

Dalla prefazione del documento UNESCO di 138 pagine "International Technical Guidance on Sexuality Education" (2018): "troppi giovani compiono ancora il passaggio dall'infanzia all'età adulta ricevendo informazioni imprecise, incomplete o cariche di giudizi che influenzano il loro sviluppo fisico, sociale ed emotivo... Questo rappresenta il fallimento dei portatori del dovere della società nell'adempiere ai loro obblighi nei confronti di un'intera generazione". [85] Capisco, quindi le Nazioni Unite devono intervenire. L'attivismo richiede la creazione di un problema dal nulla che deve essere "risolto", che è quello che hanno fatto qui. Si noti come "portatori di doveri" sia una frecciatina ai genitori.

A pagina 71, nella sezione "Comportamento sessuale e risposta sessuale", gli "obiettivi di apprendimento" per i bambini dai 5 agli 8 anni includono la comprensione del fatto che "le persone dimostrano amore e cura per le altre persone in modi diversi, compresi i baci, gli abbracci, i tocchi e talvolta attraverso il comportamento sessuale". [86] È sorprendente che l'umanità sia riuscita a procreare fino a questo punto senza il saggio contributo delle Nazioni Unite!

Devo dire che è una lettura divertente e inquietante: affronta le interazioni umane, le relazioni e la sessualità da un punto di vista ultra-analitico, strutturato, quasi robotico. (voce robotica) "A questa età dello sviluppo toccherai i tuoi genitali"... "A quell'età sceglierai il tuo stato di genere predefinito per oggi... bip bop boop".

I bambini (secondo le Nazioni Unite, ecc.) "soffrono" a causa dell'incapacità dei genitori di fare i genitori. Pertanto, in questa sotto-agenda, i bambini sono gli "oppressi", i genitori sono gli "oppressori" e gli strampalati membri di culti pedofili devono venire in soccorso. Bambini di tutto il mondo unitevi!

---

[85] «Guida tecnica internazionale sull'educazione alla sessualità: un approccio informato dalle evidenze», UNESCO 2018.
https://unesdoc.unesco.org/ark:/48223/pf0000260770

[86] Ibid. P. 71.

Sezione V - Vari gruppi e incarnazioni

"Alcuni dei nostri pensano ancora che i comunisti siano l'ala sinistra del movimento socialista. Non è così. Il movimento socialista era un movimento per la libertà nel suo senso più ampio. Dal punto di vista della libertà, i comunisti sono all'estrema destra".[1]

Membro della Fabian Society e primo ministro britannico
Clement Atlee, discorso a Glasgow, 1949

Introduzione

La percezione di molti è stata distorta per far accettare l'internazionalismo, con lo scopo ultimo di trascinarli verso la schiavitù totalitaria globale. Questo è stato definito il programma del Governo Unico Mondiale, con il quale il marxismo è inestricabilmente legato. Si tratta delle ambizioni di dominio globale dell'ideologia.

È vero che il marxismo è un leopardo che non cambia mai le sue macchie; ma è anche un serpente... un serpente che - una volta riconosciuto facilmente per quello che è - si libera della sua vecchia e logora pelle, sostituendola con un nuovo strato bello e lucente. Mentre si muove indisturbato per il mondo, il tempo passa e il suo aspetto precedente viene dimenticato, insieme alla sua natura predatoria. Questo ciclo di costante ringiovanimento e reinvenzione è forse la difesa principale e più utilizzata da questa ostinata ideologia e, naturalmente, i suoi metodi possono essere sia palesi che occulti. Non possiamo ripercorrere tutta la storia, ma dobbiamo soffermarci su alcuni punti.

Socialismo fabiano

"Per il momento giusto dovete aspettare, come ha fatto Fabius con molta pazienza... ma quando arriva il momento dovete colpire duro o la vostra attesa sarà vana e infruttuosa".2

Opuscolo fabiano

"Abbiamo la guida di un esperto, George Bernard Shaw della Fabian Society, che definì Lenin "il più grande fabiano di tutti". Egli formulò e descrisse la metodologia fabiana: essa utilizzava "i metodi della furtività, dell'intrigo, della sovversione e l'inganno di non chiamare mai il socialismo con il suo giusto

---

[1] Clement Attlee, discorso a Glasgow (10 aprile 1949), citato in *The Times* (11 aprile 1949), pag. 4. https://en.wikiquote.org/wiki/Communism

[2] https://fabians.org.uk/about-us/our-history/

nome".3

Stormer, John, *Nessuno osi chiamarlo tradimento*,1964

"Il patriottismo è, fondamentalmente, la convinzione che un determinato Paese sia il migliore del mondo perché ci si è nati".4

G.B. Shaw, *Il mondo*, 1893

La *Fabian Society* o Fabian Socialists (FS) è un sotto-argomento cruciale per uno studente della sovversione marxista e del "Nuovo Ordine Mondiale". Questa organizzazione, infatti, mostra chiaramente il legame tra società quasi segrete, socialismo sovversivo e mondo della politica. Le FS hanno creato - e successivamente controllato - il *Partito laburista britannico*. Inoltre, questo gruppo mostra un chiaro legame tra queste strutture e il mondo accademico: hanno creato un'università per promuovere i loro obiettivi, la *London School of Economics*.[5]

I Fabiani miravano a realizzare il socialismo con mezzi sovversivi, attraverso il sistema democratico ("socialismo democratico"), l'istruzione, i gruppi comunitari, ecc.[6] I concetti di *comunitarismo* (ampliati in seguito) e gli aspetti della politica della "terza via" (una "fusione" di idee di destra e di sinistra) possono essere collegati al fabianesimo. La FS ci mostra chiaramente il principio del "socialismo champagne" in azione anche a livello organizzativo: un gruppo di elitari che pretendono di essere i paladini dei poveri, mentre servono l'agenda tirannica internazionalista (consapevolmente o meno). Poiché molti dei Fabiani erano essi stessi "borghesi", non si concentrarono sul tradizionale aspetto della lotta di classe della teoria marxista tradizionale (come fecero i leninisti); altrimenti, avrebbero dovuto designare se stessi come il nemico.

Informazioni di base

In origine, si trattava di un'organizzazione con sede a Londra, nata da una precedente organizzazione chiamata *The Fellowship of the New Life*. Oggi è un'organizzazione internazionale estremamente potente, presente nel Regno Unito, in Canada (*Douglas-Coldwell Foundation*, poi *League for Social Reconstruction*), in Australia (*Australian Fabian Society*), in Nuova Zelanda (*New Zealand Fabian Society)* e in Sicilia (*Societa Fabiana Siciliana*).

---

[3] Stormer, J, *Nessuno osi chiamarlo tradimento* (1964), pag. 26.

[4] Shaw, G.B., *Il mondo* (1893). https://en.wikiquote.org/wiki/George_Bernard_Shaw

[5] https://www.britannica.com/topic/Fabian-Society

[6] Diniejko, Litt, «The Fabian Society in Late Victorian Britain», 16 settembre 2013. https://victorianweb.org/history/fabian.html

Attualmente la Fabian Society del Regno Unito conta oltre 7000 membri.[7]

La società fu fondata il 4 gennaio 1884 (quasi 10 mesi dopo la morte di Karl Marx). I membri fondatori erano "radicali" della classe media attratti dalle idee socialiste: Frank Podmore, Edward R. Pease, William Clarke, Hubert Bland, Pervical Chubb, Frederick Keddell, H.H. Champion, Edith Nesbit e Rosamund Dale Owen. Hubert Bland reclutò in seguito George Bernard Shaw (1856-1950), che era anche suo amico e collega giornalista. Tutti i nuovi membri dovevano firmare un documento simile a una costituzione, chiamato "The Basis" (1887). Questo programma includeva proposte come "l'uso delle istituzioni esistenti, del partito e dell'apparato parlamentare per la realizzazione di riforme sociali", per ottenere "l'eliminazione della terra di proprietà privata e l'istituzione della proprietà comunitaria dei mezzi di produzione".[6]

I Fabiani

I membri di spicco e la leadership della FS erano: Il drammaturgo, scrittore e premio Nobel irlandese G.B. Shaw; i coniugi Sidney (1859-1947) e Beatrice Webb (1858-1943); Graham Wallas e Sidney Olivier. Sidney Webb è stato economista, politologo e scrittore. Sposò Beatrice Potter nel 1892 (Potter era la figlia di Richard Potter, un ricco finanziere delle ferrovie britanniche e canadesi). Wallas era uno psicologo sociale e pedagogo. Sidney Olivier era un funzionario ben inserito e in seguito fu governatore della Giamaica e segretario di Stato per l'India.

Tra gli altri membri della Fabian Society vi erano: il famoso scrittore Herbert George Wells; il filosofo e matematico Bertrand Russell; l'economista John Maynard Keynes; Eleanor Marx (figlia di Karlie Karl); lo storico e professore Arnold Toynbee; la teosofa e attivista per i diritti delle donne Annie Besant; attivista per i diritti delle donne e organizzatrice del movimento delle Suffragette nel Regno Unito Emmeline Pankhurst; il massone e politico Clement Atlee; l'editore della rivista *New Age* e massone Alfred Richard Orage; e l'autore di *Brave New World* Aldous Huxley (fratello del noto eugenista Julian Huxley).

Le perle di saggezza di G.B.

Forse il fabiano più famoso è George Bernard ("G.B.") Shaw. Ecco alcune sue citazioni assolutamente straordinarie. La prima è tratta da *The Intelligent Woman's Guide to Socialism and Capitalism* (1928): "Il socialismo significa uguaglianza di reddito o niente. Nel socialismo non vi sarebbe permesso di essere poveri. Sarete nutrite, vestite, alloggiate, istruite e impiegate con la forza, che vi piaccia o no. Se si scoprisse che non avete carattere e industria tali da valere tutto questo disturbo, potreste essere giustiziati in modo gentile; ma

---

[7] «Soci«. https://fabians.org.uk/membership/

mentre vi è permesso di vivere, dovrete vivere bene. Nello "Stato balia" definitivo, senza libero arbitrio o diritto di scelta, si è di proprietà delle élite e si viene scartati quando non si è più utili".[8]

Questo è tratto da un discorso filmato del 5 marzo 1931 (disponibile su YouTube): "Non voglio punire nessuno, ma c'è un numero straordinario di persone che vorrei uccidere. Non con spirito scortese o personale, tutti voi conoscete almeno una mezza dozzina di persone che non servono a nulla in questo mondo... sarebbe una buona cosa farli venire tutti davanti a un consiglio di amministrazione opportunamente nominato... e diciamo che ogni cinque o ogni sette anni li mettiamo lì e diciamo: "Signore, o signora, ora volete essere così gentili da giustificare la vostra esistenza? Se non è in grado di giustificare la sua esistenza, se non sta facendo la sua parte nel voto sociale, se non sta producendo quanto consuma, o forse un po' di più, allora, chiaramente, non possiamo usare la grande organizzazione della nostra società allo scopo di mantenerla in vita, perché la sua vita non è di beneficio per noi e non può essere di grande utilità per lei".[9]

In un numero del quotidiano dublinese *Evening Herald* del 3 febbraio 1948 si leggevano le sue parole: "Sono un comunista, ma non un membro del Partito Comunista. Stalin è un fabiano di prim'ordine. Sono uno dei fondatori del fabianesimo e come tale sono molto amico della Russia".[10]

Il bilancio genocida/democida dei regimi di culto nel XX secolo assume un significato diverso se consideriamo l'eugenetica (allevamento per produrre determinati risultati). Il fatto che Shaw fosse un fan del regime sovietico e di Stalin non sorprende. In una conferenza tenuta alla *Eugenics Education Society* nel 1910, Shaw affermò che: "Dovremmo trovarci impegnati a uccidere un gran numero di persone che ora lasciamo vivere... Una parte della politica eugenetica ci porterebbe infine a un uso estensivo della camera letale. Un gran numero di persone dovrebbe essere eliminato dall'esistenza semplicemente perché fa perdere tempo agli altri per prendersi cura di loro".[11]

---

[8] Shaw, G.B., *The Intelligent Woman's Guide to Socialism and Capitalism* (1928). https://ia904704.us.archive.org/33/items/in.ernet.dli.2015.276240/2015.276240.The-Intelligent.pdf

[9] «George Bernard Shaw: c'è un numero straordinario di persone che vorrei uccidere», 27 giugno 2020. https://www.YouTube.com/watch?v=Ymi3umIo-sM

[10] Shaw, G.B., Evening Herald, 3 febbraio 1948.

https://quotepark.com/quotes/2066840-george-bernard-shaw-i-am-a-communist-but-not-a-member-of-the-communis/

[11] Rose, E. «L'eugenetica risorge ancora», 14 novembre 2019.

https://medium.com/@finnishrose/eugenics-rises-again-1f5421aba5ba

Un estratto da Nessuno osi chiamarlo tradimento di John A. Stormer (1928-2018) (sottolineato per enfasi): "Shaw si definiva "comunista", ma non era d'accordo con Marx su come la rivoluzione sarebbe stata realizzata e da chi. Nel 1901, nel suo *Who I am, What I think (Chi sono, cosa penso)*, esplicitò queste differenze scrivendo: "Il 'Capitale' di Marx non è un trattato sul socialismo; è una geremiade contro la borghesia (classe media). Doveva essere scritto per la classe operaia; ma l'uomo che lavora rispetta la borghesia e vuole essere un borghese; Marx non l'ha mai afferrato per un momento. Sono stati i figli rivoltanti della stessa borghesia, come me, a dipingere di rosso la bandiera. Le classi medie e alte sono l'elemento rivoluzionario della società: il proletariato è l'elemento conservatore". [12]

Interessante e rivelatore. Come già detto, Marx ed Engels provenivano da ambienti privilegiati.

La guerra dei pozzi

> "Questa nuova e completa Rivoluzione che contempliamo può essere definita in poche parole. Si tratta di un vero e proprio socialismo mondiale, pianificato e diretto scientificamente... e di una seducente espansione dell'organizzazione educativa alle esigenze sempre crescenti del nuovo ordine". [13]
>
> H.G. Wells, Nuovo ordine mondiale, 1940

Il famoso scrittore inglese H.G. Wells (1866-1946) fu membro della Fabian Society dal 1903 al 1908. Wells era un darwinista e un sostenitore a vita del socialismo e dell'eugenetica. Credeva che il collettivismo dovesse diventare il nuovo "oppiaceo delle masse", la nuova religione. A un certo punto tentò persino di ottenere il controllo della leadership della società (da Shaw e Webb) con alcuni nuovi membri.

Tra le sue numerose opere, Wells è autore di: *Il socialismo distruggerà la casa?* (1907), *La guerra e il socialismo* (1915), *La cospirazione aperta* (1928) e *Nuovo ordine mondiale* (1940). [14] In New World Order scrisse: "Innumerevoli persone, dai maharaja ai milionari, dai pukkha sahib alle belle signore, odieranno il nuovo ordine mondiale... e moriranno protestando contro di esso. Quando cerchiamo di valutare la sua promessa, dobbiamo tenere presente l'angoscia di una generazione o poco più di malcontenti".

Inoltre: "La riorganizzazione del mondo deve essere all'inizio principalmente opera di un "movimento" o di un partito o di una religione o di un culto, comunque lo si voglia chiamare. Possiamo chiamarlo Nuovo Liberalismo o Nuovo Radicalismo o altro. Non sarà un'organizzazione affiatata, che segue la

---

[12] Shaw, G.B., «Chi sono e cosa penso», 11 maggio 1901.

[13] Wells, H.G., *Nuovo ordine mondiale* (1940).

[14] https://www.britannica.com/biography/H-G-Wells

linea del partito e così via. Potrà essere molto sciolta e con molte sfaccettature".[15] Considerando la natura del culto/ideologia di oggi, questa visione non è forse quasi profetica?

Membri e relatori moderni

In tempi moderni, alcuni dei membri famosi e relatori di eventi includono: l'ex leader del Partito Laburista Britannico Jeremy Corbyn; l'ex primo ministro del Regno Unito e leader del Partito Laburista Britannico Tony Blair; il parlamentare del Partito Laburista Britannico e sindaco di Londra Sadiq Khan; l'ex primo ministro del Regno Unito e leader del Partito Laburista Gordon Brown; il politico del Partito Laburista Britannico e presidente di *Policy Network* Peter Mandelson. Tra gli altri membri di spicco del FS, che sono stati anche membri del Parlamento britannico, figurano Robin Cook, Jack Straw, David Blunkett e Clare Short.[16]

I Fabiani sono stati anche ai più alti livelli della politica australiana per decenni. Quando Julia Gillard è entrata in carica nel 2010, sette primi ministri australiani di fila erano membri delle FS: Gough Whitlam (dal 1972 al 1975); Robert Hawke (dal 1983 al 1991); Paul Keating (dal 1991 al 1996); Kevin Rudd (dal 2007 al 2010); e poi la stessa Gillard (dal 2010 al 2013). Tra gli altri fabiani che sono diventati politici di spicco figurano John Cain, Neville Wran e Jim Cairns, e i membri del Partito Laburista Australiano Bob Carr e Kelving Thompson.[17] È interessante notare che Jim Cairns è stato fortemente coinvolto nel *Consiglio Mondiale della Pace* (una creazione di Joseph Stalin), oltre ad essere un importante attivista contro la guerra in Vietnam.[18]

Un Nuovo Ordine Mondiale Fabiano

In un discorso tenuto a Washington DC il 21 aprile 2008, l'allora premier britannico (fabiano) Tony Blair ha dichiarato: "Il partenariato transatlantico non è mai stato solo il fondamento della nostra sicurezza. È stato il fondamento del nostro stile di vita. È stato forgiato in un'esperienza del tipo più amaro e angoscioso. Ne è nata una nuova Europa, un nuovo ordine mondiale, un nuovo consenso su come vivere la vita".[19]

Il 2 aprile 2009, durante un vertice del G20 a Londra, l'allora premier

---

[15] Wells, H.G. *New World Order* (1940), P.111.
http://www.telelib.com/authors/W/WellsHerbertGeorge/prose/newworldorder/newworldorder008.html

[16] https://en.wikipedia.org/wiki/Category:Members_of_the_Fabian_Society

[17] McGrath, A, *Wolves in Sheep's clothing* (2012), pag. 20.

[18] https://en.wikipedia.org/wiki/Jim_Cairns

[19] «Tony Blair - Nuovo Ordine Mondiale», 9 novembre 2010.
https://www.YouTube.com/watch?v=Jv17gVF9kMA

britannico (fabiano) Gordon Brown ha dichiarato: "Penso che stia emergendo un Nuovo Ordine Mondiale, e con esso le basi di una nuova e progressiva era di cooperazione internazionale... gestiremo insieme il processo di globalizzazione, per garantire la responsabilità di tutti e l'equità di tutti... costruiremo una società globale più sostenibile, più aperta e più giusta".[20] "Più equa" = egualitarismo, giustizia sociale, ecc. Inoltre, "responsabilità da parte di tutti ed equità verso tutti" è la versione fabiana di "da ciascuno secondo le sue capacità a ciascuno secondo i suoi bisogni" (grazie Karl). Qualcuno vuole il Nuovo Ordine Mondiale?

Cronologia degli eventi e dei risultati delle FS

Nel 2012, l'autrice australiana Dr. Amy McGrath (1921-2019) ha pubblicato un libro intitolato *Wolves in Sheep's Clothing*. Il libro è una raccolta di estratti dal lavoro di altri autori sul tema del comunismo, ecc. Include brani che collegano organizzazioni extra-governative come le Nazioni Unite, il Club di Roma, il Council on Foreign Relations, il Gruppo Bilderberg ecc. Come suggerito da McGrath, queste organizzazioni hanno lavorato insieme per promuovere l'agenda del Governo Unico Mondiale, attraverso agende di livello inferiore come l'Agenda 21 e i suoi obiettivi di "sviluppo sostenibile". L'Agenda 21 si occupa apparentemente di come ristrutturare il mondo e il comportamento umano a beneficio del pianeta. In realtà, si tratta di controllare le masse (come e dove vivono, cosa mangiano, come viaggiano, quali beni possono avere e quanti, ecc.)

Come elencato nel libro del Dr. McGrath, ecco una panoramica cronologica di alcuni risultati ottenuti dai Fabiani a partire dalla fondazione della società, il 4 gennaio 1884. Hanno creato il *Partito Laburista Indipendente* (ILP). Fondato nel gennaio 1893 dalla fusione di oltre 70 gruppi fabiani locali, era guidato dal fabiano Kier Hardie (che in precedenza aveva co-fondato la Seconda Internazionale con Friedrich Engels, compagno di scrittura e sponsor di Karl Marx); fondò la London School of Economics and Political Science nel 1895; contribuì a creare il *Labour Representative Committee* nel 1900; ha promosso l'introduzione di un salario minimo nel 1906; ha fondato la *Pan-Fabian Organization* nel 1907; ha promosso l'idea di un Servizio Sanitario Nazionale nel 1911; ha fondato la *Fabian Research* nel 1912 (in seguito nota come *Labour Research Bureau); ha* fondato la *University Socialist Federation* nel 1912 (in seguito nota come University Labour Clubs); fondarono la rivista socialista *New Statesman* nel 1913 (tuttora attiva); assistettero la rivoluzione bolscevica di Lenin in Russia; furono coinvolti nella creazione del *Royal Institute of International Affairs* nel 1919 (una delle "Big 6" organizzazioni che apparentemente "gestiscono" il mondo); parteciparono alla creazione della *Società delle Nazioni* nel 1920 (un precursore dell'ONU); crearono il *New*

---

[20] CNN, «Sta emergendo un nuovo ordine mondiale», 2 aprile 2009. https://www.YouTube.com/watch?v=ZD5Yy9Iq7lg

Fabian Research Bureau nel 1931; parteciparono alla creazione delle *Nazioni Unite* e fondarono *la Corte Internazionale di Giustizia* dell'Aia nel 1945; parteciparono alla creazione dell'*Internazionale Socialista* nel 1951.[21] [22]

Un'opera intitolata "International Government" (1916) è stata scritta dal fabiano, membro del Partito Laburista e giornalista Leonard Woolf (1880-1969). Questo libro fu l'ispirazione per la creazione della *Società delle Nazioni* qualche anno dopo, *ottenuta* grazie alla collaborazione della società con il *Gruppo Milner*. Il *Fabian International Bureau* si occupava di ricerca e propaganda in campo internazionale e promuoveva vari progetti internazionalisti come l'unione dell'Impero britannico con l'America e la Russia.

L'Internazionale Socialista (SI) fu creata per controllare una rete di organizzazioni socialiste. Il suo scopo era quello di coordinare il socialismo internazionale e di promuovere l'agenda del Governo Unico Mondiale attraverso questi gruppi. Inoltre, e a questo scopo, questi gruppi avrebbero contribuito a rafforzare il controllo delle Nazioni Unite. Nel giugno 1962, alla *Conferenza del Consiglio Internazionale Socialista di* Oslo, l'SI dichiarò notoriamente che "l'appartenenza alle Nazioni Unite deve essere resa universale".[23]

Perché la società "fabiana"?

Il nome "Fabian" è stato suggerito da un membro fondatore della FS (probabilmente Frank Podmore). Quinto Fabio Massimo Verrucosus (280-203 a.C.) era un generale romano incaricato di difendere Roma dal generale cartaginese Annibale (247-181 a.C.) durante la *Seconda Guerra Punica* (218 a.C.-21 a.C.). Annibale divenne leggendario per le sue tattiche innovative, come l'uso di elefanti per attaccare i Romani attraverso le Alpi! I Cartaginesi superavano di gran lunga i Romani, ma Fabius sconfisse Annibale utilizzando un approccio di guerriglia - tattiche di "mordi e fuggi", assenza di battaglie dirette, distruzione delle linee di rifornimento, ecc. Poiché trattenne l'avanzata cartaginese, divenne noto come Fabius "Cuncatator" (in latino "ritardatore"). I suoi sforzi permisero a Roma di riorganizzarsi.[24] Un punto chiave, per i nostri scopi: i Fabiani erano/sono in inferiorità numerica rispetto alle masse. Quando ci si trova di fronte a numeri superiori, è meglio attaccare usando mezzi

---

[21] McGrath, A, *Wolves in Sheep's clothing* (2012), pag. 20.

[22] https://fabians.org.uk/about-us/our-history/

[23] «*Dichiarazione dell'Internazionale Socialista, Conferenza di Oslo, 2-4 giugno 1962*».

https://www.socialistinternational.org/councils/oslo-1962/

[24] https://fabians.org.uk/about-us/our-history/

sovversivi e indiretti per ottenere la vittoria.

Simbologia fabiana

"Guardatevi dai falsi profeti, che vengono a voi in veste di pecore, ma dentro sono lupi rapaci" Matteo 7:15[25]

"Ho banchettato con il sangue dei santi, ma non sono sospettato dagli uomini di essere loro nemico, perché il mio vello è bianco e caldo, i miei denti non sono quelli di uno che lacera la carne, i miei occhi sono miti e non mi conoscono come il capo degli spiriti bugiardi".[26]

L'occultista britannico Aleister Crowley, *"La visione e la voce"*, 1911.

Stemma

La tradizionale e machiavellica tattica marxiana della malevolenza, mascherata da benevolenza, è perfettamente simboleggiata dallo stemma dei Fabiani: un lupo travestito da pecora. Il lupo è nero, indossa il suo travestimento da pecora bianca e tiene in mano una bandiera rossa (comunista). Riuscite a pensare a un'immagine più appropriata per simboleggiare questo concetto? Viene travestito da uno di voi, da uno dei vostri, da un amico, ma mira a uccidere voi e tutti i vostri simili. Un predatore feroce travestito da preda innocua. In breve, si tratta di un attacco ostile a vittime ignare, utilizzando la furtività. Pare che sia stato G.B. Shaw a disegnare questo stemma. In seguito fu ritrattato perché ritenuto un po' troppo plateale (non è vero?).

Il logo Fabian

Anche i Fabiani usavano la tartaruga su uno sfondo rosso (comunista), a rappresentare un processo lento e strisciante. Nella parte inferiore di questo logo compare il testo del loro motto "Aspetto a lungo, ma quando colpisco, colpisco duro". Questo simboleggia lo stile paziente e sovversivo dei Fabiani: un processo lento di installazione del socialismo, piuttosto che un rovesciamento violento e immediato.

Dal loro primo opuscolo: "Per il momento giusto devi aspettare, come fece Fabius con molta pazienza, quando guerreggiò contro Annibale, anche se molti censurarono i suoi ritardi; ma quando il momento arriva devi colpire duro, come fece Fabius, o la tua attesa sarà vana e infruttuosa". Una grande citazione dello scrittore americano Jon Perdue: "Il logo della Fabian Society, una tartaruga, rappresentava la predilezione del gruppo per una lenta e impercettibile transizione al socialismo, mentre il suo stemma, un "lupo travestito da pecora", rappresentava la metodologia preferita per raggiungere

---

[25] Matteo 7:15; Bibbia di Re Giacomo. https://biblehub.com/matthew/7-15.htm

[26] Crowley, A, *La visione e la voce* (1911).

il suo obiettivo".[27]

Una finestra "religiosa" di Fabian

La Fabian Window è una vetrata situata presso la London School of Economics. Progettata da G. B. Shaw, fu commissionata nel 1910. Da allora la vetrata è passata di mano e di luogo in mano diverse volte, fino a raggiungere la sua sede definitiva nella Shaw Library della LSE. Tony Blair l'ha inaugurata durante una cerimonia il 20 aprile 2006.[28] Nella vetrina, tre Fabiani - Shaw, Webb e ER Pease - sono raffigurati mentre "rifondono" la Terra su un'incudine, usando martelli (massonici). La stanno "facendo a pezzi", per rimodellare il mondo come meglio credono... per costruire "il mondo nuovo". Sopra il mondo, possiamo vedere lo stemma dei Fabiani.

Questa "riformulazione" del mondo rappresenta il tradizionale concetto marxiano di distruzione deliberata dell'ordine sociale prima di poterlo ricostruire come "utopia". In basso ci sono altri membri delle FS che "pregano" le loro "scritture". La scena raffigurata evoca il concetto di religiosità e di culto. I Fabiani volevano che la loro ideologia totalitaria, internazionalista e collettivista fosse la nuova "religione".

Non vediamo forse questo culto della "conoscenza"/scritture marxiste, in modo simile a un culto oggi, in particolare nei circoli accademici/intellettuali? Questa immagine, e in effetti l'intenzione dei Fabiani in generale, riflette uno dei messaggi centrali di questo libro: è un culto sovversivo. La finestra è probabilmente il miglior artefatto fisico per simboleggiare questo aspetto. Il testo in cima alla finestra dice: "Modellalo vicino al desiderio del cuore". Questa frase è tratta da una quartina del filosofo e poeta persiano medievale Omar Khayyam (1048-1131): "Ah Amore! Se tu e io con il destino potessimo cospirare, per afferrare questo triste schema di cose nella sua interezza, non lo faremmo a pezzi e poi lo riformeremmo più vicino al desiderio del cuore!".[29]

La strategia fabiana

I Fabiani non condividevano il modus operandi dei bolscevichi per la presa di potere rivoluzionaria. Non erano così anti-borghesi, essendo essi stessi borghesi. Rifiutavano l'idea di una violenta "lotta di classe" per realizzare una società socialista. Ritenevano che la riforma fosse meglio della rivoluzione. Pertanto, i Fabiani miravano a introdurre il socialismo attraverso l'evoluzione e non la rivoluzione. Questo obiettivo doveva essere raggiunto non con

---

[27] Perdue, J, *La guerra di tutti i popoli: The Nexus of Latin American Radicalism and Middle Eastern Terrorism* (2012).

[28] Donnelly, S., «Hammering out a new world-the Fabian Window at LSE», 13 settembre 2017.

[29] Khayyam, O., quartina XCIX https://en.wikiquote.org/wiki/OmarKhayyam

un'azione politica diretta e immediata, per ottenere risultati immediati, ma con un'influenza coerente e sottile, distribuita su un periodo più lungo. Si trattava di un metodo diverso e indiretto per attuare il collettivismo rispetto ad altri metodi che impiegavano la rivoluzione violenta (ad esempio, il rovesciamento militare/il colpo di stato da parte dei "marxisti-leninisti").

A differenza di altre interpretazioni del marxismo, in cui erano soprattutto le classi lavoratrici a dover essere manipolate e controllate, i Fabiani cercarono di controllare anche le altre classi. In particolare, volevano usare le classi medie per promuovere i loro programmi, non il "proletariato", ed era tipico del modus operandi dei Fabiani prendere di mira i tipi di "borghesia". Negli scritti di Beatrice Webb si parlava di raggirare le persone, di "catturare i milionari". In generale, volevano indottrinare la società nel suo complesso, per creare "un'opinione comune a favore del controllo sociale... ecc. In altre parole, preparare psicologicamente i nostri Paesi a una presa di potere da parte del culto marxista. Durante i primi anni della società, i Fabiani tenevano 700 conferenze all'anno, promuovendo la loro "filosofia" del "gradualismo" o "permeazione". [30]

I Fabiani sono specializzati nell'utilizzare il sistema democratico per introdurre uno Stato totalitario. Questo metodo graduale è generalmente adatto ai Paesi occidentali del "primo mondo". Sono stati i pionieri del concetto di socialismo democratico, utilizzando il sistema democratico per garantire una mentalità favorevole al socialismo nei loro Paesi di riferimento. L'infiltrazione dei "centri di potere" è fondamentale, compresi i sindacati, i partiti politici, le istituzioni e i gruppi religiosi (compreso il movimento *New Age*), il sistema legale, le organizzazioni dei media, i sistemi educativi, le istituzioni civiche e finanziarie, le imprese industriali, ecc. Per quanto riguarda in particolare l'istruzione, Shaw ha detto che devono ottenere "il controllo sull'intero sistema educativo, dalla scuola elementare all'università... e sulle dotazioni educative complessive".[31]

Non vi sembra che tutto questo suoni familiare se guardiamo a come i Paesi occidentali si sono trasformati negli ultimi decenni? Avete notato la velocità e il ritmo con cui le cose sono cambiate nel vostro Paese negli ultimi tempi; non da un giorno all'altro, ma attraverso un processo graduale di cambiamento quasi costante? Questa è la via fabiana. Un progresso graduale e costante, come una tartaruga che cammina.

Permeazione

Ecco G.B. Shaw che parla di come il Partito Liberale Britannico sia stato preso di mira utilizzando la permeazione:

---

[30] McGrath, A, *Wolves in Sheep's clothing* (2012).

[31] Shaw, G.B., «La riforma dell'istruzione», 1889.

"Permeammo le organizzazioni di partito e tirammo tutti i fili su cui potevamo mettere le mani con la massima abilità ed energia; e ci riuscimmo a tal punto che nel 1888 ottenemmo il solido vantaggio di una maggioranza progressista, piena di idee che non sarebbero mai entrate nelle loro teste se i Fabiani non le avessero messe lì".[32] Si noti che ciò avvenne appena quattro anni dopo la costituzione della società.

Da *The History of the Fabian Society* (1918) di Edward R. Pease (1857-1955), che fu segretario per diversi decenni: "... un comitato per le università, con Frank Podmore come segretario per Oxford e G. W. Johnson per Cambridge, aveva iniziato la 'permeazione' delle università, che è sempre stata una parte importante della propaganda della Società".[33] (Il lettore può capire il significato della menzione di Oxford e Cambridge. Alcuni ricercatori del "nuovo ordine mondiale" le considerano una parte importante dell'apparato di controllo accademico).

I Fabiani generarono molte organizzazioni per estendere il loro raggio d'azione. Da *Occult Theocracy* (1933) di Lady Queenborough (1887-1933): "I Fabiani formano numerose società distaccate, comitati, circoli di studio, associazioni, leghe, scuole, allo scopo di ottenere il sostegno dei non socialisti per quelle sezioni del programma socialista che potrebbero non ricevere l'approvazione del pubblico se venisse rivelato il collegamento con il piano socialista-comunista mondiale. In questo modo, le "liste di babbei" dei sostenitori capitalistici del socialismo sono rese disponibili per l'Inghilterra. Il sistema è lo stesso in America".[34] (Mi vengono in mente le dichiarazioni di Beatrice Webb sulla truffa ai borghesi d'affari).

Il Partito Laburista

"Il Labour è rimasto fedele alla sua convinzione di lungo periodo sull'istituzione di una cooperazione est-ovest come base per un rafforzamento delle Nazioni Unite che si sviluppano verso un governo mondiale.... Per noi il governo mondiale è l'obiettivo finale e le Nazioni Unite lo strumento prescelto".[35]

Manifesto elettorale del Partito laburista britannico ("The New Britain"), 1964

---

[32] Shaw, G.B., Fabian Tract 41 («The Fabian Society: What it has done and how it has done»), 1892.

[33] Pease, Edward R., *The History of the Fabian Society* (1918). https://www.voltairenet.org/IMG/pdf/Pease_Edward_R_-_History_Of_The_Fabian_Society.pdf

[34] Miller, E.S. (Lady Queensborough), *Teocrazia occulta* (1933).

[35] Manifesto elettorale del Partito laburista del 1964 «La nuova Gran Bretagna».http://www.labour-party.org.uk/manifestos/1964/1964-labour-manifesto.shtml

"I laburisti odiano il concetto di inglese... lo fanno da molto tempo, non sopportano nemmeno il concetto di patriottismo. Pensano che la bandiera sia in qualche modo sgradevole, arretrata e cattiva. Persone come Emily Thornberry preferirebbero che avessimo quella bandiera blu con 12 stelle che ci arriva da Bruxelles" - Nigel Farage, politico britannico, articolo della BBC News, novembre 2014.[36]

Il Partito Laburista britannico si è evoluto dal *Labour Representation Committee* (che i Fabiani hanno contribuito a creare). Prima della sua fondazione, nel 1900, esistevano due partiti principali nella politica britannica: i conservatori e i liberali. Il partito laburista fu formato da coloro che appartenevano a una terza categoria di "ribelli" e fuoriusciti che non appartenevano ai due principali (e a quel punto della storia, si può essere certi che c'erano molti membri di una setta determinata che si aggiravano dappertutto). Sidney Webb scrisse gran parte della costituzione del partito nel 1918, oltre al programma *Labour and the New Social Order* dello stesso anno.[37]

Dalla pagina "La nostra storia" del sito web *fabians.org.uk:* "Mentre l'importanza elettorale del Partito Laburista cresceva nel periodo tra le due guerre, il contributo della società teneva il passo. Nel 1923, più di venti fabiani furono eletti in parlamento e cinque fabiani fecero parte del primo gabinetto laburista di Ramsay McDonald. Il futuro primo ministro e fabiano Clement Attlee ricevette il suo primo incarico ministeriale in questo periodo". Lo stesso periodo bellico vide "il fiorire delle società fabiane locali. Nel 1939 c'erano solo sei società locali, mentre nel 1945 se ne contavano 120 in tutto il Paese". Nel 1945, il primo premier fabiano del Regno Unito, Clement Attlee, membro di spicco della setta, entrò in carica al posto di Winston Churchill. Secondo le stime dei ricercatori delle FS, durante il mandato di Attlee il Parlamento britannico contava 200 fabiani. Sotto la sua guida, il Regno Unito entrò in un periodo di declino economico dovuto alla sperimentazione di politiche socialiste. Come accennato, la setta/ideologia spinge spesso a prendere il controllo dei Paesi quando sono in uno stato di debolezza, come nel dopoguerra.

La London School of Economics

La London School of Economics (o LSE) fu fondata nel 1895 dai principali membri delle FS Sidney e Beatrice Webb, G.B. Shaw e Graham Wallas. Sede della Fabian Window, fu istituita per promuovere l'ideologia attraverso il mondo accademico. Il nome ufficiale è "The London School of Economics and Political Science", e non ci vuole un genio per immaginare il tipo di taglio ideologico che viene dato a queste materie. Anche il nome è divertente, poiché

---

[36] «Miliband: Il tweet di Thornberry 'furgone bianco, bandiera' manca di rispetto», 21 novembre 2014. https://www.bbc.com/news/uk-politics-30148768

[37] https://fabians.org.uk/about-us/our-history/

un'istituzione economica marxista è un ossimoro. La LSE è nota per il radicalismo di "estrema sinistra" e un tempo veniva chiamata "London School of Extremists".[38] Tra gli ex allievi di rilievo figurano George Soros e David Rockefeller (1915-2017). Anche il politico e uomo d'affari irlandese Peter Sutherland (1946-2018) era legato alla LSE. Sutherland è stato una figura centrale nell'agenda delle migrazioni di massa delle Nazioni Unite, in qualità di rappresentante speciale del Segretario generale per le migrazioni internazionali (2006-2017).[39] Alla fine degli anni Venti e Trenta, la LSE ha ricevuto milioni di dollari dalle fondazioni Rockefeller e Laura Spellman, diventando nota come "Rockefeller baby".[40]

Graham Moore

Un analista di rilievo sui Fabiani è un ricercatore londinese e patriota inglese di nome Graham Moore. Nel gennaio 2018, Moore è stato coinvolto in un tentativo di arresto cittadino del sindaco fabiano di Londra Sadiq Khan. L'azione è stata tentata da un gruppo di "estrema destra" chiamato *White Pendragons* (di cui Moore è indicato come il leader), mentre Khan stava tenendo un discorso a una conferenza della Fabian Society sull'uguaglianza di genere (occhi dolci).

Il lavoro di Moore ha coperto diverse aree, tra cui un eccellente lavoro sui Fabiani. Al momento in cui scriviamo (febbraio 2021), il suo canale YouTube non è più visibile, ma il suo sito web *daddydragon.co.uk* è ancora attivo.[41] Nei suoi lunghi e dettagliati video ha fatto alcune osservazioni molto interessanti sui Fabiani. Ecco alcuni dei punti chiave raccolti (tramite appunti) quando il canale era ancora attivo.

Fabiani al governo

Nel 1945 sono stati eletti in Parlamento 393 candidati laburisti, di cui 229 erano membri delle FS. Nel 1997 sono stati eletti 418 candidati laburisti, di cui 200 erano membri delle FS. I Fabiani hanno mantenuto una presenza costante nel Parlamento del Regno Unito e non sono presenti solo nel Partito Laburista. Secondo i dati del 2012, i membri delle FS nel Regno Unito sono circa 7000.

---

[38] Syal e Hasting, «Il trio terroristico di Al-Qaeda è legato alla London School of 'Extremists'», 27 gennaio 2022.
https://www.telegraph.co.uk/news/uknews/1382818/Al-Qaeda-terror-trio-linked-to-London-School-of-Extremists.html

[39] https://en.wikipedia.org/wiki/Peter_Sutherland

[40] Cox, M. «LSE - il figlio di Rockefeller?», 24 giugno 2015.

https://blogs.lse.ac.uk/lsehistory/2015/06/24/lse-rockefellers-baby/

[41] «Chi sono i White Pendragons?», 22 gennaio 2018.
https://medium.com/@RidgewayInfo/chi-sono-i-white-pendragons-ba75af92d5eb

Di questi 7.000, l'80% (5600) erano membri del Partito Laburista (che è solo il 3% circa degli iscritti al Partito Laburista in generale). Il restante 20% del totale degli iscritti alle FS (1.400) appartiene ad altri partiti, come i liberaldemocratici e il partito conservatore.

Nelle alte sfere della leadership laburista, la percentuale di fabiani aumenta drammaticamente e circa il cinquanta per cento dei candidati laburisti dagli anni Quaranta sono stati membri delle FS. Quando si arriva alla leadership stessa del partito laburista, la percentuale di fabiani si avvicina al cento per cento. Nel 1966 il gabinetto laburista era composto da 21 membri, di cui 17 appartenenti alle FS.

Questa proporzione è rimasta costante fino ad oggi. Quasi l'intero gabinetto laburista nel 1997 (compreso il premier Tony Blair) era composto da fabiani. Tutti i governi laburisti dal 1924 al 1997-2010 sono stati composti quasi esclusivamente da membri delle FS. Quasi tutti i leader del partito laburista sono stati fabiani. Tutti i vice leader del partito laburista sono stati fabiani.[42]

Dalla pagina "Chi siamo" del sito web della Fabian Society britannica: "Ogni primo ministro laburista è stato un fabiano e oggi centinaia di politici laburisti sono membri della società, tra cui il leader laburista Keir Starmer MP e più della metà del suo gabinetto ombra, oltre a figure di alto livello nel governo decentrato e locale. Il nostro comitato esecutivo eletto comprende attualmente cinque frontbenchers laburisti".[43]

Attività di Fabian a livello globale

Moore ha anche commentato che: i Fabiani hanno avuto un ruolo nello smantellamento dell'Impero Britannico, utilizzando un'organizzazione di facciata chiamata *Fabian Colonial Bureau,* in quanto l'impero era un ostacolo al comunismo mondiale; Shaw e Webb sono stati i pionieri dell'uso della Dialettica Hegaliana in termini pratici, al fine di manipolare l'opinione pubblica; il famoso libro *1984,* scritto da George Orwell (1903-1950) nel 1949, fu intitolato così in omaggio al centenario della fondazione della Fabian Society nel 1884; i Fabiani furono coinvolti nella stesura delle costituzioni di diversi Paesi, tra cui l'Irlanda (Repubblica) e l'India.

Moore ha affermato che la famosa figura quasi messianica del Mahatma Gandhi (1869-1948) era coinvolta nella Fabian Society e potrebbe esserne stato membro; e che i fondatori del Pakistan - che fu istituito dopo la spartizione dell'India e la sua indipendenza dall'Impero britannico - erano Fabiani.

---

[42] Crace, J., «La Fabian Society: una breve storia», 13 agosto 2001.

https://www.theguardian.com/politics/2001/aug/13/thinktanks.uk

[43] https://fabians.org.uk/about-us/

Il famosissimo George Orwell (vero nome Eric Blair) ha frequentato l'Eton College, una scuola privata elitaria per ragazzi nel Berkshire, Regno Unito. Durante questo periodo, Blair fu allievo del fabiano Aldous Huxley (1894-1963), autore del romanzo distopico *Brave New World* del 1932.[44] Il Mahatma Gandhi, presentato al mondo come un'altra figura messianica della giustizia sociale, può ricordare al lettore Nelson Mandela, venerato in modo simile. Gandhi, naturalmente, è stato al centro del movimento di "liberazione" indiano. G.B. Shaw incontrò Gandhi a Londra nel 1931 ed entrambi erano ammiratori del lavoro dell'altro.[45]

La Scuola di Francoforte

"L'oscenità è un concetto morale nell'arsenale verbale dell'establishment, che abusa del termine applicandolo non alle espressioni della propria morale, ma a quelle di un altro".[46]

Herbert Marcuse, "Saggio sulla liberazione", 1969

"Ciò che può opporsi al declino dell'Occidente non è una cultura risorta, ma l'utopia che è silenziosamente contenuta nell'immagine del suo declino"[47]

Theodor Adorno, *Prismi*, 1967

"Il socialismo non è mai stato all'inizio un movimento della classe operaia... È una costruzione di teorici, derivante da certe tendenze del pensiero astratto con cui per molto tempo solo gli intellettuali avevano familiarità; e ha richiesto lunghi sforzi da parte degli intellettuali prima che le classi lavoratrici potessero essere convinte ad adottarlo come loro programma".[48]

Friedrich Von Hayek, *Gli intellettuali e il socialismo* (1949)

Un'altra importante manifestazione del marxismo sovversivo è l'ormai famigerato "think tank" chiamato Scuola di Francoforte. Se vi siete mai chiesti perché il mondo occidentale è pieno di politicamente corretto, "multiculturalismo", politica dell'identità e attivismo "radicale"; o perché

---

[44] Heitman, D., «Il talento di Mr. Huxley», novembre/dicembre 2015.

https://www.neh.gov/humanities/2015/novemberdecember/feature/the-talented-mr-huxley

[45] «George Bernard Shaw«. https://www5.open.ac.uk/research-projects/making-britain/content/george-bernard-shaw

[46] Marcuse, H. «Saggio sulla liberazione», 1969. P. 12.

https://www.marxists.org/reference/archive/marcuse/works/1969/essay-liberation.pdf

[47] Adorno, T., *Prismi* (1967). P. 72.

[48] Hayek, F., «Gli intellettuali e il socialismo», 1949.

https://cdn.mises.org/Intellectualsand20Socialism_4.pdf

concetti come Teoria critica, Teoria della razza critica sono ora popolari, o da dove viene il "marxismo culturale"; perché i gruppi di "protesta" marxisti non vengono immediatamente schiacciati e imprigionati dallo Stato; e perché i sistemi di "istruzione" sembrano essere pesantemente coinvolti in tutto questo, questo gruppo è di importanza centrale. Incarnava l'essenza della spazzatura tossica pseudo-scientifica marxiana di cui il mondo (non solo gli Stati Uniti) è ormai malato terminale. È giustamente soprannominata la "Scuola del PC".

La Scuola di Francoforte (FS) ha contribuito a diffondere l'infezione principalmente attraverso mezzi accademici e letterari, in particolare in sociologia, psicologia e "filosofia". Intellettualizzare" l'ideologia è stato un modo molto efficace per legittimarla. Sotto questo aspetto, la FS si è distinta da altri tipi di gruppi marxisti. Guardando alla diffusione dell'ideologia negli Stati Uniti storicamente, da una visione panoramica, essa ha giocato un certo ruolo. I tipi di organizzazioni tradizionalmente utilizzati dalla setta (partiti politici, sindacati ecc.) erano già attivi e in crescita anche prima della nascita della FS.

Tenendo presente questo contesto, diamo un'occhiata a questo gruppo. Sebbene non sia esistito per molto tempo, ha avuto un impatto enorme; attraverso un membro in particolare. La sua eredità è uno dei fattori principali per cui gli Stati Uniti (e l'Occidente in generale) non sono mai stati così divisi e instabili in questo periodo. (Uso lo stesso acronimo "FS" per la Scuola di Francoforte, come per la Fabian Society).

Sfondo

L'Europa del primo dopoguerra si rivelò un punto di svolta per il marxismo. Secondo le teorie/previsioni marxiste, in caso di guerra le classi lavoratrici proletarie europee si sarebbero sollevate e avrebbero rovesciato il capitalismo; i proletari di un Paese si sarebbero uniti con i loro omologhi di altri Paesi, ecc. Tuttavia, ciò non si concretizzò dopo lo scoppio della guerra nel 1914. Anche se a quel punto l'ideologia si stava già diffondendo in Europa, in generale le classi lavoratrici di ogni paese continuavano a separarsi dalle classi lavoratrici degli altri paesi, con il risultato di indossare le rispettive uniformi e combattersi a vicenda.

In questo periodo, gli "intellettuali" marxisti hanno dovuto conciliare la realtà con le presunzioni. La loro soluzione è stata quella di adattare la teoria fallita (come al solito), e qui il fanatismo ostinato ha fatto il suo ingresso, in un modo particolare. Teorizzarono che il motivo per cui gli operai non si comportavano da bravi piccoli proletari rivoluzionari e non si appassionavano alla "lotta di classe", ecc. era dovuto all'influenza negativa/controllo mentale della cultura occidentale e del cristianesimo (un concetto espresso per la prima volta da V.I. Lenin nella sua opera del 1904 "Che cosa bisogna fare?").

Il culto concludeva che la creazione di un mondo comunista non poteva essere realizzata se prima non venivano distrutte le strutture della civiltà occidentale.

I principali sostenitori di questa teoria furono Antonio Francesco Gramsci e Gyorgy Lukacs.

Nel 1922, Lukács e Willi Muezenberg (la mente della sovversione sovietica) parteciparono a una riunione dei comunisti europei presso l'Istituto Marx-Engels di Mosca per discutere questo tema.[49] Questo incontro diede forma alle iniziative globali che il Comintern avrebbe attuato per diffondere l'ideologia. Queste interpretazioni del marxismo del primo dopoguerra segnarono l'inizio del cosiddetto marxismo occidentale (stessa ideologia, etichetta diversa). Nei suoi "Quaderni del carcere", Gramsci sostenne l'idea della Lunga Marcia attraverso le istituzioni (anche se non fu lui stesso a coniare questa frase), o "colonizzare la sovrastruttura"; infiltrarsi e saturare le strutture della società con il culto/ideologia.[50]

Le origini

La Scuola di Francoforte è nata nel 1923 in Germania, associata all'Università di Francoforte. Il nome originale previsto per questo gruppo era "Istituto per il marxismo", ma era un po' ovvio, no? Il nome scelto fu *"Istituto per la ricerca sociale"* (Institut fur Sozialforschung), che suona un po' meglio. Il membro tedesco della setta argentina Felix Weil ne finanziò la creazione. Nel 1922, Gyorgy Lukács presiedette una riunione di intellettuali e sociologi che simpatizzavano per la causa.[51]

Dal momento che i membri della FS erano sia intellettuali ebrei che ovviamente di sinistra, l'ascesa dei nazionalsocialisti in Germania li costrinse a trasferirsi altrove, al più presto. La scuola si spostò da Francoforte a Ginevra, per poi abbandonare del tutto l'Europa e infine stabilirsi a New York nel 1934, legandosi principalmente alla Colombia University. Furono accolti da John Dewey (1859-1952), che faceva parte dello staff della scuola (egli stesso membro di una setta, legata alla Fabian Society). Questi "intellettuali" si sarebbero poi trovati in una posizione di influenza, stringendo legami con i principali college e università del Paese.[52]

---

[49] Diari di Parrhesia, «La «lunga marcia» marxista nell'era della politica dell'identità», 1 febbraio 2020. https://theparrhesiadiaries.medium.com/the-marxist-long-march-through-the-institutions-and-into-the-age-of-identity-politics-6a7042b235dc

[50] Gramsci, A. *Quaderni del carcere*, 1950.

https://archive.org/details/AntonioGramsciSelectionsFromThePrisonNotebooks/page/n7/mode/2up

[51] Corradeti, C. «La Scuola di Francoforte e la teoria critica«. https://iep.utm.edu/critical-theory-frankfurt-school/

[52] Ibidem.

Poiché si trattava di intellettuali marxisti, quali erano le possibilità che, una volta giunti negli Stati Uniti, riuscissero a vedere gli aspetti positivi di questo nuovo paese capitalistico relativamente stabile e prospero in cui si trovavano? Nessuna possibilità! Non potevano semplicemente godersi il fatto di essere in un bel posto che li aveva accolti e mostrare un po' di gratitudine; dovevano iniziare a criticare e decostruire tutto per rifarlo a loro immagine e somiglianza. Erano nichilisti e la personificazione del cinismo. Ovviamente, gli Stati Uniti non erano affatto come il cesso relativamente misero e instabile da cui erano fuggiti (la Germania di Weimar).

Da L'uomo a una dimensione di Herbert Marcuse (1964): "Sotto il dominio di un insieme repressivo, la libertà può essere trasformata in un potente strumento di dominio. La libera elezione dei padroni non abolisce i padroni o gli schiavi. La libera scelta tra un'ampia varietà di beni e servizi non significa libertà se questi beni e servizi sostengono il controllo sociale su una vita di fatica e paura, cioè se sostengono l'alienazione. E la riproduzione spontanea dei bisogni sovrapposti da parte dell'individuo non stabilisce l'autonomia, ma testimonia solo l'efficacia dei controlli".[53] Che sciocchezze senza senso. Da notare le ovvie frecciate al capitalismo e al consumismo, e come una società del genere sia "repressiva". (La parola "alienazione" si riferisce alla ridicola teoria di Karlie Marx dell'"alienazione del lavoro" ("lavoro estraniato"). In sostanza, è l'idea che una volta che si produce qualcosa (ad esempio un prodotto o un oggetto nella propria linea di lavoro/impiego), questo diventa separato da noi; si diventa "alienati" da esso. Roba da veri geni (alza gli occhi). Hai mai sentito parlare di una cosa così stupida?).

Membri

Tra i membri della FS, in vari periodi, vi erano: Theodor Adorno (1903-1969), Max Horkheimer (1895-1973), Erich Fromm (1900-1980), Henryk Grossman (1881-1950), Otto Kirchheimer (1905-1965), Leo Lowenthal (1900-1993), Herbert Marcuse, Franz Neumann (1900-1954), Friedrich Pollock (1894-1970); oltre a Hannah Arendt (1908-1975) e Paul Lazarsfeld (1901-1975).

In termini di influenze, le idee della Scuola di Francoforte sono state collegate alle opere di Karl Marx, Sigmund Freud (1856-1939), G.W.F. Hegel, Antonio Gramsci e Friedrich Nietzsche (1844-1900). In particolare, essi fusero le idee di Marx, Freud e Gramsci.[54] Per semplificare, questa fusione consisteva nell'applicare i principi di Marx alla società utilizzando le tecniche psicologiche di Freud, in combinazione con le idee tattiche di Gramsci. L'influenza del gruppo si diffuse molto rapidamente negli Stati Uniti, con l'aiuto della *New School for Social Research,* un altro dispensatore di

---

[53] Marcuse, H., *L'uomo a una dimensione* (1964), pag. 7.
https://libquotes.com/herbert-marcuse

[54] https://www.britannica.com/topic/Frankfurt-School

spazzatura marxista fondato a New York nel 1919 (come parte della *New School*).[55]

Il loro modus operandi

Con la formazione delle FS, l'ideologia avrebbe ora compiuto il passaggio (trans) da teoria politico-sociologica-economica a diffusione "filosofica", psicologica e culturale attraverso il mondo accademico. Per fare questo, gli intellettuali delle FS dovevano applicare l'ideologia in un certo modo. Si allontanarono dai concetti tradizionali di "lotta di classe" e di rivoluzione violenta del proletariato, analogamente ai fabiani. E come i fabiani, era inutile promuovere una rivoluzione violenta della classe operaia contro la borghesia, dal momento che essi stessi erano (e si associavano a) tipi borghesi. Un ingrediente "rivoluzionario", tuttavia, sarebbe stato comunque necessario. Per trovare un sostituto a quei poveri proletari dimenticati da Dio, avrebbero cercato di creare classi "oppresse" in tutta la società, che avrebbero fornito l'elemento attivista/rivoluzionario di cui avevano bisogno. Il lavoro di Herbert Marcuse suggerisce che questa potrebbe essere una coalizione di vari gruppi "oppressi": "il substrato degli emarginati e degli outsider, degli sfruttati e dei perseguitati di altre razze e altri colori, dei disoccupati e degli inoccupati".[56]

L'impatto della Scuola di Francoforte è avvenuto attraverso la critica dei pilastri della civiltà occidentale - capitalismo, cristianesimo e cultura - che avrebbe poi avuto un impatto distruttivo sulla società americana. Il "lavoro" di questi membri del culto ha inserito nella psiche americana atteggiamenti autodistruttivi. Suggerivano l'idea (razzista!) che la maggioranza non ha relativamente diritti (ad esempio i bianchi negli Stati Uniti), ma la minoranza sì.

(Naturalmente, anche se una persona appartiene alla maggioranza bianca, può decidere di unirsi al gruppo minoritario "oppresso" di sua scelta e quindi cambiare il proprio status (ad esempio, un maschio o una femmina bianchi che sono gay, bisessuali, transgender, ecc.) Un'altra idea distruttiva che hanno suggerito (complementare all'idea precedente) è che i bianchi non dovrebbero preoccuparsi di diventare una minoranza nei loro Paesi.[57]

Concetti che ha reso popolari

Il loro lavoro ha aperto la strada a concetti distruttivi come la Teoria critica, la Teoria della razza critica e il cosiddetto "relativismo culturale". Questi termini sono stati usati per diffondere la critica (e l'inevitabile distruzione) di vari

---

[55] https://en.wikipedia.org/wiki/The_New_School

[56] Marcuse, H, L'*uomo unidimensionale* (1964), p. 260.

[57] Corradeti, C. «La Scuola di Francoforte e la teoria critica«. https://iep.utm.edu/critical-theory-frankfurt-school/

aspetti della società che costituivano ostacoli per il culto/ideologia: i pilastri della civiltà occidentale, oltre all'unità familiare e alle relazioni eterosessuali stabili e monogame, ecc. La "teoria critica" era un'arma creata per attaccare gli aspetti "problematici" della cultura dei loro Paesi di riferimento. Naturalmente, con la critica si possono distruggere i meriti di molte cose. ("Postmodernismo", nella prossima sezione, è l'assalto a tutto ciò che è tradizionale, fondamentalmente).

Si tratta solo di un'espressione marxista per nascondere ciò che è in realtà: la critica di tutto ciò che l'ideologia considera un nemico. Questa nuova forma contorta di logica tossica entrerebbe a far parte del discorso mainstream, cosa che è già avvenuta. A quel punto si aprirebbe il fuoco su tutto ciò che nella cultura americana ha dato forza o stabilità al Paese: l'unità familiare, la religione, il patriottismo, la tradizione del servizio militare, ecc.

Questa normalizzazione di atteggiamenti autodistruttivi è fondamentale per comprendere il caos interno degli Stati Uniti di oggi. Il brillante scrittore americano Michael Walsh ha commentato questo concetto: "La teoria critica è la nozione, promulgata dai marxisti culturali della Scuola di Francoforte, che afferma semplicemente che non c'è nulla - nessuna usanza, istituzione o precetto morale - che non sia criticabile e distruggibile. È una licenza di vandalizzare, e il fatto che sia stata così rapidamente abbracciata dall'accademia americana dopo la seconda guerra mondiale rimane una vergogna nazionale".[58] In effetti. Per dirla in un altro modo, la teoria critica è anti-patriottismo: distrugge una nazione/cultura/popolo. Se usata dai cittadini di un Paese verso il proprio Paese, è una forma di tradimento; se usata da chi viene da fuori, è un attacco alla nazione.

Il vecchio trucco del "se non sei marxista, devi essere pazzo".

In sostanza, tutto ciò che andava avanti con il loro programma era "logico", e tutto ciò che andava contro di esso era "illogico". In termini politici, ciò significava: se credete/sostenete idee che incoraggiano/manifestano la distruzione della civiltà occidentale siete "logici", e se cercate di giustificare/difendere/sostenere qualsiasi istituzione o tradizione dell'Occidente siete "illogici". La teoria critica è stata, essenzialmente, la politicizzazione della logica. In altre parole, rendere la logica stessa filo-marxista. In un certo senso, l'ideologia era la logica, secondo la Teoria critica. Partigiano al massimo, ma intelligente, no? Il loro obiettivo in questo senso era che se una persona difendeva qualsiasi aspetto della civiltà occidentale - capitalismo, religione, famiglia, cultura, nazionalismo, patriottismo, eccetera - doveva essere vista come una persona illogica e non evoluta. Non "progressisti". Quindi, in sostanza, chiunque credesse in quello che dicevano

---

[58] Walsh, M. *Il palazzo del piacere del diavolo: il culto della teoria critica e la sovversione dell'Occidente* (2017).

questi serpenti finirebbe per avere una percezione distorta della realtà (cioè pazza), vedendo allo stesso tempo le persone sane e razionali (ad esempio voi, io) come pazze o "estreme", eccetera! Letteralmente capovolgendo la realtà (inversione)!

Purtroppo, la loro influenza si è diffusa in tutto il mondo, soprattutto attraverso i sistemi educativi. Non è un caso che le università stiano producendo un nastro trasportatore senza fine di attivisti marxisti psicotici mascherati da studenti, completamente distaccati dalla realtà. Questo livello di psicosi sproporzionata degli individui con un'istruzione universitaria non è naturale. È il risultato dell'indottrinamento, e la colpa è dei serpenti marxisti.

Herbert Marcuse

> "Si può parlare a buon diritto di rivoluzione culturale, poiché la protesta è rivolta all'intero establishment culturale... L'idea tradizionale di rivoluzione e la strategia tradizionale di rivoluzione sono finite. Queste idee sono antiquate... Quello che dobbiamo fare è un tipo di disintegrazione diffusa e dispersa del sistema".[59]

> Herbert Marcuse, *Il carattere affermativo della cultura*, 1937

Forse il membro più influente della FS fu Herbert Marcuse, in parte grazie alla sua lunga presenza negli Stati Uniti. Quando la maggior parte dei membri tornò in Germania dopo la fine della Seconda Guerra Mondiale (per aiutare a "denazificare"/marxificare le masse tedesche), Marcuse rimase. Alla fine divenne l'icona accademica della "nuova sinistra" negli Stati Uniti nei decenni successivi, assicurando che il virus "cultural-marxista" penetrasse profondamente nel cuore dell'America. Ad un certo punto, Marcuse lavorò per il predecessore della CIA, l'Office of Strategic Services (OSS), in progetti antinazisti. Dopo la Columbia, ha collaborato con le università di Yale, Harvard e Brandeis nel Massachusetts e con l'Università della California, a San Diego. In pratica ha trascorso gran parte degli anni Cinquanta e Sessanta a diffondere il suo marchio di intellettualismo marxiano, contaminando innumerevoli studenti e personale universitario.[60]

La famosa frase "Fate l'amore, non la guerra", emersa durante il movimento (marxista) "contro la guerra" negli Stati Uniti negli anni '60, è stata resa popolare da *Eros e civiltà* (1955) di Marcuse. Oltre a esplorare l'idea freudiana delle tendenze represse (e il loro impatto sulla società), il libro era una critica del consumismo e del capitalismo stesso. Naturalmente, suggeriva che il

---

[59] Marcuse, H, *Il carattere affermativo della cultura (1937)*.

https://monoskop.org/images/1/11/MARCUSE_Herbert_-_Coll._papers_4_-_Art_and_liberation.pdf

[60] https://www.britannica.com/biography/Herbert-Marcuse

capitalismo opprimeva la società.

Questo pezzo di hocus pocus degenerato, marxiano e distorsivo della realtà è stato riassunto brillantemente dallo scrittore americano Daniel J. Flynn nel suo libro del 2004 *Intellectual Morons:* "Marx si opponeva allo sfruttamento del lavoro; Marcuse, al lavoro stesso. Non lavorare, fai sesso. Questo era il semplice messaggio di Eros e civiltà, pubblicato nel 1955. Le sue idee si rivelarono straordinariamente popolari tra la nascente cultura hippie del decennio successivo. Il testo forniva una giustificazione per la pigrizia e trasformava i degradanti vizi personali in virtù".[61]

Non è un messaggio magnifico e potente (non lavorare, fai sesso)? Colpire due piccioni con una fava, incoraggiando i giovani (il principale target demografico) a essere pigri e a rifiutarsi di sostenere il malvagio sistema capitalista, pur essendo edonisti, egocentrici, ecc. Esattamente quello che volevano sentire i discepoli del movimento hippie "radicale" che assumeva droghe (è interessante notare che la parola "radicale" era un termine popolare usato durante l'era hippie, che significava "cool", "grande" ecc. "Radicale"?). Coltivare questa mentalità di pigrizia, edonismo e irresponsabilità nei giovani li incoraggia verso la degenerazione e lo stato sociale.

(Per inciso, facendo riferimento alla sezione storica di prima: quando uscì *Eros* stava per iniziare la guerra d'Indocina, che sarebbe presto diventata la guerra del Vietnam. Non poteva esserci tempismo migliore per il culto/ideologia globale che gli Stati Uniti (il loro principale avversario militare) venissero travolti da un'ondata interna di anticapitalismo, edonismo (degenerazione interpersonale/sessuale, uso di droghe, ecc.)

Tolleranza liberatoria

> "Continuo a credere che la nostra causa (che non è solo nostra) sia meglio portata avanti dagli studenti ribelli che dalla polizia e, qui in California, questo mi viene dimostrato quasi quotidianamente".[62]
>
> Dalla lettera di Marcuse del 1969 ad Adorno sul caos che hanno contribuito a creare durante l'epoca della contestazione degli anni '60

Il serpente intellettuale Marcuse è famoso per aver sostenuto un ambiente politico parziale e filomarxista. Nel suo saggio del 1965 "Tolleranza repressiva", sosteneva la necessità di un sistema di "tolleranza liberatoria"

---

[61] Flynn, Daniel J., *Intellectual Morons: How Ideology Makes Smart People Fall for Stupid Ideas* (2004).

[62] Marcuse, H., Lettera ad Adorno, 1969.

https://cominsitu.wordpress.com/2021/08/17/correspondence-on-the-german-student-movement-adorno-marcuse-1969/

nella società. In pratica, ciò significava che i non marxisti non dovevano avere il diritto di protestare (parti sottolineate): "Ho suggerito in "Tolleranza repressiva" la pratica di discriminare la tolleranza in senso inverso, come mezzo per spostare l'equilibrio tra destra e sinistra limitando la libertà della destra....La tolleranza liberatoria, quindi, significherebbe intolleranza contro i movimenti della destra e tolleranza dei movimenti della sinistra. Includerebbe il ritiro della tolleranza di parola e di riunione da parte di gruppi e movimenti che promuovono politiche aggressive, armamenti, sciovinismo, discriminazioni razziali e religiose, o che si oppongono all'estensione dei servizi pubblici, della sicurezza sociale, dell'assistenza medica, ecc.[63]

In sostanza, solo gli "oppressi" o coloro che sostengono gli oppressi (i membri del culto) sarebbero autorizzati ad aprire la bocca! D'altra parte, contemporaneamente, ci sarebbe stata una promozione estremamente parziale delle cause marxiane, dei discorsi, dei gruppi ecc. L'obiettivo generale era quello di non permettere a quei malvagi di destra di riunirsi, tanto meno di crescere in forza e diventare avversari politici.

Marcuse raccomanda anche di indottrinare gli studenti a percepire la questione della "libertà di parola" in questo modo. Da qui la mentalità del "puoi avere libertà di parola solo se non dici cose piene di odio!"; in altre parole, dire qualsiasi cosa che contraddica la percezione distorta dell'etica del culto/ideologia. Questa strategia è l'esatto contrario di ciò che questo libro sostiene: sopprimere completamente il culto/ideologia negandogli il diritto di fare qualsiasi cosa, compresa la protesta.

Intervista con Bryan Magee

Nel 1977 Marcuse fece un'intervista con il membro del culto britannico e deputato del Partito Laburista Bryan Magee nella serie "Modern Philosophy"; ciò avvenne due anni prima che Marcuse morisse.[64] A un certo punto, Magee gli chiese quali "difetti" avesse sviluppato la "nuova sinistra". La risposta di Marcuse fu duplice: in primo luogo, evidenziò la "strategia totalmente irrealistica" di alcuni e "il rifiuto di riconoscere che non siamo in una situazione rivoluzionaria nei Paesi industriali avanzati (cioè nei Paesi occidentali)... nemmeno in una situazione pre-rivoluzionaria... e che la strategia deve essere adattata a questa situazione".

In secondo luogo, ha affermato che c'è un "rifiuto di riesaminare e sviluppare

---

[63] Marcuse, M, La *tolleranza liberatrice* (1965). P. 14.

https://www.marcuse.org/herbert/publications/1960s/1965-repressive-tolerance-fulltext.html

[64] Manufacturing Intellect, «Herbert Marcuse interview with Bryan Magee» (1977).

https://www.YouTube.com/watch?v=0KqC1lTAJx4

le categorie marxiane" e di "fare della teoria marxista un feticcio". Inoltre, i concetti marxiani "non possono essere semplicemente trasmessi... devono essere riesaminati in base ai cambiamenti della società stessa". La sua risposta racchiude abbastanza bene il serpente che fa la pelle al marxismo.

Magee si interrogò anche sulle critiche di Marcuse al marxismo e a ciò che era diventato; Marcuse lo considerava in qualche modo "anti-libertario" e "non teneva sufficientemente conto dell'individuo". Nella sua risposta, Marcuse disse che la natura del "proletariato" e il suo rapporto con il capitalismo erano cambiati (dai tempi di Marx); che il "proletariato" non è più quello di una volta. Ha sottolineato che ora c'è una "integrazione su larga scala della maggioranza della popolazione... nel sistema capitalistico esistente". Infatti, "la classe operaia non ha più nulla da perdere se non le sue catene... ma molto di più".

Spiegò che questo valeva "non solo su base materiale, ma anche su base psicologica", quindi le masse erano ora in qualche modo psicologicamente dipendenti. In sostanza, "la coscienza della popolazione dipendente era cambiata". (questo si riallaccia a un punto già citato: è così che i marxisti "neo-occidentali" spiegavano perché il proletariato non voleva la rivoluzione, troppo legato al capitalismo!)

Egli attribuì la colpa di ciò alla "struttura di potere dominante" e alla sua influenza negativa sulle masse, che era in grado di "manipolare, gestire e controllare non solo la coscienza, ma anche il subconscio e l'inconscio degli individui". Pertanto, lui e i suoi colleghi della Scuola di Francoforte "consideravano la psicologia... una delle principali branche del sapere che doveva essere integrata con la teoria marxiana". Quindi, siamo di nuovo ai membri di una setta che pensano di sapere cosa è meglio per le masse: che la rivoluzione era necessaria e obbligatoria, anche se i proletari non lo sapevano o non lo chiedevano! Questo significa che Marcuse e i suoi colleghi delle FS si sentivano l'"avanguardia proletaria" della "nuova sinistra".

Marcuse stesso, a causa della sua mente indottrinata, era un uomo tossico e pericoloso. Esattamente il tipo di personalità accademica che deve essere estirpata dal sistema educativo di oggi. Possiamo solo ipotizzare quante menti abbia contaminato.

Intellettuali tossici

Gruppi come la Scuola di Francoforte sfruttano l'ingenuità di alcuni tipi di individui, quelli che rispettano automaticamente gli accademici e gli "intellettuali". Persone che amano la conoscenza in senso convenzionale, che amano assorbire informazioni, per poi impegnarsi in discussioni pompose, in sostanza. È una pseudo-intelligenza. Anche le persone stupide possono assorbire la conoscenza e andare in giro a recitarla.

Il danno arrecato da questo gruppo al mondo accademico statunitense - e, per filtrazione, a quello mondiale - è quasi incommensurabile. Non erano certo l'unica forza sovversiva attiva nel Paese durante il loro periodo, ma una forza cruciale. Se gli americani comuni avessero capito cosa stavano facendo questi pazzi marxisti e quale impatto avrebbe avuto il loro "lavoro" sulla psiche americana, sicuramente sarebbero stati linciati o, per lo meno, sarebbe stato loro tolto il diritto di influenzare chiunque (la tattica suggerita da Marcuse). In effetti, se le autorità avessero saputo chi/cosa fosse questa folla, avrebbero negato loro il privilegio di entrare negli Stati Uniti, prima che potessero fare danni. Immigrati marxisti tossici.

Cosa possiamo imparare da questo episodio della storia marxista? Dovrebbe renderci più consapevoli del potere ipnotico della "conoscenza", dell'intellettualismo, delle credenziali accademiche, ecc. L'ideologia ama ancora usare questo particolare cocktail; è molto efficace per fare il lavaggio del cervello alle persone, soprattutto ai giovani e agli impressionabili.

Postmodernismo

> "(Il postmodernismo) genera una filosofia della resistenza della negazione... (Non) è un sistema logicamente coerente, è sfiducia sistematica, scetticismo organizzato, sospetto sistematico".[65]

> Dr. Michael Sugrue, presentazione su
> Il postmodernismo e Jean-Francois-Lyotard

> "I postmoderni rifiutano completamente la struttura della civiltà occidentale. Non credono nell'individuo, nella logica, nel dialogo. Credono che l'identità fondamentale sia promossa dal gruppo. Per i postmodernisti il mondo è un campo di battaglia hobbesiano di gruppi identitari".[66]

> Lo psicologo canadese Jordan Peterson,
> Conferenza del Centro Manning, 2017

Un altro elemento correlato e potente dell'ideologia legata al mondo accademico è il postmodernismo. Esso mantiene una presenza significativa nelle consuete aree tematiche infette, tra cui le scienze umane, le scienze sociali, ecc. Per essere più precisi, in questo momento li guida. Come ha affermato Jordan Peterson in quella stessa conferenza: "Le scienze umane e gran parte delle scienze sociali si sono trasformate in un campo di gioco neomarxista postmoderno per i radicali".[67]

Naturalmente, "postmodernismo" è un termine con un'ampia varietà di usi,

---

[65] «Jean-Francois Lyotard: La condizione postmoderna».

https://www.YouTube.com/watch?v=Xdf41gsESTc

[66] Peterson, J., «2017/02/25: Jordan Peterson: Postmodernismo: come e perché va combattuto», 5 giugno 2017.https://www.YouTube.com/watch?v=Cf2nqmQIfxc

[67] Ibid. «2017/02/25: Jordan Peterson: Postmodernismo: come e perché va combattuto«. https://www.YouTube.com/watch?v=Cf2nqmQIfxc

come ad esempio nell'arte, nell'architettura, ecc. A prima vista, sembra che sia qualcosa di un po' invischiato nel "politicamente corretto"; anche se c'è una simbiosi tra loro. Si potrebbe anche dire che il pensiero postmoderno è quello che sta diventando la norma; in un certo senso è il politicamente corretto. Questo spiega anche perché il culto è pieno di individui con la testa piena di fili incrociati, incapaci di ragionare correttamente e di affrontare la realtà. Questo è importante perché (definizioni convenzionali a parte) il distacco dalla realtà è una delle due principali caratteristiche interconnesse della follia (l'altra è la mancanza di coscienza, che il postmodernismo incoraggia; l'incapacità di distinguere tra giusto e sbagliato).

Come altri elementi dell'ideologia, il post-modernismo può essere inizialmente sfuggente da individuare e può sembrare piuttosto nebuloso e persino vago nel suo messaggio/scopo. Come al solito, questo è solo un tentativo di offuscare il suo scopo. Fondamentalmente, è un altro groviglio nel più grande gomitolo di corde rosse che è il marxismo. I membri del culto faranno prevedibilmente ginnastica intellettuale e cercheranno di abbagliarci con la "conoscenza", sputando fiumi di spazzatura assoluta (di solito con il linguaggio più sgargiante possibile), per giustificare o legittimare questa "filosofia". Bel tentativo, zombie. Scomponiamo la questione in termini semplici.

Che cos'è?

È emersa come forma di "filosofia" nella seconda metà del XIX secolo per sfidare le prospettive filosofiche comuni precedentemente sostenute e formulate nei secoli precedenti nei settori della scienza, dell'identità e della cultura, della linguistica, della storia, ecc. Comprende gli sviluppi dell'*Illuminismo dei* secoli 17 e 18.

In sostanza, questa "filosofia" ha assunto una posizione prevalentemente contraddittoria (rivoluzionaria) rispetto a ciò che l'aveva preceduta, con le sue caratteristiche principali: soggettivismo, relativismo, scetticismo, rifiuto generale della logica e della ragione e visione cinica di ciò che in precedenza era considerato prezioso per il progresso umano.[68][69] In altre parole, si oppone a ciò che è esistito/esiste attualmente, dubita, critica e de-costruisce; smantella o distrugge. Il pensiero postmoderno è ovviamente legato alla Teoria critica promossa dalla Scuola di Francoforte e altri.

Punti chiave

Alcune delle prospettive filosofiche comuni a cui il postmodernismo si oppone

---

[68] «Postmodernità», 2001.
https://www.sciencedirect.com/topics/psychology/postmodernism

[69] https://www.britannica.com/topic/postmodernism-philosophy/Postmodernism-and-relativism

in generale sono:

L'idea che esistano una realtà e una verità oggettive che operano indipendentemente dalle opinioni personali di chiunque; l'idea che esistano la logica e la ragione (e che esistano standard universalmente accettati in merito); l'idea che esistano comportamenti e attributi psicologici intrinseci e naturali che gli esseri umani contengono fin dalla nascita (la cosiddetta natura umana; o che esista una differenza tra maschi e femmine a livello psicologico, insita fin dalla nascita).

Il postmodernismo sostiene che il comportamento umano è programmato principalmente attraverso il condizionamento sociale, in contrapposizione alla "natura umana" (ad esempio, il genere è un costrutto sociale). Sostiene inoltre che cose come la ragione o la logica non possono avere standard universalmente accettabili, perché la percezione di queste cose dipende dal contesto o dall'ambiente intellettuale in cui vengono utilizzate. Alcune cose che erano considerate positive ed edificanti per l'umanità, come i progressi tecnologici e scientifici, sono viste in modo cinico. Da *La condizione postmoderna* di Jean-Francois Lyotard (1979): "Nel discorso degli odierni finanziatori della ricerca, l'unico obiettivo credibile è il potere. Scienziati, tecnici e strumenti vengono acquistati non per trovare la verità, ma per aumentare il potere". [70] (Questo cinismo da "intellettuale" stronzo può ricordare al lettore Herbert Marcuse).

Utilizza termini come "meta-narrazioni" o "grandi narrazioni" per descrivere concetti precedentemente condivisi, e termini come "razionalità illuministica" per descrivere l'uso scientifico moderno della ragione e della logica (insinuando che queste cose non sono in qualche modo "progressive" e appartengono al passato). Concetti inventati come "iperrealtà", "traccia" e "univocità dell'essere" sono stati usati per criticare e respingere i concetti precedentemente condivisi (quindi più mumbo-jumbo intellettuale e invenzione di termini per distorcere la realtà).

Sostiene inoltre che le prospettive filosofiche tradizionali provengono dall'establishment e dovrebbero essere viste con sospetto, in quanto servono a mantenere il suo livello di controllo (quei maledetti, malvagi borghesi, che controllano le nostre vite attraverso i nostri pensieri! Lo sapevo!). Questo spiega in parte perché non credono nel dialogo costruttivo con chi ha opinioni opposte (cioè i non membri del culto). Forse considerano il resto di noi come membri di una setta a cui è stato fatto il lavaggio del cervello, in pratica! (risate)

Nega la vera indipendenza come individuo, ma promuove l'idea di identità di gruppo. In altre parole, ciò che ci definisce è il gruppo a cui apparteniamo. Per esempio: un maschio bianco ed eterosessuale può essere identificato come parte di una classe "oppressore", mentre una donna nera migrante fa parte di

---

[70] Lyotard, J.F., *La condizione postmoderna* (1979), p. 46.

una classe "oppressa". Un altro: una persona bianca ha automaticamente un "privilegio" (bianco) perché è bianca, e una persona non bianca automaticamente no, ecc. È nauseante.

Una spiegazione semplificata

Vediamo come può deformare le menti e la società in generale (che è l'unica cosa che conta davvero): è il concetto che tutte le opinioni/idee/prospettive hanno un valore; dice che la soggettività è buona e che tutte le opinioni hanno un qualche valore, o hanno lo stesso valore (a meno che non si abbiano opinioni anti-marxiste, naturalmente); poiché non esiste una verità universale, tutto - compresa la realtà stessa - può essere interpretato in un numero infinito di modi; tutto è soggettivo e non oggettivo.

"Soggettivo": proveniente dall'interno dell'io, esistente nella mente o proveniente dalla prospettiva individuale di una persona. Significa essere "interno" - al contrario di "esterno" - quando si tratta delle percezioni di un individuo. "Oggettivo": esiste al di fuori della mente o proviene da una fonte esterna alla mente/alla prospettiva personale dell'individuo; è esterno all'individuo. Secondo la prospettiva postmodernista, non esiste una verità oggettiva/esterna/universale; non esiste una verità che sia al di fuori di noi stessi, che non sia influenzata dalle nostre interpretazioni personali.

Quindi, perché dovremmo preoccuparci? Cosa significa tutto questo in pratica? Significa che potete inventare la vostra versione della realtà, in pratica! Il prodotto finale di tutto questo è l'illusione nelle menti di coloro che sono stati indottrinati con il pensiero post-modernista.

L'idea che tutte le idee siano "uguali" è solo un egualitarismo marxista applicato alla logica. Se mettiamo a confronto due persone: una molto calma, competente, priva di indottrinamento, intellettualmente qualificata; e l'altra maniacale, ignorante, indottrinata, intellettualmente irrilevante, credulona; entrambe le loro opinioni hanno lo stesso valore? Questo è - oggettivamente e intellettualmente - un mucchio di stronzate. Un'assoluta assurdità!

In un certo senso abbiamo un'idea stupida e distruttiva (l'uguaglianza) che influenza il pensiero intellettuale e porta alla creazione di un'altra (il postmodernismo). Come il lettore ormai sa, la nozione di questa "uguaglianza" di opinioni diverse non è qualcosa che il culto/ideologia vuole veramente (ciò che vuole veramente è solo il pensiero/opinioni marxiano).

La nozione di uguaglianza delle diverse percezioni (spacciata nel postmodernismo) è solo una scusa per permettere a idee distruttive, stupide, folli e distorsive della realtà di avere un merito, il che permette loro di prendere piede nella psiche umana. Permette di capovolgere e rovesciare la realtà, a vantaggio dell'ideologia/culto. "Post-modernizzare, destabilizzare, distruggere" - Vladimir Lenin, probabilmente.

Aiuta l'ideologia a diffondersi

Le varie sotto-agenzie del marxismo (esplorate altrove) si basano su una percezione distorta della realtà e/o della storia per funzionare. Naturalmente, la "storia" è solo la realtà del passato, quindi "una percezione distorta della storia" è in realtà "una percezione distorta di ciò che è accaduto in passato"; di ciò che è realmente accaduto. Le sotto-agenzie che il culto promuove/sostiene aderiscono tutte a questo principio.

Inoltre, la mentalità generale del culto ci mostra che non credono nelle idee di moralità oggettiva - che esiste un concetto universale e preesistente di giusto e sbagliato. Sembrano invece sottoscrivere l'idea di soggettività, ovvero che tutto dipende dall'interpretazione personale di ciò che si pensa sia giusto e sbagliato. Ad esempio, è così che il culto/ideologia ha convinto milioni di persone che l'aborto non è sbagliato. Tutto ciò che conta, secondo loro, quando si tratta di una donna incinta, è ciò che è "giusto" per lei (questo concetto di relativismo morale è uno dei concetti fondamentali del satanismo: ciò che pensate sia "giusto" ruota attorno al vostro ego e alla vostra felicità, in sostanza).

Un altro esempio potrebbe essere questa ridicola assurdità del genere non binario. Se un uomo sente, per qualsiasi motivo, di non essere maschio, allora apparentemente questo ha un valore (postmodernismo), anche se in realtà è maschio e i suoi "sentimenti" sulla questione sono irrilevanti! Inoltre, anche se ha oggettivamente torto, dobbiamo rispettare la sua "opinione" ("correttezza politica")! Altrimenti, potremmo essere bollati come _____ phobe (controllo del linguaggio per sopprimere l'opposizione).

Possiamo vedere come questi ingredienti combinati di postmodernismo, correttezza politica e soppressione partitica siano pericolosi; portano alla follia manifesta. L'ideologia inietta follia in ogni fase del processo. Non sorprende che questi modelli di comportamento/reazione nella società portino a percezioni distorte della logica e della morale, che a loro volta portano alla disgregazione della società.

Quindi, se volete identificarvi come "non binari", il che significa che non siete nessuno dei due sessi che prima tutti pensavamo esistessero (sarcasmo), allora questo è vero perché lo credete. Sembra una stronzata mentale, non è vero? Perché è così. Dal punto di vista del postmodernismo, il fatto biologico che il sesso di appartenenza sia impresso nel DNA all'interno del nucleo di ogni cellula rilevante del vostro corpo non è il problema; il problema è quello che voi credete sia la verità. Ricordate, il postmodernismo rifiuta la logica (!), per non parlare della scienza.

Una persona che pensa di essere, in qualche modo, nel corpo del sesso sbagliato ha bisogno innanzitutto di un aiuto mentale; ma questo richiede una certa ammissione da parte dell'individuo che potrebbe avere qualche problema; il che richiede un po' di sanità mentale, coraggio e amore per se stessi. Il pensiero post-modernista permette di evitare questa sfida/ fastidio/ paura e offre invece un'opzione molto più semplice: basta cambiare la realtà in base a ciò che si vuole! Semplice e comodo, no? Il prezzo da pagare, però, per nascondere la testa sotto la sabbia è molto alto: la delusione/insanità. È una comodità a breve termine per una degenerazione a lungo termine.

Eteronormatività

Il termine "eteronormatività", di recente invenzione, è un'altra degenerazione post-modernista del marxismo "intellettuale"; è la teoria critica applicata al sesso e al genere (teoria queer). [71][72] Lo scopo è quello di insinuare l'idea pericolosissima, pro-eugenetica e distruttiva per la società, che le relazioni eterosessuali non sono "normali" - poiché non può esistere una cosa "normale" - e che altri tipi di relazioni (non eterosessuali) sono uguali ad esse. Naturalmente, questa è solo un'altra sciocchezza postmodernista che distorce la realtà.

Una definizione dell'*Agenzia dell'Unione europea per i diritti fondamentali*: "L'eteronormatività è ciò che fa sembrare l'eterosessualità coerente, naturale e privilegiata. Implica il presupposto che tutti siano 'naturalmente' eterosessuali e che l'eterosessualità sia un ideale, superiore all'omosessualità o alla bisessualità".[73] E un altro da Wikipedia: "L'eteronormatività è la convinzione che l'eterosessualità, predicata dal binomio di genere, sia la modalità predefinita, preferita o normale di orientamento sessuale. Presuppone che le relazioni sessuali e matrimoniali siano più adatte tra persone di sesso opposto. Una visione eteronormativa comporta quindi un allineamento tra sesso biologico, sessualità, identità di genere e ruoli di genere. L'eteronormatività è spesso collegata all'eterosessismo e all'omofobia".

La "grande narrazione" della società che si credeva in precedenza era che la non eterosessualità fosse, appunto, "anormale". Questo è cambiato progressivamente da quando il marxismo è apparso sulla scena, il che significa che l'ideologia, ancora una volta, sta capovolgendo le cose. Quindi, il termine "eteronormatività" mette in discussione questa "grande narrazione" ed è quindi postmoderno. Si noti il divertente termine "eterosessismo".

Cifre chiave

Sebbene si tratti di un movimento di grandi dimensioni, ecco alcune delle figure più importanti dal punto di vista storico. Si tratta per lo più di accademici,

---

[71] https://en.wikipedia.org/wiki/Heteronormativity

[72] https://en.wikipedia.org/wiki/Queer_theory

[73] «Omofobia e discriminazione sulla base dell'orientamento sessuale e dell'identità di genere negli Stati membri dell'UE», FRA, (2009). P. 25.
http://fra.europa.eu/sites/default/files/fra_uploads/397-
FRA_hdgso_report_part2_en.pdf

le cui aree di studio sono tipicamente la filosofia, la filosofia politica, la sociologia, la psicologia, ecc. Alcuni grandi nomi sono Jean Francois Lyotard (1924-1998), Jacques Derrrida (1930-2004) e Michel Foucault (1926-1984).[74]

Jean Francois Lyotard è nato nel 1924. Nel 1950 ha conseguito la laurea in filosofia presso l'Università Sorbona di Parigi. Ha iniziato la sua carriera di insegnante in Algeria e in seguito è stato coinvolto in un gruppo socialista chiamato *Socialismo o Barbarie* (Socialism ou Barbarie). I suoi scritti in questo periodo erano molto critici nei confronti del colonialismo francese (che sorpresa) ed essendo un convinto sostenitore dell'indipendenza algerina, fu coinvolto in diversi gruppi marxisti, tra cui il *Fronte di Liberazione Nazionale*. In seguito fu coinvolto nel movimento rivoluzionario marxista *del maggio 1968* (un tentativo di conquista della Francia).

Lyotard ha proseguito la sua carriera nel 1966 in Francia presso l'Università di Parigi (Nanterre e Vincennes-Saint-Denis), per poi insegnare altrove negli anni Ottanta e Novanta, tra cui l'Università della California e la Emory University di Atlanta, in Georgia. In seguito rinunciò all'attivismo rivoluzionario, ma è chiaro che trascorse la prima metà della sua vita con un forte coinvolgimento, mantenendo atteggiamenti marxiani per il resto della sua vita.[75]

La sua opera più famosa è *La condizione postmoderna: A Report on Knowledge* (1979). È stata prodotta su richiesta del *Conseil des Universites* canadese del governo del Quebec. In esso suggeriva che le "metanarrazioni" tradizionali (verità, ragione, logica) erano troppo dominanti (quasi totalitarie) e dovevano essere messe in discussione e sostituite da piccole narrazioni ("petits récits") in competizione tra loro. Nell'introduzione afferma: "Semplificando all'estremo, definisco il postmoderno come incredulità nei confronti delle metanarrazioni".[76]

La sua opera contiene alcuni dei soliti atteggiamenti cinici nei confronti della modernità e del capitalismo. A pagina 5 afferma che "i poteri economici hanno raggiunto il punto di mettere in pericolo la stabilità dello Stato attraverso nuove forme di circolazione del capitale che vanno sotto il nome generico di multinazionali".[77] Questo ricorda la convinzione di Marx che il capitalismo contenga in sé i semi della sua distruzione.

Michel Foucault

"Esiste una cittadinanza internazionale che ha i suoi diritti e i suoi doveri e che si impegna a sollevarsi contro ogni abuso di potere, indipendentemente

---

[74] https://www.britannica.com/topic/postmodernism-philosophy

[75] https://www.britannica.com/biography/Jean-Francois-Lyotard

[76] Lyotard, J.F., *La condizione postmoderna* (1979), (introduzione, xxiv).

[77] Ibid. P. 5.

dall'autore e dalle vittime. In fondo, siamo tutti governati, e come tali siamo solidali".[78]

Michel Foucault, conferenza stampa del giugno 1981

Michel Foucault nasce nel 1926 da una famiglia benestante nella città francese di Poitiers. Durante gli anni del liceo, presso il prestigioso *Lycee Henri-IV*, subisce l'influenza di Jean Hyppolite (egli stesso appassionato di Marx e Hegel). Nel 1946 frequenta l'*Ecole Normale Supérieure* (ENS) e l'Università *Sorbona* di Parigi, studiando psicologia e filosofia, ottenendo gli equivalenti di B.A. e M.A. Foucault è stato incoraggiato ad aderire al *Partito Comunista Francese* dal suo tutor (e membro del culto) Louis Althusser mentre era all'ENS, e ne è stato membro per alcuni anni.[79] Alla fine degli anni Cinquanta lavorò all'estero, in Svezia, Polonia e Germania Ovest, e in seguito insegnò psicologia all'Università di Tunisi, in Tunisia. È tornato in Francia nel 1968, lavorando al *Centre Experimental de Vincennes*. Dopo essere entrato a far parte del *College de France* nel 1970, a causa del suo scarso programma di conferenze, ha viaggiato a livello internazionale fino alla metà degli anni Ottanta, tenendo conferenze in diversi Paesi, tra cui Brasile, Canada, Giappone e Stati Uniti.

Tra le sue opere ricordiamo *Follia e civiltà* (1960) e *Storia della sessualità* (1976). Nel suo lavoro Foucault ha posto particolare enfasi sulla sessualità. Ha promosso l'idea che si tratti di potere. È anche considerato una delle maggiori influenze di quella che è diventata la "teoria queer". Prevedibilmente, era anche avidamente non ostile alla pedofilia, ed è stato coinvolto in petizioni per abbassare l'età del consenso in Francia. [80]

La Storia della sessualità è un magnifico pezzo di propaganda marxiana, che cerca di distorcere la percezione che le persone hanno del normale e sano comportamento sessuale. Egli suggerisce che i comportamenti sessuali normalmente classificati come negativi - il "mondo della perversione" - non solo sono ingiustamente classificati come tali, ma in realtà sono positivi, poiché sono la ricerca della verità! Secondo questa logica, vorrei farvi notare che se fate sesso con un animale da cortile, un masso frastagliato o magari un sacco della spazzatura puzzolente in un cassonetto in fondo a un vicolo, allora questo diventa parte della vostra "verità", non è vero? "Scopare questa mucca fa parte della mia verità!", oppure "ricevere sesso orale da questo sacco della spazzatura fa parte di ciò che sono!". Potete percepirlo e descriverlo come

---

[78] «Diritti e doveri della cittadinanza internazionale», novembre 2015.

https://www.opendemocracy.net/en/can-europe-make-it/rights-and-duties-of-international-citizenship/

[79] https://www.britannica.com/biography/Michel-Foucault

[80] https://en.wikipedia.org/wiki/French_petition_against_age_of_consent_laws

volete; non cambia il fatto che siete un disgustoso maniaco degenerato. Ha anche promosso l'idea che il sistema fosse oppressivo e manipolativo (yawn), e che la "conoscenza scientifica" usata dal sistema/autorità fosse in realtà una forma di controllo sociale (tipico atteggiamento postmoderno).

Attivismo marxista

Foucault partecipò attivamente alle iniziative del culto per tutta la sua vita, tra cui: movimenti di "liberazione" e "antirazzismo"; proteste studentesche contro lo Stato; proteste per l'uccisione di non bianchi o di membri della setta (sia in Francia che all'estero); sostegno all'islamismo; protesta per l'incarcerazione e l'estradizione di membri della setta; campagna per l'asilo in Francia di membri stranieri della setta. Inoltre, ha promosso la pedofilia, ecc. Di fatto, era un vero e proprio fanatico.[81] Anche in questo caso, l'argomentazione secondo cui potrebbe aver rinunciato ufficialmente al comunismo più tardi nella vita non significa nulla. Nel 1967, durante la sua permanenza all'Università di Tunisi, durante i disordini pro-Palestina in cui il culto ebbe un ruolo, Foucault assistette attivamente e protesse gli studenti coinvolti, e in seguito espresse ammirazione per il loro comportamento durante la repressione dello Stato. Ha partecipato alle riforme universitarie attuate dal ministro dell'Istruzione Christian Fouchet nel 1967, facendo parte di una commissione.[82]

Durante il rinnovamento del sistema educativo francese nel 1968, vennero fondate nuove università "autonome" ("autonome" = con un orientamento ideologico rosso). Foucault ottenne una posizione molto influente al *Centre Expérimental de Vincennes,* vicino a Parigi, come direttore del dipartimento di filosofia; Foucault assunse poi altri membri del culto per insegnare lì, come i fanatici apertamente comunisti Judith Miller (1941-2017) e Alain Badiou (1937-). I corsi di questo dipartimento di filosofia "radicale" avevano un taglio nettamente marxista-leninista. Quasi subito dopo la sua fondazione, questa "università" rossa si scontrò aggressivamente con l'establishment, poiché attirava gli studenti e il personale più fanatici.

Foucault è stato direttamente coinvolto in diversi scontri con la polizia: è stato arrestato nel 1972 a causa del suo coinvolgimento nelle proteste per l'uccisione di un operaio algerino da parte della polizia (suona familiare?); è stato arrestato e deportato nel 1975 mentre cercava di protestare contro l'esecuzione di membri di una setta da parte del governo spagnolo; ha protestato per l'imprigionamento e l'estradizione della spia e terrorista marxista della Germania dell'Est Klaus Croissant (1931-2002), insieme al compagno di setta e accademico Jean-Paul Sartre (1905-1980). Si è persino ferito fisicamente in

---

[81] https://en.wikipedia.org/wiki/Michel_Foucault

[82]

https://en.wikipedia.org/wiki/Michel_Foucault#University_of_Tunis_and_Vincennes:_1966-1970

un alterco con la polizia. [81]

Morte per omosessualità

Foucault era un personaggio disturbato (non sorprende che "Fou" significhi "pazzo", en Francais). In quanto gay, ha avuto molte "interazioni" durante la sua vita, tra cui una relazione con un travestito durante il suo soggiorno ad Amburgo. Per gran parte della sua vita ha avuto una "relazione aperta" con il suo amante Daniel Defert (1937-2023) (anch'egli membro di una setta e fan di Mao Zedong). [79]

In gioventù, Foucault è stato coinvolto nella scena gay di Parigi e ha continuato questo tema per tutta la vita, facendo sesso non protetto con sconosciuti. Durante il suo soggiorno negli Stati Uniti, quando tenne conferenze all'UCLA e a Berkeley in California, fu attratto dalla vivace scena gay di San Francisco. Morì a causa dell'AIDS nel 1984. [79] L'uomo che per tutta la vita aveva promosso un atteggiamento cavilloso "tutto è permesso" nei confronti del sesso e della sessualità (l'approccio satanico "fai ciò che vuoi"), si scopò letteralmente fino alla morte. Che modello di comportamento. È un intellettuale celebrato nei circoli accademici di culto.

Altri personaggi coinvolti nella scena del postmodernismo furono Jacques Derrida e Jean-Paul Sartre. Derrida era un appassionato membro del culto, coinvolto in molte questioni di "sinistra", tra cui l'antinucleare e l'anti-apartheid in Sudafrica. Derrida ha firmato la petizione (insieme a Foucault) per la depenalizzazione del sesso minorile in Francia.[83]

La "contraddizione" del postmoderno

Come mai il postmodernismo è anche marxista? Dal momento che il postmoderno afferma di non credere in nulla di concreto, mentre il marxismo lo fa tradizionalmente (uguaglianza, lotta di classe, ecc.), come può il postmoderno derivare dal marxismo? Perché lo scopo del postmodernismo è quello di decostruire e distruggere ciò che è già stabilito nella civiltà, per poi permettere al marxismo di entrare in scena come "sostituzione".

Il relativismo, la critica, il cinismo che il postmodernismo spinge non saranno ovviamente applicati all'ideologia, al culto o agli stessi membri del culto. Possono fare critiche, ma non accettarle (molto da bambini viziati). Secondo il culto, la loro ideologia è la risposta e loro sono i salvatori, e qualsiasi percezione del contrario non sarà tollerata. In questo caso non si applica la "soggettività".

Non la logica, ma la "logica" marxiana.

Il postmodernismo è la perversione e la cestinazione della logica. È solo un altro modo di decostruire l'esistente per sostituirlo con il pensiero marxista,

---

[83] https://en.wikipedia.org/wiki/Jacques_Derrida

tutto qui. Il resto sono le solite cazzate intellettuali da leccarsi i baffi. Serve a creare individui psicotici, distaccati dalla realtà e privi di coscienza, che non possono ragionare o essere ragionati. Creature come queste sono una risorsa che alimenta il culto/ideologia, quindi è nel suo interesse crearne il maggior numero possibile.

Inoltre, indottrina gli individui a essere egocentrici all'estremo. Notate come si collega a una delle caratteristiche principali del culto/ideologia che ho evidenziato in tutti i punti: il fattore immaturo e viziato. Il processo di pensiero postmodernista "inventa la tua realtà" equivale a essere un bambino viziato a livello percettivo. "Tutto ciò che conta è come mi sento, cosa penso, quali sono i miei sentimenti e quali sono le mie opinioni/percezioni".

I mocciosi amano fare di testa loro: sentirsi dire che sono bravissimi, non dover mai sentirsi dire che hanno torto, pensare di essere estremamente intelligenti, ecc. Il pensiero postmoderno permette loro di inventare ogni tipo di sciocchezza e di crederci, senza che gli venga mai detto che sono stupidi o che devono crescere (e, Dio non voglia, fare qualcosa di costruttivo nella loro vita). Permette loro anche di credere/appoggiare/idolatrare ogni sorta di stupidaggine creata da altri (compresi i membri di altre sette). Permette loro di provare quella sensazione di calore e di formicolio che provano vivendo la loro delirante esistenza di membri di una setta.

La componente principale del postmodernismo, che suggerisce che ogni cosa - compresa la realtà stessa - può essere interpretata in un numero infinito di modi, è un'altra assurdità di buon senso. Ritarda lo sviluppo psicologico di una mente, in quanto impedisce lo sviluppo di autentiche capacità percettive, di imparare a vedere le cose come sono realmente. Premia il pensiero stupido e folle, equiparandolo al pensiero eccellente. È l'idea di "volere una medaglia solo perché si è partecipato alla gara" racchiusa in una scuola di pensiero. È un'altra cosa che deve essere bandita e rimossa dal mondo accademico, dalla letteratura, ecc.

Yuri Bezmenov

> "Capite cosa sta succedendo intorno a voi: siete in uno stato di guerra... e avete poco tempo per salvarvi".[84]

Il disertore sovietico Yuri Bezmenov,
intervista con G. Edward Griffin, 1983

Il vostro Paese è un obiettivo ricettivo quando si tratta di sovversione marxista, o "sovversione ideologica"? Che cos'è la "sovversione ideologica"?! Il suo Paese ha essenzialmente confini aperti che chiunque, compresi i potenziali nemici, può attraversare? Ha un forte senso di indipendenza/sovranità, di

---

[84] Intervista a G. Edward Griffin, «Yuri Bezmenov - L'inganno era il mio lavoro (intervista completa)«. https://www.YouTube.com/watch?v=UrS1qDcgdTk

essere diverso dagli altri Paesi? Il porre queste domande è stato incoraggiato da un uomo di nome Yuri Besmenov (1939-1993).

Yuri Alexandrovich Bezmenov (alias Tomas Schuman) è stato un agente del KGB russo e un giornalista attivo soprattutto negli anni Sessanta. È nato in un sobborgo di Mosca nel 1939, in una famiglia di militari. Suo padre era un alto ufficiale dello Stato Maggiore dell'esercito sovietico e un ispettore delle forze terrestri ovunque i sovietici avessero truppe di stanza (Mongolia, Cuba, Europa orientale ecc.).

Parlando della sua vita giovanile molti anni dopo, ha detto che è stata relativamente agiata rispetto ad altre persone che vivevano sotto il regime sovietico (grazie al fatto di essere cresciuto in una famiglia di militari) e che "la maggior parte delle porte erano aperte" per lui. Si è formato all'*Università di Stato di Mosca* presso l'*Istituto di Lingue Orientali*, dove è diventato un esperto di lingue indiane (hindi e urdu) e di cultura, oltre a studiare giornalismo, storia, letteratura e musica. Ha anche seguito un'ampia formazione militare e di protezione civile, affermando che "ogni studente deve diplomarsi come Junior Leftenant e nel mio caso si trattava di servizi di intelligence amministrativa e militare".[84][85]

Prima di laurearsi, nel 1963, entrò a far parte dell'*agenzia di stampa Novesti*, che descrisse come "un fronte di propaganda e sovversione ideologica del KGB" (Yuri spiegò in seguito che il 75% dei membri della Novesti erano ufficiali del KGB, mentre il restante 25% era costituito da agenti come lui che venivano cooptati e assegnati a operazioni specifiche). Gli studenti che si diplomavano "venivano poi assunti come diplomatici, giornalisti stranieri o spie". Il suo primo incarico è stato in India, dove ha lavorato come traduttore per il gruppo sovietico di aiuti economici *Soviet Refineries Constructions*, che stava costruendo complessi di raffinerie negli Stati di Bihar e Gujarat. Al termine del suo primo incarico, fu promosso a responsabile delle pubbliche relazioni. Il suo ultimo incarico è stato quello di addetto stampa presso l'ambasciata sovietica a Nuova Delhi.

Yuri ha disertato gli Stati Uniti nel 1970, fuggendo dall'India e confondendosi con il movimento hippy. Alla fine si stabilì in Canada sotto l'identità di Tomas Schuman, facendo diversi lavori per tirare avanti. La svolta avviene dopo aver ottenuto un impiego presso la *Canadian Broadcasting Corporation* (CBC) di Montreal nel 1973, per il suo servizio all'estero in lingua russa. I sovietici ne vennero a conoscenza e le pressioni che ne derivarono - tramite l'ambasciatore sovietico Alexander Yakovlev - lo fecero licenziare. Egli sostenne che il premier canadese Pierre Trudeau fece una telefonata al presidente della CBC, che portò al suo licenziamento. Trudeau e Yakovlev erano apparentemente in

---

[85] «Intervista e conferenza di Yuri Bezmenov 1983 (1080p HD)«.
https://www.YouTube.com/watch?v=Z0j181tR5WM

rapporti amichevoli.[86]

Ha insegnato anche scienze politiche all'*Università di Toronto*, studi slavi alla *McGill University* di Montreal e giornalismo alla *Carleton University* di Ottawa. In una delle sue presentazioni, Yuri ha detto di essere rimasto stupito dalla quantità di libri marxisti e di altri articoli di "propaganda di sinistra" che ha trovato associati alle università americane e canadesi. Tra questi, opere di Marx ed Engels, Lenin, degli "intellettuali" della Scuola di Francoforte Erich Fromm e Herbert Marcuse, e *The Indochina Story* (1970). [85]

Dopo la sua defezione, è diventato apertamente critico nei confronti del marxismo dell'Unione Sovietica, scrivendo libri, rilasciando interviste e conferenze. È stato anche analista politico per un settimanale chiamato *Panorama*. Tra i suoi scritti ricordiamo *Lettera d'amore all'America* (1984); *Il nero è bello, il comunismo no* (1985); *Nessuna "Novosti" è una buona notizia* (1985); e *Polizia mondiale del pensiero* (1986). È morto relativamente sconosciuto e isolato mentre viveva a Windsor, nell'Ontario, nel 1993, all'età di 54 anni (a causa dell'alcol, a quanto pare, e di problemi familiari). [86][87] La sua defezione, la sua vita è stata essenzialmente un sacrificio nella nostra lotta contro il marxismo.

È un personaggio molto significativo perché ha parlato apertamente di alcuni concetti di importanza critica all'interno dell'ideologia. Grande analista e comunicatore in materia, fu un esperto di propaganda sovietica, divulgando concetti come "Sovversione ideologica". Con il senno di poi, possiamo vedere che le sue previsioni erano quasi profetiche. Yuri ci parla anche dalla tomba: è apparso nel trailer della popolarissima serie di giochi *Call of Duty*, nella versione del 2020 intitolata *Call of Duty: Black Ops Cold War*. Il titolo del trailer era "Conosci la tua storia".[88]

Nel 1984, Yuri ha realizzato una lunga intervista con G. Edward Griffin dal titolo "Soviet Subversion of the Free-World Press".[84] Nel 1983 ha anche realizzato un'intervista a Los Angeles per il Summit University Forum (SUF), a cui ha fatto seguire un'eccellente presentazione di un'ora sul tema della sovversione ideologica. [85] (Questi due video sono le fonti principali di questa sezione).

---

[86] Barrera, J., «Agente del caos», 5 feb 2022.
https://www.cbc.ca/newsinteractives/features/yuri-bezmenov-soviet-defector-canada

[87] «Defector Soviet had passion for homeland», The Windsor Star, 6 gennaio 1993, pag. 5. https://www.newspapers.com/clip/53029092/yuri/

[88] «Conosci la tua storia - Trailer ufficiale di Call of Duty®: Black Ops Cold War», agosto 2020.

https://www.YouTube.com/watch?v=zsBRGCabaog

Perché ha disertato

"Una delle ragioni per non disertare era che vivevo in una situazione di relativa agiatezza. Chi diavolo, in una mente normale, diserterebbe per fare cosa? Per essere maltrattato dai media? Per essere chiamato maccartista, fascista e paranoico? O per guidare un taxi a New York. Per quale motivo? Perché diavolo dovrei disertare? Per essere maltrattato dagli americani, per essere insultato in cambio del mio sforzo di portare informazioni veritiere sull'imminente pericolo di sovversione".[84]

Nell'intervista del 1984, elencò gli elementi che lo spinsero a mettere in discussione il comunismo, tra cui: la dicotomia tra il modo in cui gli Stati Uniti erano alleati dell'URSS durante la Seconda Guerra Mondiale, rispetto al modo in cui la propaganda sovietica li dipingeva come nemici in seguito; quando i crimini genocidi di Stalin vennero alla luce, grazie a Kruscev; e l'invasione sovietica della Cecoslovacchia nel 1968 (che represse una rivolta anticomunista).

Quando gli è stato chiesto che cosa avesse in particolare da ridire sul regime sovietico, ha parlato del suo comportamento, affermando che era: "...un milione di volte più oppressivo di qualsiasi potenza coloniale o imperialista nella storia dell'umanità. Il mio Paese non porta in India la libertà, il progresso e l'amicizia tra le nazioni, ma il razzismo, lo sfruttamento e la schiavitù e, naturalmente, l'inefficienza economica".

Nell'intervista al SUF del 1983, parla della sua defezione: "La decisione, naturalmente, è stata molto dolorosa e difficile... ma d'altra parte non mi facevo illusioni sul sistema comunista o socialista... come il sistema più marcio e non funzionante del mondo... Non importa quale etichetta si attribuisca al sistema. Fondamentalmente, se si è religiosi, è un sistema diabolico, satanista, che fa appello solo al lato più primitivo e negativo della natura umana. La base di questo sistema è la negazione della proprietà privata, della dignità umana e della responsabilità personale e, naturalmente, di qualsiasi affiliazione religiosa... a Dio come essere supremo".

Nella stessa intervista, parlando dei metodi di sovversione, ha delineato l'obiettivo del sistema marxista sovietico (sottolineatura per enfasi): "I metodi di base non sono molto diversi dalle attività di un qualsiasi addetto alle pubbliche relazioni (sic) di una grande azienda... ma lo scopo finale è diverso. Lo scopo ultimo del sistema sovietico non è quello di vendere qualcosa (tanto meno l'ideologia). È distruggere la civiltà su cui si basano l'opulenza e la libertà e sostituirla con un sistema di controllo totale sulla vita degli esseri umani. Il sistema di sfruttamento totale: questo è lo scopo finale".

Creazione sovietica dei movimenti di "liberazione" a livello globale

I sovietici avevano una scuola a Mosca chiamata *Lumumba Friendship University*. Era sotto il diretto controllo del KGB e del Comitato Centrale. Nella sua intervista del 1984, Yuri ha spiegato che era il luogo in cui "i futuri leader dei cosiddetti movimenti di "liberazione nazionale" vengono educati e selezionati con cura". Poi venivano "rispediti nei loro Paesi per diventare leader dei cosiddetti movimenti di "liberazione nazionale" o per essere tradotti nel normale linguaggio umano in leader di gruppi terroristici internazionali".

(Nota: nella sezione delle tabelle, abbiamo visto tutti questi movimenti di "libertà" sorgere in tutto il mondo durante il XX secolo, in particolare nelle terre (formalmente) controllate dalle potenze coloniali europee. Si trattava semplicemente di gruppi marxisti che apparentemente si opponevano al controllo straniero/imperiale, ma che in realtà stavano spingendo il loro Paese verso una forma di controllo ancora più estrema: l'imperialismo marxista internazionale). [84]

Sulle sue funzioni alla Lumumba, Yuri ha detto che "l'insegnamento della lingua era la mia cosiddetta attività extracurricolare", un ruolo solitamente affidato ai "giovani comunisti come lavoro non retribuito per dimostrare la fedeltà al partito". Egli impartisce lezioni di lingua russa a studenti provenienti dall'Asia, dall'America Latina e dall'Africa. Poi gli studenti entravano in una classe di indottrinamento, che avrebbe fatto loro il lavaggio del cervello nell'ideologia marxista-leninista, per un periodo di due o tre anni.

Dopo un periodo di ulteriore verifica, se gli studenti risultavano idonei, ricevevano un ulteriore addestramento di due anni da parte del KGB. Poi, sarebbero stati rispediti nei loro Paesi d'origine per diventare "dormienti". Rimarranno inattivi, per così dire, e nel frattempo si dedicheranno al loro lavoro o alla loro carriera abituale. Durante la fase di "destabilizzazione" dei loro Paesi (spiegata più avanti), gli agenti sarebbero poi diventati attivi, aiutando il marxismo a prendere il sopravvento.

Yuri spiega: "Perciò, all'improvviso, si scoprono avvocati affermati in un Paese come il Nicaragua, che per qualche strana ragione sono aspramente contro l'"imperialismo americano" e idealisticamente per l'imperialismo sovietico marxista-leninista".

La "spiritualità" marxista

Ecco un'affascinante connessione tra il mondo della "spiritualità" e la sovversione condotta dal culto/ideologia. Durante il suo soggiorno in India, Yuri ha raccontato che il KGB era molto interessato a un "guru" di nome Maharishi Mahesh Yogi. Questo guru divenne famoso negli anni '60 e '70 per le sue associazioni con le celebrità, tra cui i Beatles, i Beach Boys e i membri dei Rolling Stones, per citarne alcuni; anche gli attori: "Mia Farrow e altri utili idioti di Hollywood visitarono la sua scuola e tornarono negli Stati Uniti assolutamente fuori di testa con marijuana, hashish e idee folli sulla meditazione".

Yuri ha spiegato che questo tipo di formazione "spirituale" e di meditazione aveva un impatto sugli Stati Uniti in un modo desiderabile per i sovietici:

"Meditare - in altre parole isolarsi dalle attuali questioni sociali e politiche del proprio Paese. Entrare nella propria bolla, dimenticare i problemi del mondo... Ovviamente il KGB era molto affascinato da una scuola così bella, un centro di lavaggio del cervello... Sono stato inviato dal KGB per verificare che tipo di VIP americani frequentassero questa scuola".[84]

La funzione di Yuri era quella di "scoprire che tipo di persone dagli Stati Uniti frequentano questa scuola, e abbiamo scoperto che sì, ci sono alcuni membri influenti della famiglia, opinionisti pubblici degli Stati Uniti, che tornano con storie assurde di filosofia indiana". Ovviamente un VIP, ad esempio la moglie di un membro del Congresso o una personalità di spicco di Hollywood, dopo essere stato addestrato in quella scuola, è molto più strumentale nelle mani dei manipolatori dell'opinione pubblica e del KGB, rispetto a una persona normale che si sottopone a questo tipo di formazione religiosa fasulla". Questo perché "una persona troppo coinvolta nella meditazione introspettiva..." (cioè una persona che ha frequentato la scuola dello Yogi), era mentalmente più adatta a servire la causa sovietica" (venendo indottrinata e aiutando i sovietici a sovvertire gli Stati Uniti). Questo è vero anche oggi; si può sostituire la parola "sovietico" con "marxista".

Sottolinea che il Maharishi insegnava alla gente - compresi i suoi ingenui studenti americani - che "i problemi più scottanti di oggi possono essere risolti semplicemente meditando". Non agitate le acque. Non farsi coinvolgere. Basta sedersi, guardare il proprio ombelico e meditare. E le cose (i problemi) - per qualche strana logica, per qualche "vibrazione cosmica" - si risolveranno da sole". (questo ricorda il concetto di "distacco" nel mondo della spiritualità, compreso il buddismo).

Yuri ha proseguito: "Questo è esattamente ciò che il KGB e la propaganda marxista-leninista vogliono dagli americani: distrarre la loro opinione, l'attenzione e l'energia mentale dai problemi reali degli Stati Uniti verso un non problema, un non mondo, un'inesistente "armonia"... Ovviamente, per gli aggressori sovietici è più vantaggioso avere un gruppo di americani ingannati che americani consapevoli, sani, fisicamente in forma e attenti alla realtà".

Sottolineando che, sebbene il Maharishi Mahesh Yogi non fosse sul libro paga del KGB, Yuri ha affermato che "che lo sappia o meno, egli contribuisce in larga misura alla demoralizzazione della società americana, e non è l'unico: ci sono centinaia di questi guru che vengono nel vostro Paese per capitalizzare l'ingenuità e la stupidità. È una moda meditare, è una moda non essere coinvolti".

In effetti, il movimento "new age" ha completato molto bene la diffusione dell'infezione marxista. È pieno zeppo di individui che parlano di essere "risvegliati" (o "svegli") senza avere la minima idea di cosa stia realmente accadendo nel mondo (oltre a non capire se stessi e le proprie convinzioni, comportamenti, ecc.) Se questo è ciò che significa essere "risvegliati", mi sforzo di essere la persona più non risvegliata in assoluto. Vi auguro lo stesso livello di "ignoranza spirituale"!

Essere ignoranti e moralmente irresponsabili non è sinonimo di vero e autentico "risveglio/coscienza superiore" - è l'esatto contrario! Inoltre, il tipo di mentalità psicologica che la pseudo-spiritualità incoraggia accelera di fatto l'indottrinamento marxista: eccessiva percezione femminile/emotiva; pensare che la rabbia sia negativa; credere che tutte le forme di conflitto/forza fisica/uccisione siano sbagliate; credere che siamo tutti uno (collettivismo, solidarietà) e uguali (uguaglianza) ecc.

Nemici, reclute e tradimenti

Yuri ha parlato del *Dipartimento segreto di ricerca e contropropaganda.* Questo gruppo raccoglieva informazioni su chiunque potesse influenzare l'opinione pubblica: giornalisti, attori, educatori e professori, membri del parlamento, rappresentanti dei circoli economici. I membri del gruppo erano divisi in due gruppi: coloro che avrebbero "sostenuto la politica estera sovietica sarebbero stati promossi alle posizioni di potere attraverso la manipolazione dei media e dell'opinione pubblica", e "coloro che avrebbero rifiutato l'influenza sovietica nel proprio Paese, sarebbero stati assassinati o giustiziati fisicamente con la rivoluzione".[84]

A titolo di esempio, Yuri ha parlato di assassinii come questo durante la guerra del Vietnam, nella città di Hué. I comunisti vietnamiti riuscirono a radunare e giustiziare migliaia di non marxisti in poche notti. La CIA era perplessa sulla rapidità di questo massacro. Yuri ha spiegato: "La risposta è molto semplice: molto prima che i comunisti occupassero la città, esisteva una vasta rete di informatori, cittadini vietnamiti locali" che sapevano tutto sui loro connazionali non marxisti. Questo è un fattore ricorrente della setta: mette le persone della stessa nazionalità/gruppo l'una contro l'altra, nei modi più micidiali. Gli infetti uccideranno i loro stessi connazionali ogni volta che ne avranno l'occasione.

Un altro gruppo che era stato indicato come bersaglio dai sovietici era costituito da "giornalisti filo-sovietici con i quali ero personalmente amico". Si trattava di "idealisti di sinistra che hanno visitato più volte l'URSS... ma il KGB ha deciso che, con la rivoluzione... dovranno andarsene...". Alla domanda sul perché, ha risposto: "Perché sanno troppo. Vedete gli utili idioti, le persone di sinistra che credono idealisticamente nella bellezza del sistema sovietico socialista o comunista o qualsiasi altra cosa... quando vengono disillusi diventano i peggiori nemici...", ed è per questo che alla fine devono essere fatti fuori (altrimenti ciò che hanno imparato nei loro rapporti con i sovietici potrebbe rappresentare un problema in seguito). [84]

Ha continuato a parlare del tipo di persone che il KGB voleva che i suoi agenti prendessero di mira: "Ecco perché i miei istruttori del KGB mi hanno detto specificamente "non preoccuparti mai delle persone di sinistra, lascia perdere queste prostitute politiche, punta più in alto", questa era la mia istruzione. "Cercate di entrare nei media conservatori a grande diffusione e consolidati. Raggiungete i registi ricchi e sudici, gli intellettuali, i cosiddetti circoli accademici; persone ciniche ed egocentriche che possono guardarvi negli occhi con un'espressione angelica e dirvi una bugia". Queste (sic) sono le persone più reclutabili". Persone senza coscienza, essenzialmente, che sono "prive di principi morali". Persone che sono "troppo avide o... soffrono di presunzione... Queste sono le persone che il KGB voleva fortemente reclutare".

Riferendosi ai giornalisti di sinistra che il KGB aveva nella sua lista dei bersagli, il signor Griffin chiede: "ma per eliminare gli altri, per giustiziare gli altri... non servono a qualcosa... non sarebbero quelli su cui faresti affidamento?". Yuri risponde: "No, servono solo nella fase di destabilizzazione di una nazione. Per esempio, le vostre sinistre negli Stati Uniti....professori difensori dei diritti civili... Sono strumentali al processo di sovversione solo per destabilizzare una nazione... Quando il loro lavoro è completato, non servono più, sanno troppe cose... Alcuni di loro, quando sono disillusi, quando vedono che i marxisti-leninisti vanno al potere, ovviamente si offendono - pensano che andranno al potere". Sorridendo, Yuri continua: "Naturalmente non succederà mai, saranno messi in fila contro il muro e fucilati... ma potrebbero trasformarsi nei più acerrimi nemici dei marxisti-leninisti quando andranno al potere".[84]

Come già detto, l'infezione marxista prolifera a ondate, per quanto riguarda il livello di fanatismo incarnato dai membri del culto. In altre parole, i marxisti di un'ondata sono sempre sostituiti da marxisti più fanatici nelle ondate successive.

Yuri ha elencato alcuni esempi di questo schema: "In Nicaragua la maggior parte di questi ex marxisti-leninisti sono stati messi in prigione o uno di loro si è separato e ora lavora contro i sandinisti. Il caso di Maurice Bishop a Grenada: "era già un marxista, è stato giustiziato da un nuovo marxista, che era più marxista di questo marxista (riferendosi a Bishop). Lo stesso schema anche in Afghanistan "prima c'era Taraki, è stato ucciso da Amin, poi Amin è stato ucciso da Babrak Karmal con l'aiuto del KGB e in Bangladesh "quando Mujibur Rahman - molto filo-sovietico di sinistra - è stato assassinato dai suoi stessi compagni militari marxisti-leninisti... È lo stesso schema ovunque". Secondo Yuri, una volta svolto il loro ruolo, tutti questi utili idioti sarebbero stati "giustiziati completamente (tutti i marxisti dalla mentalità idealista), o esiliati, o messi in prigione come a Cuba" (aggiungendo che ci sono molti ex marxisti in prigione a Cuba). [84]

La realtà dell'uguaglianza

Più avanti nell'intervista, Griffin chiede di nuovo dello sterminio di questo tipo di individui, a cui Yuri risponde, con una grande osservazione su come l'utopia dell'"uguaglianza" sia solo una fantasia: "La maggior parte di loro, sì.

Semplicemente perché lo shock psicologico quando vedranno in futuro cosa significa in pratica la bella società dell'uguaglianza e della giustizia sociale, ovviamente si ribelleranno". E il regime marxista-leninista non tollera queste persone... (saranno) semplicemente schiacciate come scarafaggi. Nessuno li pagherà per le loro belle idee di uguaglianza e per loro sarà il più grande shock".

Nella sua presentazione al SUF del 1983, Yuri ha dichiarato: "Non si può legiferare l'uguaglianza". E aggiungeva: "Se poniamo il principio dell'uguaglianza alla base della nostra struttura politico-sociale, è come costruire una casa sulla sabbia: prima o poi crollerà. Ed è esattamente quello che succede".

Il regime sovietico e i suoi alleati (simili alla Cina e ai suoi alleati di oggi) erano felici di vedere i Paesi occidentali diventare ossessionati dall'"uguaglianza", rendendosi così più deboli e instabili, facilitando l'arrivo del culto e la sua presa di potere (per dirla con le parole di Napoleone Bonaparte: "Non interrompere mai il tuo nemico quando sta commettendo un errore"). Yuri ha aggiunto: "L'uguaglianza assoluta esiste in Unione Sovietica... tutti sono uguali nella sporcizia".[85]

Sovversione ideologica

> "Un processo lungo... che a volte è impercettibile per una persona comune... È impercettibile come il movimento di una lancetta di un orologio: sai che sta girando, ma anche se lo guardi intensamente non vedi il movimento".

> Conferenza SUF di Yuri Besmenov del 1983 a Los Angeles

Forse l'informazione più importante che Yuri ci ha dato - e più pertinente in relazione al messaggio di questo libro - è una cosa chiamata Sovversione ideologica. Abbiamo già parlato di cosa sia l'ideologia, ma che dire della "sovversione"?

Nella sua presentazione del 1983, Yuri ci ha dato la definizione sovietica del termine "sovversione": è "un'attività distruttiva e aggressiva volta a distruggere il Paese, la nazione o l'area geografica del vostro nemico", sottolineando che la maggior parte delle attività sovversive sono "palesi, legittime e facilmente osservabili", ma anche legali - "secondo la legge, non è un crimine!".[85]

Inoltre (prendete nota!), la sovversione è una strada a doppio senso: "Non si può sovvertire un nemico che non vuole essere sovvertito". (cioè una nazione). È necessario che ci sia conformità, indifferenza o acquiescenza fino a un certo punto. Il processo può avere successo solo quando c'è un "bersaglio reattivo" (questo è il nocciolo della questione nel mondo di oggi). È interessante notare che Yuri ha dichiarato che le basi della sovversione venivano insegnate a "tutti gli studenti delle scuole del KGB in URSS e agli ufficiali delle accademie militari" e che l'*Arte della guerra* era nella lista delle letture consigliate/obbligatorie (l'Arte della guerra fu scritta dal filosofo cinese Sun

Tzu nel 5 secolo a.C.).[89]

La sovversione è un modo molto più efficace di distruggere un nemico: "La più alta arte della guerra non consiste nel combattere affatto, ma nel sovvertire qualsiasi cosa di valore nel Paese del vostro nemico". Alla fine questo porterà a distorcere le percezioni del nemico a tal punto che "non vi percepirà come un nemico".[85] Questo non riassume forse la situazione globale che questo libro mette in evidenza, quando si tratta di come i membri delle sette sono percepiti dalla popolazione in generale? Non siamo forse circondati da nemici all'interno dei nostri stessi Paesi? (cioè traditori e invasori indottrinati).

Nell'intervista del 1984, Yuri spiega che la sovversione ideologica è "un processo legittimo, palese e aperto, che si può vedere con i propri occhi... Non c'è alcun mistero, non c'è nulla che abbia a che fare con lo spionaggio... l'enfasi principale del KGB non è affatto nell'area dell'intelligence. Secondo la mia opinione e quella di molti disertori del mio calibro, solo il 15% circa del tempo, del denaro e della manodopera viene speso per lo spionaggio in quanto tale. Il restante 85% è un lento processo che chiamiamo "Sovversione ideologica" o "Misure attive" (активные мероприятия) nel linguaggio del KGB, ovvero guerra psicologica".[84]

Ed ecco forse la parte più profonda rispetto alla nostra lotta contro il culto: "Ciò che significa fondamentalmente è cambiare la percezione della realtà di ogni americano* a tal punto che, nonostante l'abbondanza di informazioni, nessuno è in grado di giungere a conclusioni sensate nell'interesse di difendere se stesso, la propria famiglia, la propria comunità e il proprio Paese. È un grande processo di lavaggio del cervello che procede molto lentamente e si articola in quattro fasi fondamentali". (sostituire la parola "americano" con la propria nazionalità).

Fase 1: Demoralizzazione

Yuri ha spiegato che in questa prima fase del processo, l'ideologia è stata inserita nelle varie "aree di applicazione della sovversione", tra cui la religione, l'istruzione, la vita sociale, la struttura del potere, le relazioni tra lavoratori e datori di lavoro, la legge e l'ordine.

Ha descritto il processo di questa fase: "Ci vogliono dai 15 ai 20 anni per demoralizzare una nazione, questo è il numero minimo di anni che richiede l'educazione di una generazione di studenti nel paese del tuo nemico, esposti all'ideologia del nemico. In altre parole, l'ideologia del marxismo-leninismo viene pompata in almeno tre generazioni di studenti americani, senza essere messa in discussione o controbilanciata dai valori di base del patriottismo americano. La maggior parte delle persone che si sono laureate negli anni Sessanta - drop-out o intellettuali a metà - occupano ora le posizioni di potere

---

[89] https://en.wikipedia.org/wiki/The_Art_of_War

nel governo, nella pubblica amministrazione, negli affari, nei mass media, nel sistema educativo".

Qui Yuri descrive la gravità dell'indottrinamento in questo tipo di persone: "Sei bloccato con loro, non puoi liberartene, sono contaminati. Sono programmati per pensare e reagire a determinati stimoli secondo un certo schema. Non puoi cambiare la loro mente, anche se li esponi a informazioni autentiche... non puoi cambiare la percezione di base e il comportamento logico. In altre parole, (in) queste persone... il processo di demoralizzazione è completo e irreversibile. Per liberare la società da queste persone, occorrono altri 20 o 15 anni per educare una nuova generazione di persone dalla mentalità patriottica... che agiscano nell'interesse della società degli Stati Uniti".[84]

Yuri prosegue: "Il processo di demoralizzazione negli Stati Uniti è praticamente già completato, negli ultimi venticinque anni è in realtà sovrabbondante", spiegando che la demoralizzazione ha raggiunto aree che l'intelligence sovietica non si sarebbe mai sognata di raggiungere: "La maggior parte è fatta dagli americani agli americani, grazie alla mancanza di standard morali". Questo riassume la situazione attuale negli Stati Uniti.

Fase 2: Destabilizzazione

La fase successiva del processo, ha spiegato Yuri, è la "destabilizzazione", affermando che "ci vogliono solo da due a cinque anni per destabilizzare una nazione". Durante questa fase, vengono prese di mira particolari strutture all'interno del Paese bersaglio, tra cui l'economia, le relazioni estere e i sistemi di difesa. È interessante notare che già allora, nel 1984 (l'anno di George Orwell), Yuri disse: "Lo si vede chiaramente... in settori sensibili come la difesa e l'economia, l'influenza delle idee marxiste-leniniste negli Stati Uniti è assolutamente fantastica... Non avrei mai potuto credere, 14 anni fa, quando sono atterrato in questa parte del mondo, che il processo sarebbe andato così veloce".

Nella sua presentazione al SUF del 1983, ha affermato che l'obiettivo è "destabilizzare tutte le relazioni, tutte le istituzioni e le organizzazioni accettate in un Paese del vostro nemico". Le aree di applicazione della destabilizzazione sono molto più ristrette (rispetto alla demoralizzazione) e si concentrano su settori specifici come l'economia, i rapporti di lavoro, l'ordine pubblico (compreso quello militare) e i media (anche se in modo diverso rispetto alla fase di demoralizzazione).

Il conflitto si genera tra i gruppi

In questa fase si verifica una "radicalizzazione delle relazioni umane". Ciò avviene per innescare il conflitto tra gruppi e individui diversi, anche tra familiari, vicini di casa, ecc. che "non possono giungere a un compromesso se non iniziando una lotta". Non c'è più "compromesso", ma solo "lotta lotta lotta". Queste cose vi suonano familiari, lettore? Potete sperimentarlo o meno con i vostri familiari più stretti, ma di certo dovrebbe risuonare a livello sociale. In sostanza, l'ideologia crea divisione, polarizzando le interazioni umane.

Yuri ha proseguito: "Le relazioni normali, tradizionalmente accettate, sono destabilizzate: le relazioni tra insegnanti e studenti, nelle scuole e nei college; le relazioni tra lavoratori e datori di lavoro sono ulteriormente radicalizzate, senza più accettazione della legittimità delle richieste dei lavoratori". Yuri ha citato gli scioperi della rete di autobus *Greyhound Lines* nel 1983.[90] Sebbene questi scioperi potessero sembrare normali e ragionevoli all'epoca, Yuri ha spiegato: "Gli scontri violenti tra passeggeri, picchetti e scioperanti vengono presentati come qualcosa di normale. 10, 15, 20 anni fa ci saremmo arrabbiati e avremmo detto: "Perché? Perché tanto odio? Oggi non lo siamo, diciamo "Beh, è una cosa normale". L'ordine pubblico si radicalizza: "dove prima le persone risolvevano le loro differenze in modo pacifico e legittimo", ora c'è più tensione e mancanza di risoluzione. È quando "la società in generale diventa sempre più antagonista, tra individui, tra gruppi di individui e la società in generale". Ha aggiunto che i media in generale diventano più estranei alla società e in opposizione ad essa.

I "dormienti" si svegliano

Durante la destabilizzazione, i "dormienti" diventano attivi. Queste reclute addestrate dai sovietici diventano attive nei rispettivi Paesi, per partecipare alla loro destabilizzazione. Vengono coinvolti nell'intero movimento marxista, spesso apertamente, come attivisti o leader di gruppi, e diventano attivi nel processo politico, ecc. All'epoca di Yuri, questi "dormienti" erano spesso agenti del KGB (nella nostra epoca, possono essere agenti/infiltrati di altra provenienza o traditori all'interno dei rispettivi Paesi).

Yuri cita i gruppi "oppressi" (ad esempio, omosessuali, femministe). Mentre prima erano più silenziosi e meno attivi, in questa fase del processo diventano più attivi, vocali ed esigenti (la società deve cambiare per adattarsi a loro, ecc.). Ora le loro vite personali/scelte di vita diventano "una questione politica". Chiedono "rispetto, riconoscimento, diritti umani" e generano disordini, che inevitabilmente sfociano in conflitti, compresi scontri violenti con la polizia, con i gruppi avversari, ecc. I gruppi di questo tipo (femminismo, movimento LGBTQ+/"trans", Black Lives Matter ecc.) creano tensioni e conflitti, contribuendo al processo di destabilizzazione generale. L'unica cosa che conta, ha detto Yuri, è che ci siano conflitti e disordini tra gruppi diversi. Il processo di destabilizzazione porta direttamente alla "crisi".

Fase 3: crisi

La terza fase del processo è la "crisi" e Yuri ha spiegato che possono bastare "fino a sei settimane per portare un Paese sull'orlo della crisi", facendo

---

[90] https://en.wikipedia.org/wiki/1983_Greyhound_Bus_Lines_strike_in_Seattle

riferimento a ciò che stava accadendo in America Centrale in quel periodo (cioè le manovre dei culti in quella regione). Ciò potrebbe comportare un "violento cambiamento della struttura di potere e dell'economia" (ad esempio un colpo di stato militare o un'invasione).

Nella fase di crisi, gli effetti cumulativi delle fasi di demoralizzazione e destabilizzazione arrivano al culmine. La società collassa. I gruppi artificiali e burocratici creati all'inizio del processo - pieni di membri del culto - possono ora iniziare a rivendicare il potere, usando la forza se necessario: "Nel caso delle nazioni in via di sviluppo... il processo inizia quando i legittimi organi di potere, la struttura sociale, collassano... non possono più funzionare. Così, invece, abbiamo organismi artificiali iniettati nella società, come comitati non eletti (ad esempio comitati "rivoluzionari", gruppi di lavoratori sociali o governativi, ONG/non profit, organizzazioni dei media, ecc.

A causa del caos, la popolazione in generale potrebbe cercare un salvatore a questo punto. Si può chiedere un governo "più forte" o più autoritario, forse anche un "governo socialista" centralizzato. Questo "salvatore" può assumere la forma di un gruppo marxista interno e locale che prende il controllo, oppure l'invasione del Paese da parte di una forza marxista esterna. Yuri ha detto che questo si traduce in due cose: guerra civile o invasione.

Lo scenario della guerra civile prevede fondamentalmente che il culto lotti per il potere contro gruppi opposti. I non marxisti impediranno al culto di prendere il potere, oppure no. Se non esiste un gruppo marxista interno in grado di farlo, allora la forza arriverà dall'esterno. Yuri ha usato il Libano come esempio di scenario di guerra civile, che "è stata impiantata artificialmente in Libano dall'iniezione di forza dell'OLP".

Per quanto riguarda le invasioni, ha citato le operazioni sovietiche in Afghanistan e le varie occasioni in cui hanno invaso i Paesi dell'Europa orientale. (L'OLP (*Organizzazione per la Liberazione della Palestina*), sostenuta da Mosca, è stata attiva in Libano dalla fine degli anni '60 all'inizio degli anni '80). [91] Cercare di invertire l'intero processo di sovversione ideologica in questa fase è possibile solo con un forte sostegno a livello nazionale, impedendo la guerra civile/invasione e prevenendo l'ascesa del "governo forte". Qualsiasi strada prenda la crisi - guerra civile o invasione - porta alla fase successiva: La normalizzazione.

Fase 4: Normalizzazione

La quarta fase è la "normalizzazione", che secondo Yuri può durare indefinitamente. Il termine "normalizzazione" è un altro modo per dire "sotto controllo marxista". Yuri ha spiegato che si tratta di un termine ironico, usato

---

[91] Brand, W.E., «La Russia sovietica, il creatore dell'OLP e il popolo palestinese».

https://www.readcube.com/articles/10.2139/ssrn.2387087

dai sovietici dopo l'invasione della Cecoslovacchia nel 1968, quando il premier sovietico Leonid Brezhnev (1906-1982) disse che la situazione era "normalizzata".

Questa fase di "normalizzazione" è essenzialmente l'opposto della seconda fase ("destabilizzazione"), perché "i governanti autoproclamati della società non hanno più bisogno di rivoluzioni (e) radicalismi". Ora vogliono la stabilità, la calma. Tutto e tutti coloro che non sono in linea con questo obiettivo vengono abbattuti ed eliminati con estremo pregiudizio. Si tratta essenzialmente di "stabilizzare il Paese, con la forza".

In pratica questo significa che "tutti gli attivisti "dormienti", gli assistenti sociali, i liberali, gli omosessuali, i professori, i marxisti e i leninisti... vengono eliminati, a volte anche fisicamente. Hanno già fatto il loro lavoro, non sono più necessari. I nuovi governanti hanno bisogno di stabilità per sfruttare la nazione, per sfruttare il Paese, per approfittare della vittoria".[85] Ancora una volta, l'ideologia prende il sopravvento in ondate sempre più estreme, spazzando via le precedenti. È a questo punto che tutti i membri del culto marxista traditore - che hanno contribuito a destabilizzare o a sovvertire la propria patria - ricevono la meritata sorpresa della loro vita.

Soluzioni per le diverse fasi

In questa fase molto avanzata e critica dell'intero processo, quando una nazione è a questo punto (normalizzazione), solo la forza militare dall'esterno (da parte di una forza non marxista) può invertire la rotta. L'invasione statunitense di Grenada nel 1983 ne è stato un esempio (allora recente): "Per invertire questo processo ci vuole uno sforzo enorme: oggi gli Stati Uniti hanno dovuto invadere Grenada per invertire il processo di sovversione". Anche se molti negli Stati Uniti avrebbero obiettato, Yuri sosteneva che gli Stati Uniti avrebbero dovuto intervenire prima nell'intero processo, durante la prima fase di "demoralizzazione" (invece di aspettare fino alla "normalizzazione").

Le obiezioni 'PC' degli 'amanti della pace' e dei membri delle sette negli Stati Uniti si sarebbero opposte: "Perché non impedire a Maurice Bishop di salire al potere?... Perché non fermare il processo prima che arrivi alla crisi? Oh no, gli intellettuali non ve lo permetteranno: è un'interferenza negli affari interni. Sono molto attenti a non lasciare che l'amministrazione americana interferisca negli affari interni dei Paesi latinoamericani; non si preoccupano che l'Unione Sovietica interferisca nei suoi affari". Infatti. Due pesi e due misure di parte! Per anni ci è stato detto (in parti infette del mondo) che solo l'America fa cose del genere perché è una potenza orribile e imperialista. Con il senno di poi, possiamo vedere che l'America avrebbe fatto bene a impedire la nascita di un altro Paese infetto dai comunisti vicino ai suoi confini. Assolutamente giusto! Naturalmente, una volta che gli Stati Uniti hanno aspettato fino all'ultimo per invadere, hanno scoperto che Grenada era una base militare per i sovietici.

Per ribadire il punto di Yuri: nella fase di "normalizzazione" "ci vuole solo e sempre la forza militare. Nessun'altra forza sulla Terra può invertire questo processo a questo punto".[85] Questo riflette la gravità della situazione: quando un Paese è sotto il controllo del culto marxista, è una minaccia pericolosa per qualsiasi Paese non ancora completamente infettato.

Yuri ha spiegato che nella fase di "crisi" "non ci vuole l'invasione militare dell'esercito degli Stati Uniti (nota: o di qualsiasi altra forza liberatrice non marxista), ci vuole un'azione forte come in Cile: un coinvolgimento segreto della CIA per impedire che il "salvatore" dall'esterno salga al potere e stabilizzare il Paese prima che esploda in una guerra civile... Sostenere le forze conservatrici di destra con il denaro, con i truffatori o con l'amore, non importa. Stabilizzate il Paese, non lasciate che la crisi si trasformi in guerra civile o invasione". Ha anche sottolineato che, come prevedibile, ci sarebbe stato un tumulto "politicamente corretto" (marxista) da parte di alcuni americani, che avrebbero detto che gli interventi precoci sono illegali, eccetera; ma l'alternativa a questi interventi precoci sarebbe stata quella di aspettare che le cose peggiorassero molto, il che è sbagliato, indipendentemente da ciò che dice la legge. (Il riferimento è all'*operazione Condor* in Cile e ad Augusto Pinochet. Condor fu un'operazione giusta e giustificabile contro il comunismo sostenuta dalla CIA e coinvolse la collaborazione tra diversi governi di destra sudamericani).

Ecco un punto molto utile per la nostra situazione attuale: come potremmo fermare il processo in una fase ancora più precoce? Sopprimendo i "rivoluzionari". Nella fase di destabilizzazione, ha detto Yuri, non c'è bisogno di operazioni segrete o invasioni militari: "Sapete cosa serve qui? La restrizione di alcune libertà per piccoli gruppi che si autodichiarano nemici della società. È così semplice".[85] Che grande idea! Anche in questo caso si scatenerebbe un putiferio isterico e irrazionale, con il richiamo alla Costituzione del Paese e ai diritti civili di questi traditori/membri di una setta/criminali. Da un punto di vista razionale, se una persona sta attivamente distruggendo la propria civiltà (perché è giovane/stupida/indottrinata), rinuncia ai propri diritti di libertà nella società! Come minimo, queste persone dovrebbero essere monitorate e considerate come potenziali criminali. Abbiamo questo atteggiamento nei confronti dei criminali, quindi dovrebbe essere applicato anche ai membri delle sette attiviste marxiste.

La nostra massima dovrebbe essere: se fai parte di un movimento di culto distruttivo e anti-umano, allora sventoli i tuoi diritti umani. Ancora una volta, lo spettro marxiano dell'"uguaglianza" entra in gioco in modo problematico. Agli occhi di alcuni, questi finti rivoluzionari marxisti distruttori di civiltà dovrebbero avere gli stessi diritti dei cittadini normali, quotidiani, non indottrinati e rispettosi della legge. Che sciocchezza! Un fatale errore di valutazione.

Yuri continua: "Ok, se permettete ai criminali di avere diritti civili, andate avanti... e portate il Paese alla crisi. Questo è un modo incruento per farlo.

Limitare i diritti. Non intendo dire di metterli in prigione... Non sto parlando di mettere tutti i gay di San Francisco in un campo di concentramento... Non permettete loro di prendere forza politica! Non eleggeteli ai posti di potere... Bisogna che gli elettori americani si ficchino in testa che una persona del genere, nei posti di potere, è un nemico".

Nella fase iniziale del processo, per prevenire la demoralizzazione, Yuri raccomandava di non far entrare nel Paese alcuna propaganda straniera o tossica: "Se a quel punto la società è abbastanza forte, coraggiosa e coscienziosa da fermare l'importazione di idee che sono straniere, allora l'intera catena di eventi potrebbe essere impedita... Il processo di demoralizzazione potrebbe essere fermato proprio qui... sia come esportazione che come importazione". In altre parole, come affermato all'inizio "No al marxismo. Nessuna eccezione". È interessante notare come Cina e Corea del Nord controllino rigorosamente che qualsiasi ideologia o media stranieri raggiungano - e potenzialmente influenzino - le loro popolazioni, mentre esportano attivamente l'ideologia (la prima in particolare).

Siamo tutti in uno stato di guerra

Nell'intervista del 1984 con G. Edward Griffin, Yuri fece un'affermazione che dovrebbe essere più facile da capire oggi che allora (sottolineatura per enfasi): "La maggior parte dei politici, dei media e del sistema educativo americano forma un'altra generazione di persone che pensano di vivere in tempo di pace. Falso. Gli Stati Uniti sono in stato di guerra, una guerra totale non dichiarata contro i principi fondamentali e le fondamenta di questo sistema (l'ideologia/culto marxista)". (Naturalmente, questo vale per la civiltà in generale, o ovunque sia infettata da questa ideologia, non solo per gli Stati Uniti). Questo sistema è "per quanto ridicolo possa sembrare il "Sistema Comunista Mondiale" o la "Cospirazione Comunista Mondiale". Che io spaventi o meno alcune persone, non me ne frega niente, se non siete ancora spaventati, niente potrà spaventarvi".[84]

Parlando dell'imminente destino verso cui gli Stati Uniti (e di fatto il resto del mondo) si stavano avviando, ha detto: "Avete letteralmente diversi anni da vivere... a meno che gli Stati Uniti non si sveglino... la bomba a orologeria sta ticchettando, ogni secondo che passa il disastro si avvicina sempre di più... a differenza di me, non avrete nessun posto dove disertare... Questo è tutto - questo è l'ultimo Paese di libertà e possibilità".

Quando il signor Griffin gli ha chiesto cosa dovrebbe fare il popolo americano in merito a tutto questo, ha risposto che ci sono alcune soluzioni: in primo luogo, educare, su scala nazionale, nello "spirito del vero patriottismo", e in secondo luogo, informare dei pericoli del governo marxista; aggiungendo: "Se la gente non riuscirà a cogliere il pericolo imminente... nulla potrà mai aiutare gli Stati Uniti". E ha aggiunto: "Quindi... educatevi... capite cosa sta succedendo intorno a voi, non state vivendo in un momento di pace... siete in uno stato di guerra e avete poco tempo prezioso per salvarvi....Come ho detto, ora sono sulla vostra barca, se affondiamo insieme, affonderemo splendidamente insieme. Non c'è altro posto su questo pianeta dove disertare". Tic tac, tic tac...

Saul Alinsky

> "L'inferno sarebbe il paradiso per me. Per tutta la vita sono stato con i poveri. Qui, se non hai nulla, ti manca la grana. All'inferno, se sei un povero, ti manca la virtù. Quando sarò all'inferno, inizierò a organizzare i poveri laggiù".[92]

Saul Alinsky, intervista alla rivista Playboy, 1972

Un altro personaggio degno di nota è Saul Alinsky, un importante marxista attivo negli Stati Uniti. Anche se stiamo andando a ritroso cronologicamente (poiché Alinsky è morto nel 1972, subito dopo l'arrivo di Yuri negli Stati Uniti), è opportuno collocarlo dopo la sezione Besmenov. Questo perché Alinsky era il membro del culto sovversivo che operava sul campo, attuando i cambiamenti di cui parlava Yuri durante il processo di Sovversione ideologica. In effetti, non riesco a pensare a una persona migliore (o più infame) da presentare quando si esamina l'applicazione delle tattiche marxiste, in particolare tra le minoranze "oppresse" o i gruppi di "proletari".

Era noto soprattutto per essere un "organizzatore di comunità" o, se preferite, un "agitatore" (marxista). Le tattiche da lui sviluppate hanno ispirato generazioni di membri di culto, tra cui il *Movimento Occupy* del 2011/12 e l'*Extinction Rebellion* che ha generato nel 2018, *Black Lives Matter*, *Insulate Britain*, *Just Stop Oil* e molti altri.

Chi era Saul Alinsky?

Saul David Alinsky è nato il 30 gennaio 1909 a Chicago, nell'Illinois, ed è stato attivo dagli anni Trenta agli anni Sessanta. Frequentò l'Università di Chicago dove studiò sociologia e criminologia, sotto la guida di Robert Park ed Ernest Burgess. Trascorse anche del tempo in compagnia della mafia di Al Capone, in particolare con uno degli "esecutori" di Capone, Frank Nitti. A un certo punto Alinsky fu un raccoglitore di fondi per le *Brigate Internazionali* controllate dal Comintern, *la* forza marxista di volontari internazionali che combatté contro le forze nazionaliste di Francisco Franco nella guerra civile spagnola (1936-1939).[93]

Alinsky è stato descritto come un "attivista" ed era noto soprattutto per essere un "organizzatore di comunità", che lavorava con vari gruppi di minoranze

---

[92] Norden, E., «Saul Alinsky: Intervista a Playboy (1972)», 1 maggio 2018.

https://scrapsfromtheloft.com/comedy/saul-alinsky-playboy-interview-1972/

[93] https://www.britannica.com/biography/Saul-Alinsky

etniche, tra cui le comunità nere e messicane, rispettivamente a Rochester, New York e in California. Riteneva che il suo ruolo fosse quello di "organizzare i poveri" (che bravo ragazzo). Partecipò alla creazione di gruppi come il *Back of the Yards Council* nel 1939; di una rete nazionale di gruppi comunitari chiamata *Industrial Areas Foundation* (IAF) nel 1940; e di un insieme di gruppi chiamato *The Woodlawn Organisation* (TWO), che si mise in luce negli anni Sessanta.

Questi gruppi, in generale, avevano lo scopo di attrarre, "radicalizzare"/manipolare e mobilitare i residenti a basso reddito e dei centri urbani (i TWO, ad esempio, si rivolgevano alle comunità nere dei centri urbani). Fu anche coinvolto in un'organizzazione chiamata F.I.G.H.T. a Rochester, New York. Alinsky si faceva pagare per i suoi "servizi", per venire ad "aiutare" le comunità, e si comportava come se fosse stato invitato dalla "gente".[93]

Il particolare metodo di Alinsky per spingere l'ideologia, sfruttando questi gruppi "oppressi", ha portato all'indottrinamento di coloro che normalmente non lo sarebbero diventati, assicurando che il maggior numero possibile di persone venisse catturato nella grande rete rossa del lavaggio del cervello. Questo metodo di targeting della comunità era di grande utilità strategica per il culto/ideologia: estendeva la sua influenza a certe aree che prima erano irraggiungibili con il sistema educativo, in particolare a livello universitario. Dalle stesse parole di Alinksy in *Rules for Radicals* (1971) si evince chiaramente che i manifestanti non bianchi da lui "incoraggiati" venivano indottrinati attraverso l'attivismo da lui sostenuto. Ergo, "lamentatevi e riceverete". Un'altra sua opera (simile) degna di nota fu *Reveille for Radicals* (1946).

Alinsky è morto in California nel 1972, ma la sua eredità è rimasta viva, ispirando personaggi come Barrack Obama e Hillary Clinton. Obama, noto socialista, è stato un protetto del movimento di Alinsky a Chicago, dove ha svolto un simile "lavoro di comunità" prima di fare carriera. Ammiratrice di Alinksy, la Clinton ha fatto una tesi sulle Regole per i Radicali quando era al college (a quanto pare, non voleva che la tesi diventasse nota durante la campagna presidenziale di Bill Clinton). Era una sua grande ammiratrice e ha avuto diverse corrispondenze con lui.[94]

Quello che era

Quest'uomo era un serpente marxista facilmente identificabile e un maestro della manipolazione. Avrebbe dovuto essere ovvio che non aveva un vero osso empatico/simpatico in corpo, in particolare quando si trattava del benessere di coloro che non avevano nulla in comune con lui (cioè neri, messicani, cattolici irlandesi, ecc.). È più probabile che si preoccupasse davvero di questi "oppressi" (che per lui erano totalmente estranei)? O che avesse un'agenda e stesse

---

[94] https://www.lincolninstitute.org/hillary-clinton-saul-alinsky-and-lucifer/

fingendo preoccupazione, per poi fare il virtuoso, eccetera? Le sue interviste sono rivelatrici, ma le sue azioni e i suoi scritti lo rivelano per quello che era.

Ha scritto Regole per i radicali nel 1971, non molto tempo dopo l'era del maccartismo, a cui fa riferimento all'inizio del libro. Per questo motivo, tra l'altro, non si definisce apertamente "marxista" o "comunista"; faceva parte dell'ondata "non chiamarti comunista". Nel libro scrive: "Ora sono l'avanguardia, e hanno dovuto cominciare quasi da zero. Pochi di noi sono sopravvissuti all'olocausto di Joe McCarthy dei primi anni Cinquanta, e tra quelli che sono sopravvissuti ce n'erano ancora meno la cui comprensione e le cui intuizioni si erano sviluppate oltre il materialismo dialettico del marxismo ortodosso. I miei compagni radicali (nota: non si definisce marxista!) che avrebbero dovuto trasmettere la fiaccola dell'esperienza e delle intuizioni a una nuova generazione non c'erano".[95] Chiaramente, nonostante la spinta anti-culto di McCarthy e altri, i membri delle sette come Alinsky rimasero sfiduciati.

In un discorso tenuto al Kirby Centre dell'*Hillsdale College*, a Washington D.C., nel luglio 2010, David Horowitz ha parlato dell'atteggiamento di Alinksy nei confronti della Nuova Sinistra degli anni Sessanta: "(Alinsky) era critico nei confronti della Nuova Sinistra. Io facevo parte della Nuova Sinistra... Avevamo una grazia che ci riscattava: dicevamo di cosa ci occupavamo. "Vogliamo la rivoluzione e la vogliamo ora! Vogliamo che l'America perda in Vietnam", dicevamo queste cose. Alinsky pensava che fossimo pazzi a dirlo... (diceva) "Quello che fate quando dite queste cose è telegrafare alla gente quello che farete... e loro capiranno che siete una minaccia e questo è male".[96]

Ipso facto, Alinsky si considerava una minaccia, per di più sovversiva. Era semplicemente un agente nascosto in bella vista. Per coloro che indossavano i loro occhiali anti-marxisti, sarebbe stato facile individuarlo; per gli altri, era un benevolo aiutante dei poveri, ecc.

Regole per i radicali

Nel 1971, Alinsky diffuse nel mondo il suo libro malvagio Rules for Radicals: A Pragmatic Primer for Realistic Radicals. *Il* libro ci dà una grande visione di ciò che era: psicotico, manipolatore e moralmente degenerato. È facile capire come questo libro abbia contribuito alla psicosi fanatica mostrata oggi dai membri delle sette. Era fondamentalmente un manuale di istruzioni per loro, che avrebbe potuto intitolarsi "Come essere un attivista e sovvertitore marxista". "Radicale" era ovviamente una buona scelta, piuttosto che marxista (e in più sarebbe stato interessante per chiunque avesse tendenze hippie). Secondo l'autore texano Richard Pennington, questo libro era una lettura

---

[95] Alinsky, S., *Regole per i radicali* (1971) (xiii, prologo).

[96] «David Horowitz: What Conservatives Should Know About Saul Alinsky», Centro Kirby, Hillsdale College, 2010. https://www.YouTube.com/watch?v=GxHrbGPIQ-o

obbligatoria all'Università del Texas nel 1972, nel corso di "Introduzione al comportamento politico". [97] David Horowitz ha menzionato nella stessa conferenza (di cui sopra) che il libro aveva una presenza notevole nelle molte università che frequentava.

Ecco l'elenco dei contenuti per capitolo: "Lo scopo; Mezzi e fini; Una parola sulle parole; L'educazione di un organizzatore; La comunicazione; All'inizio; La tattica; La genesi della delega tattica; La strada da percorrere". Sono sicuro che questi argomenti avranno una certa risonanza e susciteranno alcune curiosità nel lettore (e notate gli ovvi riferimenti alla Bibbia).

Nel capitolo "Dei mezzi e dei fini", Alinksy dedica una sezione a convincere il lettore che non deve preoccuparsi delle conseguenze delle sue azioni, se crede che i suoi obiettivi siano nobili (cioè gli obiettivi marxisti). Ovviamente, se stanno leggendo il suo libro, probabilmente credono già che i loro obiettivi siano nobili. Quindi, leggendo tra le righe, Alinsky sta dicendo loro "non preoccupatevi, fate quello che volete, perché avete ragione. Ignorate quegli sciocchi critici che vi dicono che siete immorali/non etici". Questo atteggiamento non è forse evidente nei membri delle sette di oggi? A pagina 126, Alinsky elenca le sue regole:

1 "Il potere non è solo quello che hai, ma anche quello che il nemico pensa che tu abbia".

2 "Non uscire mai dall'esperienza del tuo popolo".

3 "Quando è possibile, uscire dall'esperienza del nemico".

4 "Fare in modo che il nemico sia all'altezza del proprio libro delle regole".

5 "Il ridicolo è l'arma più potente dell'uomo. È quasi impossibile contrattaccare il ridicolo. Inoltre fa infuriare l'avversario, che reagisce a suo vantaggio".

6 "Una buona tattica è quella che piace alla tua gente".

7 "Una tattica che si trascina troppo a lungo diventa un freno".

8 "Mantenere la pressione".

9 "La minaccia è di solito più terrificante della cosa stessa".

10 "La premessa principale della tattica è lo sviluppo di operazioni che mantengano una pressione costante sull'avversario".

---

[97] Pennington, R., «Le «Regole per i radicali» di Saul Alinsky - lettura obbligatoria alla UT nel 1972», 5 aprile 2019.

https://richardpennington.com/2019/04/saul-alinskys-rules-for-radicals-required-reading-at-ut-in-1972/

11 "Se si spinge un negativo con sufficiente forza e profondità, esso si infrangerà nella sua controparte; ciò si basa sul principio che ogni positivo ha il suo negativo".

12 "La dodicesima regola: Il prezzo di un attacco riuscito è un'alternativa costruttiva.

13 "Scegliere l'obiettivo, congelarlo, personalizzarlo e polarizzarlo".[98]

La prima regola riassume bene la setta: "fingi finché non ce la fai". In pratica, fanno molto rumore e si comportano in grande, per intimidire i potenziali oppositori, generando fiducia nell'organizzazione, ecc. Questo ricorda il modo in cui i giovani gatti giocano a fare la lotta: a volte corrono verso di te di lato, per sembrare più grandi di quanto siano in realtà. Questo è fondamentale per far capire alla parte di civiltà non indottrinata che siamo facilmente più numerosi di loro e che il culto non è così grande come sembra, quindi non c'è nulla di cui aver paura!

La quinta regola riassume il loro comportamento nel discorso pubblico quando hanno a che fare con i loro nemici, in particolare online. Un'altra manifestazione è rappresentata dai membri della setta che si impegnano nei media nell'assassinio dei personaggi. La regola otto è il tentativo di distruggere mentalmente i loro obiettivi. La regola nove è una tattica di guerra psicologica, esemplificata dal fatto che i membri della setta minacciano costantemente gli avversari, ma nella maggior parte dei casi non fanno nulla di fisico. La regola tredici è più o meno la stessa, e cerca di isolare e calunniare gli avversari.

Formulazione subdola e furbesca

Uno dei modi più semplici per capire che Alinsky era solo un marxista sotto la maschera è rappresentato dai termini che usava. Descriveva i poveri, la classe media e i ricchi come "chi non ha", "chi ha poco, vuole di più" e "chi ha" (rispettivamente). Quando diceva "haves" intendeva i ricchi/borghesi (oppressori); quando diceva "have nots" intendeva la classe "oppressa" o proletaria. Un tentativo bieco, e chiaramente efficace, di rivitalizzare il principio oppressore contro oppresso. Patetico.

C'è una piccola sezione intitolata "Distinzioni di classe: La Trinità": "Lo scenario del dramma del cambiamento non è mai variato. L'umanità è stata ed è divisa in tre parti: chi ha, chi non ha e chi ha poco, chi vuole di più".[99] L'uso della parola "Trinità" è solo una delle tante frecciate di parte al cristianesimo contenute nel libro, tipiche di un ebreo marxista come Alinsky.

Naturalmente, evocando il potere della suggestione, gli "have nots" sono rappresentati come i potenziali rivoluzionari oppressi, con la bava alla bocca

---

[98] Alinsky, S. *Rules for Radicals* (1971), pag. 126.

[99] Ibid. P. 32.

per la rivoluzione (marxista): "Sul fondo ci sono gli Have-Not del mondo. Sulla scena mondiale sono di gran lunga i più numerosi. Sono incatenati dalla miseria comune della povertà, delle case marce, delle malattie, dell'ignoranza, dell'impotenza politica e della disperazione; quando sono occupati, i loro lavori sono quelli che pagano di meno e sono privati in tutti i settori fondamentali per la crescita umana. Ingabbiati dal colore, fisico o politico, non hanno la possibilità di rappresentarsi nella politica della vita. Chi ha vuole mantenere, chi non ha vuole ottenere. Una volta iniziata la febbre, la fiamma la seguirà. Non possono andare da nessuna parte se non in alto". Si noti l'uso di "incatenati". L'ultima frase è divertente: è un cenno semi-critico a quanto scritto nel Manifesto Comunista "Proletari di tutti i Paesi unitevi! Non avete nulla da perdere se non le vostre catene!".[100]

Destinatari: i giovani

Ha scritto in un modo che assecondava i giovani ingenui e alimentava il loro ego, fingendo rispetto e usando un linguaggio e sentimenti virtuosi: "Saluto la generazione attuale. Tenetevi stretta una delle parti più preziose della vostra giovinezza, la risata, non perdetela come molti di voi sembrano aver fatto, ne avete bisogno. Insieme potremmo trovare un po' di quello che stiamo cercando: risate, bellezza, amore e la possibilità di creare".[101] Ha scritto per i "radicali di oggi" (nel 1971), dicendo: "Spero che queste pagine contribuiscano all'educazione dei radicali di oggi e alla conversione di passioni calde, emotive e impulsive, impotenti e frustranti, in azioni calcolate, mirate ed efficaci".[102]

Ha incoraggiato il comportamento irrispettoso che vediamo in molti giovani di oggi nei confronti delle generazioni più anziane. Sul divario generazionale e su come le generazioni più anziane potrebbero affrontare le tendenze rivoluzionarie dei giovani: "Incapaci di affrontare il mondo così com'è, si ritirano in qualsiasi confronto con la generazione più giovane con quell'esasperante cliché: "quando sarai più vecchio capirai". Ci si chiede quale sarebbe la loro reazione se qualche giovane rispondesse: "Quando sarai più giovane, cosa che non avverrà mai, capirai, quindi ovviamente non capirai mai".[103] Che manipolazione: è altamente distruttivo per un giovane leggere che la frase "quando sarai più grande capirai" sia in qualche modo negativa, perché spesso questa frase è esattamente ciò che hanno bisogno di sentire; può infondere un po' di umiltà, impedendo al loro ego di gonfiarsi (e di pensare di sapere cosa è meglio per l'umanità, quindi di diventare attivisti ecc.)

---

[100] Ibid. P. 33.

[101] Ibid. P. 18.

[102] Ibid. P. 21.

[103] Ibid. P. 9.

Una rivoluzione permanente

Alinsky ha abilmente illustrato al lettore la sua interpretazione della "rivoluzione permanente": "Se pensiamo alla lotta come alla scalata di una montagna, allora dobbiamo visualizzare una montagna senza cima... E così va avanti, interminabilmente... Semplicemente, questa è la natura stessa della vita: è una scalata e la risoluzione di ogni problema crea a sua volta altri problemi, che nascono da problemi che oggi sono inimmaginabili. La ricerca della felicità non ha fine; la felicità sta nel perseguirla". E: "La storia è una staffetta di rivoluzioni; la fiaccola dell'idealismo viene portata dal gruppo rivoluzionario fino a quando questo gruppo diventa un'istituzione, e poi silenziosamente la fiaccola viene posata per aspettare che un nuovo gruppo rivoluzionario la raccolga per la tappa successiva della corsa. Così il ciclo rivoluzionario continua".[104] Stava facendo il lavaggio del cervello ai giovani e agli ingenui che leggevano questo testo, affinché creassero una "rivoluzione" permanente per tutta la vita, diventando così degli odiosi problemi che il resto di noi deve risolvere.

Formazione di agitatori marxisti

Ha fatto riferimento alla formazione di attivisti marxisti: "La costruzione di molte organizzazioni di potere di massa da fondere in una forza di potere popolare nazionale (nota: movimento comunista) non può avvenire senza molti organizzatori. Poiché le organizzazioni sono create, in gran parte, dall'organizzatore, dobbiamo scoprire cosa crea l'organizzatore. Questo è stato il problema principale dei miei anni di esperienza organizzativa: la ricerca di potenziali organizzatori e la loro formazione. Negli ultimi due anni ho avuto una scuola di formazione speciale per organizzatori con un programma a tempo pieno di quindici mesi".[105]

Su come l'agitatore marxista dovrebbe comunicare e mescolarsi alle comunità di riferimento: "Impara le leggende locali, gli aneddoti, i valori, i modi di dire. Ascolta le chiacchiere. Si astiene dalla retorica estranea alla cultura locale: sa che parole logore come "razzista bianco", "porco fascista" e "figlio di puttana" sono state talmente sputate in giro che il loro uso rientra ormai nell'esperienza negativa della popolazione locale, servendo solo a identificare l'interlocutore come "uno di quei matti" e a spegnere ogni ulteriore comunicazione".[106] Questa è roba da marxisti subdoli e sovversivi, che nascondono la loro natura comunista ai membri delle comunità mentre li manipolano.

Perché il culto deve avere molti temi/sub-agende

---

[104] Ibid. P. 35.

[105] Ibid. P. 73.

[106] Ibid. P. 80.

Ha sottolineato come sia fondamentale per la setta impegnarsi su più temi contemporaneamente, in modo che ci sia sempre qualcosa in ballo: "Non solo un'organizzazione con un solo o addirittura un doppio tema vi condanna a essere una piccola organizzazione, ma è assiomatico che un'organizzazione con un solo tema non durerà. Un'organizzazione ha bisogno di azione come un individuo ha bisogno di ossigeno. Con solo uno o due temi ci sarà sicuramente un'interruzione dell'azione e poi la morte. Più temi significano azione costante e vita".[107] Allora la setta è come uno squalo: deve continuare a nuotare per ottenere l'ossigeno. Immaginate uno squalo rosso comunista che fa una nuotata rivoluzionaria permanente.

Questa logica può essere applicata al movimento marxista nel suo complesso, a livello globale. È questo un altro motivo per cui hanno così tanti temi diversi ("sotto-agende") e li sostengono, in modo da mantenersi attivi? Certamente, avere così tante sotto-agenzie significa che la grande rete rossa può essere gettata bella larga, attirando molti aderenti.

Il fatto che ci siano molti tipi diversi di temi/sotto-temi per soddisfare tutti i gusti (come elencato altrove) lo garantisce: "C'è un modo per mantenere l'azione e per evitare che diventi una noia, ma questo significa tagliare costantemente nuovi numeri mentre l'azione continua, in modo che quando l'entusiasmo e le emozioni per un numero hanno iniziato a scemare, un nuovo numero è entrato in scena con un conseguente rilancio. Con l'introduzione costante di nuovi temi, si andrà avanti all'infinito. Mantenendo l'energia rivoluzionaria".[108] Una rivoluzione senza fine, eh? Che bello!

Mostrando la mentalità marxista da maniaco del controllo

Un altro esempio dell'ossessione marxiana per la "rivoluzione": "Uno dei grandi problemi all'inizio di un'organizzazione è, spesso, che il popolo non sa cosa vuole. La scoperta di ciò suscita nell'organizzatore quel dubbio interiore condiviso da molti, ovvero che le masse di persone siano competenti a prendere decisioni per una società democratica. È la schizofrenia di una società libera: all'esterno si esprime fiducia nel popolo, ma all'interno si nutrono forti dubbi sul fatto che ci si possa fidare del popolo. Queste riserve possono distruggere l'efficacia dell'organizzatore più creativo e talentuoso".[109] Beh, se avessero davvero bisogno di qualcosa, lo saprebbero già! Questa è la logica marxista: "non sanno cosa vogliono, ma vogliono una rivoluzione marxista di qualche tipo... perché sono il proletariato, quindi devono farlo!". La solita linea di pensiero "il proletariato non sa cosa è bene per lui, quindi deve essere spinto verso la rivoluzione".

---

[107] Ibid. P. 86.

[108] Ibid. P. 163.

[109] Ibid. P. 111.

Essere aggressivi per farsi ascoltare

Ha insistito sull'idea di essere aggressivo e di minacciare le persone, altrimenti non ti ascolteranno: "Non si comunica con nessuno solo sulla base dei fatti razionali o dell'etica di una questione...". È solo quando l'altra parte è preoccupata o si sente minacciata che ascolterà - nell'arena dell'azione, una minaccia o una crisi diventano quasi una precondizione alla comunicazione". In breve: prestatemi attenzione o vi farò del male. La combinazione di elementi come questi con il fattore "guastafeste" spiega la potenza del fanatismo della setta. La regola numero nove è: "La minaccia è di solito più terrificante della cosa stessa".[110]

Generare malcontento nel proletariato

L'agitatore marxista deve trovare cose di cui la comunità possa lamentarsi: "L'organizzatore che si dedica a cambiare la vita di una particolare comunità deve innanzitutto sfregare i risentimenti della gente della comunità; soffocare le ostilità latenti di molte persone fino a farle esprimere apertamente. Deve cercare le controversie e i problemi, piuttosto che evitarli, perché se non ci sono controversie la gente non è abbastanza preoccupata da agire". È interessante notare che ciò corrisponde al modus operandi della setta, che consiste nel generare problemi, creare tensioni e fomentare l'ostilità. Cercheranno letteralmente e ingigantiranno le cose per far proliferare l'ideologia. Ovviamente, l'incoraggiamento della mentalità "oppressa" è centrale in tutto questo.[111]

Aggiunge: "Un organizzatore deve fomentare l'insoddisfazione e il malcontento; fornire un canale in cui la gente possa riversare con rabbia le proprie frustrazioni. Deve creare un meccanismo in grado di scaricare il senso di colpa per aver accettato la situazione precedente per così tanto tempo. Da questo meccanismo nasce una nuova organizzazione comunitaria. Il lavoro consiste quindi nel far sì che le persone si muovano, agiscano, partecipino; in breve, sviluppino e sfruttino il potere necessario per entrare effettivamente in conflitto con gli schemi prevalenti e cambiarli (nota: alias "rivoluzione"). Quando coloro che sono in posizione dominante nello status quo si rivolgono a voi e vi etichettano come "agitatori", hanno perfettamente ragione, perché questa è, in una parola, la vostra funzione: agitare fino al conflitto".[112]

Il culto che agisce in grande

Sulla tattica dei gruppi marxisti di presentarsi come grandi e intimidatori: "Per un'illustrazione elementare della tattica, prendete come punto di riferimento

---

[110] Ibid. P. 97.

[111] Ibid. P. 121.

[112] Ibid. P. 122.

alcune parti del vostro viso: gli occhi, le orecchie e il naso. Prima gli occhi: se avete organizzato una vasta organizzazione popolare di massa, potete farla sfilare visibilmente davanti al nemico e mostrare apertamente il vostro potere. Secondo, le orecchie; se la vostra organizzazione è numericamente piccola, fate come Gedeone: nascondete i membri nell'oscurità, ma suscitate un frastuono e un clamore che faccia credere a chi vi ascolta che la vostra organizzazione è molto più numerosa di quanto non sia. Terzo, il naso; se la vostra organizzazione è troppo piccola anche per il rumore, puzzate il posto".[113]

Come già detto altrove, la tradizione della setta di protestare regolarmente in pubblico dà l'impressione visiva di essere più potente e numerosa di quanto non sia in realtà. Purtroppo, in molti casi, anche questo è sufficiente a intimidire le persone medie e comuni non indottrinate a non sfidare e sopraffare il culto pubblicamente.

Una grande protesta anti-immigrazione a Dublino, lunedì 5 febbraio 2024, ne è stata un esempio. Come di consueto, i membri della setta in Irlanda hanno inscenato una "contro-protesta" ("anti-razzismo", ecc.) fuori dal General Post Office di O'Connell street. Migliaia di manifestanti si sono presentati per la parte patriottica. Il gruppo di manifestanti patriottici ha superato di gran lunga il gruppo di culto. Lo YouTuber irlandese Keith Woods ha trasmesso in diretta streaming l'evento, mostrandolo chiaramente.[114]

Riferimenti biblici o occulti

È interessante notare che nel libro ci sono molti riferimenti biblici o occulti. Infatti, nelle prime pagine, c'è una dedica a Lucifero: "Per non dimenticare almeno un riconoscimento sopra le spalle al primo radicale: da tutte le nostre leggende, mitologia e storia (e chi può sapere dove finisce la mitologia e inizia la storia, o quale sia), il primo radicale conosciuto dall'uomo che si è ribellato all'establishment e lo ha fatto in modo così efficace da conquistare almeno il suo regno: Lucifero".[115]

Il culto/ideologia non solo si ispira a questa famosa/infame entità, ma la rappresenta. E cosa rappresenta Lucifero/Satana? Rappresenta la sfida/opposizione al "piano di Dio" (cioè alla natura/all'ordine naturale delle cose), cosa che il culto/ideologia è certamente. Il "regno" di Satana non è un inferno immateriale nell'aldilà, ma la Terra stessa se il male (ad esempio il

---

[113] Ibid. P. 131.

[114] Keith Woods, «Giornata nazionale di protesta - L'Irlanda appartiene agli irlandesi», 5 febbraio 2024.

https://www.YouTube.com/watch?v=G-LLcv8xW7s

[115] Ibid. pre-intro (dediche/citazioni).

marxismo) diventa vittorioso. Un regno in barba a Dio/Creatore. (Nota: ci sono alcuni che credono che "Lucifero" non rappresenti il "male", che sia un'entità separata da "Satana". Si tratta di un argomento antico, esoterico e colossale che esula dalla portata di questo libro).

Ci sono riferimenti biblici nei titoli delle sezioni, come "In principio" e "La genesi della delega tattica", oltre a diversi riferimenti all'apocalisse. "Ricordate che stiamo parlando di rivoluzione, non di rivelazione; si può mancare il bersaglio sparando troppo in alto come in basso" ("come sopra, così sotto"). [116] La parola "apocalisse" (dal latino "apocalypsis") significa essenzialmente "rivelazione". Si riferiva forse costantemente alla Bibbia per alludere a una sorta di apocalisse, che la "rivoluzione" marxiana avrebbe contribuito a realizzare? Cosa sapeva Alinsky che noi non sappiamo? Questa sembra proprio un'apocalisse, non è vero?

Ovviamente, questi collegamenti passerebbero sopra la testa della maggior parte delle persone (certamente i giovani e/o coloro che non hanno conoscenze religiose, esoteriche o occulte), il che mi porta a credere che Alinsky fosse un satanista. Come accennato all'inizio, il marxismo non è l'intero quadro o, in effetti, la cima del totem: l'ideologia è nata da qualcosa di più grande e più sinistro.

Riflessioni finali

Alinsky era un vero e proprio pezzo di bravura, ovviamente manipolatore, e per di più aperto e fiero di esserlo. Come raccomandava Yuri Besmenov, la soluzione per fermare la sovversione ideologica è limitare le libertà di alcuni tipi di individui. Gli attivisti che si ispirano ad Alinsky fanno spesso cose che non sono illegali, ma che sono dirompenti, pressanti, ecc. La soluzione per la società, quindi, è rendere illegale fare cose di questa natura; rendere illegale essere un attivista marxista, essenzialmente. (come ha detto Yuri - "limitare i diritti").

Perché il resto di noi dovrebbe soffrire solo perché ci sono sciocchi organizzati e fuorviati nel mondo? Ovviamente, prima di raggiungere questo obiettivo, il pubblico in generale, in numero sufficiente, dovrebbe comprendere la saggezza di questa linea d'azione. Sarebbe come mettere il carro davanti ai buoi aspettarsi questo livello di comprensione collettiva proprio ora, prima che il messaggio di questo libro raggiunga tutti coloro che devono essere raggiunti. Andiamo avanti.

Comunitarismo

Dato che abbiamo appena parlato degli "organizzatori di comunità" comuniste, continuiamo il tema della comunità e guardiamo a un altro concetto ingannevole (attraverso i nostri nuovi e magici occhiali anti-marxisti!).

---

[116] Ibid. P. 10.

Un'altra forma di marxismo mascherato è il comunitarismo. Come nel caso di "organizzatore di comunità" (applausi a Saul), è quasi "comunista" o "comunismo", con qualche lettera in più.

Definizioni

Dato che Wikipedia è la fonte comune che viene sempre sbattuta in faccia ai motori di ricerca (e quindi in una posizione di enorme influenza sulle persone) ecco cosa dice. Ho sottolineato alcune parole per enfasi: "Il comunitarismo è una filosofia che enfatizza la connessione tra l'individuo e la comunità. La sua filosofia principale si basa sulla convinzione che l'identità sociale e la personalità di una persona siano in gran parte plasmate dalle relazioni comunitarie, mentre un grado minore di sviluppo è attribuito all'individualismo", e "Il comunitarismo di solito si oppone all'individualismo estremo e non è d'accordo con le politiche estreme che trascurano la stabilità della comunità nel suo complesso".[117]

Sembra bello, non è vero? Ricordate, qui abbiamo a che fare con un serpente che fa la pelle. Si noti l'uso della parola "filosofia": una tipica tattica marxista per conferire al concetto un certo valore intellettuale, che tende ad adescare le persone che si lasciano impressionare dalle cose "intellettuali". (Come abbiamo visto, ogni volta che si vede usare la parola "filosofia" in relazione a qualcosa di "rivoluzionario" (marxista), spesso significa che qualcuno sta elaborando idee con un taglio nettamente marxiano, spesso post-modernista). Si può notare anche il tono da virtuosismo verso la fine. La parola "estremo" suggerisce che tutto ciò che si oppone a questa "filosofia" è negativo/non etico (ad esempio, tutto ciò che è "di destra"). Quest'ultima parte insinua accuratamente che il comunitarismo è benigno, collettivista e che vuole il meglio per il gruppo. "Stabilità" significa "la comunità è ideologicamente marxista e questo dominio non deve essere minacciato" ("stabilità" significa "normalizzazione").

Un'altra descrizione da *Brittanica.com:* "Comunitarismo, filosofia sociale e politica che enfatizza l'importanza della comunità nel funzionamento della vita politica, nell'analisi e nella valutazione delle istituzioni politiche e nella comprensione dell'identità e del benessere umano. È sorto negli anni '80 come critica a due scuole filosofiche di spicco: il liberalismo contemporaneo, che cerca di proteggere e migliorare l'autonomia personale e i diritti individuali in parte attraverso l'attività del governo, e il libertarismo, una forma di liberalismo (a volte chiamato "liberalismo classico") che mira a proteggere i diritti individuali - in particolare i diritti alla libertà e alla proprietà - attraverso limiti rigorosi al potere governativo".[118] Quindi è anti-individualismo e pro-

---

[117] https://en.wikipedia.org/wiki/Communitarianism

[118] https://www.britannica.com/topic/communitarianism

collettivismo, fondamentalmente.

Origini della parola

A quanto pare, il termine comunitarismo fu coniato per la prima volta nel 1841 da John Goodwyn Barmby (1820-1881). Egli faceva parte della folla dei socialisti utopisti di quel periodo e, a quanto pare (secondo Wiki!), "sostenne di aver introdotto la parola comunista nella lingua inglese come traduzione della parola francese 'communiste'". Introdusse anche Friedrich Engels nel movimento "comunista" francese, e i due fondarono due organizzazioni nel 1841: l'*Associazione Comunitaria Universale* e la *Società di Propaganda Comunista di Londra* (sette anni dopo apparve il Manifesto Comunista).[119]

Esistono connessioni tra questo concetto di comunitarismo e altri settori che sappiamo essere saturi di marxismo, come la sociologia, la socialdemocrazia, la filosofia, ecc. In modo divertente, molte delle definizioni online spiegano che questo tipo di idee comunitarie esistono da secoli e sono presenti nell'Antico e nel Nuovo Testamento, nel Confucianesimo, nell'Islam ("Shura", che significa "consultazione") e nel Socialismo Fabiano, naturalmente (di nuovo, il vecchio trucco del "Visto? Eravamo già marxisti e non lo sapevamo").

Elementi di comunitarismo

Uno dei moderni sostenitori del comunitarismo è stato il sociologo israeliano di origine tedesca Amitai Etzioni (1929-2023; nato Werner Falkin). È stato direttore dell'*Institute for Communitarian Policy* della George Washington University di Washington D.C. (ha un intero istituto in un'università americana? Impressionante). È autore di numerosi lavori accademici e libri sull'argomento, tra cui: *Lo spirito della comunità: The Reinvention of American Society* (1993), *The New Golden Rule: Communisty and Morality in a Democratic Society* (1998) e *From Empire to Community: Un nuovo approccio alle relazioni internazionali* (2004). [120] Guardando questi titoli, quanto sentimento rivoluzionario e virtuosistico riuscite a scorgere? (alza gli occhi). L'ultimo titolo è un cenno al fatto (già notato in precedenza) che il marxismo è una nuova forma di imperialismo che ha semplicemente sostituito la tradizionale varietà coloniale - "Dall'impero alla comunità" potrebbe anche essere intitolato "Dall'impero al comunismo".

Nel 1993 ha fondato un'organizzazione chiamata *Communitarian Network*. Etzioni ha un canale YouTube e nel suo video *The Five Minute Communitarian ha dichiarato* quanto segue: "È un tipo di filosofia sociale piuttosto insolito, perché il termine comunitario non è affatto conosciuto... in realtà, pochissime persone lo usano. D'altra parte, c'è un numero molto elevato di persone (che) hanno idee comunitariste...". Dopo aver sottolineato che queste idee sono

---

[119] https://en.wikipedia.org/wiki/John_Goodwyn_Barmby

[120] https://www.amitaietzioni.org/

esistite nel corso della storia, continua spiegando tre elementi principali: "Uno è l'idea che siamo membri gli uni degli altri. (Il secondo è che abbiamo bisogno di un'infrastruttura morale e il terzo è che i diritti e le responsabilità vanno di pari passo".[121]

Il primo lo spiega con la frase "L'io ha bisogno di un noi per essere". E ha aggiunto che ci sono molti dati di scienze sociali, raccolti attraverso esperimenti psicologici su varie situazioni sociali (tra cui carceri, grattacieli, ecc.), che dimostrano che quando le persone sono isolate, "subiscono una grande varietà di inflizioni, molte delle quali psicologiche, alcune addirittura fisiologiche". Fin qui niente di rivoluzionario.

Ha proseguito: "Quindi sembra che l'essenza della natura umana non sia quell'individuo isolato e indipendente - che è spesso caro alla storia e all'ideologia americana (nota: uh oh... di nuovo critiche all'America/Americanismo...) - ma è qualcuno che prospera in una relazione significativa e duratura con gli altri". La soluzione è che "dobbiamo favorire le comunità". Ciò avverrebbe incoraggiando una maggiore interazione sociale e comunitaria cambiando il modo in cui costruiamo le strutture, che costringerebbe le persone a interagire di più (marciapiedi più larghi, più portici davanti e meno portici dietro, più passeggiate, scuole locali aperte per le riunioni della comunità, ecc.) Ha anche detto: "Se le comunità non vengono alimentate, tendono a morire e questo ci lascia con individui isolati. Questo è il primo elemento del pensiero comunitario: abbiamo bisogno di relazioni durature, abbiamo bisogno gli uni degli altri".

Il secondo elemento, spiega Amitai, è la dimensione morale, la "infrastruttura morale". Ciò significa essenzialmente che la comunità incoraggia determinati comportamenti negli individui che ne fanno parte. Le comunità hanno norme, non leggi, intese informali che vengono fatte rispettare, ma niente di più severo che scuotere il dito qualche volta l'uno contro l'altro, o apprezzare quando le persone sono all'altezza di queste norme. E sono sufficienti, in una comunità ben radicata, per occuparsi di un'enorme quantità di affari sociali". Pertanto, ha detto Amitai, si sta molto, molto meglio quando la comunità decide "quanta protezione dell'ambiente è corretta; cosa dobbiamo fare se le persone non si vaccinano; quanto dobbiamo aumentare (*sic*) i limiti di velocità; una volta che abbiamo queste cose in atto, più possiamo fare affidamento sulla nostra comprensione reciproca e sull'applicazione informale, meglio stiamo tutti (*sic*)". [121]

Il terzo e ultimo elemento è "Diritti e responsabilità". Amitai spiega che si tratta dell'idea che abbiamo diritti individuali, ma che "i diritti vanno di pari passo con le responsabilità sociali e non possiamo avere gli uni senza le altre",

---

[121] Etzioni, A., «I cinque minuti dell'HD comunitario», 16 aprile 2015.

https://www.YouTube.com/watch?v=gKA4JjkiU4A

alludendo ancora una volta al fatto che l'America ha sempre avuto una forte enfasi sui diritti individuali. A questo proposito utilizza come esempio i dibattiti polarizzanti, come il diritto alla privacy dei singoli contro il diritto degli Stati di proteggere la nazione dal terrorismo; anche la libertà di stampa, o le questioni di salute pubblica, ecc. Afferma che, dal punto di vista comunitario, è importante che la conversazione inizi "senza dare per scontato che una parte abbia automaticamente la meglio sull'altra e prevalga, ma iniziando la conversazione sostenendo che dobbiamo preoccuparci sia di salvaguardare i nostri diritti, ma anche di servire il bene comune, ad esempio la sicurezza e il bene comune". Tutto questo non fa altro che spingere alla solidarietà, in sostanza, e al conseguente consenso sulle questioni sociali, ecc. Suggerisce che l'idea tradizionale americana di sovranità individuale non fa parte della "natura umana" quanto l'essere parte della comunità.

Dobbiamo fidarci di questo?

Certo, si tratta di una sola persona che parla, ma la sua opinione è degna di nota: è stato considerato una sorta di "guru" del comunitarismo ed era certamente una voce rispettata. Detto questo, non vi sembra che tutto questo suoni un po' strano? Cosa dicono questi sostenitori del comunitarismo? Che abbiamo bisogno di un movimento che incoraggi le persone a essere più sociali? Che mucchio di stronzate.

Tutto questo va a vantaggio del marxismo? Stanno forse cercando di creare comunità affiatate di topi marxisti a cui è stato fatto il lavaggio del cervello e che conoscono gli affari degli altri? È così che le pecore possono controllarsi a vicenda, assicurandosi che nessuno si allontani dal branco e che tutti nella società pensino, parlino e agiscano allo stesso modo? Non si tratta di aiutare chi è isolato/depresso/malato di mente, ma di garantire che tutti restino sotto controllo, senza alcuna privacy dalla psicocultura sociale collettivista che il culto marxista crea.

Sezione VI - La matrice marxista

"La politica è a valle della cultura[1]

> Andrew Breitbart, fondatore di *Breitbart News*,
> *"Courrielche: La prossima frontiera dei conservatori".*

Introduzione

In *Matrix* (1999), Morpheus (Laurence Fishburne) e Neo (Keanu Reeves) stanno per attraversare una strada trafficata. Prima vediamo il semaforo delle strisce pedonali che mostra l'uomo rosso (comunista). Quando diventa verde e i due iniziano a camminare tra la folla, Morpheus parla di indottrinamento: "Matrix è un sistema Neo, quel sistema è il nostro nemico, ma quando sei dentro, ti guardi intorno, cosa vedi? Uomini d'affari, insegnanti, avvocati, falegnami; le menti stesse delle persone che stiamo cercando di salvare. Ma finché non lo facciamo, queste persone fanno ancora parte del sistema e questo le rende nostre nemiche. Dovete capire che la maggior parte di queste persone non è pronta a staccare la spina; e molti di loro sono così assuefatti, così disperatamente dipendenti dal sistema, che lotteranno per proteggerlo. Mi stavi ascoltando Neo? O stavi guardando la donna con il vestito rosso?".[2]

Il vero Matrix non è verde come nel film, ma è rosso. La sovversione marxista è storicamente un sistema altamente organizzato e professionale, che utilizza metodi collaudati e affidabili. Qui diamo uno sguardo alle "cinghie di trasmissione della cultura" che l'ideologia/culto utilizza per infettare un Paese/società.

Clizbe e complici volenterosi

Un libro eccellente sulla sovversione marxista negli Stati Uniti è *Willing Accomplices: How KGB Covert Influence Agents Created Political Correctness and Destroyed America* (2011); di Kent Clizbe, ex agente della CIA.

Il lavoro di Clizbe ha affrontato alcuni concetti rilevanti, tra cui le "cinghie di trasmissione della cultura"; i divulgatori della propaganda e gli influenzatori delle masse: istruzione, media e intrattenimento. Sebbene il culto/ideologia

---

[1] Breitbart, A., «Courrielche: La prossima frontiera dei conservatori», *Daily Wire*. https://en.wikiquote.org/wiki/Andrew_Breitbart

[2] «Camminare in Matrix«. https://www.YouTube.com/watch?v=zDO1Q_ox4vk

abbia permeato molte aree della società, queste "cinghie di trasmissione" sono forse le più cruciali nel facilitare la diffusione dell'ideologia. (Il termine "cinghie di trasmissione" era già stato usato da W. Cleon Skousen nel suo libro del 1958 *The Naked Communist;* nel suo "Current Communist Goals", n. 17).[3]

Il libro di Clizbe mette brillantemente in luce la fase iniziale del marciume rosso negli Stati Uniti e la successiva ascesa della "correttezza politica". Spiega come questo non sia stato un processo organico, ma un tentativo deliberato di sovversione da parte dei sovietici, iniziato non negli ultimi decenni o negli anni '60 (come alcuni pensano), ma molto prima, con gli anni '20 come periodo chiave.

Ciò è in linea con lo schema cronologico della diffusione del marxismo, che ha subito una massiccia accelerazione dopo le rivoluzioni del 1917 in Russia (come hanno mostrato le tabelle storiche precedenti). Ovviamente, il periodo del maccartismo sarebbe seguito in seguito, come risposta a questo assalto ideologico all'America.

La creazione della Terza Internazionale Comunista/"Comintern" nel 1919 è stata fondamentale per questo, e negli anni Venti erano impegnati professionalmente nella sovversione.[4] Erano essenzialmente esperti in questo campo molto prima che venissero costituiti l'*Office of Strategic Services* (OSS) o la *Central Intelligence Agency* (CIA) (rispettivamente nel 1942 e nel 1947).[5] Clizbe ha sostenuto che la cultura "pc progressista" dell'America di oggi esiste grazie a questa sovversione deliberata e che la mentalità "hate America first" (l'odio per l'America prima di tutto), promossa dall'ex presidente socialista Barrack Obama, fa parte della sua eredità. Questa è la sovversione ideologica che Yuri Besmenov ha sottolineato. Il lavoro di Yuri e Clizbe ci ha mostrato che alla fine questa scienza è diventata un'arma per i marxisti.

I "carichi utili" dell'influenza occulta

Il lavoro di Clizbe mostra che le operazioni sovietiche per infettare le menti americane prevedevano l'inserimento nella cultura americana di "payload" psicologici di influenza occulta. Si trattava essenzialmente di concetti che incoraggiavano determinati atteggiamenti distruttivi per l'integrità della società americana (autodistruttivi se adottati dagli americani). Atteggiamenti come: il capitalismo è oppressivo; l'esercito americano è una forza imperiale che viaggia in tutto il mondo e gli americani non dovrebbero sostenerlo; l'America è stata fondata sulla violenza, sul furto delle terre e sull'oppressione e l'omicidio dei nativi americani (il che instilla il senso di colpa); c'è un

---

[3] Clizbe, K., *Willing Accomplices: How KGB Covert Influence Agents Created Political Correctness and Destroyed America* (2011).

[4] https://www.britannica.com/topic/Third-International

[5] https://www.cia.gov/legacy/cia-history/

razzismo istituzionale ingiustificabile ed è al centro della società americana, e gli americani non bianchi hanno storicamente sofferto più dei bianchi; l'idea che gli Stati Uniti siano il più grande Paese.L'idea che gli Stati Uniti siano il più grande paese del mondo è sbagliata e porta al dominio e alla sofferenza al di fuori dei suoi confini, ecc. In breve, tutti gli atteggiamenti che, se assorbiti dagli americani e diffusi nella società, distruggerebbero ogni sano patriottismo e unità della nazione.

Clizbe ha scritto: "Utilizzando agenti esperti e operazioni altamente compartimentate, il KGB cercava di inserire "carichi" di influenza occulta, progettati per mettere in discussione le basi fondamentali su cui erano state costruite la società e la cultura americane. Molti progressisti eseguirono volentieri queste operazioni segrete per conto dei comunisti. Altri, non coinvolti nelle operazioni, ricevettero i messaggi segreti e li accettarono come vangelo".[6] Non vediamo forse questi "carichi" ovunque guardiamo al giorno d'oggi, nell'istruzione, nei media main-stream e nell'"intrattenimento"?

Agenti di influenza e "cultura dell'avversario".

Clizbe ha scritto che alcuni individui venivano presi di mira dai sovietici in base al loro "potenziale come agenti di influenza" e scelti "per accedere a un canale di comunicazione desiderato (gli operatori dell'intelligence del Comintern prendevano di mira i media americani, il mondo accademico e Hollywood)". Questi "agenti d'influenza" sarebbero poi stati avvicinati e manipolati da agenti dello spionaggio sovietico, che li avrebbero preparati per l'uso (le persone manipolate potevano o meno sapere con chi (e cosa) avevano a che fare). È a questo punto che il "carico utile" sovversivo può essere consegnato (sottolineatura per enfasi): "Nell'operazione vera e propria, l'agente di spionaggio fornisce all'agente di influenza reclutato il carico utile. L'agente di influenza inserisce il carico utile nel suo canale di comunicazione. Una volta inserito il carico utile, sotto forma di una notizia, un editoriale, un discorso, un libro, una conferenza, un film, un programma radiofonico, una canzone, un'opera teatrale o qualsiasi altra forma di comunicazione, il carico utile assume una vita propria".[7]

Si tratta di un aspetto cruciale. Questi carichi utili, che in realtà sono solo informazioni propagandate, possono prendere slancio e "valanga" man mano che si diffondono. Assumono una vita propria (come ha fatto l'ideologia stessa). Questi "payload" di influenza occulta sono stati collegati a un altro termine usato da Clizbe, chiamato "cultura avversaria" (che deriva da un'opera di

---

[6] Ibid. vi (prefazione).

[7] Ibid. P. 113.

Stephen Koch intitolata *Double Lives: Stalin, Willi Muenzenberg*, 2004).[8] Si trattava di un termine usato per descrivere la mentalità antipatriottica degli intellettuali che detestavano il proprio Paese/cultura (suona familiare?). Ciò significava che all'interno di un Paese bersaglio (ad esempio gli Stati Uniti) i sovversivi potevano identificare questi tipi, che sarebbero poi stati utilizzati per influenzare le masse. In effetti, in ogni paese ci saranno sempre individui di questo tipo, di cui la setta/ideologia potrà approfittare. Chi meglio di loro può diffondere questi carichi utili?

Muenzenberg

Clizbe ha individuato un personaggio di nome Wilhelm "Willi" Muenzenberg (1889-1940) come centrale in queste operazioni di sovversione, definendolo "il padre del PC". Essendo un giocatore chiave per il Comintern, usava organizzazioni di copertura, fronti e "club innocenti" per diffondere il marxismo: "Il maestro comunista dell'odio per l'America, Willi Muenzenberg perfezionò il concetto operativo di "Fronte Popolare". Lui e i suoi agenti crearono diverse organizzazioni con nomi e ragioni di esistenza altisonanti, come il Congresso internazionale contro il fascismo e la guerra e la Lega antinazista di Hollywood. Questi fronti davano a intellettuali, giornalisti, artisti ed educatori una vocazione più alta, mentre servivano da copertura per inserire carichi di influenza occulta nelle culture prese di mira. La percepita superiorità morale dei messaggi sovietici di influenza occulta offriva ai membri del Fronte Popolare la possibilità di dimostrare che "eri un essere umano decente", anzi, un essere umano migliore. Muenzenberg disprezzava questi membri del Fronte Popolare e li chiamava "innocenti".[9]

Clizbe ha sottolineato in modo cruciale che già allora qualsiasi critica alle attività della setta - o chiunque non fosse di loro gradimento - veniva pubblicamente etichettata come fascista, razzista, bigotta, ecc. Quindi, il loro comportamento negli ultimi anni non è una novità (naturalmente, Mussolini è salito alla ribalta prima di Hitler e dei nazionalsocialisti, quindi "fascista" era popolare prima di "nazista"). Se la setta usava un modus operandi del genere un secolo fa, dobbiamo accettare che oggi faccia parte del suo armamentario, in generale. L'ideologia non decade, si evolve. Ecco perché le parti sottolineate sono familiari al lettore; lo stesso vale per il tono da virtuosismo. Il punto sul razzismo è cruciale e molto rilevante. Oggi chiunque può vedere che c'è una nauseante ossessione per la razza/il razzismo nel discorso pubblico negli Stati Uniti. Questo non è un caso né un fatto naturale: è il risultato delle operazioni sovietiche e del marciume marxista in generale. I cultisti sono maestri nel trovare "punti deboli" da sfruttare, e poiché gli Stati Uniti sono multietnici, il

---

[8] Koch, S., *Double Lives: Stalin, Willi Munzenberg e la seduzione degli intellettuali* (2004).

[9] Ibid. vii (prefazione).

"razzismo" era la scelta più ovvia.

Sull'impatto complessivo degli sforzi di Willi, Clizbe scrisse (sottolineato per enfasi): "Il risultato della diffusione del carico utile di Muenzenberg nella società americana è ora chiaro. Una nazione di cittadini sani, felici e produttivi, mescolati nel grande Melting Pot, aveva messo da parte le proprie differenze quando era diventata americana. Dopo l'influenza di Muenzenberg, le stesse persone si sono trasformate in una massa confusa di gruppi di interesse personale, divisi da divisioni di razza, genere, etnia, reddito, classe, lingua, sessualità".[10]

Non risuona tutto questo? È così che si distrugge un luogo come l'America, che tradizionalmente ha un forte senso di patriottismo intessuto nella sua cultura: si crea una divisione tra sottogruppi, mettendoli l'uno contro l'altro, utilizzando il principio marxiano dell'oppressore contro l'oppresso. Naturalmente, questa strategia è impiegata a livello globale. È questo che fa l'ideologia: trova falle nella corazza da sfruttare.

MSM = MarxiStMedia

"Un giornale non è solo un propagandista e un agitatore collettivo, ma anche un organizzatore collettivo".[11]

V.I. Lenin, *Che cosa si deve fare?*
"Il piano per un giornale politico di tutta la Russia", 1901

"L'arte di ogni propagandista e agitatore consiste nella sua capacità di trovare i mezzi migliori per influenzare un determinato pubblico, presentando una verità definita, in modo tale da renderla più convincente, più facile da digerire, più grafica e più fortemente impressionante".[12]

V.I. Lenin, *Gli slogan e l'organizzazione del lavoro socialdemocratico, 1919.*
lavoro socialdemocratico, 1919

"La stampa deve crescere giorno dopo giorno: è l'arma più affilata e potente del nostro Partito".

Joseph Stalin, discorso al Dodicesimo Congresso
dell'R.C.P.(B.), 1923 [13]

Abbiamo tutti notato come si sono comportati i media mainstream negli ultimi

---

[10] Ibid. P. 116.

[11] Lenin, V.I., *Che cosa si deve fare?*, «Il piano per un giornale politico di tutta la Russia», 1901. https://www.marxists.org/archive/lenin/quotes.htm

[12] Lenin, V.I., *Gli slogan e l'organizzazione del lavoro socialdemocratico,* 1919. https://www.marxists.org/archive/lenin/quotes.htm

[13] Stalin, J., discorso al dodicesimo congresso del P.C.R. (B.), 1923. http://marx2mao.com/Stalin/TC23.html#s2

tempi: a volte promuovendo la "correttezza politica", a volte facendo del virtuosismo, o entrambe le cose. Perché ci sono innumerevoli portavoce senza cervello e senza talento in tutto il mondo - dall'Irlanda all'Australia, dal Canada alla Svezia, dal Regno Unito agli Stati Uniti - che continuano a propinare questa brodaglia? Sono sempre stati così o questo comportamento folle si è intensificato? Perché cercano di infilare in ogni conversazione il maggior numero possibile di sotto-agende (cause) marxiste? Se non stanno cercando di rafforzare la truffa del cambiamento climatico, stanno incoraggiando le persone a sostenere l'immigrazione di massa o Black Lives Matter. Se non stanno parlando del "divario retributivo" tra i sessi, parlano dei pericoli della politica di destra e di quella temuta e sempre presente minaccia per la società che è l'"estrema destra".

Ogni volta che i media fanno il loro virtue-signalling sui temi di loro scelta, viene (spesso sottilmente) suggerito che lo fanno per ragioni umanitarie, "compassionevoli", ecc. In realtà, lo fanno per promuovere le varie sotto-agenzie dell'ideologia. I media sono la "cinghia di trasmissione della cultura" che è responsabile di prendere gli eventi del mondo reale e di inserirli nella nostra coscienza, attraverso i mezzi di comunicazione che scegliamo - TV, radio, stampa o online - con un taglio nettamente di parte, naturalmente.

Ricariche di propaganda

Oltre a promuovere le varie sotto-agende in modo indipendente, o le agende principali in determinati momenti (ad esempio l'immigrazione di massa/il "multiculturalismo" negli anni precedenti al Covid, per poi passare al Covid), i mezzi di comunicazione possono "ricaricare" la propaganda su altri temi per rafforzare i livelli di indottrinamento. Questo è stato evidente nei media irlandesi durante le serrate del Covid, quando hanno aumentato la propaganda femminista. È stato riportato che i casi di "violenza domestica" (ovvero uomini che picchiano le donne) erano in aumento, come conseguenza del fatto che le persone erano chiuse in casa. Questo dato è stato accompagnato da questi spot televisivi sulla violenza domestica, di dimensioni raccapriccianti, prodotti in stile "rievocativo" nell'ambito della campagna contro gli abusi domestici "Always here", sostenuta naturalmente dai gruppi di culto femministi irlandesi.[14] Una mostrava una donna che parlava con un'amica online (su Skype o Zoom o qualcosa del genere) e il suo "partner" maschile violento sbucava dal nulla, chiedendo con chi stesse parlando ecc. La parte più divertente era che il maschio aveva una voce incredibilmente camp (probabilmente era un attore gay). [15]

---

[14] https://www.alwayshere.ie/awareness-campaign/

[15] Dept. of Justice Ireland, «Pubblicità televisiva della campagna di sensibilizzazione sugli abusi domestici StillHere».

Queste ricariche di propaganda sono state utilizzate durante la Covid per il sotto-argomento del cambiamento climatico: alla radio irlandese si insinuava che le chiusure erano positive per l'ambiente, a causa della mancanza di spostamenti e di pendolarismo e della conseguente riduzione delle emissioni dei veicoli, eccetera! Sto lucidando la mia ghigliottina...

Esperti e frasi ad effetto

"Dobbiamo dare una spiegazione scientifica della società e spiegarla chiaramente alle masse. Questa è la differenza tra marxismo e riformismo".[16]

Leon Trotsky, "Discussioni sul programma di transizione", 1938

Ci sono "esperti" membri di una setta ovunque si guardi/si ascolti/si legga! Li vediamo costantemente negli MSM (o nei media di intrattenimento, ecc.) come parte dell'iniziativa di lavaggio del cervello del pubblico. Mentono apertamente al pubblico o raccontano un mucchio di stronzate "politicamente corrette" o pseudo-scientifiche che hanno assorbito altrove; altra propaganda per spingere le varie sotto-agenzie marxiste. Ricordate, qualunque sia il nome di questi "esperti", da qualunque parte provengano, qualunque siano le loro "qualifiche" o i loro titoli, sono solo portavoce dell'ideologia e come tali vanno considerati. C'è sempre stato un flusso costante di questi tipi. Ovviamente, alcuni li ascolteranno a causa del loro status. Ovviamente, ciò è efficace soprattutto per coloro che hanno bisogno di sentirsi dire come percepire le cose.

I membri del culto hanno creato termini come "esitazione da vaccino". L'ho sentito per la prima volta su RTE Radio 1 il 15 gennaio 2021 durante il *Clare Byrne Show*.[17] Stavano discutendo su come affrontare la "disinformazione" che si diffondeva sulle piattaforme dei social media, ecc. e che scoraggiava l'assunzione dei vaccini. Si tratta di un divertente termine a doppio taglio. È simile a "negazionista dell'olocausto" o "negazionista del cambiamento climatico". La setta inventa di nuovo frasi ad effetto! I media hanno anche doverosamente discusso/promosso le diverse "varianti" di Covid: la variante inglese, la variante sudafricana, la variante brasiliana, multiculturale, romana, l'imitatore di genere non binario di Diana Ross, la Gloriosa Rivoluzione del Popolo, il Clan Wuhan Wutang e la variante Xi Jinping, ecc.

Protesta anti-RTE e video "Truth Matters

L'emittente di Stato in Irlanda è RTE (*Radio Telifís Eireann*, cioè "Radio Television Ireland"). Da tempo ha perso qualsiasi tipo di rispetto da parte delle

---

https://www.YouTube.com/watch?v=VTcVbHpCTVQ

[16] Trotsky, L., «Discussioni sul programma di transizione», 1938.

https://www.marxists.org/archive/trotsky/1938/tp/tpdiscuss.htm

[17] https://www.rte.ie/radio/radio1/today-with-claire-byrne/2021/0115/1189998-today-with-claire-byrne-friday-15-january-2021/

persone non indottrinate in Irlanda e ora è un nastro trasportatore di spazzatura traditrice sputata da puttane traditrici (proprio come il resto dei media del Paese). Gli edifici della sede centrale di RTE meritano un bel lavoro di ristrutturazione con un camion kamikaze di Semtex e vernice rossa.

Dopo alcuni mesi dal fiasco del Covid, a causa del ruolo centrale di RTE, è stata organizzata una protesta per marciare contro questa organizzazione sabato 29 agosto 2020. Mentre il corteo si muoveva per le strade, i marciatori gridavano "RTE fake news!" e portavano uno striscione con la scritta "RTE Is The Virus". Hanno poi raggiunto la loro destinazione davanti agli studi di RTE a Donnybrook, Dublino. Era evidente che un numero significativo di irlandesi non si era bevuto la truffa di Covid.[18]

Poco dopo questo incidente, RTE ha messo in atto una subdola truffa marxista, nascosta in piena vista. Si trattava di una breve "pubblicità" di quaranta secondi apparsa in televisione, che esaltava la purezza morale di questa organizzazione, chiamata "The Truth Matters".[19] Il messaggio paternalistico e virtuoso era essenzialmente questo: che il pubblico non dovrebbe informarsi altrove (in particolare online) e che RTE è l'unica fonte di informazione affidabile! Quindi, l'emittente di Stato, infestata dal marxismo e piena di cazzate di membri di una setta, è l'unica che "il popolo" dovrebbe ascoltare, hmmm. Iniziamo con l'inno nazionale sovietico. I compagni proletari irlandesi dovrebbero essere orgogliosi del loro grande Dipartimento Commissariale per la Gloriosa Propaganda Rivoluzionaria in Irlanda (R.T.E.)!

Più sfacciatamente, ha insinuato che forse il pubblico in generale riceveva le informazioni da fonti piene di odio, ingannevoli e timorose (info-fobiche?). Allo stesso tempo, diceva alla gente come sentirsi: non provare rabbia o avere paura. Hmmm, un mucchio di rifiuti marxisti che cercano di controllare la percezione e le reazioni emotive della gente, che originale! Il vero messaggio di fondo era "Obbedite allo Stato! Siamo brave persone! Non siamo bugiardi! Non date retta a quegli altri pieni di odio, bugiardi e _____ fobici!". (Sì, è successo davvero; non me lo sto inventando!).

La cosa più psicoticamente marxista e ipocrita è stata l'insinuazione che le altre fonti di informazione siano negative e quasi apocalittiche, il che significa che si considerano portatori di notizie edificanti, meravigliose e felici! E questo dopo che per mesi hanno blaterato al pubblico irlandese di una malattia simile alla peste, il CovAIDS, di un numero di morti in costante aumento (senza uno straccio di prova), cercando incessantemente di incutere paura. C'è un

---

[18] «La folla partecipa alla protesta anti-RTÉ a Donnybrook», 29 agosto 2020.

https://www.rte.ie/news/ireland/2020/0829/1162051-rte-protest/

[19] RTE, «RTÉ News | The Truth Matters», 16 settembre 2020.

https://www.YouTube.com/watch?v=gZhghn9HaCc

incredibile livello di psicosi in questo caso.

La produzione del video era molto buona (per gli standard di RTE). Mostra una ragazza in un caffè che guarda il suo telefono, scorrendo Facebook. Vede un post che dice "Il 5G sta attaccando il nostro sistema immunitario", mentre inizia la nauseante voce fuori campo e viene "trasportata" in un mondo oscuro e pieno di tempeste davanti ai nostri occhi. La povera Alice cade nella tana del Bianconiglio, piena di teorie cospirative e di fascisti con i baffi alla Hitler. Prevedibilmente, è stata utilizzata una musica inquietante e le immagini contengono una varietà di personaggi sospetti, aggressivi e squilibrati che portano con sé una varietà di armi e che corrono verso di lei (naturalmente alcuni skinheads). Non c'è traccia di camicie nere di Mussolini, uniformi naziste o copie del Mein Kampf, probabilmente perché sarebbe un po' troppo diretto e divertente).

Ecco il testo della voce fuori campo: "Prima di esprimere la vostra opinione... sapete da dove provengono le vostre informazioni? Non ci si può fidare di tutto ciò che appare sul tuo feed... Devi superare la rabbia, l'inganno e la paura e trovare la verità sulla storia". Proprio quando la folla di personaggi sta per raggiungerla, fa clic sull'app RTE del suo telefono e viene immediatamente riportata nel tranquillo caffè. È evidente che RTE è il suo salvatore, che la salva da tutti quegli ingannatori e delinquenti indisciplinati sui social media (compresi i suoi connazionali)! Poi appare un testo sullo schermo che mostra questi tre messaggi di due parole in sequenza: "Integrità/verità/giornalismo-materia". La battuta finale era "RTE News - la verità conta". Patrocinanti degenerati traditori di bassa lega.

Si è trattato di un'opera geniale, in quanto ha mostrato quanta propaganda e controllo mentale si possano inserire in un videoclip di quaranta secondi; una contromisura classica solitamente impiegata dal culto, completa della solita inversione della verità, del virtue-signalling e di un carico di nausea da PC. Si trattava di una risposta diretta e tattica alla già citata protesta che definiva RTE bugiarda, e che metteva in luce il loro generale comportamento traditore e ghigliottinabile durante le baggianate del Covaids 1984.

Cosa si intende per "irlandese"?

Il culto è anche abile nel condurre operazioni di psy-ops utilizzando la propaganda per distorcere la percezione delle masse di concetti normalmente vantaggiosi, anche quelli che sono stati a lungo sostenuti e (relativamente) semplici in termini logici, come la nazionalità e la razza.

Prendendo come esempio la sub-agenda del multiculturalismo in Irlanda, l'influenza postmodernista può essere chiaramente percepita nell'infinito flusso di schifezze traditrici, marxiane e anti-irlandesi provenienti dall'establishment. Si sentirà che i vari pezzi di propaganda contengono "carichi" di sovversione ideologica come: "... ma che cos'è l'irlandese?" o "Esiste un popolo irlandese?" o "Tutte le razze provengono comunque dall'Africa, quindi irlandesi e africani sono più o meno la stessa cosa, no?". Queste sono alcune delle sciocchezze psicotiche e relativiste che vengono proposte.

Questi soundbites sovversivi sono progettati per distorcere la percezione della realtà della popolazione target (in questo caso l'Irlanda). L'obiettivo è convincere la gente che tutte le razze e le culture sono uguali (uguaglianza) e che non importa se siamo tutti mescolati etnicamente. Questa percezione distorta favorisce l'avanzamento di questa particolare sotto-agenda (il multiculturalismo). *I* concetti marxiani di "teoria critica" e "teoria critica della razza" sono correlati: permettono al culto di creare la distorsione della realtà richiesta. Naturalmente, se qualcuno tenta di evidenziare il fatto che essere irlandesi non è solo una questione di nazionalità ufficiale, di cittadinanza e di passaporti (ma una questione di storia, di etnia e di cultura) viene usata l'appropriata etichetta di "razzista".

I media marxisti traditori in Irlanda hanno costantemente bombardato la coscienza del grande pubblico con queste stronzate. Africani e mediorientali sono stati presentati dichiarando di essere irlandesi o partecipando a eventi irlandesi (sport, arte, ecc.). Una volta ho visto brevemente un segmento di intervista sull'emittente statale irlandese *RTE* che mostrava una donna di chiare origini africane che spiegava quanto fosse orgogliosa di essere irlandese. Un altro segmento è apparso sul canale YouTube di RTE nel giugno 2020, intitolato "Growing up black and Irish".[20] Mostrava diverse donne di razza mista e di colore che parlavano delle loro esperienze di razzismo. Nel 2017, il canale YouTube del sito web di notizie The Journal ha presentato una serie intitolata "Yes, I'm Irish" (Sì, sono irlandese), con varie persone di razza mista o di colore che facevano la stessa cosa.[21]

Nell'ottobre del 2021, un articolo di RTE riportava con gioia che Pamela Uba era la prima donna di colore a vincere Miss Irlanda. L'articolo affermava che si trattava di un'ex richiedente asilo proveniente dal Sudafrica e citava le sue parole: "È una pietra miliare. Sono così orgogliosa di poter dire che come donna di colore ho aperto la strada ad altre che verranno dopo di me".[22]

Chiaramente, per chiunque abbia un cervello, gli irlandesi non sono uguali agli africani sub-sahariani o ai mediorientali. Non siamo uguali storicamente,

---

[20] RTE News, «Crescere neri e irlandesi», 16 giugno 2020.
https://www.YouTube.com/watch?v=R_uT58C-wHw

[21] The Journal, «Sì, sono irlandese: Meet Áine Mulloy», 6 agosto 2017.
https://www.YouTube.com/watch?v=PzKKCZUV6xM

[22] Okoh, J. «Miss Irlanda, che ha fatto la storia, è orgogliosa di 'aprire la strada'», 14 ottobre 2021.

https://www.rte.ie/news/2021/1014/1253565-history-making-miss-ireland/

razzialmente o culturalmente. Tutto ciò che abbiamo in comune, usando la semplice logica, è che siamo esseri umani; ma questo è il punto: il marxismo non si occupa di logica! Nel marxismo non esistono culture o razze. È "Una sola razza, razza umana!" per tutto il bambino. Questa è la realtà, ed è per questo che è necessario l'indottrinamento.

Il fatto che l'essere irlandese abbia una componente etnica e culturale è qualcosa che ovviamente deve essere soppresso dal culto. Questi slogan costringono le persone incontaminate a dire cose come "Essere irlandese non significa solo vivere qui!" o "Solo perché sei nato qui non ti rende irlandese!". *Si tratta di* cose palesemente ovvie, ma che devono essere dette perché la logica fa sempre più paura, grazie all'impatto della setta/ideologia. Queste reazioni vengono poi prese di mira dal culto come prova di "razzismo".

In Irlanda gli esempi sono numerosi. Abbiamo visto questi pezzi di propaganda bizzarri, falsi e degni di nota che appaiono in televisione, progettati per spingere l'agenda del "multiculturalismo" in gola al pubblico. Una volta RTE ha trasmesso un segmento in cui si mostrava un immigrato che praticava lo sport gaelico dell'hurling; poi ha rilasciato un'intervista in cui mostrava quanto amasse la cultura irlandese, ecc.

Queste piccole mini truffe sono pensate per far dire allo spettatore "Complimenti a lui per essersi integrato nella società irlandese!" e "Ora è praticamente uno di noi!". Sono sicuro che hanno presentato (o presenteranno): Somali che ballano l'irlandese, afgani che suonano il violino, piccoli uomini indiani vestiti da folletti, monaci tibetani normalmente puritani che bevono Guinness e si drogano, ecc.

Un articolo dell'Irish Independent del dicembre 2016 esaltava il grande contributo dei migranti agli sport gaelici. L'articolo affermava che la Gaelic Athletic Association (GAA) era "desiderosa di adattarsi" ai cambiamenti della popolazione irlandese.[23]

Un altro pezzo divertente e penoso sulle fake news di RTE (che non riesco a localizzare) ha presentato un immigrato polacco che stava imparando la lingua irlandese. I membri del culto dei media irlandesi stanno davvero cercando di convincerci che i migranti vanno in Irlanda per imparare le arti e i mestieri locali? O per studiare la storia, la poesia o la lingua irlandese? O per praticare sport irlandesi? C'è qualcuno tra il pubblico che ci crede? Se sì, è esilarante.

---

[23] Crowe, D. «Dall'hurler del Laois Paddy Ruschitzko a Shairoze Akram del Mayo: come gli immigrati stanno giocando un ruolo crescente nella GAA», 18 dicembre 2016.

https://www.independent.ie/sport/gaelic-games/gaelic-football/from-laois-hurler-paddy-ruschitzko-to-mayos-shairoze-akram-how-immigrants-are-playing-increasing-role-in-gaa/35302328.html

Vorrei intervistarli io stesso!

Educazione/indottrinamento

"L'educazione è un'arma i cui effetti dipendono da chi la tiene in mano e da chi la punta".

Joseph Stalin spiega al suo intervistatore fabiano H. G. Wells (1934)[24]

"E la vostra educazione! Non è forse anch'essa sociale, e determinata dalle condizioni sociali in cui ci si educa, dall'intervento, diretto o indiretto, della società, per mezzo delle scuole, eccetera? I comunisti non hanno inventato l'intervento della società nell'educazione; cercano solo di modificare il carattere di tale intervento e di sottrarre l'educazione all'influenza della classe dominante".[25]

Marx ed Engels, *Il Manifesto comunista* (1848)

"In tutto l'Occidente c'è un gran numero di professori che, nella maggior parte delle discipline, insegnano il marxismo di un tipo o di un altro. Un gran numero di libri di testo, tra cui molti usati nelle scuole, riflettono concetti marxisti. Per eliminare questo veleno, umano e cartaceo, ci vorrà molto tempo".[26]

Lo storico e autore britannico Paul Johnson

Molti dei profeti e leader del culto - Markey Marx, Vladimir Lenin, Mao Zedong, Fidel Castro, Ho "Hoe" Chi Minh, Pol Pot e altri membri dei Khmer Rossi - sono stati contagiati ("radicalizzati") nei sistemi educativi. Questo indottrinamento "rivoluzionario" attraverso l'istruzione è stato un problema fin dai primi anni del 1800. Non c'è quindi da sorprendersi se oggi assistiamo alla stessa cosa: innumerevoli tirapiedi dalla mentalità rossa che escono dalla catena di montaggio. Le stesse menti, con le stesse personalità, che seguono la stessa formula. Tutti "istruiti", perdenti e non originali, senza pensieri propri che siano separati dal dogma marxista. Che triste modo di esistere: avere una mente piena di fili incrociati, priva della meraviglia e della magnificenza della creazione.

Tradizionalmente, le università erano il principale punto di indottrinamento per gli studenti. Man mano che l'infezione si diffonde nella società, rafforza ulteriormente il culto, consentendogli di promuovere l'ideologia (attraverso le sue sotto-agenzie) nelle scuole medie/superiori e nelle scuole elementari (non sto includendo i Paesi "socialisti"/"comunisti", dove l'indottrinamento degli studenti a tutti i livelli era una pratica comune). Il sito di notizie tedesco

---

[24] Stalin, J. «Marxism Versus Liberalism An Interview With H.G. Wells», *23 luglio 1934.*

https://www.marxists.org/reference/archive/stalin/works/1934/07/23.htm

[25] Marx ed Engels, *Il Manifesto comunista* (1848), p. 24.

[26] https://www.quotetab.com/quotes/by-paul-johnson

jungefreiheit.de ha riportato nel gennaio 2023 ciò che veniva spacciato in una scuola tedesca. Il sito affermava che gli studenti di prima media dello Stato della Renania Settentrionale-Vestfalia erano "costretti a confrontarsi con la transessualità e la "pansessualità" in classe" e che "la chirurgia per il cambio di sesso viene promossa in modo aggressivo".[27]

Anche il sistema educativo irlandese puzza seriamente di marciume rosso, spingendo sui bambini le varie sotto-agenzie: assurdità trans e "gender non-binary", femminismo, cambiamento climatico ecc. Ovviamente è un comportamento imperdonabile e criminale quello di indottrinare i bambini, perché potrebbero non riprendersi mai più; senza contare che è una violazione del principio del libero arbitrio.

Il marxismo per bambini

Venerdì 20 settembre 2019 una folla di (apparentemente) circa 10.000 bambini ha tenuto una "protesta" nella città di Dublino sul tema del cambiamento climatico. Si trattava di una parte dello *Sciopero globale del clima* organizzato da due gruppi mini-marxisti guidati da studenti: Friday *for Future Ireland* e *Schools Climate Action Network*.[28]

A migliaia di studenti è stato permesso di partecipare a "walk-out", perdendo le lezioni scolastiche (se questo non è un simbolo di come l'ideologia distrugga l'istruzione e trasformi i ragazzi in servi attivisti marxisti senza cervello, non so cosa possa esserlo!) Le proteste sono state chiamate "scioperi", che ricordano il tradizionale attivismo marxiano dei movimenti sindacali. I media hanno riferito che sono state ispirate da Greta Thunberg (che anni fa avevo previsto sarebbe stata usata per promuovere la sub-agenda sul cambiamento climatico, come una sorta di modello attivista per i bambini).[29]

Pensate a tutti gli studenti che vengono indottrinati con questo, ignari che si tratta semplicemente di una sub-agenda marxista? Che impatto ha il credere in questa spazzatura pseudo-scientifica sulle menti/percezioni dei giovani di tutto il mondo? Quanto sarà gonfiato il loro ego e quanto sarà un problema per la società quando diventeranno "adulti"? Dal punto di vista del culto o dell'ideologia, l'ambientalismo/cambiamento climatico è un bel tema

---

[27] Kinder in NRW werden zu Geschlechtsumwandlungen gedrängt», 23 gennaio 2023. https://jungefreiheit.de/politik/deutschland/2023/cdu-geschlechtsumwandlung/

[28] Halpin, H. «FOTO: Migliaia di studenti in tutto il paese per gli scioperi del clima», 20 settembre 2019. https://www.thejournal.ie/climate-strike-ireland-4817846-Sep2019/

[29] «Sciopero contro il cambiamento climatico: Gli studenti irlandesi si uniscono a milioni di persone che protestano a livello globale», 20 settembre 2019. https://www.irishtimes.com/news/world/asia-pacific/climate-change-strike-irish-students-join-millions-protesting-globally-1.4024673

"morbido", ideale per mettere le giovani menti sul sentiero rivoluzionario. Tutti gli "educatori" che partecipano a questa assurdità dovrebbero essere banditi dall'insegnamento a vita.

I sei portoghesi

Ecco un altro caso di abuso/negligenza infantile. Nel settembre 2023, i media hanno riferito che un gruppo di sei giovani portoghesi voleva fare causa a un intero continente a causa del cambiamento climatico attraverso la *Corte europea dei diritti dell'uomo* (CEDU). Sì, davvero! Come riportato da Euronews il 27 settembre, "lo storico processo è la prima volta che così tanti Paesi dovranno difendersi davanti a un tribunale del mondo. Tutti i 27 Stati membri dell'Unione Europea, il Regno Unito, la Turchia, la Russia e la Norvegia sono tra gli imputati. I giovani portoghesi, di età compresa tra gli 11 e i 24 anni, sostengono che l'inazione dei governi sul cambiamento climatico viola i loro diritti umani e discrimina i giovani".[30] Che vergogna assoluta. In una società sana di mente, i genitori o gli insegnanti colpevoli verrebbero arrestati e si spera che i ragazzi possano essere sottoposti a un lavaggio del cervello in età così giovane. Sarebbe un esempio per qualsiasi altra follia.

Quando Henry ama Thomas

Ritorno a scuola. Un altro episodio eclatante di indottrinamento incentrato sui bambini è stato riportato alla fine del 2018 nel Regno Unito. È stato scoperto che i bambini della scuola elementare di Bewsey Lodge, a Warrington, venivano indottrinati con l'agenda LGBT. Un video pubblicato dalla BBC Radio Manchester a settembre mostrava i bambini istruiti a scrivere lettere d'amore gay dal loro "insegnante".

Il commissario all'istruzione in questo caso ("insegnante") Sarah Hopson ha dichiarato: "Questa classe di bambini di sei anni sta imparando il matrimonio gay. In questa favola, il principe vuole sposare il suo servitore. E i bambini stanno scrivendo una lettera d'amore". Il principe "Henry" vuole sposare il suo servo "Thomas".[31] C'è stata una certa reazione da parte della parte non indottrinata della popolazione, ma ovviamente, dato che la scuola funziona ancora, è stata limitata. La scuola ha una pagina LGBT+ e ha ricevuto un premio per i suoi sforzi di indottrinamento LGBT. Ha due gnomi fuori dall'ingresso principale che reggono l'onnipresente bandiera arcobaleno

---

[30] Jones e Da Silva, «Sei giovani citano in giudizio 32 nazioni per l'inazione climatica presso la Corte europea dei diritti dell'uomo», 27 settembre 2023.https://www.euronews.com/my-europe/2023/09/27/court-case-over-climate-inaction-against-32-countries-opens-at-the-european-court-of-human

[31] 'Voltaire', «L'insegnante istruisce gli alunni di 6 anni della scuola elementare britannica a scrivere 'lettere d'amore gay' per far accettare la diversità», 1 ottobre 2018. https://theindependent.sg/teacher-instructs-6-year-old-british-primary-school-students-to-write-gay-love-letters-to-get-them-to-accept-diversity/

(probabilmente ora indossano pantaloni senza mutande e maschere da pappone).

Ovviamente, questo non può essere considerato un incidente isolato; se non fosse stato per il video della BBC, il pubblico non sarebbe stato messo al corrente. Se sta accadendo a uno o a pochi, potrebbe accadere a molti o alla maggior parte. Come possiamo scoprire tutti gli incidenti di questo tipo se i bambini non informano i genitori? Teniamo presente che questi fanatici membri del culto (mascherati da insegnanti) hanno una formazione universitaria e sono approvati dallo Stato, dalle commissioni scolastiche, ecc. In realtà, però, sono contaminati grazie all'indottrinamento e dovrebbero essere tenuti ben lontani dai bambini.

Scuola di Birmingham

All'inizio del 2019, un altro incidente di alto profilo (anche se di segno opposto) è avvenuto a Birmingham. Come riportato dal quotidiano Guardian, ci sono stati mesi di proteste a causa del programma di indottrinamento LGBT presso la scuola elementare di Anderton Park. La stragrande maggioranza dei manifestanti, secondo quanto riportato dai media, era musulmana (non c'è da stupirsi perché la degenerazione marxiana non è tollerata nell'Islam). I manifestanti portavano cartelli con messaggi tra cui l'intelligente "My Child, My Choice".[32] Dico "in contrasto" perché questa volta ci sono state proteste autentiche e potenti.

L'articolo del Guardian riportava uno scambio avvenuto fuori dalla scuola tra l'autore e uno dei genitori che protestavano. Una madre ha rivelato che in un'occasione la figlia era tornata a casa da scuola mostrando chiari segni di lavaggio del cervello: "Sapete quanto sia difficile spiegare a una bambina di quattro anni perché non ha due papà?... Continuava a insistere - 'Voglio due papà' - e mi chiedeva: 'Perché non posso? È stato sconvolgente per me e per la mia bambina". Per essere onesti, la risposta avrebbe dovuto essere "perché due uomini non possono fare un bambino, e chiunque te l'abbia detto è uno stupido, tesoro".

L'articolo menziona che l'intera controversia è incentrata sull'"adeguatezza all'età" dell'insegnamento LGBT. Sono sicuro che molti ci cascherebbero. Alcuni potrebbero dire "beh... sei anni sono un po' pochi... ma forse i primi anni dell'adolescenza?". Questo è il modo in cui la setta/ideologia manipola il consenso/il consenso; la verità è che ai bambini non dovrebbe essere "insegnata" questa spazzatura a nessuna età! Prevedibilmente, alla fine del

---

[32] Ferguson, D. «'Non possiamo arrenderci': la scuola di Birmingham in prima linea nelle proteste anti-LGBT», 26 maggio 2019.

https://www.theguardian.com/uk-news/2019/may/26/birmingham-anderton-park-primary-muslim-protests-lgbt-teaching-rights

2019, le autorità sono intervenute per vietare le proteste all'esterno della scuola ed è stata istituita una zona di esclusione (ergo, lo Stato è a favore del marxismo).[33] Come al solito, il culto può protestare in eterno, ma non tollera proteste di sotto-agende marxiste. La tag-line della scuola è "Relazioni, determinazione, scintillio" (speriamo che non sia uno scintillio alla Diana Ross in stile Drag Queen).[34]

"Buon pomeriggio, ragazze"

Nell'aprile del 2023, alcuni giornali britannici riportano un altro caso di infezione in un istituto scolastico. Un'insegnante di una costosa scuola privata femminile è stata giudicata colpevole di aver commesso un crimine spregevole contro gli oppressi: ha detto "Buon pomeriggio, ragazze"! L'insegnante è stata poi apparentemente corretta da un gruppo di undicenni, alcuni dei quali non si "identificavano" come femmine. Alcuni studenti hanno protestato e il personale si è schierato con i "contestatori". L'insegnante "oppressore" è stato costretto a scusarsi con i piccoli marmocchi cerebrolesi.[35]

Come riportato in un articolo del Daily Mail del 15 aprile, è stata trattata in modo umiliante dalla scuola e alla fine è stata "gestita", ha dichiarato. È interessante notare che si trattava di un insegnante di religione e filosofia. Se la scuola è così fanatica, possiamo solo ipotizzare che tipo di degenerate scopate diventeranno queste giovani donne. Molte andranno a ingrossare i ranghi della setta, senza dubbio. Avrebbero dovuto essere picchiate fino a diventare viola, costrette a scrivere cento volte "esiste solo il maschio e la femmina" e messe in punizione finché non avessero rinunciato all'attivismo marxista, e questo vale anche per il personale. Gli direi anche "Buon pomeriggio, coglioni" ogni giorno finché non si scusano.

Episodi come questi - diffusi dai media nel loro dopoguerra - sono piccole "vittorie" coercitive per la setta. Servono da deterrente per gli altri insegnanti, che dovranno scegliere se conformarsi all'attivismo della setta o affrontare l'esempio di quell'insegnante.

Fare causa al culto

---

[33] «Polemica sull'insegnamento LGBT: Proteste nelle scuole elementari di Birmingham vietate in modo permanente», 26 novembre 2019. https://www.bbc.com/news/uk-england-birmingham-50557227

[34] https://www.andertonparkschool.org/

[35] Manning, S. «Un'insegnante donna di una scuola femminile da 20.000 sterline l'anno è costretta a scusarsi con le allieve per aver detto 'Buon pomeriggio, ragazze'», 15 aprile 2023.

https://www.dailymail.co.uk/news/article-11976891/Female-teacher-forced-apologise-saying-Good-afternoon-girls.html

Nell'agosto del 2023, GB News ha intervistato la dott.ssa Anna Loutfi, un'avvocatessa che si occupa di uguaglianza e diritti umani, coinvolta in un gruppo chiamato Bad Law Project. Loutfi ha parlato per conto di genitori preoccupati che desiderano intentare una causa collettiva contro il governo britannico e il dipartimento dell'istruzione.[36] La discussione si è concentrata sulla legalità (o sulla mancanza di legalità) dell'insegnamento agli alunni di materie discutibili (alias degenerazione marxista). Ha parlato di "attori disonesti... che si spacciano per enti di beneficenza" (nota: gruppi di attivisti marxisti, ONG/non profit, ecc.) e che hanno prodotto il materiale educativo scolastico, senza alcuna supervisione. Sono stati citati anche "esperti" autoproclamati, che decidevano l'adeguatezza all'età di certi argomenti, naturalmente senza il consenso dei genitori. (Ancora quegli "esperti"...)

Quando è stata presentata l'argomentazione comune degli attivisti secondo cui alcuni bambini che "lottano" con problemi di identità sessuale o di genere hanno bisogno di sentire protezione e inclusione all'interno delle scuole, Loutfi ha risposto: "lottiamo con molte cose, ma non possiamo, come società, adottare una posizione in cui diciamo che la società accoglierà il tuo desiderio di essere qualcosa di diverso da quello che sei". Ha sottolineato brillantemente che la società non dovrebbe affermare comportamenti negativi e autodistruttivi in una persona che sta lottando, aggiungendo che queste persone "stanno esprimendo una lotta interiore e un'idea idealistica di fuga dalla loro realtà. Non è compito delle scuole facilitare l'autolesionismo. Il fatto che un bambino sia in difficoltà non giustifica che l'intera società faciliti un percorso di autodistruzione". L'intervista ha evidenziato quanto il culto sia ben radicato nell'establishment britannico e la collusione tra il governo, le ONG/il settore no-profit e il dipartimento dell'istruzione.

La Scuola di Palestina protesta

A volte il comportamento di culto non proviene dall'interno della scuola, ma dalla scuola stessa. Negli ultimi mesi del 2023, c'è stata una significativa attività di culto presso la Barkley Primary School, a Leyton, Londra, Regno Unito. GB News ha riferito che i bambini frequentavano la scuola con bandiere palestinesi sui vestiti. La scuola, che è apartitica, multiculturale, multietnica e "apolitica", non era contenta di tutto questo e il messaggio è arrivato ai genitori tramite una lettera inviata venerdì 17 novembre. Alcune parti coinvolte hanno apparentemente rivendicato una discriminazione "islamofobica" e sono state riferite minacce al personale. Sono state organizzate proteste fuori dalla scuola, con cartelli ecc. Un agitatore idiota in particolare, che indossava una maschera di colore palestinese, si è presentato con un megafono, incitando la folla a

---

[36] GB News, «Il governo britannico sarà citato in giudizio per l'insegnamento dell'ideologia trans nelle scuole primarie», 6 agosto 2023. https://www.YouTube.com/watch?v=TxDVAkfGAGo

cantare "l'istruzione è un diritto umano".[37] Il 21 dicembre Sky News ha riferito, citando un comunicato della scuola, che la scuola aveva chiuso in anticipo per Natale: "Alla luce dell'escalation di minacce contro il personale e la scuola, basate su fraintendimenti, falsità e maldicenze di fatto inaccurate", e che non c'erano prove di bullismo o cattiva condotta.[38]

I membri della setta hanno incasellato l'intera situazione come bullismo nei confronti di un bambino di 8 anni da parte della scuola. Secondo Sky News, tutto è iniziato a metà novembre, quando il bambino si è presentato a scuola con una bandiera palestinese molto evidente sulla giacca, per essere "in solidarietà con la famiglia di sua madre a Gaza". Secondo il padre, il ragazzo è stato segregato dagli altri alunni e non era il benvenuto a scuola. I genitori si sono rifiutati di rimuovere la toppa (o semplicemente di dargli un'altra giacca!), e così si è scatenato il dramma.

Anche se tutto questo fiasco non fosse un'azione deliberata e pianificata dai membri della setta fin dall'inizio, la scuola aveva ragione! Nessun tipo di attivismo marxista dovrebbe essere permesso nelle scuole, compresi i diritti dei palestinesi, sia interni che esterni! Zero! Il fiasco è stato solo un altro caso in cui il culto/ideologia ha voluto fare di testa sua. Un genitore che permette al proprio figlio di adornare i propri vestiti con una bandiera palestinese per "solidarietà", per fare una dichiarazione politica, è una forma di indottrinamento. La tragedia è che, poiché le proteste marxiste sono permesse dallo Stato, molti bambini esposti a questa situazione, alle proteste e così via, potrebbero essere indottrinati. È un altro esempio lampante di come l'ideologia possa causare grandi divisioni, questa volta attraverso un capo di abbigliamento di pochi centimetri, e poi capitalizzarle.

Il 22 dicembre, GB News ha pubblicato un'intervista con un residente locale e ha mostrato un video di "manifestanti" mascherati che appendevano bandiere palestinesi sui pali della luce vicino alla scuola, la sera prima delle proteste. È interessante notare che la polizia si è presentata e non ha fatto nulla.[39] Ancora una volta, in una società sana di mente, i "manifestanti" non avrebbero il coraggio di fare cose del genere, ma se lo facessero - si troverebbero introdotti all'interno del retro di un furgone della polizia, a testa in giù, in tutta fretta.

---

[37] GB News, «Manifestanti palestinesi mascherati costringono la scuola elementare a chiudere dopo che i bambini hanno indossato le bandiere della Palestina a lezione», 21 dicembre 2023. https://www.YouTube.com/watch?v=CLj9anqykrE

[38] «La scuola elementare di Londra è costretta a chiudere dopo che il bambino è stato punito per la bandiera palestinese sul cappotto», SKY NEWS, 21 dicembre 2023 https://www.YouTube.com/watch?v=VsaSEui-C9Y

[39] GB News YouTube channel, «Scuola chiusa per protesta contro la Palestina - 'Spaventa mia figlia! | La mamma dell'East London reagisce», 22 dicembre 2023.https://www.YouTube.com/watch?v=z7OViaPGexc

Sono certo che l'ipocrisia e i doppi standard di tutto questo non sfuggono al lettore, visti i precedenti articoli riguardanti le scuole. Il culto ovviamente non protesta contro le varie forme di indottrinamento marxiano/abuso sui bambini mascherate da "educazione" nelle scuole di tutto l'Occidente; ma "protesterà" per una toppa colorata sulla giacca di un bambino "oppresso".

Grida

Una delle sempre più numerose organizzazioni LGBTQ in Irlanda è Shoutout. La pagina di arrivo del loro sito web allude alla preoccupante situazione delle scuole irlandesi (sottolineatura per enfasi): "ShoutOut è un ente di beneficenza registrato che si impegna a migliorare la vita delle persone LGBTQ+ condividendo storie personali ed educando gli studenti delle scuole, i genitori e i tutori, gli insegnanti, gli operatori giovanili e i luoghi di lavoro sulle tematiche LGBTQ+. Dal 2012 teniamo laboratori nelle scuole secondarie di tutta l'Irlanda che affrontano il tema del bullismo LGBTQ+, e negli ultimi 8 anni scolastici abbiamo completato oltre 1.800 laboratori per studenti. Ciò significa che abbiamo parlato direttamente a oltre 54.000 studenti!".[40] Quindi le scuole forniscono essenzialmente un pubblico a questo tipo di gruppi attivisti per indottrinare/contaminare i bambini. Anche se questi numeri sono esagerati, si tratta di una situazione critica. Inoltre, mostra chiaramente la stessa collusione tra i diversi tentacoli del mostro rosso: le scuole e le organizzazioni no-profit/ONG/"caritatevoli".

Enoch Burke

L'insegnante irlandese Enoch Burke è balzato agli onori della cronaca nel 2022/2023 per non essersi conformato al gender-bending della setta alla Wilson's Hospital School, nella contea di Westmeath. La famiglia di Burke è di religione cristiana evangelica e si è sempre battuta contro la setta.

Il 19 maggio 2023 l'Irish Times ha dichiarato che la scuola secondaria "ha avviato un procedimento lo scorso autunno contro il signor Burke, perché ha continuato a frequentarla dopo essere stato sottoposto a un processo disciplinare e messo in congedo amministrativo retribuito". Il procedimento disciplinare, basato su un rapporto redatto dalla preside Niamh McShane e fornito al consiglio di amministrazione, è stato avviato in seguito alla risposta del signor Burke alla sua richiesta al personale di rivolgersi a uno studente con il suo nuovo nome preferito e di usare i pronomi loro/loro".[41] (Questo mi ricorda un certo Jordan Peterson e la legge sui pronomi di genere C16 del 2016

---

[40] https://www.shoutout.ie

[41] Carolan, M. «Enoch Burke è stato validamente sospeso dalla scuola del Wilson's Hospital, il giudice decide», 19 maggio 2023.https://www.irishtimes.com/crime-law/courts/2023/05/19/enoch-burke-was-validly-suspended-by-wilsons-hospital-school-judge-rules/

in Canada).

A causa della sua sfida e del suo rifiuto di rispettare un'ingiunzione del tribunale che gli imponeva di non frequentare la scuola, si è ritrovato in un'ulteriore situazione di conflitto di genere. L'articolo dell'Irish Times riporta che gli è stato ordinato di pagare alla scuola 15.000 euro di danni. Ironia della sorte, al momento in cui scriviamo, è ora detenuto nell'unità progressiva della prigione di Mountjoy, a Dublino.

Scott Smith

Con tutto il gender-bending che viene spinto nelle scuole, era solo questione di tempo prima che i genitori scattassero per la frustrazione. Uno di questi casi è accaduto in Virginia, negli Stati Uniti, al padre Scott Smith. Sua figlia è stata aggredita sessualmente da un ragazzo in un bagno femminile della Stone Bridge High School nel maggio 2021. Secondo il Daily Mail: "Lo studente maschio, che il giorno dell'aggressione indossava una gonna, è stato autorizzato ad entrare nel bagno perché ha detto al personale di identificarsi come femmina. La politica lassista della scuola gli ha permesso di usarlo".[42]

Nel giugno 2021, Smith ha partecipato a una riunione del consiglio scolastico della contea di Loudoun. In un'intervista rilasciata a Fox News l'11 settembre 2023, ha spiegato che lui e sua moglie sono stati avvicinati e provocati da un genitore "contestatore radicale". Quando Smith ha menzionato l'aggressione, la donna lo ha accusato di mentire e poi, nel tipico modo dei membri di una setta, ha minacciato i suoi mezzi di sostentamento e ha detto "ti rovinerò sui social media". Nel momento in cui lui ha risposto con un linguaggio "offensivo", i poliziotti lo hanno catturato. In un mondo sano di mente, questo provocatorio e squilibrato membro di una setta avrebbe dovuto essere portato nei Gulag in Siberia e costretto a spaccare pietre indossando la stessa gonna per 20 anni; lo stesso vale per lo studente autore del reato. Smith è stato accusato, gli è stata inflitta una condanna a dieci giorni con sospensione della pena e, dopo una battaglia legale, è stato graziato dal governatore della Virginia Glenn Youngkin nel settembre 2023. [43]

Questo è un altro tipo di incidente in cui qualcuno viene reso un esempio per aver sfidato la follia del culto. Questo dissuade altri genitori dal contestare alle scuole le loro folli stronzate e le loro negazioni di qualsiasi problema relativo alle loro politiche attiviste marxiane.

---

[42] Yeatman, D. «Il governatore della Virginia Glenn Youngkin grazia Scott Smith, padre di una ragazza violentata in un bagno unisex da un «ragazzo con la gonna» alla Stone Bright High School, dopo essere stato condannato per aver scatenato la furia dell'insabbiamento durante la riunione del consiglio», 11 settembre 2023.

[43] Fox News, «Padre graziato da Youngkin: Si tratta di proteggere i bambini», 11 settembre 2023. https://www.YouTube.com/watch?v=uiM8KEDPj1A

Università, ovvero "accademie di indottrinamento socialista".

"Senza teoria rivoluzionaria non ci può essere movimento rivoluzionario".[44]

V.I. Lenin, *Che fare?*, 1902

Le università sono un problema serio per la società, essendo una componente chiave della macchina dell'indottrinamento. Si tratta di una questione critica a livello globale. Infatti, rispetto ad altre istituzioni della società, sono le principali responsabili di questo indottrinamento e non hanno eguali in questo senso. Devono essere ripulite dagli elementi marxisti il prima possibile, una volta per tutte. Forse il processo di disintossicazione è già iniziato. Nell'agosto del 2023, NBC News ha riferito che lo Stato americano della Florida stava vietando i corsi di psicologia che contenevano contenuti sull'orientamento sessuale e l'identità di genere.[45] È una buona notizia, ma il compito che ci attende è ancora enorme.

I college e le università consentono l'indottrinamento di giovani adulti e non solo. Facilitano anche il reclutamento di studenti nei gruppi di attivisti, compresi quelli più apertamente "radicali" come Antifa e gruppi associati (o, in effetti, la formazione di nuovi gruppi). È così che nascono molti membri delle sette, che assaggiano per la prima volta l'ambiente delle sette.

C'è anche il problema degli studenti che vengono valutati accademicamente in base alla loro disponibilità a conformarsi ai pregiudizi ideologici delle istituzioni. In altre parole, se non siete disposti ad accettare il punto di vista del culto o dell'ideologia, non vi sarà permesso di eccellere. Le conversazioni con studenti universitari non infetti lo confermano. In altre parole, in queste università esiste una cultura di culto.

Istruzione inutile = laureati inutili

"Gli uomini nascono ignoranti, non stupidi; sono resi stupidi dall'educazione".

Bertrand Russell, "Storia della filosofia occidentale:
Edizione da collezione".[46]

L'università (e le altre istituzioni post-secondarie e liceali) si stanno riempiendo di corsi dichiaratamente marxisti o di altre materie con un taglio marxiano. Naturalmente, questo rende il sistema "educativo" inutile, oltre a "radicalizzare" gradualmente la popolazione generale (con tutto ciò che ne

---

[44] Lenin, V.I., «Che cosa bisogna fare?», 1902, p. 12.https://www.marxists.org/archive/lenin/works/download/what-itd.pdf

[45] NBC News, «Florida bans AP Psychology course due to its LGBTQ content», 5 agosto 2023. https://www.YouTube.com/watch?v=Vzg31_jhzV4

[46] Bertrand Russell (2013). «Storia della filosofia occidentale: Collectors Edition», p.578, Routledge. https://www.azquotes.com/quote/254907

consegue, come sottolineato altrove). Lo vediamo con i corsi marxisti sempre più diffusi, come gli studi sull'"uguaglianza" o sulla "diversità" e varie combinazioni di questi termini. Che ne dite di un "PHD in studi socialisti multiculturali sull'uguaglianza e la diversità e transgender"? O preferireste ottenere un master in "Come impedire ai nazisti di intimidire e controllare le vite degli altri (cercando di intimidire le persone e controllare le loro vite)"? Certo, forse non avranno un nome così sfacciato (ancora!), ma sono comunque infarciti di ideologia.

È un fenomeno che va avanti da decenni, ma che è diventato più evidente e scandaloso negli ultimi tempi. Come minimo, qualsiasi cosa di natura psicologica, sociologica o storica è più che probabilmente infetta. Forse anche le materie STEM non sono al sicuro al giorno d'oggi. Che ne dite di un "Phd in Ingegneria dei dildo unisex di colore arcobaleno neutro rispetto al genere"? O un "Master in studi tecnologici bionici maoisti trotzkisti per prevenire atteggiamenti razzisti e omofobi verso i gay pedofili"? O un certificato di istruzione superiore in "Insegnare ad altre persone come prevenire il 'riflesso di vomito' in modo che possano fare pompini migliori agli altri"? Dobbiamo coprire tutte le lacune degenerative (o dovrei dire "tappare gli orifizi").

Oltre ai corsi più palesemente infetti, gli studenti ricevono un'inutile "educazione" in altri settori, compresi quelli legati alle tre cinghie di trasmissione della cultura (molte forme di insegnamento, corsi tecnici/produttivi sui media, giornalismo ecc.) Come potranno dare un contributo positivo alla società, visto che potranno trovare lavoro solo al servizio dell'establishment marxista? Questo vale anche per le scienze sociali e per le aree politiche e politologiche, ecc. Naturalmente, tutte le università/istituti di istruzione superiore avranno anche corsi di sociologia. I corsi che combinano diversi elementi consentono un indottrinamento a più livelli. Il Trinity College di Dublino, ad esempio, offre un corso di laurea quadriennale denominato "Filosofia Scienze Politiche Economia e Sociologia".[47]

Inoltre, in termini di scelta dei corsi di istruzione - e quindi dei ruoli che una persona può ricoprire nella società - i Paesi occidentali diventeranno sempre più simili ai regimi "comunisti" del XX secolo; in altre parole, lo scopo finale dell'istruzione e del lavoro è servire il regime, servire l'ideologia. Questa è la direzione in cui stanno andando le cose se non si affronta immediatamente il dominio del culto nelle questioni educative.

Ci vorrebbe un'eternità per elencare tutti i corsi/società/gruppi contaminati nelle università, quindi ecco una selezione di corsi in Irlanda che sventolano la bandiera rossa (non c'è stato bisogno di scavare a fondo, è bastato visitare i siti web delle università, cercare i corsi usando le parole chiave marxiste

---

[47] https://www.tcd.ie/courses/undergraduate/az/course.php?id=DUBSP-PPES-2F09

(uguaglianza, diversità, genere, femminismo, clima) et voilà).

Corsi contaminati

Il Trinity College Dublin (TCD), la Dublin City University (DCU) e l'University College Dublin (UCD) sono le principali istituzioni della capitale irlandese. Nel cuore della città, il famoso Trinity College offre: un certificato post-laurea in Diversity and Inclusion in Further Education and Training; un corso post-laurea di due anni a tempo pieno chiamato Gender and Women's studies; un corso di laurea in Gender and Sexuality in Early Modern Europe; e un corso di laurea in Stalinism and Society in Eastern Europe.[48] Il TCD ha anche un Ufficio per l'uguaglianza e una sezione del Partito dei lavoratori, oltre a gruppi che promuovono varie cause marxiste.[49]

A sud della città, l'UCD offre: un modulo di corso in Femminismo e giustizia di genere (esilarante); un master in Studi di genere; un master in Studi sull'uguaglianza; un master in cambiamenti climatici; e un corso quadriennale di laurea in Giustizia sociale.[50] Immaginate di fare tutte queste cose! Immaginate la quantità di potere rivoluzionario e progressista in materia di giustizia sociale a portata di mano! È interessante notare che la descrizione del corso per il Master in Studi di Genere dice questo alla voce "Carriera e occupabilità": "I laureati sono diventati membri centrali delle comunità locali, membri chiave delle ONG, dipendenti di agenzie del settore pubblico, organizzazioni educative e mediatiche in ruoli quali: ricercatori sociali, responsabili dello sviluppo di progetti, docenti, giornalisti e responsabili delle politiche e dell'advocacy. I laureati lavorano presso Amnesty International, Immigrant Council of Ireland, Crisis Pregnancy Programme, Médecins Sans Frontières, National Broadcasting Authority, RTE e National Women's Council of Ireland".[51] La maggior parte dei quali è infarcita di ideologia.

Sul lato nord, la DCU offre i seguenti corsi: un master in Studi sulla sessualità; un certificato post-laurea in Educazione alla sessualità e benessere sessuale; un master in Integrazione dei rifugiati; un corso di laurea in Sostenibilità climatica e ambientale; un corso online di Uguaglianza, diversità e inclusione. La DCU ha anche un Centro di eccellenza per la diversità e l'inclusione.[52] Ecco la

---

[48] https://www.tcd.ie/courses/

[49] Grace, A. «La sezione di Trinity del Partito dei Lavoratori è stata ufficialmente riconosciuta», 17 febbraio 2018.

https://trinitynews.ie/2018/02/trinity-branch-of-workers-party-officially-recognised/

[50] https://www.myucd.ie/courses/

[51] «MA Studi di genere».
https://hub.ucd.ie/usis/!W_HU_MENU.P_PUBLISH?p_tag=PROG&MAJR=W383

[52] https://www.dcu.ie/courses

Dublino ben coperta....

Fuori Dublino

La NUI Maynooth, nella contea di Kildare, offre un master in Gender, Diversity and Inclusion e un certificato in Equality Studies.[53] L'Università di Limerick offre il certificato di parità, diversità e inclusione.[54] La NUI Galway offre un BA in Global Women's Studies e un MA in Culture and Colonialism. Dalla descrizione del corso di quest'ultimo: "Il Master in Cultura e Colonialismo esplora la letteratura, la politica e la cultura dall'Irlanda all'India e dall'Africa al Medio Oriente. Si tratta di un programma di Master of Arts multidisciplinare, rivolto a laureati in discipline artistiche, umanistiche e sociali. Gli studenti analizzano le ascese imperiali, le teorie razziali, i movimenti nazionalisti, le esperienze postcoloniali, l'ascesa del pensiero neocoloniale, il multiculturalismo e l'interculturalismo e le implicazioni della globalizzazione e dello sviluppo per il mondo moderno".[55]

È ovvio che questo corso si occuperà delle solite prospettive marxiane, promuovendo: il pensiero anti-"destra"; l'anti-colonialismo; la narrativa "anti-razzismo", ecc.

Il St. Angela's College di Sligo è collegato alla NUI Galway. Offre un master in educazione religiosa e giustizia sociale.[56] All'inizio del 2020, l'University College Cork ha organizzato un breve corso sulla storia LGBT+ dal titolo "From Shame to Pride? A Short Introduction to LGBT+ Irish History (1970-2020)".[57]

Gli effetti di tutta la "educazione" di merda

Che effetto ha tutto l'indottrinamento su una società? Se generazioni di studenti vengono ora programmate per essere piccoli rivoluzionari marxisti, che valore avranno per la società, quando si diplomeranno? Che competenze avranno? Non contribuiranno a nulla se non a servire il culto/ideologia nei loro rispettivi Paesi. A parte questo, cos'altro possono fare? Quali altri ruoli potrebbero ricoprire?

Oltre a rafforzare l'ideologia/culto, favorendo la diffusione dell'infezione,

---

[53] https://www.maynoothuniversity.ie/study-maynooth/find-course

[54] https://www.ul.ie/gps/equality-diversity-and-inclusion-graduate-certificate

[55] http://www.nuigalway.ie/courses/taught-postgraduate-courses/culture-colonialism.html

[56]

http://www.stangelas.nuigalway.ie/Downloads/ProspectiveStudents/Brochures/IET47.pdf

[57] https://libguides.ucc.ie/lgbt/gettingstarted

indebolisce e distrugge la civiltà. Ovviamente, quanto più le giovani generazioni sono prive di competenze utili, tanto più facilmente la civiltà crollerà. La civiltà funziona solo perché (alcune) persone sanno come fare le cose nel mondo reale. Yuri Besmenov (l'esperto di propaganda sovietica) ha fatto un punto rilevante nella sua conferenza del 1983, quando ha spiegato la "Sovversione ideologica": i corsi di istruzione veramente utili sarebbero stati sostituiti da inutili "false alternative", che non sono di alcun beneficio per una nazione, durante la (seconda) fase di "Destabilizzazione".

C'è anche l'impatto economico. Oltre al fatto che queste generazioni di studenti saranno indottrinate all'odio per la ricchezza, i profitti e il capitalismo, non avranno competenze utili e pratiche. Questo ha un impatto negativo sull'economia e contribuisce al suo collasso; la prosperità ne risente e la generazione di ricchezza è limitata. Questo punto si collega alla questione dello "Stato sociale" e al fatto che le sotto-agenzie marxiste e il complesso delle ONG/non profit drenano denaro dall'economia. Tutto ciò contribuisce ad attaccare la prosperità economica e l'indipendenza di una nazione (e il capitalismo in generale). Più tempo, energia e risorse le università sono autorizzate a dedicare alla propaganda marxiana e più studenti indottrinati escono da queste istituzioni, più questi effetti sociali vengono amplificati.

Conoscenza, inflazione dell'ego e ipocrisia

Come per le sette/ideologie in generale, l'ego è una questione centrale. Gli studenti indottrinati all'università ricevono la loro "istruzione" e poi, consciamente o inconsciamente, diffondono l'ideologia in tutta la società, pensando di essere istruiti (o forse addirittura "esperti") nel campo di studio scelto; beatamente ignari del fatto che non sanno praticamente nulla di alcun valore. Non solo la loro conoscenza non ha valore, ma è di fatto tossica e spesso contribuisce a creare gli effetti opposti a quelli che la persona crede di avere! Questo tipo di individui crede che promuovere l'uguaglianza marxiana, la diversità, la solidarietà, il multiculturalismo, l'ambientalismo, il socialismo ecc. sia un atto benevolo, ma in realtà è estremamente distruttivo e divisivo. I risultati sono distruttivi e creano sofferenza nel lungo periodo. La loro "educazione" li rende ultra-ipocriti all'estremo.

Attività di culto nei campus

Le università irlandesi sono altamente contaminate. Ci sono troppe attività di culto da includere, ma questo esempio ha catturato la mia attenzione. Il 13 settembre 2020, il quotidiano Irish Times ha riportato i recenti avvenimenti della National University of Ireland Galway (NUIG). L'Università aveva tentato di implementare un requisito obbligatorio per gli studenti di firmare una promessa di "comunità". Questa prevedeva che gli studenti aderissero a determinate linee guida comportamentali (filo-marxiste). Alla fine la NUIG ha cambiato la sua posizione e non è più stato un requisito obbligatorio.[58]

Uno studente di legge di nome Simeon Burke (fratello dell'insegnante sfiduciato Enoch, già citato in precedenza) è stato una voce di spicco nel sottolineare la follia che si sta verificando nell'università. In merito alla promessa obbligatoria, Burke ha dichiarato nell'articolo che: "Sentivo che minava i miei diritti di studente della NUI Galway e minacciava la mia libertà di pensare con la mia testa". Burke decise di candidarsi alla presidenza del sindacato studentesco nelle elezioni che si svolsero nell'aprile 2021 (anche se senza successo), suscitando inevitabilmente l'ira dei membri della setta.

In un video sul profilo Twitter di "Simeon Burke for President", ha raccontato come il materiale della campagna elettorale sia stato gettato nella spazzatura. Per quanto riguarda l'atmosfera nel campus, ha detto: "Gli studenti che non sono completamente d'accordo con la sinistra, e che parlano e fanno sentire la loro voce, vengono sottoposti a un torrente di intimidazioni e a gravi atti di bullismo quasi come una cosa ovvia qui alla NUI Galway. Questi problemi sono stati sollevati più volte con la direzione dell'Università nel corso degli anni... eppure nulla è cambiato. La situazione persiste e gli studenti continuano a essere messi a tacere".[59] Prevedibilmente, Burke è stato sottoposto alle consuete prese in giro da parte dei membri del culto associati all'Università (e non solo); anche due membri del culto mascherati da politici - Luke Flanagan e Paul Murphy - sono stati coinvolti nel rituale online.[60]

Sono certo che i lettori avranno innumerevoli esempi di tali attività di culto nei loro rispettivi Paesi. Ciò che va notato è il fatto che le istituzioni educative dovrebbero essere luoghi che consentono opinioni diverse, dibattiti, l'esplorazione di diverse scuole di pensiero, ecc. La condotta e la parzialità ideologica delle università di oggi rendono tutto ciò ridicolo. Il culto/ideologia non tollera il dissenso quando è al posto di guida. Fottuti mocciosi viziati.

'Intrattenimento'

---

[58] O' Brien, C., «La NUI Galway abbandona il requisito dell'impegno a comportarsi in modo responsabile», settembre 2020.
https://www.irishtimes.com/news/education/nui-galway-drops-behave-responsibly-pledge-requirement-1.4353962

[59] https://twitter.com/voteforsimeon?lang=en

[60] Carolan, M. «Uno studente critica la decisione «vergognosa» di non indagare su TD per un tweet», 30 maggio 2022.

https://www.irishtimes.com/crime-law/2022/05/29/student-criticises-shameful-decision-not-to-investigate-td-over-tweet/

"Teatralità e inganno: agenti potenti per i non addetti ai lavori".[61]

Bane (Tom Hardy), *The Dark Knight Rises*, 2012.

Qualsiasi forma di intrattenimento si popola di membri di culto e viene utilizzata per contaminare ulteriormente la popolazione. I mezzi di comunicazione utilizzati per l'indottrinamento possono essere la TV, i film, i "documentari", la musica, le opere teatrali, gli spettacoli dal vivo, le arti in generale, ecc. L'ideologia contamina tutto. Questa industria dell'intrattenimento contaminata produce propaganda marxista mista a edonismo.

Si è molto suscettibili ad assorbire idee quando si prova piacere, quando si è "intrattenuti". Questo è l'ABC del lavaggio del cervello: prendere i babbei mentre sono rilassati e frivoli, mentre la loro guardia (qualunque guardia abbiano) è abbassata. Un esempio contemporaneo e molto popolare è Netflix, che sforna una quantità impressionante di propaganda di alto livello.

È anche normale - con un'infezione marxista globale - che l'intrattenimento e le arti vadano a rotoli, come stiamo vedendo. Le vedrete degenerare ulteriormente man mano che l'ambiente culturale diventerà sempre più infetto. Le cose diventano più politiche, ma in modo marxiano e partigiano, naturalmente. Possono anche diventare palesemente trash, a seconda del mezzo di comunicazione in questione. Questo può essere evidente quando vediamo le celebrità impegnarsi in discorsi da PC, diventando portavoce di varie cause marxiste.

Cuntry Blues

La canzone dell'Irlanda che parteciperà all'Eurovision Song Contest nel 2024 è "Doomsday Blue", di un'artista irlandese "non binaria" di 29 anni chiamata Bambie Thug (alias "Bambie Ray Robinson" o "Cuntry Ray Robinson").[62] La canzone suona come se ne suonassero alcune simultaneamente; tre al prezzo di una (quindi un grande valore). Ricorda un pessimo teatro musicale, o addirittura una pantomima, influenzata da Marilyn Manson e Lady Gaga. C'erano elementi heavy metal lenti e stridenti. La bizzarra produzione scenica dell'esibizione al Late Late Show era a tema gotico e satanico, con due "demoni" e un costante flusso visivo di simbologia pagana e occulta. In un segmento dell'intervista video del Late Late Show, Robinson ha dichiarato: "L'Eurovision è una piattaforma gigantesca... come persona non binaria rappresento una parte massiccia del nostro Paese che è poco rappresentata".[63]

---

[61] «Batman VS Bane - Il cavaliere oscuro - Lotta completa 1080p HD».https://www.YouTube.com/watch?v=rDuetklFtDQ

[62] https://en.wikipedia.org/wiki/Bambie_Thug

[63] «Bambie Thug - Doomsday Blue | Eurosong | The Late Late Show», gennaio 2024.

In un'intervista al *Gay Times*, ha dichiarato: "Mi piace far parte di una scena queer in ascesa, più voci queer sono ciò di cui il mondo ha fottutamente bisogno".[64] Un'altra personalità degenerata. Un'altra vita rovinata.

Quindi, un Paese che si distingue per l'eccellenza artistica, con una forte tradizione di cantanti e musicisti di talento che risale a secoli fa, ha come rappresentante una persona "non binaria" relativamente priva di talento? Ovviamente, la parte non degenerata e non indottrinata della popolazione irlandese può capire cosa sta succedendo. Questo fiasco incorpora ovviamente le sotto-agende "trans" e distruzione della cultura.

La perdita di significato

Il vero significato dell'arte è andato perduto in una società infestata dal marxismo. L'impatto dell'infezione è duplice: quella che una volta era una fonte di stimolo esistenziale e un'espressione di grande creatività diventa nessuna delle due, oltre a diventare un grande contenitore di propaganda per l'ideologia. La vera genialità viene eliminata, poiché ciò sfida l'assioma marxiano dell'uguaglianza. L'arte non è più una cosa di bellezza creativa e contemplativa, ma una cosa di bruttezza "politicamente corretta" (marxista) e prevedibile. L'influenza relativista del postmodernismo (di cui si è parlato in precedenza) fa sì che non esista più una bellezza reale oggettiva: tutto diventa soggettivo. Ecco perché, al giorno d'oggi, si possono vedere queste espressioni di "arte" prive di significato che vengono sostenute come "progressiste", ecc. Come estensione di ciò, l'atteggiamento relativista permette di usare le arti e l'intrattenimento per scopi propagandistici.

La musica, le poesie, i documentari e l'arte (scultura, pittura, ecc.) diventano trash e privi di significato. La schifezza diventa il nuovo "profondo" e "tagliente". L'arte improvvisamente non richiede alcuna abilità creativa o tecnica o sostanza; "avanguardia" ora significa "innovativo in modo schifoso". A proposito di schifezze, nel 2018 sono state esposte/discusse sculture giganti di merda nel Museo Boijmans van Beuningen, a Rotterdam, nei Paesi Bassi.[65]

Lo scopo è abbassare gli standard di eccellenza, incoraggiare la degenerazione e forzare l'uguaglianza. È la distorsione errata, relativista, post-modernista e marxista della realtà, secondo cui tutto ha valore e nulla è superiore a qualsiasi

---

https://www.YouTube.com/watch?v=eA2fKlT8Khw

[64] Raza-Sheikh, Zoya, «Benvenuti nel paesaggio sonoro stregato di Bambie Thug», 21 giugno 2023.

https://www.gaytimes.co.uk/music/queer-and-now/queer-now-welcome-to-bambie-thugs-witchy-soundscape/

[65] Tidey, A., «Queste sculture giganti di cacca dimostrano che 'l'arte contemporanea non è s***'», giugno 2018. https://www.euronews.com/2018/06/08/these-giant-poo-sculptures-prove-contemporary-art-is-not-s-

altra cosa. Implicare che una cosa sia superiore a un'altra significa suggerire che esiste una sorta di gerarchia, e questo è qualcosa che l'ideologia/culto non può permettere. Ovviamente, le gerarchie spesso portano potenzialmente a far arrabbiare qualcuno (perché non tutti gli artisti possono essere grandi!), e non possiamo permetterlo, no?

L'arte dovrebbe servire a presentare qualcosa alla considerazione di un altro, che è libero di apprezzarla o detestarla. In una società contaminata, tutte le vie dell'arte iniziano a essere saturate dal fetore rosso. Ora, invece di essere semplicemente presentati per essere presi in considerazione, ci viene detto anche come sentirci. Non c'è più spazio per il libero arbitrio, non si può nemmeno reagire come si vuole! Una cosa come l'arte diventa solo un altro tentacolo dell'ideologia/culto. È deprimente!

Naturalmente, i tipi indottrinati amano assolutamente tutto questo. Sarebbero sicuramente portati a piangere leggendo una poesia infarcita di dogmi marxisti sull'"oppressione" degli "oppressi"; o impressionati da un documentario "intelligente" che esamina il genio del socialismo.

Sarebbero ispirati da una canzone che esalta le virtù della "diversità" con un video che contiene il maggior numero possibile di persone non bianche e non eterosessuali; o in preda a convulsioni di risate guardando una stand-up comedian donna che fa un set "all'avanguardia" sulla sua vagina, sul dormire in giro e su altri argomenti trash; o forse eccitati da una grande scultura di 3 metri che celebra l'erotismo del fisting anale... "Penso che sia bellissimo!"È così vario!"; sorridono, piangono le loro lacrime infuse di soia e si asciugano i loro moccoli estrogenici (rossi) dal naso per la meravigliosa progressività di tutto ciò.

Naturalmente, un'arte come questa farebbe venire voglia a una persona sana di vomitare, di mettersi le dita nelle orecchie, di cambiare canale o di buttare quella spazzatura nella spazzatura. Mi ricorda quanto deve essere eccitante per una banda di pedofili satanici quando i bambini arrivano alla loro riunione. Si divertono tra di loro, ma se una persona sana di mente vi assistesse, vomiterebbe con una combinazione di disgusto e orrore (io? Farei volare i miei machete).

Quindi, quando le persone suggeriscono "Cosa vuol dire "spazzatura"?!? Come puoi criticarlo quando tante altre persone se lo godono?", possiamo rispondere che l'edonismo non è il barometro giusto con cui giudicare le cose. Possiamo tirare in ballo il grooming e le bande di pedofili, o la cultura della droga (comprese le case del crack), o l'industria del sesso: tutte situazioni in cui qualcuno si diverte in un modo o nell'altro, e tutte manifestazioni di degenerazione sociale che causano molti danni. Si potrebbe anche rispondere con "Persone volgari uguale arte volgare. Arte scadente uguale gente scadente", poiché le arti sono molto influenti nello sviluppo della società e riflettono allo stesso tempo la società stessa.

Celebrità socialiste dello champagne

Al giorno d'oggi sembra che l'ideologia sia presente ovunque nel mondo dell'arte e dell'intrattenimento. Sebbene sia aumentata negli ultimi tempi, non è una novità. La canzone *Imagine* di John Lennon (1971) è un classico esempio di ideologia promossa attraverso le canzoni. Promuove l'ateismo, il governo mondiale/mondo senza confini, l'edonismo, l'antiguerra/"pace", la solidarietà, la rivoluzione, l'antiproprietà/anticapitalismo e la proprietà collettiva, l'utopismo. Tutto in una canzone di tre minuti! Forse possiamo considerarla il punto di riferimento?[66] Anche *One Vision* (1985) del gruppo rock britannico Queen promuoveva alcuni di questi temi: "Una razza, una speranza, una vera direzione... Un mondo, una nazione. Una visione".[67]

Negli anni '80, i cantanti irlandesi diventati membri del culto Bono (alias Paul Hewson) e Bob Geldof iniziarono a sostenere varie cause marxiane, tra cui l'iniziativa "Save Africa" e il governo mondiale. Geldof ha co-creato *Bandaid* nel 1984, una collaborazione di artisti cantanti e musicisti famosi per sottolineare la carestia in Etiopia.[68] (ovviamente, non c'era alcun riferimento al ruolo del socialismo in questa vicenda, né alla guerra di fazione marxista). Bono, una figura trasparente dello spettacolo all'avanguardia della rivoluzione mondiale, considerava il defunto terrorista marxista Nelson Mandela un'ispirazione per il proprio attivismo, dichiarando una volta: "Ho lavorato per Nelson Mandela praticamente per tutta la vita".[69] Una celebrità attivista irlandese che "lavora" per un marxista nero africano?

Nel 1992, la defunta cantante irlandese - e membro del culto per tutta la vita - Sinead O' Connor (1966-2023) strappò notoriamente una foto di Papa Giovanni Paolo II alla TV americana (anticristianesimo); in seguito si convertì all'Islam ("diversità"/islamizzazione dei Paesi occidentali). La sua morte, avvenuta nel luglio 2023, è stata trattata come la scomparsa di una santa progressista, con migliaia di persone in lutto.[70]

Ci sono ormai innumerevoli esempi di celebrità che appoggiano/promuovono l'ideologia, consapevolmente o meno, mettendosi in mostra ad ogni occasione,

---

[66] https://genius.com/John-lennon-imagine-lyrics

[67] https://genius.com/Queen-one-vision-lyrics

[68] https://en.wikipedia.org/wiki/Band_Aid_(banda)

[69] CBS Mornings, «Bono parla della saggezza e del coraggio di Nelson Mandela», 6 dicembre 2013. https://www.YouTube.com/watch?v=c-lhKwIZYIg

[70] Carroll, R, «She blazed a trail»: migliaia di persone si riuniscono per il funerale di Sinéad O'Connor in Irlanda», 8 agosto 2023.

https://www.theguardian.com/music/2023/aug/08/thousands-gather-funeral-sinead-oconnor-ireland

a quanto pare. Più alto è il loro profilo, più alta è la loro influenza. Le sotto-agenzie marxiane che sono estremamente popolari tra le celebrità sono: il femminismo, qualsiasi questione che coinvolga la sessualità/il genere, il cambiamento climatico, il veganismo, oltre alla promozione del multiculturalismo/diversità/antirazzismo e di concetti marxiani come l'uguaglianza e la solidarietà, ecc.

Altri casi individuati sono: Leonardo DiCaprio che parla di cambiamenti climatici durante il suo discorso di accettazione dell'Oscar (altre celebrità "verdi" sono Cate Blanchett che una volta è apparsa alla televisione australiana a sostegno della carbon tax); William "Caitlyn" Bruce Jenner che fa coming out come "donna trans" (amplificato dall'alto profilo del programma televisivo *Keeping Up with the Kardashians*); le attrici Emma Watson, Nicole Kidman e Anne Hathaway che diventano ambasciatrici di buona volontà delle Nazioni Unite per le donne;[71] le attrici Uma Thurman, Alyssa Milano, Ashley Judd, Linsey Godfrey e l'ex cantante dei Fleetwood Mac Stevie Knicks che sostengono pubblicamente l'aborto.

Ci sono stati anche: Il conduttore televisivo britannico Philip Schofield che ha fatto "coming out" come gay nel programma *This Morning*; l'attrice Ellen "Elliot" Page che ha fatto coming out come gay e poi ha deciso di essere "trans"; il comico travestito Eddie Izzard che si è dichiarato "transgender" (e che è, scioccamente, coinvolto nel partito laburista britannico); l'attrice Natalie Portman che ha riscritto le favole per bambini per essere più "neutrale" dal punto di vista del genere, e l'elenco continua a lungo.[72][73]

Il discorso di Joker

La parte sana della Terra è pienamente consapevole che Hollywood è un nastro trasportatore infinito di degenerazione, quindi nulla di ciò che produce dovrebbe sorprenderci. Ecco un altro chiaro esempio di alto profilo dell'ideologia che viene spacciata sul palcoscenico forse più grandioso che Tinseltown possa offrire: gli Academy Awards. Alla cerimonia del 2020, dopo aver vinto l'Oscar come miglior attore per il film *Joker*, *Joaquin* Phoenix ha tenuto un discorso preparato di cui Marx stesso sarebbe orgoglioso, spuntando

---

[71] https://en.wikipedia.org/wiki/UN_Women_Goodwill_Ambassador

[72] Cho e Sengwe, «Celebrità che hanno condiviso le loro storie di aborto per aiutare le donne a sentirsi meno sole», 17 ottobre 2023. https://people.com/health/celebrity-abortion-stories-busy-philipps-jameela-jamil/?slide=6764577#6764577

[73] Huston, W. «Natalie Portman riscrive le fiabe classiche per renderle 'neutre dal punto di vista del genere', in modo che i bambini possano 'sfidare gli stereotipi di genere'», 15 marzo 2021.

https://www.breitbart.com/entertainment/2021/03/15/natalie-portman-rewrites-classic-fairytales-to-make-them-gender-neutral-so-children-can-defy-gender-stereotypes/

una miriade di caselle rosse. Ha parlato di come l'essere un attore famoso dia a lui (e ai suoi colleghi) "l'opportunità di usare la nostra voce per i senza voce" (gli oppressi). Ciò significa in realtà che sono nella posizione di spacciare spazzatura marxiana, che è esattamente ciò che ha fatto doverosamente in questo discorso.[74]

Entrando in piena modalità SJW marxiana, Phoenix ha detto (le note sono tra parentesi): "Ho pensato molto ad alcuni dei problemi angoscianti che stiamo affrontando collettivamente (solidarietà/collettivismo)... e penso che a volte ci sentiamo... che sosteniamo cause diverse, ma per me vedo una comunanza (una rivoluzione). Credo che, sia che si parli di disuguaglianza di genere (femminismo), sia che si parli di razzismo, sia che si parli di diritti dei gay (LGBTQ), sia che si parli di diritti degli indigeni (agenda dei nativi americani), sia che si parli di diritti degli animali (veganismo), stiamo parlando della lotta contro l'ingiustizia ("oppressione"/segnalazione di virtù marxiana). Stiamo parlando della lotta contro la convinzione che una nazione (anti-America), un popolo (diverse sotto-agende), una razza (anti-bianchi), un genere (femminismo) o una specie (anti-umani/vegani) abbia il diritto di dominare, controllare, usare e sfruttare impunemente un altro popolo" (oppressore contro oppresso).

Ha detto che ci siamo disconnessi dalla natura e, a causa della nostra visione egocentrica del mondo, "andiamo nel mondo naturale e lo saccheggiamo per le sue risorse" (agricoltura e industria, cambiamento climatico, anticapitalismo, ecc.); ha anche sottolineato che opprimiamo le mucche, inseminandole artificialmente, rubando i loro bambini e rubando il latte a loro destinato mettendolo "nel nostro caffè e nei nostri cereali". Secondo la logica di Joaquin, se le mucche potessero parlare, dato che non hanno voce, parlerebbero di questa oppressione. Ha detto che possiamo sviluppare sistemi di cambiamento che "siano vantaggiosi per tutti gli esseri senzienti e per l'ambiente" ("sostenibilità"), usando "l'amore e la compassione come principi guida" (la "superiorità" morale marxiana); ha anche infilato le parole "amore" (di nuovo) e "pace" alla fine (tutte efficaci parole chiave della manipolazione emotiva marxiana).

In un discorso di quasi quattro minuti, Phoenix non ha detto una sola parola sul film in sé, né ha ringraziato nessuno dei partecipanti al progetto che gli ha permesso di vincere il suo primo Oscar: era troppo impegnato a blaterare di salvare il mondo.

Ci sono centinaia di persone coinvolte nella produzione di un film di Hollywood! Stupida mocciosa. Vale la pena notare che il discorso era carico di

---

[74] Oscar, «Joaquin Phoenix vince come miglior attore alla 92ª edizione degli Oscar (2020)», 11 marzo 2020.

https://www.YouTube.com/watch?v=qiiWdTz_MNc

pensieri femminili ed emotivi, il che è ovviamente tipico dell'ideologia/culto in generale, ma è anche tipico dei maschi vegani (come lui), a causa dei bassi livelli di testosterone.

È interessante notare che lo stesso film di Joker presentava molti temi marxiani, tra cui la salute mentale/essere vittima, l'anticapitalismo/vendetta contro la borghesia e la rivoluzione. Chiunque abbia familiarità con il personaggio sa che Joker rappresenta il caos (anche l'anarchia e, per estensione, la rivoluzione). La scena finale lo mostra danzare in cima a un'auto di fronte a una folla esultante, con un sorriso demoniaco insanguinato, mentre la città brucia per la rivoluzione da lui creata. Satana sorride quando il mondo è in fiamme...[75]

Sebbene l'audience degli Oscar sia diminuita massicciamente nel corso degli anni (forse a causa del marciume "wokeness"/marxista, oltre che del Covaids 1984), le cifre si aggiravano ancora intorno ai 23,6 milioni.[76] Si tratta di un'enorme piattaforma pubblicitaria per l'ideologia, con tutti gli occhi puntati in particolare sui premi per il miglior uomo, la miglior donna e il miglior film. Lo stesso vale per il discorso di DiCaprio agli Oscar sul cambiamento climatico nel 2016.

Film

Alcuni esempi di film che promuovono la propaganda marxiana, la degenerazione comportamentale o la "wokeness" in una forma o nell'altra:

Nel film *Pimp* (2018), il personaggio centrale è una pappona lesbica nera del Bronx il cui livello di degenerazione è pari solo a quello del film. Fa da pappone a donne per lo più bianche, una delle quali è il suo (quasi) interesse amoroso; la relazione con la sua (quasi) ragazza è ovviamente interrazziale, ma lei è in posizione dominante (insinuando che ora i bianchi dovrebbero essere gli schiavi dei neri). Man mano che il film procede, vediamo le due aspiranti amanti del pappone - entrambe donne molto attraenti - lottare per questa persona degenerata e manipolatrice. Ovviamente queste due donne farebbero meglio a spendere il loro tempo e la loro sessualità altrove. Il film promuove essenzialmente questo comportamento disgustoso e dispendioso per le donne,

---

[75] Flashback FM, «Anarchia a Gotham (Finale) | Joker [UltraHD, HDR]», 8 gennaio 2020.

https://www.YouTube.com/watch?v=NHi_8FGMObQ

[76] Whitten, S. «L'audience dei programmi di premiazione è in forte declino. Questo grafico mostra il calo degli spettatori», 2 maggio 2021.

https://www.cnbc.com/2021/05/02/oscars-2021-nielsen-data-shows-viewers-have-lost-interest-in-award-shows.html

cercando di normalizzarlo.[77]

Icone e comportamenti gay

Recentemente abbiamo assistito all'idoleggiamento di "icone" gay. *Bohemian Rhapsody* (2018) racconta la storia del frontman dei Queen Freddie Mercury, anche se in modo più asettico. La vita personale di Mercury era un grande atto di degenerazione - infedeltà, promiscuità e uso di droghe - ma questo non è stato sottolineato nel film. Nonostante questa e altre imprecisioni, il film ebbe un enorme successo al botteghino (indicativo del livello di infezione della società).[78] L'anno successivo è arrivato sul grande schermo il biopic su Elton John intitolato *Rocketman* (2019). Anche in questo caso, il film è stato altamente sterilizzato, rifiutando di approfondire i dettagli. Tuttavia, contiene alcune lievi scene di sesso gay.[79]

Il film irlandese/britannico *Rialto* (2019) è la storia di Colm, un uomo medio di Dublino di 46 anni con famiglia, che ha una crisi di mezza età innescata da eventi traumatici (morte del padre, perdita del lavoro). Si lega emotivamente e sessualmente a un diciannovenne di nome Jay, dopo essere stato rapinato da lui (!). Questo porta Colm a sviluppare in seguito una strana sorta di infatuazione da vittima, da sindrome di Stoccolma, ma i suoi sentimenti non sono ricambiati.[80]

Il film essenzialmente mette in scena l'idea che gli uomini eterosessuali possano distruggere la propria vita/la vita della propria famiglia per essere coinvolti emotivamente e sessualmente con altri uomini. Fa anche un buon lavoro nell'evocare simpatia per Colm (vittima/oppresso) nonostante il suo comportamento spregevole e irresponsabile. Riesce persino a infilare una frecciatina al capitalismo, dato che una delle cause scatenanti della spirale negativa di Colm è stata l'ingiusta perdita del lavoro (nonostante fosse un dipendente fedele da molti anni). Inoltre, mostra involontariamente che l'esaurimento mentale può portare una persona a impegnarsi nella degenerazione, il che riassume molto bene l'ideologia/culto. Un film disgustoso che non aveva bisogno di essere realizzato.

Femminismo robotico, indiani blu e cambiamento climatico

Il film *Terminator: Dark Fate* (2019) è l'ennesimo capitolo dell'iconica serie fantascientifica che non aveva bisogno di essere realizzato. Presentava un cast e una trama incentrati sulle donne. Il regista e scrittore James Cameron ha già fatto propaganda femminista in passato, con *Aliens* e *Terminator 2* in cui erano

---

[77] https://en.wikipedia.org/wiki/Pimp_(2018_film)

[78] https://en.wikipedia.org/wiki/Bohemian_Rhapsody_(film)

[79] https://en.wikipedia.org/wiki/Rocketman_(film)

[80] https://en.wikipedia.org/wiki/Rialto_(film)

presenti "guerriere" donne.[81] Un altro suo progetto relativamente recente è stato *Avatar* nel 2009, che conteneva i temi dell'antiamericanismo/militarismo e dell'anticapitalismo, oltre alla conseguente oppressione/soppressione di una popolazione tribale e indigena da parte di questi invasori. Una sorta di *Balla coi lupi* e *Fern Gully* ambientato nello spazio, con "indiani" blu al posto dei nativi americani. [82]

(*Fern Gully* (1992) è un film d'animazione sulla distruzione della foresta pluviale da parte delle aziende. Un programma anti-capitalista e sul cambiamento climatico rivolto ai bambini.[83] Anche *Balla coi lupi* (1990) fa parte dell'elenco dei film marxisti hollywoodiani che fanno leva sulla virtù. Promuovendo l'"oppressione" dei nativi americani, presentava un evidente tema anti-bianco/antiamericano, un tema anti-militare e promuoveva l'agenda della colpa bianca. Pur essendo un film piacevole, ha contribuito all'attacco dell'ideologia all'America, enfatizzando la questione dei nativi americani attraverso una lente marxiana[84]).

Ghostbusters (2016) è un remake del classico del 1984, realizzato semplicemente per promuovere la parità di genere. Questa volta, a differenza dell'originale, tutti gli acchiappafantasmi sono donne, ma con un receptionist maschio un po' tonto/incompetente, mentre le donne sono relativamente geniali (agenda del femminismo/anti-maschio/sottomissione maschile). Destinato principalmente a un pubblico femminile giovane e ai membri di una setta, il film presenta anche temi come l'occultismo e l'apocalisse.

La tagline del film (come sulla locandina) è "Rispondi alla chiamata" (un sottile termine di indottrinamento per evocare sentimenti di fervore rivoluzionario nelle menti del pubblico femminile, per lo più giovane).[85] Il film è stato un altro esempio dell'ideologia che distrugge l'arte e ha rappresentato una bomba al botteghino, meritatamente.

La "commedia" politica e gli idoli dei cultisti

Nel 2020 è uscito un film "commedia" politico marxista intitolato *Irresistible*. Si trattava essenzialmente di una presa in giro di chiunque fosse di destra, compresi i repubblicani e i sostenitori di Donald Trump.[86] È un esempio di "arte" creata da membri di una setta che solo altri membri della setta amerebbero e per cui avrebbero convulsioni di risate. È stato diretto e scritto

---

[81] https://en.wikipedia.org/wiki/Terminator:_Dark_Fate

[82] https://en.wikipedia.org/wiki/Avatar_(2009_film)

[83] https://en.wikipedia.org/wiki/FernGully:_The_Last_Rainforest

[84] https://en.wikipedia.org/wiki/Dances_with_Wolves

[85] https://en.wikipedia.org/wiki/Ghostbusters_(2016_film)

[86] https://en.wikipedia.org/wiki/Irresistible_(2020_film)

dall'ex conduttore del *Daily Show* Jon Stewart (Leibowitz).

Nel 2019 è uscito un altro film "woke", intitolato *Seberg*. Si tratta dell'attrice Jean Seberg, coinvolta in un sotto-culto marxiano: le Pantere Nere. Ha anche fatto donazioni alla *NAACP* (*National Association for the Advancement of Coloured People*), un gruppo marxiano centrale che ha contribuito a dare il via al movimento per i diritti dei neri negli Stati Uniti. È stata sposata con l'ex terrorista marxista Romain Gary, che ha combattuto i nazisti nella Francia della Seconda Guerra Mondiale, anche se ha avuto numerose relazioni. Lo slogan del film era "Attrice. Attivista. Avversario", il che lo rende carico di propaganda. A causa delle sue attività antiamericane, la Seberg fu oggetto di operazioni di sorveglianza e demoralizzazione da parte dell'FBI nella sua lotta contro la setta. Quindi la Seberg è solo un'altra intrattenitrice di sinistra SJW fuorviata che viene presentata al pubblico (in particolare alle giovani donne) come un modello, una ribelle, un'eroina, ecc.[87] (Per inciso, la tag-line della *Seberg* contiene un altro riferimento al diavolo. La parola "Satana" (pronunciata "sha-tan") è la parola ebraica per "avversario").

Nel 2020 esce *The Glorias*, un film sul membro del culto Gloria Steinem, figura centrale del "femminismo di seconda ondata" nell'America dell'epoca hippie.[88] Nello stesso anno esce *Miss Marx*, film su Eleanor Marx, la figlia minore di Karlie Karl. Leggendo la sinossi, sembra che la ragazza sia rappresentata come un'eroina oppressa, frenata da tutti i maschi della sua vita.[89] Non viene menzionato il fatto che fosse la figlia di Satana personificato e che questo le abbia rovinato la vita. Sempre nel 2020 è uscito un thriller femminista di vendetta intitolato *Promising Young Woman*.[90] E continua così...

Supereroi per l'uguaglianza

La presenza dell'indottrinamento nella società fa sì che gli artisti/performer non vengano più rispettati per la loro produzione di eccellenza, ma vengano applauditi (dagli indottrinati) a causa del gruppo "oppresso" a cui appartengono. E il resto di noi, non volendo assecondare la folla del "PC", tende a non dare rispetto a coloro che potrebbero effettivamente meritarlo. L'ideologia non fa che squilibrare l'intera situazione. Non solo trasforma l'arte in merda, ma può alterare la percezione di tutto ciò che di buono vi è contenuto.

Al cinema, i tipi indottrinati diventano isterici quando guardano qualcuno come l'attrice israeliana Gal Gadot nei film di *Wonder Woman*. Ogni effettiva grandezza nell'interpretazione dell'attore è macchiata dalle sfumature virtuose

---

[87] https://en.wikipedia.org/wiki/The_Glorias

[88] https://en.wikipedia.org/wiki/The_Glorias

[89] https://en.wikipedia.org/wiki/Miss_Marx

[90] https://en.wikipedia.org/wiki/Promising_Young_Woman

presenti a causa dell'indottrinamento. Secondo il culto e l'ideologia, secondo il culto, l'attrice merita di essere lodata anche solo per il fatto di trovarsi in quella posizione. È ridicolo! Questo non conferisce potere alle donne, ma le depotenzia. La grandezza dovrebbe essere giudicata in base alla grandezza. Quando sentiamo cose come "è un grande modello di ruolo per le ragazze/donne", diventa ovvio cosa c'è sotto. Sentiamo le stesse cose quando Henry Cavill interpreta Superman? No, non è così.

Il film del 2020 *Wonder Woman 1984* (inchiniamoci Orwell) includeva una sequenza, verso la fine del film, in cui la donna pronunciava un suggestivo monologo direttamente nell'obiettivo della telecamera, incoraggiando gli spettatori - tra cui milioni di giovani donne impressionabili - a essere salvatori rivoluzionari, guerrieri ecc. Inizia come un dialogo con l'antagonista del film, poi parla direttamente al pubblico, rompendo la "quarta parete". Include frasi come "non sei l'unica ad aver sofferto" e "devi essere tu l'eroe... solo tu puoi salvare la situazione"; parla di paura, isolamento (tutte cose che gli "oppressi" devono provare, giusto?) e naturalmente di utopia.[91]

Forse nel prossimo sequel vedremo Wonder Woman citare autori femministi come Emmeline Pankhurst e dare la caccia alle élite bancarie del NWO, con una testa rasata e calva alla Lenin e la barba a pizzetto? (Questo porrebbe fine al mio interesse, dato che la bellezza fisica della Gadot era la cosa migliore di quei film). Da notare anche il personaggio di Captain Marvel nel Marvel Cinematic Universe, interpretato da Brie Larson, femminista accanita, membro di una setta e YouTuber.

Principesse e bambole

Gal Gadot è anche protagonista di un remake live-action del classico animato di Walt Disney *Biancaneve e i sette nani* (1937), intitolato *Snow White* (2024).[92] Questo film avrà una protagonista "potenziata". Secondo l'attrice che la interpreta, Rachel Zegler, in un'intervista a *Variety*, "non sarà salvata dal principe e non sognerà il vero amore. ... sogna di diventare il leader che sa di poter essere".[93] Qualcuno vuole vedere i popcorn o il secchio del vomito?

Una delle sceneggiatrici di *Biancaneve* è Greta Gerwig, che ha diretto *Barbie* (2023) - un pezzo di spazzatura femminista disgustosa e dispettosa diretta principalmente alle giovani donne. Forse la cosa più inquietante e insidiosa di questo film è che è stato abilmente commercializzato come "commedia per

---

[91] Movieclips, «Wonder Woman 1984 (2020) - Scena del discorso di Wonder Woman (10/10) | Movieclips», 9 marzo 2022.
https://www.YouTube.com/watch?v=7ofZ_Ij4HaE

[92] https://en.wikipedia.org/wiki/Snow_White

[93] Variety, «Rachel Zegler e Gal Gadot per dare un tocco moderno a 'Biancaneve'», 10 settembre 2022. https://www.YouTube.com/watch?v=2RVg3yetTE4

famiglie". [94]

Il film è basato sulla famosa bambola Barbie, lanciata dall'azienda di giocattoli Mattel nel 1959. [95] Questa bambola "fashion" ha contribuito a sostituire la tradizionale bambola per bambini come giocattolo per le bambine, essendo simbolo del condizionamento psicologico della donna moderna con superficialità/ego, ipersessualità ecc. Inoltre, una bambola "fashion", con un elemento chiaramente sessuale, ovviamente oggettivizza la donna, letteralmente. La Mattel è stata fondata dai coniugi ebrei Ruth ed Elliot Handler.

Una scena di apertura (utilizzata anche come trailer) di *Barbie* presenta uno strano omaggio a una scena iconica di *2001: Odissea nello spazio* (1968) di Stanley Kubrick. La scena originale mostrava un gruppo di scimmie proto-umane (ominini), che si scatenavano intorno a un misterioso monolite alieno, che le ispirava a imparare a usare un osso come strumento o arma, suggerendo un grande salto nell'evoluzione.[96] In Barbie, un gruppo di ragazzine con in mano dei baby-doll scopre una bambola Barbie gigante. Le bambine le distruggono gridando "fanculo al patriarcato!" (no, non è vero). (non proprio), ma spaccano le bambole. Il sangue ribolle... [97] Questo è il satanismo mainstream anti-umanità, rivolto alle ragazze.

Nel film, il mondo di Barbie è rappresentato come una sorta di utopia femminista, dove i maschi ("Ken") sono relegati essenzialmente a cittadini di seconda classe. I Ken ribaltano la situazione e riescono a creare temporaneamente un "patriarcato" per loro stessi, fino a una "contro-rivoluzione" femminista da parte delle femmine (ridacchia). La Gerwig si è occupata della sceneggiatura, insieme a Noah Baumbach. Barbie, un tempo considerata da alcune femministe come un modello negativo per le bambine (in quanto fissava standard di bellezza irrealisticamente elevati), è ora una puttanella dell'ideologia. Un altro esempio di come l'ideologia/culto possa cooptare le cose e plasmarle secondo i suoi capricci.

Secondo Wiki, il film ha incassato poco meno di 1,5 miliardi di dollari al botteghino.[98] Immaginate gli occhi di quei milioni di bambine... quei colori brillanti che scorrono lungo tutti i nervi ottici... e tutta quella propaganda femminista degenerata che viene riprodotta fedelmente dai loro timpani, per

---

[94] https://en.wikipedia.org/wiki/Barbie_(film)

[95] https://en.wikipedia.org/wiki/Barbie

[96] FilmScout, «Le migliori scene di 2001: Odissea nello spazio - L'osso come arma», 30 novembre 2014. https://www.YouTube.com/watch?v=T0vkiBPWigg

[97] Warner Bros. Pictures, «Barbie | Teaser Trailer». 16 dicembre 2022.

https://www.YouTube.com/watch?v=8zIf0XvoL9Y

[98] https://en.wikipedia.org/wiki/Barbie_(film)

essere decodificata nelle loro menti vulnerabili, potenzialmente deformando le loro menti e rovinando le loro vite. Si trattava di abuso di minori e i genitori ne erano complici.

L'avido Steve Coogan

Un altro esempio della propaganda sempre più sfacciata del culto è stato il film britannico *Greed* (2019) con l'attore comico Steve Coogan.[99] Non ci sono premi per indovinare quale sotto-agenda marxiana viene spinta qui. Se si potesse usare una sola parola per descrivere cinicamente il materialismo e la ricchezza criticandoli da una posizione di apparente superiorità morale, non sarebbe questa?

La trama è incentrata su un uomo ricco, bianco e di mezza età (ovviamente), interpretato da Coogan, di nome McCreadie (mcGreedy), che ha accumulato la sua ricchezza opprimendo gli altri (yawn). È prevedibilmente ritratto come un pezzo di merda dominante che tratta gli altri come spazzatura (mascolinità tossica) e che vuole fare sesso con la sua ex moglie nonostante sia sposato (mentalità femminista "gli uomini sono bastardi"). Travestito da "satira", promuove: l'antiborghese/anticapitalismo; l'antioppressione degli oppressi (migranti); lo sfruttamento dei lavoratori (suona familiare, vero?). È interessante notare che uno dei personaggi si chiama Fabian.

McCreadie viene sbranato a morte da un leone cocainomane mentre è ubriaco a una festa (sì, davvero). Il leone è stato fatto uscire dalla gabbia, durante questo momento di vendetta opportunistica commesso dal personaggio di Amanda. La madre di Amanda era un'operaia che era stata sostanzialmente sfruttata/lavorata a morte dall'azienda di McCreadie (è una ciliegina sulla torta, lo so), quindi questo è stato il suo momento di vendetta. Il messaggio tradizionale e non originale dei comunisti è: uccidete i borghesi perché meritano di morire per aver oppresso il povero proletariato oppresso. E dice anche che gli uomini dovrebbero morire per aver oppresso le donne. Quindi, il Leone ha essenzialmente dato un doppio colpo alla grande rivoluzione utopica proletaria quando ha strappato la faccia al signor McGreedy! Lenin il Leone! Un grosso gatto che fa miao miao miao Mao.

Alla fine del film, quando scorrono i titoli di coda, appaiono sullo schermo alcuni "fatti" marxiani, una palese propaganda che evidenzia l'"oppressione" nell'industria della moda. Ovviamente, non viene menzionato il fatto che la maggior parte dell'industria della moda scadente esiste solo grazie alle donne, alla superficialità/ego femminile, al femminismo/alla "libertà" delle donne e agli uomini gay. Lo stesso vale per l'industria cosmetica. Nessuna industria = nessuna oppressione in essa contenuta. Inoltre, non viene menzionato il fatto che queste industrie farebbero fatica a funzionare senza l'uso di pellicce

---

[99] https://en.wikipedia.org/wiki/Greed_(2019_film)

animali per i vestiti, i test sugli animali per il trucco, ecc.

"Inginocchiatevi davanti a Marx!".

Lo sport rientra nella categoria "intrattenimento". Abbiamo visto il mondo dello sport essere usato come piattaforma dal culto/ideologia per generare la mentalità del guerriero della giustizia sociale? Assolutamente sì. In particolare il programma "no al razzismo".

Il rituale del culto marxista di "inginocchiarsi" è stato visto in tutto il mondo, in "solidarietà" con l'agenda anti-razzismo o Black Lives Matter. Il pugno chiuso marxista usato nelle "proteste" marxiste di strada del BLM era (per lo più) assente in questa "protesta" sportiva. Tuttavia, quando si vedono figure sportive in tutto il mondo prendere parte a un rituale di culto marxista, questo è un altro segno che l'infezione sta permeando profondamente tutta la società.

Negli Stati Uniti, nel 2016, i giocatori della NFL si sono impegnati nel rituale di "protesta" contro il razzismo, la disuguaglianza razziale e la "brutalità della polizia", inginocchiandosi durante l'esecuzione dell'inno nazionale prima delle partite di football (che ha un evidente tono antinazionalistico/antiamericano e di tradimento).[100]

La squadra internazionale di calcio irlandese ha affrontato l'Ungheria in un'amichevole a Budapest nel giugno 2021. Al momento del calcio d'inizio, come degli idioti, la squadra irlandese si è inginocchiata per protestare contro il razzismo, per poi essere fischiata in modo divertente dalla folla. È stata una brillante dimostrazione di ostilità verso l'attivismo marxista da parte della folla. Il manager della squadra irlandese, Stephen Kenny, ha dichiarato all'Irish Times: "Il fatto che sia stato fischiato è davvero incomprensibile".[101] Esatto, se vi è stato fatto il lavaggio del cervello lo è sicuramente.

Uno dei giocatori, Chiedozie Ogbene, il primo giocatore della Repubblica d'Irlanda nato in Nigeria, ha parlato dei fischi: "Questa è una cosa che i neri combattono da molti anni. La discriminazione e il razzismo non sono ammessi in nessuno sport e in nessun luogo... Siamo rimasti forti. Sono felice che noi, come squadra, ci siamo inginocchiati per dimostrare la solidarietà di tutti noi". L'Irlanda ha sempre migliaia di giovani irlandesi di talento a cui viene costantemente negata l'opportunità di indossare la maglia verde. La 'diversità'

---

[100] Haislop, T. «Colin Kaepernick kneeling timeline: Come le proteste durante l'inno nazionale hanno dato vita a un movimento nella NFL», 13 settembre 2020. https://www.sportingnews.com/us/nfl/news/colin-kaepernick-kneeling-protest-timeline/xktu6ka4diva1s5jxaylrcsse

[101] Cummiskey, G., «Stephen Kenny: 'Il fatto che sia stato fischiato è davvero incomprensibile'», 9 giugno 2021. https://www.irishtimes.com/sport/soccer/international/stephen-kenny-the-fact-that-it-was-booed-is-incomprehensible-really-1.4587995

e l'immigrazione di massa saranno un ulteriore insulto per loro. Il comportamento si è visto anche a livello di club - le squadre della Premier League inglese sono state obbligate a inginocchiarsi davanti a Marx prima delle partite durante la stagione 20/21.[102]

Media online e sociali

Oltre ai media, all'istruzione e all'industria dell'intrattenimento, le "cinghie di trasmissione" includono ora il nuovo elemento dei media online e sociali, ecc. Si tratta di un importante campo di battaglia virtuale. Grazie agli smartphone, possiamo accedervi in qualsiasi momento della nostra giornata. I media socialisti svolgono molte funzioni a vantaggio del culto/ideologia, tra cui l'indottrinamento, il controllo del discorso pubblico, la sorveglianza e la valutazione delle minacce e la diffusione della degenerazione, creando personalità su vasta scala.

Controllo della popolazione e censura

Ovviamente, i media socialisti consentono un enorme livello di controllo sul discorso pubblico. Chiunque non si conformi allo status quo marxista può essere profilato, monitorato e censurato. Questi dissidenti possono poi diventare bersaglio dei membri della setta nel mondo reale (molestie, minacce, violenza, perdita del lavoro ecc.). Negli ultimi tempi, stiamo assistendo all'epurazione di qualsiasi voce/profilo/canale "di destra", "di estrema destra" o "teorico della cospirazione" (non marxiano) dalle piattaforme dei media online/sociali. Si tratta semplicemente di un grande atto di neutralizzazione dell'opposizione politica/ideologica, che consente al culto/ideologia di dominare il paesaggio. I social media consentono inoltre ai membri e alle organizzazioni di culto di studiare il comportamento dei loro nemici, aiutandoli a mantenere un vantaggio tattico.

È una tradizione del totalitarismo comunista usare la sorveglianza per mantenere il controllo ideologico del discorso pubblico, come parte di un attacco preventivo ai suoi nemici. Poiché la setta deve sapere chi sono i dissidenti, deve sapere cosa dite agli altri, e i social media sono un atto costante di espressione delle proprie opinioni attraverso testi, video, audio, ecc. Inoltre, quando ci esprimiamo in questo modo, possono scoprire cosa stiamo pensando. Si tratta di una forma di valutazione della minaccia, che permette di individuare i dissidenti prima ancora che aprano bocca sulla scena pubblica. Se ci viene permesso di farlo, potremmo influenzare gli altri, quindi la setta deve fermarci prima che si arrivi a questo. I social media aiutano a "stanare" o esporre questi dissidenti. Questo processo di eliminazione è già iniziato nei Paesi occidentali.

---

[102] «I giocatori della Premier League continueranno a inginocchiarsi nella stagione 2021/22», 4 agosto 2021.
https://www.skysports.com/football/news/11661/12371928/premier-league-players-to-continue-taking-a-knee-in-2021-22-season

Ne abbiamo visto molti esempi in Australia, nel Regno Unito, negli Stati Uniti, ecc. dove la polizia si presenta a casa delle persone a causa di post sui social media che non sono di natura politica. Ci sono ormai troppi esempi da elencare.

Un articolo del 2016 del quotidiano britannico *Independent* parlava di "crimini di parola online". Si leggeva: "Secondo il Register, negli ultimi cinque anni un totale di 2.500 londinesi sono stati arrestati per il presunto invio di messaggi "offensivi" tramite i social media. Nel 2015 sono state arrestate 857 persone, con un aumento del 37% rispetto al 2010". Questi messaggi sono stati ritenuti illegali a causa della legge sulle comunicazioni (comunista) del 2003. E ha aggiunto: "La legislazione è stata utilizzata per arrestare gli utenti di Twitter responsabili di discorsi di odio razzista". Secondo Vocativ, tra i tanti arrestati di recente c'è un cittadino scozzese che aveva pubblicato sulla sua pagina Facebook discorsi d'odio sui rifugiati siriani. Uno studio recente ha rilevato che le parole "troia" e "puttana" sono state usate dagli utenti britannici di Twitter 10.000 volte in tre settimane".[103] Le tre questioni a cui si fa riferimento - antirazzismo, migrazione di massa e femminismo - provengono tutte dall'ideologia, ovviamente.

Se dite qualcosa online che non piace alla setta, questa può denunciarvi alle autorità infettate allo stesso modo. È una collusione tra i membri occasionali del culto nel pubblico e coloro che lavorano all'interno del sistema (nel governo, nella polizia, nel servizio civile, nelle organizzazioni non profit/ONG, ecc.) Si tratta di un controllo generale sulla narrazione. Una fase più avanzata dello stesso sistema/processo esiste nella gloriosa Repubblica Popolare Cinese (governata dal Partito Comunista Cinese), dove i social media (come esistono in Occidente) non sono ammessi. Questo perché non c'è bisogno di eliminare i dissidenti o di controllare l'ambiente ideologico: l'ideologia è già sufficientemente dominante. Il divieto (virtuale) sui social media stranieri aiuta anche a tenere fuori dalla società qualsiasi influenza non marxiana. Twitter, Facebook e YouTube sono bloccati dal "Great Firewall" cinese, ma ci sono molte piattaforme cinesi a cui gli oltre un miliardo di utenti possono affezionarsi.[104]

Il comportamento delle piattaforme di social media durante il Pan(lucifer)demico Covid è stato a dir poco criminale, vietando a chi metteva in dubbio la narrazione di diffondere "disinformazione sui vaccini". Si tratta di una classica manovra marxiana da serpenti, che mentono mentre censurano gli altri e li etichettano come bugiardi, al fine di "proteggere" tutti noi,

[103] Gale, S. «Arrests for offensive Facebook and Twitter posts soar in London», 4 giugno 2016. https://www.independent.co.uk/news/uk/arrests-for-offensive-facebook-and-twitter-posts-soar-in-london-a7064246.html

[104] Thomala, L. «Social media in Cina - statistiche e fatti», 20 dicembre 2023. https://www.statista.com/topics/1170/social-networks-in-china/

apparentemente a nostro vantaggio.

Inoltre, la ragione/giustificazione ufficiale per cui lo fanno è che alcuni nella società sono impressionabili e sono facilmente portati sulla strada sbagliata (l'esatto meccanismo su cui si basa l'ideologia per diffondersi da mente a mente!) Psicopatologia ipocrita al massimo. Quella puttana virtuale dell'ideologia rosso-comunista, YouTube, ci ha mostrato molto chiaramente quale fosse il suo ruolo durante questa "pandemia", non solo vietando qualsiasi contenuto che si opponesse alla narrazione ufficiale, ma promuovendola attivamente.

Piacere/edonismo

Tutte le piattaforme di social media si basano principalmente sul piacere: l'utente ottiene una piccola dose di dopamina attraverso il sistema di ricompensa del cervello. Questo giova molto all'ideologia/culto; l'edonismo fornisce una chiara via d'accesso per ottenere influenza su una mente.

I creatori di Facebook hanno dichiarato di essere consapevoli di ciò che stavano facendo nel rendere le persone drogate di piacere/approvazione. Il venture capitalist srilankese Chamath Palihapitiya ha commentato questo aspetto durante un'intervista alla Graduate School of Business della Stanford University, nel novembre 2017; in sostanza ha affermato che i social media sono distruttivi per la società. Palihapitiya è stato uno dei primi dirigenti e vicepresidente della crescita degli utenti di Facebook. Ha affermato che: "I cicli di feedback a breve termine, guidati dalla dopamina, che abbiamo creato stanno distruggendo il funzionamento della società. Nessun discorso civile. Nessuna cooperazione. Disinformazione. Mistificazione. E non è un problema americano... È un problema globale". E ha aggiunto: "Mi sento tremendamente in colpa... In fondo, nei recessi più profondi della nostra mente, sapevamo che sarebbe potuto accadere qualcosa di brutto".[105]

Come già detto, quando le persone provano piacere, le loro difese sono abbassate e sono quindi più facili da indottrinare (soprattutto i giovani). Può anche diffondere idee nella società molto rapidamente, offrendo agli utenti un'interazione istantanea con la società, collegandoli costantemente alla collettività e incoraggiandoli a conformarsi perché è più piacevole farlo. Offre un livello di controllo, personalizzazione e interazione che i media tradizionali non hanno. Per queste ragioni i social media sono unici e probabilmente più utili per il culto/ideologia rispetto alle forme tradizionali di media.

Degenerazione dell'ego

---

[105] Kovach, S. «L'ex dirigente di Facebook si sente 'tremendamente in colpa' per ciò che ha contribuito a creare», 11 dicembre 2017.
https://www.businessinsider.com/former-facebook-exec-chamath-palihapitiya-social-media-damaging-society-2017-12?r=US&IR=T

Le piattaforme dei social media sono costruite intorno all'ego (che può essere la fonte centrale di piacere per l'individuo). Facebook, Twitter, Instagram, Snapchat, YouTube - qualsiasi cosa in cui si abbia un profilo e si possano ottenere "mi piace" - contribuiscono a incoraggiare alcuni comportamenti interconnessi nelle masse, tra cui:

Essere apprezzati/accettati dagli altri (popolarità)

Questo ci condiziona a provare piacere nell'essere parte di una collettività, ottenendo l'approvazione degli altri. Questo può creare persone deboli, dipendenti e superficiali. Non c'è nulla di male nell'essere ammirati dagli altri nella nostra vita, ma non è saggio farne il punto focale della nostra esistenza (o della nostra routine quotidiana)! Ovviamente, se il collettivo è composto da una quantità significativa di membri di culto indottrinati, allora c'è un forte incentivo a "unirsi al culto" in qualche modo, o almeno a conformarsi ad esso e, soprattutto, a non opporvisi. Questo si collega al fatto che le persone inclini all'indottrinamento sono piene di paura, poiché non hanno il coraggio di rifiutarsi di conformarsi. Temono di essere isolati o non hanno l'autostima per essere un individuo genuino, ragionevolmente indipendente dal collettivo.

I social media possono incoraggiare una persona a diventare dipendente dal conformismo, lasciandole (quasi) nessuna scelta. A meno che non si voglia negare l'accesso alla droga mentale dell'accettazione da parte della collettività e sopportare gli orrori del tacchino freddo (orrore!). Ovviamente non ha questo effetto su tutti (ad esempio su di me, su di voi o su chiunque non abbia iniziato a usare i social media da adolescente), ma sicuramente su molti nella società. Possiamo solo ipotizzare quanti e in che misura.

Essere idolatrati

La stessa cosa del precedente, solo amplificata in modo considerevole (se un numero sufficiente di persone vi presta attenzione). Essere idolatrati vi mette in una posizione influente, in cui potete influenzare gli altri a diventare come voi, e loro influenzeranno gli altri a fare lo stesso, all'infinito. L'idolatria permette a una persona di avere il proprio piccolo culto, in un certo senso. Questo fattore di culto aiuta ad accelerare la diffusione dell'ideologia in tutta la società, poiché gli idolatri impressionabili saranno desiderosi di seguire l'esempio dei loro idoli (anche se i loro idoli sono degli idioti assoluti o delle puttane per le sotto-agenzie marxiane. Esempio: le celebrità indottrinate). I social media incoraggiano anche l'isteria maniacale che alimenta il culto e l'ideologia/culto in generale. Ciò è evidente quando vediamo coloro che spingono i sub-agendi marxiani essere tenuti in alto sulla scena pubblica come "eroi", o "coraggiosi" o "forti", ecc. Questo processo di idolatria comprende il rapporto idolo/idolatra, simile al rapporto padrone/schiavo (oppressore/oppresso).

Essere egocentrici e viziati

Egocentrismo: può essere l'opposto/antagonista del senso del dovere (ad esempio, il dovere verso la propria famiglia, il proprio popolo, la propria razza, la propria nazione, ecc.) In sostanza, significa mettere se stessi, i propri desideri e le proprie opinioni al di sopra di tutto. Viziato: è il risultato di un'eccessiva attenzione, di coccole, di interazioni sociali "piacevoli"/non critiche che sono piacevoli per chi le riceve. Come già detto altrove, l'ideologia/culto fa molto affidamento sul fattore "viziato" per ingrossare i propri ranghi.

Ovviamente questi elementi sono tutti interconnessi e si alimentano a vicenda, ruotando attorno all'ego, al piacere, all'autostima, alla paura, alla mancanza di coscienza, alla stupidità, all'immaturità, all'essere infelici dentro, ecc.

Ritarda il normale sviluppo psicologico

I social media possono ritardare lo sviluppo di una persona anche in altri ambiti. Condizionano le persone a essere nervose, con scarsi tempi di concentrazione. Questo può portare all'incapacità di imparare qualcosa di utile e alla tendenza a stressarsi o a farsi sopraffare quando si deve pensare seriamente!

Questo include, in modo cruciale, l'incapacità di esaminare la propria personalità/comportamento, di valutarsi e di impegnarsi in una critica costruttiva (ad esempio: "sono in una setta?" o "mi hanno fatto il lavaggio del cervello, sono fanatico" ecc.) Questo giova enormemente alla setta/ideologia, perché il nemico dell'indottrinamento è una persona che ha il cervello, il coraggio, la perseveranza e la pazienza di mettere in discussione se stessa e le proprie convinzioni.

Naturalmente, se una persona è dipendente dal piacere e dalle sensazioni "piacevoli" (compreso il pensare di essere fantastica, impeccabile, ecc.), diventa troppo scomodo, o addirittura doloroso, criticarsi in modo significativo o costruttivo. L'idea di poter avere qualche difetto è troppo forte per le loro menti carenti e interiormente deboli. Questo tipo di codardia e immaturità psicologica è il nocciolo della questione! I social media lo incoraggiano; possono rendere una persona debole. Possono anche distrarci costantemente con il loro collettivismo virtuale, che rende molto meno probabile qualsiasi tipo di comportamento riflessivo (in particolare quello solitario).

YouTube

È lecito supporre che il consolidamento del potere a cui stiamo assistendo fosse sempre stato parte del piano. YouTube è diventata la più grande piattaforma video del mondo, con miliardi di spettatori al giorno. È chiaro che è ideologicamente prevenuta contro le prospettive non marxiane, e le eliminazioni di canali negli ultimi tempi lo hanno chiaramente dimostrato. Prima era una piattaforma indispensabile per i media alternativi. Sembra che questa sia stata la linea temporale di YouTube: presentare la piattaforma, promuoverla e far crescere la base di utenti; consolidare la sua posizione di numero uno; incoraggiare gli utenti a guadagnarne un reddito e persino a diventarne finanziariamente dipendenti; poi iniziare a togliere il tappeto da sotto i piedi a certi utenti, eliminando quelli che non si conformano all'"hate-speech" e alle "linee guida della comunità" (alias marxismo). Et voilà - gestisce lo spettacolo, letteralmente. Ora, sulla piattaforma c'è ogni sorta di spazzatura degenerata, compresi i portatori di propaganda marxista, ma non saranno rimossi: il loro numero di abbonati e le loro visualizzazioni continueranno a salire (approfondito più avanti).

La nuova iniziativa di YouTube per limitare i contenuti è iniziata ufficialmente nel 2016 e nel 2017 ha visto l'utilizzo di algoritmi di apprendimento automatico migliorati per segnalare i contenuti "estremisti" o "inappropriati". Chi decide cosa è estremo e inappropriato e qual è la sua ideologia? Dal video di YouTube del maggio 2019 "Hate Speech Policy: Linee guida della comunità di YouTube" (sottolineatura per enfasi): "L'hate speech non è consentito su YouTube. Rimuoviamo i contenuti che promuovono la violenza o l'odio contro i membri di gruppi protetti (nota: "oppressi"), tra cui, ma non solo, razza, genere, orientamento sessuale o affiliazione religiosa".[106] Linee guida della comunità comunista. La parola "protetti" è fondamentale e fa la differenza nel modo in cui l'intera frase viene percepita. "Protetti" = "oppressi", ma usare la parola "oppressi" è un po' troppo ovvio. E quali gruppi sono "protetti"? Chi può dire chi fa parte di un gruppo "protetto" e chi no? I membri delle sette, ecco chi. YouTube sta facendo del virtuosismo, cercando di sembrare universale e imparziale, ma sappiamo che l'ideologia non funziona in questo modo: dà solo a certi gruppi lo status di "oppressi"/"protetti". Anche la parola "odio" è fondamentale. È molto flessibile, in quanto anche le critiche a uno di questi gruppi "protetti" possono essere interpretate come "odio".

Un post del 12 dicembre 2023 sul sito *statista.com* afferma che: "Durante il secondo trimestre del 2023, sono stati rimossi (da YouTube) un totale di circa 7,4 milioni di video. Questo include i video che erano stati segnalati automaticamente per violazione delle linee guida della comunità della piattaforma. In confronto, solo 507,7 mila video sono stati rimossi tramite segnalazioni da parte di sistemi di segnalazione non automatizzati". I grafici mostrano le cifre dal 2017 al 2023, con il picco più alto nel 2020 che mostra che oltre undici milioni di video sono stati rimossi tramite automazione (probabilmente a causa di video che sfidano la narrativa Covid). [107]

Per quanto riguarda i canali rimossi, ce ne sono troppi da citare in questa sede, ma una vittima notevole e di alto profilo è stata la popolare ed eccezionale

---

[106] YouTube Creators, «Politica sull'odio: Linee guida della comunità di YouTube», 24 maggio 2019.

[107] Ceci, L. «Numero di video rimossi da YouTube in tutto il mondo dal 4° trimestre 2017 al 2° trimestre 2023», dicembre 2023.
https://www.statista.com/statistics/1132890/number-removed-YouTube-videos-worldwide/

piattaforma mediatica alternativa statunitense *Red Ice TV*, condotta da Henrik Palmgren e Lana Lokteff. In Irlanda, con un'ovvia eliminazione, hanno perso i loro canali le voci di spicco Dave Cullen ("Computing Forever"), Grand Torino (alias Rowan Croft) e l'ex giornalista Gemma O'Doherty. Ovviamente, YT non ha rimosso i video che promuovono una miriade di cose distruttive e malvagie come il femminismo, il socialismo, l'allarmismo climatico, il veganismo o l'allarmismo legato al Covid, ecc.

Nonostante l'eliminazione dei principali canali di "destra", evidentemente non era ancora abbastanza per alcuni adoratori di Marx irlandesi. Il 21 febbraio 2023, il fanatico membro irlandese Mark Malone ha fatto un'apparizione davanti alla commissione congiunta dell'Oireachtas per l'infanzia, l'uguaglianza, la disabilità, l'integrazione e la gioventù. Molto coinvolto in diversi gruppi irlandesi, tra cui Antifa, in questa occasione Malone ha parlato come "ricercatore" del gruppo dall'aspetto benevolo "Hope and Courage Collective" (ex FRO/"Far Right Observatory"). L'argomento era essenzialmente come rimuovere ancora più contenuti di "destra" dalle piattaforme online, con la scusa di combattere la "disinformazione" (su migranti e rifugiati, ecc.). Ha suggerito di fermare preventivamente questa disinformazione prima che abbia effetto.[108]

Divertentemente, Malone ha dimenticato il nuovo nome "più carino" del gruppo, quando ha detto che "siamo come FRO... parte dello status di trusted flagger su tutte le principali piattaforme", e che queste piattaforme hanno "fallito regolarmente nel rimuovere i contenuti segnalati". Secondo il sito *inhope.org*, i Trusted Flaggers sono "Organizzazioni formalmente riconosciute come affidabili per l'identificazione e la segnalazione di contenuti illegali", ai sensi del Digital Services Act (DSA).[109] Un gruppo di attivisti marxisti considerati "segnalatori di fiducia" da piattaforme tecnologiche apparentemente capitalistiche? Questa è collusione. Malone ha aggiunto che c'era "la possibilità che le organizzazioni lavorassero per assumersi qualche responsabilità, qualche azione per mitigare ciò che sta accadendo, ma non lo stiamo vedendo". La setta non sarà mai soddisfatta finché tutti i contenuti non marxisti non saranno eliminati da Internet.

L'ex CEO di YouTube Susan Wojcicki è considerata la forza trainante del declino (marxificazione) della piattaforma. Ha partecipato all'acquisizione da parte di Google nel 2006 ed è diventata CEO nel 2014. Wojcicki è un'appassionata di culto, che sostiene le sotto-agende dell'immigrazione di

---

[108] Hope and Courage Collective, «Mark Malone | Ricercatore | Hope and Courage Collective Ireland», 7 marzo 2023.
https://www.YouTube.com/watch?v=uQAXrck9ouk

[109] «Che cos'è un segnalatore di fiducia?», 11 novembre 2023.https://www.inhope.org/EN/articles/what-is-a-trusted-flagger

massa e del femminismo.[110] Sua sorella Anne Wojcicki è cofondatrice e CEO del servizio di test genetici diretti ai clienti *23andMe* (uno dei tanti gruppi che promuovono la sotto-agenda dell'uguaglianza razziale e del multiculturalismo).[111] Sono sicuro che se usassi quel "servizio" i miei risultati sarebbero per il 50% africani sub-sahariani, per il 20% arabi, per il 20% apache, per il 5% latini, per il 5% aborigeni e per il 100% irlandesi.

Il Campidoglio e la censura di Trump

Ci sono molti esempi di comportamento partigiano anche su altre piattaforme. Le conseguenze delle elezioni presidenziali statunitensi del 2020 hanno incluso gli eventi violenti al Campidoglio di Washington il 6 gennaio 2021, durante il conteggio formale dei voti per confermare la "vittoria" di Joe Biden. I patrioti sapevano che c'era qualcosa che puzzava e sono passati all'offensiva, senza dubbio alimentati dalle affermazioni di frode elettorale da parte del presidente Donald Trump.

Prevedibilmente, i direttori delle piattaforme di social media/online hanno colto l'occasione per bandirlo da diverse piattaforme, tra cui *Facebook*, la sua proprietà *Instagram* e *Twitter*. L'amministratore delegato di Facebook Mark Zuckerberg ha annunciato che avrebbe bloccato Trump, in quanto i suoi post avrebbero potuto incitare ulteriori violenze, definendo gli eventi al Campidoglio "scioccanti".[112]

L'8 gennaio Twitter ha annunciato, con un pezzo ben confezionato di propaganda marxiana, che l'account di Trump era ora "immediatamente e permanentemente sospeso" dalla piattaforma, ufficialmente "a causa del rischio di ulteriori incitamenti alla violenza". Questo breve e meschino post è sufficiente a dimostrare che sono infarciti di ideologia. Ha descritto gli eventi al Campidoglio come "orribili" e "atti criminali", citando la solita violazione delle regole da parte dell'account @realDonaldTrump. La loro dichiarazione di giudizio si basa su ciò che Trump ha twittato lo stesso giorno: "I 75.000.000 di grandi patrioti americani che hanno votato per me, AMERICA FIRST e MAKE AMERICA GREAT AGAIN, avranno una VOCE GIGANTE per molto tempo nel futuro. Non saranno mancati di rispetto o trattati in modo ingiusto in nessun modo, forma o forma!!!". Ha anche twittato: "A tutti coloro che me lo hanno chiesto, non andrò all'inaugurazione del 20 gennaio".[113]

---

[110] https://en.wikipedia.org/wiki/Susan_Wojcicki

[111] https://en.wikipedia.org/wiki/23andMe

[112] Palmer, A. «Facebook bloccherà i post di Trump almeno per il resto del suo mandato», 7 gennaio 2021. https://www.cnbc.com/2021/01/07/facebook-will-block-trump-from-posting-for-the-remainder-of-his-term.html

[113] X, «Sospensione permanente di @realDonaldTrump», 8 gennaio 2021.

Hanno citato la loro spuria "Politica di glorificazione della violenza" (violenza anti-marxista). Hanno dichiarato che il secondo tweet incoraggia l'idea "che l'elezione non sia stata legittima" e che "può anche servire a incoraggiare coloro che potenzialmente stanno pensando di compiere atti violenti a pensare che l'inaugurazione sarebbe un bersaglio "sicuro", dato che lui non vi parteciperà". Secondo Twitter, il primo tweet, usando il termine "patrioti americani", è stato evidenziato come un sostegno a "coloro che commettono atti violenti al Campidoglio degli Stati Uniti" (e lo era, giustamente). Infine, si affermava che sulla piattaforma stavano comparendo piani per altre proteste violente. Ovviamente, il problema principale che i membri del culto di Twitter, Facebook ecc. hanno avuto con i tweet di Trump è che non hanno condannato quanto accaduto al Campidoglio, e questo è stato usato come scusa. Sono sicuro che l'uscita di Trump dalla foto li ha spinti a censurarlo. Un altro fattore è la mentalità dei bambini viziati e cosa succede se non ottengono quello che vogliono. Trump non ha condannato i manifestanti e non ha risposto come volevano loro, quindi hanno fatto i capricci e lo hanno bandito. Patetico. Tenendo presente che l'arrivo al potere dell'amministrazione Biden non è stato altro che un colpo di stato marxista (che è veramente "orribile", "scioccante" e "criminale"), e queste piattaforme online hanno chiaramente mostrato il loro vero colore (rosso) essendo complici del tradimento.

Come osano Zuckerberg e altri comportarsi in questo modo! In una nazione sana e salutare (priva di marxismo), persone come lui verrebbero immediatamente arrestate per tradimento (se sono riuscite a raggiungere posizioni di potere). È "orribile" che la facciano franca. Queste piattaforme online sono una parte cruciale delle operazioni del culto - giocano un ruolo centrale nel creare il caos, la divisione e la violenza che stanno inghiottendo il Paese - eppure quando le conseguenze si manifestano in azioni contro di loro, assumono una posizione di superiorità morale! Questo è assolutamente inaccettabile. E poi ci sono i due pesi e le due misure di parte su chi può usare le loro piattaforme e a quale titolo. Ovviamente, fin dall'inizio è stato permesso a innumerevoli voci marxiste di operare su di esse. Riuscite a immaginare che membri del culto come Bernie Sanders, Alexandria Ocasio-Cortez ecc. vengano banditi, nonostante la quantità di scemenze antiamericane che vomitano? Non è probabile! (Al momento in cui scriviamo, giugno 2022, Sanders sta twittando promuovendo degenerazioni sulla legalizzazione della marijuana; parla della borghesia, dei diritti dei lavoratori proletari, delle grandi imprese, ecc.)

O che dire della moltitudine di gruppi marxisti fanatici che utilizzano le piattaforme dei social media (Antifa, Black Lives Matter, Extinction Rebellion ecc.)? Non li usano forse per generare violenza/disordini sociali/disruption, oltre a monitorare le voci non marxiste per molestarle o commettere crimini

---

https://blog.twitter.com/en_us/topics/company/2020/suspension

contro di loro nel mondo reale? I due pesi e le due misure ideologiche sono evidenti: la violenza e i disordini vanno bene quando sono di origine marxista, ma quando sono anti-marxisti sono "orribili" e "scioccanti". Un'altra cosa "scioccante" è che personaggi del calibro di Zuckerberg e altri hanno il controllo di tre enormi piattaforme di social media: Facebook, Instagram e Whatsapp. Come si chiama quando le cose diventano sempre più centralizzate, accompagnate dalla soppressione della libertà di parola? È capitalismo o comunismo?

Telegramma e Parler

La piattaforma *Telegram* ha avuto un'impennata di utenti dopo il divieto di Trump all'inizio del 2021, attirando molti che cercavano di sfuggire alle piattaforme contaminate menzionate in precedenza. Aveva la reputazione di essere una piattaforma genuinamente incentrata sulla libertà di parola e sulla privacy, quindi ha inevitabilmente attirato molti a destra. Di fatto, è diventata la piattaforma principale anche rispetto ad altre alternative favorevoli alla destra come *Parler*. Naturalmente, questo non è stato tollerato dalla setta e sono state prese ulteriori misure per sopprimere il nemico. Venne coinvolto un gruppo di pressione chiamato *Coalition for a Safer Web* (CSW) ("safer" = divertente). La strategia emergente è stata quella di prendere di mira aziende del calibro di *Apple* - che controllano il software dei sistemi operativi degli smartphone - piuttosto che cercare di colpire esclusivamente le piattaforme dei social media. Il punto centrale è che sia sul sistema iOS di Apple che su quello Android di Google, gli utenti necessitano del programma di installazione delle app (rispettivamente *App Store* e *Play Store*) per scaricare le applicazioni vere e proprie (ad esempio Telegram). Il CSW ha quindi intentato una causa contro Apple, al fine di ottenere un potere su Telegram, per renderlo sostanzialmente conforme.[114]

Il fondatore di CSW Marc Ginsberg è un avvocato ebreo con decenni di esperienza nel settore politico e aziendale. Ha giocato la carta dell'"antisemitismo" nel suo attacco ad Apple, citando le "minacce religiose" (verso gli ebrei) espresse da alcuni utenti di Telegram. Il sito web *coalitionsw.org* è una lettura marxiana nauseante e virtuosistica, che include le solite ciance di "estrema destra", "estremismo", nazionalisti bianchi, "razzisti", promozione dell'"odio", ecc.[115]

Ricatto economico

---

[114] Duden, T., «Un gruppo di lobby fa causa ad Apple per rimuovere Telegram dall'App Store per aver permesso «discorsi d'odio»«, 19 gennaio 2021. https://www.zerohedge.com/technology/lobby-group-sues-apple-remove-telegram-app-store-allowing-hate-speech

[115] https://coalitionsw.org/

La campagna *Stop Hate for Profit* è stata creata dalla setta sulla scia di un momento altamente vantaggioso: la morte di George Floyd. Questo nome - Stop Hate for Profit - è ovviamente marxista: anticapitalismo e virtuosismo insieme. Questo ha permesso alla setta di combinare il controllo dei social media con la loro sotto-agenda anti-capitalistica. Ha coinvolto aziende come Unilever, Starbucks e Verizon e ha utilizzato il boicottaggio pubblicitario per costringere Facebook a diventare più marxista. È interessante notare che, a prescindere dalla simpatia che il Facebook di Zuckerberg aveva precedentemente dimostrato nei confronti dell'ideologia, non era ancora abbastanza! Di conseguenza, l'amministratore delegato ha prontamente annunciato che l'azienda avrebbe cambiato le sue politiche per evitare i "discorsi d'odio".[116] Il fanatismo della setta arriva a ondate...

Il caso Rogan-gate

Un altro esempio del fanatismo del culto, questa volta riguarda il famoso conduttore di podcast, comico e commentatore UFC Joe Rogan. È successo dopo che, nel maggio 2020, ha firmato un accordo di esclusiva con il gigante dello streaming audio *Spotify* per la pubblicazione del suo programma, la *Joe Rogan Experience*.

L'orribile crimine che ha commesso è stato quello di intervistare Abigail Shrier, autrice di un importante libro sull'agenda trans intitolato *Irreversible Damage: The Transgender Craze Seducing Our Daughters* (2020).[117] Il nobile lavoro di Shrier mette in luce diversi aspetti importanti di questa sotto-agenda, tra cui il fatto che la cultura pop contribuisce notevolmente a far sì che le giovani donne si identifichino come "trans" e che le donne vulnerabili sono inclini a farsi travolgere dalla mania (ad esempio quelle con tendenze ansiose o depressive). In altre parole, l'autrice esplora aree che contraddicono la narrazione del culto (cioè che il problema riguarda la "compassione" per gli "oppressi").

Questa imperdonabile ingiustizia ha scatenato una gloriosa rivoluzione interiore nello staff di Spotify, dato che molti di loro erano LGBTQ ecc. Un articolo dell'8 ottobre 2020 sul sito *musicnetwork.com* affermava che: "In una dichiarazione, l'amministratore delegato di Spotify Daniel Ek ha affermato che la società ha esaminato l'episodio, decidendo alla fine di non rimuoverlo dalla piattaforma". "Nel caso di Joe Rogan, si sono tenuti in totale 10 incontri con vari gruppi e individui per ascoltare le loro rispettive preoccupazioni", ha dichiarato il CEO di Spotify Daniel Ek. "E alcuni di loro vogliono che Rogan

---

[116] Hern, A., «How hate speech campaigners found Facebook's weak spot», 29 giugno 2020. https://www.theguardian.com/technology/2020/jun/29/how-hate-speech-campaigners-found-facebooks-weak-spot

[117] JRE Clips, «Perché Abigail Shrier ha affrontato la mania dei transgender tra le adolescenti», 16 luglio 2020. https://www.YouTube.com/watch?v=6MYb0rBDYvs

venga rimosso a causa delle cose che ha detto in passato".[118] Sono sorpreso che non abbiano scioperato per cercare di farsi strada! Li avrei accolti al lavoro la mattina con un getto d'acqua ghiacciata che tagliava i genitali nell'inguine dei transgender, facendogli cadere i loro magri caffè latte vegancino privi di oppressione e di provenienza etica. Idioti.

In un successivo episodio con Tim Dillon, Rogan ha commentato: "Non mi hanno letteralmente detto nulla al riguardo. Ora, c'è qualcuno a Spotify che si sta lamentando dell'episodio? Ne sono sicuro. È un episodio transfobico? Non lo è. Si sbagliano. Non ha nulla a che fare con questo. Ha a che fare con il fatto che gli esseri umani sono malleabili. Lo sappiamo tutti. È per questo che esistono i culti".[119] Infatti. È interessante notare che quando lo show di Rogan è arrivato su Spotify nel settembre 2020, alcuni episodi non sono sopravvissuti alla migrazione da YouTube. In questi episodi erano presenti intervistati come il commentatore di "destra" Gavin McInnes e Alex Jones.

Piattaforme dichiaratamente marxiste

Un esempio di sito web di spazzatura assolutamente disgustoso è *Rational Wiki*. La maggior parte dei suoi "articoli" sono pagine di propaganda, scritte appositamente per contrastare, deridere o respingere qualsiasi voce non marxista nella società. Lo stile di scrittura è prevedibilmente molto intellettualizzato, con un linguaggio eccessivamente sgargiante per mantenere la parvenza di intelligenza (classico comportamento da membro di una setta). Senza dubbio è efficace per intrattenere i membri della setta a causa della loro tendenza alla stronzaggine, e per evitare che il cittadino medio (già indottrinato o meno) si accorga di cosa sia la "sinistra". I membri della setta coinvolti dovrebbero essere incarcerati e siti di questo tipo dovrebbero essere eliminati da Internet con estremo pregiudizio.

Da "About RationalWiki" sulla homepage del sito (formattato, note tra parentesi): "Il nostro scopo qui a RationalWiki comprende: 1. Analizzare e confutare la pseudoscienza e il movimento anti-scienza (sostengono l'imbroglio climatico, l'evoluzione, ecc.); 2. Documentare l'intera gamma di idee strampalate (contrastare le 'teorie del complotto' che coinvolgono la migrazione sostitutiva della popolazione, Covid, ecc.); 3. Esplorare l'autoritarismo e il fondamentalismo (contro la 'destra'); 4. Analizzare e criticare il modo in cui questi argomenti sono trattati dai media".[120]

---

[118] Gray, G. «Joe Rogan si è espresso sui dipendenti di Spotify che vogliono censurare JRE», 8 ottobre 2020.https://themusicnetwork.com/joe-rogan-spotify-controversy/

[119] Potente JRE, «Joe Rogan Experience #1525 - Tim Dillon», 14 agosto 2020.

https://www.YouTube.com/watch?v=h9XzuUXj6Gc

[120] https://rationalwiki.org/wiki/Main_Page

Il sito irlandese *The Beacon* ne è un altro esempio. Sulla homepage, vediamo un faro rosso e nero, su sfondo nero; la tagline sotto di esso è "Reporting on the Far Right". Dalla pagina "Informazioni": "The Beacon è stato fondato nell'agosto 2019 ed è dedicato ai principi antirazzisti e antifascisti. Si occupa di reportage e indagini sull'estrema destra in Irlanda e altrove".[121] Si tratta di un sito web semplice ma ben costruito, con molti articoli che riversano brodaglia marxiana. La scrittura è tecnicamente competente, ma si vede chiaramente che è ultra-partitica. Si fa molto uso dei termini "estrema destra" e "teorici della cospirazione", ecc. Gli ignoranti/impressionabili sarebbero sicuramente influenzati da questa propaganda.

Ci sono innumerevoli siti come questi. La cosa più affascinante di questi siti (simili ad altri gruppi di culto) è che possono scrivere pagine interminabili di questa spazzatura senza rendersi conto di essere dei fanatici a cui è stato fatto il lavaggio del cervello, che fanno letteralmente di tutto per usare tutta l'intelligenza che hanno per tradire l'umanità. C'è abbastanza intelligenza per costruire punti e presentarli ecc. ma non abbastanza per rendersi conto di ciò che sono e di ciò che stanno facendo (a se stessi/noi). Tristi zombie. È davvero affascinante.

Organizzazioni non governative/non profit

Sebbene le cosiddette "Organizzazioni non governative" (ONG, o "non profit") non siano necessariamente una delle tradizionali "cinghie di trasmissione della cultura", sono una componente altrettanto importante della grande macchina rossa (gruppi non contaminati esclusi, ovviamente).

Svolgono un ruolo cruciale nel favorire la diffusione dell'infezione ideologica in un Paese, permettendo ai cittadini "comuni" di diventare "eroi" nella lotta per creare un'utopia marxista. Per la loro natura di "organizzazioni non profit" non sono imprese, e senza dubbio questo è in qualche modo nobile nella mente dei membri del culto che odiano il capitalismo, rendendole attraenti e utili. Quindi, in sostanza, stanno succhiando ricchezza - tramite donazioni e finanziamenti - per aiutare a distruggere i Paesi in cui operano (promuovendo/sostenendo varie sotto-agenzie marxiane)!

Possono essere coinvolte in una moltitudine di sotto-agende: combattere il "razzismo" e i "discorsi d'odio" o i "crimini d'odio"; promuovere l'aborto come assistenza sanitaria; svolgere un ruolo nell'importazione di immigrati - legalmente o illegalmente - e accelerare la loro aggiunta alla popolazione generale; promuovere le questioni LGBTQ nelle scuole e nelle comunità; sostenere la costruzione di moschee in vari Paesi occidentali (nonostante le obiezioni locali); promuovere la sotto-agenda del cambiamento climatico; promuovere e rafforzare la propaganda femminista ecc. In molti casi, le combinano e ne promuovono diverse contemporaneamente. A prescindere

---

[121] https://the-beacon.ie/about/

dalle campane e dai fischietti e dai diversi nomi, loghi, colori ecc. di questi gruppi, fanno tutti parte di un unico grande movimento di culto.

Alcune svolgeranno ruoli diversi in fasi diverse della stessa sotto-agenda. Ad esempio, l'ONG israeliana *IsraAid* è stata coinvolta nella sotto-agenda sulla migrazione di massa, aiutando a portare i migranti dall'Africa in Europa, attraverso il Mediterraneo; lo stesso vale per l'ONG tedesca *Sea-Watch*.[122]

Poi c'è la *Rete europea contro il razzismo* che spinge la sub-agenda a livello di Unione europea, attraverso la sua moltitudine di sotto-organizzazioni a livello nazionale. Dalla pagina "I nostri membri" del sito web: "ENAR si occupa di collegare le ONG antirazziste locali e nazionali in tutta Europa e di portare avanti la loro voce per ottenere un cambiamento duraturo a livello europeo e nazionale. Siamo una rete forte e dinamica di oltre 150 ONG che lavorano per combattere il razzismo ovunque in Europa. Le organizzazioni che ne fanno parte sono la nostra forza: il fondamento della nostra esperienza e la voce delle vittime di razzismo e discriminazione in tutta Europa".[123] "Antirazzista", eh? Questi tipi di ONG - come parte di una rete marxista internazionalista - aiutano a traghettare i migranti in Europa, poi si assicurano che siano alloggiati e ricevano benefici finanziari nel Paese di destinazione, oltre a reprimere qualsiasi opposizione al processo (attraverso l'"antirazzismo").

I termini utilizzati da questi gruppi li identificano come marxisti. Il *Migrant Rights Centre Ireland*, che riunisce diverse sotto-agenzie, lo afferma sulla home page: "Il MRCI è un'organizzazione nazionale che lavora per promuovere i diritti dei lavoratori migranti e delle loro famiglie a rischio di sfruttamento, esclusione sociale e discriminazione". Socialismo/anticapitalismo, immigrazione di massa e "antirazzismo" insieme. Questo "sfruttamento" è quello "nudo, spudorato, diretto, brutale" descritto nel Manifesto comunista? (alza gli occhi al cielo). Lavora anche "con i migranti e le loro famiglie in Irlanda per promuovere la giustizia, l'emancipazione e l'uguaglianza".[124] Che noia.

Si noti che le organizzazioni citate nelle pagine seguenti non si definiscono "marxiste" o "comuniste" (e nemmeno con il nome più "gentile" di "socialiste", nella maggior parte dei casi)! Un serpente che fa la pelle...

ONG irlandesi

Nella piccola Irlanda esiste una vasta rete di O.N.G., di fatto una rete interconnessa. Non approfondiremo l'argomento, ma ecco alcune informazioni:

La *Rete irlandese contro il razzismo* è una sezione dell'ENAR. Secondo la

---

[122] *https://www.israaid.org/*; https://sea-watch.org/en/

[123] https://www.enar-eu.org/Members

[124] https://www.mrci.ie/; https://www.mrci.ie/about-us/

pagina "I nostri membri" sul loro sito web, hanno circa 132 gruppi membri in Irlanda. [125] Si batte anche per una legislazione contro i "crimini d'odio", attraverso la campagna #Lovenothate. È interessante notare che questo gruppo incoraggia i cittadini a segnalare gli episodi di razzismo utilizzando il sistema *iReport.ie*.

Dalla pagina di iReport.ie (formattata in modo diverso per risparmiare spazio e sottolineata per enfasi):

"Sistema di segnalazione degli incidenti di razzismo iReport.ie: Consente alle persone che subiscono o assistono a episodi di razzismo e/o a coloro che le sostengono di fare qualcosa al riguardo e di rompere il silenzio; modalità nazionale, confidenziale e di facile utilizzo per segnalare il razzismo da qualsiasi dispositivo online; utilizzato per monitorare il razzismo in Irlanda; fornisce prove e dati sul razzismo in Irlanda; contrasta l'aumento del razzismo e l'indurimento degli atteggiamenti razzisti; risponde alla necessità di concentrare la discussione sulla ricerca di soluzioni al razzismo". [126]

La parte del *Sistema di segnalazione degli incidenti razzisti* sembra ancora più divertente se la si legge con una voce robotica (come ho fatto io). Trattandosi di un sistema riservato, ciò significa che potenzialmente potrebbe essere ricevuta una quantità illimitata di "segnalazioni" (in Irlanda ci sono molti membri di sette a cui è stato fatto il lavaggio del cervello, quindi non credo che "illimitato" sia un'esagerazione). Voce robotica roboante: "Riferisci sulle tue ci-ti-cittadine da buon ro-bot marxista com-rade". Essere un ratto è nobile, ovviamente, se sei un ratto marxista SJW.

Un altro è l'*Immigrant Council of Ireland*. Da "I nostri valori" (formattato per risparmiare spazio): "I valori che informano e guidano il lavoro dell'Immigrant Council sono: Siamo basati sui diritti, sostenendo la giustizia e l'uguaglianza per tutti; rispettiamo e sosteniamo l'empowerment dei migranti e lavoriamo in modo solidale; abbracciamo e promuoviamo la diversità e l'inclusione; l'uguaglianza di genere è al centro del nostro lavoro; lavoriamo in partnership e collaborazione per raggiungere i nostri obiettivi". [127] Sono quindi inclusi i concetti/interpretazioni marxiste di uguaglianza, giustizia, "empowerment" dei migranti (compreso il potere politico), solidarietà, diversità e inclusione e femminismo.

Comhlamh

Cómhlámh è principalmente un'organizzazione di volontariato, ma è coinvolta anche in altre attività. La parola "Comhlamh" è un termine in lingua irlandese

---

[125] https://inar.ie/membership/inar-members/

[126] https://www.ireport.ie/

[127] https://www.immigrantcouncil.ie/vision-mission

(gaelico) che significa "insieme" (ovvero solidarietà). Tipico inganno del serpente rosso: marxismo mascherato da patriottismo, tutto racchiuso in una parola! (I lettori irlandesi sanno che usare la lingua irlandese è un buon modo per fingere di essere irlandesi in Irlanda. Si tratta di una pratica in qualche modo unica nei Paesi occidentali, poiché l'Irlanda è un Paese prevalentemente anglofono con una propria lingua (essenzialmente) indigena parlata dai bianchi. Forse la stessa tattica viene utilizzata in Scozia (che ha una propria lingua gaelica) e in Galles. I lettori non irlandesi/scozzesi/gallesi potrebbero non avere un equivalente di questo tipo di inganno nei loro Paesi).

Sul loro sito web intriso di rosso si leggono i titoli "Azione per la giustizia globale" e "In solidarietà globale". Dalla pagina "Chi siamo": "Comhlámh è un'organizzazione di membri che lavora per mobilitarsi per un mondo equo e sostenibile. Come associazione irlandese di operatori e volontari dello sviluppo, Comhlámh promuove un volontariato internazionale responsabile e reattivo. Sosteniamo le persone che lavorano per la giustizia sociale. Lavoriamo con i volontari rimpatriati, le organizzazioni partner e i gruppi membri per promuovere società giuste e inclusive, attraverso un attivismo di base progressista in Irlanda e a livello internazionale".[128] Ora guardate tutte queste parole chiave palesemente marxiane, eppure le parole "marxismo", "socialismo" o "comunismo" non compaiono da nessuna parte! Questo è esattamente il tipo di merda di cui sto parlando! Subdoli bastardi di culto. I non informati non avrebbero idea che questa organizzazione fa parte del culto rosso internazionale.

Il video introduttivo (nella stessa pagina) si intitola "40 anni di solidarietà". Dopo aver sottolineato che la maggior parte del suo lavoro si svolge nell'emisfero meridionale, la voce fuori campo afferma: "Ma molte delle cause profonde dell'iniquità, della povertà e dell'oppressione globale hanno origine proprio qui, nel nord industrializzato... Quindi il nostro vero lavoro inizia quando torniamo a casa". Oh, oh... "lavoro vero" è un codice per "rivoluzione". Da notare la solita frecciatina al capitalismo e ai Paesi occidentali "oppressori". Ovviamente, il fatto che il socialismo sia stato un fattore importante nel creare il disordine in cui si trova gran parte del terzo mondo è incomprensibile per queste persone. Questi idioti volontari torneranno in Irlanda (o dovunque) decisi a ribellarsi al malvagio sistema capitalistico borghese, ispirati dalla sofferenza/oppressione che hanno visto durante i loro viaggi.

Altre organizzazioni per gruppo

Altri gruppi marxisti nella piccola Irlanda:

Gruppi femministi: *Irish Feminist Network*; *National Women's Council of Ireland*; *Women's Aid*; *Actionaid*. Molte di queste organizzazioni sono nate da gruppi precedenti come l'*Irish Women's Liberation Movement*, fondato nel

---

[128] https://comhlamh.org/about-us/

1970.[129] (Un titolo divertente, che ricorda i molti gruppi terroristici marxisti citati altrove, non è vero? Insinua drammaticamente che le donne siano state imprigionate (per dirla con Marx, "le donne non hanno nulla da perdere se non le loro catene!"). L'IWLM ha pubblicato un manifesto intitolato "Catene o cambiamento" e i suoi membri hanno continuato a formare altri gruppi. È un classico uso marxiano del principio oppressore contro oppresso).

Gruppi che si occupano di cambiamenti climatici: *Stop Climate Chaos*; *Climate Ambassador*; *Friends of the Earth*; *Irish Environmental Network*; *Environmental Protection Agency*; *Environmental Pillar*; *Friends of the Irish Environment* (cringe!).

Gruppi pro-aborto: *Insieme per il Sì*; *Rosa (Diritti alla riproduzione, contro l'oppressione, il sessismo e l'austerità)*.

Dalla pagina "A proposito di Rosa" sul sito web *rosa.ie*: "ROSA è un gruppo femminista socialista e attivista a favore della scelta. ROSA prende il nome da Rosa Parks, l'ispiratrice della campagna nera che notoriamente si rifiutò di cedere il suo posto a un passeggero bianco, scatenando il boicottaggio degli autobus di Montgomery del Movimento per i diritti civili. E anche a Rosa Luxemburg, eccezionale teorica e attivista socialista di spicco dell'inizio del XX secolo, uccisa per la sua politica rivoluzionaria nel 1919".[130]

Questo dice tutto: socialismo, femminismo, aborto, e in più riesce anche a infilare alcuni diritti delle minoranze negli Stati Uniti, oltre all'ebrea comunista e "martire" Luxemburg (patrona del "Luxemburgismo"). Il sito web di questo gruppo ci mostra come l'ideologia faccia fare cose strane alle persone. In sostanza, si tratta di un gruppo di "irlandesi" che diventano strambi membri di una setta marxista, venerando molte cose al di fuori del proprio Paese/cultura! Questo è ciò che l'ideologia fa al cervello delle persone. Che cosa mai hanno a che fare i diritti dei neri nell'America degli anni '50 o il tentativo di conquista comunista della Germania del dopoguerra con l'Irlanda di oggi e le giovani irlandesi, indottrinamento marxista a parte? Assolutamente nulla! Strani!

Organizzazioni LGBT: *LGBT Ireland*; *Belongto*; *NXF-National LGBT Federation*; *Outhouse LGBT Community Resource Centre*; *Transgender Equality Network Ireland*.

Molti di questi gruppi hanno fotografie di squadre o di membri, piene di volti felici e sorridenti. Qui possiamo vedere il principio del culto in azione. Essere membro di un'organizzazione marxista dà a una persona un senso di appartenenza, un senso di calore e di "amore". Proprio come essere in una setta, circondati da compagni di setta.

---

[129] https://en.wikipedia.org/wiki/Irish_Women Movimento_di_Liberazione

[130] http://rosa.ie/about/

Sezione VII - Le scuse (marxiste) della gente...

"Antifa è un'idea, non un'organizzazione".[1]

Joe "Patriot" Biden si prende gioco del popolo americano durante un dibattito presidenziale, insinuando che il famoso gruppo di culto traditore non esista,
29 settembre 2020

Introduzione

Ecco alcune scuse o giustificazioni comuni che sentiremo dai membri delle sette. Poiché gli aspetti dell'ideologia sono molteplici e i membri di una setta sono tanti, con tante interpretazioni, ci vorrebbe un libro intero per elencare tutte le scuse possibili. Pertanto, ci concentreremo specificamente sul "socialismo"/"comunismo".

Come ormai dovrebbe essere chiaro, non ha senso discutere con fanatici a cui è stato fatto il lavaggio del cervello, ma lascio questo al discernimento del lettore. Non tutte le menti sono contaminate/indottrinate allo stesso modo. Se una persona debba o meno essere considerata una causa persa, lo lascio decidere a voi. Farlo per sopprimere, o a scopo di intrattenimento o di pratica, o per ridicolizzare è una cosa, ma aspettarsi davvero che cambino è un'altra (il più delle volte è inutile). Lo scopo di questa sezione (e in realtà del libro stesso) è quello di evidenziare il comportamento, che può aiutarci a identificare chi è indottrinato - e in che misura - e chi no. Per tracciare una linea nella sabbia e puntare il dito contro il nemico.

Mentre scorriamo l'elenco, dovremmo considerare il problema "Teoria contro realtà": le teorie marxiste/socialiste/comuniste non producono i risultati che i membri del culto si aspettano nel mondo reale, nella realtà (che possano accettarlo o meno, o che ne siano consapevoli o meno).

"Il vero comunismo/socialismo non è ancora stato provato!".

Una variante di questo è "I Paesi comunisti non sono mai esistiti! Quindi no, il comunismo o il socialismo non sono un fallimento!". Questa argomentazione

---

[1] National Review, «Biden dice che Antifa è 'un'idea, non un'organizzazione' durante il dibattito presidenziale», 30 settembre 2020.
https://www.YouTube.com/watch?v=UaWsYjBOXdg

è incentrata su ciò che Karl Marx, Friedrich Engels e altri primi "comunisti" avevano previsto come "comunismo" in generale. In generale, prevedevano una società egualitaria, senza classi, senza denaro, senza Stato, atea, materialista, in cui le risorse, l'industria e i mezzi di produzione sono posseduti e controllati dal proletariato (lavoratori); la "comunità". Ricordiamo che il socialismo è (generalmente considerato) il periodo di transizione nel processo verso l'utopia comunista. Nel breve termine, in una società socialista, le cose elencate non sarebbero necessariamente realizzate (!).

Marx ed Engels credevano anche che lo Stato stesso fosse una forma di oppressione, quindi, se dobbiamo tenerli sulle loro posizioni (e prenderli in parola!), disapproverebbero (apparentemente) i vari regimi "socialisti" e "comunisti" che si sono manifestati fin dai loro tempi. Questo particolare punto viene spesso sollevato dagli apologeti del marxismo quando cercano di controbattere le critiche al marxismo, ma è irrilevante nello schema generale delle cose, come spiegherò nei paragrafi seguenti. Tutti i regimi cosiddetti "comunisti" mai esistiti (a partire dall'Unione Sovietica bolscevica di V.I. Lenin) non si sono conformati alla definizione/parametri di cui sopra, poiché tutti avevano una leadership/stato funzionante.

Avranno anche affermato di essere rappresentativi del popolo, ma erano semplicemente un gruppo di "uomini" (delinquenti) al timone del Paese, che ne dirigevano gli affari e che alla fine costituivano uno "Stato" (naturalmente, è ormai risaputo che i bolscevichi presero il controllo della Russia grazie all'aiuto esterno, finanziario e non). Non c'era nulla di russo nella rivoluzione "russa". La maggior parte di loro erano "rivoluzionari" ebrei membri di una setta provenienti dall'estero).

Inoltre, il fatto che l'"Avanguardia" di Lenin fosse in una posizione di controllo, significa che esisteva una sorta di sistema di classe; una differenza di potere tra lui e i suoi compari e il pubblico in generale. E c'erano molte altre discrepanze. Possiamo vedere tutti gli altri Stati "comunisti" e "socialisti" che sono esistiti dopo l'Unione Sovietica di Lenin attraverso la stessa lente.

Quindi, queste apparenti discrepanze tra ciò che Marx, Engels e altri hanno detto e ciò che è effettivamente accaduto in quei casi, significano che questa prima scusa marxista ha una qualche validità? No! Questa scusa ("il vero comunismo/socialismo non è mai stato provato") deriva principalmente dal fatto che non ci si rende conto che le idee di Marx ed Engels erano solo una fantasia teorica. Cercare di avere una società egualitaria, senza classi, senza denaro, senza Stato, atea e materialista, in cui le risorse, l'industria e i mezzi di produzione sono posseduti e controllati dal proletariato (lavoratori), la "comunità", non funzionerà perché è distaccato dalla realtà e dalla natura umana.

Gli esseri umani non sono uguali; ci sarà sempre qualcuno che comanda, perché la natura stessa è costruita intorno alle gerarchie; la moneta e il commercio esistono (in una forma o nell'altra) da millenni; gli esseri umani hanno bisogno di una sorta di spiritualità o di religione; c'è di più nella vita che il materialismo, e gli esseri umani non sono merci robotiche o api operaie; la comunità non può avere la proprietà collettiva delle cose, perché non è così che funziona la proprietà (si veda la sezione precedente sul socialismo). Ovviamente, le persone che adducono questa prima scusa non riescono a vedere tutto questo.

Pendenza scivolosa e vuoto di potere

L'idea di una società senza classi e senza Stato è solo una fantasia, perché ci sarà sempre qualcuno/qualche gruppo al comando. Le gerarchie sono una caratteristica dell'esistenza umana fin dall'inizio. Qualunque siano le intenzioni originarie di tutti i marxisti che hanno partecipato a tutte le rivoluzioni "comuniste" di successo (e ai regimi successivi) nel corso del XX secolo, inevitabilmente la realtà si impone in seguito. La rivoluzione può essere un pendio scivoloso: una cosa tira l'altra. Rovesciando l'establishment si crea un vuoto di potere, e non importa le intenzioni iniziali: quando si abbatte il sistema esistente, qualcosa/qualcuno prenderà il suo posto. Si finisce per avere di nuovo una struttura di potere (l'inizio di un nuovo Stato), anche se si tratta di una "avanguardia rivoluzionaria" marxista.

Ci sono molte altre ragioni per cui l'idea genuina e originale del comunismo è fallace. Qualunque cosa Marx o Engels abbiano previsto, o cosa Lenin abbia pensato di ciò che Marx ha detto, eccetera, non ha importanza a questo punto (ai giorni nostri). Va ribadito che in tutti i casi in cui le teorie di Marx, Engels e dei primi comunisti sono state messe in pratica, il risultato è stato un disastro e la disgregazione della società, prima o poi. I principi centrali della "lotta di classe", della collettivizzazione e della "proprietà comune", dell'egualitarismo (tramite la coercizione!), dell'eliminazione delle credenze religiose, ecc. Ancora una volta, le teorie stesse sono dei fallimenti.

In conclusione

Non approfondiremo qui la controproposta a questa scusa, poiché si tratta di ripetere ciò che è stato evidenziato altrove (ad esempio, l'attuazione del socialismo; come l'uguaglianza sia distruttiva; il potere e le gerarchie, ecc.) Tuttavia, questo è essenzialmente il punto principale: gli apologeti paragoneranno la visione del comunismo di Marx ed Engel a tutti i cosiddetti regimi socialisti o comunisti e diranno "quello non era il vero comunismo". Rispetto a quanto previsto da Marx ed Engels, in un certo senso, hanno ragione; ma sapete una cosa? È. Non. Non. importa! Chi se ne frega di ciò che hanno previsto!

Le fantasie teoriche di Marx, Engels, Lenin, ecc. non hanno posto nella parola reale. Quindi, il punto generale è che anche i loro concetti di comunismo o socialismo sono ancora inutili per la società in qualsiasi modo pratico. I marxisti/apologeti insisteranno che ci aggrappiamo a loro, perché hanno un qualche valore. Sbagliato! Inoltre, il valore ipotetico di questi concetti (secondo i marxisti) è superato dal loro effettivo impatto distruttivo nel mondo reale di oggi (come dimostra questo libro).

Un punto chiave: ovviamente, nessun regime o forma di organizzazione statale (chiamata con l'etichetta "socialista" o "comunista" o altro) potrà mai corrispondere a quanto previsto da Marx ed Engels! Pertanto, ciò che essi chiamarono comunismo non potrà mai concretizzarsi nel mondo reale, e i membri del culto continueranno a insistere sulla necessità di provarlo. È un ciclo distruttivo e perpetuo di teoria ipotetica che porta alla non materializzazione. Ecco perché siamo costantemente bloccati in un dibattito senza fine con questa setta (mentre distruggono attivamente la civiltà). Questo ciclo deve essere spezzato, altrimenti potremmo dimenticarci di qualsiasi tipo di tregua dalla follia, per non parlare di una libertà duratura!

Questa prima scusa è importante e spesso utilizzata. È la carta universale "per uscire di prigione", l'eterna scusa che sentiamo da loro, più e più volte; è costantemente usata per giustificare il mantenimento di questa ideologia tossica nelle nostre società. Saranno felici di sperimentarla in un milione di modi diversi, indipendentemente dalla distruzione che provoca, perché l'utopia è sempre dietro l'angolo! E sapete una cosa? Non importa quante volte fallirà, questi idioti intellettualoidi useranno sempre la stessa scusa (vedi il problema "Teoria contro Realtà"). Senza fine.

"Erano solo dittatori. Non erano veri marxisti/socialisti/comunisti!".

Questo viene usato dai membri delle sette (intenzionalmente o meno) per cercare di prendere le distanze dai molti regimi dittatoriali orribili ispirati al marxismo nel corso del XX secolo. È un controllo dei danni per le pubbliche relazioni. Anche se questa scusa fosse vera al 100% e non fosse in discussione in tutti i regimi "socialisti" o "comunisti", ancora una volta è irrilevante!

Il punto principale è che l'ideologia stessa ha aiutato queste persone a salire al potere, perché gli altri pensavano erroneamente che fosse benevola e che stessero aiutando un compagno a fare una miriade di cose meravigliose per il bene del "popolo". Poi questi personaggi dominanti assumono il potere, con un leader, in cima a una gerarchia. Non importa se hanno attuato con precisione le teorie marxiane o meno (secondo i desideri di Marx, Engel, Lenin, ecc.); l'ideologia stessa è ciò che ha dato inizio e/o perpetuato la "rivoluzione", il regime e il successivo processo distruttivo.

Naturalmente, quando si tratta di membri di una setta, manca la comprensione di cosa siano realmente le rivoluzioni ispirate al marxismo e a cosa portino. Quando il vuoto di potere che ho descritto viene creato dalla "rivoluzione", inevitabilmente attira i maniaci del controllo/psicopatici assetati di potere. Questi tipi di personalità possono aver fatto parte delle forze istigatrici della rivoluzione, oppure emergere in un momento successivo per prendere le redini.

Quando una società contaminata inizia a collassare, ci saranno caos e violenti sconvolgimenti. Gli psicopatici si rallegrano di questo processo: la loro mancanza di empatia nei confronti della sofferenza comune permette loro di rimanere a proprio agio, tranquilli. Al momento opportuno, prenderanno le redini e nessuno sarà in grado di fermarli. Poiché la "rivoluzione" è ispirata al marxismo e istigata dai membri della setta, inevitabilmente, una volta ottenuto il sopravvento, inizieranno ad attuare i principi marxiani, tra cui: egalitarismo forzato attraverso la coercizione (soprattutto la violenza), collettivismo, centralizzazione del potere per conto del "popolo", eliminazione dell'opposizione politica, incarcerazione o liquidazione dei dissidenti, ecc. Naturalmente, i membri del culto che li circondano non si opporranno (!).

Una volta che si verifica questa centralizzazione del potere, i tipi di personalità più brutali e spietati vengono alla ribalta (ad esempio Stalin, Pol Pot, ecc.), e i marxisti più estremisti saranno messi in posizioni chiave per completare la leadership centrale. In breve, avere un sistema centralizzato come questo è estremamente rischioso mentre abbiamo un problema poco discusso e di importanza critica nel nostro mondo: la presenza di maniaci del controllo psicopatici!

Gli apologeti cercano di prendere le distanze da tutti quei regimi dittatoriali compartimentando l'intero movimento di culto: "stalinismo", "maoismo", "castrismo" ecc. Non riescono a vedere (o negano) il fatto che il fattore causale originario è l'ideologia stessa. Senza l'accettazione dell'ideologia, queste dittature non sarebbero sorte. Un uomo non è nulla se le sue idee non sono accettate come buone, o se le idee sono considerate tossiche.

Certo, molte di queste rivoluzioni "popolari" sono state spesso incoraggiate da soggetti esterni, ma il punto è sempre lo stesso: senza un qualche tipo di sostegno all'ideologia (e idealmente un'ostilità nei suoi confronti!), queste "rivoluzioni" non sarebbero state in grado di fare i danni che hanno fatto (con "soggetti esterni" non mi riferisco solo alle numerose rivoluzioni in Africa e in Sud America, per esempio, che sono state sostenute da Russia, Cina, Cuba ecc. Mi riferisco al fatto che la rivoluzione bolscevica di Lenin e Trotsky può essere stata finanziata da partiti non russi, compresi i banchieri internazionali. Lo stesso vale per Mao).

Penso che se Marx stesso avesse avuto il potere di attuare le sue teorie durante la sua vita, avrebbe risolto molti di questi dibattiti prima ancora che potessero sorgere. E questo vale anche per gli altri teorici marxisti. A giudicare dalla sua personalità marcia e presuntuosa, penso che Marx sarebbe stato malvagio come tutti gli altri pazzi nella hall of fame dei comunisti; forse peggio.

"Molte persone hanno valori socialisti"

Un altro modo per dirlo è: "Non vuoi una società più equa e umanitaria e un migliore tenore di vita?!?". Che si riduce a "non vuoi un mondo/una vita migliore?!?" (Nota: "vuoi" - di nuovo l'ego! Solo perché vogliamo qualcosa, non significa che possiamo averla: il mondo/la vita/la realtà non ruotano intorno al nostro ego! Si tratta anche di una coercizione che segnala la virtù: "Non sei una brava persona? Non ti importa degli altri?!?").

Questo tipo di affermazioni, ancora una volta, deriva da una percezione distorta di ciò che è il marxismo. Non è un movimento umanitario, è un movimento pseudo-umanitario. Il fatto che una persona (di qualsiasi estrazione, politica o meno) creda in certi principi o abbia certi desideri per la società, non significa che il marxismo/socialismo siano buoni! La realtà non funziona così.

Ovviamente, chiunque faccia questa affermazione sta facendo delle ipotesi importanti. Ma sono corrette? Certo, qualsiasi persona razionale desidera una migliore qualità di vita per sé e per la propria gente e sarebbe felice di vedere le cose funzionare in modo più efficiente nei propri Paesi! Naturalmente, le persone amano sentirsi dire che possono ottenere le cose gratuitamente (ricchezza, servizi, proprietà, ecc.); anche molte persone ricche - che magari non hanno bisogno di nulla dal punto di vista materiale - amano sentirselo dire!

Alcuni presupposti, però, potrebbero derivare dall'indottrinamento stesso. Si presuppone che tutti la pensino (o dovrebbero pensarla) come loro, dato che hanno ovviamente ragione (a parte i malvagi "destrorsi", "razzisti" e "fascisti", ovviamente). Ad esempio, sappiamo che il culto è, in generale, a favore di un mondo senza confini. Cercare di affermare che tutti vogliono assecondare questa idea è una supposizione enorme da fare. Un'altra ipotesi che potrebbero fare è che tutti noi crediamo che dovremmo togliere i soldi ai ricchi e distribuire la ricchezza in modo più equo. Un'altra ipotesi è che tutti crediamo nelle idee di "giustizia sociale" - che c'è un serio problema di "oppressione" nel mondo.

Il marxismo sembra sembrare adorabile e umanitario, per il "bene superiore" e per il beneficio degli oppressi, ma non lo è, e i non membri della setta possono vederlo. Quelli indottrinati, invece, credono che sia benevolo. Nella loro mente - a causa dell'arroganza e dell'ignoranza - credono di avere la soluzione, e che tutti gli altri debbano capire, ed essere "con" e "svegli", proprio come loro. È così che possono insinuare che "tutti sono davvero d'accordo con il socialismo, a un certo livello", ecc. Il loro processo di pensiero va in questo senso: Marxismo e socialismo = bene. Concetti e prospettive marxiane = umanitario, bello, progressista, positivo, ecc. Ergo, gli altri dovrebbero naturalmente essere d'accordo.

Di nuovo, il vecchio trucco del "Vedi? Sei già un marxista e non te ne sei accorto!". Penso che se la persona media della strada comprendesse appieno cosa significano in pratica i "valori" socialisti marxisti, riconoscerebbe di essersi sbagliata (in qualsiasi profondità del suo essere abbia sostenuto tali valori).

In conclusione, che importa se le persone hanno valori che possono essere interpretati come socialisti? E allora? Non significa che sia corretto farlo; non significa che ora dovremmo abbracciare il socialismo! Un altro punto è che l'ideologia è molto brava a dirottare le lamentele genuine e oneste delle masse e a cooptarle nell'agenda per i propri fini. Ciò che i membri della setta suggeriscono (dicendo "tutti hanno valori socialisti nel profondo") è che il fatto che queste lamentele esistano semplicemente giustifica l'esistenza dell'ideologia, dal momento che l'ideologia (naturalmente) fornisce le soluzioni ad esse. È un'assurdità! Non abbiamo bisogno del marxismo come soluzione a nulla!

Inoltre, è ovvio che ci saranno molte persone che girano nella società con idee marxiane in testa (come il socialismo), dato che il marcio marxista ha permeato le nostre società. Nel mondo di oggi, dire che molte persone hanno idee socialiste in testa è come dire che molte mucche pensano di mangiare erba.

"Non ha avuto successo perché c'è stato un pensiero troppo di destra!

Variante 1: "Il comunismo/socialismo/marxismo è fallito perché abbiamo avuto un pensiero troppo di destra!". Variante 2: "Il socialismo è fallito perché abbiamo avuto troppo pensiero di destra, e quindi non siamo mai riusciti a raggiungere il comunismo! E se continuiamo ad averne troppo, probabilmente non ci riusciremo mai!". Lasciatemelo dire di nuovo: il marxismo/socialismo non ha mai avuto successo perché c'è stato... aspettate: troppo pensiero di destra! Un altro classico! Beh, che cazzo di convenienza! È come dare la colpa alle altre squadre perché avete perso le partite (molte volte di seguito). Nel corso degli anni ho interagito personalmente, faccia a faccia, con circa 15-20 studenti universitari sottoposti a lavaggio del cervello che mi hanno consegnato questa frase.

Ancora una volta, questa scusa deriva da una percezione distorta della verità: credere che il marxismo/socialismo sia buono (e non lo è); il punto di vista che il marxismo sia una cosa fantastica e benigna, e che i suoi fallimenti debbano essere dovuti a ogni sorta di ragione, oltre all'unica che conta (cioè che l'ideologia stessa sia tossica e un fallimento per sua natura). Questa scusa è profondamente radicata nell'indottrinamento.

Coloro che pronunciano questa giustificazione sono convinti che i principi marxiani (tra cui il socialismo, l'uguaglianza, la "giustizia sociale", l'"antirazzismo", ecc. Pertanto, è del tutto inconcepibile che l'ideologia non sia più popolare perché: questi principi sono fallaci, e/o che le masse inizino a rifiutare l'ideologia quando vedono quanto sia tossica nella pratica. Quindi, ci deve essere qualche altra ragione per cui il marxismo non è accettato universalmente al 100% e il mondo non è pieno di membri di culti marxisti (proprio come loro). Il risultato è che il capro espiatorio "di destra" viene tirato fuori.

È interessante notare che questo argomento è l'opposto della verità effettiva della questione. Si basa sulla presunzione che il marxismo/socialismo/comunismo sia in grado di migliorare/liberare/liberare la società ecc. e al contempo insinua che il pensiero "di destra" stia fermando questo processo. Questo è al contrario. È chiaro che il marxismo è ciò che impedisce a queste cose di concretizzarsi, e che il pensiero di "destra" può farle concretizzare (a livello individuale, sociale, nazionale e globale). Arriviamo a questa conclusione quando osserviamo gli affari mondiali e vediamo che il marxismo è l'ideologia dominante nel mondo di oggi (un fatto invisibile ai più a causa degli effetti di distorsione della realtà dell'indottrinamento).

Suppongo che se si pensa che qualcosa sia buono, e si è assolutamente convinti di questo, allora si farà ogni sorta di ginnastica mentale piuttosto che considerare la possibilità che sia semplicemente un fallimento in sé. Questa giustificazione è anche tipica del modo in cui opera l'ideologia: coglierà ogni opportunità (attraverso le "menti" dei membri del culto) per colpire il suo rivale ideologico - il pensiero di destra - e contemporaneamente distogliere l'attenzione dal fatto che si tratta di un fallimento tossico di un'ideologia. È anche meschino, che è un altro attributo tipico del culto.

Infine, in un certo senso, la scusa è esatta: è vero che il marxismo non ha avuto successo - cioè non ha ancora il controllo completo del mondo - perché ci sono troppe persone con posizioni "di destra" (non marxiste). Per il bene dell'umanità, questo è un bene. Continuiamo così, d'accordo?

"Gli atteggiamenti anti-marxisti/socialisti derivano dall'avere una mentalità fascista".

Non c'è bisogno di fare un'analisi approfondita di marxismo contro fascismo per questa frase, ed è collegata al punto precedente. Può essere tradotta come: "Se non sei d'accordo con me/noi, sei ovviamente sbagliato, ci deve essere qualcosa di sbagliato in te, e probabilmente sei pazzo e malvagio"!".

Questo tipo di risposta è familiare, non è vero? Compare in tutta la storia del culto. È una risposta molto pigra e immatura alle critiche. Ancora una volta, deriva dall'errata convinzione fanatica che il marxismo sia benevolo, ergo, ogni suo oppositore deve essere malvagio.

Quando si dice "fascista" si intende autoritario, aggressivo e non rappresentativo del "popolo" (cosa che il marxismo apparentemente è, giusto?), oltre che immorale (xenofobo, non "progressista", non "compassionevole", ecc.), con idee nazionalistiche arretrate e "razziste" di omogeneità etnica, ecc. In sostanza, "fascista" = cattivo, e l'ideologia/culto marxista = buono.

C'è una ragione molto più profonda e interessante per cui sentiamo pronunciare questa frase. Essenzialmente, la giustificazione ci mostra che il fascismo e il marxismo sono avversari ideologici (approfondita in una sezione successiva sulla "destra" contro la "sinistra"). Chi pronuncia questa frase in realtà sta dicendo: "Se non sei d'accordo con il marxismo devi essere un orribile, imperialista, guerrafondaio, xenofobo, suprematista bianco, perché è questo che sono i fascisti!".

"Alcuni dei nostri più grandi patrioti erano socialisti o avevano idee

socialiste".

Anche se questo è completamente vero, quindi? E allora? Gli esseri umani sono fallibili. E poi, che cosa ha a che fare con questo? Solo perché qualcuno è stato attratto o ha sposato le idee socialiste marxiane non significa che anche noi dovremmo farlo. Le persone possono sbagliare! Questo vale ancora di più per le persone del passato. Perché? Perché l'ideologia non è quella che era quando Marx era ancora vivo, o agli albori del XX secolo. Non è quella che era 100 anni fa. Si è evoluta nelle sue varianti. Ha saturato le società del mondo fino al midollo, penetrando in profondità nelle menti degli ignari.

Questa particolare frase/idea viene spesso tirata fuori in Irlanda nei dibattiti sulla causa della libertà irlandese e sul ruolo del socialismo; James Connolly (1868-1916) la promosse alla fine del XVIII/inizio del XIX secolo. Non fu l'unica voce a favore del socialismo in questo periodo, ma certamente una voce di spicco. Fu molto attivo nel movimento sindacale e fondò diversi gruppi socialisti/precursori (tra cui l'Irish Labour Party, che esiste ancora oggi). L'aspetto più significativo, in termini di notorietà, è che partecipò anche alla Rivolta di Pasqua del 1916 come comandante della Brigata di Dublino e fu poi giustiziato. Connolly era nato e cresciuto in Scozia da genitori irlandesi, ma venne in Irlanda per promuovere il socialismo e aiutare la rivoluzione anti-imperiale e anti-britannica.[2]

Considerando lo stato delle cose in Irlanda durante la vita di Connolly (sotto il dominio britannico), era comprensibile che l'ideologia entrasse in scena come alternativa. Possiamo quindi comprendere e perdonare chiunque, in una certa misura, abbia spinto in quella direzione - se aveva veramente buone intenzioni e non era semplicemente un membro di una setta sovversiva mascherato da "patriota" irlandese (nota: l'Irlanda era come la moltitudine di altri Paesi del mondo in quel periodo, essendo sotto il controllo di una potenza imperiale straniera. Considerando le tabelle della sezione storica, la Rivolta di Pasqua del 1916 è coerente con la diffusione mondiale dell'ideologia).

L'idolatria può essere negativa, soprattutto nei confronti di qualcuno che è esistito in un'epoca (o in un'età) diversa. Una persona può avere in qualche modo ragione e buone intenzioni, ma dobbiamo anche considerare che le sue opinioni possono essere più adatte al suo tempo, non al nostro. James Connolly fu fucilato il 12 maggio 1916, l'anno prima della rivoluzione russa, una tappa fondamentale nella diffusione dell'ideologia. Non era in grado di capire cosa fosse realmente il socialismo, né a cosa avrebbe portato!

Con il senno di poi, abbiamo il vantaggio di imparare da oltre un secolo di fallimenti marxisti, oltre all'accesso alle informazioni che la nostra tecnologia ci fornisce, per darci una comprensione superiore. Va aggiunto che partecipare a una rivoluzione/insurrezione militare e farsi sparare non rende onniscienti!

---

[2] https://www.britannica.com/biography/James-Connolly

Non dobbiamo idolatrare chi non comprende appieno l'ideologia. Ancora una volta, dobbiamo collocare le opinioni dei personaggi storici nel loro corretto contesto di tempo e luogo.

Nella nostra situazione attuale (un alto livello di infezione globale), è controproducente idolatrare chiunque abbia contribuito alla diffusione del marxismo, anche se aveva ragione su alcune cose e aveva buone intenzioni, buona intelligenza ecc.

Su scala globale, la setta, come è prevedibile, enfatizzerà personaggi come questo e li userà per attaccarsi a cause patriottiche legittime oggi (tirando fuori "alcuni dei nostri più grandi patrioti erano socialisti", ecc.) Oppure, nel caso dell'Irlanda, non ne hanno bisogno: altri (non membri del culto) lo stanno già facendo per loro. È assolutamente sciocco e suicida aiutarli! Molti Paesi hanno i loro equivalenti di Connolly, quindi vi consiglio di adottare un approccio simile nei confronti di loro e della loro eredità. Non si offenderanno, non preoccupatevi: sono morti! In definitiva, chi se ne frega se i personaggi del passato pensavano che l'ideologia fosse benevola. Nel mondo di oggi, è tutt'altro. Quindi, qualsiasi approvazione storica è irrilevante, indipendentemente dalle sue origini. Questa scusa è un altro fallimento.

"Se sei contro il socialismo stai sostenendo la borghesia capitalista!".

Cosa significa questo? Chi sono questi borghesi? I ricchi in generale? Le élite politiche? I ricchi imprenditori e proprietari terrieri di cui i membri del culto amano parlare? Questo aspetto può essere piuttosto nebuloso, quindi prenderò la definizione di borghesia capitalista per indicare coloro che sono estremamente ricchi e che (apparentemente) esercitano un enorme potere nella società, e che abusano della loro posizione di potere e influenza.

Questo è un classico ritorno marxista. Sono programmati per reagire in questo modo. Lo pensano perché, ricordate, credono di essere i buoni, i ribelli, i "radicali", ecc. Se ti opponi a loro, sei naturalmente dalla parte sbagliata, giusto? Ovviamente, se critichi il marxismo, devi essere un piccolo lacchè asservito agli oligarchi della borghesia capitalista, giusto? No, non necessariamente. Forse stiamo criticando il marxismo perché sappiamo che è un passo nella direzione sbagliata (loro credono erroneamente il contrario), e allo stesso tempo ci opponiamo alle "élite" globaliste. Qui c'è una sfumatura. Noi - coloro che si oppongono all'ideologia/culto - sappiamo che i problemi (reali o percepiti) presenti in un sistema capitalista possono essere risolti in altri modi, senza bisogno di ricorrere alle idee marxiste. Forse vorremmo gettare il marxismo (e i suoi derivati) nella spazzatura perché è più problematico di quanto valga? (domanda sarcastica e retorica).

Questa è la logica rovesciata (invertita) del vostro marxista di varietà: se vi opponete a loro, dovete ovviamente servire le élite borghesi globaliste, quando i membri del culto sono, di fatto, al loro servizio/il totalitarismo internazionalista. Per usare l'autore come esempio - non c'è nessuno sulla

Terra che si opponga di più a queste "élite" e al totalitarismo internazionalista, eppure capisco che anche il culto/ideologia marxista è il nemico, poiché serve quell'agenda, intenzionalmente o meno. Ci sono molti che la pensano allo stesso modo, quindi questo ritorno è un fallimento con la F maiuscola.

"Abbiamo bisogno del marxismo/socialismo per fermare i mali oppressivi del capitalismo!".

No, non è vero! Ho approfondito le giustificazioni economiche/anticapitalistiche del marxismo/socialismo in un'altra sezione. Per ora, la risposta breve a questa domanda è: Il marxismo non ha mai avuto meriti o benefici dal punto di vista economico; è un fallimento sotto molti punti di vista, ma soprattutto dal punto di vista economico; nel momento in cui un Paese permette l'applicazione delle teorie marxiste dal punto di vista economico, si profila un disastro. Quindi, l'idea che abbiamo in qualche modo bisogno dell'ideologia (attraverso il socialismo) per mantenere punti di vista alternativi sulle questioni economiche a livello nazionale o internazionale è solo altra propaganda.

Ancora una volta, la soluzione a molti dei problemi (percepiti o meno) nei nostri Paesi che riguardano il capitalismo - economia, occupazione, commercio, eccetera - è avere uno Stato libero dal marxismo, sovrano e autenticamente patriottico. Il marxismo è anti-patriottico, essendo antagonista della prosperità (il culto pubblicizzerà naturalmente il contrario). Come può essere considerato patriottico qualcosa che distrugge la prosperità di un Paese? No, l'ideologia (attraverso il socialismo) non è la risposta, perché peggiorerebbe solo la situazione.

Parole finali

Questa sezione che copre alcune scuse non è esaustiva, né intende esserlo. Il vostro comune "intellettuale" marxista potrebbe farvi discutere quasi all'infinito su uno solo di questi sottoargomenti. Questo culto prospera su un dibattito senza fine! Non perdiamo tempo a confrontarci con loro! Lo scopo di questa sezione è di aiutare a identificare l'indottrinamento negli altri, attraverso il loro comportamento/parlato.

Ricordate, potremmo letteralmente avere libri pieni di tutte le scuse e le giustificazioni che i membri di una setta inventano, e continuerebbero ad inventarne altre. Finché avranno fiato nei polmoni o dita per scrivere, continueranno a sfornarle, come se la loro vita dipendesse da questo. Questa è l'esistenza di un membro di una setta: la costante giustificazione della propria esistenza e la persistente promozione e difesa del proprio culto e della propria ideologia.

Sezione VIII - La formula scarlatta

"Se conosci il nemico e conosci te stesso, non devi temere il risultato di cento battaglie. Se conosci te stesso ma non il nemico, per ogni vittoria ottenuta subisci anche una sconfitta. Se non conosci né il nemico né te stesso, soccomberai in ogni battaglia".[1]

Sun Tzu, *L'arte della guerra*, 5 secolo a.C.

Introduzione

Il culto utilizza una varietà di tattiche per avviare la sua "rivoluzione" che distrugge la civiltà. Alcune fanno parte dell'ideologia fin dalle sue prime manifestazioni, mentre altre sono opera della Scuola di Francoforte, della brigata postmodernista o di agitatori/manipolatori come Saul Alinsky. Tra questi: il controllo del linguaggio; il controllo/distorsione della nostra percezione della storia, della realtà e della moralità; l'uso di tattiche di manipolazione emotiva; l'introduzione di folli doppi standard; l'uso dell'efficacissima formula oppressore vs oppresso, come tattica di divisione e conquista; la promozione del fanatismo marxista; l'incoraggiamento di comportamenti folli simili a culti marxisti all'interno delle società, tra cui la "correttezza politica" (un vecchio favorito), il "virtue-signalling" e l'altruismo patologico estremamente pericoloso.

Come parlare marxista

Il controllo del linguaggio da parte della setta/ideologia è una questione estremamente seria e assolutamente cruciale per il suo dominio; pertanto, questa sezione sarà in qualche modo esaustiva. I seguenti termini chiave sono organizzati in tabelle. Alcuni li sentiamo quotidianamente e sono spesso ripetuti dai membri della setta, ad nauseam, per promuovere l'ideologia (ad esempio, solidarietà, progressismo, ecc.). Altri sono termini offensivi (tatticamente) usati per coinvolgere i nemici della setta (ad esempio, estrema destra, "fascisti", "nazisti", ecc.), al fine di demoralizzare, ostracizzare e convincere i "neutrali" della società a evitarli.

Il lettore deve prestare attenzione agli schemi, per non perdere la foresta per gli alberi. C'è una moltitudine di termini che può quasi distrarre, ma ciò che è importante è l'obiettivo strategico che sta dietro al loro uso. In altre parole, che

---

[1] Sun Tzu, *L'arte della guerra*, circa 5° secolo a.C.
https://www.utoledo.edu/rotc/pdfs/the_art_of_war.pdf

cosa insinuano realmente quando vengono utilizzati questi termini e che cosa stanno cercando di ottenere. Per fare un semplice esempio, i termini "omofobo", "transfobo", ecc. sono concepiti per attaccare/sopprimere chiunque si opponga alla relativa sub-agenda marxiana in quest'area: la promozione/normalizzazione delle questioni e dei comportamenti LGBTQ e "gender non-binary", ecc. Questi termini insinuano che la persona è piena di odio o ha paura di qualcosa. Dal dizionario online di Cambridge: "Phobe- Someone who hates or has a fear or something, especially in a way that is extreme or not reasonable".[2]

L'uso della parola "fobico", dal greco "Phobos", evoca il concetto di paura (nella mitologia greca, Phobos era il dio di questa emozione). Implica che il bersaglio/persona etichettata sia essenzialmente un codardo. Questo è il tipico linguaggio marxista di ridicolizzazione e truffa. Insinuano che sei tu ad avere un problema se non sei d'accordo con loro. In questo caso, l'implicazione è che si ha paura, consciamente o inconsciamente, di coloro che fanno parte di un particolare gruppo (persone LGBTQ, ecc.) e che la paura si manifesta in odio ingiustificato, giudizio, ecc.

L'uso di "fobico" implica anche una fobia, una paura irrazionale di qualcosa. O che si ha paura dei cambiamenti nella società (anche di tutto ciò che è "progressista"). Il culto implica tutto questo solo usando quelle cinque lettere e attaccandole alla fine di varie parole! Le nuove parole vengono poi usate come arma per ridicolizzare qualsiasi dissenziente, promuovendo allo stesso tempo la sub-agenda in questione (in questo esempio, il movimento LGBTQ e le assurdità non binarie).

Scorrendo le tabelle, si noti come ci sia un termine per quasi tutte le possibili forme di minaccia (cioè chiunque si opponga a una sotto-agenda marxiana o alla setta/ideologia stessa). Nello spirito e nella tradizione dell'ideologia, i termini coprono una vasta gamma di aree tematiche, tra cui politica, sessualità, religione, scienza, razzismo, sessismo, antisemitismo, vaccini, cospirazioni ecc.

Dobbiamo ricordare la quinta regola di Saul Alinsky: "Il ridicolo è l'arma più potente dell'uomo. Non c'è difesa. È quasi impossibile contrattaccare il ridicolo. Inoltre fa infuriare l'opposizione, che reagisce a suo vantaggio". Naturalmente, tutti i termini peggiorativi usati dalla setta riguardano il ridicolo. Si potrebbe anche dire che alcune delle altre regole di Alinsky entrano in gioco in questo caso, come la regola numero sei: "Una buona tattica è quella che piace alla tua gente". Il fatto che i membri della setta si divertano a stare in branco e a usare questo tipo di termini per ridicolizzare i loro avversari è emblematico di come il marxismo faccia emergere il peggio dell'umanità: un gruppo di fanatici antiumani malati di mente che deridono i loro simili mentre

---

[2] https://dictionary.cambridge.org/dictionary/english/phobe

li tradiscono (!).

Tutto ciò spiega le continue etichettature e lamentele dei membri del culto nei confronti di coloro che si oppongono a loro/all'ideologia. Cercano di mettere a tacere i loro oppositori con il ridicolo per ottenere il dominio ideologico. L'effetto sulla società è che la prospettiva marxiana sulle cose diventa la norma, grazie alla manipolazione emotiva che il ridicolo consente. Questo porta alla cosiddetta "correttezza politica", che in realtà è solo un codice per "prospettiva marxiana". Costringe le masse a conformarsi ai capricci e alle sotto-agende dell'ideologia/culto, attraverso una pressione socio-psicologica. Il risultato è che l'ideologia/culto diventa sempre più dominante. È intimidazione, è terrorismo.

Utilizziamo come esempio una questione non personale, il tema del "cambiamento climatico", in una particolare società: se tutti coloro che esprimono pubblicamente una mancanza di fede nel "cambiamento climatico" (che il comportamento umano sta influenzando il tempo, che il pianeta è "in pericolo!" a causa dell'inquinamento, ecc.) vengono costantemente ridicolizzati dalla maggioranza fino a quando non vengono più espresse opinioni di questo tipo, allora si crea una nuova norma marxista, in cui le uniche opinioni espresse sono a favore della truffa del cambiamento climatico.

È l'imposizione dell'uguaglianza e dell'uniformità (delle opinioni), utilizzando la manipolazione emotiva, attraverso il ridicolo. Il termine usato per ridicolizzare i "negazionisti" è il divertente e poco fantasioso "negazionista del cambiamento climatico". Per quanto riguarda la questione Covid, hanno inventato i termini "Covidioti" e "esitazione da vaccino" per coloro che si rifiutano di assecondare questa sotto-agenda.

Nonostante il fatto che cercare di raggiungere questo livello di controllo su una popolazione sia impossibile e assolutamente stupido, questo non ha mai impedito alla setta di provarci! Anzi, hanno sempre trovato il modo di creare l'illusione di queste cose, neutralizzando/liquidando coloro che non si conformano. Questo fa sembrare che tutti siano d'accordo con la setta, poiché tutti gli altri sono stati messi a tacere con l'imprigionamento, la morte, l'esilio, ecc. I pochi che vengono risparmiati sono intimiditi e costretti al silenzio. Così, la nuova "norma" è che tutti sono d'accordo con la meravigliosa rivoluzione "popolare"! Lo vediamo oggi in Corea del Nord e in Cina.

Altri termini sono usati per fingere benevolenza, il che fa parte del principio del Cavallo di Troia Rosso, essenziale per la setta per mantenere quella patina apparentemente positiva di "progressismo". Un esempio è quando si dice che l'aborto è "compassione" per le donne, o quando si chiamano i servizi abortivi "cure" o "assistenza sanitaria".

Bastoni e pietre dei comunisti: Gli "insulti" marxisti e altri termini

L'insulto	Significato marxista	Significato effettivo	Effetto previsto
Estrema destra/ Nazista/Fascista	Persona xenofoba/razzista, piena di odio, autoritaria, non compassionevole, cattiva ecc.	Chi non è marxista o si oppone alle sotto-agenzie marxiane, in particolare i nazionalisti/destri/ patrioti autentici.	Vengono visti come dei piantagrane che dovrebbero essere evitati, maltrattati e privati dei loro diritti, compresa la libertà di parola.
Reazionario	Persona che non è progressista o che si oppone al progressismo. Le loro convinzioni sono superate e non trovano posto nel mondo moderno.	Una persona che si oppone al culto/ideologia, con credenze che di solito sono tradizionaliste, conservatrici, di destra, ecc.	I loro punti di vista vengono ignorati, trattati come arretrati, superati, associati a concetti oppressivi e "primitivi" come la religione, ecc.
Razzista	Persona che teme/odia le altre razze; che non crede che tutte le razze siano uguali; può credere che la propria razza sia superiore alle altre.	Uno che non è d'accordo con le sotto-agenzie "diversità"/"multiculturalismo"/migrazione di massa.	Sono visti come bigotti dalla mentalità ristretta, arretrati, senza compassione e immorali.
Suprematista bianco	Un razzista che pensa che le persone/gruppi bianchi siano razzialmente superiori alle altre razze (ad esempio, neri, nativi americani, aborigeni, ecc.). Non crede nell'idea di "uguaglianza razziale".	Chi crede che i bianchi e le loro culture debbano essere celebrati e preservati (tanto quanto le altre razze); chi crede che i bianchi abbiano contribuito maggiormente allo sviluppo della civiltà.	Sono visti come tipi malvagi, razzisti, oppressivi, forse imperialisti, che credono che la razza bianca debba opprimere le altre razze (come i nazisti, gli imperi europei, ecc.).
Misogino	Un uomo che odia/opprime le donne e non crede nell'uguaglianza di genere; qualcuno che fa parte, volontariamente o meno, del	Uomo che non è d'accordo con il femminismo o che critica le donne (in particolare quelle indottrinate).	Questi uomini saranno ostracizzati dalla società in generale, soprattutto dalle donne. Le critiche al femminismo saranno ignorate.

"patriarcato".

Islamofobo	Persona che teme/odia l'Islam/Musulmani, a causa del razzismo o del bigottismo religioso (di solito cristiani con opinioni religiose bigotte e suprematiste). Il loro atteggiamento è legato al razzismo.	Chi critica l'Islam/Musulmani; chi non è d'accordo con l'"islamizzazione" dei Paesi occidentali, non islamici, o con la sua promozione a spese della propria religione.	Le critiche all'Islam/Musulmani vengono ignorate. Viene ignorata l'agenda anticristiana/proslam nei Paesi occidentali. Si favorisce la sotto-agenda dell'immigrazione di massa.
Omofobo	Una persona arretrata che teme/odia i gay/lesbiche, forse a causa di sentimenti gay oppressi, indottrinamento religioso o ignoranza, ecc.	Chi critica gli omosessuali/omosessualità o si oppone alla promozione/normalizzazione dell'omosessualità (in particolare quando si tratta di giovani).	Qualsiasi critica ai gay/omosessuali o alla promozione di sottogruppi che li coinvolgono nella società viene ignorata. Anche le assurdità del genere non binario non vengono contrastate.
Transfobico	Persona che teme/odia le persone trans e/o pensa che esistano solo due generi. Di solito è una persona con opinioni religiose dogmatiche.	Chi critica le persone "trans"/il movimento trans, o si oppone alla promozione/normalizzazione del transgenderismo (soprattutto per i giovani).	Qualsiasi critica al movimento "trans" e alle persone "trans" viene ignorata. L'assurdità del genere non binario ne trae vantaggio e continua a non essere contrastata.
Xenofobo	Persona che teme/odia chiunque sia diverso da lei.	Chi si oppone a qualsiasi sotto-agenda che riguardi l'etnia, la nazionalità, il credo, la cultura, ecc.	Questo termine copre il resto delle basi. Si usa quando altri termini non bastano.
Teorico della cospirazione	Un idiota credulone, paranoico, con il cappello di stagnola, che crede a cose stupide lette o viste su internet (ad esempio,	Uno che dubita della spiegazione ufficiale delle cose; che è scettico nei confronti delle narrazioni ufficiali diffuse dalle autorità/governo; che	Vengono ignorati e considerati degli sciocchi creduloni. Scoraggia gli altri dal dubitare delle narrazioni ufficiali approvate dallo

"negazionisti del cambiamento climatico", negazionisti dell'olocausto, "Covidioti", ecc.)	non crede alla narrazione marxista "pc".	Stato. Incoraggia le persone a credere semplicemente a ciò che viene detto loro (dal culto).	
Negatore del cambiamento climatico (negazionista del clima)	Un idiota teorico della cospirazione che non crede che il comportamento umano crei il cambiamento climatico; che pensa di saperne di più degli esperti del clima; qualcuno che non si preoccupa del pianeta ed è contrario all'energia "verde", ecc.	Uno che dubita della narrazione ufficiale su questo argomento (comprese le "opinioni" degli "esperti"); che non crede che sia il comportamento umano a determinare il cambiamento climatico.	Chi dubita o non crede alla narrazione del "cambiamento climatico" viene ignorato e ridicolizzato come un idiota ignorante e non scientifico. Questo contribuisce a creare una società in cui la norma è credere alla truffa.
Antivaccinista	Un altro tipo di irresponsabile, paranoico teorico della cospirazione, che pensa che Bill Gates voglia iniettargli un dispositivo di localizzazione; qualcuno che rifiuta secoli di conoscenza scientifica, ecc.	Uno che non sostiene la sub-agenda dei "vaccini"; che non vuole sottomettersi alle autorità mentre si avvelena con questi "vaccini" inutili.	Questi punti di vista sono considerati "pericolosi" e devono essere soppressi, ignorati, ridicolizzati, ecc.

Ricatto emotivo

A un livello più profondo, questi termini di scherno sono una forma di ricatto emotivo, nel modo più insidioso. Di fatto, è una minaccia. Tutti noi, in quanto esseri umani (a meno che non siamo danneggiati in qualche modo dal punto di vista psicologico), godiamo o desideriamo rispetto, ammirazione, accettazione, affetto, amore, ecc. L'opposto di queste cose è l'odio, la mancanza di rispetto, l'essere aborriti, l'ostracizzazione o l'isolamento, ecc.

È per questo motivo che i termini peggiorativi (razzista, fascista, teorico della cospirazione, ecc.) sono armi molto efficaci utilizzate dal culto all'interno del sistema marxista. Il messaggio per le persone etichettate come tali è "se capisci il sistema e cerchi di condividere la tua comprensione, non otterrai alcuna ammirazione/rispetto/amore dagli altri esseri umani e soffrirai". Oppure "se continui a criticare il culto/ideologia/sistema, soffrirai". Il termine "teorico della cospirazione", ad esempio, è una manipolazione molto malvagia della suddetta tendenza universale che abbiamo come esseri umani e della realtà dell'esistenza umana. In breve, la minaccia è: non sarai accettato dalla collettività se esprimi certe opinioni non marxiane o metti in atto certi comportamenti.

Negatore del cambiamento climatico (o negazionista del clima)

Questo è probabilmente il più infantile della lista. Si basa su un vecchio classico: "negazionista dell'Olocausto". Se si dubita della spiegazione ufficiale, approvata dal governo, di qualcosa - ad esempio, si crede che vengano dette bugie su un particolare argomento - questo termine viene usato per contrastare la propria argomentazione. Viene usato per mettere a tacere ogni dubbio, per fermare ogni ulteriore indagine, per insabbiare le cose.

Quindi, se non credete al "cambiamento climatico" (cioè che il comportamento umano, l'inquinamento, i livelli di CO2 ecc. stiano influenzando i modelli meteorologici o aumentando in modo significativo le temperature globali), allora questo termine insinua che state negando questa verità indiscutibile e (apparentemente) universalmente accettata. Non solo, ma si è anche pazzi per averlo fatto (il vecchio trucco del "se non sei d'accordo con noi, sei pazzo!"), come si può vedere nell'uso di "negazionista"/"negazionista". Si insinua che si è distaccati dalla realtà e quindi si è pazzi.

È anche un termine invertito, poiché insinua che questa persona non si preoccupi del pianeta, il che è l'opposto della verità: chiunque si opponga al marxismo/alle sotto-agende marxiste lo fa chiaramente (mentre i membri di una setta distruggono attivamente e involontariamente il pianeta e l'umanità). Inoltre, insinuare che tu - il bersaglio (del termine) - sei pazzo, quando in realtà sei tu quello sano di mente, è anche inveritero.

Effetto previsto: un nuovo sistema di classe "rivoluzionario".

La colonna "Effetto previsto" della tabella mostra come il culto stia creando, ironicamente, un nuovo tipo di sistema di classi. Gli individui classificati in questa colonna devono essere evitati, ostracizzati, distrutti, incarcerati, sterminati, ecc. Naturalmente, questa classe di persone merita questo tipo di trattamento perché sono comunque malvagie, giusto? Devono essere trattati come cittadini di seconda classe (se sono fortunati). Ironicamente, diventeranno la nuova classe (realmente) oppressa, il che è, ancora una volta, un tipo di inversione (e di ipocrisia!).

Si tratta di mettere le menti/personalità superiori della società in una posizione di inferiorità, senza diritti di base, per non parlare del potere/influenza di qualsiasi tipo (che porta al dominio dell'ideologia e al crollo della civiltà). Il culto ha sempre eliminato l'"intellighenzia" nel corso della sua storia.

L'ideologia convince i suoi aderenti che è un nobile sforzo creare una rivoluzione, in cui, tra l'altro, i sistemi di classe tradizionali vengono aboliti. Questo non solo è irrazionale e distruttivo, ma è anche ipocrita (in quel modo unico e marxista). Il culto/ideologia ha sempre cercato di creare un nuovo sistema di classi, con se stesso in posizione dominante, usando tutte le armi a sua disposizione. Da decenni si sforzano di far diventare cittadini di seconda classe tutti coloro che non si conformano ai piani dei globalisti. Il che non è uguaglianza! Ricordate i divieti di viaggiare per coloro che non hanno fatto i "vaccini", e coloro i cui mezzi di sostentamento sono stati distrutti con la perdita del lavoro, ecc.

Nazisti, fascisti ed estrema destra

L'uso di termini come nazista/fascista/di estrema destra è assolutamente cruciale per eliminare qualsiasi opposizione al marxismo nel momento in cui appare nella società. Distribuiscono queste etichette come se la loro vita dipendesse da questo. La setta utilizza questa tattica sin dalla nascita del fascismo nel periodo successivo alla prima guerra mondiale (nota: questo potrebbe confondere alcuni, che potrebbero credere che il fascismo e il nazismo ("nazionalsocialismo") siano forme di marxismo, ma questa è una percezione errata e distorta comune che va a vantaggio della setta/ideologia. Non sono la stessa cosa (anche in questo caso, si veda più avanti).

"Nazista"

La parola "nazista" deriva ovviamente dal movimento nazionalsocialista in Germania durante gli anni '20 fino alla fine della Seconda Guerra Mondiale. Il partito guidato da Adolf Hitler era il *Nationalsozialistiche Deutsche Arbeiterpartei* (NSDAP) o *Partito Nazionalsocialista Tedesco dei Lavoratori*.[3] Il termine "nazista" è nato come termine dispregiativo per descrivere questo movimento. Tempo fa, nazista significava "maniaco del controllo", paragonando una persona che esercitava il controllo ai nazisti della Germania durante l'era hitleriana. Ora, "nazista" significa chiunque sia un conservatore, un nazionalista, un patriota, ecc.; in sostanza, chiunque non si conformi o non si opponga al culto/ideologia/alle sue sotto-agenzie. È come se qualcuno avesse premuto un interruttore (rosso) e il significato di questa parola fosse cambiato. Ora, i marxisti sono chiaramente i maniaci del controllo, eppure chiamano tutti gli altri nazisti; è divertente. Quindi, la parola nazista - che prima significava "maniaco del controllo" - ora proviene dai maniaci del controllo ed è usata come un modo per controllare qualsiasi resistenza ai veri maniaci del controllo, i marxisti. Che cos'è questa follia? È un'altra ipocrisia/doppio standard.

Quindi, essenzialmente, "nazista" significava "maniaco del controllo", ma ora significa (se guardiamo a coloro a cui i marxisti danno questa etichetta) "qualcuno che non vuole essere controllato dai marxisti". In questo contesto,

---

[3] https://www.britannica.com/topic/Nazi-Party

in realtà, si tratta di un grande complimento, ma i membri del culto sono troppo stupidi/cervellati per capirlo. Daremo a tutti gli altri un lasciapassare, poiché questa verità non è ancora ampiamente compresa.

"Fascista"

Un termine molto importante, rivelatore, estremamente prezioso per il culto, per cui gli dedicheremo un po' di tempo. La stragrande maggioranza delle persone (potrebbe essere l'ottanta o addirittura il novanta per cento) che usano questa parola in tutto il mondo ogni giorno non ha idea di cosa significhi veramente, né da dove provenga. Né comprendono il suo vero significato in termini di lotta al culto/ideologia. Il crescente dominio del culto/ideologia nella civiltà occidentale a partire dal XIX secolo ha condizionato le masse a percepire questa parola in un certo modo. In genere evoca pensieri di pericoloso ultranazionalismo, guerrafondaio, autoritarismo filo-borghese, razzismo/xenofobia, oppressione brutale di alcuni gruppi ecc.

Negli ultimi decenni, in particolare (dato che la setta è ormai abbastanza numerosa e forte da essere più aperta e vocale), si è assistito a un aumento dell'uso di questa parola come parte della tattica del ridicolo. Viene usata per sopprimere l'opposizione ideologica prima che abbia la possibilità di formarsi. È anche legato all'aspetto virtuoso e ipocrita del culto: etichettano i loro nemici come "fascisti" perché ha una connotazione malvagia e vogliono apparire come i salvatori benigni e virtuosi. Quando chiamano le persone "fasciste", in realtà stanno dicendo "non ascoltateli, sono malvagi; ascoltate noi, siamo buoni". Minorenni.

La malvagità di "nazista" e "fascista"

La connotazione malvagia di questi termini deriva dall'associazione con le credenze/ideologie e le azioni intraprese da certi tipi di individui/regimi/gruppi nel passato: in particolare a partire dall'ascesa del fascismo in Italia sotto Benito Mussolini e l'ascesa del nazionalsocialismo in Germania sotto Adolf Hitler (entrambi durante il periodo tra le due guerre). Altre figure storiche di rilievo descritte come "fasciste" dal culto, per citarne alcune, sono state il Generalissimo Francisco Franco in Spagna dopo la guerra civile spagnola; Augusto Pinochet in Cile negli anni '70 e '80; e Antonio Salazar in Portogallo dagli anni '30 alla fine degli anni '60. Ci viene costantemente ricordato che questi uomini erano dittatori malvagi, forse del tipo più malvagio. Di conseguenza, l'associazione con questi leader e i loro movimenti è un'associazione con il male stesso, che ha reso il termine "fascista" così efficace. È interessante notare che, nonostante la quantità e l'impatto dei dittatori marxisti nel XX secolo, essi non vengono inseriti nella stessa categoria dei cosiddetti leader fascisti.

Etimologia di "fascista"

Il termine inglese "fascist" deriva dall'italiano "fascismo", a sua volta derivante da "fascio" ("lega") o "fasces" che significa "fascio di verghe o bastoni". Questo aveva origini precedenti nel "Fascio Littorio" *dell'*epoca dell'impero romano (latino: "Fascis" e "Fascia"), come arma e simbolo di autorità.[4] Il movimento pionieristico "fascista" di Benito Mussolini scelse questi Fasci come simbolo di forza e autorità. Nel 1919, questo simbolo lo portò a creare un'organizzazione chiamata *Fasci Italiani di Combattimento. A* questa successe il *Partito Nazionale Fascista* (che governò fino al crollo del governo fascista nel 1943).[5] Quindi, non c'è nulla di male nella parola "fascista" in sé o nelle sue origini, ma nelle connotazioni evocate e nelle associazioni con quelle figure del passato. Naturalmente, la prospettiva che questa parola sia malvagia proviene in gran parte da una prospettiva di parte influenzata dal marxismo.

Membri non appartenenti alla setta che lo utilizzano

L'influenza dell'ideologia può persino influenzare il modo in cui parlano i non membri della setta. Anche quando una persona si comporta generalmente da autentico patriota o nazionalista (scegliete voi l'etichetta), può comunque parlare come un membro della setta e usare alcuni dei suoi termini. Questo è solo uno degli innumerevoli segni di quanto sia radicato l'indottrinamento marxista. Per esempio, la parola "fascista" è spesso usata per descrivere un comportamento totalitario, compreso quello dello "Stato di polizia" (racchiuso in "Stato di polizia fascista"). Il comportamento spregevole, traditore e di repressione delle proteste di varie forze di polizia è stato descritto in questo modo. Negli ultimi anni, è stato usato anche per descrivere il comportamento di Antifa e di altre organizzazioni marxiste di base ("sono loro i veri fascisti/nazisti!" ecc.).

Quindi, è usato universalmente più o meno nello stesso modo, e tutti coloro che lo usano non capiscono cosa significhi veramente (non solo etimologicamente ma anche simbolicamente, come vedremo più avanti).

Perché non si sente parlare di "Stato di polizia marxista", "Stato di polizia socialista" o "Stato di polizia comunista"? Se guardiamo alla quantità (e al fanatismo!) di comportamenti autoritari da parte dei regimi di ispirazione marxista solo nel 20 secolo ("socialista"/"comunista") rispetto ai regimi cosiddetti "fascisti", non c'è competizione tra loro in termini di comportamento autoritario da "Stato di polizia" (propaganda marxista a parte), in termini di quantità di persone e Paesi colpiti da esso. Eppure, l'autoritarismo, le dittature e il controllo militaristico dello Stato sono associati alla parola "fascista" da tutti gli schieramenti politici.

Perché questa etichettatura unilaterale/sbilanciata? È dovuta all'influenza del

---

[4] Cartwright, M., «Fasce», 8 maggio 2016. https://www.worldhistory.org/Fasces/

[5] https://www.britannica.com/biography/Benito-Mussolini

marxismo sul nostro modo di parlare e quindi di percepire il mondo che ci circonda (ovvero la realtà). Ciò dimostra anche che anche le persone razionali, etiche e di buon carattere possono essere leggermente infettate dal marxismo, anche se non ne sono consapevoli. Anche in questo caso, non si tratta di un'offesa personale a nessuno; è solo rappresentativo di quanto l'ideologia sia ben radicata nella nostra cultura. (vedi sezione "Destra contro Sinistra" più avanti).

Antifascista

Il termine "antifascista" è un altro termine ingannevole, tradizionalmente usato dai marxisti. Quando si etichettano come "antifascisti" è un altro gioco di prestigio, per distogliere l'attenzione da ciò che sono. Questo fa sì che gli ignoranti si concentrino immediatamente sui loro nemici, poiché implica che "siamo contro quella gente malvagia, ma noi siamo buoni". Come la parte non indottrinata del mondo sta scoprendo, questi "antifascisti" sono i veri responsabili dei problemi nelle nostre società (un fatto che supporta la premessa di questo libro). Questo termine significa in realtà "gruppo che si oppone a coloro che resistono al marxismo", o "anti-anti-marxisti". Questo è tutto ciò che significa. Grazie a quegli inceneribili zombie marxisti di *Antifa*, il termine non è mai troppo lontano dal discorso pubblico.

Suprematista bianco

L'etichetta di "suprematista bianco" è un altro insulto anti-bianco nei confronti dei bianchi che sanno che la "diversità" e il "multiculturalismo" sono anti-bianchi. I continui discorsi sul "razzismo!" dei membri del culto (i veri razzisti) mascherano abilmente il razzismo anti-bianco del marxismo! Questa è la tipica distrazione/deviazione marxista: vanno all'attacco per primi, per mettervi in difficoltà. Quando sono loro i veri razzisti.

Teorico della cospirazione

Questo è certamente uno dei termini più potenti e importanti utilizzati oggi (per tenere sotto controllo le masse). Un termine di scherno molto potente. Ricorda "Abrahadabra!", una sorta di incantesimo per far sì che la mente di una persona si spenga e torni al suo sonno da zombie. Dice "Non c'è niente da vedere qui, gente!", e "Zitto! Fate quello che lo Stato/sistema vi dice di fare!", oppure "Credete a quello che il governo e i media vi dicono!".

Non solo questo termine può dissuadere le persone dal capire come funziona il sistema di controllo in un senso più ampio, ma impedisce anche di comprendere la natura cospiratoria del marxismo, che è essenziale per qualsiasi società che voglia fermare l'ideologia. I marxisti sono sempre stati impegnati in cospirazioni per distruggere le nazioni e l'establishment e imporre la loro volontà. Quindi, in breve, è nell'interesse del culto chiamare le persone "teoriche della cospirazione" e farle ostracizzare. Serve a impedire al resto di noi di smascherare le loro azioni e di prendere contromisure contro di loro.

È buffo come, in una società infestata dal marxismo, si venga derisi o si rida per aver parlato di cose considerate "teorie del complotto", dato che si è ovviamente un pazzo che si è distaccato dalla realtà, giusto? Ma se te ne esci con una delle innumerevoli cose folli approvate dal culto, puoi essere lodato, rispettato e persino idolatrato.

Per esempio, se suggerite che la truffa Covid è un attacco comunista al capitalismo occidentale e uno stratagemma per introdurre alcuni "vaccini" nelle persone, o che l'immigrazione di massa è una sostituzione della popolazione anti-bianca, la setta cercherà di ridicolizzarvi fino a farvi tacere; ma se siete un uomo che "esce allo scoperto" come donna (dopo anni di negazione, a quanto pare), non saranno in grado di mettere i microfoni e le telecamere davanti al vostro viso appena curato e alle vostre tette appena create abbastanza velocemente! Allo stesso modo, se parlate di cambiamento climatico, di patriarcato, di cultura dello stupro o di qualsiasi altra fantasia marxista/teoria del complotto/distorsione della realtà.

Essere cospiratori fa parte del patrimonio marxista tanto quanto la lotta di classe, o credere in un'utopia egualitaria, o odiare il cristianesimo e il capitalismo. Quindi, ovviamente, non vogliono che si pensi che stiano cospirando o che siano impegnati nella sovversione ideologica. Non c'è da stupirsi che amino chiamare le persone "teorici della cospirazione" e che ci mettano in ridicolo quando cerchiamo di smascherare questi traditori nei nostri Paesi, evidenziando le loro attività sovversive!

Il fatto che il marxismo abbia infettato le strutture della società - la politica, i media, l'istruzione, le ONG/non profit, le forze dell'ordine, la religione, le organizzazioni internazionali, eccetera - e che vi sia una collusione ingannevole e occulta tra di esse, è un esempio lampante dell'esistenza delle cospirazioni. È la definizione di cospirazione. Pertanto, "teorico della cospirazione" è uno strumento essenziale per il culto.

Termini marxisti classici

Ecco alcuni dei termini classici della setta. Sono gli onnipresenti biglietti da visita dei membri della setta in tutto il mondo (una sveglia per i "radicali"), una sorta di marchio ideologico. Contengono anche un elemento di virtue-signalling, suggerendo che coloro che li usano sono convinti di sapere cosa è meglio per la società, essendo i meravigliosi salvatori rivoluzionari che sono.

Quando vengono pronunciate, si può letteralmente vedere l'ego e le supposizioni nei loro volti (con gli occhi spalancati e spesso sorridenti) e sentirlo nelle loro voci, quasi come se fossero proclamazioni della virtù stessa! È un comportamento maniacale e di culto in piena regola: pensieri, parole, azioni, tutto in splendida sincronia. Inoltre, l'elemento del Cavallo di Troia si intreccia con ogni parola, il che è molto affascinante. Va da sé che se sentite usare costantemente questi termini nel vostro Paese, avete una grave infezione marxista.

Termine	Significato	Significato/effetti
Progressivo	Bene, migliorando le cose (molto meglio che nel passato schifoso e tradizionalista). Tutto ciò che è progressista è per il miglioramento della società, in particolare degli "oppressi". Significa lavorare per un mondo migliore, più etico (secondo il culto/ideologia).	Dà la falsa impressione che la società si stia trasformando in modo positivo. Inoltre, condiziona le persone ad accettare il cambiamento costante, la rivoluzione costante (attraverso la "progressione") e ad accettare la rimozione/sostituzione delle cose tradizionali (non marxiste).
Diversità	Le società occidentali dovrebbero avere il maggior numero possibile di persone diverse per sesso, orientamento sessuale, religione, etnia, ecc. Tutti i gruppi sono uguali. Una società "diversificata" è una società più etica e priva di oppressione.	Usato nelle popolazioni occidentali per suggerire che ci sono troppi bianchi (in particolare maschi eterosessuali) in un determinato ambiente sociale; condiziona queste popolazioni ad accettare l'immigrazione di massa; facilita l'"antirazzismo"/"multiculturalismo". Porta a società marxiane monoculturali.
Uguaglianza	L'uguaglianza equivale a moralità e giustizia. Siamo tutti uguali. Non dovrebbero esistere gerarchie perché ciò porta all'oppressione.	Tutti diventano ugualmente irrilevanti, simili a droni, sottomessi allo Stato/alle autorità, ecc.
Solidarietà	Siamo uniti in un grande collettivo, più grande è meglio è, e siamo d'accordo l'uno con l'altro.	Dobbiamo pensare, parlare e agire tutti allo stesso modo, come un'unica unità. Chiunque non sia allineato con noi è un avversario/nemico.
Giustizia sociale	Alcune persone dovrebbero essere trattate meglio nella società. Ci dovrebbe essere più uguaglianza, compassione, solidarietà, diversità,	La società si conforma alle idee marxiste di giusto e sbagliato. In altre parole, diventa un cesso impazzito. Porta

progresso per tutti!	all'applicazione dell'"uguaglianza"/unifo rmità, tramite la coercizione.

Termini femministi e razzisti marxiani

Potremmo anche definirli termini marxisti di teoria del complotto, dato che quasi vi corrispondono. Una teoria del complotto, in questo contesto, è qualcosa che è un'idea inventata che implica una sorta di male o di ingiustizia commessa, spesso clandestinamente, da un gruppo contro un altro gruppo, senza prove concrete che esistano (a meno che la propaganda marxista sotto forma di "ricerche" o "studi", o la "scienza" di stampo marxista non conti come prova). I primi due - "cultura dello stupro" e "patriarcato" - provengono dal movimento femminista, mentre il termine "privilegio bianco" è razzismo marxiano contro i bianchi.

Termine	Significato marxista	Effetto previsto	Gruppo target
Cultura dello stupro	I maschi sono culturalmente indottrinati a stuprare le donne. Tutti gli uomini sono potenziali stupratori!	I maschi devono essere "educati" a non essere stupratori attraverso il sistema "educativo". Demonizza i maschi, distrugge la mascolinità, indebolisce la società.	Maschi di tutte le età (in particolare maschi indigeni/bianchi. Non maschi immigrati/non bianchi, perché questo è "razzista").
Patriarcato	In passato gli uomini hanno dominato le donne attraverso questa struttura oppressiva della società.	Le donne devono ora avere la priorità sugli uomini nel maggior numero possibile di settori della società, in nome della "parità". #	Maschi di tutte le età (in particolare maschi indigeni/bianchi. Non maschi immigrati/non bianchi, perché questo è "razzista"). **
Privilegio bianco	In generale, i bianchi sono stati o sono privilegiati, mentre i non bianchi non lo sono stati o non lo sono.	Genera nei non bianchi animosità/amarezza razzista nei confronti dei bianchi.	I bianchi, indipendentement e dall'età, dal sesso, dall'orientamento sessuale, dalla

nazionalità, dalla ricchezza, ecc.

\# I maschi vengono resi cittadini di seconda classe, mettendo prima le femmine nella categoria degli "oppressi" e i maschi in quella degli "oppressori"; per effemminare la società, ecc.

** Questi "patriarcati" malvagi sono la creazione di maschi bianchi eterosessuali, secondo la setta

Ancora una volta, l'unico tipo di persona che rientra nel gruppo target di tutti e tre i termini è il maschio bianco eterosessuale. Nel caso del "privilegio bianco", questo si può applicare anche alle donne bianche (ma non a quelle che fanno parte del culto, ovviamente, poiché possono evitare questo attacco dichiarando di essere "solidali" ecc.) In sostanza, questi sono tutti termini di propaganda diretti ai bianchi, e in particolare ai maschi bianchi eterosessuali, ma non si applicano ai membri del culto di entrambi i sessi (o alla moltitudine di altri "generi", come i trans comunisti, le fate unicorno non binarie, ecc.)

Utilizzando la formula oppressore contro oppresso, possiamo concludere che la classe "oppressore" nelle prime due iniziative è costituita da maschi bianchi ed eterosessuali, con l'aggiunta di femmine bianche nella terza. Naturalmente, la classe "oppressa" nelle prime due iniziative è quella delle donne; quella dei non bianchi nella terza.

Privilegio dei bianchi

Un altro termine marxista che si basa su una percezione distorta della storia e della realtà. Questo termine è complementare allo slogan "Black Lives Matter", poiché entrambi esistono per generare conflitti tra queste razze. Il concetto di "privilegio dei bianchi" è una propaganda razzista nei confronti dei bianchi. Milioni di idioti sono stati ingannati da questo concetto e lo hanno ripetuto; in particolare negli Stati Uniti dove è stato scatenato per creare il caos. Usare il termine in senso peggiorativo è semplicemente un atto criminale. È un'istigazione incendiaria all'odio razziale.

Il "privilegio bianco" è un'aggiunta alla formula oppressore contro oppresso espressa in Black Lives Matter, perché genera un ulteriore odio verso i bianchi/gli "oppressori" da parte dei non bianchi/gli "oppressi". Dico "in più" perché la formula oppressore contro oppresso contiene già l'odio verso l'oppressore in ogni caso!

Il "privilegio bianco" è un termine razzista e molto pericoloso, poiché consente ai non bianchi di collocarsi nella categoria degli "oppressi", generando al contempo un odio "giustificabile" nei confronti dei bianchi. Inoltre, incoraggia la violenza, lo stupro, l'omicidio e il genocidio dei bianchi. Lo vediamo nel movimento BLM e anche in Sudafrica.

È pericoloso perché dice ai non bianchi che sono vittime di default e che hanno un nemico razziale comune. Innesca qualsiasi tendenza tribale "noi contro loro" nel gruppo "oppresso" e innesca anche l'elemento sociopatico all'interno di quella comunità (tutti i gruppi ne hanno in una misura o nell'altra).

Naturalmente, il termine si basa su una percezione distorta della storia e della realtà (trattata più avanti nella sezione BLM). Negli Stati Uniti (e altrove) ci sono moltissimi individui di origine africana amareggiati, risentiti e danneggiati, e le parole marxiste come "privilegio dei bianchi" sono lo strumento perfetto per questi tipi di persone, che possono incolpare qualcosa di esterno per le proprie mancanze.

Ancora una volta, l'ideologia tira fuori il peggio dell'umanità. Naturalmente, in tutto il mondo ci sono innumerevoli individui bianchi amareggiati, risentiti e danneggiati, ma non hanno a disposizione questo tipo di scusa razziale. Non c'è uno sbocco simile per i loro problemi.

Altri termini

Termine	Significato marxista	Significato/scopo
Genere non binario (o genere "non-cis"). *	Persona che ritiene di non essere né maschio né femmina e che ora può identificarsi in un altro "genere" a sua scelta.	Una persona diversa dal tipico maschio o femmina (a causa di fattori genetici, epigenetici o ambientali) e/o con problemi psicologici che hanno distorto la percezione della propria identità sessuale.
Fluido di genere	Il concetto di genere non si applica a questa persona. Può cambiare il proprio genere a piacimento. #	Come sopra, quando è pronunciata da qualcuno che rientra in questa categoria.
Pieno di odio	Questa opinione/persona è cattiva, potenzialmente malvagia. Sono anche irrazionali e incapaci di controllare le loro emozioni negative. Non c'è amore in loro! Creano divisione, non unità (ovvero solidarietà)!	Questa opinione/persona non è conforme alle idee marxiste di etica. Non sentono l'"amore" marxista di tipo cultuale. Non sono a favore dell'uguaglianza e dell'unità, quindi la loro opinione deve essere soppressa,

		perché sono critici nei confronti di alcune sotto-agenzie marxiste.
L'accusa di vittimismo	Qualsiasi esame, analisi o critica del comportamento delle donne che hanno subito violenza sessuale o stupro è sempre sbagliato.	Non dovete insinuare che chiunque faccia parte di un gruppo "oppresso" debba cambiare il proprio comportamento o smettere di mettersi in pericolo (nelle situazioni in cui ciò si applica).
Il "Slut-shaming	Qualsiasi critica al comportamento sessuale delle donne, in particolare a quello promiscuo, esibizionista o "trash", è sbagliata.	Il marxismo (attraverso il femminismo) incoraggia il comportamento degenerato delle donne, quindi questo termine è stato concepito per impedire la critica alle donne che si impegnano in tale comportamento.
Mansplaining	Un uomo che spiega qualcosa a una donna in modo condiscendente. Questo comportamento è legato al patriarcato. Opprime le donne (anziché dar loro potere) e non è conforme all'uguaglianza.	Non si deve permettere a un uomo di comportarsi in modo superiore a una donna. Dal momento che le donne fanno parte di una classe "oppressa", non possono essere trattate come inferiori, criticate o anche solo farsi spiegare le cose dagli uomini. Questo è legato alle coccole di chi fa parte di gruppi "oppressi", all'inflazione dell'ego, ecc.
Discriminazione (legata all'esclusione)	Una persona viene trattata ingiustamente a causa del gruppo di appartenenza (sesso/genere, orientamento sessuale, razza,	Una persona viene maltrattata perché fa parte di un gruppo "oppresso" approvato

religione, ecc.)   dal marxismo.

* Esistono molti termini per questa sotto-agenda marxiana del gender-bending. Si noti come negli ultimi anni si stia assistendo all'uso crescente di termini come "genere non-cis", "gender-queer", ecc. oltre all'insistenza sulla necessità di chiamare le persone con i pronomi che hanno scelto.

È un tipo di superpotere?

"Odio" e ipocrisia schizofrenica

È una delle cose più ridicole che escono fuori, e viene tirata fuori spesso. Qualsiasi persona/gruppo non marxista che critichi qualcosa viene etichettato come "pieno di odio" (soprattutto se la critica è rivolta alle attività della setta). Quindi, se vi opponete all'immigrazione di massa, al femminismo, alla grande rivoluzione in generale o alla setta/ideologia stessa, dovete essere "pieni di odio". L'implicazione è che il culto non è "pieno di odio", ma un movimento umanitario benigno, positivo e progressista di "amore" (apparentemente l'emozione polarmente opposta all'odio). Quindi, se vi opponete a loro - e loro rappresentano il bene - dovete essere l'opposto (il male). Il marxismo è amore, giusto?

L'espressione "pieno di odio" è anche legata al principio oppressore contro oppresso, poiché se non si è d'accordo con l'attribuzione a certi gruppi dello status di oppressi, allora si deve sicuramente provare odio per loro, giusto? (siete privi di "compassione" e "amore", ecc.). Questo vale per qualsiasi sotto-agenda che coinvolga direttamente persone/gruppi (femminismo, LGBTQ, migrazioni di massa, ecc.), o animali (vegetarianismo e veganismo).

C'è anche, non a caso, un elemento schizofrenico e ipocrita nel termine "pieno di odio"; è tipico del personaggio della setta, ed è un'altra inversione della realtà. Gli indottrinati penseranno che ciò che li guida è (la loro interpretazione di) amore, unità, virtù, etica, compassione, armonia, nobiltà, dovere, altruismo, ecc. Nessuna di queste cose è il motore principale di questa ideologia. Si tratta del solito egocentrismo e della solita ingenuità che possiamo aspettarci da loro: tutto ciò che li riguarda (comprese le loro convinzioni) si riduce al fatto che sono meravigliosi e che le cose sono "positive" e "belle". Si sbagliano completamente! L'odio è alla base del marxismo. È il precursore della sua distruttività. Non si tratta solo di odio per le cose non marxiste, ma di odio per l'umanità e la vita stessa.

Il culto/ideologia non è "pieno di odio"? I membri del culto (consciamente o inconsciamente) non odiano la propria identità, le proprie nazioni, le proprie culture, il proprio patrimonio e i propri popoli (visto che li stanno distruggendo)? Non provano odio per coloro che non sono d'accordo con loro (specialmente per gli anti-marxisti e i veri patrioti!)? Essendo indottrinati, vomiteranno odio per quelli di noi che sono anti-globalisti, servendo contemporaneamente gli stessi globalisti elitari (che ci odiano tutti). Questo non è forse odio? Immaginate di odiare altri schiavi più di quanto odiate il vostro padrone? Questo è peggio dell'odio!

Non vivremmo in questo mondo di merda, infettato dal marxismo, se non fosse per il loro odio e la loro ideologia piena di odio, quindi usare il termine "pieno di odio" è l'ultima deviazione/distrazione. Quelli di noi che non alimentano la setta/ideologia marxista piena di odio non avrebbero motivo di esprimere odio verso di essa (e i suoi odiosi effetti) se non esistesse! Senza il culto/ideologia e le sue costanti tendenze manipolatorie, di controllo, dirompenti e divisive, ci sarebbe ben poco motivo di odio sul pianeta in questo momento, specialmente in Occidente!

Al contrario, il patriottismo e i patrioti (che si identifichino o meno come nazionalisti) sono autentiche espressioni di amore per i propri popoli, culture, Paesi ecc. poiché cercano di preservare queste cose, proteggendole dall'assalto non amorevole, non compassionevole e pieno di odio dell'ideologia.

L'uso di "pieno di odio" è anche il tipico virtuosismo arrogante che possiamo aspettarci da loro; dice "noi siamo gli arbitri di atteggiamenti o comportamenti giusti e sbagliati, e questa opinione/persona piena di odio è inferiore a noi. Non sono esseri umani e meritano di essere condannati". È l'ennesimo termine stupido, infantile, di richiamo alla virtù, usato da persone indottrinate per mettere a tacere qualsiasi opposizione ai programmi genuinamente pieni di odio del culto o dell'ideologia.

"Odio" come controllo mentale

Esprimere rabbia per le conseguenze di un'infezione marxista nella società può attirare questa etichetta, anche se la persona non critica attivamente il culto/ideologia o le sue sotto-agenzie. Per esempio, una persona sana di mente potrebbe esprimere rabbia per la sfilata apparentemente infinita di cose psicotiche che i membri del culto dicono o fanno. Ed è assolutamente un loro diritto farlo! È giusto che lo faccia! Ma questo tipo di reazione non può essere tollerata (dal punto di vista della setta/ideologia). Il termine "pieno di odio" è pensato per far sembrare la persona presa di mira come se fosse il problema, soprattutto agli occhi degli altri. È una forma di sottile intimidazione psicologica, per assicurarsi che gli altri non imitino il comportamento.

La setta/ideologia vuole che siamo sorridenti, docili idioti e che siamo "positivi" e "compassionevoli", eccetera; che accettiamo la distruzione che essa impone a noi e alla società. Qualsiasi tipo di odio per questa follia deve essere considerato come un problema psicologico negativo della persona che esprime questa risposta emotiva naturale, razionale e costruttiva! Arrabbiarsi nel giusto contesto riguarda l'etica, la giustizia e la consapevolezza intellettuale. Se siete arrabbiati con un individuo/gruppo che distrugge ciò che è buono, e se esprimete questa rabbia di fronte agli altri - dando così un esempio da seguire

- siete giusti. Se gli altri sono troppo stupidi, troppo codardi o troppo lontani per apprezzarlo, allora che si fottano!

Il termine "Mansplaining"

Sebbene il femminismo abbia una sezione a sé stante, questo stupido termine divisivo merita di essere incluso qui. Da *merrian-webster.com*: "Il Mansplaining è... quello che si verifica quando un uomo parla con condiscendenza a qualcuno (specialmente a una donna) di qualcosa di cui ha una conoscenza incompleta, con l'errata convinzione di saperne di più dell'interlocutore".[6] Questo è solo un altro termine inventato, un pezzo di propaganda infantile anti-maschile proveniente dal movimento femminista. Un'unica "parola" per generare un conflitto tra i sessi designando i maschi come gruppo bersaglio dell'oppressione; in particolare i maschi consapevoli, sicuri di sé, che prendono le redini della situazione. Il termine è molto distruttivo e si aggiunge alla programmazione femminista marxiana. È un'aggiunta all'indottrinamento, in sostanza, e un altro strato di stronzate con cui dobbiamo fare i conti. Genera astio/sospetto nei confronti dei maschi nella mente delle donne.

Il termine tenta anche di nascondere una verità che i membri dei culti in generale, le femministe e altri non vogliono/possono accettare: gli uomini sono avvantaggiati rispetto alle donne in generale quando si tratta di percepire chiaramente le questioni più ampie e le cose tecniche e meccaniche (in effetti, la realtà stessa è tecnica e meccanica. Anche le questioni "più ampie", la storia, la scienza, la geopolitica hanno elementi tecnici e meccanici). Allo stesso tempo, gli uomini in generale tendono a interessarsi di più a queste cose nel corso della loro vita e per questo accumulano più conoscenze, dando loro un enorme vantaggio rispetto alle donne.

Più conoscenza equivale a più capacità di insegnare/spiegare le cose, soprattutto a chi ne sa meno! Ecco perché spesso sono gli uomini a spiegare questo tipo di cose alle donne (e non il contrario). Questo dovrebbe essere ovvio! È una delle differenze fondamentali tra i sessi che il culto/ideologia cerca di mascherare. Ovviamente, questa dinamica può esistere anche tra maschi, ma ai maschi non è permesso gridare all'"oppressione" quando un altro maschio più esperto e competente spiega loro le cose! Ancora una volta, non c'è bisogno che qualcuno scelga la via del debole (la negazione) e si senta "offeso" da questo, perché è semplicemente la verità. Uomini e donne non sono uguali. Il termine "Mansplaining" è solo un altro modo per oscurare la verità e spingere il concetto errato e dannoso di uguaglianza, attraverso un linguaggio propagandistico. Inoltre, tenta di negare l'esistenza di gerarchie (di conoscenza/abilità), su cui è stata costruita la civiltà. È quindi un attacco alla civiltà stessa.

---

[6] https://www.merriam-webster.com/wordplay/mansplaining-definition-history

Mansplaining e critiche

Il "Mansplaining" incoraggia le donne a non ascoltare gli uomini, insinuando che se non lo fanno saranno in qualche modo più "forti" (il contrario della verità). In particolare, non dovrebbero accettare alcuna critica dagli uomini, anche se meritano di essere criticati! Riuscite a capire come questa mentalità possa essere un vero problema quando un maschio non indottrinato interagisce con una femmina indottrinata?

Il termine aiuta a prevenire qualsiasi critica nei confronti delle donne che possono assumere comportamenti degeneranti, a causa dell'indottrinamento femminista marxiano, in particolare se la critica proviene dai maschi (che sono più propensi a cercare di "tirarle fuori" comunque). Inoltre, il termine contribuisce a far sì che queste donne rimangano tali (in quanto scelgono di scegliere la via del debole e ignorano i maschi), essendo testarde e impuntandosi.

In una società sana, equilibrata e non contaminata, maschi e femmine possono bilanciarsi a vicenda in modo complementare, il che include talvolta una critica costruttiva. Il maschile e il femminile si equilibrano a vicenda, in una relazione simbiotica (ergo, si suppone che uomini e donne siano complementari, non uguali). Che sia l'uomo o la donna a fare questo tipo di critica, si tratta di un atto principalmente "maschile". Questo è naturale; il marxismo è contro natura.

Ciò si collega anche a un punto sollevato altrove: la critica a chiunque o a qualsiasi gruppo "oppresso" (in questo caso le donne) non è consentita. In questo caso, viene portato a un estremo psicotico in cui anche solo un accenno a un suggerimento che le oppresse sono inferiori in qualche modo all'oppressore (i maschi) è un atto di guerra! Un atto di oppressione contro gli oppressi, proveniente dal patriarcato stesso! Questo dimostra il mio punto di vista: l'obiettivo di dare a un gruppo lo status di "oppresso" non è quello di aiutare, ma di gonfiare il loro ego fino al punto in cui diventano viziati e insopportabili, e qualsiasi accenno alla loro imperfezione è intollerabile.

"Mansplaining" è un termine nauseante e vezzeggiativo, e un buon esempio delle assurdità che appaiono come 'linguaggio' quando il marxismo prende piede. È un termine che dice: "Come osi non trattare le donne come dee perfette e onniscienti?". (Come già detto, questo fattore di vizio si applica anche ad altri gruppi oppressi, non solo alle donne; è molto problematico).

L'accusa di vittimismo

Un termine marxiano molto pericoloso e contrario alle donne, usato dai membri del culto all'interno e all'esterno del femminismo. È anche legato ai punti precedenti e al modo in cui qualsiasi critica o tentativo di controllare il comportamento delle donne può essere contrastato dal culto sempre virtuoso con un'altra frase ad effetto. Questo termine in realtà espone le ragazze/donne a un rischio maggiore di essere aggredite/stuprate sessualmente, perché trasmette il messaggio sbagliato: le donne non devono prestare attenzione ai loro comportamenti, compresi quelli che possono metterle a rischio (ad esempio, le giovani donne che si vestono in modo sessuale, escono in pubblico e si ubriacano pesantemente con l'alcol, rendendosi un facile bersaglio per i predatori sessuali della società). È anche legato alla "liberalizzazione" della sessualità femminile, un'apparente "conquista" del femminismo.

Termini di "orgoglio" marxista

"Fino alla fine della mia vita guarderò con orgoglio al fatto che ho trovato il coraggio di affrontare lo spettro che da tempo immemorabile inietta veleno in me e negli uomini della mia natura. Anzi, sono orgoglioso di aver trovato il coraggio di assestare il primo colpo all'idra del disprezzo pubblico".[7]

Karl Heinrich Ulrichs, 19 secolo, Germania, proto attivista per i diritti dei gay

Non si può avere una setta senza che i membri si complimentino a vicenda per la loro brillantezza come esseri umani o si diano pacche sulle spalle per non aver fatto nulla (o, nel caso di questa setta, per aver distrutto la terra)! Proviamo ad analizzare questi termini senza ridacchiare per la loro ridicolaggine drammatica. Li sentirete spargere a coloro che partecipano/promuovono iniziative marxiste. Potreste sentirli quando qualcuno "fa coming out" come gay o "trans" o "non binario", o che ha "effettuato una transizione", di solito su una piattaforma pubblica, naturalmente. Un esempio di questo tipo è William Bruce "Caitlyn" Jenner: una bellezza voluttuosa e sensuale con una mascella forte, una voce roca, mani potenti che fanno da palo, pomo d'Adamo e spalle.

Anche se non è mai stato così facile fare tutte queste cose (a causa del declino della civiltà verso la completa degenerazione, grazie al marxismo), queste persone devono essere congratulate per i loro sforzi sovrumani! Naturalmente, il mito di questi gruppi (gay, trans) come "oppressi" fa sembrare (ad alcuni) che questi atti meritino tale adulazione.

Termine	Significato marxista	Significato effettivo	Effetto previsto
Coraggioso	Avete dimostrato coraggio perché quello che avete fatto fa paura. Siete stati coraggiosi ad andare avanti, sopportando l'oppressione per così	Avete detto/fatto qualcosa che promuove/sostiene una sub-agenda marxista. È stato molto facile da fare e non ha richiesto	Mostra agli altri che, se si impegnano in questo comportamento, saranno circondati da

---

[7] Citato in: Keith Stern, K., *Queers in History: The Comprehensive Encyclopedia of Historical Gays, Lesbians and Bisexuals* (2013). P. 460.
https://en.wikiquote.org/wiki/Karl_Heinrich_Ulrichs

	tanto tempo da soli, senza alcun sostegno!	alcun coraggio o sforzo perché è in linea con la cultura marxista.	rispetto, ammirazione, "amore", ecc. Promuove altri comportamenti di culto incoraggiandoli negli altri.
Forte	Come sopra, e avete dimostrato forza mentale!	Come sopra, ma aggiungete "forza mentale" al complimento.	Come sopra.

Se una popolazione si convince che fare cose come il "coming out" o la "transizione" rende una persona coraggiosa e forte, questo diventa parte della percezione che la popolazione ha del coraggio e della forza. Si crea una nuova norma per cui si è "coraggiosi" e "forti" se si mettono in atto comportamenti accettati dalla collettività. Si viene ricompensati per aver fatto un "sacrificio" in onore del culto. Il "coming out" è un rituale di culto.

Elementi fondamentali

Alcuni elementi fondamentali dell'ideologia:

Oppressore contro oppresso: un ingrediente fondamentale

Poiché si tratta di un elemento così centrale dell'ideologia/indottrinamento, è necessario analizzarlo ulteriormente. Il principio dell'oppressore contro l'oppresso è un ingrediente principale utilizzato più volte, e lo si può vedere in tutte le sotto-agende del culto. Il suo impatto è principalmente duplice: genera forti reazioni emotive nelle persone colpite e crea divisioni. La combinazione di questi due elementi porta al caos assoluto. Il caos che vediamo oggi nel mondo non esisterebbe senza questa dinamica.

Questo principio è stato una pietra miliare dell'ideologia fin dall'inizio, anche se nel corso del tempo la sua applicazione è cambiata (attraverso il marxismo-leninismo, la Scuola di Francoforte e il postmodernismo, ecc.) Dovremmo essere stupiti di come la setta sia continuamente riuscita a riciclare/riutilizzare questo principio per i suoi fini diabolici. "Se non è rotto, non aggiustarlo!", giusto? Ciò che non è cambiato, tuttavia, è il modo in cui opera: utilizza la manipolazione emotiva per produrre reazioni psicologiche forti, con risultati catastrofici per la società. Inoltre, sostiene comportamenti sociopatici di tipo culturale.

In primo luogo, crea una netta divisione tra due parti diverse, collocandole agli estremi opposti di uno spettro. Si etichetta uno come "oppressore/dominatore/controllore/perpetratore" e l'altro come "oppresso/dominato/controllato/vittima". Poi incoraggia un eccesso di emozioni combattive "maschili" verso la parte etichettata come "oppressore" (negatività, odio, giudizio, sospetto, ecc.); mentre incoraggia un eccesso di emozioni "femminili" verso la parte etichettata come "oppressa" (positività, calore, empatia, simpatia e compassione, fiducia, ecc.) In altre parole, si innescano certe percezioni, per impostazione predefinita, che creano due pesi e due misure. Questo può portare alla rottura della vera giustizia/etica/moralità nella società. Dividere e conquistare fino in fondo, baby.

Questo è probabilmente l'aspetto più importante dell'ideologia, poiché ne spiega la tossicità. Non avrebbe alcuna potenza se non fosse per questa dicotomia emotiva. Fa parte del suo "DNA", per così dire.

Segnalazione di virtù mentre si giudica?

In modo divertente, e in qualche modo tipico (a causa della tendenza dell'ideologia a invertirsi), c'è un ulteriore doppio standard incorporato nel principio oppressore contro oppresso.

È divertente perché il virtue-signalling è una parte importante dello spettacolo di questa ideologia; sostiene che si tratta di giustizia, etica, ecc. Dice che qualsiasi forma di critica o di abuso nei confronti di un gruppo "oppresso" è sbagliata, cattiva, discriminatoria, misogina, razzista o xenofoba, ecc. Se non venite sgridati direttamente da loro per aver intrapreso questa critica/abuso, il vostro comportamento sarà quantomeno disapprovato. Potreste essere messi di fronte al sentimento che il giudizio è sbagliato: "non dovresti giudicare!" o "dovresti avere più compassione", ecc.

Di solito riceviamo questa risposta da coloro che sono indottrinati senza che loro (o forse anche voi) se ne rendano conto. Eppure il principio oppressore contro oppresso si basa proprio sul giudizio della persona/gruppo della classe "oppressore"! Non funzionerebbe senza giudizio! Pertanto, se il principio oppressore contro oppresso è cruciale per il funzionamento dell'ideologia, allora il giudizio è una parte cruciale dell'ideologia; permette al culto di operare e proliferare. In un certo senso, il marxismo è giudizio.

Ora, considerando tutte le assurdità del virtuosismo, non è divertente? Naturalmente, la loro risposta sarebbe che alcuni meritano di essere giudicati e altri no. E qui vediamo cosa sta facendo davvero il culto/ideologia: attaccare certi gruppi che considera problematici. Ancora ipocrisia. Cerca di essere l'arbitro di comportamenti/atteggiamenti giusti e sbagliati. E naturalmente cerca di creare una nuova norma in cui l'etica marxiana è l'unica: si deve giudicare chi fa parte del gruppo che il culto ha designato come "oppressore", e non si deve giudicare chi fa parte del gruppo che ha designato come "oppresso".

È vero che alcuni membri della società meritano di essere giudicati dalla società stessa, ma un culto/ideologia distruttiva non è nella posizione di assumere questo ruolo! Tutto questo serve a ricordare che il culto/ideologia è bravo ad affrontare le tendenze della società (giudicare) e a soddisfarle. Fornisce alternative false/inferiori a qualcosa di buono: il giudizio di certi individui o gruppi all'interno della società a beneficio di quella società/nazione (esempio: traditori o sovversivi, portatori di degenerazione, tipi distruttivi sottoposti a lavaggio del cervello).

Manipolazione emotiva

Ecco un elemento cruciale per spiegare come funziona l'indottrinamento marxiano. L'effetto di manipolazione emotiva alla base del principio oppressore/oppresso ("oppressore"=negatività/odio/giudizio; "oppresso"=positività/simpatia/empatia), genera un conflitto nella società caricando emotivamente le persone coinvolte. Più precisamente, il conflitto deriva dalle reazioni emotive sbagliate dei membri del culto.

L'effetto complessivo, non a caso, è che la persona colpita (o infetta) sente che un gruppo/individuo sta commettendo un'ingiustizia nei confronti di un altro gruppo/individuo, e quindi desidera vendicarsi dell'"oppressore" (a nome dell'"oppresso"); essenzialmente, sente un dovere di cura nei confronti dell'"oppresso". Poi si dice "io/noi alla riscossa!", l'ego prende il sopravvento e l'attivismo inizia...

Nella mente di una persona che percepisce i problemi/società attraverso la lente dell'oppressore contro l'oppresso, si provano contemporaneamente due tipi di emozioni polarmente opposte verso questi due gruppi diversi: negatività/odio/giudizio verso il gruppo "oppressore" e positività, simpatia/empatia, "amore"/"compassione" ecc. verso il gruppo "oppresso". Si crea una sorta di scisma mentale di tipo scizofrenico. In altre parole, il principio oppr. contro oppr. innesca una mentalità "grrrrr" verso l'"oppressore" e una mentalità "nawwwww" verso gli "oppressi". "Naawwww" o "aawwww" è il suono che qualcuno potrebbe emettere guardando un bel bambino o uno splendido cucciolo. È l'istinto materno sotto effetto di crack, ma deformato. È estremamente pericoloso per la società ed è ovviamente collegato agli sforzi di distruzione della mascolinità/femminilizzazione del culto.

Un chiaro esempio di questo istinto materno distorto si trova nella sub-agenda sull'immigrazione di massa (o "multiculturalismo"/"diversità"), quando le persone indottrinate in Europa hanno espresso emozioni di calore e un dovere di cura verso i migranti che non hanno mai incontrato! Questo è legato al problema dell'altruismo patologico nelle società contaminate; cercare di "salvare il mondo" a spese proprie e del proprio Paese, gruppo etnico, ecc. (questo è solo un esempio: la mentalità distorta dell'istinto materno e della "compassione" è responsabile anche di altre sotto-agende). Naturalmente, l'altruismo patologico esiste solo in virtù del principio "opposti contro opposti".

Tornando alla doppia reazione emotiva oppr. contro oppr.: si tratta di due emozioni molto cariche e contrastanti da provare allo stesso tempo, quando si contempla una particolare questione/sotto-agenda marxista (ad esempio, il femminismo, l'immigrazione di massa, il razzismo, ecc.) Per ragionare correttamente, una persona deve essere calma e non lasciare che le emozioni siano il fondamento del suo ragionamento, ma quando una persona viene "scatenata" in questi due tipi di emozioni di base, riduce la sua capacità di ragionare e di vedere la realtà come effettivamente è (ovvero la verità della questione). La loro mente è stata costretta a un livello inferiore di funzione/coscienza, grazie a queste emozioni molto forti e contrastanti.

Poiché le loro menti funzionano a questo livello inferiore, ora sono più facili da controllare e il loro comportamento è prevedibile. L'indottrinamento li ha conquistati! Sono ora bloccati su certi modelli comportamentali, innescati per reagire a certi stimoli in un certo modo (come ha spiegato Yuri Besmenov). Questi punti sono cruciali per capire la natura dell'indottrinamento, perché questo culto è così intenso e fanatico e perché per molti non si può tornare indietro...

Naturalmente, questi fattori non si applicano a individui intelligenti, maturi e sicuri di sé, che sanno mantenere la calma e formarsi una propria percezione chiara e accurata di qualsiasi questione. Ebbene, questi sono i tipi che non si fanno abbindolare dall'indottrinamento marxista! Per quelli che lo fanno, la loro incapacità di controllare le emozioni e la mancanza di intelligenza è un fattore importante che li fa cadere nell'indottrinamento.

Disturba la percezione con l'inversione

La formula oppr. contro oppr. distorce anche la percezione della realtà in modo ancora più significativo. Questo può avvenire a tal punto da capovolgere completamente le cose. Da qui "inversione".

Questo può essere applicato a qualsiasi sotto-agenda in cui vi sia una classe "oppressa". Il femminismo, ad esempio, si pubblicizza come favorevole alle donne. Tuttavia, è anti-femminile. Lo stesso vale per l'aborto, come estensione del femminismo. Viene commercializzato come "compassione" o "assistenza sanitaria" a favore della donna, ma in realtà è contro la donna (un'aggressione al suo corpo/alla sua vita/alla sua mente). Il numero di donne che finiscono con vite sole, spezzate e vuote a causa del femminismo e dell'aborto non potrà mai essere valutato onestamente, soprattutto se nelle nostre società c'è ancora una forte infezione marxista. Quando una donna si renderà conto che l'aborto che ha avuto non era "sanitario" o "compassionevole", potrebbe essere troppo tardi (ecco perché l'illusione/negazione è un'opzione molto più facile).

Lo stesso vale per Black Lives Matter. Non dà potere alle persone di colore, le depotenzia soltanto. La mentalità vittimistica e il senso di diritto che questa sotto-agenda porta con sé non portano mai a un "potenziamento" di alcun tipo, ma solo a un'ulteriore irresponsabilità, vittimismo, vizio e immaturità/degenerazione. Inoltre, si presenta come anti-razzismo, ma come abbiamo visto chiaramente, genera tensioni razziali e genera razzismo verso i bianchi "oppressori". Genera anche razzismo nei confronti dei neri, se una gran parte di loro inizia a sostenere o a supportare la sub-agenda marxiana del B.L.M. che distrugge la civiltà, o inizia a essere "anti-establishment", anti-polizia, ecc.

Per quanto riguarda la sub-agenda sull'immigrazione di massa/multiculturalismo: non sarà vantaggiosa per l'Africa o il Medio Oriente, ma sarà dannosa (ovviamente parlando dell'afflusso di migranti europei, ma lo stesso principio si applica alla sub-agenda sull'immigrazione di massa in altre parti del mondo). Gli analisti onesti e intelligenti dicono spesso, e a ragione, che la cosa migliore per migliorare questi popoli/paesi è che si aiutino (o siano aiutati) nei loro paesi; non che i loro maschi più giovani e più in forma vengano semplicemente trapiantati altrove, senza alcun beneficio né per i loro paesi d'origine né per la destinazione scelta.

Questi sono i risultati quando si altera l'equilibrio naturale delle cose cercando di imporre una "uguaglianza" artificiale (razziale o di altro tipo). Naturalmente, questa argomentazione è rivolta a coloro che pensano che questa immigrazione di massa incoraggiata abbia in realtà una finalità umanitaria (e non è così). Quello su cui ci stiamo concentrando è l'inversione della verità: come la vittimizzazione (avere uno status di "oppresso") porti solo all'esautorazione, non al potenziamento.

Questo effetto di inversione estrema dell'ideologia è un altro aspetto che rende l'indottrinamento così potente: se qualcuno viene indottrinato e la sua percezione di qualcosa è così completamente al contrario (e rimane così per un periodo prolungato), può essere letteralmente impossibile per lui afferrare la verità. Non possono più essere aiutati; è troppo tardi per loro.

L'"oppresso" diventa l'"oppressore".

Anche il principio oppressore contro oppresso inverte le cose, trasformando la classe "oppressa" in oppressore e rendendo la classe "oppressore" oppressa.

Lo vediamo con l'afflusso di migranti in tutta Europa. Molti dei migranti hanno accettato la narrazione marxiana secondo cui hanno sofferto storicamente, quindi se fanno soffrire i loro "oppressori" (i bianchi europei), questo sarà in qualche modo giusto ed equo. I risultati sono sotto gli occhi di tutti: aggressioni, stupri e omicidi di europei da parte dei migranti. La narrazione (marxista) insiste sul fatto che gli europei autoctoni meritano in qualche modo questo trattamento da parte di questi migranti "oppressi"! Abbiamo visto molti di questi gruppi farla letteralmente franca da quando sono iniziate le ondate migratorie, grazie a questa caratteristica dell'oppresso che diventa l'oppressore. Un altro esempio è dato dalla sotto-agenda del femminismo e dall'aperta ostilità (misandria) emanata da queste donne 'oppresse' nei confronti dei loro 'oppressori' (maschi bianchi eterosessuali) e del 'patriarcato'.

Questa caratteristica (l'oppresso diventa l'oppressore) è legata al senso di diritto (ovvero di vizio) che spesso provano gli appartenenti alla classe "oppressa". Il senso di diritto/ vizio e l'aggressività vanno di pari passo, in parte perché le persone viziate di solito diventano infelici, il che può spesso portare alla rabbia. Questo perché sono intrappolate in un ciclo di continui vizi a breve termine (credendo erroneamente che ulteriori vizi li renderanno felici), che non fa altro che aumentare la loro infelicità a lungo termine, e possono stupidamente perdere la testa a causa della frustrazione. Questo accade perché sono troppo stupidi o codardi per capire che sono loro il problema, non chi li circonda. Forse sono in qualche modo consapevoli di quanto siano deboli e marci dentro, il che alimenta la frustrazione, ma le loro menti sono cablate per essere dipendenti dalla mentalità viziata e non possono farne a meno. Le abitudini sono una rogna.

In sostanza, il vizio tende a rendere una persona scostante, perché è bloccata in questa spirale negativa. Per questo motivo, alla fine può diventare insopportabile e folle (nessuna empatia e distacco dalla realtà).

Ovviamente l'ego gonfiato è un'altra conseguenza del viziare, e la mancanza di umiltà di solito porta a comportamenti sociali degenerati di una forma o dell'altra (ad esempio, la mancanza di rispetto per gli altri). Inoltre, non hanno alcun incentivo a trattare gli altri con rispetto perché non ci sono praticamente conseguenze per loro se non lo fanno (a causa del loro status di "oppressi"). Questo è un altro effetto tossico, che distrugge la civiltà, del principio "opp. contro opp.". I mocciosi viziati devono essere fatti soffrire, che questo li riformi o meno! Questa è giustizia sociale.

Distorce la percezione della storia e della realtà

Naturalmente, molte delle sotto-agende - femminismo, "antirazzismo" e BLM, multiculturalismo/diversità, diritti LGBTQ - si basano sull'idea che coloro che fanno parte del gruppo "oppresso" meritino questo status a causa degli evidenti maltrattamenti subiti da quei gruppi in passato. In altre parole (secondo il culto/ideologia), le donne, i non bianchi e i tipi LGBTQ hanno sofferto di più, storicamente, rispetto a coloro che non appartengono a questi gruppi (ad esempio i maschi, i bianchi, gli eterosessuali, i maschi bianchi eterosessuali); e per estensione, continuano a soffrire di più rispetto a coloro che appartengono ad altri gruppi nel presente (così dice il culto). Un punto cruciale, ancora una volta, è che questa sofferenza è apparentemente causata dai gruppi "oppressori" coinvolti. Quindi, a causa di questa apparentemente intollerabile, ineguale proporzione di sofferenza (!), la società deve essere trasformata attraverso la "rivoluzione" o la riforma ecc. per rendere le cose "giuste".

Ora, chiunque abbia una prospettiva razionale e non indottrinata può vedere che le persone di tutti i gruppi hanno sofferto in passato e soffrono ancora! (In effetti, la vita è sofferenza, e lo è sempre stata! Tutti soffrono!). Quindi, affinché questo processo funzioni, il marxismo deve creare una percezione distorta della storia e del presente per conformarsi alla sua falsa narrazione. In effetti, la creazione di una percezione distorta della prima è fondamentale per creare una percezione distorta della seconda. Questa distorsione è necessaria per mostrare l'apparente ineguale distribuzione della sofferenza nel passato/presente, che enfatizza una maggiore sofferenza solo in alcuni gruppi designati, in modo da favorire il culto/ideologia. Propaganda.

Il femminismo, ad esempio, si basa su una percezione distorta della storia per convincere le persone che le donne hanno tradizionalmente sofferto più degli uomini, perché "oppresse" da loro, ecc. In Irlanda, ad esempio, ci sono persone che lo credono davvero. Ma chiunque dedichi anche solo cinque minuti a uno studio onesto della storia irlandese troverà molte sofferenze, ma non lungo il divario di genere! L'idea che le donne abbiano sofferto di più in quel Paese è assolutamente ridicola! Se una persona indottrinata in quel paese crede davvero alla menzogna marxiana che sostiene il contrario, sarà incline a vedere il merito del femminismo; sentirà che, ora, le donne meritano un trattamento preferenziale.

E questo è uno dei fronti di battaglia attraverso cui l'ideologia fa i suoi danni, poiché ora i maschi dovrebbero essere trascurati per dare la priorità alle femmine, in quanto questo è in qualche modo "giusto" e "uguale", ecc. Questo è destabilizzante e dannoso per la società. Per quanto riguarda l'impatto del femminismo, il risultato è una frattura distruttiva, che crea tensioni, che tenta di dividere la società a metà sulla base del genere (la frattura più universale del mondo), e che si basa su una prospettiva distorta e filo-marxiana della storia.

Trattamento preferenziale

Ci sono alcune conseguenze per qualsiasi gruppo a cui viene attribuito lo status di "oppresso", ma forse i seguenti effetti sembrano essere più potenti quando si tratta di donne, non bianchi o migranti (come nel femminismo, nel razzismo/BLM o nel multiculturalismo/migrazione di massa):

Oltre al fatto che il gruppo "oppresso" diventa squilibrato/danneggiato/spregiudicato, e quindi diventa un problema per la società (poiché ora riceve un trattamento preferenziale), il gruppo "oppressore" sarà squilibrato/danneggiato/neglutito, e quindi non sarà in grado di contribuire alla società come potrebbe. L'abbandono può anche provocare ulteriori effetti distruttivi su quel gruppo (problemi di salute fisica e mentale, suicidio ecc.). Esempio: i ragazzi vengono trascurati a causa delle iniziative femministe nelle scuole.

Inoltre, nel gruppo "oppresso" si crea un senso di esclusione e, in generale, si sviluppa il sentimento che gli sia dovuto qualcosa, che perpetua il trattamento preferenziale. Inoltre, ne diventano dipendenti e non hanno alcun incentivo a sviluppare l'autosufficienza (che, ironia della sorte, sarebbe il vero "empowerment"). Altri esempi di trattamento preferenziale: le donne vengono promosse a posizioni influenti nella società in base a quote di genere, piuttosto che per i loro meriti; gli immigrati vengono trattati meglio degli indigeni in condizioni simili (come in Irlanda); agli studenti non bianchi vengono dati voti/crediti extra per consentire loro di entrare nei college statunitensi, semplicemente a causa della loro razza ecc. Si noti che coloro che non fanno parte dei gruppi privilegiati "oppressi", in ogni caso, sono demoralizzati, trascurati o colpiti in altro modo. In questi scenari sono in gioco i principi di "uguaglianza" e di opposizione contro opposizione.

Sfogo di rabbia

Inoltre, ora il gruppo "oppresso" ha qualcuno/qualche gruppo verso cui dirigere l'animosità repressa. Il principio oppr. contro oppr. offre loro una scusa incorporata, dovuta alla classe a cui appartengono, e qualsiasi tipo di attacco alla classe "oppressore" viene visto come giustificato. Lo abbiamo visto durante le "proteste" di Black Lives Matter negli Stati Uniti. Questo principio è importante, perché permette comportamenti immorali, distruttivi e persino criminali che non saranno adeguatamente condannati per quello che sono dalla società. Questo è uno dei modi in cui il culto/ideologia attacca direttamente la civiltà. È la rottura della legge e dell'ordine e del normale comportamento civile. Questo comportamento incivile normalmente susciterebbe una reazione di condanna universale, ma il culto/ideologia non lo permette.

Ovviamente, la parte non indottrinata della popolazione chiamerà le cose con il loro nome e condannerà questo comportamento criminale; i membri della setta si rifiuteranno di farlo. Ovviamente, quanto più il culto è dominante in una regione, tanto minore sarà la condanna di tali disordini. In generale, è così che funziona, ed è esattamente ciò che sta accadendo.

L'esempio dell'antirazzismo e del BLM

"I neri non sono stati schiavizzati perché erano neri, ma perché erano disponibili. La schiavitù esiste nel mondo da migliaia di anni. I bianchi hanno schiavizzato altri bianchi in Europa per secoli prima che il primo nero fosse portato nell'emisfero occidentale. Gli asiatici hanno schiavizzato gli europei. Gli asiatici hanno schiavizzato altri asiatici. Gli africani hanno schiavizzato altri africani, e in effetti ancora oggi in Nord Africa i neri continuano a schiavizzare i neri".[8]

Lo scrittore, economista e accademico americano di colore Thomas Sowell

La sub-agenda antirazzista e il movimento Black Lives Matter si basano su una percezione distorta della storia, convincendo le persone che i non bianchi (in particolare quelli con genetica africana) abbiano storicamente sofferto più dei bianchi. Questo è totalmente falso e una valutazione onesta e imparziale della

---

[8] . Sowell, *Barbarians Inside the Gates - and Other Controversial Essays* (1999), pag. 164.

https://libquotes.com/thomas-sowell/quote/lbg2t4v

storia lo conferma. È una menzogna razzista e divisiva!

I membri del culto citano cose come il razzismo storico e la schiavitù dei neri da parte dei bianchi, ignorando totalmente che anche tutte le altre razze hanno praticato il razzismo e la schiavitù (e persino la schiavitù della loro stessa razza!). Il razzismo e la schiavitù si sono sempre verificati tra le razze in qualche misura, e continuano a verificarsi. L'argomento marxista è che i bianchi lo hanno praticato più degli altri, il che è solo un'assurdità razzista e di parte.

I Sumeri (V-II secolo a.C.), i Babilonesi (II secolo a.C.-I secolo d.C.) e gli Assiri (III secolo a.C.-I secolo d.C.) avevano tutti degli schiavi in vari momenti. L'antico Egitto (dal IV secolo al I secolo a.C.) aveva degli schiavi. Esempi di schiavitù in Cina (di cinesi) risalgono al V secolo a.C.. Gli antichi greci (XII secolo a.C.-I secolo d.C.) e i romani (I secolo a.C.-I secolo d.C.) avevano schiavi. [9]

La schiavitù islamica risale ai tempi di Maometto (VI secolo d.C.), fino alla tratta degli schiavi di Barberia (XVI-XIX secolo): "Gli schiavi europei venivano acquistati dai pirati barbareschi musulmani con razzie di schiavi sulle navi e con incursioni nelle città costiere dall'Italia ai Paesi Bassi, all'Irlanda e al sud-ovest della Gran Bretagna, fino al nord dell'Islanda e al Mediterraneo orientale".[10]

In Sudamerica, i Maya (dal 1500 a.C. circa alla fine del I secolo) e gli Aztechi (dal 14 al 16 secolo) avevano schiavi. In Europa, i vichinghi predoni presero schiavi bianchi durante le loro spedizioni nell'Europa nord-occidentale, tra l'8 e l'11 secolo. Le tribù native del Nord America si sono schiavizzate a vicenda nel corso della storia, tra cui Pawnee, Comanche, Klamath, Haida, Yurok e Tinglit (e sicuramente altre). Le tribù africane si sono impegnate nel commercio di africani come schiavi, prima e durante la tratta transatlantica degli schiavi.[11] Questi esempi non sono difficili da trovare, nonostante la quantità di contropropaganda marxiana che si deve guadare su questo argomento (che ovviamente cerca di minimizzare o banalizzare questi casi).

Individuare la razza bianca europea come principale colpevole, ancora una volta, è semplicemente una selezione storica distorta e una distorsione del passato/presente. Inoltre, il culto che si concentra solo sulla schiavitù dei bianchi contro i neri a scopo di lucro permette di criticare due dei suoi vecchi

---

[9] «La schiavitù nella storia«. https://www.thehistorypress.co.uk/articles/slavery-in-history/

[10] https://www.britannica.com/topic/Barbary-pirate

[11] «La schiavitù prima del commercio transatlantico».

https://ldhi.library.cofc.edu/exhibits/show/africanpassageslowcountryadapt/introductio natlanticworld/slaverybeforetrade

nemici: l'imperialismo coloniale europeo e il capitalismo. Prevedibilmente, una "educazione" marxista "politicamente corretta" e partigiana della storia non può che fornire una prospettiva distorta. In effetti, c'è un sacco di storia che conferma tutto questo, ma non vi verrà insegnata in un'università infestata dal marxismo! Abbiamo già notato l'inutilità dell'"educazione" marxiana.

Questa percezione distorta della storia (attraverso la formula oppr. contro oppr.) si traduce in una frattura distruttiva, creando tensioni e dividendo la società lungo linee razziali. Questo sub-agenda ("antirazzismo" e BLM) avrà ovviamente un impatto massiccio nei Paesi che sono abbastanza multietnici da poter funzionare e dove c'è un numero sufficiente di non bianchi (ad esempio gli Stati Uniti). Al contrario, questo tipo di sub-agenda non sarebbe altrettanto efficace in un Paese più omogeneo dal punto di vista etnico, come ad esempio l'Irlanda, in quanto storicamente non ci sono mai stati abbastanza non bianchi in Irlanda (anche se la situazione sta rapidamente cambiando).

Utilizza il meccanismo di difesa/ritorsione del gruppo

In una società contaminata, la critica a una singola persona di un gruppo "oppresso" è vista come un attacco all'intero gruppo, la mentalità collettivista. È nell'interesse dell'ideologia contrastare qualsiasi critica a chiunque faccia parte di un gruppo "oppresso", per permettere all'ideologia di fare i suoi danni senza essere contrastata. Il femminismo ne è un classico esempio. Poiché un'alta percentuale di donne ci è cascata, è necessario dirlo. Come già detto, se si critica il femminismo, in realtà si sta sostenendo il bene delle donne (e della società nel suo complesso, ecc.), ma ovviamente si verrà criticati per questo da chi ha subito il lavaggio del cervello. Poiché esiste l'inversione secondo cui il femminismo non è a vantaggio delle donne, ma a loro danno (l'opposto di ciò che pensa una mente indottrinata), sarete criticati per averlo sottolineato. Non c'è nulla di sorprendente in questo: è solo il lavaggio del cervello che fa il suo dovere. Se si attacca/critica il femminismo/femministe in una società, e il lavaggio del cervello marxista è abbastanza forte, viene preso come un attacco a tutte le donne. L'indottrinamento e l'aspetto di difesa del gruppo si combinano per sopprimere le critiche.

Ovviamente, non state attaccando tutte le donne criticando/attaccando il femminismo/femministe, dato che ci sono un sacco di donne là fuori che sono abbastanza intelligenti da rifiutare il femminismo! I tipi indottrinati, ovviamente, presumono che tutte le donne (che contano) siano femministe. Sono certo che l'avrete notato.

L'ideologia/culto ha bisogno che le donne siano indottrinate al punto che il femminismo sia considerato non solo a favore della donna, ma anche la donna stessa! Sinonimo non è la parola giusta. L'obiettivo dell'ideologia è che qualsiasi critica alle donne/femminismo sia percepita come un'offesa/minaccia a tutte le donne, che reagiranno offese, scioccate, sconvolte, ecc.

Questo contrattacco di gruppo è un trucco intelligente e non è casuale: è incorporato nella formula oppr. contro oppr. come meccanismo di difesa. Intelligente, vero? Qualsiasi critica a un membro del gruppo oppresso deve essere respinta con un contrattacco da parte dell'intero gruppo. Lo scopo è, ancora una volta, quello di impedire qualsiasi critica a quel gruppo. Questa mancanza di critiche (quando sono meritate/giustificate) porta all'inevitabile spirale discendente di quel gruppo di cui si è parlato prima: il trattamento preferenziale, l'essere viziati, la degenerazione, la follia, ecc.

Questa tattica di difesa del gruppo viene utilizzata in varie altre sotto-agenzie, tra cui tutto ciò che riguarda la razza, il socialismo, la "sinistra" politica, ecc. Qualsiasi critica pubblica alla violenza tra neri e/o alle bande negli Stati Uniti (pronunciata da persone non di colore) viene accolta con l'etichetta di "razzista" dai membri del culto nel pubblico in generale e nei MarxiStMedia. Anche in questo caso, lo scopo è far sì che tutti i neri si offendano, come collettività, e prendano la strada marxista (e l'esca!) - per sopprimere e contrastare le critiche, aiutando così l'ideologia a dominare la narrazione. Lo stesso accade in tutta Europa quando si sottolinea la criminalità degli immigrati o si criticano l'Islam o i musulmani in Europa. È una manipolazione delle tendenze tribali che possiamo avere come esseri umani.

L'ideologia/culto ha bisogno che le persone si "offendano" in massa per proliferare. A livello di gruppo: stesse emozioni, stessi pensieri, stesse parole, stesse azioni e stesse reazioni. A livello individuale: se una persona viene offesa, si carica emotivamente ed è più incline a volersi vendicare. Questo li rende potenziali "rivoluzionari". Se appartenete a una categoria di persone "oppresse", spiegate quanto sopra agli altri; dite loro di non cadere nell'inganno abboccando all'amo!

Come funziona il principio della propaganda e dell'indottrinamento

Quindi, il principio oppressore contro oppresso è una tattica di divisione e conquista e può essere usato per squilibrare/distruggere entrambi i gruppi, in particolare quelli che sono in qualche modo complementari/simbiotici (ad esempio, maschi e femmine eterosessuali); ma, naturalmente, è usato in particolare per distruggere quelli della classe "oppressore". Per ingrandire un momento, dal punto di vista dell'ideologia, sia l'"oppressore" che l'"oppresso" vengono distrutti: gli "oppressi" distruggono gli "oppressori" attraverso l'abuso/attacco psicologico/fisico, mentre contemporaneamente distruggono se stessi attraverso la degenerazione.

La propaganda e l'indottrinamento possono essere impiegati per creare una differenza nella percezione pubblica di come vengono percepiti il gruppo "oppressore" e il gruppo "oppresso". Naturalmente, l'obiettivo è creare/rinforzare una percezione negativa del gruppo "oppressore" (odio, giudizio, sospetto, ecc.) e creare/rinforzare una percezione positiva del gruppo "oppresso" (empatia, simpatia, "compassione", "amore", ecc.), come già detto.

Prendere di mira l'aspetto peggiore dell'"oppressore".

Il sub-agenda del femminismo si concentra sui peggiori attributi/comportamenti della classe "oppressore" e li esalta. Qualsiasi tipo di attributo/comportamento funziona, ma quelli che colpiscono la classe oppressa in particolare, in modo negativo, sono l'ideale (ad esempio lo stupro). È un classico della propaganda marxista: bisogna sfruttare ogni potenziale debolezza del nemico! La ripetizione costante di questa narrazione e la creazione di frasi ad effetto (ad esempio "cultura dello stupro") vengono utilizzate per rafforzare il messaggio e continuare ad attirare l'attenzione su quel comportamento negativo (che è lo stupro). Alla fine si arriva a un punto (se l'ideologia è sufficientemente dominante nella società) in cui questo comportamento negativo diventa sinonimo del gruppo target. Il risultato è che gli uomini come collettività sono visti come stupratori o potenziali tali! Non avete visto che questo accade nei Paesi occidentali?

Lo stupro è ideale per questo scopo, perché genera sospetto nei confronti della classe "oppressore", facendo leva sulle paure delle donne, tra le altre cose. È anche qualcosa (anatomicamente parlando) che solo i maschi possono fare, mentre le femmine non possono, quindi immediatamente sarà unilaterale e a senso unico, il che è ideale per scopi propagandistici. (Sì, le lesbiche e i gay possono commettere violenze sessuali, ma non è questo il problema: stiamo parlando delle dinamiche tra maschi e femmine eterosessuali e del femminismo. Attaccare questi gruppi non fa parte dell'agenda marxista, ma attaccare i maschi eterosessuali sì, quindi questi temi non saranno enfatizzati dalla setta/ideologia e sono irrilevanti in questo caso. Ovviamente, non possono essere enfatizzati dalla setta/ideologia perché ha bisogno di associare il concetto di stupro solo ai maschi eterosessuali).

Lo stupro è ideale anche per scopi propagandistici, perché in alcuni casi può essere difficile capire, da un punto di vista legale, se è stato commesso un vero e proprio stupro o meno. Ovviamente, un tizio nudo e psicopatico in mezzo ai cespugli che aspetta di piombare su un'ignara donna in pieno giorno è un caso chiaro e tondo, ma ci sono altre varianti di scenari che non sono così chiari.

Ci sono chiaramente casi di stupro/aggressione sessuale veri e propri, ma ci sono anche false accuse di stupro, che sono entrambi crimini ugualmente gravi, ma non sentirete la setta enfatizzare questo fatto. Lo stupro può potenzialmente rovinare la vita di una donna (ed è successo), così come le false accuse di stupro possono potenzialmente rovinare la vita di un uomo (ed è successo). Gli autori di entrambi dovrebbero essere messi alla corda, a mio avviso, ma nelle nostre attuali società infettate dal marxismo non è possibile o saggio imporre questo principio. Non sorprende che il numero crescente di false accuse di stupro negli ultimi decenni sia dovuto agli effetti/dominanza dell'ideologia, attraverso il femminismo: il senso di diritto/privilegio femminile, l'essere viziate fino alla psicosi (e la conseguente mancanza di conseguenze per i comportamenti negativi), oltre all'odio misandrista e sessista verso gli uomini.

L'ideologia trae grande vantaggio dall'utilizzo di questo tema spesso complesso (lo stupro), in quanto è difficile stabilire quale sia la verità effettiva e quali siano le cifre reali, da dove provengano e se siano attendibili. È in questo ambiente che l'ideologia può eccellere, incoraggiando le persone a credere a ciò che scelgono di credere sulla questione (influenza post-modernista). Anche l'uso di accuse di stupro o di violenza sessuale è un'arma utile per il culto, in particolare contro gli uomini che il culto considera un nemico (ad esempio gli uomini "di destra").

Permette inoltre alla setta di cercare di equiparare lo stupro alla mascolinità. Lo stupro non ha nulla a che fare con la mascolinità! Anzi, è l'opposto della mascolinità. La vera mascolinità riguarda la forza e il potere autentici, mentre lo stupro è rappresentativo di debolezza, più simile a una forma di dominio non etico. Un uomo che stupra una donna non è un "vero uomo". È un atto violento e sociopatico e come tale va trattato.

L'unica cosa che uno stupratore ha in comune con un uomo "vero", ordinario e regolare è che sono entrambi maschi! Trattare tutti i maschi come potenziali stupratori a causa delle azioni di alcuni disperati, maschi spazzatura è tanto stupido quanto distruttivo. Dimostra un'incomprensione fondamentale su cosa sia lo stupro (da parte di coloro che sostengono di essere femministe/difensori dei diritti delle donne!), e su come risolvere i problemi della società. È anche estremamente sessista. In effetti, è la definizione di sessismo: maltrattare una persona a causa del gruppo a cui appartiene (insinuando che la sua natura predefinita possa essere dannosa e debba essere modificata).

Naturalmente, le tre cinghie di trasmissione della cultura - i media, il mondo accademico e l'industria dell'intrattenimento - sono strumentali a tutto questo, così come le varie ONG/onlus femministe marxiste. Tutte richiamano costantemente l'attenzione su questa visione negativa della classe "oppressore" (in questo caso maschile). La propaganda genera il più possibile odio e sospetto nei confronti della classe oppressore, ripetendo al contempo lo status di vittima della classe oppressa (generando solo empatia/simpatia per questo gruppo). Allo stesso tempo, tutti gli aspetti positivi della classe oppressore (gli uomini) devono essere minimizzati, ignorati o nascosti, per creare l'illusione che il gruppo oppressore sia complessivamente cattivo. E, presto, gli uomini come collettività sono visti come un problema per la società: potenziali personalità autoritarie con "mascolinità tossica", aggressivi piantagrane, potenziali stupratori, ecc. Naturalmente, anche se riuscissimo a dimostrare ai membri della setta che questo è ciò che stanno facendo, molti riterrebbero che questo maltrattamento dei maschi sia "giusto", considerando l'evidente maltrattamento sessista delle donne in passato.

È questo gioco di prestigio che si traduce nelle iniziative idiote del cosiddetto sistema educativo in tutto l'Occidente (educazione al "consenso"), che ora tratta i ragazzi come potenziali stupratori. In questo modo si crea una situazione in cui i maschi vengono maltrattati (ovvero oppressi!) semplicemente a causa del loro sesso (a meno che non siano omosessuali o "non binari", ovviamente), il che è (rullo di tamburi) sessismo! È interessante notare che se i ragazzi decidono di conformarsi al culto/ideologia e decidono di essere gay o "gender non-binary", o trans all'improvviso, questo maltrattamento/oppressione cesserà... Beh, che cazzo di convenienza, vero? Questo attacco principalmente psicologico alla classe "oppressore" è ora in atto e inizierà a prosciugare la fiducia, la salute e il benessere di coloro che fanno parte di quella classe, a meno che non siano disposti a conformarsi al culto/ideologia e a modificare il loro comportamento/persona di conseguenza. Questa è coercizione ideologica.

In sintesi, da un punto di vista tattico: l'ideologia identifica una debolezza nel gruppo bersaglio "oppressore" (i maschi), sotto forma di un comportamento grave, negativo e criminale nei confronti del gruppo "oppresso" (ad es. stupro); l'indottrinamento (tramite la sotto-agenda del femminismo) convince un numero sufficiente di persone, tramite il sistema infettato dal marxismo, che c'è un'epidemia di stupri nei Paesi occidentali; i membri del culto insistono quindi sul fatto che la soluzione è sopprimere i maschi e la mascolinità, trattarli come potenziali stupratori e dare invece priorità alle donne, ecc. Anche se questo viene fatto in nome dell'umanitario, dell'uguaglianza, della "compassione", ecc. si tratta di un attacco psicologico alla classe "oppressore" (in questo caso i maschi).

Quindi, in sostanza, quello che è successo qui è che la setta è riuscita a sferrare un attacco al gruppo "oppressore" usando la propaganda, basata sull'idea che ci sia un problema, che produce una reazione, che viene poi capitalizzata quando la setta presenta la sua "soluzione". "Problema. Reazione. Soluzione" (meccanica dialettica hegeliana). Creazione di un "problema", quindi evocazione di emozioni (che formano la reazione), seguita dalla capitalizzazione di questa reazione.

La fallacia dell'"uguaglianza".

"Costruire una società sull'uguaglianza è come costruire una casa sulla sabbia: prima o poi crollerà".

Yuri Besmenov, Summit University
Conferenza del Forum a Los Angeles, 1983[12]

"Che sia molto giusto che il mondo si riempia delle tempeste della nostra vendetta" - così si parlano l'un l'altro... "Useremo la vendetta e l'insulto contro tutti coloro che non sono come noi" - così si impegnano i cuori tarantolati... "E 'Volontà di uguaglianza' - questo stesso nome sarà d'ora in poi il nome della virtù; e contro tutto ciò che ha potere solleveremo un grido! ". Voi predicatori dell'uguaglianza, la frenesia tirannica dell'impotenza grida così in voi per l'"uguaglianza": i vostri più segreti desideri tirannici si travestono così in parole

---

[12] Absolutely Subversive, «Yuri Bezmenov 1983 Interview and Lecture (1080p HD)», 8 agosto 2022. https://www.YouTube.com/watch?v=Z0j181tR5WM

di virtù!".13

Friedrich Nietzsche, "Le tarantole",
Così parlò Zarathustra (1880)

L'uguaglianza non crea "diversità" (ironia della sorte), ma uniformità. Contribuisce a creare una società di compagni-schiavi senza importanza, che credono nelle stesse cose e hanno le stesse opinioni. Non a caso questo corrisponde allo stereotipo dei vari regimi marxisti nel corso della storia. Nessuna libertà di pensare, parlare o agire come si vuole: si è obbligati a conformarsi al collettivo. Questa realtà di un'esistenza noiosa e innaturale non fa parte solo della vita in qualche regime comunista storico e lontano: possiamo vedere questo processo nella società di oggi. Siete liberi di pensare/parlare/agire come volete o di avere opinioni diverse da quelle degli altri? O siete consapevoli della pressione sociale a conformarvi? Questo dimostra la premessa generale di questo libro. Non importa quale etichetta si dia alla società: se non si ha questa libertà, la società è infettata dal marxismo. L'"uguaglianza" equivale al conformismo e alla fine porta a un controllo totalitario al 100% su di voi e sulla vostra società. Qualunque cosa qualcuno pensi o "senta" come uguaglianza, è irrilevante.

L'uguaglianza è costantemente spinta come una cosa benigna e virtuosa, utilizzando il principio del Cavallo di Troia rosso: il male travestito da bene. Oltre all'uniformità, si traduce inevitabilmente in consenso di massa, mancanza di individualità/libertà individuali, soppressione della vera eccellenza individuale e soppressione dei veri leader della società. L'uguaglianza porta alla disgregazione della società e questo è il motivo principale per cui l'ideologia vi pone tanta enfasi. Il suo rapporto con il principio di opposizione contro opposizione è che il principio è al suo servizio; una volta che il principio viene utilizzato in tutta la società per un periodo prolungato (attraverso le varie sotto-agenzie), questa meravigliosa "uguaglianza" si sta realizzando, portando alla disgregazione della società.

L'uguaglianza non è naturale

L'uguaglianza non è naturale. È antiumana e antinaturale. Non è umanitaria, è pseudo-umanitaria. Pertanto, per avere qualche speranza di ottenerla, deve essere imposta attraverso una forma di coercizione (cosa che la storia orribile del culto conferma). Cercare di imporre l'uguaglianza, poiché non è naturale, porta solo alla distruzione della vita (in senso biologico, esistenziale), perché non è conforme ai principi naturali della vita. L'"uguaglianza" in questo caso è il piolo quadrato che viene infilato nel buco rotondo della realtà, da parte del culto.

---

13 Nietzsche, F., «Le tarantole», *Così parlò Zarathustra* (1880).

http://4umi.com/nietzsche/zarathustra/29

La natura, di cui gli esseri umani fanno parte, non si cura di idee teoriche create dall'uomo come l'"uguaglianza". In un certo senso, non si preoccupa affatto di ciò che fanno gli esseri umani, che siano o meno marxisti con il lavaggio del cervello. La natura semplicemente "è", proprio come la gravità. Come disse una volta il famoso astronomo italiano Galileo Galilei, "la natura è inesorabile e immutabile; non trasgredisce mai le leggi che le sono imposte, né si preoccupa minimamente che le sue astruse ragioni e i suoi metodi di funzionamento siano comprensibili agli uomini". [14] L'applicazione dell'uguaglianza porta alla distruzione della civiltà e della vita in generale. Sebbene si possa dire che la civiltà creata dall'uomo non faccia parte della natura in senso biologico, essa è naturale in quanto l'umanità - attraverso gli uomini, che sono parte della natura - crea la civiltà; quindi la civiltà è un'estensione della natura.

È una parte molto naturale della vita per gli uomini progettare e costruire le strutture che formano la società (è stato così per millenni). Gli uomini hanno anche la responsabilità di combattere per proteggere queste civiltà e i loro abitanti. Senza uomini, uomini mascolini, che svolgano questi ruoli, la civiltà crolla. È interessante, quindi, che il marxismo abbia mostrato un forte interesse a distruggere gli uomini usando le sue armi di "uguaglianza" femminista e l'attacco alla mascolinità. Una coincidenza? Inoltre, gli uomini di solito svolgono questi ruoli utilizzando/partecipando a gerarchie diseguali, che implicano una catena di comando di qualche tipo (un'altra cosa a cui il culto/ideologia apparentemente si oppone).

Il marxismo prende di mira anche le donne, al fine di distruggere la civiltà e la vita. Abbassa il tasso di natalità indottrinandole (attraverso l'edonismo, il femminismo, l'aborto, il lesbismo, il movimento di gender-bending, la cultura pop, la pornografia, ecc.) a non mettere su famiglia (o a ritardare fino a quando non è troppo tardi) in nome dell'"uguaglianza" e dell'"emancipazione".

Anche le donne che non hanno figli - o che hanno un istinto materno ridotto o che sono prive della volontà di averne - sono piuttosto anormali/innaturali (ovviamente senza offesa per le donne che non possono fisicamente avere figli; questo è fuori dal loro controllo). In altre parole, l'ideologia incoraggia l'indottrinamento/creazione di donne che si comportano in modo innaturale (naturalmente, molte di queste cose sopra elencate esistono da più tempo dell'ideologia, ma la sua presenza aggrava il problema). Anche le donne che competono con i maschi - cercando di essere "uguali" a loro - sono un comportamento innaturale che esiste a causa del marxismo (attraverso il femminismo).

Un concetto popolare su questo argomento è "uguaglianza di opportunità vs.

---

[14] Galilei, G. «Lettera alla Granduchessa Cristina di Toscana», 1615.
https://sourcebooks.fordham.edu/mod/galileo-tuscany.asp

uguaglianza di risultati". Noi che non siamo indottrinati generalmente sottoscriviamo la prima, mentre il culto/ideologia generalmente spinge per la seconda. La parte "uguaglianza di risultato" è, in una parola, l'uniformità. Implica che, indipendentemente dalle azioni di una persona o dal modo in cui contribuisce alla società (o meno), essa riceverà lo stesso trattamento di tutti gli altri.

Possiamo capire come questo sarebbe dannoso per una società, perché gli individui/gruppi non verrebbero giudicati in base ai loro meriti/effetti. Porterebbe al crollo della civiltà, compreso il normale comportamento sociale, la giustizia, le relazioni, ecc. Ovviamente, possiamo vedere come l'"uguaglianza dei risultati" sia problematica nel contesto del socialismo: porta alla distruzione/ritardo della prosperità economica.

L'uguaglianza fa male alla mente

> "La dottrina dell'uguaglianza! Ma non c'è veleno più velenoso: perché sembra essere predicata dalla giustizia stessa, mentre in realtà è la fine della giustizia". "Uguale per gli uguali, disuguale per i disuguali": questa sarebbe la vera voce della giustizia. E la sua conseguenza: "Non rendere mai uguali i disuguali". Il fatto che questa dottrina dell'uguaglianza sia stata circondata da tali orrori e sangue ha dato a questa "idea moderna" per eccellenza una sorta di gloria e di splendore, così che la Rivoluzione come spettacolo ha sedotto anche gli spiriti più nobili".[15]

> Friedrich Nietzsche, *Crepuscolo degli idoli*, 1889

Questa idea di uguaglianza è molto tossica per la mente. Rende le persone uguali, prevedibili e banali. Certo, se si parla di uguaglianza in termini di diritti nella società (che abbiamo già in misura sufficiente!) e di "uguaglianza di opportunità", questo suona in qualche modo ragionevole, giusto? Tuttavia, quando si parla di ciò che gli esseri umani sono in realtà, il discorso inizia a diventare rapidamente ridicolo. Mettiamo da parte i concetti sociologici ed economici. Ci sono molti aggettivi che possiamo applicare alle persone, ma questo è il più ridicolo e impreciso se lo esaminiamo.

Quando una persona viene indottrinata in questa mentalità di uguaglianza e continua a ripetere questo concetto nella propria mente, ciò è molto dannoso per la psiche. La realtà non è "uguale" e uniforme, e non lo sono nemmeno le persone, a prescindere da come possono sembrare a volte (molti membri di culti a parte). Anche i comportamenti e il loro livello (etico) non sono uguali. La realtà è sfumata e varia, quindi anche la mentalità e le percezioni delle

---

[15] Nietzsche, F. Il crepuscolo degli idoli (1889), p. 49.

https://www.faculty.umb.edu/gary_zabel/Phil_100/Nietzsche_files/Friedrich-Nietzsche-Twilight-of-the-Idols-or-How-to-Philosophize-With-the-Hammer-Translated-by-Richard-Polt.pdf

persone dovrebbero essere così.

Quando si parla di sviluppo personale, fare di questo concetto di "uguaglianza" la pietra angolare del quadro etico di una persona è ridicolo. È un termine di propaganda ideologica concepito per promuovere un'agenda e dovrebbe essere trattato come tale. L'"uguaglianza" parifica le cose, le rende in qualche modo identiche, e non riconosce se le cose sono (oggettivamente) positive o negative. Questo non è di alcuna utilità per l'individuo. Vedere la realtà attraverso la lente dell'"uguaglianza" acceca una persona alle sfumature della realtà, in particolare quando si tratta di ciò che è oggettivamente vero e ciò che non lo è e di ciò che è oggettivamente giusto/etico e ciò che non lo è.

Tutto questo riduce la capacità di una persona di distinguere tra un'opinione e un'altra, tra una percezione e un'altra, tra un gruppo e un altro, ecc. Il risultato è che questa persona non è in grado di pensare in modo indipendente, né di giudicare correttamente. Come può quindi elaborare accuratamente qualsiasi cosa si trovi nella realtà circostante? Non ci riesce, e ora ha un vuoto nella sua personalità. L'ideologia, con la sua serie preconfezionata di "valori e "etica", può riempire questo vuoto. Non c'è bisogno dell'onere di pensare, perché è già stato fatto per loro!

La persona può quindi formarsi un'opinione su qualsiasi cosa in base a: se proviene da un membro del culto in una posizione di autorità, o quanto la cosa la faccia sentire bene (se l'opinione è accettabile per la sua programmazione). In breve, pensare con l'"uguaglianza" nel cervello rende le persone stupide, credulone e facili da manipolare.

Uguaglianza o equità?

Non dovremmo essere a favore dell'"uguaglianza", ma dell'equità (anche detta "equità"). C'è una differenza. L'equità è, in realtà, ciò che alcune persone (indottrinate) pensano sia l'uguaglianza, ed è per questo che vogliono questa "uguaglianza". La vogliono perché hanno un certo senso di preoccupazione per gli altri e vogliono che siano trattati in modo equo. Quindi, benissimo: più equità! Non sosteniamo però l'idea di "uguaglianza" a causa della distruzione che porta. Ovviamente, coloro che sono indottrinati non possono capire questo: l'indottrinamento dice loro che l'uguaglianza è equità. In un certo senso, secondo l'indottrinamento, l'uguaglianza è l'epitome dell'etica stessa. Per queste persone, il vero problema è la loro concezione errata, ma i fattori psicologici li tratteremo altrove. **La** capacità di decidere cosa è giusto/ingiusto e cosa no dipende dallo sviluppo del nostro senso di coscienza, che nelle persone indottrinate è essenzialmente ritardato o amputato.

L'uguaglianza non aiuta a creare equità, ma anzi crea ingiustizia. Questa percezione errata è uno dei principali fattori causali del disordine in cui si trova la società in questo momento. È l'inversione di ciò che è giusto/etico e ciò che è sbagliato/non etico.

L'uguaglianza della critica: una cattiva abitudine

La mentalità dell'uguaglianza alimenta le cattive abitudini. Il femminismo può indottrinare le donne a diventare un problema per la società, e queste iniziano a essere distruttive nei suoi confronti (intenzionalmente o meno). Ogni volta che vengono criticate per il loro comportamento (e a ragione), altri tipi indottrinati si schierano in loro difesa. Questo impedisce alle critiche giustificate di avere un impatto e potenzialmente di prevenire comportamenti più distruttivi. Questa critica è particolarmente importante quando si tratta di giovani donne, perché può tenere sotto controllo il loro comportamento se è sufficientemente forte e universale.

Un esempio è la promiscuità. Ogni volta che questo viene evidenziato come un comportamento essenzialmente degenerato e trash, i giustificatori cercheranno di "parificare" le cose e ribatteranno che i maschi lo fanno da sempre, quindi perché le femmine non possono farlo ora? In pratica, per farli sembrare entrambi "uguali". Sono sicuro che il lettore si è imbattuto in questa mentalità frustrante e non costruttiva!

Qui l'ideologia si perpetua da sola: crea il problema in primo luogo (comportamenti negativi, folli e distruttivi nelle donne), poi non ci permette, come società, di prevenire questi effetti dannosi. È un sistema che si auto-perpetua. Ogni volta che cerchiamo di risolvere un problema che ha origine dall'ideologia, ci scontriamo con questo atteggiamento bizzarro che ci impedisce di risolvere il problema. Lo stesso vale per qualsiasi altro gruppo "oppresso" indottrinato il cui comportamento sfugge al controllo. Il culto non può permettere alcuna critica a chi fa parte del gruppo. Non importa ciò che la persona ha fatto, il gruppo a cui appartiene la assolve, e qualsiasi critica a questo gruppo deve essere accolta con una controcritica del gruppo opposto, perché questo è in qualche modo "giusto" (dal momento che l'"uguaglianza" è considerata "equità"). Il problema dell'immigrazione di massa in Irlanda lo dimostra: ogni volta che un immigrato commette un crimine violento, il culto ci ricorderà che gli irlandesi hanno commesso/ commettono questi crimini contro altri irlandesi.

Si tratta di una pessima abitudine psicologica che impedisce a qualsiasi giustizia e ordine di prevalere. Anche gli individui che sono solo leggermente indottrinati sono colpevoli di questa abitudine. Spesso la persona che vi si dedica presume di essere intelligente e virtuosa, il che è completamente sbagliato. È incredibilmente stupido! L'ideologia/indottrinamento impedisce alle persone di essere giudicate e punite, il che è contrario alla giustizia.

Uguaglianza e coscienza

L'uguaglianza è un'idea insensata e irrazionale, quando si tratta del barometro più importante con cui misurare/giudicare una persona: la coscienza. Non siamo tutti uguali in termini di coscienza. Definiamo innanzitutto cosa significa, e sarebbe utile che il lettore mettesse da parte qualsiasi idea preconcetta (in particolare chi ha una percezione distorta della "spiritualità", di solito proveniente dal movimento "new age"). La coscienza è, molto semplicemente, quanto una persona è realmente consapevole, sveglia, lucida e percettiva, ovvero quanto è veramente intelligente. In primo luogo, è la capacità di una persona di elaborare la realtà (la realtà è la verità effettiva su noi stessi, gli altri, il nostro ambiente, il funzionamento del mondo, ecc.) La seconda componente della coscienza - che è inestricabilmente legata - è la coscienza/moralità, che potremmo anche definire come un alto senso dell'etica. Un senso del bene e del male. Non in base a ciò che percepiamo come giusto e sbagliato, ma a ciò che è effettivamente giusto e sbagliato, in senso oggettivo.

La coscienza è vera, autentica intelligenza, ma non usiamo la parola "intelligenza" perché può essere interpretata in modo errato. In effetti, quando si pronuncia la parola "intelligenza", spesso si possono innescare percezioni errate, persino distrattive (molte delle quali provengono dallo stesso sistema infettato dal marxismo!) su cosa sia l'intelligenza, come il livello di istruzione di una persona, il suo punteggio di QI, l'appartenenza o meno al *Mensa*, ecc. Naturalmente, nel mondo ci sono innumerevoli persone "istruite", "ricche", "potenti" ecc. che sono dei veri e propri idioti. Nel grande schema delle cose, queste etichette non significano nulla: potrebbero non essere né istruite, né ricche, né potenti in alcun senso. Al contrario, ci sono persone prive di questi attributi che possono avere un alto livello di coscienza.

Segni di vita disuguali nei "vivi

La "coscienza" è anche il modo in cui una persona è veramente viva, o in cui è veramente "con". Questo concetto, per quanto scioccante possa essere per alcuni a prima vista, è estremamente utile per coloro che cercano di dare un senso alla follia che li circonda; dovrebbe risuonare profondamente. Per farlo è necessaria una certa dose di controllo emotivo e si raccomanda di spegnere momentaneamente qualsiasi sentimento di "simpatia".

È vero che siamo tutti vivi in un certo senso, abbiamo tutti un battito cardiaco, possiamo mangiare, parlare, parlare, camminare, riprodurci, ecc. Tuttavia, è anche chiaro che abbiamo un serio problema nel mondo con individui simili a zombie che non sono realmente qui; non sono realmente presenti in questo mondo e quindi non sono pienamente vivi. Non sono esseri umani pienamente funzionanti. Si tratta di una comprensione di importanza fondamentale, ma non viene spesso discussa in questi termini. Le ideologie tossiche hanno un ruolo da svolgere, poiché possono trasformare l'essere umano in questi zombie non presenti/non morti.

Il concetto di "uguaglianza" è un insulto a quelli di noi che non rientrano in questa categoria di zombie. Il sistema marxista ci ha oscurato questa verità attraverso questo concetto. Quando guardiamo alla vera natura degli esseri umani, "uguaglianza" è uno dei termini più ridicolmente errati che possiamo usare. Il culto marxista ci mostra chiaramente che non siamo tutti uguali! Sono la prova che l'uguaglianza non esiste e non può esistere, per quanto riguarda il metro più importante con cui misurare un essere umano: la coscienza.

Allo stesso tempo (e cosa più interessante e involontaria) l'ideologia/culto crea un nuovo tipo di sistema di classi, con quelli di noi che non sono indottrinati nella classe superiore; un fatto di cui i membri del culto sono totalmente ignari. Le persone infettate dal marxismo non sono individui veramente presenti, vivi e sani di mente; l'ideologia rende una persona folle, in un grado o nell'altro.

Al contrario, coloro che sono pienamente lucidi e si oppongono al totalitarismo globalista che vediamo dilagare nel mondo: queste persone sono su un altro livello. Queste persone sono veramente vive! In genere mostrano intelligenza, coscienza (percezione e coscienza superiore) e amore. Non è giusto paragonare questi gruppi. Uno di questi gruppi è costituito da esseri umani autentici, relativamente funzionanti e sani di mente; l'altro no. D'altra parte, è interessante notare che i membri delle sette hanno cercato, per decenni, di far certificare i loro nemici come pazzi! Spacciano l'idea che esprimere "razzismo", avere prospettive nazionalistiche o conservatrici o di "destra" sia sinonimo di malattia mentale, ecc. ("Se non sei d'accordo con me/noi, devi essere pazzo!"). Il controllo dell'ideologia/culto sui sistemi educativi e sanitari le ha permesso di decidere cosa sia la sanità mentale. Cercare di far etichettare come "malato di mente" chiunque non sia d'accordo con il marxismo sarà la prassi in futuro. E, cosa ancora più estrema, cercheranno di far trattare questi nemici come subumani (cosa che loro stessi sono). Ancora un'inversione.

Altri elementi

Alcune altre osservazioni generali su come opera il culto/ideologia/indottrinamento:

Alzare il fuoco rosso...

"Far bollire una rana" è una vecchia metafora usata per descrivere un processo di minaccia che si sviluppa lentamente. La storia racconta che una rana, se gettata nell'acqua bollente, ovviamente salta fuori al più presto. La maggior parte degli esseri viventi ha questa reazione di sicurezza incorporata ("azione riflessa"), in qualche forma, giusto? A quanto pare, però, se si mette la rana in acqua più fredda e poi si alza lentamente il fuoco fino a quando l'acqua non bolle, la rana non se ne accorge e si cuoce. In altre parole, la rana non ha percepito la minaccia perché le cose sono cambiate lentamente, o più precisamente, l'ambiente è cambiato lentamente. Si tratta di una tattica di stampo fabiano, simboleggiata dal logo della tartaruga, che simboleggia una "lenta, (quasi) impercettibile transizione al socialismo".

È anche un fattore delle varie altre manifestazioni del marxismo che abbiamo esaminato in precedenza: il "marxismo culturale", il postmodernismo e la "sovversione ideologica". Tutte queste manifestazioni influenzano la società di riferimento, in modo incrementale, in un certo periodo di tempo. Bollire una rana" significa che un Paese/popolazione non viene attaccato all'improvviso. Il processo è graduale, incrementale, quindi non viene percepito come una minaccia. Questo ritmo strategico consente anche alle nuove generazioni di una nazione di essere indottrinate fin da giovani a diventare membri del culto, sostituendo quelle più anziane, eventualmente resistenti.

Questo riassume perfettamente la strategia utilizzata nella sub-agenda dell'immigrazione di massa in Europa. Non si è trattato di un'importazione (relativamente) massiccia in un periodo molto breve; piuttosto, i numeri sono stati distribuiti. Dico "relativamente" considerando le popolazioni dei Paesi africani e mediorientali! Al momento della stesura di questo articolo, la popolazione dell'isola d'Irlanda è di oltre 6,5 milioni di persone, mentre la popolazione totale dei Paesi subsahariani è di centinaia di milioni: La Nigeria è 206 milioni, l'Etiopia 114 milioni, ecc. Un esempio mediorientale è l'Afghanistan con 38 milioni. Ovviamente si aggiungono i rifugiati ucraini, la cui popolazione è di quasi 37,5 milioni. [16] L'inasprimento lento delle popolazioni autoctone in Europa, utilizzando questa sotto-agenda, crea anche una situazione in cui i migranti possono essere coinvolti nella politica, il che non fa che accelerare il processo (ovviamente, possono essere/diventare essi stessi membri di una setta).

Nel Paese irlandese, ancora relativamente omogeneo dal punto di vista etnico, gli immigrati sono stati spediti e impiantati in varie città e località del Paese. Per la parte sonnolenta dell'opinione pubblica irlandese, che ancora non vede l'immigrazione di massa come una minaccia esistenziale, questa dispersione della collocazione dei migranti mantiene molti nel loro sonno. Sono la rana che se ne sta seduta nella pentola... ignara del fatto che si sta alzando il fuoco... Se invece una quantità massiccia di immigrati venisse spedita in un'unica località (Dublino o Cork) anche gli irlandesi più sonnolenti se ne accorgerebbero molto più facilmente. L'acqua sta iniziando a salire intorno al collo degli indigeni, dal punto di vista etnico, ed è stato un processo relativamente lento per la maggior parte del tempo.

Fanatici quotidiani che difendono il loro culto/ideologia

L'indottrinamento trasforma persone comuni in fanatici spesso aggressivi, programmati per reagire a determinati stimoli. In un certo senso, diventano come dei robot. (voce robotica) "Sono... o-ffen-dato!!!". Come già detto, le persone infette possono percepire come "oppressione" qualsiasi forma di aggressione o critica nei confronti di una persona appartenente a un gruppo "vittima". Non solo credono che questa aggressione/critica sia sbagliata, ma cercheranno attivamente di sopprimerla, indipendentemente dal motivo per cui si verifica l'aggressione o la critica. Sono sicuro che anche voi avete sperimentato questa situazione. Esempio: se esprimete critiche nei confronti di

---

[16] https://www.worldometers.info/world-population/population-by-country/

qualcuno di un gruppo "oppresso", la persona indottrinata vi "correggerà". Questa reazione può avvenire indipendentemente dal fatto che abbiate effettivamente ragione o torto nella vostra critica. Questo può accadere anche se la persona che state criticando non è nemmeno presente nella stanza! Potrebbe essere un perfetto sconosciuto, qualcuno in TV, online, ecc. In altre parole, non si sta facendo alcun male, ma si viene "corretti" perché si è scatenata la persona indottrinata (che ovviamente pensa che si stia facendo qualcosa di sbagliato). Questo è il controllo ideologico della setta a livello di base. In questo caso, la persona indottrinata sarà il piccolo commissario del regime e sorveglierà doverosamente le altre pecore. Se vi trovate a essere "corretti" in questo modo, probabilmente avete a che fare con un membro di una setta (che ve ne rendiate conto o meno).

L'ipocrisia della setta è presente in questo caso: pensano che stiate facendo qualcosa di sbagliato e cercheranno di "correggervi"/controllare il vostro comportamento (che in realtà è sbagliato). Ovviamente, questo si collega anche al fattore "marmocchio viziato", poiché i marmocchi amano controllare il loro ambiente (comprese le altre persone)! Può anche essere collegato a un po' di buon vecchio assillo, che è anch'esso legato all'essere viziati/immaturi. Se avete la sfortuna di essere in compagnia di qualcuno che è viziato, che ama assillare e che ha l'infezione marxista, avete tutta la mia solidarietà.

Altruismo patologico

Quando una società è infettata dal marxismo per un periodo prolungato, può sviluppare qualcosa chiamato Altruismo Patologico, figlio insano del principio oppressore contro oppresso. L'enfasi costante della società (grazie all'indottrinamento) sui gruppi "oppressi" porta a questa iperindulgenza psicotica nelle emozioni femminili. Il risultato è un'eccessiva quantità di empatia/simpatia, per difetto, verso qualsiasi gruppo a cui il culto attribuisce lo status di "vittima"/oppresso. Questo porta a sua volta a una percezione distorta di quei gruppi, compreso il loro comportamento. Questa prospettiva sbilanciata si radica nella mente di molti. È quell'atteggiamento "naaaaaaaaw" impazzito, incapsulato nella parola scelta dal culto: "compassione". Si manifesta come l'incapacità di controllare le emozioni e di avere un approccio razionale ai problemi. Se portato alla sua conclusione, l'altruismo patologico è quando una persona/gruppo/nazione aiuta (o tenta di aiutare) gli altri anche se ciò significa la propria distruzione.

"Patologico" dal greco "Pathos" che significa sofferenza, o esperienza, o emozione. È legato alla patologia o alla malattia. Quando applichiamo questa mentalità a una nazione, significa la manifestazione di tendenze autodistruttive di quella nazione, in particolare per quanto riguarda i suoi sforzi "umanitari" internazionalisti (ad esempio, le politiche di immigrazione, le iniziative delle ONG/non profit, ecc.) Questo elemento lavora con l'importantissimo principio oppr. contro oppr. essendo il carburante emotivo che ne permette il funzionamento (e quindi causa caos, distruzione, squilibrio ecc.).

"Altruismo" significa essenzialmente compiere azioni a beneficio di altri. Dall'*Oxford English Dictionary*: "Preoccupazione disinteressata o disinteressata per il benessere degli altri, soprattutto come principio di azione. Opposto all'egoismo, all'egocentrismo o (nel primo uso) all'egotismo".[17] Da un punto di vista emotivo puramente femminile, questo potrebbe sembrare molto nobile; ma è nobile se quell'atto altruistico sta distruggendo non solo chi lo compie, ma anche il suo popolo, la sua società, il suo patrimonio? No! In altre parole, sacrificare il benessere di un gruppo (il proprio!) per un altro? No, questo non è nobile; è ipocrita! O si rispetta la vita/le persone/le razze/culture o non si rispetta! Ovviamente ci riferiamo all'immigrazione di massa, che è forse la manifestazione più grave di questa mentalità masochista e psicopatica. Naturalmente, nessuno sta suggerendo che non esista un'applicazione corretta dell'altruismo, ma c'è un tempo e un luogo.

È anche vero che non abbiamo il diritto di praticare questo presunto altruismo su larga scala (come l'immigrazione di massa) a scapito delle nostre nazioni, dei nostri popoli, ecc. Nessuno ha questo diritto, certamente non qualche politico senza coscienza, capo di ONG o attivista marxista!

L'altruismo patologico può essere applicato alle altre sotto-agenzie marxiste: Gli uomini che sostengono il femminismo partecipano a qualcosa di anti-maschile, contribuendo a rendere i maschi (compresi loro stessi) cittadini di seconda classe; nel veganismo, le persone partecipano alla distruzione dei loro corpi, delle loro menti, della loro razza e della loro nazione per il presunto beneficio degli animali da allevamento che non sanno nemmeno che i vegani esistono (per non parlare del fatto che si preoccupano per loro); nella truffa del cambiamento climatico, obbligandosi a ridurre le loro emissioni di CO_2 a livelli follemente bassi, i Paesi danneggeranno solo le loro industrie e si paralizzeranno finanziariamente, al fine di aiutare a "salvare" il pianeta. È una vera e propria autodistruzione dovuta al fatto di essere "gentili".

Compassione

In relazione a quest'ultimo punto, ecco un termine comune di segnalazione di virtù che si sente spesso lanciare dagli indottrinati: compassione. Un'altra parola d'ordine del marketing marxiano, usata per manipolare emotivamente.

È legato al principio oppr. vs. oppr. perché, ancora una volta, il culto/ideologia ha bisogno di far emozionare le masse nei confronti di chiunque faccia parte delle classi "oppresse" (per manipolarle). Naturalmente utilizza anche il principio del Cavallo di Troia Rosso perché sembra così benevolo, umanitario, conforme alla "giustizia sociale", ecc. Inoltre, contribuisce a dare la priorità a coloro che appartengono alle classi "oppresse" rispetto a coloro che non lo sono, il che contribuisce all'applicazione di un'uguaglianza artificiale,

---

[17] Dizionario inglese di Oxford - «Altruismo«.
https://www.oed.com/search/dictionary/?scope=Entries&q=altruism

destabilizzante e distruttiva. Inoltre, il concetto di "compassione", utilizzato dalla setta, ha il ruolo di giustificare le loro azioni "rivoluzionarie", oltre a incoraggiare un maggior numero di questo meraviglioso "attivismo". È una parola multiuso estremamente efficace, perfetta per il costante virtuosismo del culto, da cui deriva il suo uso comune.

Nel 2018 in Irlanda si è tenuto un referendum costituzionale per abrogare l'8° emendamento della Costituzione (del 1983) che rendeva l'aborto illegale se non in determinate circostanze, rendendo così l'aborto più ampiamente disponibile e socialmente accettabile. Ovviamente, i membri del culto in Irlanda in generale, non solo le femministe, hanno portato a questo cambiamento.

Dopo il referendum, il "leader" non eletto dell'Irlanda - l'aborto vivente Leo Varadkar - ha usato la parola tre volte in un breve discorso tipicamente nauseante: "Abbiamo votato per fornire compassione dove una volta c'era freddezza, e per offrire cure mediche dove una volta chiudevamo un occhio". E: "Ascoltando le argomentazioni di entrambe le parti nelle ultime settimane sono stato colpito da ciò che avevamo in comune, piuttosto che da ciò che ci divideva ("solidarietà"). Entrambe le parti hanno espresso il desiderio di prendersi cura delle donne in crisi, entrambe le parti volevano compassione, entrambe le parti volevano scegliere la vita". E: "Tutti meritano una seconda possibilità. Questa è la seconda possibilità per l'Irlanda di trattare tutti allo stesso modo, con compassione e rispetto".[18] Naturalmente, "tutti meritano una seconda possibilità", mentre il feto non ancora nato non ha nemmeno una possibilità, né un briciolo di "compassione". Si possono solo immaginare i degenerati emotivi sorridenti e con gli occhi acquosi che reagiscono al suo discorso, provando sentimenti di benessere.

È interessante notare che il discorso di Varadkar è iniziato con la frase "Oggi è un giorno storico per l'Irlanda. È avvenuta una rivoluzione silenziosa e un grande atto di democrazia". Questo riassume la strategia fabiana di una presa di potere marxiana occulta, evidenziando come il culto usi la "democrazia" per prendere il controllo. Fanno credere che sia la volontà del "popolo", ma non è così: è la volontà del culto. In un Paese marxista come l'Irlanda, a quel punto, solo i membri della setta erano motivati ad andare a votare in massa, quindi non è esattamente una situazione di parità; molti sono comprensibilmente disillusi dal sistema.

La parola "compassione" insinua che se non si è d'accordo con i vari sub-agenda marxisti, non ci si preoccupa degli altri esseri umani o delle loro

---

[18] «Discorso di An Taoiseach, Leo Varadkar a seguito della dichiarazione sul referendum sull'ottavo emendamento», Sun 27 maggio 2018.
https://merrionstreet.ie/en/news-room/speeches/speech_by_an_taoiseach_leo_varadkar_following_the_declaration_on_the_referendum_on_the_eighth_amendment.html

sofferenze; che si è un essere umano al di sotto degli standard. "Se non hai compassione per (X), sei una persona cattiva!". Stanno dicendo: "Io sono una persona migliore di te. Noi siamo migliori di te perché sosteniamo questo". C'è un modo semplice per contrastare tutto questo: I membri delle sette marxiste non sono nella posizione di dare lezioni di etica/moralità a nessuno! Quindi non preoccupatevi se i membri del culto ci accusano in questo modo. Sono ipocriti al massimo livello. Quello che stanno realmente dicendo (con la parola "compassione") è: "se non sei d'accordo con questa sub-agenda marxista, sei una persona cattiva", che si traduce in "il marxismo è l'etica stessa". Un discorso di culto.

Se vi opponete al fatto che al vostro bambino o bambina a scuola venga insegnata l'omosessualità (dal loro infetto "insegnante" marxista), allora potreste essere accusati di non avere compassione per i gay. Se vi opponete all'ora di storia delle drag queen, vi manca la compassione per le drag queen; se vi opponete a "salvare il pianeta", vi manca la compassione per il pianeta (di nuovo, ridacchia); se vi opponete al veganismo, vi manca la compassione per le mucche, i polli, eccetera; se vi opponete al BLM, vi manca la compassione per le persone di colore/non bianche; se vi opponete al socialismo, vi manca la compassione per i "poveri", eccetera. E così via...

Ancora una volta, questa "compassione" è molto selettiva, essendo applicata solo a certi gruppi/individui approvati dal marxismo. Ovviamente, una persona "povera" che si oppone al socialismo è un fascista, un nazista, un razzista, ecc.

Anche qui c'è quasi un elemento pseudo-spirituale. Se non avete questa "compassione" marxista, vi manca qualcosa a un livello più profondo. Non solo sei una persona cattiva, priva di coscienza, ma non sei un essere umano pienamente sviluppato e progressista. In effetti, non fai parte di questa nuova classe superiore di esseri umani che la cultura marxista sta creando.

Infine, questo termine si collega alla tattica di sovraccaricare la società di femminilità. È solo un altro gergo per ingannare le persone attraverso le loro emozioni e il loro ego, e molti ci sono cascati. Tutto ciò è davvero raccapricciante, patetico e infantile.

Giustizia sociale

Un altro termine di virtuosismo è "giustizia sociale". Ditelo ad alta voce per un secondo... anche sussurrandolo a occhi chiusi, riuscite a sentirlo? Riesci a sentire il potere rivoluzionario nella tua anima, nel profondo dei tuoi lombi? (alza gli occhi, cazzo). Naturalmente, giustizia "sociale" significa in realtà "giustizia" marxista: la società viene strutturata secondo "etica" e principi marxiani distorti (rivoluzione permanente, uguaglianza, solidarietà, diversità, "compassione", ecc.)

Ecco un altro esempio di ipocrita doppiopesismo: se parlate di cose come il bene, il male e la morale, verrete accusati di essere fuorvianti - che le vostre idee provengono da idee non progressiste superate, come la religione, ecc. Potreste sentirvi dire cose come "...ma cosa intendete per "giusto" e cosa intendete per "sbagliato"?", e venire trascinati in dibattiti soggettivi e relativisti con loro (a differenza del postmodernismo).

Fondamentalmente, criticheranno le vostre idee su ciò che è giusto e ciò che è sbagliato, dicendo che non potete avere queste convinzioni, e poi arriveranno gli insulti categorizzanti (estrema destra, nazista, fascista, ecc.). In questo modo si ha momentaneamente l'impressione che nella setta non esista un sistema etico, che persino l'idea stessa di etica possa non avere alcun significato per essa.

Poi la situazione si capovolge, quando li si sente usare termini virtuosi come "giustizia sociale"; un termine che implica che hanno un sistema etico. E non solo, sono così sicuri della giustezza del loro sistema che credono di avere il diritto di imporre le loro convinzioni all'intera società (!). Affermeranno che la loro etica deriva dalla "scienza" (marxiana) (comprese le scienze sociali e qualsiasi altro canale che l'ideologia può utilizzare), e non da idee relativamente "sciocche" come il tradizionalismo, il conservatorismo, la religione, ecc. Questo rende il loro sistema etico superiore, a quanto pare. La "giustizia sociale" è solo un'altra manifestazione verbale di questa psicosi da marmocchio viziato: "Noi abbiamo ragione e voi avete torto! Noi siamo i migliori, noi siamo speciali! Tutto sta nel fare a modo nostro!" ecc. Discorso da membri di una setta.

Segnalazione di virtù

Il virtue-signalling è quando qualcuno fa qualcosa (cioè fa una dichiarazione) per convincere gli altri che è meraviglioso: "Guardatemi! Sto dicendo/facendo questo perché sono una brava persona, e se vuoi esserlo anche tu dovresti dire/fare questo!". È questo il senso del virtue-signalling? Immaturità? Narcisismo? Meschina autocelebrazione? O c'è un significato più profondo in termini di ideologia stessa? Tutte queste cose, ma anche la seconda, che è molto più insidiosa. Il discorso citato in precedenza di Leo Varadkar (dopo la vittoria del referendum sull'aborto) è stato un buon esempio di una figura pubblica che fa virtue-signalling. Un politico, che usa parole come "cura" e "compassione", ecc. Sono sicuro che quella persona ha qualche problema di immaturità, narcisismo e autocompiacimento, ma non sono le uniche ragioni per cui sentiamo una "persona" del genere parlare in quel modo.

Questo comportamento deriva dal sistema infuso dal marxismo, per cercare di controllare i pensieri/le parole/le azioni delle masse. Non è un caso che quasi tutti i personaggi pubblici stiano facendo questo, e tutti più o meno allo stesso tempo, in tutto il mondo! Dai politici, agli attori, ai giornalisti, agli autori, ai conduttori di talk show, ecc. Attualmente ne vediamo così tanti perché si tratta di promozione e programmazione suggestiva.

È un modo per dire alle persone come sentirsi e come comportarsi attraverso la dimostrazione. Si basa sull'aspetto di scimmia che vede, scimmia che fa, pecora del comportamento umano. Mostra a coloro che assistono all'atto di virtue-signalling "Vedi? Quando mostri attenzione e compassione (marxista) per coloro che lo meritano (specialmente pubblicamente!), gli altri (gli altri membri del culto) ti daranno ammirazione, rispetto, ecc. (beh, questo probabilmente non si applica al caso di Varadkar: non piace a nessuno).

Il virtue-signalling è molto efficace nel condizionare la parte impressionabile del pubblico in generale attraverso le sue emozioni e il suo ego, e funziona su due livelli:

In primo luogo, programma il pubblico con la programmazione stessa - in questo caso (nel discorso di Varadkar sulla "compassione") la programmazione è che l'aborto significa assistenza sanitaria per le donne, o qualunque sia la programmazione, il sub-agenda promosso (ad esempio, multiculturalismo e diversità = positivo, progressivo, ecc.) È la promozione di una particolare sub-agenda marxista.

Oltre a promuovere il sub-agenda marxista (in questo caso l'aborto), condiziona anche il pubblico a credere che sostenere il sub-agenda sia la cosa moralmente/eticamente corretta da fare. Questo serve a scoraggiare qualsiasi tipo di dubbio nella mente del pubblico sul fatto che sia stata fatta la cosa giusta (in questo esempio: che la legge sarà cambiata per rendere molto più facile per le donne abortire in Irlanda). Promozione, poi rassicurazione/rinforzo. Questa componente di promozione, ovviamente, rafforza anche il lavaggio del cervello femminista marxista secondo cui abortire è una cosa normale, razionale e socialmente accettabile per una donna. In breve, il discorso incoraggia le donne ad abortire, per suggestione.

In secondo luogo, programma il pubblico a impegnarsi nel virtue-signalling a sua volta, in quanto ci sono benefici da ottenere - adorazione, rispetto, ecc. Il solo fatto che un personaggio pubblico lo faccia attiva il meccanismo "scimmia-vedo, scimmia-faccio". È l'ideologia marxista che usa la cultura superficiale della celebrità a suo vantaggio. Ora, so che molte persone odiano un personaggio come Leo Varadkar e lo insulterebbero anche dopo un discorso del genere (a prescindere dai loro orientamenti ideologici), ma ce ne sono anche altre che lo asseconderebbero e lo adulerebbero in seguito.

È a questi tipi che mi riferisco, sia che siano vicini a lui sia che siano tra il pubblico. Lo sottolineo perché ovviamente questo secondo livello (quello su cui funziona il virtue-signalling) non si applica a chi non si fida o non rispetta la persona che lo pratica.

C'è anche un effetto palla di neve (rosso progressivo) con il virtue-signalling, perché più persone vengono risucchiate dal culto (consapevolmente o meno), più ci sarà un pubblico simpatico, idolatra e adorante per coloro che si impegnano pubblicamente nel virtue-signalling. Anche in questo caso, si tratta di ego ed emozioni, di desiderio di amore/ammirazione/rispetto ecc. Quanto posso essere compassionevole, premuroso, coraggioso, forte!". È paragonabile al modo in cui i membri di una setta si danno reciprocamente rispetto/adorazione/amore: più grande è la setta, più cose si possono ottenere! Pertanto, è nell'interesse personale e collettivo di tutti i membri di una setta fare il "virtue-signal", poiché ne traggono beneficio. È il loro nettare. Considerateli dipendenti.

Un sistema veramente "progressivo

La setta può iniziare con una cosa e passare a cose più estreme come parte del suo piano rivoluzionario per la società, durante il processo di destabilizzazione (grazie Yuri). In Irlanda, c'è stato un referendum sul matrimonio gay nel 2015 e un referendum a favore dell'aborto nel 2018.[19] Forse se ogni persona (non indottrinata) in Irlanda avesse saputo quanto fosse seria la questione apparentemente frivola del matrimonio gay, si sarebbe opposta.

Poiché gran parte dell'opinione pubblica non era consapevole del significato di questa pietra miliare, non c'era bisogno che gli internazionalisti forzassero nulla: il popolo acconsentì in numero sufficiente. Il risultato positivo del referendum dimostrò inoltre agli internazionalisti che l'indottrinamento stava funzionando e che l'Irlanda era ormai abbastanza "progressista" da accettare cambiamenti più drastici (ad esempio l'aborto).

Poi, alla fine, si ha la promozione/normalizzazione di comportamenti ancora più bizzarri e degenerati, come l'ipersessualizzazione dei bambini e l'ora delle storie delle drag-queen, che contribuiscono a spianare la strada alla normalizzazione della pedofilia, ecc. Se siete in giro da qualche decennio, sono certo che avrete notato come negli ultimi anni in Occidente, e in particolare nell'ultimo decennio, si sia verificata un'intensificazione progressiva di questi cambiamenti "progressisti". Un pendio scivoloso di degenerazione...

È come se la popolazione venisse in qualche modo messa alla prova; se è abbastanza credulona da cadere in una truffa, dimostra che potrebbe essere pronta a cadere in un'altra. In Irlanda, il referendum sui matrimoni gay ha preceduto quello sull'aborto. La risposta del pubblico al primo ha influito sulla manifestazione del secondo. Forse lo Stato, infestato dal marxismo, non si sarebbe preoccupato di tentare la mossa dell'aborto se la risposta dell'opinione pubblica al "progressismo" fino a quel momento fosse stata molto meno accogliente.

Ipocrisia e doppiopesismo se ci si oppone al culto

Anche se l'ipocrisia intrinseca sembra un difetto del culto, in un certo senso è un punto di forza (dal loro punto di vista), perché genera un fanatismo estremo e folle, rendendo il movimento più potente. Questo a sua volta accelera

---

[19] https://en.wikipedia.org/wiki/Thirty-fourth_Amendment_of_the_Constitution_of_Ireland

l'impatto distruttivo dell'ideologia sulla civiltà a lungo termine. Possiamo vedere queste contraddizioni nel comportamento della setta/ideologia in generale, e nei casi menzionati prima.

Un altro esempio: se una donna esprime pubblicamente opinioni patriottiche, conservatrici o "di destra", sarà attaccata dai membri della setta per averlo fatto. Perché viene attaccata se appartiene a un gruppo "oppresso"? Questo può valere anche nel caso in cui una donna non marxista si difenda da un uomo marxista/promarxista (che la maltratta psicologicamente/verbalmente ecc.).

Bizzarramente, gli attacchi includerebbero anche quei marxisti che si definiscono femministi. Il fatto che sia una donna è irrilevante quando si tratta di una pericolosa fascista con idee di destra. Il fatto che non sia marxista è il vero problema che deve essere affrontato e contrastato dalla setta. Il fatto che lei appartenga a un gruppo "oppresso" non annulla il fatto che lei sia una minaccia per l'ideologia. In effetti, le femmine indottrinate vi vedrebbero come un "traditore" delle donne! Lana Lokteff di Red Ice TV, ad esempio, è stata regolarmente criticata dalle donne del culto quando il suo canale YouTube era all'apice della popolarità.

Lo stesso varrebbe per una persona appartenente a qualsiasi altro gruppo "oppresso", come un migrante, un gay, ecc. Nel momento in cui viene mossa una critica al culto/ideologia, lo status di "oppresso" a cui questa persona avrebbe normalmente diritto svanisce. Nel momento in cui si attacca il marxismo/la cultura PC ecc. si viene immediatamente "spostati" da quel gruppo "oppresso" a un nuovo gruppo (cattivo!), a seconda di ciò che si è detto/fatto. Quindi, in pratica, ora potete essere "attaccati" dai tirapiedi marxisti senza che essi debbano affrontare la loro ipocrisia (dato che ora, tecnicamente, non siete più "oppressi"; ora siete "oppressori"). Se non siete marxisti e/o contrari al marxismo, vi derideranno, reprimeranno le vostre opinioni, cercheranno di farvi del male ecc. (in misura corrispondente al livello di minaccia che rappresentate). Un esempio è lo scrittore britannico Douglas Murray, che è anche gay: le sue opinioni su molte questioni, tra cui l'omosessualità, hanno attirato il fuoco dei membri del movimento LGBTQ.

Si può anche far parte di un gruppo "oppresso" e aver assistito il culto/ideologia, ma semplicemente non si è abbastanza "rivoluzionari". Prendiamo il caso della famosa autrice britannica di grande successo J.K. Rowling, autrice della serie di *Harry Potter*. Nel corso degli anni la Rowling ha sostenuto avidamente molte cause a favore del culto/ideologia, tra cui la creazione di ONG/non profit a orientamento femminile, la donazione al partito laburista britannico e l'opposizione alla campagna per la Brexit.[20] Tuttavia, non ha accettato le iniziative di gender-bending più estreme della setta,

---

[20] https://www.britannica.com/biography/J-K-Rowling

incorrendo nella loro ira.[21] In sostanza, non era d'accordo sul fatto che le "donne trans" siano effettivamente donne e ha sostenuto la defunta Magdalen Berns (1983-2019), un altro membro della setta che si è scontrato con gli estremisti trans. Tra le altre cose, Berns si opponeva all'idea che le lesbiche che non volevano fare sesso con le "donne trans" (uomini con il pene) fossero transfobiche e così via (musica da circo gender-queer).[22] Ora sto scavando la fossa comune, con le taniche di benzina pronte.

Il caso della Rowling ci ricorda che ci sono livelli di fanatismo in gioco. Dimostra che se non si è abbastanza estremisti e si è in qualche modo in disaccordo, indipendentemente dalla ricchezza o dalla notorietà, si è costretti a conformarsi o si viene attaccati. E anche etichettata: ora è stata inserita nella categoria *TERF* (femminista radicale trans-esclusiva) dai membri del culto più estremo.[23] Pazzesco. L'ideologia si insinua sulla costa a ondate crescenti...

---

[21] Rowling, J. «J.K. Rowling scrive delle sue ragioni per parlare di sesso e questioni di genere», giugno 2020. https://www.jkrowling.com/opinions/j-k-rowling-writes-about-her-reasons-for-speaking-out-on-sex-and-gender-issues/

[22] https://en.wikipedia.org/wiki/Magdalen_Berns

[23] https://en.wikipedia.org/wiki/TERF

Sezione IX - I sottoargomenti che sostiene

"La storia è una staffetta di rivoluzioni; la fiaccola dell'idealismo viene portata dal gruppo rivoluzionario fino a quando questo gruppo diventa un'istituzione, e poi silenziosamente la fiaccola viene posata per aspettare che un nuovo gruppo rivoluzionario la raccolga per la tappa successiva della corsa. Così il ciclo rivoluzionario continua".[1]

Saul Alinsky, Regole per i radicali, 1971

Introduzione

In questa sezione sono elencate le varie sotto-agenzie distruttive attive nel mondo di oggi, sostenute dal culto/ideologia; le diverse componenti all'interno di una macchina integrata, il sistema marxista globalista internazionalista. Tutti servono l'agenda finale dell'ideologia, che è la dominazione del mondo.

È importante ricordare che, sebbene queste (sotto-agende) siano tutte questioni apparentemente disparate (e possano essere considerate tali dalla stragrande maggioranza), in realtà sono tutte unite a livello ideologico dal marxismo; sembrano disparate solo in superficie. Questo è un punto cruciale e deve essere ampiamente compreso dalle masse finora disinformate. Inoltre, le sotto-agenzie sono tutte, ovviamente, forme di "rivoluzione", essendo probabilmente la parte più visibile del sistema marxista, anche per i profani. Il movimento marxista internazionale ha creato queste sotto-agenzie o le sostiene. In effetti, se improvvisamente eliminassimo l'ideologia dal mondo, sarebbe difficile capire come queste sotto-agenzie potrebbero ottenere un qualche tipo di trazione reale o anche solo avere un impatto, per non parlare di mantenere la prevalenza che hanno nella coscienza pubblica. Inoltre, va sottolineato che questi sottogruppi sono ciò che effettivamente causa i danni alla civiltà in termini reali, più dell'ideologia stessa. I danni provocati dai sottogruppi sono il prodotto finale dell'ideologia. Questo danno è ciò che "sveglia" la gente a questa folle attività rivoluzionaria.

Alcune cose sostenute dal marxismo, come l'immigrazione di massa (e il relativo concetto di governo unico mondiale), sono molto più grandi e più antiche dell'ideologia, nell'ambito più ampio delle cose. Altre, come l'"islamizzazione" dei Paesi occidentali, sono ovviamente l'incrocio di due ideologie: Marxismo e Islam. Ovviamente, poiché l'Islam è molto precedente

---

[1] Alinsky, S., *Regole per i radicali* (1971), pag. 35.

al marxismo, non si può dire che sia stato il marxismo a crearlo (circa dodici secoli prima, se si misura dalla morte di Maometto alla stesura del Manifesto comunista). Tuttavia, l'obiettivo di questa sezione è quello di evidenziare che l'ideologia svolge il ruolo centrale di consentire alle varie sotto-agenzie di trasformare il mondo, in particolare la civiltà occidentale. Il fatto che il marxismo abbia effettivamente creato storicamente la sotto-agenda in questione non è la questione principale; dobbiamo concentrarci sul ruolo distruttivo, abilitante e centrale dell'ideologia nel presente.

(A parte questo, quanto sopra è collegato all'"islamosocialismo" - la cooperazione tra alcuni elementi dell'Islam e quelli del culto. Poiché questi elementi condividono entrambi ambizioni simili di dominio mondiale e contengono sentimenti antioccidentali e anticristiani, è naturale che si alleino.[2] Questo spiega anche perché i membri della setta non criticano e attaccano i musulmani/islam come farebbero con i cristiani/cristianità. E naturalmente è un'altra ragione per spiegare perché il culto è stato pro-Palestina/anti-Israele nel corso dei decenni).

Tutti i sottogruppi, in una misura o nell'altra, si basano sul principio originario di oppressore contro oppresso, così come è stato descritto nel Manifesto comunista. Sono semplicemente variazioni della stessa "lotta di classe" originale tra il gruppo dei ricchi/borghesi/oppressori e quello dei poveri/proletari/oppressi. E proprio come l'originale, di solito ci sono due gruppi coinvolti, che vengono collocati in uno dei due ruoli.

All'interno della componente di indottrinamento, anche i sotto-agendi producono le stesse risposte emotive e gli stessi risultati (delineati in precedenza), più o meno. Combinate con altri fattori (ad esempio, la mentalità "rivoluzionaria" che l'attivismo marxista incoraggia), queste risposte emotive portano a invocare l'azione (pro-marxista), che poi dà alle sotto-agende trazione nelle nostre società. Naturalmente, senza azione non ci può essere alcun impatto. Infatti, se l'ideologia rimanesse puramente in ambito intellettuale, filosofico o accademico e non si manifestasse mai in azioni concrete (portando alle inevitabili conseguenze), questo libro non sarebbe necessario. L'ideologia/indottrinamento richiede un'azione "rivoluzionaria"/"progressista".

Scatole rosse dei comunisti....

In questa sezione terremo a mente i vari elementi del marxismo che abbiamo esaminato finora. Sono tutti interconnessi e ci sono alcuni incroci tra di loro. Fondamentalmente, stiamo guardando quante caselle rosse comuniste spunta ogni sub-agenda. In un'ottica più ampia, questo approccio è fondamentale per

---

[2] https://www.encyclopedia.com/social-sciences/applied-and-social-sciences-magazines/socialism-islamic

individuare la presenza del culto/ideologia nel nostro mondo.

Ecco gli elementi che dobbiamo tenere d'occhio quando esaminiamo ogni sotto-agenda; dobbiamo chiederci:

Utilizza il principio oppressore contro oppresso/dividi e conquista?

Presenta due gruppi, uno come oppressore/dominatore/controllore/utilizzatore/malvagio carnefice e l'altro come vittima oppressa/dominata/controllata/utilizzata/innocente? In questo modo crea tensioni, conflitti e divisioni? Si rivolge in modo specifico a certi gruppi della società mettendoli nel gruppo degli "oppressori"? Dare a questi gruppi "oppressi" questo status speciale garantisce loro un trattamento preferenziale? Fa il lavaggio del cervello alle persone innescando le due principali reazioni emotive verso i due gruppi? (negatività, giudizio, odio, disprezzo per l'"oppressore"; positività, simpatia, empatia, "amore", "compassione" per l'"oppresso").

Crea un nuovo sistema di classi e contiene doppi standard/ipocrisia?

Il sub-agenda tenta di creare una nuova categoria di persone, che saranno essenzialmente trattate come cittadini di seconda classe? Gli standard di comportamento che si applicano al gruppo "oppressore" non si applicano a quelli del gruppo "oppresso"? Si applica un trattamento preferenziale a un gruppo (gli "oppressi"), che danneggia il benessere di quelli del gruppo "oppressore"? Il trattamento preferenziale di coloro che fanno parte del gruppo "oppresso" diventa così estremo che coloro che fanno parte del gruppo "oppressore" vengono completamente trascurati o maltrattati e possono sviluppare una tendenza all'autodistruzione?

Utilizza il principio del cavallo di Troia?

Il sub-agenda incarna la negatività, ma è mascherato da positività; la cattiveria, mascherata da benevolenza? C'è qualcosa nel modo in cui il sub-agenda è etichettato, o nelle parole associate, che dà questa falsa impressione? La sua natura distruttiva diventa evidente in un secondo momento, dopo che il danno è già stato fatto?

Si basa su una percezione distorta della storia e/o della realtà del presente?

Si basa sull'ignoranza della storia (la realtà del passato) per creare una nuova falsa narrazione che serve al marxismo per "creare" una nuova (realtà del) presente? Distorce la natura delle cose nella storia moderna o in tempi recenti per lo stesso motivo?

È promosso/supportato dal sistema?

Il governo, le fasce di trasmissione della cultura (istruzione, media, industria dell'intrattenimento), le ONG/non profit o altre istituzioni/organizzazioni lo promuovono o lo sostengono? O, cosa più importante, lo promuovono/sostengono tutti contemporaneamente in modo coordinato, anche su scala internazionale? (questo è un fattore chiave, che mostra l'internazionalismo e la natura cospiratoria del culto/ideologia, oltre a dimostrarne il dominio).

Attacca i pilastri della civiltà occidentale: Capitalismo, Cristianesimo, Cultura?

Il sub-agenda in questione contribuisce alla distruzione di queste cose in qualche modo, anche solo nella reputazione? Ovviamente, qualcosa di così nebuloso come il capitalismo non può essere distrutto, ma il culto lo criticherà apertamente per quanto possibile e promuoverà il socialismo come alternativa.

Pertanto, se il sub-agenda promuove il socialismo, può essere interpretato come un attacco al capitalismo. Lo stesso vale se il sub-agenda fa propaganda contro il cristianesimo o i cristiani, o promuove deliberatamente cose che vanno contro i veri valori cristiani (ad esempio aborto, poliamore, matrimonio gay, ecc.).

Il sub-agenda cerca di attaccare la cultura di un determinato Paese? In qualche modo, mette in secondo piano il tradizionalismo e il patrimonio nazionale? Critica, "decostruisce" o sostituisce aspetti della storia di un Paese, di solito per sostituirli con interpretazioni marxiane? Cerca di creare una realtà in cui gli effettivi attributi unici dei diversi gruppi - siano essi razziali, culturali, nazionali o religiosi - sono ignorati o soppressi, coperti da una patina rossa marxista politicamente corretta?

Cerca di imporre l'"uguaglianza"?

Il sub-agenda cerca di imporre l'artificiale e ipotetico concetto marxista di "uguaglianza", in particolare tra gruppi diversi? Cerca di creare uniformità tra di loro? Cerca di distruggere qualsiasi tipo di brillantezza o forza disuguale e genuina nella società, sopprimendola (poiché ciò è in contrasto con il concetto errato che siamo tutti uguali)?

Si tratta di un'operazione di virtuosismo?

Vediamo forse il virtue-signalling utilizzato per spingere questa particolare sotto-agenda? È presente una manipolazione emotiva? La propaganda ci dice che questo sub-agenda sarà vantaggioso per alcuni gruppi, per le nostre società/nazioni e persino per l'umanità nel suo complesso?

Le sotto-agenzie e il principio oppressore contro oppresso

Una tabella per mostrare alcune delle sotto-agenzie disposte secondo il principio dell'oppressore contro l'oppresso:

Ordine del giorno	Oppressore	Oppresso

L'aborto	Bambino non nato/patriarcato/maschi *	Donne #
Anti-capitalismo	Capitalismo/capitalisti/ricchi (la borghesia) *	Non ricchi/classe operaia/proletariato e socialisti.
Anticristianesimo	Cristiani, Chiesa cattolica romana	Non cristiani, cattolici ^ #
Le Vite dei Neri Contano	Bianchi *	Neri/non bianchi in generale.
Cambiamento climatico	Umani *	Terra (di nuovo, ridacchia).
Il femminismo	Maschi eterosessuali */il patriarcato	Femmine #
LGBTQ	Chiunque non rientri in queste categorie *	Quelli di queste categorie
Multiculturalismo/Immigrazione di massa/Antirazzismo	Bianchi/capitalisti/imperialisti **	Non bianchi provenienti da Africa, Medio Oriente, Estremo Oriente, America Latina #
Pedofilia	Non pedofili *	Pedofili
Diritti dei palestinesi	Israeliani/simpatizzanti di Israele/Stati Uniti*.	Palestinesi #
Veganismo	Produttori/consumatori di prodotti animali	Animali

* I membri delle sette sono ovviamente esenti, in quanto mostrano la loro "solidarietà" con questi gruppi "oppressi" e avranno "compassione" per loro.

** Gli europei bianchi in particolare, perché sono loro che hanno creato tutti gli imperi malvagi e oppressivi, giusto?

A meno che queste persone non siano "malvagi nazisti fascisti di destra" (cioè non membri di una setta), nel qual caso viene loro attribuito lo status di "oppressori".

Includo qui "cattolici" perché il culto metterà in evidenza il problema della pedofilia nella Chiesa cattolica e che le vittime sono cattolici/ex cattolici. Ancora una volta, non è consentito loro lo status di "oppressi" se sono anti-marxisti (come molti cristiani). Ai cattolici in questo caso viene dato solo uno status di "oppressi" simbolico, poiché l'ideologia non si preoccupa dei cattolici/cristiani (!), ma finge di farlo per distruggere la Chiesa. Una ripartizione più completa di (alcune) delle sotto-agenzie in termini più generali si trova più avanti nella sezione.

Ingredienti della miscela

Probabilmente nessuna delle sotto-agende elencate è più seria delle altre, quindi non sono in un ordine particolare. Tuttavia, in alcuni casi sono raggruppati per tipologia. Funzionano tutti insieme, come parti di una macchina comunista o ingredienti di uno stufato comunista. Si potrebbe sostenere che, ad esempio, l'immigrazione di massa sia una minaccia esistenziale molto seria per l'integrità della civiltà; in effetti, è così.

Tuttavia, questa sotto-agenda non esiste da sola; né è stata avviata o perpetuata da sola; e, nonostante le sue ovvie conseguenze disastrose, non possiamo certo sperare di fermarla ignorando tutte le altre sotto-agende (!).

Poiché uno dei principali obiettivi del marxismo è distruggere la civiltà (e ricostruirla come "utopia" comunista), allora logicamente tutti i seguenti sottogruppi contribuiscono a questo processo in vari modi o quantità; e/o in diverse fasi del processo complessivo. Allo stesso modo, tutti questi sottogruppi contribuiscono al super-obiettivo del Governo Unico Mondiale, con cui l'ideologia è interconnessa.

Con il marxismo abbiamo a che fare con un mostro organico, psicologico e ideologico che può essere rudimentale e prevedibile, ma allo stesso tempo complesso e sfaccettato; e ogni sotto-agenda può collegarsi alle altre in vari modi. A volte sono sincronizzati, a volte no. A volte alcuni (apparentemente) giacciono dormienti, mentre gli altri sono pienamente attivi.

Le varie sotto-agenzie si sostengono e si perpetuano reciprocamente.

Le varie sotto-agenzie hanno un rapporto quasi simbiotico. Si sostengono a vicenda in modo tale che il loro successo/dominio individuale è notevolmente favorito dal successo/dominio di altre sotto-agende individuali e, per estensione, dal successo/dominio di tutte le sotto-agende messe insieme. Una rapida carrellata di esempi:

Il femminismo, l'LGBTQ e l'attacco al cristianesimo contribuiscono alla distruzione del matrimonio e **del** nucleo familiare tradizionale. Ciò contribuisce a ridurre la popolazione dei Paesi colpiti/infetti, che di solito sono Paesi occidentali bianchi (agenda anti-bianchi). Il femminismo aumenta anche i livelli di aborto nel Paese infetto (a causa della normalizzazione/popolarizzazione), oltre a incoraggiare/influenzare le donne ad aspettare fino a tarda età per avere figli. Tutto ciò contribuisce a ridurre il tasso di natalità della popolazione. La distruzione della famiglia dà anche al sistema marxista un maggiore controllo sulle menti dei giovani (dal momento che i genitori vengono progressivamente rimossi dall'equazione), il che va a vantaggio di tutte le sotto-agenzie, dal momento che i giovani saranno indottrinati a sostenerle.

Il femminismo e il veganismo si combinano per contribuire a distruggere i livelli di testosterone, il che porta a uno squilibrio sociale tra mascolinità e femminilità. Questo effetto femminilizzante porta alla dominanza di atteggiamenti femminili nei confronti di questioni/persone/società che coinvolgono gruppi "oppressi" (migranti, LGBTQ, genere "non binario", ecc.), su cui si basa il principio oppressore/oppresso.

Il veganismo aiuta a ridurre (dal punto di vista nutrizionale) i livelli di testosterone nella società, poiché è una dieta povera di colesterolo e di grassi saturi (che, tra l'altro, ha un impatto negativo sul sistema endocrino umano, responsabile della creazione degli ormoni). Chi ha subito il lavaggio del cervello può pensare che questo sia ottimo, perché apparentemente aiuta a ridurre la "mascolinità tossica" negli uomini. La diminuzione dei livelli di testosterone aggrava il problema dei suicidi maschili (a causa della depressione generata dalla carenza), che, insieme alla soppressione/negligenza dei maschi (grazie al femminismo), favorisce la priorità/dominanza artificiale e diseguale delle donne nella società, che rafforza il culto/ideologia. Una società con deficit di testosterone, fisicamente e mentalmente debole, è anche molto più facile da invadere/distruggere e dominare/controllare.

Il veganismo aumenta in modo massiccio l'infertilità nella popolazione target (a causa dei danni che provoca alla produzione ormonale), favorendo l'agenda anti-bianco. Inoltre, contribuisce alla distruzione della civiltà occidentale da un punto di vista infrastrutturale e organizzativo, perché la mascolinità (e il modo in cui si manifesta nelle azioni degli uomini ogni singolo giorno) è necessaria per il funzionamento della civiltà.

La mascolinità è necessaria a una società per difendersi dagli attacchi. L'impatto dell'ideologia (e delle sue varie sotto-agende) si applica principalmente ai Paesi occidentali, prevalentemente bianchi e tradizionalmente cristiani. Dal momento che l'ideologia non ha un impatto minore sulla popolazione migrante, si crea un differenziale in tutte le aree interessate dalle varie sotto-agenzie. In altre parole, le popolazioni migranti non sperimenteranno gli effetti distruttivi del femminismo, dell'aborto, del multiculturalismo, del veganismo, ecc. Non sperimenteranno i problemi di fertilità e il calo delle nascite, il predominio degli atteggiamenti femminili/emotivi, la soppressione/femminilizzazione dei loro maschi, eccetera! In effetti, le donne occidentali hanno tassi di natalità molto più bassi rispetto alle donne musulmane, il che permette ai musulmani di superare gli occidentali molto facilmente. L'agenda dell'"islamizzazione dell'Occidente", ovviamente, è fortemente favorita dall'immigrazione di massa, dal femminismo, dall'LGBTQ, ecc.

L'agenda anticristiana è aiutata dall'agenda dell'islamificazione. L'Islam/Musulmani dominerà nei Paesi tradizionalmente cristiani semplicemente sostituendo demograficamente il Cristianesimo/Cristiani grazie a tassi di riproduzione superiori (una situazione favorita dalle altre sotto-agende anti-riproduzione dell'ideologia). A livello religioso, l'islamificazione realizza uno dei principali obiettivi dell'ideologia, la distruzione di un pilastro della civiltà occidentale: il cristianesimo. Inoltre, la sotto-agenda dell'islamificazione aiuta la **sotto-agenda** anti-bianco. I maschi immigrati non bianchi, musulmani o meno, non avranno problemi di riduzione dei livelli di testosterone (né saranno vegani!), il che significa che le nazioni occidentali in cui vivono sono aperte al dominio dei maschi immigrati. Questo differenziale di mascolinità, combinato con la sotto-agenda del multiculturalismo/diversità, crea anche una situazione in cui (alcune) femmine bianche indottrinate possono scegliere maschi immigrati piuttosto che le loro controparti bianche indigene, portando a una diffusa mescolanza di razze o alla miscegenazione (che l'ideologia promuove/sostiene, dal momento che è anti-bianchi).

Il veganismo contribuisce anche a distruggere i livelli ormonali nei giovani, il che favorisce la sub-agenda transgender gender-bending e crea un maggior numero di bambini con problemi psicologici di identità sessuale (a grande beneficio del culto/ideologia). Il veganismo a qualsiasi età (alla fine) porta alla degenerazione del tessuto cerebrale e alle condizioni associate: incapacità di controllare le emozioni e l'ansia; problemi di salute mentale e cerebrale (tra cui Parkinson e Alzheimer ad insorgenza precoce); la già citata disfunzione ormonale; compromissione del sistema immunitario; riduzione della durata della vita. Questi effetti contribuiscono all'indebolimento generale della società, alla psicosi e alla sostituzione della popolazione. Più individui emotivamente instabili e folli ci sono nella società, meglio è per il culto/ideologia; il veganismo aiuta a raggiungere questo obiettivo a livello dietetico, poiché gli effetti di cui sopra sono congruenti con una dieta innaturale carente di grassi animali e proteine animali di alta qualità con un profilo aminoacidico completo.

Il veganismo è anche usato in combinazione con la truffa del cambiamento climatico. Diventare vegani è visto come migliore per il pianeta, più "sostenibile" (anti-capitalismo), ecc. Questo permette al culto/ideologia di utilizzare una sotto-agenda per promuovere l'altra e viceversa. Gli attivisti vegani fanno spesso riferimento all'"agricoltura per il profitto" e all'"oppressione e sfruttamento" degli animali (anticapitalismo).

Il sub-agenda dei diritti dei palestinesi, tradizionalmente sostenuto dai marxisti, aiuta anche i sub-agenda dell'immigrazione di massa e dell'islamificazione. Permette al culto di collocare i musulmani non bianchi (come collettivo) nella categoria degli "oppressi".

Può anche collegarsi alla loro tradizionale agenda antiamericana, poiché l'apparente spostamento dei "rifugiati" dalle aree "devastate dalla guerra" in Medio Oriente (apparentemente a causa dell'"imperialismo americano" razzista e borghese) fa parte della narrazione ufficiale della causa della migrazione di massa. Poiché gli Stati Uniti sostengono Israele, il culto sostiene la "causa" palestinese per procura e, naturalmente, il culto/ideologia mondiale trarrebbe grande beneficio dall'annientamento di un alleato militare occidentale e della "democrazia" in Medio Oriente. Ancora una volta, al marxismo non interessano le persone (ad esempio i palestinesi, i musulmani, gli afghani, ecc.), ma solo perpetuare se stesso.

Il movimento Black Lives Matter, in modo del tutto simbolico, ha portato ad attacchi plateali alle imprese e ai proprietari di aziende durante i disordini (anticapitalismo), oltre al furto o alla distruzione di proprietà private. Ha portato anche ad attacchi alla polizia, che è un attacco allo Stato ("rivoluzione" e "anarchia"). Ovviamente sostiene l'agenda anti-bianchi, ponendoli nella categoria degli oppressori.

Il movimento "Pride" LGBTQ promuove comportamenti eterosessuali insoliti, non convenzionali e non tradizionali, che aprono la strada a cose più insolite e sinistre come l'ipersessualizzazione dei bambini e la normalizzazione della pedofilia. In altre parole, distrugge la percezione di ciò che è normale o abituale (da qui la parola "queer"). Questo movimento contribuisce anche a promuovere il concetto "progressista", estremamente centrale e tossico, secondo cui il sesso riguarda l'edonismo e non la riproduzione; ciò condiziona pesantemente la popolazione generale, soprattutto i giovani, per quanto riguarda i loro atteggiamenti nei confronti del sesso e della sessualità. Il messaggio è che ogni tipo di comportamento sessuale è buono, a patto che qualcuno ne tragga piacere, il che permette (ad alcuni) di sostenere che la pedofilia è ok. Questo è il motivo per cui negli ultimi tempi nella società stanno comparendo queste nozioni da feccia degenerata secondo cui i bambini possono godere di esperienze sessuali con gli adulti, ecc. Se questo viene accettato come ragionevole, allora entrambe le parti coinvolte godono dell'atto, legittimando così la pedofilia. Le sotto-agenzie LGBTQ e "non binarie" cercano di imporre l'uguaglianza quando si tratta di sesso, sessualità, preferenze sessuali e genere.

L'agenda "transgender" sfrutta giovani maschi e femmine (spesso pre-puberi) che hanno problemi mentali ("disforia di genere", ecc.), che li porta a sottoporsi a trattamenti ormonali e a operazioni di "riassegnazione di genere". Ciò comporta la distruzione del loro sistema riproduttivo, rendendoli sterili, il che a sua volta contribuisce ad abbassare il tasso di natalità (controllo/riduzione della popolazione). La sub-agenda trans cerca di distruggere le differenze biologiche tra maschi e femmine, ovvero di imporre l'uguaglianza a livello biologico. Infine, il culto/ideologia ha creato/sostiene il sub-agenda LGBTQ perché l'apparente "oppressione" di questi gruppi deriva dal sistema patriarcale capitalista borghese dominato dai maschi "Cis".

La sotto-agenda sul cambiamento climatico ha sfumature genocide anti-umane/umane, dicendoci che gli esseri umani sono troppo numerosi sulla Terra. Sostiene che dobbiamo ridurre la nostra "impronta di carbonio" e che una riduzione della popolazione sarebbe costruttiva, incapsulata nell'idea che avere famiglie più piccole sia in qualche modo la cosa responsabile da fare (ecco di nuovo l'inversione). Ovviamente, ed è significativo, questo non si applica ai migranti non bianchi che arrivano nei Paesi occidentali dall'Africa e dal Medio Oriente: non saranno incoraggiati ad avere meno figli (un doppio standard razzista)! Inoltre, i "verdi" marxisti del cocomero (rossi all'interno, verdi all'esterno) insisteranno sul fatto che i Paesi occidentali dovrebbero accogliere milioni di migranti, il che richiede una scala colossale di trasporti complessivi, oltre alla costruzione di alloggi, ecc. che non è ecologica o "sostenibile"! (Nota: è vero che non tutti i meloni sono rossi all'interno, come il melone di roccia (Cantalupo). Non facciamo stereotipi fruttariani).

Questo è solo un abbozzo; le connessioni sono infinite. Si potrebbe diventare strabici analizzandoli a fondo (sarebbe necessaria un'elaborata visualizzazione grafica). Come detto, si tratta di un mostro organico e sfaccettato. Vedremo come il culto è stato coinvolto in ogni sotto-agenda man mano che andremo avanti.

Immigrazione di massa

"La migrazione non dovrebbe essere governata da un organismo internazionale non responsabile nei confronti dei nostri cittadini. In definitiva, l'unica soluzione a lungo termine alla crisi migratoria è quella di aiutare le persone a costruire un futuro di maggiore speranza nei loro Paesi d'origine".[3]

Il discorso del presidente Donald Trump all'Assemblea generale delle Nazioni Unite,
settembre 2018

Giornalista: "Qual è la soluzione per il problema della migrazione?".

Orban: "Non fateli entrare, e quelli che sono dentro, mandateli a casa"[4]

Il primo ministro ungherese Viktor Orbán risponde a un giornalista

---

[3] C-SPAN, «Il presidente Trump si rivolge all'Assemblea generale delle Nazioni Unite - DISCORSO COMPLETO (C-SPAN)», 25 settembre 2018. https://www.YouTube.com/watch?v=KfVdIKaQzW8

[4] «Viktor Orban: la soluzione per il problema dell'immigrazione? Non lasciarli entrare, e quelli che sono dentro, rimandarli a casa», 19 settembre 2020. https://www.bitchute.com/video/3gSDzk1SYrr8/

"Invece di portare pace e armonia, l'UE causerà insurrezione e violenza".[5]

Il politico britannico Nigel Farage sul
L'Unione europea ha vinto il Premio Nobel per la pace 2012

Il culto/ideologia sostiene ovviamente la sub-agenda estremamente distruttiva e critica della migrazione a livello di sostituzione della popolazione, guidando al contempo i vari submovimenti che la sostengono. Questa sotto-agenda cerca di raggiungere l'uguaglianza e l'uniformità marxiana transnazionale eliminando le differenze etniche e culturali, oltre a creare una "federazione" mondiale socialista senza confini (alias governo mondiale). È interessante notare che questa sotto-agenda si rivolge principalmente ai Paesi occidentali cristiani storicamente/tradizionalmente bianchi.

Per la cronaca, non sto dicendo che i marxisti/il marxismo siano gli unici responsabili della sub-agenda dell'immigrazione di massa che sta colpendo i paesi occidentali in questo momento (ci sono sfumature etniche e "religiose" nella questione, per usare un eufemismo). Il culto e l'ideologia sono i principali promotori, a livello locale, in questi Paesi. Senza il culto e l'indottrinamento, i popoli dei Paesi occidentali rifiuterebbero totalmente l'immigrazione di massa, lasciando impotenti gli internazionalisti che la sostengono. Il sub-agenda non farebbe alcun passo avanti, nessuno, perché una sana mentalità nazionalista in ogni Paese occidentale se ne occuperebbe.

Molti si sono resi conto che si tratta di un'agenda globale orchestrata, non di una sorta di "crisi umanitaria" sfortunata e accidentale (in un certo senso è una crisi umanitaria, ma non per i motivi che ci vengono detti). Molti vedono che le più grandi organizzazioni mondiali sostengono questa sotto-agenda, comprese le Nazioni Unite e l'Unione Europea (entrambe marxiste). Inoltre (cosa fondamentale), alcuni capiscono anche che non solo questa "crisi" è stata deliberatamente orchestrata, ma che è stata spinta per produrre determinati risultati demografici.

I membri del culto spesso amano definire queste persone - fedeli alla loro forma di eterni traditori - "teorici della cospirazione". Eppure grandi organizzazioni come le Nazioni Unite non lo nascondono, avendo prodotto diversi documenti che dichiarano le loro intenzioni, tra cui l'ormai famigerato "Replacement Migration: Is it a Solution to Declining and Ageing Populations?" del 2001.[6]

---

[5] BBC, «Premio Nobel per la pace assegnato all'Unione europea», 12 ottobre 2012.

https://www.bbc.com/news/world-europe-19921072

[6] ONU, «Migrazione di sostituzione: È una soluzione al declino e all'invecchiamento della popolazione?». (2001), 21 marzo 2000.

Lista di controllo dei comunisti

Questa sotto-agenda utilizza il principio oppr. contro oppr. che è cruciale per coltivare l'altruismo patologico necessario (nei Paesi occidentali) che permette l'afflusso di massa di migranti. In effetti, il sostegno all'immigrazione di massa in un determinato Paese è il risultato di una prolungata infezione marxista. L'indottrinamento emotivo alla base del principio oppr. contro oppr. (come descritto in precedenza) è altrettanto centrale in questa sotto-agenda come in altre; non funzionerebbe senza di esso.

È interessante notare come l'immigrazione di massa costringa letteralmente i popoli ad unirsi, ma crei al contempo tante divisioni e destabilizzazioni. Secondo la narrazione ufficiale (marxista), i migranti sono profughi "oppressi", provenienti da aree devastate dalla guerra (che viene convenientemente attribuita allo sfruttamento militare/"imperialismo" degli Stati Uniti) e non semplicemente migranti economici che vengono nei Paesi occidentali per avere una qualità di vita più elevata.

Dice anche che non solo abbiamo l'obbligo di accoglierli per ragioni umanitarie in generale, ma anche perché i Paesi occidentali sono stati storicamente gli "oppressori" responsabili della situazione in quei Paesi. In sostanza, gli occidentali sono in debito con loro, quindi dobbiamo farlo. Il rifiuto di adeguarsi si basa su una mentalità non compassionevole, razzista e di destra, ovviamente. Il virtuosismo è spinto al massimo, poiché il culto insiste sul fatto che sostenere l'immigrazione di massa è il massimo della virtù.

Questa sotto-agenda contribuisce a creare un nuovo sistema di classi in diversi modi: In primo luogo, i gruppi indigeni finiranno per diventare minoranze etniche nei loro paesi. Oltre a essere in minoranza, avranno sempre meno potere politico con il progredire del sub-agenda, e i gruppi di migranti sosterranno in genere solo i rappresentanti dei loro gruppi etnici.

In secondo luogo, divide i sostenitori dell'immigrazione di massa da quelli che non lo sono: gli "umanitari" politicamente corretti infettati dal marxismo dai "razzisti" politicamente scorretti non infettati. Più immigrati ci sono nel Paese, più è difficile per qualcuno dichiarare apertamente di essere contrario a questa sotto-agenda. Si metterebbe letteralmente nella posizione di cittadino di seconda classe (razzista, fascista, ecc.). Alla fine, a persone come queste verrebbe negato il lavoro, l'istruzione, i servizi, mentre gli immigrati verrebbero privilegiati, ecc.

Questa sotto-agenda include due pesi e due misure/ipocrisia perché porta alla distruzione dei gruppi etnici/culture indigene nei Paesi che assorbono i migranti. Un Paese (e un popolo) che permettono che questo accada a se

---

https://www.un.org/development/desa/pd/sites/www.un.org.development.desa.pd/files/unpd-egm_200010_un_2001_replacementmigration.pdf

stessi/al proprio Paese partecipano a un crimine contro l'umanità. Il virtuosismo e l'altruismo patologico che il culto impiega si basano sull'idea che un popolo non debba soffrire, morire o essere ripulito etnicamente, ecc. Pertanto, i doppi standard e l'ipocrisia sono fuori scala.

Per esempio: i membri di una setta in Irlanda probabilmente hanno le lacrime agli occhi all'idea che un gruppo etnico africano, mediorientale o sudamericano venga annientato nelle loro terre, ma non riescono a vedere, rifiutano di riconoscere o semplicemente non si preoccupano del fatto che l'immigrazione di massa distruggerà il gruppo etnico irlandese in Irlanda (e questo vale anche per gli europei autoctoni in altri Paesi europei). Non è forse questo il waycismo?

Il principio del cavallo di Troia rosso si applica in vari modi: ci viene detto che l'immigrazione di massa è necessaria per affrontare il problema del calo delle nascite; che è necessaria per la salute e la prosperità economica; che porterà a una società migliore, più "diversificata" e più felice, ecc.

Questo sub-agenda si basa su una percezione distorta della realtà/storia in diversi modi: che i non bianchi hanno storicamente sofferto più dei bianchi, a causa dei bianchi, e che i bianchi sono obbligati a sacrificare se stessi/il proprio Paese per "salvarli" (distorsione della storia); che il socialismo è la vera ragione per cui l'Africa si trova oggi in uno stato disastroso, e non l'imperialismo del passato (distorsione della storia e della realtà); che i Paesi europei/occidentali possono accogliere quantità massicce di migranti provenienti da contesti etnici e culturali diversi, e che tutto andrà bene (distorsione della realtà) ecc.

Questa sotto-agenda è chiaramente sostenuta da tutti gli aspetti del sistema marxista: a livello nazionale dai governi, dalle cinghie di trasmissione della cultura (istruzione, media, intrattenimento), dalle ONG/non profit, ecc. Nel caso dell'Europa, è sostenuto anche a livello continentale dall'Unione Europea marxista e a livello internazionale dalle Nazioni Unite marxiste.

Naturalmente, è un enorme eufemismo dire che l'UE semplicemente "sostiene" la migrazione di massa. È una delle ragioni principali per cui è stata istituita. L'altra è che la formazione di questa entità paneuropea è un passo importante verso il governo mondiale (il lettore può documentarsi sul conte Richard Nicholas Eriju Von Coudenhove Kalergi (1894-1972) e sul suo movimento paneuropeo degli anni Venti. [7]

Kalergi è considerato il "padrino" dell'Unione europea, ma è anche giusto considerarlo come un prestanome. Era ossessionato dall'idea di un'Europa "multiculturale", forse perché lui stesso era di razza mista. Il suo libro del 1925

---

[7] «Pan-Europa«. https://www.europarl.europa.eu/100books/en/detail/18/pan-europe?edition=fr&info=en

Praktischer Idealismus ("Idealismo pratico") conferma che era contaminato da questa ideologia.[8] Fu lui a suggerire di utilizzare l'"Inno alla gioia" di Beethoven come inno "nazionale" dell'UE; lo stesso vale per il disegno della bandiera dell'UE[9]).

Nel 2015, l'allora cancelliere tedesco e capo comunista Angela Merkel ha dichiarato "Wir schaffen das" ("Possiamo farcela") per proliferare questa "crisi", annunciando la politica delle porte aperte della Germania, che ha accolto oltre 1 milione di migranti.[10] ("Possiamo farcela" ricorda il famoso slogan del fan di Saul Alinksy e quello dell'ex presidente degli Stati Uniti Barack Obama "Yes we can").[11]

La migrazione di massa attacca i pilastri della civiltà occidentale in diversi modi:

Il capitalismo

Distrugge la relativa stabilità economica, la prosperità e la qualità della vita portando in patria quantità massicce di migranti economici che non saranno in grado di integrarsi nella società, per non parlare del contributo finanziario. Ciò si traduce in un sovraccarico di pressione sul sistema assistenziale, che a sua volta danneggia ulteriormente i Paesi occidentali dal punto di vista fiscale. Su una scala più ampia, incoraggia decine di milioni di persone provenienti da parti del mondo generalmente meno ricche a trasferirsi in parti generalmente più ricche, cercando così di imporre l'uguaglianza finanziaria riducendo la prosperità nei Paesi occidentali. Naturalmente, qualsiasi onere finanziario o perdita di qualità della vita sostenuta da coloro che vivono nell'Occidente più prospero (a causa dell'immigrazione di massa) è considerato totalmente giusto e giustificato agli occhi del culto.

L'afflusso di migranti mette a dura prova i servizi dei Paesi occidentali, tra cui alloggi, assistenza medica, criminalità, ecc. Considerando che il culto insisterà non solo perché i Paesi occidentali accolgano milioni di migranti, ma anche perché gli alloggi, l'assistenza medica e il welfare siano forniti gratuitamente, si tratta di un altro attacco al sistema capitalistico, attraverso il sovraccarico Se si volesse far crollare l'economia dei Paesi occidentali, l'immigrazione di

---

[8] Kalergi, R., *Praktischer Idealismus* (1925).

https://archive.org/details/Coudenhove-Kalergi-Praktischer_Idealismus-1925

[9] https://en.wikipedia.org/wiki/Anthem_of_Europe

[10] «Angela Merkel dice «Wir schaffen das» sull'accoglienza dei rifugiati», 6 giugno 2023.

https://www.history.com/this-day-in-history/angela-merkel-says-wir-schaffen-das-on-accepting-refugees

[11] https://en.wikipedia.org/wiki/Barack_Obama_2008_presidential_campaign#Slogan

massa non sarebbe un ottimo modo per farlo?

Cristianesimo

Sebbene decenni di indottrinamento, propaganda e sovversione marxista abbiano contribuito a distruggere il cristianesimo nei Paesi occidentali, l'immigrazione di massa sarà il chiodo finale della bara, a causa della demografia. Per quanto riguarda l'Europa in particolare, una percentuale massiccia di immigrati in arrivo è musulmana. Questo processo accelera la distruzione del cristianesimo e dei cristiani.

La cultura

L'immigrazione di massa sarà anche l'ultimo chiodo nella bara della cultura indigena, sempre a causa della demografia. Gli aspetti meravigliosi e unici del patrimonio culturale di ogni Paese europeo saranno continuamente saturati dalle sciocchezze marxiste del "diverso", sostituite progressivamente dalla cultura dei gruppi di immigrati.

Come ultimo punto della nostra lista di controllo, questa sotto-agenda cerca di imporre l'uguaglianza agendo come se non ci fossero differenze tra i diversi gruppi etnici, religiosi e culturali. Si basa sull'idea errata che non solo gruppi molto diversi tra loro possano coesistere "equamente" nelle stesse aree senza causare destabilizzazione e/o gravi problemi, ma che anzi sia "progressivo", auspicabile che lo facciano.

Miscegenazione

In relazione alla cultura e all'"uguaglianza" c'è la composizione etnica di un Paese. Non si tratta di un'offesa personale, ma di un argomento importante e delicato che deve essere compreso. La Miscegenazione è la mescolanza di razze: due persone di razze diverse che generano figli. Personalmente, non tratto una persona in modo inferiore per il fatto di essere meticcia, ovviamente no; giudico una persona in base al suo livello di coscienza. Tuttavia, dobbiamo essere sospettosi nei confronti di chiunque incoraggi la miscegenazione, in particolare quando si tratta di intere razze, per via dell'impatto che ha sui Paesi! Quando qualche strambo internazionalista, maniaco del controllo, inizia a incoraggiare questo fenomeno su una scala di massa e senza precedenti, non è per ragioni benevole! Questo dovrebbe essere ovvio!

Se riconosciamo l'elemento anti-bianco di questo culto/ideologia, unito al fatto che è il principale promotore dell'immigrazione di massa di non bianchi nei Paesi occidentali tradizionalmente bianchi e cristiani, è ovvio che c'è qualcosa sotto. Il concetto di "multiculturalismo" è spesso usato per promuovere l'aborto. Quindi, essenzialmente, il culto/ideologia è dietro l'immigrazione di massa nei Paesi occidentali, mentre indottrina le popolazioni indigene con la programmazione del "multiculturalismo". Il fatto che le due cose siano avvenute contemporaneamente in modo coordinato ci dimostra che dietro a entrambe c'è la stessa ideologia (questo vale anche per le altre sotto-agenzie che influenzano i tassi di natalità nelle popolazioni principalmente bianche: femminismo, aborto, veganismo, LGBTQ/genere non binario, ecc).

Il vero problema è l'integrità strutturale e demografica di alcuni gruppi etnici nel mondo. Questa immigrazione di massa, forzata, innaturale e artificiale, si traduce in un vero e proprio genocidio delle popolazioni indigene, in particolare di quelle di origine europea. Da una prospettiva globale, possiamo vedere questo modello nettamente anti-bianco, poiché viene inflitto solo ai Paesi occidentali. Pertanto, la miscegenazione organizzata, politica e globalista equivale al razzismo contro le popolazioni bianche indigene. Ancora una volta, l'allevamento per produrre determinati risultati è una forma di eugenetica, e il risultato in questo caso è un minor numero di persone bianche e nessun paese prevalentemente bianco.

Una risposta prevedibile : "Ma anche gli irlandesi sono emigrati!".

Le scuse che i membri del culto usano per giustificare una sub-agenda folle e distruttiva come l'immigrazione di massa ci danno un'idea dell'effetto distruttivo del concetto di "uguaglianza" del culto.

In Irlanda (e sono sicuro anche altrove) i membri del culto "antirazzista" insistono sul fatto che gli irlandesi/indigeni dovrebbero accettare l'immigrazione di massa perché loro stessi sono emigrati in passato. Cose del tipo: "Non siamo forse emigrati in altri Paesi?!?". Che ne direste se non vi lasciassero entrare?!". Che cosa infantile. Quindi è tutto qui?!? È questa la giustificazione per sostenere i movimenti massicci di persone in tutto il mondo e per accettare decine di milioni di migranti nei Paesi occidentali?

Questo inganno marxista è stato ripetuto in Irlanda fino alla nausea e si viene considerati ipocriti se non si è d'accordo con questa sotto-agenda. In un certo senso, si viene accusati di non essere veramente irlandesi o di non comprendere la storia irlandese! Questo è esattamente il tipo di ginnastica percettiva distorta su cui si basa il culto/ideologia per distruggere popoli ignari! Questa percezione distorta della realtà deriva dal concetto di "uguaglianza". Se a questo si aggiunge il fatto che l'ideologia non si occupa di praticità (costruttiva), si capisce perché il pensiero marxista porta al caos e alla distruzione. Il punto centrale è il concetto di "uguaglianza" applicato alle diverse culture, razze, ecc. Questo è falso. È un "politicamente corretto" marxiano dire il contrario.

Quello che sostengono è che una situazione storica sia uguale a quella attuale, ma chiaramente non è così. I migranti irlandesi (o qualsiasi altro migrante europeo) che lasciano l'Europa per stabilirsi in altri Paesi non hanno nulla a che vedere con i migranti africani e mediorientali che entrano in Europa oggi (o con qualsiasi altra migrazione facilitata dal culto/ideologia). È totalmente diverso per ragioni etniche, religiose, culturali, politiche e finanziarie. Questo è uno dei punti deboli dell'indottrinamento marxista: non tiene conto della razza, della cultura e della religione (e dell'economia!). Vede solo se qualcuno è un "oppressore" o un "oppresso", se appartiene alla borghesia o al proletariato. L'indottrinamento su questo tema spiega perché i marxisti di tutta Europa non possono accettare che l'immigrazione di massa porti con sé un'instabilità che distrugge le nazioni e un'ondata di criminalità, che è dannosa per gli europei. Porta a uno scontro etnico e culturale, ma il marxismo non si occupa di etnicità o cultura.

L'indottrinamento insiste sul fatto che la migrazione irlandese negli Stati Uniti durante gli anni '40 del XIX secolo è proprio come le ondate migratorie degli ultimi anni. Sciocchezze! Una situazione non ha nulla a che vedere con l'altra! In primo luogo, a differenza dei migranti che arrivano oggi nei Paesi occidentali, gli irlandesi non sono emigrati negli Stati Uniti con l'aiuto di membri di culti e organizzazioni marxiste, sentendosi dire che erano vittime di un'oppressione e che ora dovevano qualcosa (alcuni migranti volevano vendicarsi dei nativi americani per aver oppresso l'Irlanda). Lo stesso vale per altre migrazioni storiche di questo tipo (ad esempio di altri gruppi europei in America).

In secondo luogo, gli irlandesi che emigravano negli Stati Uniti non erano musulmani! Molti dei migranti che stanno entrando in Europa provengono principalmente da Paesi musulmani. Finora abbiamo due ideologie in gioco che sono una cattiva notizia per gli europei bianchi. In terzo luogo, è ormai (quasi!) risaputo che la maggior parte dei migranti che si recano in Europa non stanno fuggendo da zone devastate dalla guerra. Si tratta di migranti economici, che vengono per "un migliore tenore di vita", il che significa utilizzare il sistema di welfare (un sistema che il culto/ideologia ha creato in primo luogo), oltre ai servizi e alle comodità che la vita in un Paese occidentale può fornire.

Gli immigrati irlandesi della metà del 19 secolo non avevano incentivi così attraenti: la maggior parte si stabilì negli Stati americani del Nord-Est e in Canada. Non venivano ospitati in alberghi irlandesi, non ricevevano assistenza sociale o la miriade di altri aiuti di cui godono i migranti di oggi. Infine, non ricevevano queste cose a spese degli americani che avevano bisogno delle stesse cose!

Anche solo queste poche aree di esame, e l'inganno marxista inizia a diventare evidente. E questo non è che un graffio alla superficie. Come già detto, questo è il motivo per cui il lavaggio del cervello dell'uguaglianza rende le persone stupide: non sono in grado di distinguere tra una cosa e l'altra. Se una persona passa tutta la vita a guardare gli individui/le razze/le culture attraverso la lente dell'"uguaglianza", allora non sarà mai in grado di apprezzare appieno le differenze tra loro; tutte le sfumature, nel bene e nel male.

Il premier irlandese Leo Varadkar ha usato la tecnica/giustificazione di cui sopra (per l'immigrazione di massa) in un discorso a Dublino, dopo un incontro con la presidente del Parlamento europeo Roberta Metsola. All'inizio del 2023 si sono verificati alcuni disordini in Irlanda. Tra questi, diverse proteste antimigranti contro l'afflusso di ucraini, in particolare presso l'East Wall di Dublino. Commentando questi eventi, Varadkar ha dichiarato: "Sono molto preoccupato per l'ascesa dell'estrema destra... e per l'aumento del razzismo in Irlanda", aggiungendo che "i rifugiati sono i benvenuti qui". Ha continuato dicendo che opporsi all'afflusso di immigrati "non è da irlandesi", riferendosi alla diaspora irlandese e alle migrazioni del passato.[12] Bravo il cagnolino globalista. Si noti il termine "rifugiati", per sostenere la narrazione ufficiale; la maggior parte sa che si tratta di migranti economici.

Femminilizzazione delle nostre nazioni e attivismo femminile

Abbiamo notato l'effetto iperfemminilizzante che l'ideologia ha su una società, quando si tratta di come vengono percepite varie questioni. Funziona con il principio dell'oppressore contro l'oppresso, e alla fine porta all'altruismo patologico: l'autodistruzione di un popolo/nazione attraverso tentativi sbagliati di "aiutare" altri gruppi/paesi/continenti. Avere atteggiamenti troppo femminili nei confronti di questioni particolarmente gravi (come l'immigrazione di massa) è letale per una nazione e per la sua popolazione autoctona. Anzi, è un suicidio, da un punto di vista nazionalistico.

Guardate cosa è successo alla Svezia devastata dal marxismo. L'influenza delle donne indottrinate negli affari svedesi è stata esemplificata durante l'afflusso dei migranti. I migranti sono stati accolti negli aeroporti da questi gruppi di idioti sorridenti e virtuosi che hanno subito il lavaggio del cervello e che tenevano in mano i cartoncini con la scritta "Benvenuti rifugiati! Abbracci e baci a perfetti sconosciuti... che follia e ingenuità! Questo è l'equivalente di una nazione che si gira e mostra la pancia a un predatore. Un'assurdità miope, assassina della nazione, eccessivamente emotiva. State letteralmente pregando di essere invasi e conquistati da forze esterne. Nel 2014, quando la "crisi" dei migranti (fabbricata) era in pieno svolgimento, l'allora premier svedese Fredrik Reinfeldt incoraggiò gli svedesi ad "aprire i loro cuori" a loro.[13] Marxismo = amore.

Queste cose hanno contribuito all'epidemia di aggressioni e violenze sessuali in paesi come la Norvegia, la Germania e la Svezia. È incredibile che le donne di quei Paesi, in particolare le femministe, siano ancora a favore dell'immigrazione di massa, ma questo è l'indottrinamento. Femministe anti-donne. Le statistiche relative a questi incidenti in Norvegia negli ultimi decenni mostrano che la stragrande maggioranza degli stupri è commessa da uomini

---

[12] EU Debates, «'Not the Irish way' Taoiseach Leo Varadkar preoccupato per l'ascesa dell'estrema destra in Irlanda», 4 febbraio 23.
https://www.YouTube.com/watch?v=RpGCob69n4c

[13] Svezia locale, «Reinfeldt invita alla tolleranza verso i rifugiati», 2014.
https://www.thelocal.se/20140816/reinfeldt-calls-for-tolerance-to-refugees

"non europei" (cioè africani o mediorientali) contro donne autoctone. [14] Situazione analoga in Svezia. [15] Prevedibilmente, questi crimini contro le donne sono attivamente coperti dai traditori marxisti nei governi e nei media, oppure cercheranno di trasformare la questione in una questione femminista (cioè che non ha nulla a che fare con l'immigrazione).

Inoltre, la maggior parte dei migranti sono giovani uomini in età da combattimento. Molti di loro provengono da culture musulmane, che guardano le donne non musulmane - quelle che li accolgono - come pezzi di carne, da prendere. E li hanno presi. Chi ha firmato il cartello "Rifugiati benvenuti" ha pensato erroneamente di essere visto come una "brava persona". Una supposizione assurda da fare. Molti di questi migranti ci hanno poi dimostrato di non aver apprezzato questa "ospitalità", come gli ingenui pensavano.

Indipendentemente da quante donne vengano aggredite dai migranti in questi Paesi, i membri del culto continueranno a chiamarci razzisti e islamofobici mentre accolgono i migranti con striscioni o cartelli e a braccia aperte. Un comportamento stupido, di favoreggiamento. Anche se queste "virtuose" (o le persone a loro vicine) diventano vittime di questi crimini, non saranno in grado di affrontare la verità, a causa dell'indottrinamento. Alcune di queste "femministe", subito dopo essere tornate dall'aeroporto (e dopo che la dopamina della loro "buona azione" sarà svanita), riprenderanno le loro discussioni sulla "cultura dello stupro" e sul "patriarcato" che viene loro imposto dai malvagi e oppressivi maschi indigeni; maschi che generalmente sono della loro stessa razza!

Nel 2018, in un altro esempio di attivismo femminile indottrinato, la studentessa svedese Elin Ersson, 22 anni, ha dato vita a un dramma su un aereo perché un criminale condannato di origine afghana stava per essere deportato. Sembra che avesse intenzione di protestare contro la deportazione di un altro migrante, che però si trovava su un altro aereo. [16] Un esempio straordinario di come il lavaggio del cervello trasformi le persone in traditori del proprio Paese, impedendo la deportazione dei criminali!

Questa stupida mocciosa Ersson avrebbe dovuto essere allontanata fisicamente

---

[14] Reijden, J., «Norvegia: Il 95% degli stupri violenti in strada dall'inizio degli anni 2000 è stato compiuto da africani e musulmani; insabbiato dalle autorità», 4 settembre 2017. https://isgp-studies.com/immigration-the-rape-of-norway

[15] «Stupro in Svezia: La maggior parte degli aggressori condannati è di origine straniera, dice la TV», 22 agosto 2018.

https://www.bbc.com/news/world-europe-45269764

[16] Crouch, D., «Studente svedese multato per la protesta anti-deportazione diventata virale», febbraio 2019. https://www.theguardian.com/world/2019/feb/18/swedish-student-elin-ersson-fined-after-broadcasting-plane-protest-against-asylum-seeker-deportation

dall'aereo e bandita a vita dagli aeroporti (a meno che non rinunciasse pubblicamente a essere un'"attivista"). Meglio ancora, avrebbe dovuto essere sedata ed esiliata in Afghanistan, con il suo nuovo amico criminale migrante come ospite. La Ersson, di formazione socialista, stava studiando per diventare un'operatrice sociale all'epoca della sua gloriosa azione rivoluzionaria.

Distogliere la colpa da se stesso

Sebbene il culto sia stato fondamentale nel creare e perpetuare questa "crisi umanitaria" della migrazione di massa e nel cercare di sopprimere qualsiasi spinta patriottica/nazionalistica contro di essa, ha spesso spacciato la narrativa secondo cui i migranti sono per lo più "rifugiati" provenienti da aree devastate dalla guerra (spesso dando la colpa alla politica estera degli Stati Uniti). In sostanza, il culto/ideologia ha creato la situazione in cui ci troviamo, cerca di impedirci di fare qualcosa al riguardo e poi assegna la colpa altrove. Affilando la mia spada... Ora sappiamo che la stragrande maggioranza è costituita da migranti economici, non da rifugiati in fuga dalla guerra. Inoltre, anche se fosse vero che ci sono milioni di persone che fuggono da zone di guerra e si dirigono verso l'Europa, la loro ammissione in questi Paesi dipende dai Paesi stessi. Ovviamente, l'appartenenza all'UE rende virtualmente impossibile per i Paesi scegliere di chiudere i propri confini o implementare un robusto sistema di ingressi/visti.

Naturalmente, non solo l'adesione a un'entità come l'UE non avverrebbe senza la presenza di un'infezione marxista, ma l'UE non esisterebbe affatto! Inoltre, la politica estera degli Stati Uniti non ha nulla a che fare con la gestione dei confini da parte dei Paesi europei! È un capro espiatorio. Il membro del culto Anders Borg è stato ministro delle Finanze svedese dal 2006 al 2014. Nel 2013 è intervenuto al *Peterson Institute for International Economics* (PIIE) di Washington D.C. e ha detto questo sull'afflusso migratorio: "Fondamentalmente gli Stati Uniti ci forniscono questi flussi: voi fate la guerra e noi riceviamo i rifugiati"; aggiungendo "e noi pensiamo che questo sia fondamentalmente un bene per la società svedese".[17] Trucchi propagandistici come questo sono molto significativi. La ragione o le ragioni percepite per cui si verificano le migrazioni di massa sono piuttosto cruciali per quanto riguarda la percezione che ne ha l'opinione pubblica (in qualsiasi paese occidentale). Se la ragione percepita è errata, la verità rimane nascosta; e in questo scenario, il culto/ideologia evita il peso della colpa.

In modo critico, il culto che attribuisce la colpa delle migrazioni di massa allo spauracchio dell'"imperialismo statunitense" aiuta a convincere (una parte del) pubblico che non ha alcun controllo sulla situazione; che si tratta di una forza

---

[17] «Il ministro svedese negli Stati Uniti: «Voi fate la guerra, noi prendiamo i rifugiati!». - È un vantaggio per tutti», 12 novembre 2013. https://www.YouTube.com/watch?v=zU0_6yPVCPQ

o di un fattore esterno, cosa che in questo caso semplicemente non è vera! È una forma di demoralizzazione. È solo un'altra deviazione marxista, per nascondere il fatto che il culto/ideologia è il vero colpevole. Sta distruggendo l'Europa, attraverso il lavaggio del cervello dei membri del culto che lo servono in tutto il continente. La chiave per frenare qualsiasi migrazione distruttiva in arrivo è ovviamente il controllo dei confini di un Paese. Come detto, l'adozione o meno di questa azione dipende dal livello di infezione ideologica all'interno del Paese. E questo è qualcosa che può essere controllato.

Proteste irlandesi contro l'immigrazione

Nel 2022/23 ci sono state diverse proteste contro l'immigrazione di massa nei centri per immigrati in Irlanda. Il 18 febbraio 2023, i membri della setta hanno organizzato una contro-protesta a Dublino chiamata "Irlanda per tutti". I marciatori portavano cartelli rossi con le scritte "Smash Racism" e "Everyone is welcome".

In un articolo pubblicato sul sito web di *Common Dreams* si legge che: "La manifestazione è stata organizzata dalla coalizione per i diritti Le Cheile, insieme a gruppi come United Against Racism, National Women's Council of Ireland, Irish Congress of Trade Unions e Union of Students Ireland".[18]

In gaelico irlandese, la parola "Le Cheile" significa "insieme" (ovvero solidarietà); un altro esempio di culto/ideologia che finge di rispettare la cultura irlandese. Da notare anche i diversi tipi di gruppi infetti: un gruppo "antirazzista", un gruppo femminista, un gruppo sindacale e la più grande organizzazione sindacale studentesca del Paese.

Paul Murphy, membro di spicco del culto irlandese e TD di *People Before Profit-Solidarity,* ha twittato a proposito della marcia: "Che risposta potente ai tentativi di diffondere divisione e odio. In questo Paese ci sono risorse sufficienti perché tutti possano avere una casa decente, un lavoro, servizi e accogliere i rifugiati. Dobbiamo unirci contro coloro che attualmente accaparrano questa ricchezza". È questa la soluzione? Perché non l'hai detto tu, amico?! È ora di rivoltarsi contro la borghesia! Prendete tutti i martelli e le falci che riuscite a trovare!

Nello stesso mese, l'*Irish Times* ha condotto un sondaggio d'opinione (apparentemente) composto dalle opinioni di 1.200 adulti intervistati per un periodo di due giorni. L'articolo riassuntivo affermava che il sondaggio evidenziava "una forte preoccupazione per l'aiuto e la protezione dei rifugiati e delle persone in cerca di asilo, ma anche una preoccupazione per la capacità dell'Irlanda di far fronte al gran numero di persone arrivate negli ultimi 12

---

[18] Conley, J. «'Irlanda per tutti': Decine di migliaia di persone marciano a Dublino per sostenere i rifugiati», 18 febbraio 2023.
https://www.commondreams.org/news/ireland-refugees-march

mesi". Oltre a più di 70.000 rifugiati dalla guerra in Ucraina, c'è stata un'impennata di persone provenienti da altri Paesi che chiedono asilo qui in base al diritto internazionale, con oltre 13.000 arrivi lo scorso anno".[19]

Se non fosse per il culto e per il clima di paura sociale che crea, molti irlandesi comuni esprimerebbero pubblicamente le loro opinioni contro l'immigrazione di massa.

Favoreggiamento, immigrazione di massa e crimini contro i migranti

Naturalmente, la violenza dei migranti contro gli occidentali (principalmente bianchi) serve bene al culto/ideologia: demoralizza, destabilizza, genera un conflitto perpetuo, oltre ad alimentare le tensioni razziali, che fanno ulteriormente il gioco del culto/ideologia. Nella loro nobile ricerca di fermare a tutti i costi il comportamento più orribile e criminale del razzismo (sarcasmo), il culto ha mostrato una determinazione implacabile nel reprimere i crimini commessi dai migranti. Sebbene si tratti di un problema globale, ecco alcuni esempi eurocentrici:

Irlanda

Nella notte di sabato 6 giugno 2020, a Carrigaline, nella contea di Cork, ha avuto luogo una violenta aggressione. Un 17enne irlandese è stato aggredito da una banda di giovani neri e accoltellato mentre era a terra. L'incidente è stato filmato da questi animali e ha fatto il giro dei social media tramite Snapchat. Nell'inquietante video si sente chiaramente la mentalità psicotica degli aggressori, che sembrano affascinati dalla vista del sangue. Si sono divertiti a fare quello che stavano facendo.

Il detective Garda Healy, che si è occupato del caso, ha raccontato che alla vittima sono stati "chiesti 2 euro per un autobus da un giovane. Al suo rifiuto è stato preso a pugni e a calci. L'imputato ha poi parlato con il primo giovane coinvolto nell'aggressione. Si è avvicinato alla parte lesa che giaceva a terra e ha spaccato una bottiglia di vodka da 70cl sulla testa della parte lesa. Poi ha preso il collo della bottiglia rotta e lo ha accoltellato sei volte".[20]

Come prevedibile, i membri della setta in Irlanda - tra cui un deputato locale del partito Sinn Fein e i loro alleati nei media irlandesi traditori - hanno cercato di reprimere qualsiasi indignazione successiva. Questi tipi hanno sostenuto che la condivisione del video dell'aggressione avrebbe causato ulteriore

---

[19] Leahy, P., «Sondaggio dell'Irish Times: La maggioranza degli elettori sostiene il divieto di protestare nei centri per rifugiati», 23 febbraio 2023. https://www.irishtimes.com/ireland/social-affairs/2023/02/23/irish-times-poll-majority-of-voters-support-ban-on-protests-at-refugee-centres/

[20] «Video: Un adolescente irlandese accoltellato per una tariffa dell'autobus di due euro da una banda di ragazzi», 8 giugno 2020. https://nationalfile.com/video-irish-teenager-stabbed-over-two-euro-bus-fare-by-gang-of-teens/

turbamento alla vittima e alla sua famiglia. Pazzi traditori. Quando è stato creato un GoFundMe per raccogliere fondi per l'adolescente, i membri della setta sono riusciti a fare pressioni sull'azienda affinché lo chiudesse.

PJ Coogan della *96FM* di Cork ha dichiarato: "Anche ieri c'era un Gofundme che si diceva fosse stato creato per la vittima. In realtà non aveva nulla a che fare con la vittima. È stato creato come facciata da un gruppo di estrema destra e quando sono state fatte un po' di indagini è stato tolto". Il 21 dicembre dello stesso anno, l'Irish Examiner ha riportato che uno dei giovani coinvolti è stato incarcerato per 18 mesi (due anni e sei mesi di condanna, con un anno di sospensione).[21] Una sentenza patetica. La pena per un sociopatico di qualsiasi età che tenta di uccidere qualcuno con più di due euro dovrebbe essere un'impiccagione pubblica, seguita da cremazione immediata.

Accoltellamenti e disordini

Nel settembre 2023, un uomo angolano ha aggredito a caso un altro uomo all'aeroporto di Dublino. Kasonga Mbuyi, 51 anni, ha usato un coltellino per accoltellare un turista tedesco che era da solo a fumare una sigaretta fuori dalle partenze. I media Gript hanno riferito che l'immigrato potrebbe essere arrabbiato per la sua situazione previdenziale.[22] Il tribunale ha sentito che l'attacco è stato "un grido d'aiuto". Secondo l'Irish Times, l'uomo aveva la cittadinanza irlandese dal 2014.[23]

Il 23 novembre 2023 si è verificato un violento incidente fuori da una scuola elementare nel centro di Dublino, in pieno giorno. Tre bambini e un adulto sono stati accoltellati e feriti, e un bambino di cinque anni è rimasto in condizioni critiche. L'aggressore era un maschio adulto di origine algerina, che è stato poi sottomesso e disarmato.

La sera stessa sono scoppiati disordini a Dublino, con danni diffusi alla proprietà e aggressioni alla polizia. I media e lo Stato sono entrati in azione,

---

[21] Heylin, L., «Video 'added another layer of hurt' - Teenager jailed for Carrigaline stabbing», dicembre 2020. https://www.irishexaminer.com/news/courtandcrime/arid-40194798.html

[22] De Barra, M., «Accoltellamento all'aeroporto di Dublino: Il sospetto migrante africano potrebbe essersi arrabbiato per una disputa sull'assistenza sociale». 18 settembre 2023. https://gript.ie/dublin-airport-stabbing-african-migrant-suspect-may-have-been-angry-over-welfare-dispute/

[23] Tuite, T., «L'attacco casuale con il coltello all'aeroporto di Dublino è stato un 'grido di aiuto', secondo il tribunale», 23 settembre 2023. https://www.irishtimes.com/crime-law/courts/2023/09/23/random-knife-attack-at-dublin-airport-was-cry-for-help-court-told/

dando la colpa dei disordini all'"estrema destra".[24] In una dichiarazione fuori dal quartier generale della Garda (polizia), il commissario della Garda Drew Harris ha dichiarato: "Abbiamo una fazione di hooligan completamente pazza, guidata dall'ideologia di estrema destra... impegnata in gravi violenze".[25]

Hanno anche usato un po' di controllo dei danni. In modo piuttosto patetico, i media irlandesi traditori hanno salutato come un eroe un migrante brasiliano, che ha contribuito a disattivare l'aggressore. Stavano suggerendo: "Vedete? Anche i migranti possono essere brave persone!". Se non fosse per il culto/ideologia, questi incidenti non si verificherebbero.

In una dichiarazione di venerdì 24 novembre, il compagno Leo Varadkar ha alluso a una nuova legislazione sull'incitamento all'odio: "Penso che sia ormai evidente a chiunque... che la nostra legislazione sull'incitamento all'odio non è aggiornata... per l'era dei social media, e abbiamo bisogno di questa legislazione... nel giro di poche settimane, perché non sono solo le piattaforme ad avere una responsabilità, ma anche gli individui che pubblicano messaggi e immagini online che fomentano l'odio e la violenza. Dobbiamo essere in grado di usare le leggi per perseguire anche loro individualmente".[26]

Introdotta per la prima volta nel novembre 2022, la legislazione in questione è il Criminal Justice (Incitement to Violence or Hatred and Hate Offences) Bill 2022. Questa legge rende reato la condivisione o l'archiviazione di qualsiasi materiale considerato dallo Stato "d'odio" o che incita alla violenza in qualsiasi modo. Permette inoltre alla polizia di perquisire le case e confiscare gli oggetti che possono contenere tali materiali, obbligando al contempo questi "criminali" a fornire le loro password, ecc.[27] Feccia traditrice. Al momento della redazione (dicembre 2023) la legge è stata quasi approvata dal Parlamento irlandese.

Alcuni hanno suggerito che l'intera situazione sia stata pianificata. Che i disordini siano stati incoraggiati o fabbricati in qualche modo dallo Stato (lo stesso vale per l'accoltellamento vero e proprio), o che siano stati una reazione

---

[24] Fletcher, L., «Gardaí attaccato durante violenti disordini dopo un accoltellamento», 24 novembre 2023.

https://www.rte.ie/news/dublin/2023/1123/1418216-protests/

[25] GB News, «'Non c'è nessun fallimento qui': Il commissario della Garda, Drew Harris, si rivolge al pubblico sui disordini di Dublino», 24 novembre 2023. https://www.YouTube.com/watch?v=rFlNHcweOOs

[26] Sky News, «Gli accoltellamenti a Dublino 'orribile atto di violenza', dice il Taoiseach Leo Varadkar», 24 novembre 2023. https://www.YouTube.com/watch?v=5Be6DoUL0y8

[27] Disegno di legge sulla giustizia penale (incitamento alla violenza o all'odio e reati di odio) 2022.

https://data.oireachtas.ie/ie/oireachtas/bill/2022/105/eng/ver_b/b105b22d.pdf

genuina ai recenti crimini degli immigrati, non è importante: nessuno dei due avrebbe avuto luogo senza che il culto/ideologia dirigesse gli affari del Paese. Un Paese ideologicamente contaminato significa uno Stato composto da portavoce a cui viene fatto il lavaggio del cervello, ignari o indifferenti al caos che stanno creando.

Il malcontento irlandese per l'afflusso di migranti

Naturalmente, la verità che ribolle sotto la superficie è che l'opinione pubblica irlandese sta iniziando a resistere alla sub-agenda del governo irlandese (e quindi dell'Unione Europea) sulla migrazione di massa. In un'intervista rilasciata a *GB News* il 3 dicembre 2023, il giornalista irlandese David Quinn ha commentato gli eventi di Dublino, fornendo un'analisi corretta.[28]

Il conduttore Andrew Doyle gli ha chiesto se il pubblico irlandese fosse scontento di questo problema. Quinn ha sottolineato che la crescita demografica in Irlanda è quasi la più alta in Europa (a causa dell'immigrazione), affermando che "si tratta di un livello di cambiamento senza precedenti per un piccolo Paese in un breve lasso di tempo". Ha aggiunto che questo tende a mettere sotto pressione lo Stato (mancanza di servizi, alloggi, ecc.) e che le persone nelle "aree più svantaggiate" tendono a sentire maggiormente questi effetti: "È facile per uno come me, che vive in un'area di classe media, fare la morale alle persone in aree svantaggiate sul loro atteggiamento nei confronti dell'immigrazione, ma io non vivo con il multiculturalismo, non vivo con la multietnicità, non vivo con alti livelli di immigrazione, ma le persone in queste altre aree svantaggiate di solito lo fanno... e in sostanza, non gli è permesso avere un'opinione al riguardo... perché se si esprime una qualsiasi preoccupazione si viene accusati di odio... e di razzismo, e questo frustra le persone".

La morte di Ashling Murphy

Il 12 gennaio 2022, una donna irlandese di 23 anni, Ashling Murphy, è stata uccisa accanto al Grand Canal a Tullamore, nella contea di Offaly. L'assassino (che ha recentemente ricevuto l'ergastolo nel novembre 2023) era Jozef Puska, 31 anni, slovacco di origine rom. L'omicidio è diventato un evento di lutto internazionale e sembra che tutti, compresi il Taoiseach (premier) e il presidente irlandese, abbiano rilasciato dichiarazioni in merito. In tutto il mondo si sono tenute veglie.[29]

---

[28] GB News, «David Quinn parla dei disordini di Dublino e della classe politica irlandese che dà la colpa a Conor McGregor», 3 dicembre 2023. https://www.YouTube.com/watch?v=MSjUwfRG4fc

[29] Moloney e Feehan, «Ricordando Ashling Murphy: Dettagli sul minuto di silenzio e sulle veglie in tutto il Paese, mentre gli eventi si svolgono fino in Australia», 14 gennaio 2022. https://www.independent.ie/irish-news/remembering-ashling-murphy-

I membri della setta in Irlanda hanno usato la morte di Murphy per i loro scopi nefasti e, come prevedibile, hanno cercato di trasformare l'incidente in una questione femminista. In sostanza, l'omicidio è stato usato in modo insensato per sviare la colpa dall'afflusso di immigrati causato dalla setta e dalle politiche governative. Le bizzarre veglie internazionali hanno ricordato le tattiche della setta in occasione della morte di George Floyd; si sono svolte nel Regno Unito, in Australia, in Canada e negli Stati Uniti. È diventato un evento simile a quello di Floyd, solo che è stato usato per promuovere la sempre prolifica sotto-agenda del femminismo piuttosto che il BLM.

In una dichiarazione del 13 gennaio 2022, l'allora Taoiseach e prolifico supertraditore Michael Martin ha detto: "Non c'è posto nella nostra società per la violenza, in particolare per la violenza contro le donne. Non può e non sarà tollerata... La sicurezza delle donne è al centro dei valori della nostra società".[30] Ingannevole serpente bastardo.

Il 14 gennaio, solo due giorni dopo l'incidente, ha fatto un'apparizione sulla TV irlandese al *The Late Late Show*: "... gli uomini vogliono essere parte della soluzione... gli uomini devono ascoltare di più le donne... penso che gli uomini vogliano fare un passo avanti e assicurarsi che possiamo creare un tipo diverso di società... dove le persone si sentono sicure, dove possiamo trasformare la cultura che sostiene il cattivo comportamento e la violenza verso le donne".[31] Che assurdità! La sua morte non ha nulla a che fare con gli uomini irlandesi comuni o con la cultura irlandese! Spregevole!

Il presidente irlandese Michael "Last of the Leprachauns" D. Higgins è un altro importante membro del culto irlandese e fan del defunto dittatore comunista cubano Fidel Castro. In una dichiarazione di venerdì 14 gennaio 2022, ha affermato che è di "importanza cruciale cogliere questa opportunità per riflettere su ciò che deve essere fatto per eliminare dalla nostra società la violenza contro le donne in tutti i suoi aspetti, e su come questo lavoro non possa essere né rimandato né iniziato troppo presto...". Rispondiamo a questo momento della morte di Ashling impegnandoci a creare una società più gentile, compassionevole ed empatica per tutti, una società che cercherà di eliminare tutte le minacce di violenza contro i nostri cittadini, e impegniamoci in particolare a porre fine, in patria e all'estero, alla violenza contro le donne in

---

details-of-minutes-silence-and-vigils-nationwide-as-events-take-place-as-far-away-as-australia/41239338.html

[30] «Dichiarazione del Taoiseach Micheál Martin sulla morte di Ashling Murphy», gennaio 2022. https://www.gov.ie/en/press-release/8979d-statement-by-taoiseach-micheal-martin-on-the-death-of-ashling-murphy/

[31] The Late Late Show, «An Taoiseach Micheál Martin sull'omicidio di Ashling Murphy | The Late Late Show | RTÉ One», 15 gennaio 2022. https://www.YouTube.com/watch?v=SA3W3wrQKl0

ogni sua forma".[32] Ancora indottrinamento e stronzate.

La compagna Michelle O' Neill - vice leader del partito ultra-marxista pseudo-patriottico Sinn Fein - ha parlato durante la veglia organizzata per Murphy presso gli edifici del Parlamento a Stormont, Belfast.

Ha dichiarato che "la violenza domestica, sessuale e di genere è un'epidemia" e che "dobbiamo sviluppare un approccio di tolleranza zero applicabile nei confronti della misoginia e del sessismo".[33] Un opportunismo virtuoso assolutamente disgustoso, che capitalizza ideologicamente la morte di una giovane donna! Un "approccio applicabile alla tolleranza zero nei confronti della misoginia e del sessismo"? Potete immaginare quanto sarebbe brutta l'Irlanda con questi fanatici fuori di testa al potere.

Un altro membro del culto irlandese è la personalità dei media Muireann O' Connell. Nel programma televisivo *Ireland AM*, il giorno dopo l'omicidio, ha dichiarato: "La violenza contro le donne perpetrata dagli uomini è una pandemia...", aggiungendo: "Dobbiamo fare qualcosa per insegnare ai ragazzi e agli uomini della nostra società".[34] Divertente. Non c'è bisogno di commenti.

Lo stanno facendo ancora adesso, quasi due anni dopo. Un servizio di RTE news del novembre 2023 ha riportato l'omicidio come un'aggiunta di propaganda femminista.[35] Trasformando l'incidente in una questione femminista, i membri della setta hanno generato sospetto (e odio) verso i maschi come collettività in Irlanda (nella mente di chi non vedeva l'incidente per quello che era in realtà: un problema di migrazione).

Dichiarazione d'impatto sulla vittima di Ryan

Ryan Casey, il fidanzato di Ashling Murphy, ha rilasciato una dichiarazione di impatto sulla vittima presso la Central Criminal Court di Dublino, prima della

---

[32] «Dichiarazione del Presidente Michael D. Higgins sulla morte di Ashling Murphy», 14 gennaio 2022.https://president.ie/en/media-library/news-releases/statement-by-president-michael-d-higgins-on-the-death-of-ashling-murphy

[33] «Un attacco a tutte le donne»: I politici del Nord organizzano una veglia per Ashling Murphy», 17 gennaio 2022. https://www.irishtimes.com/news/crime-and-law/an-attack-on-all-women-north-s-politicians-hold-vigil-for-ashling-murphy-1.4778873

[34] Virgin Media Television, «'La violenza contro le donne perpetrata dagli uomini è una pandemia' - Muireann O'Connell», 13 gennaio 2022. https://www.YouTube.com/watch?v=nG8n3fe0ynM

[35] RTE News, «Il fidanzato Ryan Casey ricorda la 'vivace e intelligente' Ashling Murphy», 10 novembre 2023. https://www.YouTube.com/watch?v=WSZpPsXsLjQ

condanna dell'assassino.[36] Ha parlato a lungo della sua splendida relazione con Aishling, ma quando ha lasciato partire i colpi, ha parlato di Puska come di un "peso per la società... il più basso dei bassi". Ha anche parlato dell'elefante (rosso) nella stanza: "Mi disgusta nel profondo il fatto che qualcuno possa venire in questo Paese, essere pienamente supportato in termini di case popolari, assistenza sociale e cure mediche gratuite per oltre 10 anni... non avere mai un lavoro legittimo e non aver mai contribuito alla società in alcun modo o forma [e] possa commettere un atto così orrendo e malvagio di violenza incomprensibile".

E ha aggiunto: "Sento che questo Paese non è più il Paese in cui io e Aishling siamo cresciuti e che ha ufficialmente perso la sua innocenza quando un crimine di questa portata può essere perpetrato in pieno giorno. Questo Paese deve svegliarsi; questa volta le cose devono cambiare, questo Paese non è più sicuro. Questa volta, se non ci sarà un vero cambiamento, se la sicurezza delle persone che vivono in questo Paese verrà ulteriormente ignorata, temo che il nostro Paese si stia avviando su una strada molto pericolosa e potete essere certi che non saremo l'ultima famiglia a trovarsi in questa posizione". Le ha reso omaggio nel modo migliore, dicendo la verità.

I suoi commenti anti-marxismo sono stati ritenuti offensivi per i membri del culto irlandese e non sono stati esattamente enfatizzati dal MSM. Ovviamente, alludeva all'afflusso di immigrati e allo Stato sociale, due elementi che spesso vanno insieme e che sono al centro dei piani della setta per la trasformazione dei Paesi europei. Giovedì 30 novembre 2023, Kitty Holland, membro della setta e giornalista dell'Irish Times, è apparsa su *The View* (BBC TV, Regno Unito).

Ha affermato che la dichiarazione di Casey conteneva "incitamento all'odio" e ha cercato di giustificare la censura del MSM, prima di aggiungere "la razza e la nazionalità dell'uomo (Puska)... è irrilevante".[37] Questo non è corretto. Inoltre, solo un membro di una setta - che pensa che tutte le persone (o gli uomini) siano uguali, indipendentemente da questi fattori - potrebbe dire una cosa del genere.

L'intera situazione è un altro esempio di come il culto/ideologia non abbia una vera e propria "compassione" (nemmeno per una donna uccisa, o per il suo fidanzato), poiché la cosa più importante in questo caso è che l'ideologia (e la sua sotto-agenda dell'immigrazione di massa) non venga criticata

---

[36] «Omicidio di Ashling Murphy: Dichiarazione del fidanzato Ryan Casey sull'impatto della vittima», 2023 novembre. https://www.newstalk.com/news/ashling-murphy-murder-boyfriend-ryan-caseys-victim-impact-statement-in-full-1615521

[37] Gript Media, «Kitty Holland: Il fidanzato di Ashling Murphy ha espresso «incitamento all'odio», 30 novembre 2023 (da BBC's the View del 30/11/2023). https://www.YouTube.com/watch?v=PnucUQTy-SA

pubblicamente. In sostanza, la verità deve essere soppressa se si oppone/esprime il marxismo; ecco perché i membri del culto traditore sopra elencati hanno cercato di presentare l'omicidio come una questione femminista. Un articolo dell'11 novembre 2023 sul sito web *Extra.ie* intitolato "Puska era un condannato per reati sessuali e 'persona di interesse' per altre due aggressioni a donne" ha richiamato l'attenzione sul passato di Puska prima del suo ingresso in Irlanda.[38]

Soluzione

La soluzione immediata per i migranti che attaccano o uccidono le popolazioni indigene nei Paesi che li ospitano è offrire un esilio permanente immediato o una condanna a morte obbligatoria. Quando si ha a che fare con rifiuti violenti e degenerati come quelli elencati sopra, è necessario inviare un messaggio forte. In questo modo si potrebbero almeno limitare gli attacchi fino a quando non si fermerà l'immigrazione di massa e si procederà alle deportazioni. Buona fortuna nel cercare di imporre una giustizia così rapida mentre la setta ha ancora il controllo dello Stato!

Ogni vittima delle sotto-agende dell'ideologia - compresa l'immigrazione di massa - è vista come una sorta di martire dal culto. Sono sicuro che, nel profondo, molti di loro hanno apprezzato il processo di "lutto" per la morte di Aishling Murphy (e di George Floyd, ecc.). Poiché il fine giustifica i mezzi, ogni morte è un altro passo verso l'utopia. Man mano che il culto avanza senza opporsi, gli attacchi e gli omicidi come quelli sopra elencati aumenteranno in frequenza e ferocia.

Nel 2022, i media irlandesi hanno riportato una serie di omicidi, questa volta nella contea nord-occidentale di Sligo. Un immigrato musulmano iracheno di nome Yousef Palani ha ucciso due uomini irlandesi e ne ha aggredito un terzo. Ha "rintracciato gli uomini utilizzando un'applicazione per incontri LGBT prima di pugnalarli a morte nelle loro case e mutilare i loro corpi". Ha tagliato la testa di una delle sue vittime e l'ha lasciata sul letto. Palani si è dichiarato colpevole di due capi d'accusa per omicidio ed è stato condannato all'"ergastolo". [39]

Anche in questo caso, i media irlandesi traditori hanno cercato di far passare l'incidente come un semplice problema di "omofobia", e non come un

---

[38] MacNamee, G., «Puska è stato condannato per reati sessuali e 'persona di interesse' in altre due aggressioni a donne», 11 novembre 2023.
https://extra.ie/2023/11/11/news/puska-record

[39] Galagher e O' Riordan, «Yousef Palani incarcerato a vita per l'omicidio di Aidan Moffitt e Michael Snee a Sligo», 23 ottobre 2023.

https://www.irishtimes.com/crime-law/courts/2023/10/23/double-murderer-yousef-palani-jailed-for-life-for-attacks-on-gay-men-spurred-by-hostility-and-prejudice/

problema di immigrazione di massa e di islamismo (il tribunale ha sentito che Palani ha detto alla polizia che l'Islam proibisce l'omosessualità). Dove sono tutte le marce e le organizzazioni LGBTQ che chiedono un intervento in materia di immigrazione, affinché questo non si ripeta?

Svezia

La tragica Svezia, a causa dell'alto livello di infezione, ha visto un crollo dell'ordine pubblico. Il Paese ha subito un massiccio aumento dei crimini violenti e dei disordini sociali in generale, con diverse zone vietate alla polizia.

Molto prima, questi gloriosi cambiamenti rivoluzionari sono stati evidenziati da un detective senior all'inizio del 2017. Peter Springare, un veterano di 47 anni, ha descritto l'attività di polizia di una settimana nella piccola città di Orebro in un post su Facebook: "Ecco qui; questo è ciò che ho gestito dal lunedì al venerdì di questa settimana: stupro, stupro, rapina, aggressione aggravata, stupro-assalto e stupro, estorsione, ricatto, aggressione, violenza contro la polizia, minacce alla polizia, crimine di droga, droga, crimine, reato, tentato omicidio, stupro di nuovo, estorsione di nuovo e maltrattamenti". Ha aggiunto che praticamente tutti i sospetti erano migranti africani e mediorientali: "Sospetti autori di reati; Ali Mohammed, Mahmod, Mohammed, Mohammed Ali, ancora, ancora, ancora, Christopher...". Mohammed, Mahmod Ali, ancora e ancora" (Christopher era l'unico svedese). Ha elencato i Paesi rappresentati: "Iraq, Iraq, Turchia, Siria, Afghanistan, Somalia, Somalia, ancora Siria, Somalia, sconosciuto, paese sconosciuto, Svezia. Della metà dei sospetti non possiamo essere sicuri perché non hanno documenti validi. Il che di per sé significa che stanno mentendo sulla loro nazionalità e identità".[40] Orebro era un tempo una città svedese relativamente tranquilla, con una popolazione approssimativa di 129.000 abitanti.

La città di Malmo, appena al di là dell'acqua da Copenaghen, in Danimarca, è oggi un famigerato cesso multiculturale. Nel gennaio 2017, il capo della polizia Stefan Sinteus ha pubblicato una lettera aperta, chiedendo aiuto per far fronte all'ondata di criminalità: "Posso assicurarvi che la polizia di Malmö sta facendo tutto il possibile affinché i presunti colpevoli siano ritenuti responsabili. Ma non possiamo farlo da soli. Dipendiamo da voi e dalle vostre testimonianze per risolvere questi crimini violenti. Perciò mi rivolgo a voi: Aiutateci". E ha aggiunto: "La polizia di Malmö sta attualmente indagando su 11 omicidi e 80 tentati omicidi. A questi si aggiungono altri crimini di violenza, percosse, stupri, furti e frodi". Sembra che nel 2016 siano stati segnalati anche 52 attacchi con granate. La popolazione di Malmo nel 2022 era di circa

---

[40] Newman, A., «Polizia svedese: Government Covering Up Huge Migrant Crime Spree», 22 febbraio 2017. https://thenewamerican.com/swedish-police-government-covering-up-huge-migrant-crime-spree/ ; https://en.wikipedia.org/wiki/Orebro

357.377 abitanti.[41]

Nell'agosto 2018, il Daily Mail ha riportato i dati presentati in un documentario di *SVT* (canale di servizio pubblico svedese): "Più della metà dei condannati per stupro o tentato stupro in Svezia lo scorso anno sono nati in un paese straniero, rivelano nuove statistiche. Nei casi di stupro in cui la vittima è stata aggredita e non conosceva l'aggressore o gli aggressori, la percentuale sale all'85%. Quattro su dieci erano in Svezia da meno di un anno"; e: "I risultati hanno rivelato che nei casi in cui la vittima non conosceva l'aggressore, 97 dei 129 condannati erano nati al di fuori dell'Europa". I dati raccolti, che coprono il periodo 2013-2018, si basano su condanne in tutta la Svezia per stupro e tentato stupro presso i tribunali distrettuali.[42]

Nell'ottobre 2016, nella città di Visby a Gotland, un'isola a sud-sud di Stoccolma nel Mar Baltico, si è verificato un incidente degno di nota. Una donna disabile è stata violentata in gruppo da alcuni immigrati, il che ha incattivito la popolazione locale. Dopo il rilascio dei sospetti, i manifestanti hanno "attaccato" un centro per rifugiati. Altre proteste hanno spinto le autorità a dispiegare ulteriori forze di polizia nella città. Poco dopo, i *Democratici di Svezia*, un partito anti-immigrazione, hanno organizzato una manifestazione a Visby. In risposta, i membri di *Feminist Initiative hanno* organizzato una contro-protesta.[43] Un gruppo femminista, in sostanza, controprotesta contro coloro che protestano contro uno stupro! Il femminismo non riguarda il benessere delle donne.

Un giornalista svedese onesto

Il 28 settembre 2023, il giornalista svedese Lars Aberg è intervenuto alla conferenza "The Diversity Obsession: Can Europe Survive Multiculturalism?" a Bruxelles, in Belgio.[44] Aberg ha delineato i cambiamenti estremi subiti dalla

---

[41] «La polizia svedese travolta dalla violenza musulmana», 28 gennaio 2017.

https://www.eutimes.net/2017/01/swedish-police-overwhelmed-by-muslim-violence/

[42] Thompson, P., «Otto stupri «sconosciuti» su 10 in Svezia sono compiuti da migranti, con più della metà delle condanne per stupro a stranieri, rivela uno studio», 24 agosto 2018.

https://www.dailymail.co.uk/news/article-6095121/Eight-10-stranger-rapes-Sweden-carried-migrants-study-reveals.html

[43] «La polizia invia rinforzi a Gotland dopo la denuncia di uno stupro che scatena la rabbia», 7 ottobre 2016.

https://www.thelocal.se/20161007/police-send-backup-to-gotland-after-reported-rape-sweden

[44] «L'ossessione della diversità: L'Europa può sopravvivere al multiculturalismo».

https://brussels.mcc.hu/event/can-multiculturalism-survive-21st-century-europe

Svezia, dipingendo un quadro onesto e cupo, sottolineando che sono stati spesi miliardi per integrare i migranti, definendolo "multiculturalismo con un portafoglio amichevole". Ha commentato che "la migrazione ha cambiato la natura della Svezia" e che la situazione avrebbe potuto essere diversa se gli svedesi avessero avuto "una visione meno idealistica del mondo e del posto della Svezia in esso". Facendo alcune osservazioni brillanti, ha aggiunto "... avremmo potuto definire termini come integrazione in modo molto più chiaro... avremmo potuto dire alle persone di imparare lo svedese e di trovarsi un lavoro... avremmo potuto evitare di considerare le persone provenienti da Paesi lontani come vittime esotiche... ma una combinazione di frontiere abbastanza aperte, un sistema di welfare generoso e nessuna richiesta seria ai nuovi arrivati di diventare parte della società è stata un invito ai problemi per tutti noi".[45] Infatti.

Emily Jones

L'immigrazione di massa comporta anche l'importazione di pericolosi sociopatici e psicotici. Il 22 marzo 2020 (festa della mamma), a Bolton, nel Regno Unito, una bambina di 7 anni di nome Emily Jones è stata uccisa in pieno giorno davanti ai suoi genitori mentre giocava in un parco. La sua gola è stata tagliata con un coltello artigianale (da intaglio). L'assassino è Eltiona Skana (30 anni), un migrante albanese con gravi problemi mentali, arrivato nel Regno Unito nell'agosto 2014. Schizofrenica paranoica, sosteneva di essere vittima del traffico di esseri umani (alias "oppressa").[46]

Il padre di Emily, Mark, ha attribuito la colpa al Greater Manchester Mental Health NHS Trust, che era a conoscenza dell'esistenza di Skana, che però è stata lasciata libera di vagare, commettendo poi questo orribile crimine. I membri delle sette in tutto il Regno Unito - nello Stato, nei servizi di salute mentale e nel pubblico in generale - sono da biasimare per queste cose. Nel dicembre dello stesso anno, Skana è stato condannato all'ergastolo, ma potrebbe scontare una lunga pena. Nel maggio 2021, il Daily Mail ha riportato che Skana ha ricevuto quasi 70.000 sterline di assistenza legale (!).[47] A me viene in mente un modo semplice per risparmiare, e a voi? (un rogo di streghe

---

[45] MCC Bruxelles, «Cosa è successo al nostro Paese? La Svezia è stata trasformata dal multiculturalismo - Lars Åberg», 26 ottobre 2023. https://www.YouTube.com/watch?v=MhZ3QdJ1xe0

[46] «Bambina di 7 anni accoltellata a morte da una donna in un parco del Regno Unito durante la festa della mamma», 5 aprile 2020. https://nationalfile.com/report-7-year-old-girl-stabbed-to-death-by-somali-migrant-in-uk-park-on-mothers-day/

[47] «L'assassino che ha tagliato la gola a Emily Jones, di sette anni, nell'omicidio della festa della mamma, ha ottenuto quasi 70.000 sterline di assistenza legale finanziata dai contribuenti», 20 maggio 2021. https://www.dailymail.co.uk/news/1article-9600547/Emily-Jones-Killer-awarded-nearly-70-000-taxpayer-funded-legal-aid.html

nel centro di Manchester costerebbe molto meno di 70.000 sterline).

Ovviamente, gli assassini di bambini ricevono l'assistenza legale finanziata dai contribuenti grazie all'influenza e alla "compassione" della setta. Mi fa venire voglia di tagliare qualche gola. La piccola e innocente Emily è morta due mesi prima di George Floyd, ma la maggior parte di voi probabilmente non ne ha mai sentito parlare. Non ci sono state manifestazioni marxiste o veglie in suo onore in tutto il mondo.

Le vittime di reati commessi da migranti in tutto l'Occidente sono troppo numerose e non è possibile onorarle tutte. Dobbiamo andare avanti. È chiaro che c'è molta rabbia omicida nei confronti dei bianchi nei Paesi ospitanti... mi chiedo da dove venga...

LGBTQ, trans/non-binario, sessualità, ecc.

"Sto facendo coming out... voglio che il mondo lo sappia... devo farlo vedere".[48]

Diana Ross, "I'm coming out", 1980

Lista di controllo dei comunisti

Ovviamente, questo sub-agenda utilizza il principio dell'oppressore contro l'oppresso, cercando di convincerci tutti che le persone LGBTQ sono state, e sono tuttora, ingiustificatamente maltrattate (alias "oppresse") in qualche modo; e quindi ora meritano un trattamento preferenziale. Crea un nuovo sistema di classi, collocando chiunque non faccia parte di questo gruppo "oppresso" (in particolare chiunque si opponga a questa sotto-agenda) nella categoria degli "oppressori" (a meno che non siano membri di una setta, o almeno siano conformi).

Il principio del cavallo di Troia è evidente, poiché la promozione dell'LGBTQ è vista come qualcosa di benefico per la società, anche se gli effetti sono devastanti. La sotto-agenda è ammantata di "compassione", quindi apparentemente si tratta di prendersi cura delle persone con problemi di genere/sessualità (questo è l'aspetto del virtue-signalling). Anche se nei tempi moderni si è registrato un aumento di coloro che si identificano in questi gruppi, essi rappresentano ancora una piccola minoranza all'interno della società (quasi trascurabile nel caso di "trans" e "non-binary").

Quindi, in sostanza, questo sub-agenda sta contribuendo a una grave crisi esistenziale che si ripercuoterà sull'intera società (bassi tassi di natalità, infertilità, aumento dei problemi di salute mentale ecc.), solo per la percepita "oppressione" di una manciata di persone! Inoltre, la menzogna secondo cui le persone possono cambiare il loro sesso biologicamente determinato sta distruggendo innumerevoli vite (ancora una volta, in particolare quelle dei

---

[48] «*Diana Ross-Im Coming Out (Lyrics)*».
https://www.YouTube.com/watch?v=ZuvGXxf7oNI

giovani e degli ingenui). Non li aiuterà, li rovinerà. In sostanza, nessuno vince. Fedele alla sua forma distruttiva, in questo caso l'ideologia sta distruggendo i corpi delle persone (anche se attraverso l'indottrinamento, gli ormoni e la chirurgia, piuttosto che l'aggressione diretta o l'omicidio). Ergo, è un cavallo di Troia.

Si basa su una percezione distorta della realtà, perché promuove l'idea che ci siano più di due sessi/generi, che questo possa essere cambiato (attraverso i mezzi di cui sopra) e, cosa più insidiosa, che questa persona sarà più felice una volta completato il processo - una bugia assolutamente orribile e criminale. Le persone "trans" hanno un livello sproporzionatamente alto di problemi di salute mentale, con tassi di suicidio più elevati. Naturalmente, i membri del culto ribatteranno che ciò è dovuto alla crisi di identità/genere (ad esempio, la disforia di genere) che stanno vivendo in primo luogo. Questo è falso e la prova è data dallo stato di salute mentale di coloro che hanno subito il processo di "transizione" prima e dopo: non sono mai guariti e la "transizione" è stata un errore.

Ovviamente, se sono stati utilizzati bloccanti della pubertà, "trattamenti" ormonali e interventi chirurgici, non si può più tornare indietro. La sterilità è comune. Molti di coloro che hanno subito questo processo semplicemente scompaiono dalla vista pubblica. Tuttavia, ci sono stati personaggi nobili e coraggiosi che si sono fatti avanti. Mi viene in mente Walt Heyer. Walt ha sviluppato una fissazione per l'essere femmina quando era un ragazzo. Quando aveva 4 anni, la sua saggia nonna "mi travestì ripetutamente, nel corso di diversi anni, con un vestito viola intero che aveva fatto apposta per me e mi disse quanto ero bello come una ragazza". Questo ha piantato il seme della confusione di genere e ha portato alla mia transizione all'età di 42 anni a transgender femmina".[49]

(Pensate ora a tutti i genitori e tutori degenerati e sottoposti a lavaggio del cervello che oggi incoraggiano questo comportamento nei loro figli, che apparentemente "amano"). Heyer è passato ad essere una donna, ha vissuto come tale, ma alla fine è tornato ad esserlo. Ha passato anni a parlare della questione.[50]

Un'altra è Katie Lennon Anderson, una donna biologica americana che ha tentato la "transizione" al maschile, subendo un'isterectomia e una doppia mastectomia (che l'hanno lasciata una "versione mutilata e abusata" della sua

---

[49] Heyer, W., «Ormoni, chirurgia, rimpianti: sono stata una donna transgender per 8 anni - tempo che non posso riavere«.
https://eu.usatoday.com/story/opinion/voices/2019/02/11/transgender-debate-transitioning-sex-gender-column/1894076002/

[50] https://waltheyer.com/

vecchia persona). Ora si descrive come una "de-transizionista".[51] Persona veramente "coraggiosa" e onorevole, ora parla anche pubblicamente dell'argomento. Casi come questi sono molto comuni, purtroppo, e la loro frequenza è destinata ad aumentare drammaticamente a causa del dominio del culto/ideologia. Questa sotto-agenda cerca anche di spingere la narrativa secondo cui le persone "transgender" sono state "oppresse" storicamente, quindi anche la percezione distorta della storia. Questa narrazione è spesso confusa con le altre ciance del culto, tra cui l'oppressione degli omosessuali, ecc. L'idea che le persone "trans" siano state oppresse storicamente è solo un'altra palese distorsione del passato, a vantaggio della setta.

È chiaro che questa sotto-agenda è promossa e sostenuta dal sistema. Quando si ha il gay Justin Trudeau come Primo Ministro del Canada nello stesso periodo in cui l'Irlanda ha il gay Leo Varadkar come Taoiseach (Primo Ministro), più una sfilata di altri personaggi gay/lesbici in posizioni di potere/influenza in tutto il mondo, questo è ovvio. Naturalmente, si trovano in quelle posizioni per promuovere la sub-agenda; si adattano ai tempi. Inoltre, più personaggi LGBTQ ci sono in posizioni di potere, più contribuiranno a portare avanti l'agenda. Essi "daranno il potere" ad altri tipi "oppressi" come loro di essere coinvolti nell'aiutare l'ideologia a dominare. All'interno del culto più grande, si tratta di una bizzarra forma di tribalismo simile a quello dei culti: aiuteranno i "loro". Inoltre, la sub-agenda è promossa all'interno dei sistemi educativi, del complesso delle ONG/non profit, dei media e dell'industria dell'intrattenimento. Lo vediamo tutti, non c'è bisogno di esempi.

Questa sotto-agenda attacca i pilastri della civiltà occidentale? Certamente aiuta a distruggere il tradizionalismo e qualsiasi tipo di programmazione religiosa che possa essere presente in una società, in particolare nelle aree della sessualità, delle relazioni, dell'amore, della monogamia, del matrimonio, ecc. È ovviamente un grande vaffanculo (gay) al cristianesimo, tipico del marxismo.

Tenta di imporre l'uguaglianza spacciando la menzogna che tutti gli orientamenti sessuali hanno lo stesso valore per la società e che è ugualmente positivo per qualcuno trascorrere la propria vita in relazioni/matrimoni omosessuali come in quelli eterosessuali. Ancora una volta, si tratta di un attacco al miglior tipo di relazioni per una società sana, equilibrata e forte: quelle eterosessuali con figli.

Anche se questa sotto-agenda riesce a ridurre il numero di relazioni tradizionali, si tratta di una vittoria per il culto/ideologia.

Infine, il "trans" e il "genere non binario" sono una forma di eugenetica, poiché

---

[51] «Detrans Katie Lennon parla a sostegno della legge sui diritti dei genitori dell'NH», 20 aprile 2023.

https://www.YouTube.com/watch?v=cK_WeOe7OVI

aumentano la sterilità e riducono le nascite nelle popolazioni prevalentemente bianche. È quindi anti-bianco.

Storia marxista del LGBTQ

Questa sotto-agenda non esisterebbe senza che il culto marxista sia stato prima istituito. Un esame della formazione dei movimenti femministi, per i diritti dei gay e LGBTQ, tra loro collegati, mostra un filo rosso comune: persone che si definiscono marxiste, socialiste o comuniste che creano e/o sostengono questi movimenti. Alcuni fanno semplicemente parte del movimento attivista del culto, del mondo accademico marxista o di entrambi. (Naturalmente, c'è un notevole incrocio tra le sotto-agenzie LGBTQ e femminismo, ma il femminismo ha una sezione a sé). Nel complesso, possiamo dire che i movimenti per i diritti degli omosessuali e quelli femministi erano separati e già affermati prima che il fenomeno "trans" più moderno venisse alla ribalta. Pertanto, possiamo dire che questi movimenti hanno aperto la strada al movimento "transgender". Il XX secolo ha visto la produzione di navi cariche di libri da parte di membri di sette marxiste che promuovevano questi movimenti. Ci vorrebbe una vita per elencare tutte queste figure e le connessioni tra loro (la storia risale al 19 secolo e oltre), ma ecco alcuni eventi, gruppi e nomi:

Edward Carpenter è stato un socialista fabiano e attivista LGBT. Fu autore di *The Intermediate Sex: A Study of Some Transitional Types of Men and Women* (1908);[52] Lily Braun era a capo di un'organizzazione tedesca chiamata *League of Progressive Women's Associations (Verband Fortschrittlicher Frauenvereine)*, favorevole ai diritti degli omosessuali (fine '800/inizio '900);[53] La *Mattachine Society*, fondata negli Stati Uniti nel 1950, era un'organizzazione per i diritti degli omosessuali formata dal membro della setta e sindacalista Harry Hay. Strutturalmente era organizzata in modo simile allo stesso Partito Comunista;[54] Bayard Rustin era un socialista, attivista per i diritti civili e LGBTQ. Era un collaboratore della figura di culto nera americana Martin Luther King;[55] Herbert Marcuse's *Eros and Civilisation: A Philosophical Inquiry into Freud* (1956) di Herbert Marcuse dovrebbe essere menzionato qui, poiché spingeva al "liberalismo sessuale".

Il movimento di "liberazione gay" ha visto la creazione di gruppi come il *Gay Liberation Front* (un nome quasi-terroristico molto marxista!) e il *Gay Marxist*

---

[52] Carpenter, E., *Il sesso intermedio: A Study of Some Transitional Types of Men and Women* (1912). https://archive.org/details/intermediatesex00carpgoog

[53] https://de.wikipedia.org/wiki/Verband_Fortschrittlicher_Frauenvereine

[54] https://en.wikipedia.org/wiki/Mattachine_Society

[55] https://www.britannica.com/biography/Bayard-Rustin

Group. Il *Gay Left* è stato attivo dal 1975 al 1980 a Londra, nel Regno Unito.[56] Un altro gruppo era il *Fronte omosessuale* francese *per l'azione rivoluzionaria* (*front homosexuel d'action revolutionnaire.* Di nuovo, ridacchia). Fu attivo dal 1971 al 1974;[57] *Verso un comunismo gay* è un libro del 1977 dell'autore italiano Mario Mieli. Una delle cose che insinuava era che il capitalismo opprime gli omosessuali (occhi al cielo);[58] Lo strambo David Fernbach ha scritto il divertente titolo *The Spiral Path: A Gay Contribution to Human Survival* (1981). *Ha* studiato alla London School of Economics ed è un maoista.[59][60]

Leslie Feinberg è stata un'attivista ebrea americana, lesbica e trans, attiva dagli anni Sessanta. Era apertamente impegnata nel culto come membro del *Workers World Party, un* gruppo marxista-leninista. I suoi "scritti" includono *Transgender Liberation: A Movement Whose Time Has Come* (1992); *Transgender Warriors: Making History from Joan of Arc to Dennis Rodman* (1996); e *Rainbow Solidarity in Defence of Cuba* (2009).[61]

Omosessualità nei paesi "comunisti

I bolscevichi in Russia hanno depenalizzato l'omosessualità nel dicembre 1917. Bizzarro, visto che sicuramente avevano cose più importanti da fare (come imparare a gestire un Paese senza dover uccidere tutti, forse?). Fu ri-criminalizzata sotto Stalin nel 1933.[62] Questo segnò una nuova fase in cui gli Stati comunisti erano contrari agli omosessuali, e questo è stato ben documentato (anche da alcuni che sono ideologicamente membri del culto marxista). Ogni "indesiderabile" sarebbe stato trattato come tale dallo Stato.

Yuri Besmenov ha detto che l'omosessualità ecc. era necessaria solo durante la fase di destabilizzazione (del processo di sovversione ideologica). Poiché gli Stati comunisti cercavano di creare una forza nazionale, sicuramente si sono resi conto che la promozione dell'omosessualità nei maschi non rientrava in questi interessi (meno nascite, meno mascolinità, ecc.). Quindi, in sostanza, in uno Stato "socialista"/"comunista" si è duri con i gay perché è finita la farsa

---

[56] https://en.wikipedia.org/wiki/Gay_Liberation_Front; https://en.wikipedia.org/wiki/Gay_Left

[57] https://en.wikipedia.org/wiki/Front_homosexuel_d'action_revolutionnaire

[58] https://www.plutobooks.com/9780745399515/towards-a-gay-communism/

[59] https://archive.org/details/spiralpathgaycon00fern

[60] https://www.haymarketbooks.org/authors/41-david-fernbach

[61] https://en.wikipedia.org/wiki/Leslie_Feinberg

[62] Englestein, L., «La politica sovietica nei confronti dell'omosessualità maschile: origini e radici storiche», 1995. https://pubmed.ncbi.nlm.nih.gov/8666753/

che il marxismo si preoccupa delle minoranze.

Il lavoro dello scrittore e giornalista cubano Reinaldo Arenas si riferisce a questo processo. Ha raccontato come gli omosessuali come lui siano stati incarcerati dal regime di Castro. A un certo punto è stato imprigionato per non aver seguito la linea ideologica del partito al potere (il *Partido Comunista de Cuba*). In seguito riuscì a fuggire dal regime e continuò a essere un critico dichiarato. È considerato un eroe pro LGBT. [63]

A parte questo, come già detto, non possiamo lasciarci prendere dalle etichette per descrivere uno stato, un paese o un regime; dobbiamo concentrarci sull'ideologia che lavora sotto la superficie. Quindi, l'idea che la Cuba di Castro (o qualsiasi altro Stato rosso) possa essere stata dura con chiunque appartenga alle categorie LGBTQ non contraddice il messaggio di questo libro: il movimento LGBTQ è un sotto-movimento del marxismo. Non possiamo paragonare la Cuba di Castro a un Paese occidentale di oggi: quello era un tempo e un luogo in cui l'ideologia assumeva una certa forma e produceva certi effetti. Attualmente, la sotto-agenda LGBTQ è utilizzata dall'ideologia come parte del processo di destabilizzazione in atto nei Paesi occidentali.

Non si tratta di un'accusa che riguarda tutti

Su questo tipo di argomenti, dovremmo giudicare le persone come individui in base al loro livello di consapevolezza e al fatto che siano indottrinate o meno (e in che misura). Certamente ci sono molti gay e lesbiche che non sostengono l'attuale movimento estremo "LGBTQ"/trans/non-binario", quindi sarebbe ingiusto dare la colpa di ciò che sta accadendo a tutti coloro che non sono eterosessuali, come se fossero tutti uguali! Forse non sostengono gli aspetti più "radicali" di questa sotto-agenda, come l'imposizione dell'omosessualità ai bambini nelle scuole, l'ora delle storie con le drag queen, o l'incoraggiamento dei bambini alla "transizione", ecc.) Allora il problema non sono queste persone, che possono avere l'atteggiamento del "vivi e lascia vivere" e non sono interessate a imporre il loro comportamento a nessuno. È di quelli che controllano e sono fanatici che dobbiamo preoccuparci in questo momento.

Alcuni analisti hanno osservato che la "T" di "trans" si è quasi legata al movimento lesbico, gay e bisessuale; e ciò si può chiaramente vedere nella spaccatura delle opinioni di cui sopra. Tuttavia, resta il fatto che i movimenti per i "diritti gay" del XX secolo hanno gettato le basi per il paesaggio infernale sessuale trans "non binario" in cui ci troviamo oggi, e coloro che sono stati coinvolti in quei movimenti ne sono in qualche modo responsabili. Ancora una volta, la "rivoluzione" progredisce a ondate.

Quindi, se è vero che esiste una cosa "normale" (in termini di salute, comportamento sessuale e identità sessuale, ecc.), e che le categorie LGBTQ

---

[63] https://www.britannica.com/biography/Reinaldo-Arenas

non sono "normali", allora non dovremmo ristrutturare la società per adattarci a loro o plasmare i giovani a loro immagine. Questo avrebbe effetti catastrofici, ed è esattamente quello che sta accadendo ora. Dov'è la razionalità in un'affermazione così stravagante, come qualcuno potrebbe chiedersi? Beh, se in una particolare nazione/società/gruppo etnico ci fossero troppe persone che si impegnano in relazioni omosessuali e senza figli (sessuali o di altro tipo), ciò porterebbe all'estinzione di quel gruppo. Se una ragione esistenziale non è sufficiente per frenare questo movimento, allora cosa lo è?

Il punto di vista dell'autore su LGBTQ

Di certo, l'omosessualità e la bisessualità non sono arrivate sul pianeta con il marxismo, ma esistono da secoli. Anche se è difficile da quantificare, forse c'è stato un aumento negli ultimi tempi. E poi c'è il fenomeno, molto più recente, degli individui con confusione sul proprio "genere", che sembra essere qualcosa di diverso. Forse negli ultimi decenni c'è stato un massiccio aumento della disforia di genere, dei "trans" e di altri tipi di anomalie sessuali, a causa di un cocktail di fattori tossici di squilibrio ormonale, soprattutto nei Paesi più sviluppati. Tra l'altro, hanno influenzato il materiale genetico di entrambi i sessi (cromosomi) e hanno avuto un impatto sulle donne in età fertile e sui loro figli.

A livello fisiologico, questi fattori includono: fattori genetici ed epigenetici; le moderne diete a basso contenuto di grassi e ad alto contenuto di carboidrati con OGM e alimenti trasformati, tra cui la dieta vegana che riduce il testosterone a causa dei fitoestrogeni, l'uso diffuso di erbicidi (ad esempio il glifosato) e il consumo di prodotti lattiero-caseari/carni non biologici (carichi di ormoni, antidolorifici, additivi, ecc.); l'alcol, il fumo e le droghe (legali e illegali); la pillola contraccettiva a base di estrogeni (ad es. progesterone); i contaminanti - tra cui fluoro, ormoni e farmaci - presenti nell'acqua; lo stile di vita moderno - livelli di stress potenzialmente più elevati, scarsa attività fisica, sistema immunitario relativamente debole, ridotta esposizione alla luce solare (e conseguente carenza di vitamina D, che influisce sul sistema endocrino che produce ormoni); l'esposizione a varie vibrazioni/radiazioni prodotte dalla tecnologia moderna (telefoni cellulari, Wifi, TV, microonde, ecc.). L'insieme di questi fattori contribuisce a diminuire i livelli ormonali sani e a influenzare il DNA di una società, in generale di tutta la società in cui sono presenti tali fattori. Il materiale genetico alterato all'interno della popolazione contribuisce poi alla sessualità di coloro che nascono al suo interno. Si noti anche come questi fattori siano emersi quasi contemporaneamente, nell'era moderna.

A livello psicologico, in combinazione con i fattori di cui sopra, la società è stata colpita dagli effetti squilibranti dell'ideologia. Si pensi alla demonizzazione della mascolinità e del testosterone e all'aumento dell'iperfemminilità (entrambi incoraggiati da varie sotto-agenzie marxiste e dal condizionamento oppressore-oppresso).

Inoltre, la scienza emergente ci sta mostrando che possiamo influenzare la nostra genetica attraverso i nostri pensieri/credenze/mentalità, attivando o disattivando alcuni geni, in determinate condizioni ("espressione genica").[64] Forse la mentalità delle donne indottrinate - prima e durante la gravidanza - contribuisce a questo problema, influenzando la sessualità della loro prole. Se abbiamo una società che demonizza la mascolinità, gli individui che la compongono rifletteranno sempre più questo clima culturale a livello fisiologico.

Tutto ciò si aggiunge alla promozione generale della degenerazione che un'infezione del marxismo porta con sé, quando si tratta di atteggiamenti naturali e sani verso le relazioni e la sessualità. In sintesi, il culto/ideologia crea e amplifica le condizioni squilibrate e innaturali in cui apparirà un maggior numero di persone/comportamenti non eterosessuali, poi dice "guardate tutte queste persone oppresse! E poi suggerisce: "Dobbiamo trasformare la società - attraverso una rivoluzione sessuale progressiva - per accogliere queste persone! Anzi, aumentiamo la gayezza e le persone gay per dimostrare quanto siamo contrari all'omofobia e alla transfobia! Anche gli etero dovrebbero essere gay il più possibile, così siamo solidali!" ecc.

Black Lives Matter e l'antirazzismo

"Il liberale bianco differisce dal conservatore bianco solo per un aspetto: è più ingannevole, più ipocrita del conservatore... è colui che ha perfezionato l'arte di fingersi amico e benefattore del negro. Il liberale bianco è in grado di usare il negro come pedina o arma".[65]

L'attivista per i diritti dei neri Malcolm "X" Little, 1963

"Quando ero per strada... ogni volta che parlavo con la gente di colore... Pochissime persone avevano dei dubbi sul comunismo".[66]

Angela Davis, membro di una setta e attivista femminista, 1972

"Gli afroamericani sono stati sottoposti a un lavaggio del cervello che li ha portati a non avere una mentalità aperta e a non prendere nemmeno in considerazione un punto di vista conservatore. Io ho ricevuto lo stesso vetriolo semplicemente perché sono in corsa per la nomination repubblicana come conservatore. Quindi si tratta di lavaggio del cervello e di persone che non

---

[64] Mukherji, S., «Mentalità ed espressione genica», 15 febbraio 2020.
https://www.psychologs.com/mindset-and-gene-expression/

[65] «Malcolm X: liberali e conservatori bianchi«.
https://www.YouTube.com/watch?v=T3PaqxblOx0

[66] Angela Davis - Perché sono comunista (intervista del 1972).
https://www.YouTube.com/watch?v=cGQCzP-dBvg

hanno una mentalità aperta, puro e semplice".[67]

L'uomo d'affari nero-americano Herman Cain,
Intervista alla CNN, ottobre 2011

Questa sotto-agenda utilizza il principio oppressore contro oppresso, ponendo i bianchi come oppressori e i non bianchi come oppressi. Ovviamente crea divisioni razziali incendiarie, sia in Paesi con divisioni razziali storiche (come Stati Uniti, Francia, Regno Unito, ecc.), sia in quelli con divisioni relativamente nuove create dalla "diversità" (come l'Irlanda). Inoltre, designa specificamente lo Stato - attraverso le forze di polizia - come "oppressore" fascista, razzista e autoritario.

Questo sub-agenda contiene segnali di virtù ed è stato un cavallo di Troia per i neri negli Stati Uniti in particolare, in quanto apparentemente a loro vantaggio, anche se in definitiva li avrebbe solo danneggiati e frenati.

Si tratta anche di una percezione distorta della storia/realtà, basata sulla falsa idea che l'establishment statunitense, in particolare la polizia, sia intrinsecamente razzista nei confronti dei neri. Inoltre, tenta di nascondere il fatto che il gruppo razziale nero commette una quantità sproporzionata di crimini rispetto ad altri gruppi nel Paese (in parte a causa dell'influenza dell'ideologia nelle comunità nere). Inoltre, incoraggia il razzismo anti-bianco e la narrativa razzista secondo cui i bianchi dovrebbero essere sottomessi ai neri, in nome della "giustizia sociale" (un nuovo sistema di classi).

È stata sostenuta dal sistema in tutti i modi consueti ed è stata un attacco al capitalismo e alla cultura - durante le "proteste" che questa sotto-agenda ha ispirato, poiché sono state attaccate imprese e punti di riferimento.

L'ascesa del BLM

George Floyd è morto il 25 maggio 2020 ed è diventato un catalizzatore martire del culto/ideologia. Il movimento Black Lives Matter (BLM), anche se ovviamente nato prima, è salito alla ribalta. La morte di Floyd ha scatenato una cascata di azioni rivoluzionarie gloriose in tutto il mondo, in quasi 60 Paesi durante l'estate, la maggior parte dei quali negli Stati Uniti e in Europa. Molte sono diventate violente, come quelle di Londra e Parigi. Le "proteste" di Londra, che si sono protratte per molte settimane, sono diventate violente soprattutto quando i gruppi di destra sono stati coinvolti dopo che i membri del

---

[67] Martin, R., «Herman Cain nega l'orribile storia del GOP con i neri», 3 ottobre 2011.

https://edition.cnn.com/2011/10/01/opinion/martin-cain-brainwashed/index.html

culto hanno iniziato ad attaccare i monumenti.[68] [69]

In Irlanda, una protesta è stata organizzata da diversi gruppi di culto, tra cui *Black Pride Ireland*. Dal loro sito web *blackprideireland.ie*: "Siamo... un'organizzazione LGBTQIA di persone queer nere, per persone queer nere in Irlanda".[70] Ci si aspettava che le persone di tutto il mondo si inginocchiassero in segno di solidarietà. Alcuni membri del culto non bianchi si sono persino filmati mentre si avvicinavano ai bianchi, insistendo che si inchinassero a loro e si scusassero per il "privilegio bianco" (un atto che simboleggia la trasformazione della classe "oppressore" in "oppressa" sottomessa).[71]

Ovviamente, a causa della già citata ignoranza pubblica, erano in pochi a dare la colpa al marxismo per questa follia. Solo in un secondo momento, a molti è caduto il coltello dalla parte del manico. Patrisse Khan-Cullors, membro del culto e cofondatrice del BLM, ha rilasciato un'intervista a *Real News Network* nel 2015, che è poi riemersa durante i disordini, dichiarando: "... in realtà abbiamo una struttura ideologica... io e Alicia in particolare siamo organizzatori preparati, siamo marxisti preparati, siamo super esperti di teorie ideologiche. E credo che quello che abbiamo cercato di fare sia stato costruire un movimento che potesse essere utilizzato da molti, moltissimi neri".[72] (in altre parole, "abbiamo fatto il lavaggio del cervello, abbiamo letto molta teoria marxista e vogliamo fare il lavaggio del cervello a molti altri neri").

Il Black Lives Matter Network (ufficialmente) è stato formato da Cullors, Alicia Garza e Opal Tometi nel 2013.[73] Questi pazzi a cui è stato fatto il lavaggio del cervello sono la personificazione dell'eredità di Saul Alinksy, "organizzatore" della comunità nera. La pagina "About" del sito web *blacklivesmatter.com* utilizza una terminologia rivelatrice. Il gruppo, la cui

---

[68] BBC, «Scontro tra polizia francese e attivisti antirazzisti a Parigi», 13 giugno 2020.

https://www.bbc.com/news/world-europe-53036388

[69] BBC, «Proteste a Londra: Oltre 100 arresti dopo violenti scontri con la polizia», giugno 2020.https://www.bbc.com/news/uk-53037767

[70] The Irish Times, «La protesta Black Lives Matter ha luogo a Dublino», 6 giugno 2020 (video). https://www.irishtimes.com/news/black-lives-matter-protest-takes-place-in-dublin-1.4272820

[71] «YouTuber BLM ha costretto le ragazze bianche a inginocchiarsi per scusarsi del 'privilegio bianco'». 3 giugno 2020.
https://www.YouTube.com/watch?v=RKF5LsTe6KM

[72] Real News Network, «Breve storia di Black Lives Matter», 23 luglio 2015.

https://www.YouTube.com/watch?v=Zp-RswgpjD8

[73] «Movimento per le vite nere«.
https://library.law.howard.edu/civilrightshistory/BLM

"intera missione è sradicare la supremazia bianca", si descrive come un "collettivo di liberatori" (insinuando che i neri sono schiavizzati/oppressi, naturalmente). Sostengono che "dobbiamo andare oltre il nazionalismo ristretto che è fin troppo diffuso nelle comunità nere" e affermano la loro "resilienza di fronte all'oppressione mortale" (in altre parole, "c'è troppo patriottismo americano per i nostri gusti").[74] Il testo "Take Action" dice "Unisciti al Movimento per combattere per la libertà, la liberazione e la giustizia". Non c'è bisogno di tirare fuori il dizionario marxista-inglese.

Black Lives Matter Inc.

Un altro aspetto del BLM tipicamente marxista è l'ovvia criminalità: scorrerie, furti, aggressioni, danni alla proprietà e frodi. L'organizzazione ha raccolto circa 90 milioni di dollari in donazioni nel 2020, a seconda della fonte.[75] 90 milioni di dollari a un gruppo di membri di un culto anti-americano e anti-bianco! Un tradimento da ricchi!

Cullors è stata smascherata come ipocrita e approfittatrice. È stato riferito che ha acquistato una proprietà di 1,4 milioni di dollari a Los Angeles. La casa si trova a Topanga Canyon, una zona ricca e prevalentemente bianca, a breve distanza dalle spiagge di Malibu.[76] Se questo non è fare il culo alla borghesia, non so cosa sia! Sembra che il crimine paghi. Il New York Post ha riportato che Khan-Cullors ha acquistato anche case a Inglewood, Los Angeles, e un'altra in città, portando il totale a 3,2 milioni di dollari.[77] Che fine ha fatto il "togliere ai ricchi per dare ai poveri"? O, per citare lo stesso grande Marx, che fine ha fatto il "da ciascuno secondo le sue capacità, a ciascuno secondo i suoi bisogni"? I profitti non sono il male? Suppongo che le "donazioni" siano diverse, giusto?

Un articolo del 24 giugno 2020 su Breitbart.com ha approfondito i retroscena della Cullors, affermando che "è stata per oltre un decennio la protetta di un terrorista interno sostenitore dei comunisti, trascorrendo anni di formazione

---

[74] https://blacklivesmatter.com/about/

[75] Morrison, A., «I nuovi documenti fiscali di Black Lives Matter mostrano che la fondazione sta stringendo la cinghia, ha un patrimonio di 30 milioni di dollari», 27 maggio 2023. https://apnews.com/article/black-lives-matter-donations-george-floyd-protests-ddcf0d21d130a5d46256aa6c5d145ea7

[76] «Il leader marxista del BLM compra una casa da 1,4 dollari in un quartiere prevalentemente bianco», 10 aprile 2021. https://www.lawofficer.com/marxist-blm-leader-buys-1-4-home-in-predominantly-white-neighborhood/

[77] «Il co-fondatore del BLM ha speso 3,2 milioni di dollari per costruire case negli ultimi anni», 11 aprile 2021.

https://www.lawofficer.com/blm-co-founder-spent-3-2m-accruing-homes-in-past-few-years/

nell'organizzazione politica e assorbendo l'ideologia radicale marxista-leninista che ha plasmato la sua visione del mondo". Il membro della setta in questione era Eric Mann, che "ha fatto da mentore a Cullors per oltre un decennio nell'organizzazione della comunità, era membro di gruppi militanti della sinistra radicale: Students for a Democratic Society e Weather Underground, che negli anni '60 e '70 hanno bombardato edifici governativi e stazioni di polizia.[78]

Una delle organizzazioni dietro la BLM si chiama *Thousand Currents*. Susan Rosenberg è il vicepresidente del consiglio di amministrazione. La Rosenberg era un membro di una setta ebraica molto attiva e una terrorista interna antiamericana che ha trascorso la maggior parte della sua vita coinvolta in attività "rivoluzionarie".

Tra queste figurano attentati e sparatorie, nonché l'uccisione di una guardia di sicurezza e di agenti di polizia in una rapina alla Brinks nel 1981. È stata un membro attivo dell'*Organizzazione Comunista del 19 Maggio*, che ha condotto una campagna di terrorismo interno contro lo Stato americano. Questo gruppo, decisamente femminista, sosteneva gruppi marxisti di potere nero come l'*Esercito di Liberazione Nero*. Rosenberg dovrebbe essere ancora in carcere, ma è stata sostanzialmente graziata da Bill Clinton nel suo ultimo giorno di mandato.[7980]

La morte di Floyd e l'enfasi posta sul BLM sono stati un'enorme spinta alle pubbliche relazioni per la setta. Un articolo pubblicato su *uk.pcmag.com* il 20 luglio 2020: "l'hashtag #BlackLivesMatter è stato usato 47,8 milioni di volte su Twitter dal 26 maggio al 7 giugno 2020. Vale a dire poco meno di 3,7 milioni di volte al giorno!".[81] Inoltre, secondo Forbes il 2 giugno 2020, circa 28 milioni di utenti di Instagram hanno postato un semplice quadrato nero insieme all'hashtag #blackouttuesday. Un altro è stato #TheShowMustBePaused,

---

[78] Klein, J., «Il fondatore di Black Lives Matter ha avuto come mentore un ex terrorista domestico che ha lavorato con Bill Ayers», 24 giugno 2020. https://www.breitbart.com/politics/2020/06/24/black-lives-matter-founder-mentored-by-ex-domestic-terrorist-who-worked-with-bill-ayers/

[79] https://thousandcurrents.org/

[80] https://en.wikipedia.org/wiki/Susan_Rosenberg

[81] Cohen, J., «L'hashtag #BlackLivesMatter ha una media di 3,7 milioni di tweet al giorno durante i disordini», 20 luglio 2020. https://uk.pcmag.com/why-axis/127817/blacklivesmatter-hashtag-averages-37-million-tweets-per-day-during-unrest

utilizzato dalla moltitudine di idioti dell'industria musicale.[82]

Il doc "La più grande bugia" di Candace

Nell'ottobre 2022, Candace Owens ha fatto un'apparizione al *Tucker Carlson Tonight*. La Owens è un grande esempio di una fantastica donna nera americana che non solo non è indottrinata, ma è anche una talentuosa e prolifica oppositrice del culto/ideologia. Nell'intervista ha parlato del BLM e di un documentario da lei prodotto intitolato "La più grande bugia mai venduta". Sfoggiava una divertente maglietta con il pugno chiuso marxista che reggeva una bella mazzetta di denaro. Sulla questione dei colossali finanziamenti ricevuti dalla BLM, ha detto: "... hanno derubato gli americani, hanno derubato le emozioni degli americani, hanno estratto le emozioni, hanno usato il dolore dei neri per creare confusione e per prendere decine di milioni di dollari dalla gente".[83] Ha anche dichiarato che gran parte dei finanziamenti sono andati al movimento LGBTQ (un'ulteriore prova che si tratta di una grande setta).

Quando Carlson ha chiesto se i neri di tutti i giorni avessero tratto beneficio dal BLM, ha risposto che non solo non ha portato benefici a nessuno, ma ha addirittura danneggiato le comunità nere: all'indomani dei disordini, molte aziende hanno abbandonato queste aree (attacco al capitalismo) e ci sono state zone "vietate" alla polizia. È interessante notare che, poco dopo la pubblicazione del trailer del documentario, l'IRS (Inland Revenue Service) ha minacciato di indagare sulla sua associazione di beneficenza, Blexit. Qualcuno vuole vedere i doppi standard dei comunisti?

La testimonianza di un poliziotto nero

Il 10 luglio 2020, sul canale YouTube di *KGW News* è apparsa un'intervista video con l'agente Jakhary Jackson dell'Ufficio di Polizia di Portland, in cui ha fornito una visione di prima mano dei disordini della BLM. Il suo resoconto professionale e da testimone oculare è stato rivelatore.[84]

Nei suoi tentativi di parlare con i manifestanti neri, veniva sempre interrotto dai membri del culto bianco, che li informavano di non parlare con gli agenti di polizia come lui (questo perché gli agenti di polizia neri sono ovviamente i più adatti a far ragionare i manifestanti neri). Jackson si è laureato in storia alla

---

[82] Monckton, P., «Ecco perché milioni di persone postano quadrati neri su Instagram», 2 giugno 2020. https://www.forbes.com/sites/paulmonckton/2020/06/02/blackout-tuesday-instagram-black-squares-blackouttuesday-theshowmustbepaused/

[83] Fox News, «Owens dettaglia il documentario scioccante che espone i finanziamenti di Black Lives Matter», 13 ottobre 2022. https://www.YouTube.com/watch?v=5JfMiXbVH4U

[84] KGW News, «KGW: Cosa significa essere un agente di colore che controlla le proteste di Portland | Intervista cruda», 10 luglio 2020. https://www.YouTube.com/watch?v=ha-7SETmJD4

Portland State University e ha notato che i manifestanti con cui aveva a che fare non avevano alcuna idea della storia (in altre parole, blateravano un'errata retorica marxista, alias propaganda).

Ha fornito esempi di "manifestanti" bianchi che gridavano cose razziste agli agenti neri, in occasione di presunte "proteste" antirazziste. Ha anche notato che le persone di colore abbandonavano queste proteste, consapevoli che c'era qualcos'altro che guidava i disordini, oltre ai diritti dei neri. Qualcosa di diverso... "Quando ci si trova a una protesta di Black Lives Matter, c'è più minoranza dalla parte della polizia che in una folla violenta", ha detto. Ha anche raccontato di essere stato trattato con condiscendenza dai membri del culto bianco: gli è stato detto di lasciare il suo lavoro, che stava danneggiando la sua comunità, ecc. e l'ipocrisia di una "persona bianca privilegiata che dice a qualcuno di colore cosa fare della propria vita" (in una protesta che apparentemente riguarda l'uguaglianza, i diritti, l'emancipazione dei neri, ecc.)

Questo è un caso in cui la maschera dell'ideologia (che si fa valere) scivola. Ancora una volta, il culto/ideologia non si preoccupa delle persone, nere o meno. Se non fai parte della grande rivoluzione, indipendentemente dalla razza, sei il nemico. La morte di Floyd è stata solo una scusa per i membri della setta per fare ciò che fanno: distruggere. Quello che è successo a Portland è una vergogna assoluta! Un esempio stupefacente ed esasperante di ciò che accade quando non si stroncano immediatamente e con estrema forza i disordini marxisti. Un focolaio di marxismo nell'America di oggi!

George americano e George irlandese

George Floyd non era certo un essere umano modello. Anzi, era un criminale degenerato e un drogato. Quel giorno fatidico era drogato fino alle viscere e fu avvicinato dalla polizia per aver usato una banconota da 20 dollari falsa. Anche se l'agente Derek Chauvin è stato incredibilmente stupido a inginocchiarsi su di lui in quel modo, Floyd è morto perché non è riuscito a seguire le istruzioni di base della polizia. Il filmato della bodycam del suo arresto lo dimostra e mostra uno dei comportamenti più frustranti e patetici che si possano mai vedere da una persona. Il filmato (disponibile sul canale YouTube *Police Activity*) evidenzia il lavoro incredibilmente difficile che la polizia deve svolgere ogni giorno in quel Paese.[85] (Il canale YT *Police Activity* documenta gli incidenti e gli arresti della polizia in tutti gli Stati Uniti, dando allo spettatore una chiara idea di chi e cosa la polizia deve affrontare costantemente. È divertente notare che, mentre vengono arrestati, molti arrestati di colore fanno l'appello "Non riesco a respirare", una tendenza iniziata da George Floyd).

---

[85] PoliceActivity, «Filmato completo dell'arresto di George Floyd», 10 agosto 2020.

https://www.YouTube.com/watch?v=XkEGGLu_fNU

Dovremmo arrabbiarci se muore una persona del genere? Certo, è ridicolo trattare questo evento come la morte di un santo. La gente muore continuamente in tutto il mondo, ma il programma marxista, ovviamente, esige che il mondo intero si addolori per questo caso. Se il ragazzo fosse stato bianco, non ci sarebbe stata alcuna reazione da parte del culto, perché non è vantaggioso. Inoltre, se un bianco venisse ucciso, ad esempio, da un migrante nero, farebbero di tutto per sopprimere la notizia; tirerebbero tutti i fili possibili per impedire che la notizia raggiunga la coscienza pubblica, o la girerebbero in modo tale da favorire il culto/ideologia facendo un po' di PR per limitare i danni. Nel caso di Floyd, la setta ha colto l'occasione al volo.

I membri di una setta in Irlanda hanno usato la stessa tattica, sfruttando la morte di una persona non bianca. George Nkencho è stato ucciso con un colpo di pistola fuori dalla sua casa vicino a Clonee, al confine tra Dublino e Meath, il 30 dicembre 2020 da Gardai (polizia). Il 27enne aveva aggredito un direttore e minacciato il personale con un coltello al centro commerciale Hartstown. Ha minacciato il pubblico e la polizia che è arrivata sul posto. È stato poi seguito a casa dai Gardai, regolarmente disarmati, che gli hanno consigliato di gettare l'arma.[86]

L'ASU (unità di supporto armato) è intervenuta sul posto e, dopo che i tentativi di usare la forza non letale erano falliti, Nkencho è stato colpito mentre si lanciava contro di loro brandendo una grossa lama (un video dell'incidente lo conferma). L'episodio ha seguito lo schema abituale in queste circostanze (particolarmente evidente negli Stati Uniti, come mostra il canale YT Police Activity): un giovane nero che commette un crimine o aggredisce qualcuno, brandisce un'arma letale, si rifiuta di posare l'arma quando gli viene ordinato dalla polizia armata e cade sotto una pioggia di proiettili.

È interessante notare che il giorno successivo i membri della setta in Irlanda hanno inscenato una protesta davanti alla stazione di polizia di Blanchardstown! Beh, che shock, vero? Potete immaginare questi idioti che non vedono l'ora che accada un evento del genere per poter tirare fuori i cartelli anti-establishment! Un'immagine della "protesta" pubblicata dal *Sunday World* il 3 gennaio mostrava il pugno chiuso dei comunisti.[87]

---

[86] Hussey, S., «Uomo muore dopo essere stato colpito dai gardaí nella zona ovest di Dublino», 30 dicembre 2020.

https://www.rte.ie/news/crime/2020/1230/1186988-shooting/

[87] O' Connell e Foy, «False affermazioni: La famiglia di George Nkencho intraprende un'azione legale per le 'affermazioni vendicative' che circolano online», 3 gennaio 2021.

https://www.sundayworld.com/news/irish-news/family-of-george-nkencho-pursuing-legal-action-over-vindictive-assertions-circulating-online-39925190.html

In modo tipico, i membri della setta - soprattutto nei media - hanno affermato e ribadito che Nkencho aveva problemi di "salute mentale", cercando di dipingerlo come una vittima (oppressa). Se questo fosse vero, che differenza fa? Ci sono letteralmente centinaia di milioni di persone in tutto il mondo che soffrono di problemi di "salute mentale" e la maggior parte non commette crimini violenti; di certo, non si fa sparare mentre brandisce aggressivamente un coltello e carica la polizia armata! Lo stesso vale per l'Irlanda - grandi problemi di depressione e salute mentale, in particolare tra i giovani maschi - eppure non si comportano così. Deve trattarsi di razzismo autoritario fascista istituzionale verso i neri, giusto? E che dire della salute mentale - e delle cicatrici mentali non espresse per tutta la vita - delle persone terrorizzate e aggredite da Nkencho quel giorno?

Personaggi politici irlandesi di alto livello e membri della setta hanno espresso le loro condoglianze alla famiglia, mentre tutte le persone coinvolte hanno sottolineato che Nkencho non aveva precedenti penali ma aveva quei maledetti problemi di "salute mentale". Ovviamente, questi sentimenti hanno dominato la narrazione ufficiale e la polizia armata non si è congratulata pubblicamente per aver fatto il proprio lavoro in modo significativo. Sui social media, tuttavia, c'è stato un grande sostegno per le azioni degli agenti quel giorno.

In una società sana di mente, dopo un simile incidente, lo Stato dovrebbe lanciare un avvertimento pubblico (e garantire) che tale attività criminale sarà affrontata con la stessa reazione in futuro. Giocare a giochi stupidi, vincere premi stupidi.

Il comportamento antisociale sproporzionato dei neri

Negli Stati Uniti, il culto/ideologia cerca di nascondere il fatto che i neri (rispetto ai bianchi) tendono a commettere più crimini, a essere arrestati di più e a mettere in atto più comportamenti antisociali (inclusi omicidi, crimini legati alla droga, ecc.). Inoltre, ci sono più crimini e omicidi tra neri e bianchi che non il contrario. Il culto/ideologia cerca di distorcere e invertire questa realtà. È per questo che è necessario che si accaniscano su ogni omicidio di un nero da parte di bianchi, per dipingere un quadro opposto alla verità. Bisogna anche affermare inequivocabilmente che la programmazione marxista "vittimistica" è un fattore causale importante di tutto questo.

Questa verità è stata evidenziata dal brillante lavoro del defunto scrittore ed ex giornalista irlandese-americano Colin Flaherty (1955-2022). Tra le sue opere, *White Girl Bleed a Lot: The Return of Racial Violence to America and How the Media Ignore it* (2012) e *Don't Make the Black Kids Angry: The Hoax of lack victimisation and those who enable it* (2015).[88] Ovviamente il suo lavoro ha attirato il fuoco del culto. Ma ha anche ricevuto sostegno da più parti. Thomas Sowell, il leggendario, eminente e brillante intellettuale nero, ha

---

[88] https://www.thriftbooks.com/a/colin-flaherty/1019415/

lodato il lavoro di Flaherty.[89]

Secondo Flaherty, quando si verifica una violenza tra neri e bianchi, il culto reagisce in diversi modi, tra cui: negando che stia accadendo; sostenendo che i bianchi sono ugualmente coinvolti in tale violenza; oppure suggerendo che i bianchi se la meritano in qualche modo (il più vile dei tre). Naturalmente, tutte queste affermazioni puzzano di "logica" marxiana (psicosi), e nessuna contiene un briciolo di condanna per gli autori/le azioni (e tutto questo mentre credono di dover essere gli arbitri dell'etica della società!) Il suo lavoro ha anche evidenziato come la narrativa marxiana abbia sostenuto per decenni l'esistenza di un razzismo istituzionale e di un'ostilità della popolazione bianca nei confronti dei neri. Ci si aspetterebbe quindi di vedere molta violenza tra bianchi e neri, ma in realtà si vede l'esatto contrario. [90] L'unica cosa sistematica e "istituzionale" è l'odio verso i bianchi. Ancora un'inversione.

Ancora una volta, il principio oppressore contro oppresso è centrale: l'indottrinamento convince i membri del gruppo "oppresso" di essere vittime, il che incoraggia un comportamento degenerato all'interno del gruppo (soprattutto se questo indottrinamento esiste da decenni). Quando si verifica questo comportamento, se i membri di questo gruppo non vengono corretti o almeno condannati dalla società, esso peggiorerà e alla fine trascinerà la società con sé (come in altre sotto-agenzie). Inoltre, sentono che la società deve loro qualcosa. Il comportamento degenerato e problematico mette molti in rotta di collisione con le autorità, compresa la polizia (gli "oppressori fascisti"). Le conseguenze delle loro azioni (punizioni, arresti, incarcerazioni, ecc.) permettono loro di gridare ancora all'oppressione. E il ciclo continua...

L'influenza dell'ideologia fa emergere il peggio dell'umanità, in qualsiasi gruppo. L'infezione marxista nelle comunità nere crea questo ciclo; il BLM lo perpetua. Il BLM è anti-nero, perché rende molti neri schiavi di questo ciclo di vittimismo. Cose come l'"Affirmative Action" e i risarcimenti servono solo a promuovere la causa marxista, demonizzando i gruppi "oppressori" (i bianchi) e contribuendo così all'indottrinamento delle masse in generale; inoltre, riservano un trattamento preferenziale a chi fa parte del gruppo "oppresso" (i neri), il che porta a tutti i problemi già elencati.

In sostanza, questo trattamento preferenziale asseconda ulteriormente il gruppo "oppresso", favorendo la degenerazione mentale provocata dall'indottrinamento marxista. Ovviamente, l'ideologia/culto trae vantaggio dalla creazione della "colpa bianca", in quanto rafforza la narrazione.

(A parte questo, un altro esempio di colpevolizzazione è il *Sorry Day* in Australia. Questo evento annuale suggerisce che coloro che sono di origine

---

[89] https://en.wikipedia.org/wiki/White_Girl_Bleed_a_Lot

[90] Appunti raccolti da video e interviste online.

europea/caucasica dovrebbero scusarsi per i maltrattamenti subiti in passato dagli aborigeni. Un'altra manovra fabiano-marxista dei traditori di quel Paese per iniettare un po' di senso di colpa bianco nella popolazione. Non serve ad altro! Dare agli aborigeni lo status di "oppressi" non serve a nulla. Il primo ministro fabiano Kevin Rudd si è scusato a nome del governo australiano nel 2008).[91]

Un altro importante fattore che contribuisce alla degenerazione dei neri e alla criminalità dei neri (compresa la criminalità dei neri contro i neri) è l'idiota cultura delle bande nere, che è promossa principalmente dai neri. E le bande di droga nere danneggiano soprattutto le comunità nere. Alcuni criminali neri possono persino essere venerati o considerati "ribelli" per aver commesso reati e attirato l'attenzione delle forze dell'ordine. Che nobiltà, cazzo! Essere un delinquente e un criminale degenerato è "cool", vero? Non è divertente vedere persone che affermano di non avere scelta e di essere essenzialmente costrette a scegliere una vita di crimini, spaccio di droga, eccetera? Membri di bande criminali e spacciatori (di tutte le razze), avete una scelta: fate un favore al mondo e uccidetevi! Sarebbe più nobile che distruggere le vostre comunità e rovinare la vita delle persone. Se questo è un po' troppo estremo, che ne dite di trovarvi un (vero) lavoro?

Polizia "razzista

Come parte dei loro sforzi per nascondere questa verità alle masse (i tassi sproporzionati di criminalità nera), il culto ha bisogno di controllare le forze di polizia. Questo sta accadendo in tutto l'Occidente proprio ora: la polizia viene indottrinata a pensare di essere intrinsecamente prevenuta nei confronti dei non bianchi e di arrestarne troppi, ecc. La causa è il razzismo bianco istituzionale, naturalmente, giusto? Naturalmente, l'arresto di sospetti neri non ha nulla a che vedere con il comportamento degli individui in questione (e insinuare ciò sarebbe "razzista"). Nel Regno Unito, nel marzo 2023, è stato pubblicato un "rapporto" del membro della setta Dame Louise Casey. In esso si affermava essenzialmente che il Metropolitan Police Service (MPS, o "Met") di Londra è istituzionalmente razzista, misogino e omofobo. Prevedibilmente, il rapporto si soffermava sul fatto che l'iniziativa "Stop and Search" della Met non era equa dal punto di vista razziale, con le persone di colore che venivano fermate di più dalla polizia. [92]

In un articolo del Guardian del 21 marzo è stata riportata la risposta del sindaco

---

[91] https://en.wikipedia.org/wiki/National_Sorry_Day

[92] Baroness Casey of Blackstock, «An independent review into the standards of behaviour and internal culture of the Metropolitan Police Service», marzo 2023.

https://www.met.police.uk/SysSiteAssets/media/downloads/met/about-us/baroness-casey- review/update-march-2023/baroness-casey-review-march-2023a.pdf

socialista fabiano di Londra Sadiq Khan, che ha dichiarato: "Le prove sono schiaccianti. La baronessa Casey ha trovato razzismo istituzionale, misoginia e omofobia, cosa che accetto. Sarò risoluto nel sostenere e nel chiedere conto al nuovo commissario del suo lavoro di revisione della forza".[93] Una nuova forza di polizia comunista? Comunque, tutto quello che è successo qui è stato che un membro della setta ha creato della propaganda, e un altro ha accettato, insinuando che il primo membro della setta è un "esperto" di qualche tipo.

Qualsiasi gruppo razziale (in questo caso, i neri nel Regno Unito) dovrebbe essere arrestato in media più di altri gruppi razziali, se si impegna in comportamenti antisociali con maggiore frequenza. Dovremmo essere felici di vedere chiunque venga arrestato e punito per aver commesso crimini, in particolare quelli gravi, indipendentemente dalla sua razza. I membri di una setta, ovviamente, non lo fanno.

In sintesi, tutto questo fa parte dell'effetto folle e distruttivo per la civiltà dell'applicazione dell'uguaglianza artificiale, oltre alla rottura della legge e dell'ordine che l'ideologia crea.

I dati del sito web *gov.co.uk* relativi agli "Arresti", pubblicati nell'ottobre 2023, mostrano che "il tasso di arresti per le persone di colore è stato 2,4 volte superiore a quello delle persone bianche - ci sono stati 21,2 arresti ogni 1.000 persone di colore e 9,0 arresti ogni 1.000 persone bianche" (periodo aprile 2020-marzo 2022). La voce "Per etnia" mostra il "tasso di arresti" (numero di arresti ogni 1.000 persone), per etnia" (per aprile 2021-marzo 2022): al primo posto c'è "Any Other Black Background" con 53,5, poi "Black Caribbean" con 24,4, poi "Black" con 21,2, poi "Mixed White and Black Caribbean" con 17,5 al quarto posto.[94]

Rivolte di Chicago 2023

Nell'aprile del 2023, bande di giovani in maggioranza non bianchi si sono ribellate nella città altamente contaminata di Chicago, nell'Illinois. Hanno compiuto aggressioni, danni alla proprietà, sono saliti sui veicoli e hanno assunto un comportamento degenerato in generale nelle aree del centro e del Lakefront. Un adolescente è stato colpito alla coscia.[95] È ovvio che questo è il

---

[93] Dodd, V. «La polizia di Met si è rivelata istituzionalmente razzista, misogina e omofoba», 21 marzo 2023. https://www.theguardian.com/uk-news/2023/mar/21/metropolitan-police-institutionally-racist-misogynistic-homophobic-louise-casey-report

[94] «Arresti», 24 ottobre 2023. https://www.ethnicity-facts-figures.service.gov.uk/crime-justice-and-the-law/policing/number-of-arrests/latest/

[95] Nguyen e Stefanski, «La polizia di Chicago risponde a grandi gruppi di adolescenti in centro per la seconda notte di fila», 15 aprile 2023.

risultato della presenza dell'ideologia.

Il sindaco nero di Chicago è il membro del culto e democratico Brandon Johnson, che ha una storia di coinvolgimento con cause e gruppi "progressisti".[96] Dopo i disordini si è rifiutato di condannare apertamente la criminalità, mostrando sintomi da manuale di indottrinamento marxista. Si trovava a Springfield per parlare all'assemblea generale dell'Illinois e ha parlato ai media all'esterno: "demonizzare i bambini è sbagliato... dobbiamo anche tenerli al sicuro... sono giovani... a volte prendono decisioni sciocche", suggerendo che la soluzione è investire nei giovani (!).[97]

Che strana risposta! Stava davvero mostrando la sua esperienza, dato che ha ricevuto una "formazione" marxiana in "sviluppo giovanile" presso l'Università di Aurora, nell'Illinois. Almeno si è fermato a dire che erano in qualche modo vittime oppresse quando saltavano sui tetti delle auto della gente.

La sua difesa della "cura" della "comunità", ecc. fa parte dell'eredità dell'agitatore marxista Saul Alinsky. Durante i disordini del BLM, Johnson è stato l'autore della risoluzione "Justice for Black Lives" (Giustizia per le vite dei neri), approvata nel luglio 2022. In essa suggeriva che la contea avrebbe dovuto "reindirizzare i fondi dalla polizia e dall'incarcerazione ai servizi pubblici non gestiti dalle forze dell'ordine".[98] Ovviamente, i "servizi pubblici" sono "servizi" infettati dal marxismo. Mi chiedo se questo riorientamento dei fondi spieghi perché, durante i disordini dell'aprile 2023, la polizia non sembrava avere un equipaggiamento antisommossa.

In una conferenza stampa dell'agosto 2023, ha parlato della sua amministrazione basata sulla "cura" e del fatto che in città si stanno verificando alcune "tendenze". Quando un giornalista gli ha chiesto di fornire esempi di alcune di queste tendenze, ha parlato delle rivolte come di "grandi assembramenti". A un altro giornalista che gli chiedeva se si riferisse alle "azioni della folla", ha risposto: "No, non è appropriato, non stiamo parlando di azioni di mafia...". Ha messo a tacere i giornalisti più volte, e si è nuovamente riferito a loro come "grandi assembramenti", continuando: "è importante parlare di queste dinamiche in modo appropriato... non è per

https://www.nbcchicago.com/news/local/chicago-police-millennium-park-crowds-31st-street-beach/3119992/

[96] https://en.wikipedia.org/wiki/Brandon_Johnson

[97] Fox 32 Chicago, «Il sindaco eletto di Chicago dice che 'demonizzare i bambini è sbagliato' dopo il caos del centro», 19 aprile 2023. https://www.YouTube.com/watch?v=TBOL1Au4tQ8

[98] Yin, A., «Brandon Johnson una volta ha detto che era un «obiettivo politico» quello di ridurre la polizia. È stato meno preciso nel candidarsi a sindaco», 23 febbraio 2023. https://www.chicagotribune.com/politics/elections/ct-brandon-johnson-defund-police-justice-for-black-lives-20230223-lrapyjp5xzcilfmvkys3bajcki-story.html

offuscare ciò che sta accadendo, ma dobbiamo essere molto attenti quando usiamo il linguaggio per descrivere certi comportamenti".[99] Che atteggiamento audace! Chi si crede di essere? Un insulto a Chicago!

Ovviamente, il termine "grandi assembramenti" è un termine "gentile", non giudicante (rispetto a "folla", "banda" ecc.). Il giudizio su quei poveri giovani "oppressi" di un gruppo minoritario non è ovviamente consentito, giusto? La frase sottolineata esemplifica l'insistenza del culto sul controllo del linguaggio - e quindi della narrazione - come sottolineato altrove. Inoltre, menzionare l'offuscamento mentre ci si impegna nell'offuscamento è anche un tipico discorso da truffatore marxista. Un comportamento subdolo e furbesco.

Senza dubbio i cittadini sani di mente di Chicago si sarebbero indignati per i disordini e hanno il diritto di descrivere gli autori come vogliono! Anche il linguaggio più offensivo che si possa immaginare è troppo buono per loro, e chiunque sia sano di mente concorda sul fatto che avrebbero dovuto essere puniti in modo spietato. Una volta avvertiti di desistere e disperdersi, i giovani che hanno ignorato l'invito avrebbero dovuto essere immediatamente circondati, compressi, malmenati e poi portati in un furgone della polizia per trascorrere la notte sotto chiave. Questo stabilisce uno standard, dissuadendo ulteriori comportamenti in futuro; una reazione debole da parte delle autorità non fa che incoraggiare altri comportamenti simili. Altrimenti, si può immaginare che tipo di "adulti" incasinati diventeranno questi adolescenti viziati.

Una giovane coppia meticcia è stata aggredita dalla folla di adolescenti, in quello che hanno dichiarato essere un attacco casuale e non provocato. Un altro membro della setta, il senatore dello Stato Robert Peters, ha dichiarato: "Considererei il comportamento dei giovani come un atto e una dichiarazione politica. È una protesta di massa contro la povertà e la segregazione".[100] Nessuna condanna e il tentativo di giustificare questo comportamento criminale lo espone come marxista. Quello che in realtà voleva dire era "oppressione e segregazione da apartheid del proletariato".

Venerdì 4 agosto 2023 si è verificata una rivolta all'Union Square Park di New York, con i soliti danni alla proprietà, il lancio di missili contro la polizia, l'interruzione del traffico, l'arrampicata sulle strutture come scimmie e il

---

[99] NBC Chicago, «Il commento completo del sindaco di Chicago Brandon Johnson sulla violenza degli adolescenti nella conferenza stampa di mercoledì», 3 agosto 2023. https://www.YouTube.com/watch?v=aYILmiuH_BE

[100] Potter, W. «Hanno detto che stavano cercando di ucciderci! La coppia di Chicago picchiata da una folla violenta dice che si è trattato di un attacco 'completamente casuale'», 19 aprile 2023. https://www.dailymail.co.uk/news/article-11988761/Chicago-couple-battered-violent-mob-condemn-random-attack-state-senator-DEFENDS-rioters.html

terrore degli abitanti del luogo. Il buon samaritano e star dei social media Kai Cenat ha avuto la brillante idea di organizzare un'estrazione di oggetti di gioco, annunciandola in diretta streaming.[101] I filmati mostrano la maggior parte dei partecipanti non bianchi.[102] Cenat è stato accusato di istigazione alla sommossa. Ovviamente Cenat e le Playstation sono irrilevanti: era solo un ragazzo stupido e rumoroso. Ciò che conta è il sentimento anti-establishment che trasuda dai non bianchi, che ribolle sotto la superficie, e la loro disponibilità a partecipare alla distruzione della civiltà con un semplice gesto (o con una Playstation). Questa mentalità è dovuta principalmente al lavaggio del cervello marxista.

Il femminismo

> "Non possiamo più ignorare quella voce dentro le donne che dice: "Voglio qualcosa di più di mio marito, dei miei figli e della mia casa"".[103]

Betty Friedan, La mistica femminile, 1963

> "Non dobbiamo essere come certi cristiani che peccano per sei giorni e vanno in chiesa il settimo, ma dobbiamo parlare ogni giorno per la causa, e fare in modo che gli uomini, e soprattutto le donne che incontriamo, entrino nei ranghi per aiutarci".[104]

Eleanor Marx, Discorso del Primo Maggio, 1890

> "Nella visione delle femministe radicali, il nuovo femminismo non è solo la rinascita di un serio movimento politico per l'uguaglianza sociale. È la seconda ondata della più importante rivoluzione della storia. Il suo obiettivo: rovesciare il più antico e rigido sistema di classe/casta esistente, il sistema di classe basato sul sesso, consolidato da migliaia di anni. (È) l'alba di una lunga lotta per liberarsi dalle strutture di potere oppressive create dalla natura e rafforzate dall'uomo".[105]

Shulamith "Firestone" Feuerstein, La dialettica del sesso, 1970

Lista di controllo dei comunisti

---

[101] https://en.wikipedia.org/wiki/Kai_Cenat_Union_Square_giveaway

[102] Eyewitness News, «LIVE | Twitch streamer's giveaway scatena il caos a Union Square», 4 agosto 2023. https://www.YouTube.com/watch?v=b9Hvl7k2SRk

[103] Friedan, B., *La mistica femminile* (1963). https://libquotes.com/betty-friedan/quote/lbo3h2k

[104] Marx, E., Discorso del Primo Maggio, 1890. https://www.marxists.org/archive/eleanor-marx/works/mayday.htm

[105] Feuerstein, S., *La dialettica del sesso* (1970), pag. 15. https://teoriaevolutiva.files.wordpress.com/2013/10/firestone-shulamith-dialectic-sex-case-feminist-revolution.pdf

Questa sotto-agenda/sotto-culto è forse la più problematica di tutte. Utilizza il principio "opposto contro opposto" nel solito modo diabolico, creando un cuneo tra maschi e femmine eterosessuali. È probabilmente la chiave dell'impatto globale del culto/ideologia in questo momento.

Quando si attacca un popolo/una nazione con l'intenzione di indebolirlo, si tratta della tattica definitiva del divide et impera, poiché non c'è divisione sociale più universale di quella tra maschio e femmina. Naturalmente, questa opportunità di creare divisione non è stata trascurata dal culto/ideologia.

Questa sotto-agenda è un attacco a diverse componenti chiave che forniscono forza, unità e difesa a una nazione, tra cui l'unità familiare e il ruolo degli uomini come costruttori e difensori delle civiltà (e la mascolinità interconnessa). Contribuisce a neutralizzare gli uomini nel loro ruolo tradizionale e millenario di protettori di una società, dipingendoli come "oppressori" (ancora un'inversione). Incoraggia le donne ad avere un atteggiamento negativo, cinico/sospettoso e distorto nei confronti dei maschi, che a sua volta indebolisce gli uomini collettivamente (e quindi la loro capacità di essere protettori). Ha evocato termini di propaganda come "mascolinità tossica" e "cultura dello stupro".

A livello sociale, non solo incoraggia una mancanza di apprezzamento per gli uomini (e per l'insostituibile contributo che danno ogni giorno), ma anche un palpabile disprezzo per loro. A livello personale, spesso distorce la percezione che una donna ha dei maschi con cui interagisce, in particolare di quelli veramente forti di carattere ("dominanti"). Una società/nazione forte e sana è quella in cui maschi e femmine si completano e si sostengono a vicenda; sono visti come complementari, non come "uguali". Questo diventa impossibile in una società contaminata dal marxismo, a scapito di tutti. La stessa diffusione della nozione di "uguaglianza" dei sessi è un risultato dell'infezione.

Il nuovo sistema di classe, i doppi standard e l'ipocrisia sono evidenti nel modo in cui i maschi eterosessuali vengono sistematicamente trascurati, emarginati o discriminati (nell'istruzione, nei tribunali per il divorzio, nelle posizioni di autorità, ecc.) L'ideologia dà priorità alle donne e tenta di metterle nella classe (prima "oppressa", ora) superiore, manifestando così il privilegio femminile a livello sociale e la conseguente inflazione dell'ego a livello individuale. I risultati di questa inflazione dell'ego nelle donne indottrinate sono sotto gli occhi di tutti, sono evidenti e sono catastrofici per la società.

È un cavallo di Troia perché viene commercializzato come qualcosa di benefico per una società giusta e prospera, persino un'esigenza. Inizia come apparentemente benevolo, sostenendo alcune cause apparentemente innocue come il diritto della donna a lavorare o a votare, ecc.; poi, nel giro di poche generazioni, sono in strada a protestare perché l'aborto non è abbastanza disponibile (partecipando al genocidio del loro stesso popolo). È un ottimo esempio di come funziona il principio del cavallo di Troia. Le diverse cosiddette "ondate" o interpretazioni del femminismo sono state solo delle tappe.

Il femminismo si fonda su una distorta percezione marxiana della storia, secondo la quale le donne hanno storicamente sofferto più degli uomini, a causa dell'oppressione dei maschi/del patriarcato, e devono ora ricevere un trattamento preferenziale (alias privilegio). La distorsione viene applicata anche al presente, insinuando che le donne continuano a soffrire più degli uomini (altra inversione, dato che le donne vengono ora privilegiate rispetto agli uomini). Il femminismo è anche chiaramente promosso/sostenuto dal sistema "progressista".

Attacca i pilastri della civiltà occidentale? Poiché il cristianesimo (in particolare la Chiesa cattolica) è stato generalmente un avversario del culto/ideologia, non sorprende che il femminismo sia stato in conflitto con esso, contribuendo a erodere la sua influenza su questioni come l'aborto, la contraccezione, il matrimonio ecc. È chiaramente un attacco alla tradizionale unità familiare nucleare eterosessuale, indottrinando con successo molte donne ad allontanarsi dalla maternità. Infine, questo sub-agenda tenta ovviamente di imporre l'"uguaglianza" e utilizza il virtue-signalling.

Oltre a tutto ciò, il femminismo completa anche la sotto-agenda anti-bianca dell'ideologia, dal momento che è proliferata soprattutto nei Paesi occidentali. Il femminismo, combinato con il suo prodotto dell'aborto, contribuisce all'eugenetica anti-bianca probabilmente più delle altre sotto-agenzie.

I suoi effetti e cosa è realmente

Il femminismo produce i seguenti effetti, alcuni dei quali vengono ampliati più avanti: contribuisce a squilibrare la società in termini di dinamica yin/yang maschile/femminile; aumenta il comportamento psicotico nelle donne psicologicamente attraverso l'indottrinamento egocentrico edonistico e chimicamente attraverso la pillola contraccettiva (progesterone); demoralizza la classe dei guerrieri (cioè i maschi); riduce le nascite in una popolazione interessata (riduzione della creazione di vita), oltre ad aumentare e normalizzare l'aborto (anti-vita); colloca un numero crescente di donne e uomini gay in posizioni di autorità o di influenza (cioè in posizioni di potere). maschi); riduce le nascite in una popolazione interessata (riduzione della creazione di vita), oltre ad aumentare e normalizzare l'aborto (anti-vita); colloca un numero crescente di donne e uomini gay in posizioni di autorità o influenza (in nome della "diversità" e dell'"uguaglianza"), il che aiuta l'ideologia a proliferare ulteriormente a causa della femminilizzazione della società e della politica.

Qualcuno potrebbe obiettare che apparentemente rende felici alcune donne, o che alle donne piace descriversi come femministe, o che a loro piace il femminismo, ecc. Queste cose non significano nulla. Solo perché a qualcuno piace qualcosa, non significa che sia buono. Uno stupratore gode dell'atto dello stupro, ne sono certo. Chiunque si diverta a essere femminista sta partecipando a un crimine peggiore dello stupro di qualsiasi singola donna: lo stupro marxiano della psiche femminile, della vera femminilità e dell'integrità delle donne come collettività (per non parlare dello stupro marxiano della civiltà).

Inoltre, che dire a lungo termine? È facile per un'adolescente o una ventenne dire che le piace il femminismo, ma cosa succederà più avanti nella vita? Quando sarà troppo tardi per iniziare ad avere relazioni significative e creare una famiglia, difenderà le sue convinzioni dopo essersi resa conto di aver perso un'opportunità? Dubito che ci siano molti là fuori che abbiano il coraggio di ammettere di aver avuto un atteggiamento sbagliato per tutto il tempo... una vita di illusioni e di nascondimento delle emozioni "negative" lo dimostreranno; ma ci sono alcune eccezioni.

Nel dicembre 2023, Fox News ha presentato una donna di 38 anni che ha girato un video strappalacrime, mostrando di essersi finalmente "svegliata" dall'indottrinamento. [106] Melissa Persling aveva scritto in precedenza un articolo per Business Insider in cui esprimeva il timore di aver "perso l'opportunità" di creare una famiglia, ecc. Ha detto: "È una cultura così incentrata su di me in questo momento... e penso che alcune di noi si stiano perdendo", aggiungendo: "Mi sento incredibilmente tradita dal femminismo". Riguardo alla sua educazione, ha detto: "Mi è stata costantemente trasmessa l'idea che... "le donne possono fare tutto, non abbiamo bisogno degli uomini" (ma) le donne non possono fare tutto". Sebbene la Persling abbia apparentemente ricevuto degli insulti dal pubblico dopo la pubblicazione dell'articolo (per essersela cercata, essenzialmente), ha fatto una cosa positiva, allo stesso modo per il video. Dovrebbe essere lodata, non maltrattata.

Anche in questo caso, il lavaggio del cervello marxista usa l'edonismo come carota: ti dà un piacere a breve termine, in cambio di un'insoddisfazione a lungo termine, di un'illusione, ecc. Molte donne sono cadute in questa trappola per ingenuità e credulità, il che non sorprende. Purtroppo, le conseguenze delle loro scelte sbagliate non si limitano alla loro vita, poiché la decisione delle donne di rifiutare la tradizionale responsabilità di avere figli (o di ritardare fino a tarda età) ha un impatto sull'intera società. Nell'era pre-marxismo/pre-femminismo, non era socialmente accettabile per le donne rifiutare questa responsabilità. In questa nuova era post-femminista, è più che accettabile, e troppe donne stanno facendo scelte sbagliate, grazie all'indottrinamento.

Il femminismo non è a favore delle donne, è a favore del marxismo. Sostenere

---

[106] Grossman, H., «Una donna di 30 anni piange descrivendo il desiderio di avere finalmente dei figli dopo aver rinunciato al matrimonio: 'Tradita dal femminismo'», 11 dicembre 2023.

https://www.foxnews.com/media/woman-30s-cries-describing-finally-wanting-kids-after-swearing-off-marriage-betrayed-feminism

questa sotto-agenda significa sostenere la degenerazione e la distruzione delle donne, piuttosto che essere umanitari, "compassionevoli", ecc. Essere femminista significa sostenere l'ideologia del marxismo che distrugge la civiltà (attraverso una delle sue sotto-agende) - la stessa civiltà di cui fai parte, che ti ha creato, che ti permette di vivere, sperimentare la felicità, ecc. In sostanza, significa essere anti-civilizzazione e anti-umani. Al contrario, non c'è alcun beneficio sociale nel sostenere il femminismo, né per le donne né per la società in generale. Ora viene promosso solo perché è una sotto-agenda dell'ideologia progettata per portare a un'uguaglianza uniforme innaturale, che distorce la realtà, il che non è positivo. Ancora una volta, il marxismo non si preoccupa delle persone o dei gruppi, li usa solo per far progredire se stesso. L'ideologia è brava a trovare persone/gruppi scontenti e a cooptare le loro rimostranze a proprio vantaggio. In sostanza, li incoraggia a ribellarsi contro i loro "oppressori".

Femministe comuniste

Le connessioni tra il femminismo e il culto/ideologia maggiore sono infinite, con diverse centinaia di figure chiave coinvolte negli ultimi due secoli. Esistono diverse varietà di femministe, molte delle quali credono che per fermare l'"oppressione" delle donne sia necessario rovesciare il capitalismo, poiché la "divisione di classe" è insita nella società capitalistica. Alcuni esempi di femministe comuniste sono:

Le femministe Betty Millard (1911-2010),[107] Mary Inman (1894-1985),[108] e Eleanor Flexner (1908-1995)[109] erano tutte membri del Partito Comunista USA (CPUSA). Negli anni '40, Millard scrisse per un giornale marxista chiamato *New Masses* e scrisse, tra l'altro, "Woman Against Myth", *un* testo femminista di ventiquattro pagine sulla supremazia maschile.

Nel suo libro del 1940 *In Woman's Defense*, Inman scrisse della disuguaglianza di genere e dell'oppressione delle donne. Flexner ha scritto *Century of Struggle: The Women's Rights Movement in the United States* (1959). Solo in tarda età, dopo decenni di promozione dell'ideologia, ammise pubblicamente di essere un membro del partito.

La femminista Elizabeth Gurley Flynn (1890-1964) è stata presidente del Comitato nazionale del CPUSA dal 1961 al 1964. Coinvolta in varie attività di culto, si fece conoscere come organizzatrice dell'*Industrial Workers of the World* (IWW) all'inizio del XX secolo. Da adolescente Flynn è stata contaminata dai suoi genitori, che a quanto pare erano a loro volta membri di una setta. Traditrice dell'America per tutta la vita, nel 1964 le fu tributato

---

[107] https://en.wikipedia.org/wiki/Betty_Millard

[108] https://en.wikipedia.org/wiki/Mary_Inman

[109] https://en.wikipedia.org/wiki/Eleanor_Flexner

l'equivalente di un funerale di Stato a Mosca.[110]

Angela Davis è un'attivista femminista nera americana ed ex membro del Partito Comunista Americano. È stata inserita dall'FBI nella lista dei dieci fuggitivi più ricercati per il suo coinvolgimento nella morte del giudice Harold Hely nel 1970. La Davis è stata anche direttrice del dipartimento di studi femministi dell'Università della California, Santa Cruz, fino al suo pensionamento.[111]

Nel 1970, Shulamith (Feuerstein) Firestone (1945-2012) ha scritto *La dialettica del sesso: The Case for Feminist Revolution*, in cui affermava: "Le femministe devono mettere in discussione non solo tutta la cultura occidentale, ma l'organizzazione stessa della cultura e, inoltre, anche l'organizzazione della natura". [112]

Firestone è considerata una "femminista radicale", un'interpretazione che chiede lo smantellamento del temuto patriarcato sessista e oppressivo. Nel suo libro suggerisce che l'obiettivo della rivoluzione femminista è l'eliminazione "della distinzione di sesso in sé", e non solo del privilegio maschile (questo dovrebbe risuonare a causa della società trans in cui viviamo). A quanto pare, è stato il comportamento ipercontrollante del padre ebreo ortodosso a ispirare il suo attivismo.[113] Feuerstein è stata coinvolta nella creazione di diversi gruppi femministi, tra cui il *Redstockings* nel 1969.[114] Affetta da schizofrenia per molti anni, Feuerstein è morta come reclusa sociale nel 2012, all'età di 67 anni. Un'altra vita sprecata.

Nello stesso anno è stato scritto un altro pezzo di spazzatura femminista di classe marxiana, intitolato *Il mito dell'orgasmo vaginale*.[115] L'autrice era Anne Koedt, coinvolta nella creazione di diversi gruppi di attiviste femministe.[116]

La mistica marxista

---

[110] https://www.britannica.com/biography/Elizabeth-Gurley-Flynn

[111] https://www.britannica.com/biography/Angela-Davis

[112] Feuerstein, S., *La dialettica del sesso: The Case for Feminist Revolution* (1970).

https://teoriaevolutiva.files.wordpress.com/2013/10/firestone-shulamith-dialectic-sex-case-feminist-revolution.pdf

[113] https://en.wikipedia.org/wiki/Shulamith_Firestone#Early_life

[114] https://en.wikipedia.org/wiki/Redstockings

[115] Koedt, A., «Il mito dell'orgasmo vaginale», 1970.

https://web.archive.org/web/20130106211856/http://www.uic.edu/orgs/cwluherstory/CWLUArchive/vaginalmyth.html ; https://en.wikipedia.org/wiki/Anne_Koedt

[116] https://en.wikipedia.org/wiki/Anne_Koedt

Betty Friedan (1921-2006; nata Bettye Goldstein) è stata un'altra cultista attiva negli Stati Uniti nel XX secolo. Considerata un'icona femminista e una figura chiave nella creazione di quello che viene definito il femminismo della "seconda ondata", è stata autrice di un libro molto apprezzato intitolato *La mistica femminile* (1963) (titolo ironico e divertente, poiché femminilità e femminismo di solito non vanno d'accordo).[117]

Friedan dava l'impressione di essere una casalinga oppressa che si era "svegliata" da questa orribile realtà in cui viveva e aveva deciso di scriverci un libro. La verità, tuttavia, è che si trattava di una grande montatura marxista: Friedan è stata legata al movimento comunista negli Stati Uniti, come attivista e propagandista per molti anni.[118] Sfortunatamente, per gli Stati Uniti (e per altri Paesi successivamente danneggiati dal femminismo), il pubblico cadde in questa truffa con le unghie e con i denti. Il libro ha venduto milioni di copie. È a causa di cose del genere...

Nel libro, l'autrice descrive la sua vita familiare di periferia in termini drammatici, definendo la casa "un comodo campo di concentramento" (di nuovo i nazisti!). Si scopre, secondo il marito Carl, che avevano una domestica a tempo pieno e che Betty era troppo impegnata a fare l'attivista fuori casa per essere una moglie e una madre efficiente! Il sangue ribolle... Era l'epitome di ciò che l'indottrinamento "rivoluzionario" può fare alla mente di una donna: troppo impegnata a cercare di "salvare" il mondo per fare il bene di chi le sta intorno. Il passato comunista della Friedan è stato evidenziato in *Betty Friedan and the Making of the Feminine Mystique: The American Left, the Cold War and Modern Feminism* (1999), del professor David Horowitz.[119]

La professoressa femminista Alison Jagger ha definito la famiglia nucleare "una pietra miliare dell'oppressione femminile: impone la dipendenza delle donne dagli uomini, impone l'eterosessualità e impone le strutture caratteriali maschili e femminili prevalenti alla generazione successiva".[120] Il contributo complessivo della Jagger alla diffusione dell'ideologia è stato quello di fondere

---

[117] https://www.britannica.com/biography/Betty-Friedan

[118] Horowitz, D., «Il passato comunista segreto di Betty Friedan», 18 gennaio 1999.

http://www.writing.upenn.edu/~afilreis/50s/friedan-per-horowitz.html

[119] Horowitz, D. *Betty Friedan e la creazione de «La mistica femminile»: La sinistra americana, la guerra fredda e il femminismo moderno* (1999).

https://www.umasspress.com/9781558492769/betty-friedan-and-the-making-of-the-feminine-mystique/

[120] Jaggar, A., *Politica femminista e natura umana* (1983).

https://archive.org/details/FeministPoliticsAndHumanNature/page/n23/mode/2up?view=theater

il femminismo con gli studi filosofici. Ha collaborato con università di tutti gli Stati Uniti, della Nuova Zelanda e della Norvegia.[121]

I libri e i testi sopra elencati scritti dai membri delle sette sono, in un certo senso, esempi dei "carichi" ideologici di cui parla Kent Clizbe nel suo libro *Willing Accomplices*, citato in precedenza. Ad esempio, l'idea che una donna che fa la casalinga tradizionale sia una forma di "oppressione" e che la renderà infelice.

Gruppi femministi

In Irlanda, il gruppo femminista più importante è il *National Women's Council*. Dalla pagina "Chi siamo": "Il nostro scopo è quello di guidare l'azione per il raggiungimento dell'uguaglianza delle donne e delle ragazze attraverso la mobilitazione, l'influenza e la costruzione della solidarietà", e "il femminismo è un valore centrale ed essenziale della nostra organizzazione. Ciò significa che agiamo costantemente per raggiungere una vera uguaglianza per tutte le donne e le ragazze".[122]

Un altro è *Radicailín*. Questo nome è un altro portmanteau marxiano che combina "radical" con "cailín" (la parola gaelica irlandese per "ragazza"); un altro tipico tentativo di fingere irlandesità. Dalla homepage del loro sito web (sottolineatura per enfasi): "Siamo un gruppo di liberazione femminile composto da donne irlandesi e migranti che riconoscono che l'oppressione delle donne è basata sulla realtà materiale del nostro sesso biologico. Questo gruppo è stato creato per contrastare le narrazioni e le pratiche misogine della nostra cultura. Siamo laici e abbiamo una posizione abolizionista su tutte le forme di violenza contro le donne e le ragazze. Il nostro gruppo offre sostegno e comunità alle donne interessate a lottare per la liberazione delle donne".[123] Liberate le donne schiavizzate, mo chailiní! ("le mie ragazze!")

Nel Regno Unito, abbiamo la *Fawcett Society*, che prende il nome dall'attivista suffragetta del XIX secolo Millicent Fawcett (1847-1929). Dalla pagina "La nostra storia" (sottolineata per enfasi): "Abbiamo lottato per l'uguaglianza di genere per oltre 150 anni e continuiamo a farlo ora, nel 2022. Lavoriamo per colmare il divario retributivo di genere, per portare più donne in ruoli di potere politico...". In questo momento stiamo facendo una campagna per rendere la misoginia un crimine d'odio, in modo che le donne prese di mira abbiano la stessa protezione di altri gruppi".[124] Per quanto riguarda le donne nei ruoli

---

[121] Jaggar, A., «Enciclopedia, notizie scientifiche e recensioni di ricerca».

https://academic-accelerator.com/encyclopedia/alison-jaggar

[122] https://www.nwci.ie/discover/about_us

[123] https://radicailin.com/

[124] https://www.fawcettsociety.org.uk/our-history

politici, nella sezione "Chi siamo" si legge che l'organizzazione si batte per "garantire la parità di potere", affermando che "solo il 34% dei parlamentari e il 35% dei consiglieri sono donne. Stiamo facendo una campagna per portare in politica più donne, in tutte le loro diversità, a tutti i livelli".[125] Come già detto, l'introduzione in politica di un maggior numero di donne "dotate di potere" non farà altro che accelerare il declino della civiltà. È l'ideologia che usa le donne con il lavaggio del cervello per proliferare ulteriormente, attraverso il loro ego. Per quanto riguarda la "misoginia", se i membri della setta hanno la loro strada, i maschi non appartenenti alla setta (compreso il sottoscritto) saranno trattati come criminali per aver evidenziato qualsiasi comportamento degenerato indottrinato nelle donne.

In Australia, c'è il *One Woman Project* (OWP), uno splendido esempio di quanto marxismo possa spargere un singolo gruppo. Dalla pagina "Valori e credenze" del loro sito web, alla voce "Anticolonialismo" si legge che l'OWP è "basato sulla terra indigena rubata, e tutto il lavoro femminista da questo luogo deve agire contro le strutture in corso del colonialismo dei coloni. A livello globale, il movimento femminista deve essere anticolonialista e non deve partecipare o promuovere il salvinismo bianco".[126] Questo significa ammettere che si tratta essenzialmente di un'organizzazione australiana anti-australiana, in Australia.

Sull'antirazzismo: "Il femminismo deve essere antirazzista e lottare attivamente contro la supremazia bianca. Deve sempre dare priorità alle voci e ai bisogni delle donne e delle persone di colore, in particolare delle Prime Nazioni, che sono i fondatori del femminismo e continuano a essere i leader del nostro movimento". Un gruppo per i diritti delle donne? No, vediamo che la maschera sta scivolando. Promuove anche la truffa del cambiamento climatico, l'LGBTQ, l'aborto e la depenalizzazione del "lavoro sessuale" (ovvero la promozione della degenerazione).

Come il femminismo può influenzare la mente

Questa sotto-agenda e le varie interpretazioni che ispira sono tossiche per le menti delle donne, in particolare delle giovani, che ovviamente comporranno la popolazione femminile del futuro. Ecco alcuni dei possibili impatti sulle loro menti:

Disabilita, non potenzia

Il dogma femminista mette nella mente delle donne l'idea tossica di appartenere a un gruppo speciale e protetto: la mentalità dell'oppresso/vittima. Questa prospettiva distorta incoraggia le donne a dare la colpa a fonti/persone esterne per qualsiasi difficoltà o fallimento nella vita (ad esempio il

---

[125] https://www.fawcettsociety.org.uk/about

[126] https://www.onewomanproject.org/about-us

"patriarcato", i maschi, ecc.). Questo ha un effetto negativo sulla mente! Indebolisce una persona, dandole un comodo sfogo per le sue emozioni negative quando deve affrontare le avversità della sua vita. Invece di "prenditi la responsabilità dei tuoi successi o dei tuoi fallimenti", si dice "poverina, devi esserlo perché sei una ragazza/donna!".

Invece, alle donne si dovrebbe dire "vivi la tua vita". Sii un individuo genuino, non un semplice membro di un gruppo (incluso un membro di una setta marxista). Nessuno ti tratterrà ingiustamente. Non usare il tuo genere come scusa per non fare qualcosa della tua vita. Puoi essere una vittima o un vincitore; o uno o l'altro". Una persona non può essere "oppressa" (debole) e "potenziata" (forte) allo stesso tempo!

Solo le donne deboli e non dotate di potere hanno "bisogno" del femminismo; le donne veramente dotate di potere non ne hanno bisogno. Il vero empowerment viene dall'interno, verso se stessi e da se stessi. Certamente, una persona - donna o no - non ha il diritto di sostenere un'ideologia distruttiva (o uno dei suoi tentacoli, come il femminismo) perché ha problemi di autostima! In sostanza, la ricerca di "empowerment" non può più essere usata dalle donne come scusa per sostenere il femminismo.

Il mio consiglio a tutte le donne che vogliono essere individui forti e completi è di stare il più possibile lontane dal pensiero femminista. Il femminismo e le femministe sono il nemico. Se volete sentirvi "emancipate" (qualunque cosa significhi per voi) e avere una vita fantastica, gratificante, di successo e ricca di significato, fatelo, a condizione di adempiere alle vostre responsabilità nei confronti della società e della nazione. Niente o nessuno vi trattiene, tranne voi stesse.

Ricordate che niente, né la carriera, né i piaceri fugaci, né le frivolezze, né i viaggi, vi daranno più soddisfazione che avere una grande famiglia tutta vostra. Questa sarà la vostra più grande e importante conquista. Tutto ciò che suggerisce il contrario deriva dalla propaganda femminista. Tenete presente che il peggior nemico di una donna non sono i maschi o il patriarcato, ma le femmine indottrinate che saranno felici di trascinarvi a fondo con loro (per "solidarietà").

Inoltre, se volete davvero mettere alla prova il vostro metallo e la vostra saggezza di donna, che ne dite di essere una donna anti-femminismo, come hanno fatto altre donne? Questo sarebbe, ironicamente, un grande servizio alle donne: salveresti letteralmente la vita delle donne! Una "femminista" anti-marxismo.

Essere al di sopra delle critiche = inflazione dell'ego

La presenza del femminismo può far sentire le donne al di sopra delle critiche, in quanto sembra immorale "opprimere" ulteriormente un gruppo già "oppresso". Possono anche sentire - inconsciamente o meno - che meritano di essere privilegiate a scapito degli uomini. Oltre a essere sessista (e quindi ipocrita), questo è un male, perché l'ego si gonfia e si diventa privi di umiltà.

Il femminismo, combinato con l'attuale cultura guidata dai social media, dall'ego e dalla popolarità, è un mix molto tossico per le menti delle giovani donne. Questo perché la combinazione amplifica ulteriormente l'inflazione dell'ego. Il risultato di questa inflazione di ego su così larga scala è un'epidemia di mocciosi insopportabili! Immaginate di dare a metà della popolazione il messaggio che sono perfetti così come sono e che non devono mai accettare critiche!

Questo è l'impatto che il femminismo può avere se non viene controllato. Il risultato, per dirla senza mezzi termini, è che vengono indottrinate a diventare stronze auto-orientate, in particolare quando si tratta di oppressori - maschi bianchi eterosessuali - (il che è sessista). Ancora una volta, questo è distruttivo per tutte le parti coinvolte, compresa la società stessa (nota: non è "PC" chiamare una donna "stronza", specialmente pubblicamente, vero? Mi chiedo da dove derivi...).

Oppressi o viziati?

Nel mondo di oggi, le giovani donne indottrinate a sufficienza possono andare in giro a lamentarsi di vivere sotto un patriarcato oppressivo (ridacchia), mentre è più probabile che il caso di queste donne sia l'esatto contrario: sono trattate troppo bene rispetto al loro comportamento (vedi "viziate")! È un'inversione, perché non solo il loro atteggiamento non riflette la loro realtà, ma può suggerire l'esatto contrario. Questo perché, considerando la cultura marxista in cui crescono e gli effetti dell'indottrinamento su di loro/su chi li circonda (femminismo o altro), è più probabile che siano: narcisisti, superficiali e viziati, non "oppressi"! Inoltre, la propaganda femminista marxista sessista e malvagia merita di per sé una sorta di castigo. L'ingenuità non la rende meno malvagia. Ironicamente, essere in quello stato mentale ed essere viziati rende una persona infelice, poiché si trova in uno stato mentale degenerato. In questo caso, una donna in questo stato mentale ha uno sbocco conveniente per la sua infelicità - il femminismo - che le permette di esprimere la sua infelicità con questa spazzatura dogmatica "intellettuale". In sostanza, essere una degenerata non è nobile e non è un modo di vivere, il che è il vero punto di partenza.

Sovracompensazione, dovuta all'indottrinamento

Questa mentalità da vittima di gruppo crea debolezza, non forza. Alcune donne si compensano eccessivamente diventando dominanti e aggressive. Nella loro ingenuità, credono davvero alla propaganda femminista e pensano: "Beh, a me non succederà! Non sono una vittima!" e poi diventano loro stesse oppressori/dominatori; il che è una forma di ironica ipocrisia, non è vero? La mentalità del "li attaccherò prima che loro possano attaccare me!", quando in realtà non saranno affatto attaccati. Il risultato è una mente/personalità aggressiva, debole, ripugnante/non attraente, gravemente squilibrata. È interessante notare che l'indottrinamento femminista trasforma le donne al punto che ogni parvenza di femminilità viene amputata dalla personalità. L'indottrinamento le convince che la femminilità è l'opposto del "potenziamento" ed è quindi una debolezza, per cui devono sopprimerla. Sono convinte che questa cosa positiva, un tempo sacra, che può portare equilibrio nella vita e che dovrebbe essere parte della loro identità - la loro femminilità - debba essere negata e soppressa a tutti i costi. Il risultato è che il femminismo è anti-femminilità e queste donne indottrinate non sono donne pienamente funzionanti. Questo è triste. La femminilità è una cosa bella e sacra, unica per le femmine (autentiche). L'umanità sarebbe un collettivo più triste se dovesse scomparire completamente.

Cultura delle stronze e misandria

Un'altra conseguenza del femminismo è la cultura della stronza [TM]— una società in cui è socialmente accettabile che le donne si comportino come stronze. Dal momento che appartengono a una classe "oppressa", ciò significa che non devono comportarsi come esseri umani decenti e che possono impegnarsi in comportamenti "oppressivi" e negativi (come se ciò fosse in qualche modo giusto e giustificabile). Hanno carta bianca per agire come vogliono in questo ambiente, compreso diventare attivisti marxisti, senza essere ritenuti responsabili delle loro azioni.

La misandria - ostilità verso gli uomini - è l'opposto della misoginia. Noterete che questo comportamento è diretto soprattutto verso i maschi bianchi eterosessuali, il che è apparentemente del tutto accettabile (dato che sono i peggiori oppressori, giusto?). È una mentalità che non si rivolge altrettanto spesso ai maschi dei gruppi "oppressi" (ad esempio i gay o gli immigrati). Tuttavia, noterete che le donne che sono inclini a mettere in atto un comportamento da "cultura della stronzaggine" si comporteranno in questo modo con chiunque, indipendentemente dal fatto che appartenga o meno a un determinato gruppo "oppressore". La differenza è che la stronzaggine diretta verso i maschi bianchi etero è vista come giustificata, nobile, persino rivoluzionaria (!).

In questo caso l'intero concetto di "gli uomini sono gli oppressori" dà loro solo una scusa per fare le stronze. Non si preoccupano veramente dei "diritti delle donne" o di qualcosa di "nobile", o di qualsiasi altra cosa che non sia se stessi. Il culto/ideologia accoglie ogni tipo di comportamento e personalità degenerata. Quindi è vero: l'ideologia dà potere alle donne; le autorizza a comportarsi come stronze degenerate e socialmente parassite.

Maschi "beta

"I tempi duri creano uomini forti. Gli uomini forti creano tempi buoni. I tempi buoni creano uomini deboli. E gli uomini deboli creano tempi duri".[127]

G. Michael Hopf, *Quelli che restano*, 2016

Un "maschio beta" è essenzialmente un maschio privo di mascolinità. L'ideologia/culto trae grande vantaggio dal fatto che il femminismo contribuisce a creare un maggior numero di questi maschi nella società. Conosce il potere che le giovani donne possono avere sui giovani maschi. I maschi vorranno impressionare le femmine, che vorranno essere attratte da loro, fare sesso con loro, ecc.

Quando l'indottrinamento femminista entra in gioco, ci spinge tutti nella direzione sbagliata, facendo emergere le peggiori caratteristiche delle donne. Possiamo vederne gli effetti osservando come i collettivi di donne (in qualche modo indottrinate) trattano gli uomini che non si conformano ai loro atteggiamenti. I maschi sono costretti a sottomettersi al comportamento indottrinato o a essere ostracizzati. Si tratta di una forma di ricatto psicologico molto potente, che le donne possono usare sui maschi e che è praticamente inesistente quando si invertono i sessi.

I maschi sono quindi costretti a scegliere tra mantenere intatta la loro mascolinità e stare alla larga dalle donne contaminate, oppure capitolare e interagire con loro nonostante l'effetto drenante che questo ha su di loro. Per i giovani uomini di oggi (che probabilmente non capiranno cosa sta succedendo) scegliere la prima opzione è troppo difficile. Scegliendo la seconda, assecondano il loro desiderio di essere accettati, insieme alle loro pulsioni biologiche; ma pagano un prezzo pesante... Questo sta accadendo ai giovani maschi di tutto il mondo proprio in questo momento, condizionandoli a conformarsi a queste monelle.

La follia di tutto questo è che le femmine indottrinate possono poi lamentarsi della mancanza di mascolinità (superficiale) nei maschi! Questo può essere espresso apertamente o può far parte dei loro atteggiamenti di disprezzo verso i maschi in modo sotterraneo. Le femmine indottrinate, essendo perplesse, avranno questa mentalità, pur essendo beatamente inconsapevoli degli effetti dell'indottrinamento sulla mascolinità, che proviene da loro stesse!

È interessante notare che tutto questo può produrre l'effetto opposto della "sopravvivenza del più adatto" (di nuovo l'eugenetica). I maschi con un'intelligenza più elevata e un'integrità più elevata faranno fatica ad avere rapporti con le femmine indottrinate. I maschi più deboli, compiacenti e di qualità inferiore se la caveranno molto meglio. Gli effetti sulla società sono ovviamente degenerativi e l'influenza negativa dell'ideologia (attraverso il femminismo) farà sì che questa situazione persista. Questo porterà a nuove generazioni di maschi che non cresceranno con modelli maschili positivi (cioè

---

[127] Hopf, G., *Quelli che restano* (2016).

uomini senza palle) e che potrebbero avere problemi a sviluppare la mascolinità; e così via nella sua spirale negativa...

Come detto, una società così piena di maschi non può difendersi né dalla sovversione ideologica né dalla conquista diretta. Non può nemmeno affrontare il problema di come ottenere il controllo di queste femmine indottrinate (!), che trascineranno continuamente la società con loro. Essendo virtualmente priva di mascolinità, una società come questa non ha letteralmente le palle per fare ciò che è necessario... In sintesi, il femminismo distrugge sia la femminilità che la mascolinità.

La "pandemia" di stupro '

Lo stupro non è un problema così grande come le femministe vorrebbero farci credere. Poiché l'inganno è una parte centrale del manuale marxista, non dovrebbe sorprenderci sapere che la frequenza degli stupri è stata molto esagerata. A parte questo, vi propongo la seguente analisi basata su casi di stupro reali. Il movimento femminista non impedirà alle donne di essere stuprate! Il fatto che i membri del culto femminista pensino che i loro sforzi possano raggiungere questo obiettivo, ci dimostra che non capiscono cosa sia lo stupro.

Lo stupro è un abuso di potere. È qualcuno che mette ciò che vuole al di sopra del benessere di qualcun altro. Si tratta di un comportamento psicopatico/sociopatico, e il tipo di persona che lo mette in atto non sarà influenzato da nulla di ciò che fa il movimento femminista; tutte le ONG/non profit/carità, le marce, le iniziative, le frasi ad effetto, i libri, i programmi televisivi, gli articoli non significano nulla per un predatore del genere. Non ottengono nulla e non servono a nulla, se non a promuovere la propaganda femminista. C'è qualcuno così stupido da credere il contrario?

La tragedia di tutto questo è che nel mirino finiscono sempre maschi innocenti, compresi i ragazzi. La "logica" semplicistica dell'indottrinamento fa sì che le loro soluzioni si basino sempre sulla punizione dell'intero collettivo di uomini (il marxismo non si occupa di individui o di etica, ma di gruppi). Le azioni di un uomo che stupra vengono quindi spiegate così: è un uomo e questo è ciò che fanno gli uomini. La verità è che l'unica cosa che uno stupratore ha in comune con un vero uomo è che sono entrambi maschi, e questo è tutto. A parte questo, sono completamente diversi.

Nel dicembre 2021 il quotidiano Irish Independent ha riportato la notizia che il "consenso" verrà enfatizzato nell'educazione sessuale nelle scuole. [128]

---

[128] Gataveckaite, G., «Il consenso deve essere insegnato nelle scuole come parte della nuova educazione alla relazione e alla sessualità», 31 dicembre 2021.
https://www.independent.ie/irish-news/education/consent-to-be-taught-in-schools-as-part-of-new-relationship-and-sexuality-education-41196300.html

Qualcuno pensa davvero che questo non sarà rivolto principalmente ai giovani maschi? Quindi, gli studenti di tutto il Paese si troveranno prima o poi di fronte a un "insegnante" che descrive l'arte di fare un buon pompino e mima il modo migliore per infilare un dildo nel culo, parlando contemporaneamente di oggettivazione delle donne e di "consenso" (e questo solo per gli insegnanti maschi). Gran parte di queste stronzate arrivano dalle Nazioni Unite (ampliate altrove).

Nel Regno Unito, il consenso fa parte dell'"educazione sessuale e alle relazioni" insegnata nelle scuole inglesi nel 2020.[129] Nell'aprile 2022, i media australiani hanno riferito che l'educazione al consenso sarebbe stata resa obbligatoria nelle scuole.[130]

L'aborto

"A nessuna donna dovrebbe essere detto che non può prendere decisioni sul proprio corpo. Quando i diritti delle donne vengono attaccati, noi ci ribelliamo".[131]

Tweet del membro del culto e prima donna vicepresidente degli Stati Uniti d'America Kamala Harris, febbraio 2017.
Vicepresidente Kamala Harris, febbraio 2017

"La nascita di un bambino umano è un atto che trasforma la donna in un ammasso di carne quasi senza vita, macchiato di sangue, torturato, tormentato e reso frenetico dal dolore".[132]

Vladimir "Femminista" Lenin, "Parole profetiche", 1918

L'aborto, così come esiste oggi nel mondo, è un'estensione del femminismo; non esisterebbe su così larga scala senza di esso. Di certo non si chiamerebbe "assistenza sanitaria" e non sarebbe considerato un comportamento socialmente accettabile nella misura in cui lo è ora. In effetti, il lavaggio del cervello è riuscito a convincere molti che una donna incinta è in qualche modo "oppressa" dal fatto di essere incinta; si sta arrendendo al patriarcato essendo

---

[129] Long, R., «Relationships and Sex Education in Schools (England)», 22 dicembre 2023.

https://commonslibrary.parliament.uk/research-briefings/sn06103/

[130] Meacham, S., «Come sarà l'educazione al consenso obbligatorio nelle scuole australiane», 16 aprile 2022. https://www.9news.com.au/national/mandatory-consent-education-rolled-out-in-all-australian-schools-history-of-sex-education-explainer/6655e9d2-3dd5-400d-9b6a-67b89debb853

[131] *Harris, K., Twitter, febbraio 2017.*
https://twitter.com/kamalaharris/status/831613559297736705?lang=en

[132] Lenin, V.I., «Parole profetiche», 2 luglio 1918.
https://www.marxists.org/archive/lenin/works/1918/jun/29b.htm

così, in sostanza! Questa è spazzatura malvagia, degenerata e anti-umana!

Naturalmente, questa sotto-agenda si collega anche all'eugenetica promossa dal sistema. Favorisce notevolmente la sotto-agenda della "migrazione a livello di rimpiazzo" promossa dall'ONU e da altre entità drogate di marxismo, con l'obiettivo di ridurre la quantità di persone "indigene" in un Paese bersaglio. La formula, quando si parla di natalità, è molto semplice: aumentare il numero di migranti/nascite di migranti e ridurre il numero di nascite di autoctoni. Si assisterà quindi a una riduzione del numero di indigeni; questo è il modo in cui si procede (naturalmente ci sono molti altri elementi collegati, come i "vaccini" specifici per la demografia, la dieta, la sotto-agenda trans/gender "non-binary", ecc.)

I movimenti femministi sono stati cruciali nell'aumentare il numero di aborti nel mondo, nei rispettivi Paesi, attraverso la normalizzazione, ecc. Le recenti modifiche costituzionali dell'Irlanda sull'aborto non sarebbero avvenute senza le attività della setta. Questi cambiamenti, pianificati con largo anticipo dai membri della setta residenti, erano purtroppo inevitabili a causa del livello di infezione del Paese.

È stato quasi divertente vedere lo sconcerto delle persone (casualmente) "pro-choice" di fronte all'idea che queste modifiche costituzionali avrebbero aumentato il tasso di aborti in Irlanda. Quando si rende l'aborto più conveniente, pienamente legale e socialmente più accettabile (eliminando sistematicamente qualsiasi stigma legato all'atto), si assisterà a un aumento del numero di bambini irlandesi abortiti. Non ci vuole una stupida laurea in sociologia marxiana per capirlo!

Lo sconcerto è stato evidente anche quando il termine "pro-choice" è stato scomposto per loro: se sei "pro-choice" sei pro-aborto; il termine è stato attentamente studiato per assolvere la persona da qualsiasi tipo di coscienza morale nel suo sostegno a questo atto malvagio. Nel caso dell'aborto, il fatto che sia un'altra persona a commettere l'atto non ti esime da ogni responsabilità.

Dati sull'aborto

Abort73.com è un sito web americano. Dalla loro homepage: "l'aborto è un atto di violenza che uccide un essere umano innocente" e "uccide i membri più piccoli e deboli della comunità". La pagina delle statistiche sull'aborto negli Stati Uniti fornisce delle stime, citando due fonti "privatamente dal *Guttmacher Institute* (AGI) e pubblicamente dai *Centers for Disease Control* (CDC)".

Il documento afferma che, sulla base di dati statali, "circa 961.000 aborti hanno avuto luogo negli Stati Uniti nel 2021". I dati utilizzati dall'istituto Guttmacher, che risalgono a qualche decennio fa, mostrano cifre annuali che vanno da 1,3 milioni nel 2000 a 930.000 nel 2020. Si stima che ci siano stati 60 milioni di aborti dal 1973, il che dimostra una correlazione con la crescente influenza del femminismo (e quindi del lavaggio del cervello femminista).[133]

Il sito fornisce anche stime per Paese, compresa la Repubblica d'Irlanda. L'elezione della modifica costituzionale nel 2018 ha segnato una svolta nell'accessibilità e nell'accettabilità sociale dell'aborto. Fino a questo momento della storia, l'aborto era consentito solo in determinate circostanze nella Repubblica (ad esempio, pericolo medico per la madre incinta), quindi spesso le donne si recavano nel Regno Unito per sottoporsi alla procedura.

(Per inciso, nel periodo precedente al referendum sull'aborto, abbiamo visto ancora una volta il comportamento del culto marxiano in azione. La gente è tornata a casa in Irlanda per votare, in particolare le donne irlandesi, in una bizzarra ed esasperante dimostrazione di comportamento traditore.[134] Queste donne idiote si davano letteralmente da fare per distruggere la propria patria, per poi tornarsene a fottere da dove erano venute, senza dubbio soddisfatte e beatamente ignare di aver partecipato a un orribile rituale di culto!

L'autore era presente al Castello di Dublino per assistere alle celebrazioni dei risultati elettorali, e ha assistito a qualche centinaio di membri del culto estasiati, esultanti e canterini).

L'articolo di Abort73 utilizza informazioni raccolte dal Dipartimento della Salute irlandese e dal sito web del Regno Unito *www.gov.uk* (sottolineatura per enfasi): "Nel 2019, nella Repubblica d'Irlanda sono stati registrati 6.666 aborti". Si legge che quell'anno sono state registrate 59.796 nascite e che una percentuale quasi trascurabile di questi aborti è avvenuta per motivi di salute o per anomalie fetali (rispettivamente 0,5% e 2%). I dati per il 2018 mostrano che gli aborti eseguiti nel Regno Unito sono 2.879.

Da quando le nuove leggi irlandesi sull'aborto sono entrate in vigore il 1° gennaio 2019, queste cifre mostrano l'ovvio: la "vittoria" referendaria "democratica" del culto ha portato a un'impennata di bambini abortiti in Irlanda. Ciò è stato possibile grazie alla rete attivata di ambulatori medici di base, cliniche di "pianificazione familiare" e ospedali partecipanti in tutto il Paese. (Sono sicuro che il lettore ha notato il numero della bestia... È interessante notare che il culto ha vinto il referendum con poco più del 66,4% dei voti, con il 33,6% di voti contrari (il grado 33rd è il livello ufficialmente più

---

[133] «Statistiche sull'aborto negli Stati Uniti«.
https://abort73.com/abortion_facts/us_abortion_statistics/

[134] Amnesty International, «Perché gli emigranti irlandesi tornano a casa per combattere per un aborto sicuro», 21 maggio 2018.
https://www.amnesty.org/en/latest/news/2018/05/irish-expats-come-home-to-vote-for-abortion/

alto della Massoneria di Rito Scozzese).[135]

La sottolineatura evidenzia l'ovvio: la maggior parte degli aborti è avvenuta per motivi "sociali" (cioè le donne non volevano il bambino). Uno dei pezzi di propaganda femminista che circolava in Irlanda prima del referendum, e che è stato strombazzato da molti, era che un cambiamento nella legge avrebbe permesso l'aborto per motivi di salute (comprese le anomalie fatali del feto) e, naturalmente, per la gravidanza da stupro. Come descritto altrove, questa tattica è tipica della setta: trovare qualcosa che si verifica in relativamente pochi casi, ingigantirlo come un problema e usarlo come strumento di propaganda per giustificare l'intera trasformazione della società! Innumerevoli idioti in Irlanda ci sono cascati e hanno ripetuto la propaganda come pappagalli.

La setta vuole più sangue di bambini...

Dopo il referendum, il 20 dicembre 2018, il presidente irlandese e membro del culto Michael D. Higgins ha firmato la legge sulla salute (regolamentazione dell'interruzione della gravidanza) 2018. Il sito *ifpa.ie* afferma che questo significa essenzialmente che: "A condizione che sia trascorso un periodo di attesa di 3 giorni, l'assistenza all'aborto è lecita su richiesta fino a 12 settimane di gravidanza. L'aborto è lecito anche per motivi di rischio per la vita della donna o di grave danno per la sua salute e in caso di anomalie fetali fatali. L'aborto rimane criminalizzato in tutti gli altri casi".[136]

Ovviamente, questo non è abbastanza per i membri della setta irlandese, che sostengono che la legge così com'è è troppo restrittiva (!). Per questi degenerati, gli aborti semplicemente non avvengono con sufficiente frequenza in tutto il Paese e, in sostanza, è troppo complicato ottenerne uno. Naturalmente, vogliono che l'aborto sia disponibile dopo 12 settimane, che sia eliminato il periodo di attesa di tre giorni e che sia eliminata la criminalizzazione (queste cose si possono intuire; è lo stesso schema in altri Paesi occidentali). A causa di questi fattori restrittivi, secondo i gruppi femministi, le donne irlandesi continuano a recarsi all'estero per abortire. Vogliono che sia il più conveniente possibile per le donne farsi strappare dal grembo l'"oppressione patriarcale".

Nel gennaio 2022, *Irish Legal* ha riferito che l'avvocato Marie O' Shea avrebbe "guidato la seconda fase della revisione indipendente delle leggi irlandesi sull'aborto" e che "la sezione 7 della legge sulla salute (regolamentazione dell'interruzione della gravidanza) del 2018 prevede una revisione della legislazione entro tre anni".[137] Naturalmente, la setta sapeva che questa

---

[135] https://en.wikipedia.org/wiki/Thirty-sixth_Amendment_of_the_Constitution_of_Ireland

[136] «Storia dell'aborto in Irlanda«. https://www.ifpa.ie/advocacy/abortion-in-ireland-legal-timeline/

[137] «Gruppo di lavoro sull'aborto del NWC», 26 gennaio 2022.

opportunità di "progresso" si sarebbe presentata, essendo stata pianificata da sempre.

Nell'aprile 2022, il gruppo femminista di culto *National Women's Council of Ireland* (NWCI) ha dichiarato sul suo sito web di aver "accolto con grande favore la revisione del sistema dell'aborto da parte di Marie O'Shea" e di aver "accolto con particolare favore le raccomandazioni sull'aumento della copertura geografica, sulla possibilità di rendere facoltativa l'attesa di tre giorni, sulla depenalizzazione e sulla revisione delle restrizioni arbitrarie all'assistenza nei casi di anomalie fetali fatali". Nell'aprile 2023, il ministro irlandese della Sanità Stephen Donnelly ha pubblicato il rapporto.[138]

È interessante notare che un post del 22 novembre 2023 sul sito web della NWCI fa riferimento in modo molto cultuale alle Nazioni Unite, affermando che: "Dopo il voto del 2018, l'Organizzazione Mondiale della Sanità ha pubblicato le sue linee guida per l'assistenza all'aborto, con indicazioni esplicite sul fatto che qualsiasi barriera all'assistenza, come i periodi di attesa obbligatori, i limiti di età gestazionale e la criminalizzazione, dovrebbe essere rimossa".[139]

Oh, beh, allora in questo caso, se lo dice l'ONU, credo che sia la cosa giusta da fare... Questo è fondamentalmente un gruppo di culto che si riferisce a un altro, tutto qui. "Barriere alla cura", mio Dio, non sono queste 'persone' fottutamente spregevoli?

Il tuo corpo, la tua scelta?

Perché quando si parla di aborto, i membri della setta insistono sul mantra "Il mio corpo, la mia scelta!", ma quando si parla di Covid è "Fai quello che ti viene detto con il tuo corpo!". La replica è: "Non è la stessa cosa! Il Covid è pericoloso e sta uccidendo altre persone. Ci riguarda tutti!". Anche se il Covid fosse una pandemia mortale, simile all'influenza spagnola, esaminiamo la loro logica:

"Covid è pericoloso...": anche l'aborto è pericoloso. Pericoloso per una società. Pericoloso per la salute mentale delle donne. Pericoloso per le loro prospettive

---

https://www.irishlegal.com/articles/marie-oshea-to-lead-second-phase-of-abortion-law-review

[138] «La revisione sull'aborto di O'Shea deve essere un catalizzatore per il cambiamento del sistema: NWC», 26 aprile 2023.

https://www.nwci.ie/learn/article/oshea_abortion_review_must_be_catalyst_for_system_change_nwc

[139]

https://www.nwci.ie/learn/article/nwc_strongly_welcomes_oireachtas_committee_proposals_to_change_abortion_law

future di riproduzione.

"... e sta uccidendo altre persone!". Uccidere è contro la vita (ovviamente), e l'aborto è la stessa cosa. Non importa se stiamo parlando di un agente patogeno mortale che uccide, o di una donna che decide di far uccidere il feto che è in lei. Sono entrambi contro la vita.

"Ci riguarda tutti!". E l'aborto non lo fa? Non si tratta solo di ciò che una donna vuole! Dare alla luce (alla vita) è una responsabilità (e un privilegio!) molto seria che le donne hanno, e che gli uomini non hanno. Se troppe donne in un particolare paese/gruppo etnico decidono di non voler avere figli (o di rimandare fino a tarda età!), questo gruppo rischia di scomparire. C'è anche la possibilità che questo gruppo diventi un bred out dal proprio Paese, il che vale soprattutto se questo Paese importa grandi quantità di migranti. Queste cose sono più importanti dei sentimenti e dei desideri personali di ogni singola donna! Ovviamente, questo livello di auto-esame e di altruismo è al di là della comprensione dei membri della setta.

In sintesi, le donne non hanno il diritto, in massa, di anteporre i propri desideri (spesso irrilevanti, egoistici o frivoli) alla sopravvivenza del proprio gruppo etnico! E questo indipendentemente dal fatto che, negli ultimi decenni, i tassi di natalità nei Paesi occidentali sono scesi al di sotto del livello di sostituzione. L'atteggiamento irresponsabile, egocentrico e miope di alcune donne è un fattore che contribuisce in modo massiccio. Quando le cose cambieranno, inizieremo a sostituire le attuali generazioni di donne contaminate dal femminismo con donne più tradizionali, disintossicando progressivamente la società dal femminismo. Questo deve essere fatto almeno per ragioni esistenziali.

L'industria del porno: Il suo corpo, la sua scelta

Un'altra mostruosità legata alla "liberazione della donna" è l'industria del porno. Non esisterebbe senza il femminismo e l'associazione programmata tra sesso ed edonismo. Si tratta di un argomento molto vasto, ma che merita di essere menzionato in questa sede. Certo, anche gli uomini sono responsabili della sua proliferazione, ma in una società più tradizionale, priva di femminismo, non ci sarebbero praticamente donne partecipanti! Nessuna donna disposta a oggettificarsi significa nessuna industria del porno. Questo perché (a parte la propaganda femminista) nella stragrande maggioranza dei casi nel mondo sono le donne a decidere cosa fare del proprio corpo e della propria sessualità, soprattutto nei Paesi occidentali.

L'industria del porno degenerato contribuisce a rompere le normali relazioni tra maschi e femmine, distorce la percezione del corpo umano, del sesso, delle relazioni ed è estremamente dannoso per il sistema di ricompensa della dopamina e della serotonina nel cervello dei maschi (degenerazione psicologica/emotiva). Gli inizi dell'industria del porno sono stati all'insegna del cinema; l'era dei "film per adulti".

Oggi, con la tecnologia, si è evoluto in porno online. Come estensione di ciò, i confini tra la "pornostar" e la donna di tutti i giorni si stanno confondendo, con siti web come *Onlyfans.com* e *Sex.com* ecc. che permettono praticamente a qualsiasi donna con una connessione a Internet di partecipare a questa degenerazione. Queste cose hanno un effetto eugenetico sulla società, contribuendo a separare ulteriormente la sessualità dalla riproduzione, spostando la sessualità in un regno virtuale (nessuno rimarrà incinto su Internet!). Naturalmente, sono le donne a decidere di prostituirsi online in questo modo e sono ora esempi lampanti di auto-oggettivazione femminile. In effetti, si tratta di prostituzione virtuale: le donne scelgono di compiere atti sessuali per denaro, mentre vengono filmate per essere viste da tutto il mondo. È l'epitome dell'essere privi di talento. In uno sviluppo emergente ancora più inquietante, nel porno online si fa uso di intelligenza artificiale e di "Deep Fakes" per distorcere ulteriormente la percezione della realtà da parte dell'utente. Il marxismo è davvero il pendio scivoloso della degenerazione.

Cambiamento climatico

> "Il movimento verde sta facendo qualcosa per quanto riguarda l'ambiente e il nostro pianeta, ma ha questo orribile interno rosso che continua a rivelare di desiderare non un rapporto migliore tra noi e il nostro ambiente, ma la fine del capitalismo".[140]
>
> Autore e giornalista britannico Douglas Murray, maggio 2022

> "Molte sono bufale, è una bufala, è un'industria che fa soldi".[141]
>
> Il Presidente Donald Trump sul cambiamento climatico, giugno 2017

Lista di controllo dei comunisti

In questa sotto-agenda, secondo il principio opp. contro opp. gli esseri umani sono gli oppressori e il pianeta è la vittima oppressa (naaaawww, il povero pianeta!). Questo si collega anche alla nozione, appena nascosta, di antiumano intessuta nell'ideologia, secondo cui gli esseri umani sono semplicemente malvagi ed è nella loro natura essere distruttivi/autodistruttivi. Ovviamente, questa è la più grande stronzata in questo contesto.

Crea un nuovo sistema di classi tra chi sostiene il movimento "verde" e "diventa verde" e chi non lo fa (individui e nazioni). Coloro che non lo fanno sono "scettici del clima" o "negazionisti del cambiamento climatico". Si cerca

---

[140] John Anderson, «Douglas Murray | 'L'incoerenza di LGBTQI+'», 24 maggio 2022.

https://www.YouTube.com/watch?v=ntX0xWvjGrI

[141] MSNBC YouTube, «Donald Trump crede che il cambiamento climatico sia una bufala», 3 giugno 2017.

https://www.YouTube.com/watch?v=yqgMECkW3Ak

anche di creare un nuovo sistema di classi in economia in termini di "etica" (marxiana), in quanto le imprese e le industrie che non "diventano verdi" saranno trattate come eticamente inferiori. Ciò consente di discriminarle da parte dei membri del culto. Questa sotto-agenda utilizza anche il principio del Cavallo di Troia, poiché l'ecologia è promossa come qualcosa di benefico per le nazioni, gli individui, le economie, l'agricoltura e la natura, ma in realtà è dannosa per loro.

Si basa su una percezione distorta della storia e del presente. È una pseudo-scienza, basata su una teoria scientifica, apparentemente supportata dall'intera storia registrata e dal clima odierno. Eppure le registrazioni climatiche non risalgono a così tanto tempo fa e non sono state prodotte prove conclusive che l'attività umana faccia "cambiare" il clima (non abbiamo avuto i mezzi per iniziare a misurare accuratamente le temperature globali fino alla fine del 19 secolo).

Naturalmente, molte grandi menti hanno contemplato le questioni climatiche nella storia, e altre hanno contribuito con utili invenzioni scientifiche: intorno al 340 a.C. il grande intelletto greco Aristotele, ad esempio, scrisse *Meteorologica*, un trattato filosofico sui fenomeni atmosferici.[142] Un altro grande ingegno, Galileo Galilei, inventò il termometro nel 1592.[143] Ma nel corso della storia non è esistita la tecnologia per misurare con precisione l'attività climatica e raccogliere dati affidabili. Il culto, come al solito, ha trovato il modo di raccogliere informazioni dal passato per adattarle alla propria narrativa. Un esempio è il modo in cui vengono utilizzati i dati delle carote di ghiaccio, che mostrano le fluttuazioni dei livelli di anidride carbonica e delle temperature atmosferiche per migliaia di anni.[144]

Questa sotto-agenda è sostenuta dal sistema in misura massiccia sulla scena globale. La maggior parte delle grandi organizzazioni mondiali sta spingendo in questo senso, comprese le Nazioni Unite (ONU) e il *Club di Roma* (COR). È interessante notare che l'*Organizzazione mondiale di meteorologia* (OMM) è un tentacolo dell'ONU marxista. Il Segretario generale in alcuni periodi recenti è stato Jukka Petteri Taalas. Taalas è stato nominato dal capo comunista dell'ONU e membro del culto portoghese Antonio Guterres.[145] (Parleremo dell'ONU e della COR più avanti).

Attacca i pilastri della civiltà occidentale. Attacca il capitalismo colpendo

---

[142] https://www.britannica.com/biography/Aristotle

[143] https://www.britannica.com/biography/Galileo-Galilei

[144] Bauska, T., «Le carote di ghiaccio e il cambiamento climatico», 3 giugno 2022.

https://www.bas.ac.uk/data/our-data/publication/ice-cores-and-climate-change/

[145] https://en.wikipedia.org/wiki/World_Meteorological_Organization

l'agricoltura e l'industria attraverso restrizioni governative, tasse, ecc. e costringendo questi settori a "diventare verdi" anche se ciò ha un impatto negativo, o li distrugge. Il movimento "verde" permette anche al culto di ottenere il controllo della gestione delle risorse di una nazione, che è fondamentale per ottenere il controllo dell'economia di quella nazione (esso stesso un trampolino di lancio verso l'implementazione di un sistema socialista).

Il culto ama incolpare il capitalismo di qualsiasi problema/situazione, utilizzando tutti i mezzi a sua disposizione, compresa la distorsione dei fatti accertati o la creazione di concetti completamente nuovi. Il loro imbroglio pseudo-scientifico sul clima ne è un esempio lampante. Qualsiasi problema di inquinamento legato al commercio o all'industria, in qualsiasi forma, sarà imputato al capitalismo: alla ricerca immorale del profitto, all'oppressione borghese dei lavoratori, eccetera! Attribuiranno ad esso qualsiasi tipo di problema ambientale, poiché prende due piccioni con una fava: promuove la sotto-agenda dell'inganno climatico (e tutti i benefici per l'ideologia in essa contenuti) e attacca il loro vecchio nemico.

Al contrario, basta osservare il comportamento (dal punto di vista ambientale) di un Paese completamente sotto il controllo dei membri del culto: la Repubblica Popolare Cinese. È sempre stata resistente a qualsiasi tipo di tentativo multinazionale di controllare il suo comportamento in materia. In altre parole, mentre il resto del mondo si agita per "salvare il pianeta", la Cina farà quello che vuole, perché il sub-agenda dell'inganno climatico non ha bisogno di essere applicato in quel Paese (dato che il marxismo è già sufficientemente al posto di guida). Questo sub-agenda sul clima serve a rendere il pianeta più marxista, non a prendersene cura o a "salvarlo".

Tenta di imporre l'uguaglianza tra Paesi (selezionati) in termini di efficienza della produzione di energia (cioè che hanno una capacità limitata di produrre energia, perché sono costretti a diventare "verdi"). Costringe alla conformità con le iniziative climatiche internazionaliste, creando uguaglianza a livello internazionale (alias uniformità).

Infine, forse non c'è espressione più grande del virtue-signalling marxiano che dichiarare di voler salvare un intero pianeta! Molto divertente. Ego gargantuesco.

Il marxismo non si occupa di economia; non sono affatto compatibili. Come già detto, ovunque e ogni volta che i regimi "socialisti" hanno preso piede, le economie sono andate in rovina. Non sorprende, quindi, che molti membri del culto siano d'accordo con il movimento "verde", ignorando le implicazioni che distruggono l'economia (per i tipi più fanatici, forse, ne sono consapevoli).

È interessante anche il fatto che l'agenda per "salvare il pianeta" si traduca nella profanazione del paesaggio naturale. Questi parchi eolici e pannelli solari dall'aspetto innaturale e inefficiente stanno comparendo ovunque sia possibile ospitarli, perché ovviamente ne servono grandi quantità. Per ovviare al problema dello spazio, i parchi eolici vengono collocati in mare aperto, il che è ancora più costoso. Ovunque vengano collocati, occuperanno molto spazio e, nel frattempo, consumeranno l'ambiente. L'agenda "Salviamo il pianeta" sta in realtà distruggendo il pianeta (di nuovo l'inversione), mentre spreca tempo, denaro e risorse naturali. Tutto ciò rende questa sotto-agenda anti-natura.

Naturalmente, la sotto-agenda sul clima fa parte delle ambizioni del culto per il controllo globale, che può ottenere attraverso organizzazioni internazionaliste come l'ONU.

Cambiamento climatico o inquinamento?

Perché i membri del culto spingono la sub-agenda della truffa del cambiamento climatico? Perché vediamo tutti questi gruppi marxisti di attivisti "verdi" (rossi all'interno) che ci dicono che c'è un'emergenza climatica? Perché questo "allarmismo" climatico?

Una volta si chiamava "riscaldamento globale", ma poi è stato cambiato in "cambiamento climatico", perché la fluttuazione complessiva delle temperature globali non supportava il nome originale nel tempo. Per affermare (ciò che dovrebbe essere) l'ovvio prima di procedere: non c'è alcun problema importante da risolvere qui, e il pianeta non ha bisogno di essere salvato (né è "oppresso")! Il clima cambia, ecco cosa fa! Cambia, attraversando fasi diverse, principalmente a causa dell'attività solare - il rapporto della Terra con il Sole - e questo accade da millenni. Non ha nulla a che fare con il comportamento umano o con le emissioni di anidride carbonica. È una narrazione allarmistica, sostenuta da "scienza" ed "esperti", che è emotivamente manipolativa proprio come le altre sotto-agenzie marxiane.

L'inquinamento, d'altra parte, è una questione separata che tende ad essere ingarbugliata nel mix, ma non crea cambiamenti nel clima! Può influire sulla qualità dell'aria, della terra o dell'acqua (tra le altre cose) e sicuramente potremmo apportare miglioramenti in queste aree, ma questo non giustifica ancora l'esistenza del movimento marxista "verde"! Anche in questo caso, l'ideologia non è necessaria. Anche il riciclaggio è una cosa positiva: conservare le risorse è efficiente, il che è sempre positivo, ma le lattine, il cartone e la plastica riciclabili non hanno nulla a che fare con i modelli meteorologici e di certo non salvano nessun pianeta!

Questa sotto-agenda non riguarda il "pianeta", ma il controllo. Si tratta di: favorire la distruzione del sistema capitalista (nei Paesi sviluppati) e tentare di impedirne lo sviluppo (nei Paesi sottosviluppati); rubare (carbon tax); ottenere il controllo della terra e delle risorse; cercare di imporre l'"uguaglianza" nel mondo degli affari; creare un governo unico mondiale marxista. In pratica, come abbiamo visto durante i regimi "comunisti" del XX secolo, i sistemi/iniziative socialiste non apportano alcun beneficio all'ambiente (i Paesi economici di riferimento sono di solito male organizzati, corrotti, inefficienti e spesso negligenti, sporchi, inquinanti, ecc.)

Ricordate, il successo della grande "rivoluzione" dell'ideologia/culto dipende dal controllo della narrazione pubblica. Gli "esperti" che spacciano la teoria del cambiamento climatico operano all'interno dello stesso sistema di altri "esperti" che hanno promosso il fiasco del Covid, il "multiculturalismo", il socialismo, la schifezza del genere non binario, ecc. La credibilità del sistema, a questo punto del gioco, dovrebbe essere un meritato zero.

Rinnovabili o nucleare

Le cosiddette fonti di energia "rinnovabili" - come l'eolico, il solare, l'idroelettrico, ecc. - sono inefficienti e insufficienti per il nostro fabbisogno energetico, e forse non lo saranno mai. Forzare il loro utilizzo ora non farà altro che sprecare tempo, denaro e risorse. Inoltre, l'energia nucleare è di gran lunga la scelta migliore e più pulita, con i reattori più recenti in grado di utilizzare il combustibile esaurito dei reattori più vecchi. I reattori nucleari a fissione, rispetto a quelli solari ed eolici, producono grandi quantità di energia, occupano molto meno spazio, sono molto più affidabili (in grado di funzionare ventiquattro ore su ventiquattro, tutto l'anno, qualunque sia il tempo) e producono anche pochissima CO_2 (non che questo sia importante). [146] Ovviamente, la migliore fortuna è convincere il membro medio del culto "ambientalista" di tutto questo! Si citeranno gli incidenti del tutto circostanziali di Three-Mile Island (1979; alcuni ritengono che si sia trattato di un sabotaggio), Chernobyl (1986) e Fukishima (2011). Internet è pieno di articoli di contro-propaganda che cercano di minimizzare l'energia nucleare a favore delle energie rinnovabili, ignorando i vantaggi sopra elencati.

La Francia alimenta circa il 70% della sua rete con il nucleare. Inoltre, "è il più grande esportatore netto di elettricità al mondo, grazie ai suoi bassissimi costi di generazione, e ne ricava oltre 3 miliardi di euro all'anno". [147] Un articolo del febbraio 2023 su *energydigital.com* ha stilato una classifica dei "10 principali Paesi produttori di energia nucleare". Stati Uniti, Francia e Cina occupano i primi tre posti, rispettivamente con 93, 56 e 51 reattori. Mentre la Francia e gli Stati Uniti non sembrano avere piani entusiastici per espandere la loro rete, la Cina "sta pianificando la crescita del suo sistema energetico, con 18 reattori di prossima apertura. Collettivamente, questi genererebbero 17,2GW per i sistemi di alimentazione della Cina. Il Paese sta inoltre pianificando la costruzione di

---

[146] «5 fatti veloci sul combustibile nucleare esaurito», 3 ottobre 2022.

https://www.energy.gov/ne/articles/5-fast-facts-about-spent-nuclear-fuel

[147] «Energia nucleare in Francia», agosto 2023.

https://world-nuclear.org/information-library/country-profiles/countries-a-f/france.aspx

altri 39 reattori nucleari con una capacità lorda combinata di 43GW".[148] Ciò è in linea con l'attuale strategia della Cina (guidata dal Partito Comunista Cinese) su tutti gli altri fronti: espandere, espandere, espandere.

Da questo elenco è assente la Germania, nonostante la sua tradizione di eccellenza ingegneristica. Non sorprende che, sotto l'ex cancelliere comunista Angela Merkel, l'infrastruttura nucleare sia stata sempre più smantellata e sostituita con le "energie rinnovabili". L'incidente di Fukushima, in Giappone, nel 2011, ha fornito ai membri del culto tedesco una grande opportunità per promuovere questa sub-agenda, organizzando massicce dimostrazioni coordinate contro il nucleare, in segno di preoccupazione per la sicurezza;[149] nonostante il fatto che un terremoto sottomarino e il conseguente tsunami di quindici metri abbiano causato l'incidente di Fukushima.[150] Non ricordo l'ultima volta che la Germania ha avuto un terremoto di magnitudo 9.0 seguito da un enorme tsunami, e voi? Un altro esempio di come la setta capitalizzi su qualcosa e crei allarmismo per promuovere la rivoluzione.

Gruppi marxisti come *Amici della Terra* e *Greenpeace si sono opposti* all'energia nucleare e, di conseguenza, alle armi nucleari. La maggior parte di queste "nobili" proteste sono state fatte principalmente nei Paesi occidentali (non comunisti) durante gli anni della Guerra Fredda. Non c'è bisogno di commenti.

L'ecologia frena la crescita economica

I movimenti marxisti "verdi" nei Paesi occidentali fanno costantemente pressione sui governi affinché investano denaro in tecnologie e infrastrutture rinnovabili. I Paesi del Terzo Mondo e quelli in via di sviluppo saranno costretti ad aderire a questa sotto-agenda, se il movimento per il clima continuerà a non essere contrastato. A causa delle pressioni esercitate dal culto internazionale dell'ecologia (attraverso le Nazioni Unite e una serie di organizzazioni di attivisti), questi Paesi non utilizzeranno i combustibili fossili convenzionali per l'energia. Ciò significa che non avranno accesso all'energia a basso costo, che potrebbe consentire alle loro economie di crescere. Saranno invece "incoraggiati" (costretti) a utilizzare costose fonti di energia rinnovabile "verde"

---

[148] Ahmad, M., «Top 10: Paesi produttori di energia nucleare», 8 febbraio 2023.

https://energydigital.com/top10/top-10-nuclear-energy-producing-countries

[149] Appunn, K., «La storia dell'abbandono del nucleare in Germania», 9 marzo 2021.

https://www.cleanenergywire.org/factsheets/history-behind-germanys-nuclear-phase-out

[150] «Incidente di Fukushima Daiichi», agosto 2023.

https://world-nuclear.org/information-library/safety-and-security/safety-of-plants/fukushima-daiichi-accident.aspx

durante il loro sviluppo. Questo ritarda la loro crescita economica (attacco al capitalismo). Dal momento che il marxismo ha sempre preso piede nei Paesi del Terzo Mondo con una certa facilità, questo potrebbe essere un altro modo per assicurarsi che questi Paesi continuino a scegliere il marxismo come "via d'uscita" (condannata) dalla loro situazione. Le pressioni esercitate dalle grandi organizzazioni affinché "diventino verdi" assicurano che l'opzione di scegliere con entusiasmo il capitalismo non sia aperta a loro.

E poi c'è la famigerata truffa della carbon tax. Quando le aziende (o addirittura i Paesi) sono costrette a pagarla, vengono essenzialmente punite per la loro produzione industriale. Più alta è la loro produzione, più sono tassate per questo (attacco al capitalismo). Pertanto, questa tassa rende anche questa sotto-agenda una truffa finanziaria. Le persone coinvolte potranno arricchirsi a dismisura. È una forma di furto (come da secondo punto del Manifesto Comunista). Il culto/ideologia coglierà ogni opportunità per distruggere il sistema capitalistico - compresa l'industria privata non controllata dal governo - attraverso la tassazione. Con la carbon tax, hanno trovato un modo per far pagare le tasse ai cittadini (ovvero per rubare i loro profitti) letteralmente per niente. Inoltre, questa tassazione fa sembrare le "energie rinnovabili" più competitive dal punto di vista dei costi. L'ex vicepresidente degli Stati Uniti Al Gore, forse la voce politica più importante tra gli allarmisti climatici, ha rastrellato denaro mentre era impegnato nella sua nobile missione di salvarci tutti. In un articolo del Daily Mail del gennaio 2023 si legge che "l'ex vicepresidente è stato in prima linea negli investimenti in tecnologie verdi che hanno visto il suo patrimonio lievitare fino a circa 330 milioni di dollari". Si legge inoltre che riceve uno stipendio di 2 milioni di dollari al mese presso la Generation Investment Management. Ha anche trascorso anni a volare su aerei che producono CO2 e possiede diverse proprietà.[151] È l'epitome di un membro di una setta ipocrita.

Gruppi di angurie

Just Stop Oil ha iniziato a salvare l'umanità nel 2022. Dalla homepage del loro sito web: "Just Stop Oil è un gruppo di resistenza civile non violenta che chiede al governo britannico di interrompere l'autorizzazione di tutti i nuovi progetti di petrolio, gas e carbone". È divertente notare che il colore scelto per il loro marchio è l'arancione (sito web, magliette ecc.), che è un discreto tentativo di originalità in tutta onestà (ancora una volta, il rosso comunista sarebbe troppo

---

[151] Farrell, P., «Come Al Gore ha guadagnato 330 milioni di dollari con l'allarmismo climatico: L'ex vicepresidente ha fatto fortuna dopo aver perso contro George W. quando ha creato una società di investimenti verdi che ora vale 36 miliardi di dollari e che lo paga 2 milioni di dollari al mese... mentre avverte di «bombe di pioggia» e «oceani in ebollizione»«, 19 gennaio 2023. https://www.dailymail.co.uk/news/article-11653723/How-Al-Gore-300m-climate-alarmism-Former-VP-fortune-losing-George-W.html

ovvio). Il loro logo è molto interessante e ha molteplici significati: è un teschio umano a forma di lampadina, ma contiene anche una persona triste e una goccia d'olio come lacrima.[152] Approvo: l'attivismo rivoluzionario marxista è un'idea miserabile, che porta all'estinzione umana.

Questo gruppo ha ricevuto attenzione per le sue gloriose azioni rivoluzionarie nei media e online. Nel 2023, i manifestanti sono stati visti lanciare polvere arancione dappertutto, anche in occasione di eventi sportivi di alto profilo in aprile e luglio: il Campionato mondiale di snooker a Sheffield e il torneo di golf British Open a Liverpool. In Formula Uno, hanno anche interrotto il Gran Premio di Gran Bretagna del 2022 sedendosi sulla pista. Se, arrivando in curva, vedessi quei coglioni in pista, accenderei i tergicristalli, suonerei il clacson, scalerei una marcia e andrei a tavoletta...

Un'altra tattica è l'interruzione del traffico (di automobilisti dilettanti), in particolare nel centro di Londra, nel Regno Unito.[153] Questi idioti si sono seduti sulla strada facendo infuriare i londinesi di tutti i giorni, che spesso sono stati costretti a rimanere seduti nei veicoli mentre la "polizia" li guardava. Alcuni brillanti membri del pubblico hanno strappato i loro striscioni, li hanno trascinati via dalla strada e li hanno molestati in altro modo, ma ovviamente, con la polizia che minacciava di arrestare loro e non i manifestanti (!), le proteste sono continuate. Spesso i manifestanti, una volta trascinati via dalla strada, si sono infuriati e sono tornati a strisciare. Alcune persone hanno cercato di fare la morale agli attivisti, una completa perdita di tempo: cercare di ragionare con i membri di una setta a cui è stato fatto il lavaggio del cervello. Ricordate, si tratta di grandi eroi rivoluzionari dell'umanità, che levitano al di sopra del resto di noi, che sappiamo bene come stanno le cose.[154]

È assolutamente ridicolo che sia stato permesso che ciò accadesse! L'establishment britannico è pieno di membri delle sette, quindi per ora non c'è speranza di rendere illegali le proteste marxiste. In una società più sana, verrebbero impacchettati in furgoni della polizia e costretti a lavorare in una miniera di carbone o su una piattaforma petrolifera da qualche parte per il resto della loro vita. Come soluzione ideale per i manifestanti che siedono sulla strada, ecco una parola del defunto comico americano Bill Hicks (1961-1994) che disse questo a proposito dei disordini di Los Angeles del 1992: "Accelera la benzina, cazzo! Loro sono a piedi, tu sei su un camion... Credo di vedere una

---

[152] https://juststopoil.org/

[153] «Just Stop Oil: Cos'è e quali sono i suoi obiettivi?», 8 novembre 2023. https://www.bbc.com/news/uk-63543307

[154] «'Just Stop Oil' Protestors Getting Wrecked», 3 luglio 2023. https://www.YouTube.com/watch?v=s7XPNM_Om9Q

via d'uscita...".[155]

Molti commentatori online hanno fatto notare come questi attivisti siano per lo più studenti, pensionati e forse disoccupati (e quindi non contribuiscono attualmente all'economia), impedendo al contempo ai lavoratori/pendolari di fare lo stesso. Se questo aspetto è stato riconosciuto e compreso, è meno evidente che la loro azione di bloccare il traffico è simbolo della posizione anti-capitalistica e anti-civile dell'ideologia.

È interessante notare che tra i lavoratori quotidiani che gli attivisti stavano disturbando c'era anche la classe operaia "proletaria", senza contare che più si trattiene qualcuno nel traffico, allungando i tempi di percorrenza, più si consuma carburante e più l'inquinamento prodotto dal veicolo attraverso lo scarico. Azioni ancora più apertamente anticapitalistiche si sono viste nell'aprile 2022, quando hanno tentato di bloccare diversi impianti, infrastrutture e terminali petroliferi.[156]

Un altro gruppo britannico collegato, anche se a un livello più alto di follia kamikaze, è *Insulate Britain*. Dalla homepage del loro sito web *insulatebritain.com* (sottolineatura per enfasi): "Abbiamo bisogno che il governo isoli le case della Gran Bretagna per salvare migliaia di vite e prevenire il collasso economico e sociale. Ogni anno nel Regno Unito centinaia di migliaia di famiglie sono costrette a scegliere tra il riscaldamento e il cibo, tra bambini infreddoliti e bambini affamati, e molte migliaia muoiono per il troppo freddo. L'isolamento delle case britanniche salverà vite umane e fornirà abitazioni calde, dando al contempo il contributo più efficace alla riduzione delle emissioni di carbonio e alla creazione di posti di lavoro significativi".[157]

Grazie a Satana abbiamo queste persone meravigliose che ci salvano da questo collasso, mentre loro salvano i poveri proletari. Questi matti sono stati visti ostacolare il traffico in diversi incroci dell'autostrada M25, vicino a Londra, alla fine del 2021.[158]

Un gruppo di culto correlato è *Extinction Rebellion* (ER. Questo nome è un altro candidato al titolo di "come infilare tutto il marxismo possibile in un solo titolo"). In realtà, Just Stop Oil e Insulate Britain sono propaggini, poiché ER è leggermente più in alto nella struttura internazionale del culto. Dalla sezione "Perché ribellarsi?" del loro sito, alla voce "Disobbedienza civile non violenta": "Seguiamo le orme di molti che ci hanno preceduto. Dal movimento per

---

[155] «Bill Hicks: Rivelazioni (1992/ 93)«.
https://www.YouTube.com/watch?v=6wG0wZD3Kh8

[156] «Just Stop Oil: Cos'è e quali sono i suoi obiettivi?», 8 novembre 2023.https://www.bbc.com/news/uk-63543307

[157] https://insulatebritain.com/

[158] https://en.wikipedia.org/wiki/Insulate_Britain_protests

l'indipendenza dell'India al suffragio femminile, dal movimento per i diritti civili alla primavera araba, la storia ci ha dimostrato più e più volte che la protesta non violenta funziona come potente mezzo per ottenere un cambiamento. Eppure, non ci sono garanzie. Come ribelli, sappiamo che la realtà di domani è la preoccupazione di oggi".[159] Seguendo le orme, appunto.

La Letzte Generation (Ultima Generazione) è un gruppo tedesco attivo anche in Italia e in Austria. Il loro logo è un cuore circondato da un cerchio rossastro (marxismo = amore!). Sono noti per tattiche simili: inondano di vernice i monumenti pubblici, si incollano alla strada, usano estintori per spruzzare vernice arancione sulle facciate di negozi e ristoranti. Una volta hanno persino deturpato un quadro di Claude Monet con del purè di patate e un quadro di Van Gogh ha subito il trattamento della zuppa.[160] Strani. Dalla pagina "Chi siamo" del loro sito web (sottolineatura per enfasi): "Siamo l'ultima generazione che può fermare il collasso della nostra società. Di fronte a questa realtà, accettiamo senza timore tasse elevate, accuse penali e carcere".[161]

Gli ego gargantueschi sono evidenti in questo caso, ma anche un chiaro promemoria del fatto che si tratta di fanatici, e quindi nessuna coercizione o punizione li dissuaderà. L'unico modo per affrontare gli ideologi fondamentalisti è la forza fisica. In modo divertente, due dei membri sono stati rimproverati dai media nel febbraio 2023 per essere andati in vacanza in Asia, emettendo CO_2 a volontà.[162] Anche in questo caso, in una società sana di mente, ai membri di una setta identificati non sarà permesso di lasciare o entrare in un Paese a piacimento. Se tutto va bene e si svolge secondo i piani, questa sarà l'"ultima generazione" di membri del culto marxista.

Si noti anche come questi gruppi parlino di questo inevitabile collasso della società. La genesi di ciò è stata l'ipotesi di Karl Marx che il capitalismo contenesse in sé i semi della propria distruzione. Il culto utilizza molto questo strumento per cercare di innescare un senso di urgenza emotiva che possa produrre una reazione favorevole al culto/ideologia.

Un altro è il gruppo di attivisti australiani *Stop Fossil Fuel Subsidies* (SFFS, ovvero "Stop for fuck's sake!", super australiano). Sulla loro homepage, ancora una volta caratterizzata dal colore rosso, si legge che sono "un nuovo gruppo politicamente non affiliato di cittadini comuni che agiscono per costringere i

---

[159] https://rebellion.global/why-rebel/

[160] https://en.wikipedia.org/wiki/Last_Generation_(movimento_climatico)

[161] https://letztegeneration.org/en/wer-wir-sind/

[162] Scally, D., «Gli attivisti tedeschi per il clima scambiano la data del tribunale per una vacanza a Bali», 3 febbraio 2023.

https://www.irishtimes.com/world/europe/2023/02/03/german-climate-activists-swap-court-date-for-bali-holiday/

governi a cessare il loro sostegno all'industria dei combustibili fossili".[163] Membri di una setta imparziale? Ditemi di più! Inoltre, "siamo stati costretti a intraprendere un percorso di resistenza civile non violenta per fermare questa oscenità". No, nessuno vi obbliga a fare nulla.

Inoltre affermano: "Decenni di pericolosa inazione alimentata dall'avidità hanno accelerato il riscaldamento globale causato dall'uomo fino al punto in cui la civiltà non sarà sostenibile, a meno che non si prendano misure urgenti per ridurre rapidamente le emissioni di gas serra. È giunto il momento di avanzare richieste più forti e di opporre una resistenza civile proporzionata alla minaccia esistenziale che tutti noi dobbiamo affrontare". Queste due frasi includono (nell'ordine): anticapitalismo/antiprofitti, pseudoscienza, allarmismo, rivoluzione, ancora allarmismo.

David e Joanne

Il dottor David Evans e sua moglie Joanne Nova sono due importanti "scettici del clima" in Australia. Entrambi si sono espressi su questo tema per molti anni. Personaggi molto interessanti, visto che entrambi sono stati in qualche modo coinvolti in questa sotto-agenda all'inizio della loro carriera.

Ingegnere e matematico, Evans ha conseguito ben sei titoli universitari, tra cui un dottorato di ricerca in ingegneria elettrica acquisito presso l'Università di Stanford, in California. Dal 1999 al 2005 e dal 2008 al 2010 ha lavorato come consulente per l'Australian Greenhouse Office, ribattezzato "Department of climate change". Ha partecipato allo sviluppo di Fullcam, un sistema di misurazione dei livelli di carbonio nell'ambiente.[164] [165] Evans è diventato un po' un paria quando ha iniziato a mettere in discussione la narrativa, citando i dati delle carote di ghiaccio come un importante punto di svolta per lui personalmente. Un grande uomo, che ha avuto la coscienza e il coraggio di parlare.

Il 23 marzo 2011 ha tenuto un discorso in occasione della protesta "No Carbon Tax" sui gradini del Parlamento dell'Australia Occidentale (il discorso completo è disponibile sul suo sito web www.sciencespeak.com). [166] Ha esordito: "Il dibattito sul riscaldamento globale ha raggiunto proporzioni ridicole. È pieno di mezze verità, malintesi ed esagerazioni. Io sono uno scienziato. Ero sul treno del carbonio, capisco le prove, ero un allarmista, ma ora sono uno scettico".

Evans ha proseguito: "L'idea che l'anidride carbonica sia la causa principale

---

[163] https://www.stopffs.org/about

[164] https://sciencespeak.com/about.html

[165] https://en.wikipedia.org/wiki/David_Evans_(matematico_e_ingegnere)

[166] https://sciencespeak.com/rally.pdf

del recente riscaldamento globale si basa su un'ipotesi che è stata dimostrata falsa dall'evidenza empirica durante gli anni Novanta. Ma la posta in gioco era troppo alta, con troppi posti di lavoro, industrie, profitti commerciali, carriere politiche e la possibilità di un governo mondiale e di un controllo totale. Così, piuttosto che ammettere di essersi sbagliati, i governi e i loro scienziati del clima continuano a sostenere in modo oltraggioso che l'anidride carbonica è un inquinante pericoloso".

Ha inoltre affermato che la CO2 contribuisce a riscaldare il pianeta, ma che "i modelli climatici sono fondamentalmente difettosi" e che "sovrastimano notevolmente gli aumenti di temperatura dovuti all'anidride carbonica". Ha fatto riferimento a prove che contraddicono la narrazione ufficiale, come i dati dei palloni meteorologici, e che sono state sostanzialmente ignorate.

Altre fonti di conoscenza "alternative" nel mondo affermano che la Terra, come la nostra stella - il Sole - è in realtà un organismo, in un certo senso, che fluttua e passa attraverso diversi stadi di sviluppo; può anche reagire ai cambiamenti nel suo ambiente/condizioni (come tendono a fare gli esseri viventi) e può anche avere un impatto sull'ambiente circostante. Evans ha accennato a questo concetto nel suo discorso, da un punto di vista scientifico: "Ci sono ora diverse prove indipendenti che dimostrano che la Terra risponde al riscaldamento dovuto all'anidride carbonica in più smorzando tale riscaldamento. Ogni sistema naturale di lunga durata si comporta in questo modo, contrastando qualsiasi perturbazione, altrimenti il sistema sarebbe instabile. Il sistema climatico non fa eccezione e ora possiamo dimostrarlo".

In sostanza, per ingrandire un momento, gli "allarmisti" del clima (membri della setta) suggeriscono erroneamente che il pianeta non è in grado di gestire ciò che gli esseri umani stanno facendo (in termini di emissioni, ecc.) e che questo crea diversi squilibri ambientali, ma Evans suggerisce correttamente che il pianeta può adattarsi - e lo fa. L'argomentazione contraria della setta, centrale nel loro movimento, è falsa.

Dire che il sotto-culto del clima esagera e distorce le informazioni in modo distorto è un eufemismo: è propaganda. L'uso dei termometri e la loro collocazione fisica è ovviamente fondamentale per sostenere che il pianeta si sta riscaldando. Evans ha spiegato che: "Il riscaldamento globale si misura in decimi di grado, quindi ogni ulteriore spinta al riscaldamento è importante". Negli Stati Uniti, in un'indagine condotta da volontari, quasi il 90% dei termometri ufficiali ha violato i requisiti ufficiali di collocazione, che prevedono che non siano troppo vicini a una fonte di riscaldamento artificiale". E ha aggiunto: "La falsa rappresentazione è che si usano termometri selezionati in luoghi che si riscaldano artificialmente e si chiamano i risultati "riscaldamento globale"".

I satelliti forniscono una misurazione accurata e globale delle temperature, ha sottolineato Evans, e lo fanno in modo imparziale. I loro dati indicano che "l'anno recente più caldo è stato il 1998 e che dal 2001 la temperatura globale si è stabilizzata", aggiungendo "perché l'establishment climatico occidentale presenta solo i risultati dei termometri di superficie e non menziona i risultati satellitari?".

Questi sono esempi tipici del culto/ideologia che seleziona le informazioni per promuovere una certa narrativa, distorcendo la realtà. Ha concluso il suo discorso con: "Sì, l'anidride carbonica è una causa del riscaldamento globale, ma è così piccola che non vale la pena di intervenire". In un'altra occasione, Evans ha individuato nell'attività solare l'influenza principale sul clima della Terra.

Joanne

La moglie di David, Joanne Nova, anch'essa con una formazione scientifica, è una voce molto rispettata per la verità sul clima. Il suo eccellente sito web *joannenova.com.au* è uno dei maggiori siti di scetticismo climatico al mondo. I post del blog coprono diversi argomenti correlati e l'autrice scrive con grande acume e attitudine. Ha anche pubblicato "The Skeptic's Handbook" nel 2009. Tra le altre cose, il suo lavoro ha messo in evidenza l'estrema inefficienza energetica, i costi elevati e la generale inapplicabilità delle fonti energetiche "rinnovabili" rispetto alle fonti convenzionali.[167][168]

Nel luglio 2023, Nova ha rilasciato un'intervista su YouTube al conduttore Topher Field di *The Aussie Wire*. Ha parlato dei prodotti di "energia verde" e del fatto che per produrli viene utilizzato essenzialmente lavoro schiavo. La conversazione ha messo in luce l'ipocrisia del movimento "verde" che apparentemente si occupa di diritti umani.[169]

Un'organizzazione che sta attirando l'attenzione su questo tema è *Walk Free*, un "gruppo internazionale per i diritti umani con sede a Perth, focalizzato sull'eliminazione della schiavitù moderna, in tutte le sue forme, nel corso della nostra vita". È interessante notare che il loro sito web-walkfree.*org ha* un tono decisamente marxiano (dato che il culto ci ricorda spesso che la schiavitù è una forma di oppressione), eppure hanno in qualche modo involontariamente attirato l'attenzione sulla schiavitù marxista.[170]

Gli uiguri non possono "camminare liberi".

Il mercoledì 24 maggio 2023, un articolo sul sito *abc.net.au* affermava che:

---

[167] https://en.wikipedia.org/wiki/Joanne_Nova

[168] https://joannenova.com.au/

[169] The Aussie Wire, «La verità sul carbone e l'energia in Australia: Joanne Nova spiega», 26 luglio 2023. https://www.YouTube.com/watch?v=GwFDlsTSwNI

[170] https://www.walkfree.org/

"Lo Xinjiang, una provincia nel nord-ovest della Cina, ospita gruppi etnici tra cui gli uiguri, che sarebbero stati oggetto di persecuzione da parte delle autorità di Pechino. Ci sono stati anche rapporti che suggeriscono l'uso diffuso di manodopera uigura forzata nei campi per la produzione di polisilicio, l'ingrediente chiave per i pannelli solari".[171]

La direttrice di Walk Free, Grace Forrest, ha dichiarato: "Il rischio dei pannelli solari, come di molte parti dell'economia verde, è il fatto che si tratta di catene di approvvigionamento transnazionali che mancano gravemente di trasparenza e responsabilità. Il fatto è che, per impostazione predefinita, l'economia verde sarà costruita sulla schiavitù moderna. E noi abbiamo l'opportunità e la forte responsabilità di dire che non si possono danneggiare le persone in nome della salvaguardia del pianeta". L'articolo afferma inoltre che "quasi il 90% della fornitura globale di polisilicio proviene dalla Cina, e Walk Free fa notare che circa la metà proviene dallo Xinjiang".

Ancora una volta, l'ideologia non si preoccupa delle persone, ma finge di farlo per proliferare. Dato che il fanatismo della setta avanza a ondate sempre maggiori, anche se la maggior parte dei membri della setta nel mondo è contraria a questa forma di schiavitù, come ci ha insegnato Yuri Besmenov, ciò non fermerà i comunisti cinesi (che sarebbero felici di schiavizzare anche loro, perché dissidenti contro la "rivoluzione").

Per quanto riguarda i campi di internamento dello Xinjiang, come tipico stile di culto, sono ufficialmente designati "centri di istruzione e formazione professionale" dal Partito Comunista Cinese (PCC) al potere nel Paese.[172] Questi campi, che sono l'epitome del razzismo e dell'oppressione, sono l'incarnazione regionale della rete di prigioni Laogai, diffusa in tutto il Paese. I campi dello Xinjiang, in particolare, sono stati creati per opprimere/eliminare le minoranze etniche e religiose - tra cui gli uiguri, che sono musulmani - impedendo nel contempo una reale separazione dalla Cina.

Cobalto Auto comunista

In un post sul blog di martedì 8 agosto 2023, Nova ha sottolineato che i cinesi sono ora i principali esportatori di veicoli elettrici (EV): "Finché l'Occidente imporrà gli EV alla propria popolazione, e poi li tasserà per sovvenzionare tutte

---

[171] Mercer e Dole, «Il gruppo Forrest Walk Free avverte della minaccia della schiavitù nelle catene di fornitura di pannelli solari in Australia», 24 maggio 2023. https://www.abc.net.au/news/2023-05-24/forrest-group-walk-free-warns-slavery-threat-solar-panels/102383470

[172] Maizland, L., «La repressione cinese degli uiguri nello Xinjiang», 22 settembre 2022.

https://www.cfr.org/backgrounder/china-xinjiang-uyghurs-muslims-repression-genocide-human-rights

le stazioni di ricarica e la generazione supplementare necessaria, i clienti, rassegnati e sofferenti, sceglieranno l'auto più economica che riusciranno a trovare. E senza l'elettricità a basso costo del carbone o il lavoro degli schiavi nelle fabbriche, come potrebbe mai competere l'industria automobilistica occidentale?".[173] Considerando il modus operandi e le ambizioni del PCC, questa situazione deve essere sicuramente progettata! Nova ha anche sottolineato le potenziali minacce che le auto elettriche cinesi rappresentano per i Paesi occidentali (sorveglianza, ecc.).

L'ingrediente chiave utilizzato per produrre batterie EV è il metallo elementare cobalto. Il 15 marzo 2022 è apparso sul sito web di *E&E News* un articolo intitolato "Il cobalto mette alla prova i diritti umani di Biden sull'energia pulita".[174]

La Repubblica Democratica del Congo (RDC) è una delle principali fonti di questo metallo: "La RDC, talvolta definita "l'Arabia Saudita dell'era dei veicoli elettrici", produce circa il 70% del cobalto mondiale. Circa l'80% della lavorazione del cobalto avviene in Cina prima di essere incorporato nelle batterie agli ioni di litio".

E aggiunge: "Le accuse di lavoro forzato nelle fabbriche cinesi di polisilicio hanno spinto lo scorso anno il Congresso ad approvare un divieto generale sulle importazioni di energia solare legate a una regione del Paese. I funzionari doganali hanno sequestrato ingenti carichi di almeno tre aziende e hanno inserito un importante fornitore cinese nella lista nera. Il polisilicio è un elemento chiave per la maggior parte dei pannelli solari. I prodotti che utilizzano il cobalto congolese, come le batterie agli ioni di litio utilizzate nei veicoli elettrici e negli accumulatori di energia, sono sfuggiti a questo tipo di azioni di controllo".

Guerra eco-economica

Allontanandosi momentaneamente dalla sotto-agenda climatica, questi problemi sono estremamente significativi in termini di presenza globale dell'ideologia. Sembra che i cinesi, che ovviamente non stanno al gioco dell'"agenda verde", stiano fondamentalmente utilizzando manodopera schiavizzata per produrre e vendere questi prodotti inefficienti e inutili. Si tratta di un vantaggio per loro, poiché, continuando a costruire la loro infrastruttura economica utilizzando impianti a carbone e centrali nucleari, finiranno per

---

[173] Nova, J., «Come paralizzare una città con un semplice «aggiornamento» EV», 8 agosto 2023.

https://joannenova.com.au/2023/08/how-to-paralyze-a-city-with-one-easy-ev-update/

[174] Holzman, J., «Il cobalto mette alla prova i diritti umani per Biden sull'energia pulita», 15 marzo 2022. https://www.eenews.net/articles/cobalt-poses-human-rights-test-for-biden-on-clean-energy/

superare i Paesi occidentali che sono impegnati ad auto-arrestarsi diventando "verdi". Mentre la Cina costruisce più centrali elettriche convenzionali, i Paesi occidentali costruiranno più parchi eolici. Se l'economia globale è una gara, loro stanno premendo il pedale dell'acceleratore (gioco di parole) e l'Occidente lo sta abbandonando. Inoltre, la carbon tax aiuta l'industria cinese a superare facilmente la concorrenza delle controparti occidentali, poiché queste ultime non pagano le tasse.

Tutto ciò si collega all'*Iniziativa Belt and Road* (BRI) del PCC, che utilizza l'economia per costruire il proprio impero globale attraverso vari mezzi, tra cui l'acquisizione di territori e risorse, favorendo così il marxismo internazionale[175] (un argomento importante trattato a sufficienza da altri autori). Il nome "Belt and Road" era precedentemente "One Belt, One Road". Il premier del PCC Xi Jinping pare abbia suggerito il nome, che fa riferimento ai piani cinesi per il commercio terrestre (una "cintura" economica) e marittimo e alle rotte di navigazione ("strada").[176]

Considerando che Xi è considerato da alcuni come il nuovo Mao, a questo autore è passato per la testa che "One Belt, One Road" abbia un significato più profondo: potrebbe essere un riferimento a un souvenir militare storico della *Lunga Marcia* del 1934 (un periodo di due anni di ritirata delle forze comuniste dai loro nemici nazionalisti). Il souvenir era una mezza cintura, simbolo della loro lotta per sopravvivere nonostante non avessero più nulla. Nel gennaio 2016, durante una visita al museo dove ha visto il manufatto, Xi ha detto che rappresentava "il potere della fede". È stato donato al Museo nazionale cinese nel 1975.[177]).

Nel novembre 2018, Joanne Nova è intervenuta alla dodicesima *Conferenza sul clima e l'energia dell'EIKE* a Monaco, in Germania. L'eccellente ed esaustiva presentazione era intitolata "Come distruggere una rete elettrica in tre semplici passi".[178]

Nova ha dichiarato che l'Australia possiede la quarta più grande risorsa di carbone al mondo, ne è il più grande esportatore e ne ha a sufficienza per "300

---

[175] Jie e Wallace, «Che cos'è la Belt and Road Initiative (BRI) della Cina?», 13 settembre 2021. https://www.chathamhouse.org/2021/09/what-chinas-belt-and-road-initiative-bri

[176] Kuo e Kommenda, «Che cos'è la *Belt and Road* Initiative cinese?».

https://web.archive.org/web/20180905062336/https://www.theguardian.com/cities/ng-interactive/2018/jul/30/what-china-belt-road-initiative-silk-road-explainer

[177] «La storia del Partito condivisa da Xi: mezza cintura ricorda al popolo il potere della fede», 23 aprile 2021. http://en.moj.gov.cn/2021-04/23/c_613668.htm

[178] EIKE, «Joanne Nova - Come distruggere una rete elettrica in tre semplici passi», 18 febbraio 2022.

anni al ritmo attuale di utilizzo come principale fonte di elettricità". Ha anche sottolineato che il Paese possiede le maggiori riserve di uranio al mondo (secondo produttore) e che "ci sono 450 reattori nucleari in tutto il mondo e in Australia non ne abbiamo nessuno".[179] Queste cose testimoniano quanto il culto abbia soffocato il progresso in quel Paese.

Cov(a)id(e) 19(84) - il virus "del popolo

> "Il potere non viene da un distintivo o da una pistola, il potere viene dal mentire, mentire alla grande e far sì che tutto il mondo stia al tuo gioco. Una volta che tutti sono d'accordo con ciò che in cuor loro sanno non essere vero, li tieni per le palle".[180]

Il senatore Ethan Roark (Powers Booth), Sin City, 2005

> "Di tutte le cose che ci sono là fuori, cosa potrebbe causare un eccesso in un solo anno di dieci milioni di morti? È chiaro che una grande guerra potrebbe, e una pandemia - naturale o creata dal bioterrorismo".[181]

Un ricco nerd informatico strambo ossessionato da pandemie, vaccini, livelli di popolazione e bioterrorismo chiamato William Gates, aprile 2018

Lista di controllo dei comunisti

L'intero fiasco di Covid è stato segnato dalle impronte del culto. Questa sotto-agenda ha creato una divisione tra coloro che erano troppo stupidi per vedere cosa stava accadendo e coloro che non lo erano. Ha creato una classe di obbedienti e una di non obbedienti, incoraggiando contemporaneamente il maltrattamento dei non obbedienti. Metteva le "vittime" di Covid nella classe degli "oppressi" e insinuava che chi rifiutava i vaccini era essenzialmente l'"oppressore", come forma di ricatto emotivo per costringere le persone a conformarsi. Ha creato un nuovo sistema di classi trattando coloro che non si vaccinano come cittadini di seconda classe, attraverso la negazione o il tentativo di negazione di alcuni "diritti" (viaggiare, entrare in stabilimenti, diritto al lavoro ecc.). Ovviamente i "non vaccinati" sono stupidi e rappresentano un pericolo per la società, giusto? Per i sempliciotti, quindi, dovrebbero essere trattati come tali.

La plandemia di Covid 19(84) è stata chiaramente un tentativo dei globalisti di

---

[179] «Produzione di uranio per paese».

https://wisevoter.com/country-rankings/uranium-production-by-country/#uranium-production-by-country

[180] «Sin City - Discorso del senatore Roark (hardsub)», 14 marzo 2012.

https://www.YouTube.com/watch?v=Os9TU3e0kMo

[181] Bill Gates: 'Cosa potrebbe causare, in un solo anno, un eccesso di 10 milioni di morti?», 30 aprile 2018. https://www.YouTube.com/watch?v=5ToWY_BYb00

consolidare il loro controllo sulle masse. Non sorprende che gli elementi marxisti di tutto l'Occidente abbiano appoggiato questa agenda totalitaria. Prevedibilmente, hanno introdotto un sistema per tracciare coloro che erano "vaccinati" e coloro che non lo erano. I membri della setta insinuavano che coloro che rifiutavano le iniezioni dovevano essere trattati come cittadini di seconda classe, poiché non rispettavano il sistema. In sostanza, ciò significava che sarebbero stati loro negati i diritti, che è la definizione stessa di cittadinanza di seconda classe: nessun diritto di viaggiare liberamente, di socializzare, ecc.

L'assunzione di un misterioso "vaccino" (o di vaccini) di cui non si ha bisogno è il simbolo perfetto del principio del cavallo di Troia. Una volta intrapresa questa strada, le persone sono disposte a sottoporsi a qualsiasi tipo di iniezione. Questo sub-agenda si basa anche su una percezione distorta della realtà, perché non si tratta di una vera e propria pandemia. Naturalmente, dire che Covid è stato sostenuto con enfasi dal sistema è un eufemismo.

L'aspetto più significativo è che la plandemia si è qualificata anche come un palese attacco al capitalismo. Durante le chiusure forzate del governo, la società - e quindi l'economia - si è sostanzialmente fermata (anche se temporaneamente in alcuni settori). Questo ha costretto molti piccoli imprenditori a sopportare mesi di angosciante attesa e preoccupazione per la loro riapertura, mentre ha costretto molti altri a chiudere del tutto. Un orribile crimine governativo contro gli imprenditori!

È stato esasperante assistere a questa follia e alle spregevoli forze di polizia traditrici che l'hanno applicata! Un articolo dell'Irish Times del novembre 2022 faceva riferimento ai risultati del Central Statistics Office, affermando che "circa il 24% delle aziende che hanno risposto ai sondaggi di aprile e maggio 2020 hanno temporaneamente o permanentemente cessato l'attività" (anche se è probabile che le cifre reali fossero molto più alte).[182]

In molti Paesi, durante questo periodo, i membri della setta al governo hanno emesso pagamenti Covid a coloro che non potevano lavorare per "compensarli" di una situazione che avevano creato loro stessi! Quindi, essenzialmente, i membri del culto collusi in tutto il mondo hanno causato la situazione Covid in primo luogo (la Cina comunista, i nostri governi contaminati, le frontiere aperte, i membri del culto nel MSM in tutto il mondo, ecc.), poi iniziano a fare cose come: negare alle persone il diritto di lavorare e di guadagnare negando loro il viaggio da/per il lavoro, a meno che non siano lavoratori "essenziali"; negare loro il diritto di aprire le loro attività, portandole al fallimento; costringerle ad accettare i pagamenti statali del Covid per sopravvivere; definire "teorici della cospirazione" coloro che si oppongono alle pressioni del

---

[182] Slattery, L. «'Dramatic effect' of pandemic on Irish businesses still being felt», 2 novembre 2022. https://www.irishtimes.com/business/2022/11/02/dramatic-effect-of-pandemic-on-irish-businesses-still-being-felt/

governo per ottenere i vaccini; affermare che qualsiasi protesta/rivolta per tutto questo è alimentata da individui fuorvianti che pensano "all'estrema destra", ecc. Questa provocazione dovrebbe far infuriare la gente!

Quale audace "carità" per emettere questi pagamenti Covid! Un altro caso in cui il culto distribuisce denaro gratuito, che prosciuga le finanze dall'economia (anticapitalismo). Le chiusure hanno essenzialmente costretto molti a perdere il lavoro e i mezzi di sostentamento, oltre a farli diventare dipendenti dallo Stato. Togliere l'indipendenza finanziaria al proletariato è tipico della setta. Ovviamente, non gliene fregherebbe niente dei ricchi imprenditori "borghesi" che ne fossero colpiti.

Negare alle persone il diritto di andare a lavorare, o di gestire la propria attività, o costringerle ad accettare i pagamenti di Covid sono tutti attacchi al capitalismo e all'indipendenza finanziaria di un individuo dallo Stato.

Si trattava dell'applicazione dell'uguaglianza, in quanto tutti erano costretti a conformarsi allo Stato attraverso la propaganda e la pressione sociale collettiva per farsi vaccinare; uguaglianza di conformità. Conteneva una segnalazione di virtù, in quanto il vaccino era la cosa moralmente responsabile da fare, per la "sicurezza" degli altri, per il bene della "collettività".

Atteggiamento dei membri delle sette e promozione del vaccino

È molto rivelatore il fatto che il culto in generale incoraggiasse le persone a obbedire allo Stato/sistema a tutti i costi. Non dovrebbero essere "ribelli"? Questo è uno dei sintomi di una società altamente infetta: non c'è abbastanza scetticismo, c'è troppa conformità al controllo statale. Forse le masse non sarebbero così disposte ad assecondare la truffa di Covid se i nostri Paesi non fossero stati precedentemente iniettati di marxismo. Molti membri della setta non si sono opposti quando l'altamente capitalistico Bill Gates e Big Pharma sono intervenuti per offrire le loro "cure" vaccinali.

Inoltre, c'era la promozione dei vaccini. Come abbiamo visto nei media, chi li rifiutava, secondo i membri del culto, doveva essere punito per non averli rispettati. I virtuosi hanno sostenuto in massa queste misure per il bene della società, naturalmente. Il senatore laburista australiano Raff Ciccone ha detto questo agli "anti-vaxxers" su *The Age* del 16 giugno 2020: "La nostra tolleranza per la vostra deliberata ignoranza è finita. Non possiamo permetterci, moralmente o economicamente, di cedere terreno a coloro che scelgono di non essere vaccinati... Non sto sostenendo che dobbiamo vaccinare le persone contro la loro volontà. Sarebbe sbagliato. Dobbiamo garantire che la sicurezza della nostra comunità sia la priorità numero uno. Ciò significa che la partecipazione alla vita quotidiana non può mettere a rischio gli altri. Se non si vuole essere vaccinati contro il COVID-19, si devono sopportare le conseguenze di questa decisione".[183]

Continua l'articolo sostenendo questo nuovo sistema di classi attraverso il rifiuto di impieghi, assistenza all'infanzia e ingresso nei locali a coloro che si oppongono al vaccino, definendoli "teorici della cospirazione". Un altro membro di una setta che spinge al totalitarismo, mentre cerca di convincerci di essere benevolo attraverso il virtue-signalling.

L'ex premier britannico, leader del partito laburista e fabiano Tony Blair era un accanito sostenitore dei passaporti Covid durante la "pandemia", così come il *Tony Blair Institute for Global Change*. Essi si sono espressi a favore di un "robusto pass Covid" nel Regno Unito, che avrebbe incluso essenzialmente la concessione di maggiori libertà a coloro che erano completamente vaccinati.[184] In un articolo apparso sul sito web di Sky News il 6 giugno 2021, è stato citato per dire che: "È giunto il momento di distinguere, ai fini della libertà dalle restrizioni, tra vaccinati e non vaccinati, sia per i cittadini di qui per motivi interni, ma anche per i nostri cittadini e per quelli di altri Paesi per quanto riguarda i viaggi, sulla base del fatto che essere vaccinati riduce sostanzialmente il rischio".[185]

Nel novembre 2020, come parte del disperato sforzo di controllare preventivamente la narrazione, il Partito Laburista britannico ha chiesto la rapida soppressione di qualsiasi contenuto "anti-vax" che circola online. Hanno "invitato il governo a presentare con urgenza una legislazione che includa sanzioni finanziarie e penali per le aziende che non agiscono per "eliminare i contenuti pericolosi anti-vaccini"".[186]

Nel febbraio 2022, mentre il governo irlandese stava per revocare il mandato

---

[183] Ciccone, R., «Saranno necessarie nuove restrizioni COVID-19 per gli anti-vaxxer», giugno 2020.

https://www.theage.com.au/national/victoria/new-covid-19-restrictions-will-be-needed-for-anti-vaxxers-20200616-p55330.html

[184] Beacon e Innis, «Passaggi di Covid: Prove e modelli per l'uso futuro», 6 aprile 2022.

https://institute.global/policy/covid-passes-evidence-and-models-future-use

[185] Sephton, C., «COVID-19: 'È ora di distinguere' tra chi ha e chi non ha fatto il vaccino, dice Tony Blair», 6 giugno 2021.

https://news.sky.com/story/covid-19-time-to-distinguish-between-those-who-have-and-have-not-had-a-vaccine-tony-blair-says-12325869

[186] «I laburisti chiedono una legislazione d'emergenza per «stroncare i pericolosi contenuti anti-vax»«, 14 novembre 2020.
https://www.laboureast.org.uk/news/2020/11/14/labour-calls-for-emergency-legislation-to-stamp-out-dangerous-anti-vax-content/

di indossare obbligatoriamente la maschera, un altro membro di spicco della setta era all'opposizione. In un'intervista alla stazione radio Newstalk, il deputato Paul Murphy, People Before Profit, ha dichiarato: "Penso che sia un errore abbandonare il mandato di indossare la maschera in questo momento".[187] Ha espresso preoccupazione per il benessere dei lavoratori (alza gli occhi) e dei vulnerabili (alias gli oppressi), ma non della borghesia, ovviamente(!), aggiungendo: "Alcune persone perderanno la vita a causa di questa decisione". Ha anche pubblicizzato le cliniche di iniezione Covid sulla sua pagina Facebook e ha annunciato con orgoglio il suo primo vaccino in un post del 12 luglio 2021 intitolato "First vaccine working its way into my system now!#vaccinationdone".[188] Stupido bastardo irresponsabile.

Murphy non voleva solo vaccinare l'Irlanda, ma anche il mondo intero, al più presto. Ecco un post dalla sua pagina Facebook del 7 dicembre 2021: "L'avidità delle grandi aziende farmaceutiche sta ritardando la diffusione globale dei vaccini, in particolare in Africa e in altri Paesi del Sud del mondo. Queste grandi aziende farmaceutiche stanno limitando artificialmente la fornitura di vaccini e ne fanno salire i prezzi, facendo valere la cosiddetta 'proprietà intellettuale' e i brevetti. Non possiamo combattere il Covid solo nell'UE, ma dobbiamo sconfiggerlo in tutto il mondo per fermare le nuove varianti. Ciò significa eliminare i brevetti di Big Pharma e condividere le ricette e la tecnologia dei vaccini per consentire ai Paesi di produrli localmente e accelerare l'introduzione delle vaccinazioni".

Tipicamente, stava suggerendo la discriminazione razzista e capitalistica dei paesi del terzo mondo (sigh). Se si considera il contesto, si tratta di un membro di una setta marxista, nel bel mezzo di una "pandemia" marxista, che cerca di deviare il disprezzo verso l'eterno oppressore dell'umanità, il capitalismo. In un'altra occasione, durante un discorso al Dail (parlamento irlandese), ha espresso il desiderio che "tutto il mondo possa essere vaccinato al più presto".[189] Va da sé che nessuna di queste cose è ribelle o "radicale"!

Il "virus cinese"

---

[187] McNeice, S., «Penso che sia un errore abbandonare il mandato della maschera a questo punto» - Murphy», 17 febbraio 2022. https://www.newstalk.com/news/paul-murphy-i-think-its-a-mistake-to-abandon-the-mask-mandate-at-this-point-1312908

[188] Paul Murphy TD, «Il primo vaccino sta entrando nel mio sistema ora! #vaccinazionefatta», 12 luglio 2021.
https://www.facebook.com/719890584766018/posts/4194734213948287/?paipv=0&e av=AfYIU7NhUi45-lTfq6BSSUj7A2mIEsyWpASXzBbouG3reNn_ynery5G-pwuJFkUkiXY&_rdr

[189] Paul Murphy TD, «Diffondere i vaccini in tutto il mondo - rottamare i brevetti di Big Pharma» (video), 7 dicembre 2021.
https://www.facebook.com/watch/?v=6441599159243350

Poiché il virus ~~delle armi biologiche~~ ha avuto origine a Wuhan, in Cina, il Presidente Trump lo ha chiamato "virus cinese". Ovviamente Trump sa cosa sono il Presidente Xi Jinping e il Partito Comunista Cinese (PCC) e ha ritenuto il loro "governo" responsabile della situazione, indirizzando la colpa verso di loro in diverse occasioni. Aveva ragione al cento per cento. Weijia Jiang è una giornalista cinese-americana e corrispondente senior dalla Casa Bianca per CBS News. È un esempio di membro della diaspora cinese che serve gli interessi del PCC nei media occidentali, intenzionalmente o meno, distogliendo l'attenzione dalle sue attività. Durante la Covid, ha avuto diversi scontri di alto profilo con il presidente degli Stati Uniti. Durante una conferenza stampa nel marzo 2020, una volta gli ha chiesto "perché continui a chiamarlo "virus cinese"?", insinuando che fosse razzista e accusandolo di non avere "preoccupazioni per i cinesi americani in questo Paese". Trump ha risposto: "Non è affatto razzista, no, per niente, viene dalla Cina, ecco perché. Voglio essere preciso".[190]

In un'altra occasione, nell'aprile 2020, questo moccioso irrispettoso ha incolpato Trump di una risposta inadeguata alla pandemia, accusandolo nuovamente di discriminazione ingiustificata nei confronti dei "cittadini cinesi".[191]

In un'altra conferenza stampa, questa volta sul prato della Casa Bianca, Jiang ha fatto riferimento alle precedenti dichiarazioni di Trump, quando ha suggerito che il tasso di test Covid dell'America fosse migliore di quello di altri Paesi. Gli ha chiesto "perché per lei questa è una competizione globale, se ogni giorno gli americani continuano a perdere la vita?", accusandolo in sostanza di anteporre il suo ego al benessere di quelle persone. (Tenete presente che nell'esempio precedente lo accusava di non rispondere abbastanza rapidamente o adeguatamente, mentre in questo esempio lo accusava essenzialmente di rispondere in modo troppo energico (!). Ovviamente le "domande" accusatorie erano troppo stupide per poter rispondere, così Trump ha risposto: "Beh, stanno perdendo le loro vite ovunque nel mondo, e forse questa è una domanda che dovreste fare alla Cina... Non chiedetela a me, fatela alla Cina, ok?". E ancora una volta Jiang ha cercato di farne una questione di razza: "Signore, perché lo sta dicendo proprio a me?".[192] Non che Jiang sia alle

---

[190] CNBC, «Il presidente Donald Trump: Chiamarlo 'virus cinese' non è affatto razzista, viene dalla Cina», 18 marzo 2020.
https://www.YouTube.com/watch?v=dl78PQGJpiI

[191] Guardian News, «'Abbassa la voce': Trump rimprovera una giornalista quando viene interrogato sulla risposta di Covid-19», 20 aprile 2020.
https://www.YouTube.com/watch?v=5c3wWNsmLA0

[192] CBS News, «Trump dice alla giornalista della CBS News di «chiedere alla Cina» sui morti e termina bruscamente il briefing», 11 maggio 2020.
https://www.YouTube.com/watch?v=hF_LvrUvozQ

dirette dipendenze del PCC, di per sé, ma questo è un comportamento dirompente e deviante da manuale, tipico della sovversione marxista. In ogni caso, ai "giornalisti" di questo tipo dovrebbe essere impedito di interagire con i legittimi capi di Stato. Immaginate di cercare di gestire un Paese e di avere a che fare con dei perditempo così poco professionali.

Wuhan

Il Covid avrebbe dovuto essere universalmente etichettato come il virus cinese, poiché l'Istituto di virologia di Wuhan (WIV) è stato universalmente indicato come la fonte dell'epidemia. Questo significa, per estensione, che anche il totalitario PCC era coinvolto; in Cina non succede nulla che non sia sotto il loro controllo. È stato triste vedere così tanti, che erano abbastanza intelligenti da riconoscere che il dramma della Covid era una situazione costruita, dare la colpa alle "élite", al "nuovo ordine mondiale", a Big Pharma ecc. Avrebbe dovuto essere ovvio chi c'era dietro, data l'origine. Avremmo potuto chiamarlo "virus del popolo". Covid ha evidenziato il livello di ignoranza del marxismo internazionale e la sua natura manipolatoria e cospiratoria.

Il 15 gennaio 2021, sul sito web del Dipartimento di Stato americano è apparsa una scheda informativa intitolata "Attività dell'Istituto di virologia di Wuhan". [193] Il documento si apriva con "Per più di un anno, il Partito Comunista Cinese (PCC) ha sistematicamente impedito un'indagine trasparente e approfondita sull'origine della pandemia COVID-19, scegliendo invece di dedicare enormi risorse all'inganno e alla disinformazione". Il documento affermava che il governo statunitense non sapeva esattamente come e dove avesse avuto origine la pandemia e si concentrava sul comportamento del governo cinese in merito alla questione, suggerendo che le pratiche improprie del WIV "aumentavano il rischio di esposizione accidentale e potenzialmente inconsapevole". La pagina web ha anche sottolineato la "mortale ossessione del PCC per la segretezza e il controllo" e ha evidenziato le malattie del personale del WIV prima della pandemia; inoltre, la sua ricerca e "l'attività militare segreta", facendo riferimento al "passato lavoro della Cina sulle armi biologiche". Il PCC ha impedito a chiunque - giornalisti e autorità sanitarie compresi - di intervistare il personale malato del WIV prima dell'epidemia. Sebbene il WIV sia ufficialmente un "istituto civile", l'articolo afferma che "è impegnato in ricerche classificate, compresi esperimenti su animali da laboratorio, per conto dell'esercito cinese almeno dal 2017".

Nel giugno 2020 è stato pubblicato un documentario intitolato *L'insabbiamento del secolo*. Condotto dalla giornalista investigativa cino-americana Simone Gao, il documentario fornisce un'ampia panoramica sulle

---

[193] Dipartimento di Stato degli Stati Uniti, «Fact Sheet: Attività dell'Istituto di virologia di Wuhan», 15 gennaio 2021. https://2017-2021.state.gov/fact-sheet-activity-at-the-wuhan-institute-of-virology/

circostanze dell'epidemia. [194] Il documentario rivela come un medico dell'ospedale centrale di Wuhan, il dottor Li Wienlang, che aveva avvertito i suoi colleghi del Covid, sia stato rimproverato sommariamente dal suo datore di lavoro e svergognato pubblicamente dai media. L'emittente di Stato - la Cctv (China Central Television) - è sotto il diretto controllo del dipartimento di propaganda del Pcc, ha 50 canali e trasmette a oltre un miliardo di spettatori in sei lingue. Nata da un'idea di Mao Zedong, è andata in onda per la prima volta nel 1958.[195] Il documentario afferma che "a partire dal 2 gennaio (2020), la CCTV, organo di propaganda del Partito, ha mandato in onda una serie di programmi che condannano i cosiddetti "mormoratori"" (un altro termine della propaganda comunista, come "teorico della cospirazione"). E continuava "chiunque avesse condiviso informazioni sul virus rientrava in questa categoria, compreso il dottor Li". Ovviamente, considerando il modo in cui opera l'establishment cinese, l'ordine di riservare a Li un trattamento così duro è arrivato dall'alto, per farne un esempio, per sopprimere ulteriori discussioni. Roba da stato di polizia comunista.

Il documentario ha anche evidenziato come, secondo documenti interni, l'esercito cinese sapesse già nel dicembre 2019 quanto fosse contagioso il virus, aggiungendo: "Il PCC ha tenuto gli 1,4 miliardi di persone in Cina all'oscuro del pericolo di questo virus per almeno 20 giorni". In modo rivelatore, il documentario ha mostrato che l'OMS (Organizzazione Mondiale della Sanità) ha minimizzato la trasmissibilità a metà gennaio 2020, ripetendo essenzialmente la propaganda del PCC. Il PCC ha agito in questo modo non per contenere l'epidemia, ma per facilitarne la diffusione. Hanno permesso a milioni di persone di partire con voli internazionali durante questo periodo. Sapevano cosa stava accadendo, ma non hanno fatto nulla. Se a questo si aggiungono le ambizioni globali della Cina e le sue tattiche di sovversione e infiltrazione, è probabile che l'intero fiasco della Covid sia stato una "crisi" fabbricata, un attacco biologico ed economico all'Occidente.

Il veganismo: la rivoluzione vegetale

"Il veganismo non è solo una dieta. Non è solo uno "stile di vita". È un atto di sfida non violento. È un rifiuto di partecipare all'oppressione degli innocenti e

---

[194] Zooming in con Simone Gao, «(中文字幕) The Coverup of the Century | Zooming In's one-hour documentary movie | zooming in special», 29 giugno 2020. https://www.YouTube.com/watch?v=MZ74NhEUY-w

[195] CCTV, «ABOUT CCTV«. https://www.cctv.com/special/guanyunew/gongsijianjie/index.shtml?spm=C96370.PP DB2vhvSivD.E0NoLLx8hyIZ.3#cctvpage1

dei vulnerabili. Unitevi alla rivoluzione del cuore. Diventa vegano".[196]

Attivista vegano Gary L. Francione, Facebook, maggio 2013

Nel 2019 è stato riferito che il sindaco socialista fabiano di Londra Sadiq Khan stava promuovendo la Dieta della Salute Planetaria. L'obiettivo è che i quasi nove milioni di abitanti della città seguano una dieta "ecologica" entro il 2030. Il sito web *dailyskeptic.org* ha fatto notare che questa dieta "è stata una delle prime a suggerire che le calorie individuali dovrebbero essere ridotte ai livelli della Seconda Guerra Mondiale e la carne razionata a soli 44 grammi al giorno". [197] (Ci risiamo...). Il comunismo storicamente equivale al razionamento e alla fame...).

Un'organizzazione che promuove questa dieta per la salute planetaria è il *gruppo Lancet* e la sua "Commissione EAT-Lancet su cibo, pianeta, salute". Altre raccomandazioni "esperte" e "scientifiche" includono la drastica riduzione o eliminazione dei grassi saturi e animali (il cui significato è illustrato più avanti).[198]

Esiste chiaramente un legame storico tra il veganismo e il culto/ideologia, poiché si tratta di una forma di "rivoluzione". Possiamo risalire al XIX secolo per trovare personaggi socialisti che sostenevano diete per i diritti degli animali, come James Pierrepont Greaves (1777-1842) e Amon Bronson Alcott (1799-1888).[199] [200] Naturalmente, il veganismo non avrebbe il livello di popolarità attuale se non fosse per il culto/ideologia.

Ora le persone credono che le loro scelte alimentari le rendano rivoluzionarie, destinate a salvare tutta la vita sulla Terra! Mangiare eroico! Wow! In passato, quando si mangiava un pezzo di cetriolo, si mangiava semplicemente un cetriolo; oggi, quando si mangia un cetriolo, si sta letteralmente salvando l'umanità da se stessa, oltre a salvare i poveri animali oppressi, naturalmente. Non soffermiamoci su come il veganismo sia l'ipocrita, incompassionevole,

---

[196] Francione, G., Facebook, 20 maggio 2013.https://www.facebook.com/abolitionistapproach/posts/veganism-is-not-just-a-diet-it-is-not-just-a-lifestyle-it-is-a-nonviolent-act-of/598432076843217/

[197] Morrison, C., «Sadiq Khan iscrive i londinesi alla 'dieta della salute planetaria' entro il 2030, con la riduzione della carne ai livelli del secondo dopoguerra di 44 g al giorno», 17 ottobre 2023. https://dailysceptic.org/2023/10/17/sadiq-khan-signs-up-londoners-for-the-planetary-health-diet-by-2030-with-meat-cut-to-ww2-levels-of-44g-a-day/

[198] «La Commissione EAT-Lancet su Alimentazione, Pianeta, Salute«. https://eatforum.org/eat-lancet-commission/

[199] https://en.wikipedia.org/wiki/James_Pierrepont_Greaves

[200] https://en.wikipedia.org/wiki/Amos_Bronson_Alcott

razzista/specista assassinio di piante innocenti e indifese...

È interessante notare che molti vegani "di sinistra" diventano isterici per gli animali e pensano che sia sbagliato ucciderli e mangiarli; eppure sostengono volentieri l'aborto! L'aborto è razzismo contro la razza umana. Quindi, in sostanza, le vite degli animali non possono essere prese, ma le vite umane sì? Altro che uguaglianza! Forse la pensano così perché il loro punto di vista "morale" si basa su ciò che dà loro piacere: gli animali danno loro piacere, mentre i bambini umani - e la responsabilità di essere genitori - no (di nuovo l'edonismo e l'ego).

In questa sotto-agenda c'è molto di più della "sostenibilità" e della spinta all'"ambientalismo" marxista. Il veganismo è una forma di malnutrizione popolare che favorisce molti obiettivi del culto/ideologia. Se questa dieta degenerata e innaturale[201] - che manca di "grassi animali", colesterolo, grassi saturi e proteine biodisponibili complete - viene adottata in massa da una popolazione, porta a diverse gravi conseguenze degenerative. In effetti, il veganismo contribuisce a danneggiare l'organismo umano principalmente a tre livelli, tutti utili al culto/ideologia e all'agenda degli internazionalisti: accelera il processo di invecchiamento (il colesterolo è un componente cruciale della maggior parte delle cellule del corpo; anche le proteine di qualità, sufficienti e biodisponibili (utilizzabili) sono un problema); priva il sistema endocrino delle materie prime (colesterolo) per la produzione di ormoni, contribuendo così a confondere le linee di demarcazione tra maschi e femmine; e priva il cervello delle materie prime (colesterolo e grassi saturi) che contribuiscono a generare individui folli ed emotivamente instabili, completando l'indottrinamento marxiano.[202] [203] [204] In effetti, il veganismo è marxismo: è un'espressione di virtù anti-umana e altruismo patologico in forma di dieta.

Naturalmente la dieta indebolisce una società attraverso la distruzione della mascolinità, tramite la riduzione dei livelli di testosterone (il testosterone è composto per il 95% da colesterolo, e una dieta vegana è praticamente priva di colesterolo). Una delle conseguenze è la rottura delle normali relazioni uomo-

---

[201] Bramante, S., «Cosa accadrebbe in un mondo vegano?», 23 maggio 2023.

https://www.carnisostenibili.it/en/what-would-happen-if-the-world-went-completely-vegan/

[202] Ede. G, «Il cervello ha bisogno di grassi animali», 31 marzo 2019.
https://www.psychologytoday.com/us/blog/diagnosis-diet/201903/the-brain-needs-animal-fat

[203] MacAuliffe, L., «I grassi animali fanno bene? La scienza sul perché è l'alimento ottimale per gli esseri umani», 18 dicembre 2023. https://www.doctorkiltz.com/is-animal-fat-good-for-you/

[204] National Library of Medicine (diversi autori), «Biochemistry, Cholesterol», 8 agosto 2023. https://www.ncbi.nlm.nih.gov/books/NBK513326/

donna, la riduzione del tasso di natalità, l'aumento della demoralizzazione dei maschi e l'incapacità di resistere all'acquisizione da parte del culto a causa dell'assenza di resistenza. Naturalmente, il veganismo non provoca tutto questo da solo, ma è un importante fattore di contribuzione; lavora con le altre sotto-agenzie marxiste per produrre questi effetti.

Lista di controllo dei comunisti

Utilizza il principio "oppressore contro oppressore" perché etichetta gli esseri umani - coloro che producono/consumano prodotti animali - come oppressori e gli animali come vittime oppresse. Questo si ricollega alla mentalità "gli esseri umani sono malvagi" di cui si è parlato in precedenza, che il culto/ideologia promuove attraverso diverse sotto-agenzie.

Si crea un nuovo sistema di classi, una divisione, tra coloro che partecipano a questa grande rivoluzione che salva il pianeta e coloro che non vi partecipano. Coloro che non partecipano appartengono ovviamente alla classe degli oppressori e sono quindi la classe immorale e non compassionevole. Questo è ipocrita e folle, perché pone il benessere di animali agricoli virtualmente senza cervello e senza anima al di sopra del benessere degli esseri umani (perché il veganismo porta alla degenerazione degli esseri umani, a causa della malnutrizione). Il giudizio che i vegani emanano nei confronti di questi "oppressori" arretrati e neandertaliani si traduce in una notevole pressione sociale per aderire al sotto-culto.

Il veganismo è un tipico uso del principio del cavallo di Troia. Apparentemente fa bene agli esseri umani, agli animali e al pianeta stesso, ma a lungo andare porta alla distruzione/danneggiamento di tutti e tre. Favorisce la degenerazione dell'umanità, che non può che avere un impatto negativo sulle altre parti coinvolte. Se gli esseri umani sono distrutti dalla degenerazione, lo sarà anche tutto il resto. Fondamentalmente, quando si scherza con l'ordine naturale delle cose (come tende a fare il culto/ideologia), tutto crolla.

Si basa su una percezione distorta della storia/realtà perché suggerisce che gli esseri umani non hanno il diritto di usare gli animali per il cibo (un'affermazione grandiosa); suggerisce anche che gli esseri umani possono essere sani (fisicamente e mentalmente) senza consumare prodotti animali, che è una distorsione della realtà. La propaganda di culto ha suggerito che il veganismo è esistito in passato senza effetti catastrofici (ampliato in seguito), il che è una distorsione della storia (si veda il documentario *Game Changers* qui sotto; parlava di gladiatori romani che erano vegani).

È fortemente promossa dal sistema e chiaramente sostenuta dalle sue numerose sfaccettature marxiste - le "cinghie di trasmissione della cultura", i media online e i social media - oltre che dai governi, dalle Nazioni Unite, dal complesso delle ONG e del no-profit, ecc. Si collega alla sotto-agenda del cambiamento climatico e alla "sostenibilità", ecc.

Ad esempio, un "documentario" di Netflix del 2018 intitolato The *Game Changers* ha coinvolto alcuni grandi nomi di Hollywood, tra cui James Cameron, Arnold Schwarzenegger e Jackie Chan. Questo pezzo di propaganda marxiana ha spacciato il veganismo ad atleti creduloni e al pubblico in generale. Oggi non parleremmo di Arnie se non fosse per i prodotti animali (e gli steroidi, ecc.). Lattuga, tofu e fagioli non sono mai stati lo spuntino preferito di Terminator.[205]

Un altro "documentario" di Netflix, intitolato *Cowspiracy: The Sustainability Secret* è stato pubblicato nel 2014. Lo slogan era: "Scopri come l'agricoltura di fabbrica sta decimando le risorse naturali del pianeta e perché questa crisi è stata ampiamente ignorata dai principali gruppi ambientalisti".[206] Con un titolo divertente, questo pezzo di propaganda collegava il veganismo con la sotto-agenda del cambiamento climatico, affermando che l'industria agricola sta pericolosamente contribuendo ai livelli globali di CO_2. E non parliamo delle malefiche "emissioni" di metano di quelle povere mucche oppresse...

La mentalità espressa in questo caso è il motivo per cui l'infrastruttura agricola tradizionale dei Paesi occidentali, compreso il sostentamento di molti allevatori, è ora sotto attacco da parte del culto. In Irlanda, negli ultimi anni, ci sono state diverse proteste di alto profilo da parte degli agricoltori su questioni correlate.

Nel luglio del 2023 hanno protestato contro i piani del governo per ridurre le emissioni di metano con un abbattimento di massa della popolazione bovina.[207] Quindi la setta vuole uccidere per migliorare le cose, eh? Tipico.

Nel gennaio 2024, il famoso e apprezzato miliardario della tecnologia Elon Musk ha fatto un'apparizione sull'emittente irlandese non-MSM *Gript*. Il conduttore Ben Scanlon ha sollevato la questione con Musk, il quale ha affermato che: "non c'è assolutamente bisogno di fare qualcosa all'agricoltura... cambiare (l'agricoltura) non avrà alcun effetto sull'ambiente... smettetela di attaccare gli agricoltori". Ha aggiunto che l'abbattimento previsto non avrebbe alcun impatto positivo.[208] Musk è un sostenitore delle fonti di energia rinnovabili, ma non appoggia tutto ciò che è associato al movimento

---

[205] https://gamechangersmovie.com/

[206] https://en.wikipedia.org/wiki/Cowspiracy

[207] Barker, E., «Gli agricoltori irlandesi protestano contro i piani di abbattimento di 200.000 mucche, Elon Musk interviene», 21 luglio 2023. https://www.beefcentral.com/news/irish-farmers-protest-plans-to-cull-200000-cows-elon-musk-weighs-in/

[208] Gript Media, «Elon Musk si scaglia contro il piano climatico irlandese che prevede la riduzione di 200.000 capi di bestiame», 25 gennaio 2024. https://www.YouTube.com/watch?v=9cwNFpmu7B0

"verde". (Al momento della redazione, gennaio 2024, in Francia e Germania sono in corso proteste su larga scala contro gli agricoltori per questioni simili).[209]

È un attacco alla civiltà occidentale in quanto tenta di cambiare le abitudini alimentari; abitudini che fanno parte della cultura occidentale e che hanno portato alla creazione della civiltà occidentale stessa (non è stata costruita da uomini che bevono latte di soia o di avena, o che mangiano avocado, insalata, eccetera, ve lo posso garantire). È un attacco alle industrie agricole, che sono parte integrante del funzionamento delle economie capitalistiche. È un attacco all'ordine naturale e alla religione, in quanto sfida quello che alcuni chiamano "il piano di Dio": l'idea che gli esseri umani debbano avere il dominio sul regno animale e che dobbiamo usarlo per scopi agricoli. A questo proposito, è vero che dovremmo cercare di minimizzare/eliminare le sofferenze inutili nella nostra agricoltura.

Il veganismo tenta anche di imporre l'uguaglianza/uniformità riducendo la popolazione in generale (i maschi in particolare) a deboli iper-emotivi e mentalmente instabili, più propensi a sostenere le varie sotto-agende del culto/ideologia. Incoraggia la popolazione generale come collettività a mangiare allo stesso modo, come se fossero essi stessi animali agricoli (di nuovo il tema antiumano - che noi, le umili masse, siamo bassi come gli animali). Sarebbe un'uguaglianza, in quanto la popolazione generale avrebbe una dieta degenerata a basso contenuto nutritivo, mentre i tipi "socialisti dello champagne" (elitari) mangiano normalmente.

Per non dimenticare: la storia del marxismo è caratterizzata dall'ossessione di controllare l'agricoltura per controllare l'approvvigionamento alimentare, che di solito si traduce in fame (alias malnutrizione, che il veganismo è essenzialmente). In questo contesto concetti come scarsità e razionamento saranno familiari al lettore. Naturalmente, non si tratta del benessere degli animali, ma del controllo del comportamento umano.

I desideri personali, le motivazioni, le giustificazioni dei membri del culto che sostengono il veganismo sono irrilevanti: una volta che il culto/ideologia è al posto di guida e controlla l'approvvigionamento alimentare, porta inevitabilmente agli stessi risultati - fame diffusa, malattie e morte.

Veganismo e socialismo

Ecco un estratto dal sito marxista *morningstaronline.co.uk* (questo titolo è un altro riferimento a Lucifero, il portatore di luce, la "stella del mattino").[210] Il

---

[209] Tanno e Liakos, «Le proteste degli agricoltori sono esplose in tutta Europa. Ecco perché», 10 febbraio 2024. https://edition.cnn.com/2024/02/03/europe/europe-farmers-protests-explainer-intl/index.html

[210] Swanson, D., «Veganismo e socialismo vanno di pari passo», 1 novembre 2018.

pezzo si intitola "Veganismo e socialismo vanno di pari passo" (sottolineato per enfasi):

"Gli attivisti vegani stanno instancabilmente esponendo i difetti interni per cui il capitalismo è famoso. Il movimento è del tutto compatibile e anzi è stato plasmato sui principi del socialismo. La campagna per prendere il controllo di un'industria corrotta che massimizza il profitto sulle vite ordinarie è un'etica fondamentale". E "sfidando direttamente l'abitudine integrata che alcune vite siano più importanti di altre, il veganismo si allinea alle campagne radicali di tutta la storia". L'aspetto più noto del veganismo è il rifiuto della carne e di altri prodotti animali. Questo è di per sé un atto rivoluzionario in molti modi, più di quanto spesso si pensi. Il più evidente è che mette in evidenza che gli animali sono trattati come merci allevate e macellate per fare soldi". Capitalismo, i profitti sono il male, ok, capito.

Prosegue: "In breve, il veganismo non solo è compatibile con la sinistra, ma è anche saldamente radicato nei principi socialisti", e "lungi dall'essere una campagna di ideologi privilegiati, questo movimento radicale, in continua accelerazione, colpisce continuamente il cuore del capitalismo. L'emancipazione dell'umanità e la battaglia per il socialismo restano un'opera incompiuta, ma la sinistra radicale può trovare nella comunità vegana un alleato e un compagno fidato". Ecco, quindi, oppressione, capitalismo, rivoluzione, salvezza dell'umanità ecc. ecc. Ovviamente chi scrive, essendo egli stesso membro di una setta, usa i termini errati "compatibile" e "alleato", come se non si trattasse essenzialmente di un'unica ideologia, il marxismo. (Abbiamo riconosciuto questa problematica compartimentazione fin dall'inizio).

Conclude: "Attraverso l'educazione, l'agitazione e l'organizzazione possiamo creare un mondo migliore in cui tutti, umani e non, abbiano le stesse opportunità di prosperare". Mucche, maiali, polli e pecore possono "prosperare", vero? In termini di carriera? O forse, se fossero liberi di fare ciò che vogliono, sceglierebbero di non lavorare e di essere "spiriti liberi" - fare yoga, fare beneficenza all'estero, prendersi cura di altri animali, eccetera? O ancora meglio, potrebbero diventare attivisti marxisti di qualche tipo, no? "Mucche contro il razzismo" o "Polli trans non binari?". Splendido! Ora ho capito!

In tutta serietà, le mucche/le pecore/le galline non hanno altro scopo in questo mondo se non quello di essere utilizzate come animali agricoli dagli esseri umani, come è avvenuto fin dall'alba dell'uomo. Fine della discussione.

Una volta ho avuto una "conversazione" molto animata con una studentessa universitaria sovrappeso, sottoposta a lavaggio del cervello, che era recentemente diventata vegana. Parlava dell'oppressione delle galline e del

---

https://morningstaronline.co.uk/article/veganism-and-socialism-go-hand-hand

fatto che noi prendiamo le uova senza il loro "consenso" (una popolare parola d'ordine marxiana, per attaccare gli "oppressori"). Che insulto al regno animale, che proietta su di esso una folle mentalità marxista. Stava suggerendo che, quando le galline si accorgono che le uova sono sparite, pensano che questo sia "Brutale, spudorato, nudo sfruttamento dei nostri compagni proletari piumati! Polli di tutto il mondo, unitevi!".

Antiamericanismo

"L'America sceglierà sempre l'indipendenza e la cooperazione rispetto alla governance globale, al controllo e al dominio... Rifiutiamo l'ideologia del globalismo. E abbracciamo la dottrina del patriottismo".[211]

L'eccellente discorso del Presidente Donald Trump
Discorso all'Assemblea generale delle Nazioni Unite, settembre 2018

"Gli Stati Uniti finiranno per sventolare la bandiera rossa comunista... il popolo americano la isserà da solo".[212]

Il premier sovietico Nikita Khruschev, Bucarest, giugno 1962

"La minaccia del comunismo in questo Paese rimarrà tale fino a quando il popolo americano non si renderà conto delle tecniche del comunismo... l'individuo è ostacolato dal fatto di trovarsi di fronte a una cospirazione così mostruosa che non riesce a credere che esista. La mente americana semplicemente non si è resa conto del male che è stato introdotto in mezzo a noi. Rifiuta persino l'ipotesi che creature umane possano sposare una filosofia che alla fine distruggerà tutto ciò che è buono e decente".

J. Edgar Hoover, *rivista Elks* (agosto 1956)[213]

Un altro segno di infezione nella società è l'espressione di sentimenti antiamericani. Il culto/ideologia ha tradizionalmente incoraggiato la percezione che gli Stati Uniti siano la forza militarista più potente, malvagia e dominante del mondo; che abbiano una sorta di quasi-impero. Su scala geopolitica, la sua propaganda è stata efficace nel convincere molti delle tendenze imperialistiche di questo gigante capitalista. È il dominio militare-economico-corporativo-mediatico degli Stati Uniti sul mondo, giusto? Inoltre, hanno cercato di equiparare questo "imperialismo" al patriottismo americano, che è un altro trucco marxiano. Ma è davvero così? Sebbene ad alcuni possa sembrare che gli Stati Uniti siano stati in qualche modo una forza dominatrice del mondo, dobbiamo chiederci: da dove viene questa percezione? E chi o cosa

---

[211] C-SPAN, «Il presidente Trump si rivolge all'Assemblea generale delle Nazioni Unite - DISCORSO COMPLETO (C-SPAN)», 25 settembre 2018. https://www.YouTube.com/watch?v=KfVdIKaQzW8

[212] Stormer, John A., *Nessuno osi chiamarlo tradimento* (1964), pag. 9.

[213] Hoover, J., *The Elks Magazine, agosto 1956.* https://libquotes.com/j-edgar-hoover/quote/lbj3c3u

la promuove? Non sorprende che molti studenti universitari indottrinati si nutrano (e vomitino!) di queste idee. Prevedibilmente, il culto/ideologia è felice di farci credere che essere guerrafondai fa parte dell'essere americano e di farci parlare di questo "impero americano", ecc.

C'è un altro grande vantaggio per il culto se la gente crede a questa propaganda che gli Stati Uniti sono un mostro oppressivo e imperialista: possono usarla per giustificare la distruzione dell'America. Nel caso dell'immigrazione di massa, ad esempio, poiché i "guerrafondai" come gli Stati Uniti sono apparentemente responsabili di tutti questi "rifugiati", ora sono "in debito" con il resto del mondo. È la stessa formula usata per i Paesi europei con un passato coloniale. Inoltre, la "politica estera" degli Stati Uniti viene talvolta spiegata con l'idea che gli americani siano violenti e dominanti per natura; che queste cose facciano quasi parte del patrimonio americano. Sentiamo cose come "guardate cosa hanno fatto ai nativi indiani d'America!", che sono fanatici che usano le armi, o che l'imperialismo militante è solo una conseguenza naturale dell'avere un grande e malvagio Paese capitalista e consumista (grazie a V.I. Lenin)!

Ha senso, no? (alza gli occhi al cielo). È interessante notare che alcuni potrebbero sostenere che il "dominio degli Stati Uniti" al di fuori dei loro confini non è solo geopolitico e militare, ma anche "culturale", il che include l'influenza dei media americani, dell'intrattenimento, di Hollywood, dell'industria musicale, ecc.

Il disprezzo per gli Stati Uniti nella vostra società, come noterete, non è diretto solo alla politica estera e all'"interventismo" militare degli Stati Uniti, ma anche agli americani e alla cultura americana in generale. I non americani possono aver sentito gli stereotipi negativi secondo cui gli abitanti di quel Paese sono pazzi, stupidi, arroganti, odiosi, armati, senza cultura, guerrafondai, ecc. L'ultimo in particolare - "guerrafondai" - è molto interessante e una classica diffamazione marxista; è anche facilmente confutabile. Guerrafondai rispetto a chi/cosa? Naturalmente, qualsiasi azione militare anticomunista intrapresa dalle forze statunitensi è "sbagliata" secondo i membri del culto; pertanto, comportamenti come questo devono essere etichettati come "guerrafondai". È interessante notare che la maggior parte delle azioni militari delle forze statunitensi nel 20 secolo successivo alla Seconda Guerra Mondiale (palesi o segrete) hanno riguardato le forze del comunismo: Sud America, Grenada, Cuba, Corea, Vietnam e, naturalmente, la Guerra Fredda, compreso l'Afghanistan. (Le azioni successive - la Guerra del Golfo (1991), la Guerra in Iraq (2003-2011) e l'invasione e l'occupazione dell'Afghanistan (2001-2021) - sono state condotte per altri motivi, ma comunque il popolo americano non dovrebbe essere stereotipato a causa di chi ha preso le decisioni in quei casi).

Lasciando da parte i "guerrafondai" per un momento, ci sono persone con gli attributi negativi di cui sopra in tutto il mondo, quindi perché gli Stati Uniti dovrebbero essere considerati eccezionalmente cattivi? E poi, cosa intendiamo esattamente per "Stati Uniti"? Stiamo parlando di pochi americani? O di qualche centinaio, o migliaio, o milione? È un posto grande! Con una popolazione di oltre 334 milioni di abitanti, etichettare l'intero Paese in modo negativo è di per sé stupido, folle, arrogante, ecc. Inoltre, ci sono membri di culti degenerati a cui è stato fatto il lavaggio del cervello in tutto il mondo, quindi la nazionalità di una persona non ha importanza. La stragrande maggioranza delle nazionalità del mondo non ha il lusso di puntare il dito su questo argomento! Negli Stati Uniti ci sono molti esseri umani fantastici, grandi patrioti e pensatori di ogni tipo. Nonostante i pregiudizi antiamericani che possono essere presenti, dovremmo essere in grado di vederlo. Non dovremmo considerare i patrioti irlandesi o britannici o tedeschi o italiani o di qualsiasi altro paese superiori ai patrioti americani; un patriota è un patriota: o sei a favore della libertà/anti-internazionalismo/anti-marxismo o non lo sei.

Diritto degli Stati Uniti all'autodifesa

"Il movimento comunista negli Stati Uniti ha iniziato a manifestarsi nel 1919. Da allora ha cambiato il suo nome e la sua linea di partito ogni volta che è stato opportuno e tattico... è per la distruzione della nostra forma di governo americana; è per la distruzione della democrazia americana; è per la distruzione della libera impresa; è per la creazione di un 'Soviet degli Stati Uniti' e della rivoluzione mondiale finale".[214]

Il direttore dell'FBI J. Edgar Hoover, il discorso della Commissione della Camera sulle attività antiamericane, 1947

L'odio per l'America fa parte del DNA dei marxisti, che storicamente hanno cercato di distruggerla, non principalmente attraverso una vera e propria conquista militare, ma attraverso la sovversione, la propaganda, ecc. Gli Stati Uniti sono stati un esempio di Paese generalmente prospero ed economicamente potente (grazie all'economia capitalistica). Per questo motivo, fin dai tempi di Lenin, innumerevoli membri del culto lo consideravano un obiettivo primario. Inoltre, in epoca post-coloniale, l'establishment statunitense è stato prevalentemente bianco e cristiano.

Una volta che gli americani patriottici si sono resi conto delle intenzioni della setta di attaccare gli Stati Uniti, hanno avuto il permesso di difendersi. Questo è il primo punto che giustifica le azioni degli Stati Uniti contro la setta: l'autodifesa. In secondo luogo, poiché la setta è globale, affrontarla diventa una questione internazionale; per difendersi in questo caso è necessario attaccare all'estero. Le azioni degli Stati Uniti per impedire che il marciume marxista si rafforzasse vicino ai loro confini in America Latina erano totalmente giustificate.

L'idea che gli Stati Uniti possano semplicemente sedersi e permettere al marciume di conquistare completamente il Sud America, il resto dei Caraibi e

---

[214] Direttore dell'FBI J. Edgar Hoover, discorso davanti alla Commissione per le attività antiamericane della Camera, 26 marzo 1947.

i Paesi dell'America Centrale è ridicola; tale pensiero è il risultato della mancata comprensione del fanatismo aggressivo della setta! Il marxismo, ricordate, è una forma di imperialismo internazionalista: continuerà sempre a spingere per controllare più territori. Se non fosse per l'opposizione militare che gli Stati Uniti gli hanno storicamente presentato, il culto/ideologia avrebbe già raggiunto il dominio completo... In sintesi, l'ideologia non dimentica mai e rimane amara.

Opporsi al culto a livello globale

Va notato anche che, nonostante gli apparenti sforzi degli Stati Uniti per combattere direttamente la setta in tutto il mondo, non hanno avuto molto successo in alcuni impegni importanti (come quelli elencati in precedenza): si sono dovuti ritirare dal Vietnam, non hanno fatto abbastanza per aiutare la Cambogia e non hanno potuto evitare la perdita della Corea del Nord. Non riuscirono nemmeno a prendere Cuba nella sfortunata invasione della Baia dei Porci (ancora una volta, a causa di un impegno a metà). Riuscirono invece a conquistare la piccola Grenada.

Questi erano impegni diretti con la setta, ma ci sono anche gli impegni di guerra per procura durante l'era della Guerra Fredda, tra cui la guerra sovietica in Afghanistan, quando gli Stati Uniti appoggiarono i Mujahideen contro il governo marxista della Repubblica "Democratica" dell'Afghanistan, sostenuto dai sovietici, o i Contras, sostenuti dagli Stati Uniti, attivi contro i sandinisti marxisti del Nicaragua.

E poi, cosa più pertinente, c'è un'altra area di opposizione al culto: il campo di battaglia ideologico, che è stato condotto contro gli Stati Uniti principalmente sul suolo americano dai membri del culto (traditori americani o agenti marxisti stranieri).

Naturalmente, le cose non sono sempre bianche o nere, e sembra che l'amministrazione statunitense (o almeno alcuni suoi elementi) non si sia sempre opposta chiaramente alla diffusione del comunismo (ad esempio, la condanna e le sanzioni economiche al governo sudafricano anticomunista di minoranza bianca negli anni dell'Apartheid). [215] A prescindere da tali contraddizioni, in generale, gli Stati Uniti sono stati un avversario militare del comunismo durante la seconda metà del XX secolo.

Una questione di responsabilità

E questo ci porta al punto successivo. La setta ama sostenere che gli Stati Uniti sono una forza imperiale ed è per questo che si sono impegnati in azioni militari in Vietnam, Corea, ecc. Anche le azioni degli Stati Uniti in Medio Oriente negli ultimi decenni sono viste come imperialistiche dalla setta, poiché se gli Stati

---

[215] «La fine dell'apartheid», 20 gennaio 2001. https://2001-2009.state.gov/r/pa/ho/time/pcw/98678.htm

Uniti controllano il territorio, la setta non può farlo (cioè le ambizioni di Russia e Cina).

Ciò che viene trascurato è che le forze militari di tutto il mondo hanno la responsabilità di opporsi alle azioni militari del culto, attraverso la deterrenza o l'opposizione diretta! Questo vale in particolare per le nazioni e le forze militari altamente capaci come quelle degli Stati Uniti. Esempi contemporanei di questo processo in azione sono le prese di posizione del Presidente Trump nei confronti delle armi nucleari della Corea del Nord e delle ambizioni territoriali della Cina.

Come prova che gli Stati Uniti sono imperiali, il culto ha spesso sollevato il punto che ci sono basi statunitensi in tutto il mondo. Queste basi sono state create per prevenire la diffusione del comunismo e noi dovremmo sostenerle. Le azioni militari contro la setta non hanno il solo scopo di mantenere il controllo politico o geografico per mantenere gli interessi in una certa regione (come nel caso degli Stati Uniti), ma per il bene dell'umanità. Usare la forza militare in qualsiasi parte del mondo per fermare la diffusione del "comunismo" è un atto nobile. Se si ha il potere di farlo, si ha la responsabilità di farlo. Inoltre, come ha detto Yuri Besmenov, a un certo punto dell'infezione l'intervento militare è l'unica opzione disponibile; quindi, a volte è inevitabile.

Dal 2002, in preparazione alle operazioni in Medio Oriente, l'esercito statunitense utilizza l'aeroporto di Shannon, nella contea di Clare, in Irlanda, come scalo. Diversi gruppi politici marxiani, tra cui un gruppo di attivisti chiamato *Shannonwatch*, hanno protestato contro questo utilizzo dell'aeroporto.

Un articolo dell'Irish Times di domenica 19 novembre 2023 ha rivisitato la questione a causa dell'attuale conflitto israelo-palestinese.[216] L'articolo cita una "mozione del People Before Profit (PBP) che chiede all'Irlanda di imporre unilateralmente sanzioni ai politici israeliani a causa dei bombardamenti su Gaza e di chiudere l'aeroporto di Shannon ai militari statunitensi". Il PBP è uno dei gruppi dichiaratamente marxisti in Irlanda. I membri del culto, in questa mozione, sospettano che l'aeroporto sia usato per trasportare armi a Israele. Domenica 12 novembre, Shannonwatch ha tenuto una veglia di "pace", bloccando simbolicamente la strada d'ingresso. Hanno anche letto i nomi dei bambini uccisi nel conflitto.[217]

---

[216] McQuinn, C., «L'aeroporto di Shannon non viene utilizzato dagli Stati Uniti per fornire attrezzature militari a Israele - Varadkar», 19 novembre 2023. https://www.irishtimes.com/politics/2023/11/19/shannon-airport-not-being-used-by-us-to-supply-military-equipment-to-israel-varadkar/

[217] Shannonwatch, «Shannon Peace Rally Remembers those Killed in Gaza and Other Wars», 12 novembre 2023. https://www.shannonwatch.org/content/shannon-peace-rally-remembers-those-killed-gaza-and-other-wars

Come al solito, questo non ha nulla a che fare con l'umanitarismo, qualunque cosa pensino i membri della setta coinvolti (attivisti, politici o giornalisti); il lavaggio del cervello li costringe a prendere queste posizioni, è così semplice. Si tratta della loro radicata opposizione ideologica alle operazioni internazionali degli Stati Uniti, che tradizionalmente hanno ostacolato la diffusione dell'ideologia. Inoltre, qualsiasi attività percepita come favorevole a Israele da parte degli Stati Uniti sarà osteggiata dai membri della setta per procura, dal momento che sono favorevoli alla Palestina.

Le nazioni capaci sono il sistema immunitario

Opporsi al culto - militarmente o in altro modo - è un lavoro sporco, ma qualcuno deve farlo. È un atto di pulizia. Per tornare al tema del marxismo come pandemia ideologica, i Paesi che si oppongono all'espansionismo marxista rappresentano il sistema immunitario dell'umanità, che attacca l'agente patogeno ovunque si trovi. Qualcuno replicherà: "Ma perché è necessario che gli Stati Uniti o chiunque altro mantenga una presenza militare globale?". Perché, per continuare l'analogia, un sistema immunitario efficace deve rimanere sempre in guardia su tutto l'organismo, è così che dovrebbe funzionare. Non si tratta di una lotta che si combatte una volta e poi è finita; ci si deve impegnare a combattere tutte le volte che è necessario per sopprimere l'infezione se dovesse ripresentarsi. L'eterna vigilanza militare è indispensabile.

Alcuni potrebbero faticare ad accettare questo concetto (di avere una posizione aggressiva e repressiva), ma in questo caso è necessario; la storia della lotta contro l'ideologia dimostra che essa continuerà a riemergere, e forse lo farà sempre. L'unica domanda è: possiamo almeno mantenerla sufficientemente repressa? C'è anche l'ingenua percezione che "beh, perché gli Stati Uniti o qualsiasi altro gruppo dovrebbero dominare, mentre ai Paesi "comunisti" non è permesso... perché non è più equo?". Questa percezione deriva dall'ideologia! "Naawww, guarda i poveri regimi comunisti che vengono oppressi e annientati!". I-n-s-a-n-e. I Paesi comunisti contano? No, i Paesi guidati dall'ideologia non meritano di essere messi sullo stesso piano di quelli che non lo sono! La storia dimostra che spesso le nazioni infette - nonostante non siano in grado di gestire in modo efficiente i propri Paesi - sembrano sempre più preoccupate di costringere gli altri Paesi a essere come loro (invece di concentrarsi sulla gestione efficiente dei propri affari). Naturalmente, non dovremmo sforzarci di avere un singolo Paese in una posizione di controllo globale, ma se possiamo scegliere tra un Paese altamente infetto o un Paese molto meno infetto che domina gli affari, dovremmo scegliere il secondo.

Sintesi

La propaganda marxista che mette in evidenza l'"imperialismo statunitense" ci distrae dalla minaccia globale rappresentata dalla setta/ideologia (oltre ad avere un effetto destabilizzante sugli stessi Stati Uniti). La propaganda antistatunitense della setta è semplicemente un caso in cui stanno gettando i loro giocattoli fuori dalla carrozzina? Non è interessante che la contropropaganda sovietica dell'epoca abbia effettivamente convinto (alcuni) che gli Stati Uniti avessero creato la minaccia comunista in Vietnam come inganno per giustificare il loro imperialismo? Sono sicuro che le decine di milioni di anime/scheletri sfortunati sotto terra in Asia discuterebbero l'idea che la diffusione del comunismo fosse semplicemente propaganda statunitense.

Naturalmente, l'autore non intende giustificare i crimini commessi dalle forze armate statunitensi in qualsiasi conflitto, ma semplicemente sottolineare che l'idea che le forze armate statunitensi siano state i principali belligeranti del XX secolo è una massiccia distorsione dei fatti. Dobbiamo anche guardare al Medio Oriente con occhi nuovi. Non tutti gli interventi in quelle regioni sono semplicemente un caso di azione "imperialista" degli Stati Uniti (come il culto vorrebbe farci credere). Dobbiamo sempre esaminare i segni di infezione marxista nei Paesi prima di decidere se un'azione militare è giustificata.

Come ultimo punto, dobbiamo considerare l'ipocrisia in questo caso: quando si tratta di crimini contro l'umanità, totalitarismo e ambizioni imperiali, non c'è gara quando si tratta di vittime e numero di corpi (civili e non) se confrontiamo le attività degli Stati Uniti e le azioni della setta.

Al momento della redazione, i patrioti statunitensi stanno cercando di impeachment il presidente marxista Joe Biden a causa delle sue attività decisamente antiamericane; i membri del culto cercano disperatamente di proteggerlo tenendo nascosti i suoi affari esteri traditori. Al Congresso, prevedibilmente, hanno usato la difesa della "teoria del complotto".[218] Il culto sta anche lottando disperatamente per mantenere l'afflusso di immigrati clandestini, tra le altre cose. La lotta per il controllo dell'America continua...

Inoltre, in questo momento (febbraio 2024), ci sono forti segnali che l'alleanza decisamente non occidentale di Cina, Corea del Nord, Russia (e dei loro alleati) si sta preparando per un conflitto su larga scala. Se un'alleanza comunista ha l'ambizione di attaccare l'Occidente, attualmente indebolito, sta scegliendo un buon momento...

---

[218] Yerushalmy, J., «L'inchiesta sull'impeachment di Biden: cosa sta succedendo e il presidente potrebbe essere condannato?», 14 dicembre 2023.
https://www.theguardian.com/us-news/2023/dec/14/biden-impeachment-inquiry-explained-what-is-happening-and-could-the-president-be-convicted

Sezione X - Altri segni e sintomi

"La rivoluzione andrà avanti finché il suo consolidamento non sarà totale. È ancora lontano il momento in cui potrà esserci un periodo di relativa calma. E la vita è sempre rivoluzione".[1]

Antonio Gramsci, *I massimalisti russi* (1916)

Introduzione

In che misura il vostro Paese è infetto? Come possiamo "testarlo"? Ci sono segni visivi che possiamo vedere, come simboli, loghi, ecc. Ci sono cose che possiamo sentire nei media o nel modo in cui la gente parla? E nella politica o nell'educazione? La sessualità? Le relazioni? Religione e spiritualità? Dobbiamo cercare atteggiamenti sottili, frasi ad effetto facili da individuare o entrambi? Come possiamo individuare queste bandiere rosse (comuniste) quando si presentano? Ecco altri segni e sintomi di infezione all'interno di una società:

Marxisti/Marxismo stesso

Ecco alcuni segni che sono direttamente collegati all'ideologia/culto:

Gruppi apertamente marxisti, come Antifa, sono autorizzati a operare in pubblico, facendosi beffe della legge e dell'ordine. Possono anche esserci collusioni tra loro e la polizia/lo Stato (a livello ufficiale o non ufficiale).

Gli individui si offendono quando si criticano il marxismo/socialismo/comunismo, i membri di una setta o chiunque sostenga queste idee, e si schierano in sua/loro difesa. Qualsiasi critica pubblica al culto/ideologia o ai gruppi/iniziative marxiste viene contrastata da attacchi collettivisti, simili a quelli di un branco, contro chiunque li esprima.

Si ha la percezione che l'ideologia/culto rappresenti una ribellione/rivoluzione genuina e costruttiva. Sebbene siano indottrinati/infettati, molti pensano di essere "ribelli" che si oppongono al totalitarismo; possono anche insinuare di essere immuni a qualsiasi indottrinamento ideologico proveniente dal sistema(!). Potreste sentirvi dire: "Come potete parlare delle élite globaliste e del Nuovo Ordine Mondiale e criticare il socialismo?!? Non ti rendi conto che

---

[1] Gramsci, A., «I massimalisti russi», 1916.
https://www.marxists.org/subject/quotes/miscellaneous.htm

siamo tutti nella stessa squadra?!?".

C'è una pressione sociale palpabile per essere un membro del culto e conformarsi all'ideologia. In caso contrario, si deve essere un estremista non etico (nazista, fascista, ecc.). Non è consentito dissentire dalla loro ideologia, certamente non senza ripercussioni.

Le persone sembrano essere leggermente infettate dal marxismo, per default. Ovviamente, non si può essere sicuri finché qualcuno non dà un segno chiaro, come quando esprime le proprie "opinioni", ma questi tipi possono essere ovunque nella società (dico "opinioni" perché non fanno altro che ripetere la retorica marxista). Una persona può essere già predisposta per essere politicamente, psicologicamente e sociologicamente allineata all'ideologia senza essere completamente indottrinata. La persona in questione può anche non pensare di avere opinioni/stanze politiche nella sua mente, eppure quando ne esprime qualcuna, si tratta senza dubbio di posizioni marxiste.

Può trattarsi di qualcosa di semplice come: 'Di sinistra' o 'progressista' è buono, e 'di destra' è cattivo; o l'idea che "i Paesi non dovrebbero esistere", in quanto è "un'idea vecchia e poco cool", ecc.

Anche se si tratta solo di un pregiudizio casuale, favorevole al marxismo, questo è molto importante. Se si concede un centimetro al marxismo, questo si prenderà un miglio. Ogni singolo pensiero filomarxista nella popolazione si somma, produce un effetto quantico complessivo.

Una "cultura di protesta" cultuale

> "Il nostro compito è quello di utilizzare ogni manifestazione di malcontento, e di raccogliere e valorizzare ogni protesta, per quanto piccola".[2]
>
> V.I. Lenin, "Che cosa bisogna fare?", 1902

Un altro segno è la presenza costante di proteste, che satura e domina l'ambiente delle proteste fino a renderle inosservate e inefficaci. Questo impedisce qualsiasi tipo di incarnazione reale, costruttiva e d'impatto (cioè non marxista).

Essendo un elemento tradizionale molto significativo del culto/ideologia, la cultura della protesta porta questi aspiranti "rivoluzionari" nelle strade, marcando il loro territorio. Dà loro fiducia, li fa sentire autorizzati; che possono cambiare le cose; che sono speciali (non semplicemente puttane dell'ideologia). Su tutte le questioni importanti, servono il totalitarismo internazionalista eseguendo i suoi ordini, dando contemporaneamente l'illusione che la democrazia funzioni in un certo senso e che il "potere del popolo" sia reale.

---

[2] Lenin, V.I., «Che cosa bisogna fare?», 1902, p. 54.

https://www.marxists.org/archive/lenin/works/1901/witbd/

Dal punto di vista strategico, la cultura marxista della protesta è importante per il sistema, in quanto crea un esercito di attivisti che possono essere sguinzagliati a comando per eseguire i suoi ordini, ad esempio quando si oppongono alle spinte nazionalistiche o "di destra" in ogni occasione, o spingono le varie sotto-agenzie marxiane, ecc.

La cultura della protesta dà anche a coloro che vi partecipano il loro sballo collettivista. Fa parte della loro vita sociale e dà un senso alla loro vita. Nella loro ingenuità, sentono di fare una cosa buona, e in più si divertono circondati da persone che li incoraggiano e sono d'accordo con loro. Che bello! Questa è la trappola psicologica del marxismo in azione. È il nettare rosso. La colpa di tutto ciò è soprattutto delle università, che incoraggiano questa cultura della protesta.

Si possono sentire canti come: "Una razza, razza umana!" (insinua l'uguaglianza e l'uniformità tra i gruppi razziali), oppure "Potere al popolo!" (dovrebbe essere "potere al proletariato"), o ancora "La feccia nazista fuori dalle nostre strade!". (che dovrebbe essere "potere al proletariato"), o l'immaginifico "Via la feccia nazista dalle nostre strade!". Un altro è "No justice, No peace" - un altro cenno alla "Rivoluzione continua", in forma di canto. Per loro la "giustizia" è un'utopia comunista. Finché non sarà realizzata, continueranno a fare rumore (a meno che non venga loro impedito di farlo, ovviamente).

È interessante notare che questo canto è ciò che l'ideologia/culto ci sta dicendo, attraverso gli utili idioti. Ci dice che non ci sarà giustizia o pace finché l'ideologia/culto sarà presente. Ovviamente, l'ironia è persa dagli utili idioti che la gridano.

Simboli e immagini

Possiamo vedere i classici simboli marxisti come la falce e il martello comunisti o la Stella Rossa usati apertamente in pubblico (ad esempio sugli striscioni durante le proteste), o l'iconografia marxista vista sui vestiti. Ad esempio: magliette di Che Guevara (le preferite dagli studenti), o altri articoli con immagini di Marx, Lenin, Mao, Castro. Potremmo persino vedere alcuni di questi profeti sui francobolli! Nel 2017 è stato emesso un francobollo irlandese rosso per celebrare il 50° anniversario della morte del terrorista marxista Che Guevara.[3] Sicuramente questo sarebbe stato molto strano, anche per una persona che ignorava in modo gratuito il culto/ideologia (anche se Guevera aveva qualche ascendenza irlandese)! Un altro palese insulto

---

[3] Fox News, «Il francobollo di Che Guevara in Irlanda indigna i cubano-americani», 10 ottobre 2017.

https://www.foxnews.com/world/che-guevara-stamp-in-ireland-outrages-cuban-americans

all'irlandesità e un esempio di come la setta stia marcando il suo territorio.

Il pugno alzato del marxismo

> "I socialisti gridano "potere al popolo!" e alzano il pugno chiuso mentre lo dicono. Sappiamo tutti cosa intendono in realtà: potere sul popolo, potere allo Stato".[4]

La "Lady di ferro" Margaret Thatcher sul socialismo

Un altro segno di infezione è che il pugno chiuso, o sue varianti, sono visibili in tutta la società; possono essere legati a vari gruppi di attivisti, ONG/non profit e persino organizzazioni governative, ecc. Esempi: un pugno chiuso rosa per il femminismo; uno nero per Black Lives Matter o altri gruppi di "Black Power"; uno multicolore per un evento di "Pride" LGBTQ; uno verde per la truffa del cambiamento climatico; uno che tiene in mano una siringa medica per promuovere le vaccinazioni; uno che schiaccia un feto per promuovere l'aborto; uno che dà un pugno in faccia a una suora (perché è cristiana); e uno che prende a pugni uno stronzo rosso (comunista) (perché è per questo che sono lì, giusto?). Il pugno chiuso rappresenta forza, solidarietà, combattività e ribellione. Riassume la situazione del mondo attuale il fatto che molte persone indietreggiano inorridite nel vedere il saluto romano fascista, ma non hanno la stessa reazione quando vedono il pugno chiuso del marxismo.

Il colore rosso

Anche se non è un'invenzione della setta, è il loro colore preferito. Quando cominciamo a vederne troppo ovunque nella società, è un altro segno di infezione. Possiamo vederlo dominare nei materiali promozionali, nei siti web, nelle riviste, nei loghi, nel design architettonico/interno, nelle aziende, ecc. In particolare, possiamo notarlo in aree che coinvolgono la politica, le ONG/le organizzazioni non profit o i gruppi che si occupano di affari pubblici/sociali, che possono o meno essere apertamente "di sinistra". Anche se il suo uso non è sempre necessariamente di natura sovversiva, a causa della presenza dell'ideologia nella società e degli alti livelli di indottrinamento, questo colore è considerato il colore della rivoluzione, del progresso, dell'evoluzione, ecc. Dal punto di vista della psicologia del marketing, il rosso suggerisce azione, passione, ecc.

Per quanto riguarda il motivo dell'uso del rosso, alcuni sostengono che abbia origine dalla Rivoluzione francese; che simboleggi il sangue delle classi lavoratrici oppresse che hanno sacrificato le loro vite sotto il giogo del capitalismo, o il sangue dei martiri della causa in tempi passati.

The Red Flag è la canzone inno di diversi partiti laburisti in Irlanda e nel Regno

---

[4] Thatcher, M., Discorso al Consiglio Centrale dei Conservatori, 15 marzo 1986 (secondo mandato come Primo Ministro). https://libquotes.com/margaret-thatcher/quote/lbr1a0w

Unito. La prima strofa è "La bandiera del popolo è di un rosso intenso, ha avvolto spesso i nostri morti martiri, e prima che le loro membra diventassero rigide e fredde, il sangue dei loro cuori ha tinto ogni sua piega".[5]

La bandiera LGBTQ con i colori dell'arcobaleno

L'abbiamo notato tutti, visto che ci viene sbattuto in faccia tutto l'anno. Anche se non fa parte del marxismo tradizionale (dichiaratamente), vederlo ovunque nel proprio Paese è un altro chiaro segno di infezione. È stato fatto volare sopra gli edifici governativi irlandesi di Leinster House nel giugno 2019 per celebrare il mese del Pride.[6]

Sebbene questi colori simbolici "arcobaleno" siano solitamente associati alle marce dell'orgoglio LGBTQ, alle organizzazioni, alle iniziative ecc. Sebbene esuli dallo scopo immediato di questo libro, per chiarezza, il lettore può fare una ricerca sulle *Leggi Noahide* (è anche la bandiera dell'Oblast' autonoma ebraica vicino al confine tra Russia e Cina).[7][8] L'uso di questa bandiera è una manipolazione psicologica occulta ("rivelazione del metodo"), in quanto suggerisce un intento genocida basato sull'eugenetica, non compreso dalla media delle persone analfabete di simbologia. Questa bandiera significa essenzialmente che è in corso un'operazione di eugenetica anti-bianca, di cui il movimento LGBTQ (e il marxismo in generale) è al servizio. Il pensiero dei membri di una setta a bassa intelligenza e sottoposti a lavaggio del cervello che cercano di capire questo è divertente: per loro è solo una bella bandiera di gay dai colori dell'arcobaleno - "forse ogni colore rappresenta un genere diverso" ecc.

Società in generale

Ecco alcuni segni che non sono spesso associati alla presenza dell'ideologia, ma che sono legati ad essa o causati da essa. Possono anche essere più difficili da individuare, inizialmente.

C'è un aumento generale di pazzi/segni di malattia mentale: Naturalmente, quando parlo di "malattia mentale" non mi riferisco alla definizione tecnica, approvata dallo Stato e corroborata dal mondo accademico. Mi riferisco al

---

[5] Connell, J., «La bandiera rossa», 1889.
https://www.marxists.org/subject/art/music/lyrics/en/red-flag.htm

[6] «La bandiera arcobaleno sventola alla Leinster House in occasione del Pride», 29 giugno 2019.

https://www.irishtimes.com/news/politics/rainbow-flag-flying-at-leinster-house-to-mark-pride-1.3941776

[7] https://en.wikipedia.org/wiki/Noahidism

[8] https://www.britannica.com/place/Jewish-Autonomous-Region

comportamento folle di tutti i giorni.

Le persone diventano più noiose e prevedibili: Se tutti sono programmati secondo la formula marxista, il loro comportamento diventa prevedibile. Inoltre, la loro influenza negativa sul resto di noi (che siamo sani di mente) ci spinge a essere noiosi e "PC", come loro; oppure saremo ostracizzati quando si renderanno conto che non siamo come loro (orrore!). Naturalmente, abbiamo la possibilità di ostracizzarci e di evitarli. Se "La varietà è la vera spezia della vita, che le dà tutto il suo sapore" (citazione di William Cowper), allora l'uniformità è il fetore che si attacca alla vita e le dà tutta la sua puzza.

Tutti devono essere maniacalmente "positivi" e "gentili": Questo è collegato al punto precedente. È importante per il culto/ideologia coltivare un ambiente uniformemente stupido e maniacalmente "positivo" nella società. Questo perché sarà più facile individuare a un miglio di distanza qualsiasi persona "pazza" come voi e me quando inizieremo a esprimere altri stati d'animo "negativi" (frustrazione, rabbia, ecc.). Un ambiente felice, "positivo", uniforme e simile a un culto è più vantaggioso per la diffusione dell'ideologia; scoraggia preventivamente l'opposizione nella società. Anche questo aspetto è legato alla degenerazione, all'edonismo e alla docilità, che sono stati approfonditi altrove.

C'è una femminilizzazione generale di una società (brevemente trattata in precedenza): Si può notare una quantità eccessiva di atteggiamenti troppo femminili nei confronti delle cose. Non solo sono più evidenti, ma iniziano a dominare. Questo è un aspetto della "femminilizzazione"/distruzione del maschile (evirazione), al fine di indebolire una società. Ad esempio, si sentono sempre più persone che dicono "naaaaaw" a tutto, come se si trattasse di un cucciolo o di un bambino. Potremmo chiamarlo "coccolare", "fare da babysitter" o "coccolare". Questo odioso suono "naaaawww" sarà usato nelle conversazioni, dagli "adulti", verso altri adulti (!).

Le donne e gli omosessuali in particolare sono i principali colpevoli, ma anche gli uomini eterosessuali meno mascolini lo fanno. Tra tutti i tipi di persone che potrebbero esserne vittime, il fenomeno è potenzialmente più distruttivo/disperdente quando si tratta di uomini di sesso maschile. In sostanza, è depotenziante e demoralizzante, poiché incoraggia la sensibilità e la debolezza laddove non ce ne sono. Questa idiozia sembra una cosa abbastanza banale, ma in realtà è molto seria; è un sintomo di una mentalità eccessivamente compassionevole/eccessivamente femminile, che è una forma di degenerazione che alimenta i sub-agenda della setta. Ancora una volta, contribuisce a creare un ambiente psicologico favorevole al culto/ideologia.

L'idea che essere bianchi sia un male: si possono sentire discorsi in questo senso o frasi come "la bianchezza è una malattia". Poiché i bianchi sono la razza "oppressore" (secondo la versione marxista della storia), meritano di essere trattati come la classe oppressore del presente, un flagello dell'umanità.

Le cose reali diventano cose inventate e viceversa: a causa delle influenze del postmodernismo marxiano, si sentono concetti che cercano di distorcere la percezione della realtà da parte delle persone. Vengono creati nuovi termini/concetti, altri vengono respinti o "decostruiti". Le cose che prima erano ritenute reali, ora sono considerate inesistenti. Perciò si sentono cose come "il genere è un costrutto sociale!" o "la razza è un costrutto sociale!". Al contrario, termini/concetti inventati (dal culto) come "eteronormatività" e "genere non-cis" diventano cose reali. Il marxismo non si occupa di natura o di scienza.

In politica e geopolitica

Non esiste un'opposizione legittima al governo o all'internazionalismo: I partiti si definiscono "centro-destra" o "centro-sinistra" ecc. ma sono tutte sciocchezze fuorvianti. Sono tutti essenzialmente marxisti, in una misura o nell'altra. Quando si tratta di questioni più ampie, sono tutti generalmente a favore dell'internazionalismo/globalismo.

Non esiste la "destra", ma solo l'"estrema destra": Non sentirete usare il termine "destra", ma "estrema destra". Questo viene fatto perché etichetta immediatamente chiunque non sostenga l'internazionalismo come estremista, pericoloso, ecc. È drammatico e dispregiativo. La setta/ideologia non può permettere che il termine "destra" venga usato troppo spesso (quando si descrive chiunque abbia una posizione nazionalista) perché questo permetterebbe a un gruppo di opposizione non marxista di esistere senza essere sufficientemente abusato. In sostanza, non possono permettersi che qualcuno descriva la politica di "destra" senza associarla all'estremismo.

Internazionalismo = bene, nazionalismo = male

È presente l'idea che dovremmo avere un "mondo senza confini", e che i confini sono immorali o del tutto malvagi; persino che le nazioni non dovrebbero esistere affatto (poiché il mondo dovrebbe essere "solidale"). Qualsiasi tipo di pensiero genuinamente patriottico o nazionalistico è visto come nazista/fascista/di estrema destra e come vecchio, arretrato, non cool, fuori dal mondo moderno, ecc.

Secondo il culto, chiunque creda che questo tipo di cose siano benevole vuole ovviamente che il proprio Paese sia il migliore/dominante e che conquisti il mondo, ecc. (il che si collega al periodo della Seconda Guerra Mondiale e alla percezione distorta degli eventi e dei gruppi coinvolti).

Sentirete personaggi politici affermare che il Paese deve essere più integrato con la comunità internazionale, che dobbiamo pensare "in modo più aperto", che il Paese è "parte di una comunità globale"... che non è più un Paese sovrano indipendente, ma uno "Stato membro" del mondo. Si può suggerire che il Paese deve essere "globale", altrimenti non sopravviverà ("comunismo o morte"). Quindi, stanno fondamentalmente promuovendo l'internazionalismo marxiano (un mondo senza confini), dicendo che è "inevitabile" (per

PANDEMIA ROSSA - IL CULTO MARXISTA GLOBALE

demoralizzare i nazionalisti) e che la sovranità nazionale è cattiva, malvagia, ecc.

Nel maggio 2017, durante una sessione del Dáil e del Seanad, il politico irlandese e leader del partito Fianna Fáil Micheal Martin ha tenuto un discorso sul referendum Brexit: "Non ci siano dubbi sulla posizione dell'Irlanda. Non vogliamo avere nulla a che fare con un'idea arretrata di sovranità. Rimaniamo assolutamente impegnati negli ideali dell'Unione europea. Vediamo l'Unione per quello che è: l'organizzazione internazionale di maggior successo nella storia del mondo".[9] Ovviamente, quando ha parlato di "Irlanda", ha parlato solo a nome di altri traditori indottrinati che la pensano come lui. In effetti, l'UE è un'organizzazione internazionale marxista di successo, così come l'ONU ("di successo" per l'ideologia). Sarebbe divertente a questo punto (dicembre 2023) definire l'UE "di successo", dato che sta iniziando a crollare, anche grazie a persone come Martin.

Martin ha proseguito: "Non abbiamo nostalgia di un impero perduto e non vogliamo affermare la nostra superiorità sugli altri. Non abbiamo mai cercato di distinguerci dal mondo, custodendo gelosamente il diritto di dire no a tutto". Questo è un discorso marxiano di alto livello. Un linguaggio da serpente rosso. Come sempre, l'uso della parola "impero" da parte dei membri del culto è divertente, una classica deviazione. L'"affermare la superiorità sugli altri" è un ovvio cenno all'oppressione, e si collega al punto (fatto altrove) che i membri del culto credono erroneamente che il nazionalismo equivalga a una nazione che ha tendenze dominanti e imperialistiche nei confronti di altri paesi (riferimento alla Seconda Guerra Mondiale). Si tratta semplicemente di un'ipocrisia marxiana di segnalazione di virtù, dal momento che il culto/ideologia è tutto incentrato sul dominio sugli altri.

Non sorprende che i vostri politici insistano doverosamente affinché restiate parte di organizzazioni internazionaliste (ad esempio l'UE). Insistono che il vostro Paese lo faccia, anche a suo discapito (cosa che ovviamente non sottolineano). All'inizio del 2019, durante le discussioni sulla Brexit, il Taoiseach (premier) irlandese Leo Varadkar ha dichiarato in un'intervista: "Io sono l'Unione europea quando si tratta di queste questioni. Il governo irlandese e l'Unione europea sono un tutt'uno quando si tratta di Brexit... Se non se ne sono resi conto negli ultimi due anni, se ne stanno rendendo conto".[10] Tutti insieme? Oh oh... solidarietà...

---

[9] The National Party, «Micheál Martin rifiuta una «idea arretrata di sovranità» per non avere alcuna sovranità», 18 maggio 2017.
https://www.YouTube.com/watch?v=akkPu-FJyiA

[10] Irish News, ««Io sono l'Unione europea» dice l'arrogante e gonfio affittuario dell'UE, Leo Varadkar», 10 febbraio 2019.
https://www.YouTube.com/watch?v=9bbT_A5T6qg

Altri membri del culto "irlandese" non vogliono nemmeno che esista il confine tra Repubblica d'Irlanda e Irlanda del Nord. In effetti, è una lunga tradizione del movimento repubblicano irlandese chiedere un'"Irlanda unita", una Repubblica socialista di trentadue contee. Il partito marxista pseudo-nazionalista Sinn Fein vuole un'Irlanda unita per questo motivo.

Lo fanno anche membri di sette più "marginali", come il commissario capo di People Before Profit Richard Boyd Barrett. In un articolo di RTE News del marzo 2021 ha dichiarato che il suo partito vuole vedere la fine della divisione e che "unire le persone per un diverso tipo di Irlanda a nord e a sud è seriamente all'ordine del giorno".[11] (Una nota su questo punto, per i miei colleghi patrioti irlandesi: scordatevi l'Irlanda unita! Non parliamo come membri di una setta e poi facciamo il loro gioco aiutandoli a dissolvere altri confini! Inoltre, abbiamo preoccupazioni più urgenti in questo momento, non siete d'accordo?).

Un aumento del potere governativo e della regolamentazione: Un segno che il culto/ideologia sta consolidando il controllo su un Paese è quando il governo spinge per un numero sempre maggiore di regolamenti (centralizzazione del potere). Queste possono riguardare tutti i settori, ma sono particolarmente evidenti nelle questioni economiche. Si assiste a un aumento delle dimensioni del governo e dei dipartimenti governativi, compresi i dipartimenti, le organizzazioni e i dipendenti associati o appaltati dal governo (che gravano in modo massiccio sulle finanze pubbliche, ma non servono a nulla).

Un numero crescente di rappresentanti pubblici provenienti da gruppi "oppressi": I politici/le autorità saranno sempre più spesso nominati non per i loro meriti, ma per il loro gruppo (sesso, razza, orientamento sessuale, religione, ecc. o combinazioni di questi). Più sono "diversi", meglio è. Nel 2007, l'immigrato nigeriano Rotimi Adebari è diventato sindaco di Portlaoise, nella contea di Laois, ed è stato il primo sindaco di colore in Irlanda. Il Guardian ha riferito che "ha recentemente conseguito un master in studi interculturali presso la Dublin City University, (e) ora lavora per il consiglio della contea su un progetto di integrazione per i nuovi immigrati".[12] Nel 2020, Hazel Chu è stata nominata sindaco di Dublino, diventando "la prima persona di etnia cinese a essere sindaco di una capitale europea".[13] Nel giugno 2023, il consigliere del Fianna Fáil Abul Kalam Azad Talukder è stato eletto presidente

---

[11] Meskill, T., «Il TD di Dublino Sud-Ovest Paul Murphy si unisce a People Before Profit», 1 marzo 2021. https://www.rte.ie/news/politics/2021/0301/1200161-paul-murphy-pbp/

[12] Bowcott, O., «Da richiedente asilo a primo sindaco nero d'Irlanda in sette anni», 29 giugno 2007. https://www.theguardian.com/world/2007/jun/29/ireland

[13] https://en.wikipedia.org/wiki/Lord_Mayor_of_Dublin

del distretto metropolitano di Limerick. [14] Talukder è un musulmano del Bangladesh. Dopo i disordini di Dublino del 23 novembre 2023 (menzionati in precedenza) in seguito all'accoltellamento di bambini fuori da una scuola nella città di Dublino, Talukder ha commentato i rivoltosi: "Vorrei vederli sparare in testa".[15]

Diversità, moda e media

Si vedranno sempre più programmi televisivi, film, ecc. con una formazione "diversificata" di attori/ospiti/ospiti, ecc. Lo stesso vale per la stampa, le riviste, le vetrine dei negozi, ecc. In Irlanda, la catena di negozi *Life Style Sports* ha adornato i suoi negozi con immagini che ritraggono diversi volti di razza mista (anche in città dove la popolazione è composta per il 90-95% da irlandesi bianchi). Ogni volta che vedete una famiglia in TV (cioè nelle pubblicità), non vedrete una coppia bianca con bambini. Almeno uno di loro sarà di razza mista. Oppure possiamo vedere combinazioni insolite di persone che ci vengono presentate in coppia, nei programmi televisivi, per esempio: una piccola donna nera nana affetta dalla sindrome di Down in una relazione con un maschio bianco albino alto ma costretto sulla sedia a rotelle e portatore di un caprone di Lenin. Tutto questo viene fatto in nome dell'"uguaglianza" e per combattere il male dell'"eteronormatività".

Il "brutto" è bello

Grazie all'allegra promozione della "diversità" e della degenerazione da parte del culto/ideologia e alla sua tendenza a invertire le cose, oggi ci viene detto essenzialmente che il brutto è il nuovo bello.

Lo vediamo nella pubblicità quando, ad esempio, una donna in forte sovrappeso viene presentata come bella. Questa è una pessima influenza sulle donne in generale ed è persino pericolosa per chi si trova già in quello stato di salute. Una società irresponsabile è quella in cui si dice a chi è estremamente malsano - e ha bisogno (e di solito vuole!) cambiare per il proprio bene - che è perfetto così com'è. Una famosa modella americana "plus size" è Tess Holliday, nota anche per essere un'attivista "body positive".[16] Il termine "body positivity" in questo contesto convince le donne che va bene essere un fisico degenerato.

Essere "positivi" in questo contesto significa nascondersi dalle emozioni

---

[14] Jacques, A., «Momento storico: Cllr Talukder è il primo cataoirleach metropolitano musulmano di Limerick», 20 giugno 2023.
https://www.limerickpost.ie/2023/06/20/historic-moment-as-cllr-talukder-voted-limericks-first-muslim-metropolitan-cathaoirleach/

[15] Jacques, A., «'Vorrei vederli sparare in testa': La linea dura di un consigliere sui disordini di Dublino», 29 novembre 2023. https://www.limerickpost.ie/2023/11/29/id-like-to-see-them-shot-in-the-head-councillors-hard-line-on-dublin-riots/

[16] https://en.wikipedia.org/wiki/Tess_Holliday

scomode che possono sorgere durante l'autocritica e affrontare la verità su se stessi (alias illusione). Stranamente, queste modelle in sovrappeso sono tenute in alto da alcuni come simbolo di "empowerment" femminile, ecc. nonostante il fatto che abbiano un'influenza negativa e depotenziante sulle donne. Se non riuscite nemmeno a controllare le vostre voglie di cibo, non siete "emancipate".

Altri esempi sono le persone sfigurate o disabili. L'ex-modella britannica Katie Piper, che nel 2008 ha subito un attacco di acido solforico al viso, è stata protagonista di una pubblicità per lo shampoo Pantene nel 2010 (anche se nell'attacco ha perso gran parte dei capelli). [17] Sofia Jirau, una modella portoricana con la sindrome di Down, è stata assunta da Victoria's Secret nel 2022. [18] Ovviamente non stiamo attaccando queste donne, ma piuttosto il principio virtuoso e degenerativo che si cela dietro la facciata; l'ideologia che promuove la "diversità" di queste cose. È vero che non tutta l'attrazione si basa sulla bellezza superficiale e sulla percezione convenzionale della stessa, ma non è questo il punto.

Ci sono sfumature babilonesi qui: l'ideologia apre la strada a un tipo di mondo infernale, in cui tutti i tipi di perversione della bellezza estetica, della sessualità e del comportamento diventeranno normalizzati; proprio come nella sfortunata città mesopotamica "diversa". [19] Gli esempi di cui sopra (uniti alla perversione sessuale/di genere che il culto/ideologia promuove altrove) sono solo l'inizio di ciò che verrà... A meno che il culto non venga fermato.

Facce di segnalazione della virtù

In questi settori si assisterà a una prevalenza di virtue-signalling, da parte di chiunque abbia una piattaforma pubblica. Fate attenzione a quella stupida espressione di virtue-signalling sui volti delle personalità dei media e delle celebrità di tutto il mondo! Si tratta di un'espressione "sono triste", che di solito viene pronunciata quando si ascolta qualcuno (ad esempio un ospite/intervistato) che spiega quanto sia "oppresso". È una faccia che ci dice "questo è triste, e tu dovresti sentirti triste per questo". I presentatori di chat show, per esempio. L'ex conduttore irlandese del Late Late Show Ryan Tubridy, ora sotto accusa, era un maestro in questa espressione.

---

[17] Pearson-Jones, B., «Katie Piper condivide la sorpresa di essere stata chiamata a fare da modella per un marchio di prodotti per la cura dei capelli un decennio dopo aver perso le ciocche - e ammette di affidarsi ai suoi capelli per avere fiducia in se stessa», 5 gennaio 2020. https://www.dailymail.co.uk/femail/article-7525749/Katie-Piper-reveals-joy-asked-model-hair-care-brand-10-years-losing-locks.html

[18] Blance, E., «Chi è Sofia Jirau, la prima modella con sindrome di Down a posare per Victoria's Secret?», 23 febbraio 2022. https://www.vogue.fr/fashion/article/sofia-jirau-model

[19] https://www.britannica.com/place/Babylon-ancient-city-Mesopotamia-Asia

Anche i politici, attraverso i media. Dopo l'incidente alla moschea di Christchurch in Nuova Zelanda nel marzo 2019, l'allora premier Jacinda Arden indossò un hijab in segno di solidarietà (marxiana) per le vittime. Aveva un'espressione patetica da virtuosa, come se fosse in una terribile pantomima OTT. In modo divertente, gli altri membri della setta l'hanno elogiata in tutto il mondo per aver mostrato tanta "solidarietà" e "compassione".[20] Membro di una setta, colpevole di molti crimini contro il suo Paese, Arden è stata leader del Partito Laburista Neozelandese e Primo Ministro dal 2017 al 2023.

Polizia, sicurezza e guerra

"La parola "pace" data dal comunista significa la vittoria del socialismo".21

Bella Dodd, informatrice comunista,
conferenza alla Fordham University, 1953

Il presente può essere l'atteggiamento secondo cui abbiamo bisogno di "pace" a tutti i costi; che le guerre, la violenza e gli eserciti sono cattivi. In realtà, può manifestarsi come l'idea che tutta la resistenza con la forza sia negativa (a meno che non sia "rivoluzionaria", ovviamente). Questa è un'altra nozione ipocrita e virtuosa presente nella società a causa dell'infezione. Ciò che l'ideologia suggerisce in realtà è che ogni resistenza forzata al culto/ideologia (e al globalismo/internazionalismo) è negativa; in particolare il tipo più potente - la resistenza militare su larga scala e la guerra totale.

Questo tipo di mentalità ingenua, hippy e "positiva" è esattamente l'atteggiamento che il vostro nemico vuole che abbiate, in modo che abbiate abbassato la guardia. Se una forza/ideologia ostile progetta di distruggere la vostra nazione, vuole che abbiate questa mentalità, perché non ci riuscirà. C'è una grande differenza tra l'uso della forza fisica per attaccare un altro gruppo/paese per motivi ingiustificabili (conquista, oppressione, acquisizione di territorio o risorse, ecc.) e la forza difensiva (cioè usarla per ripulire il proprio Paese dalla setta/ideologia). Quest'ultima è assolutamente giustificabile! Naturalmente, i vostri nemici non vogliono che facciate questo discernimento: vogliono che pensiate che ogni uso della forza sia negativo. Questo atteggiamento del tipo "dobbiamo essere pacifici!", ovviamente, è un'altra forma di segnalazione di virtù.

---

[20] McConnell, G., «Il volto dell'empatia: La foto di Jacinda Ardern risuona in tutto il mondo dopo l'attacco», 18 marzo 2019. https://www.smh.com.au/world/oceania/face-of-empathy-jacinda-ardern-photo-resonates-worldwide-after-attack-20190318-p5152g.html

[21] *«Bella Dodd spiega le anatre del comunismo», conferenza alla Fordham University, 1953.*

https://www.YouTube.com/watch?v=VLHNz2YMnRY

I soldati e gli eserciti sono cattivi

Molte persone (indottrinate) considerano i soldati e gli eserciti come intrinsecamente cattivi; che sono tutti assassini, come se tutti i soldati/guerrieri nella storia dell'umanità fossero stati tutti uguali. Che stronzate! È divertente ascoltare le opinioni prive di cervello e di virtù di chi, nella nostra società moderna relativamente confortevole, ha poco o nessun rispetto per un soldato quasi per default; in particolare se non è in grado di gestire nemmeno un po' di stress, di disagio o di critiche (per non parlare del conflitto fisico o del combattimento vero e proprio fino alla morte).

Questo è il residuo di anni di lavaggio del cervello "PC", che può provenire da una varietà di fonti (istruzione, intrattenimento, credenze "new age", uso di droghe e/o essere un hippie, ecc.) Ovviamente, se questa opinione proviene da una persona indottrinata dal marxismo, questa condanna dei soldati/violenza non si applica a tutti quei meravigliosi "rivoluzionari" marxisti come Trotsky, Che Guevera, Castro, i molti marxisti africani, i gruppi terroristici di culto ecc.

Tuttavia, si applica a qualsiasi tipo di forza armata che sia stata o sia un'avversaria del marxismo, o una forza armata imperiale: Le forze statunitensi, le forze imperiali francesi e britanniche, l'esercito nazionalsocialista tedesco nella seconda guerra mondiale, l'esercito nazionalista di Franco nella guerra civile spagnola, gli eserciti boeri bianchi in Sudafrica o in Rhodesia, ecc. Sono tutti soldati fascisti, capitalisti, razzisti e oppressori malvagi. Ora, non sto perdonando i crimini commessi da nessuna forza armata nel mondo, passata o presente, ma la parola chiave qui è "crimine". Senza dubbio molti soldati/forze armate hanno commesso crimini, ma questo non li rende tutti ugualmente etici o immorali.

Quello che stiamo sottolineando è l'effetto della programmazione della "pace" sulle masse. Naturalmente, quando ci programmano per odiare il militarismo o qualsiasi tipo di forza fisica, è per ammorbidirci e renderci indifesi; non stanno promuovendo queste idee per ragioni benevole! Come stiamo scoprendo in questo momento nel mondo, senza la possibilità di usare la forza fisica per difendere se stessi, il proprio Paese, il proprio popolo (o se ci si rifiuta di usare la forza), prima o poi la forza verrà usata su di noi.

Al momento della redazione (gennaio 2024), nel Regno Unito si parla di una guerra con la Russia. Molti commentatori hanno notato come la volontà di combattere per il Regno Unito non sia più quella che era storicamente (ciò è dovuto all'erosione del patriottismo britannico da parte del culto/ideologia). Il 12 febbraio 2024, sul canale YouTube dell'ex politico britannico Brexiteer e presentatore di GB News Nigel Farage è apparso un video. Il tema era la condizione delle forze armate britanniche sullo sfondo di un potenziale conflitto globale. Farage ha parlato di "obiettivi di diversità svegli", della recente tendenza a perseguire retroattivamente gli ex soldati e dell'allentamento dei controlli di sicurezza per l'ammissione ai servizi del

Regno Unito. Ovviamente, questo allentamento dei controlli di sicurezza permette ai nemici dell'Occidente di infiltrarsi, compresi gli estremisti islamici o gli elementi marxisti.

Il risultato di tutto ciò è che l'esercito britannico "non sarebbe adatto a difendere il Paese se dovessimo davvero entrare in un conflitto globale".[22] Certamente questi fattori aggravano il problema del basso numero di reclutamenti negli ultimi tempi. La "wokeness" è la morte di una nazione.

Un video di GB news del 12 febbraio 2024 ha mostrato la nuova pubblicità di reclutamento "woke" dell'esercito britannico. Il video mostrava un soldato musulmano che pregava in mezzo al campo di battaglia di fronte ai suoi commilitoni non musulmani. La tagline era "mantenere la mia fede".[23] Farage ha fatto notare che da alcune parti è stata avanzata la proposta di eliminare il cristianesimo dal servizio annuale del Giorno della Memoria delle forze armate.

Nel dicembre 2023, negli Stati Uniti è stato riferito che il senatore democratico Dick Durbin è intervenuto su questioni simili riguardanti l'esercito americano. Ha suggerito che gli immigrati potrebbero essere reclutati nei servizi in cambio della cittadinanza americana e ha parlato di una nuova proposta di legge in tal senso. Parlando al Senato degli Stati Uniti, ha menzionato i problemi di reclutamento dell'esercito e il fatto che i servizi non stanno raggiungendo le loro quote. Riguardo alla possibilità di arruolare i migranti, ha detto: "Dovremmo dare loro la possibilità? Penso che dovremmo".[24] Ha proposto idee simili nel maggio/giugno 2023.[25]

Si tratta di una retorica altamente irresponsabile, al limite del tradimento. Goffa ai minimi termini. In primo luogo, i migranti di tutto il mondo non hanno bisogno di ulteriori incoraggiamenti per entrare nei Paesi occidentali. In secondo luogo, ancora una volta, questo incoraggia l'infiltrazione dei nemici dell'America. L'impatto del culto/ideologia sull'America e sul patriottismo americano nel corso dei decenni è stato il principale responsabile della riduzione dei livelli di reclutamento. Ora si suggerisce di rischiare di reclutare

---

[22] Nigel Farage, «L'esercito britannico viene distrutto!», 12 febbraio 2024.

https://www.YouTube.com/watch?v=qPN2ahYC6W4

[23] GB News, «'Soldati britannici che pregano Allah': Nigel Farage si infuria per il bando del cristianesimo dall'esercito», 12 febbraio 2024.
https://www.YouTube.com/watch?v=T5U3XbMvau4

[24] «Durbin propone la cittadinanza americana per gli immigrati illegali attraverso il servizio militare«. https://www.YouTube.com/watch?v=B-XmAs5xGTs

[25] Forbes Breaking News, «Dick Durbin spinge per un 'percorso verso la cittadinanza' per i destinatari del DACA che prestano servizio», 3 giugno 2023.
https://www.YouTube.com/watch?v=N8PBmVyBPoE

membri di culti antiamericani dall'estero!

Ecco un altro elemento collegato e inquietante. Il 2 febbraio 2024 il canale YouTube di *Tucker Carlson* ha presentato un'intervista al biologo Bert Weinstein. Weinstein era stato di recente testimone di fatti avvenuti presso il varco di Darien a Panama, in America Centrale, un punto nevralgico per i migranti che si recano negli Stati Uniti dal Sud America. Weinstein ha raccontato che c'era un numero crescente di immigrati cinesi - soprattutto maschi in età militare - che erano un po' schivi sul motivo per cui stavano emigrando...[26] Se si uniscono i fattori sopra elencati e gli storici scontri militari del culto con gli Stati Uniti, dovrebbe essere ovvio cosa sta succedendo qui...

"Le armi sono cattive e il pubblico non dovrebbe averle".

In una società completamente controllata dal culto/ideologia, solo lo Stato dovrebbe avere armi. La setta spingerà sempre per il disarmo del pubblico in generale, in nome della "pace" e della virtù, ecc. Lo abbiamo visto costantemente negli Stati Uniti, dove i membri del culto di tutti i tipi e a tutti i livelli hanno promosso questa nozione. Il socialista in capo Barack Obama ha costantemente tentato di cambiare la cultura delle armi durante il suo mandato ed è stato sostenuto dai membri del culto che lavorano nei media di tutto l'Occidente.

L'idea che gli americani siano dei pazzi che possiedono armi da fuoco fa parte dell'antiamericanismo promosso dalla setta ed è ovviamente legata ai suoi tentativi di disarmare il pubblico americano. Avere armi in una società relativamente civilizzata è una buona cosa, perché permette ai cittadini di proteggersi. Non solo dai criminali, ma anche dai governi tirannici, in particolare se questi governi sono guidati da membri della setta. Molti ritengono che senza il secondo emendamento della Costituzione degli Stati Uniti e l'accesso alle armi da parte del pubblico in generale, gli elementi traditori (marxisti) dell'establishment avrebbero già avviato un controllo militarista sul territorio statunitense. Aggiungerei anche che un pubblico ben armato è un ulteriore deterrente per i nemici stranieri dell'America.

Discoteca gay "Cops and Soldiers

Un altro segno di infezione è quando i membri della polizia e delle forze armate - che dovrebbero essere simboli di forza, mascolinità e difesa nazionale - ballano per le strade, o si impegnano in comportamenti sessualmente suggestivi (in particolare la varietà omoerotica); o possono avere i loro veicoli coperti con colori LGBTQ, ecc. E non nelle loro serate libere, o in una proprietà privata da qualche parte, o nel parcheggio dietro la stazione di polizia,

---

[26] Tucker Carlson, «Come la Cina e l'ONU stanno alimentando l'invasione dell'America», 2 febbraio 2024.
https://www.YouTube.com/watch?v=wOxksFHAHRU

ma in pubblico, in piena vista di innumerevoli occhi stupiti e smartphone allenati. In Irlanda, nel giugno 2018, le Forze di Difesa irlandesi hanno partecipato a una marcia per l'orgoglio LGBTQ nella città di Dublino; alcuni dei vertici hanno partecipato. [27]

Alla fine del 2021, la polizia irlandese ha ballato come un idiota indossando maschere di Covid in un video prodotto e coreografato sulla canzone "Jerusalema".[28] Anche in Svezia, nel Regno Unito e altrove la polizia è stata vista ballare durante gli eventi del Pride nel periodo dal 2015. [29] [30] (All'autore è venuto in mente che in alcuni casi sono stati utilizzati degli attori (in particolare quelli che indossavano le maschere di Covid), in un atto volto a demoralizzare pubblicamente le forze di polizia. Tuttavia, anche l'impersonificazione non dovrebbe essere consentita; è un reato). Nel sud-ovest dell'Irlanda, nel giugno 2023, la Garda Siochana (polizia irlandese) ha inaugurato una nuova auto di pattuglia con i colori "arcobaleno" in "solidarietà" con le marce e i gruppi LGBTQ Pride della zona (ci sono stati altri casi altrove).[31]

Al contrario, guardate le parate militari pubbliche in Corea del Nord e in Cina e come flettono i loro muscoli maschili. Carri armati, lanciamissili, APC, pezzi d'artiglieria, e chi più ne ha più ne metta, insieme a migliaia di uomini di fanteria. Guardate gli occhi del personale di servizio: vogliono disperatamente dimostrare al Partito il loro valore! Disperati nel mostrare la loro volontà di uccidere per la grande rivoluzione globale! Non c'è traccia di balli, spinte pelviche, omosessualità, disforia di genere, maschere da storpio o pantaloni senza culo.

Truffatori e infiltrati

[27] Murtage, P., «Il capo delle forze di difesa sfilerà alla Dublin Pride Parade», 30 giugno 2018. https://www.irishtimes.com/news/ireland/irish-news/head-of-defence-forces-to-walk-in-dublin-pride-parade-1.3548434

[28] All things Ireland, «La polizia irlandese Gardaí in Irlanda balla sulla canzone di Gerusalemme», 14 dicembre 2021.
https://www.YouTube.com/watch?v=NGkzgqisiBU

[29] Haigh, E., «Furia per la «sveglia» polizia di Lincoln dopo che gli agenti sono stati filmati mentre ballavano la Macarena al Pride festival, mentre il numero di crimini irrisolti in tutto il Regno Unito rimane alto», 21 agosto 2022.
https://www.dailymail.co.uk/news/article-11132029/Fury-woke-Lincoln-Police-officers-filmed-dancing-Macarena-Pride-festival.html

[30] «La polizia svedese balla per il Pride», maggio 2020.
https://www.YouTube.com/watch?v=apE9vH-pcow

[31] O'Shea, J., «I Gardai svelano la nuova auto di pattuglia arcobaleno 'Pride' per il West Cork, in segno di riconoscimento della comunità LGBTQ», 30 giugno 2023.
https://www.corkbeo.ie/news/local-news/gardai-unveil-new-rainbow-pride-27229628

Un altro segno evidente di infezione è la presenza di truffatori, infiltrati e pseudo-patrioti. Nella storia della sovversione e della propaganda marxista, ci sono già state molte forme di operatori/ingannatori/apologeti, consapevoli o meno. Il marxismo ha una storia di sovversione dei movimenti nazionalisti, in modi sempre più creativi. Il culto ha storicamente usato la tattica dell'entrismo - infiltrandosi nei gruppi avversari e salendo nei ranghi al loro interno - per farli essenzialmente deragliare, in particolare nella sfera politica.

Nell'era di Internet, assistiamo a una contaminazione simile da parte dei membri delle sette, in particolare su YouTube. Il loro ruolo può comprendere il tentativo di confondere le persone o di dissuaderle da punti di vista nazionalistici o patriottici, per convincerle che non vogliono o non hanno bisogno di sovranità. Possono anche contribuire a sminuire il movimento "anti-globalista" distraendo (o respingendo del tutto) qualsiasi preoccupazione sul marxismo. Dobbiamo anche stare attenti a chi promuove in modo palese o sottile i concetti marxisti, come apologeta o sostenitore. A volte questo può essere difficile da individuare. Il fatto che molti non siano ancora consapevoli di cosa sia il marxismo (e della minaccia che rappresenta) rende questo processo ancora più difficile.

Red-tubers

I membri delle sette attirano e ingannano le masse in modi diversi. Possono presentarsi sotto forma di "filosofi", analisti politici, personalità dei media online, falsi cristiani, ecc. Alcuni possono fingere di essere nazionalisti o patrioti (o almeno simpatizzanti) per smascherare questo movimento. Altri sono guru "spirituali", analisti, oratori, autori, ecc. Questi tipi si presentano in tutte le forme e dimensioni.

Possono convincere chi li ascolta che "l'aggressione è sbagliata" o "Siamo tutti uno, quindi non dovremmo avere paesi..." o "Tutte le religioni sono uguali e primitive... il cristianesimo è altrettanto cattivo del talmudismo o dell'islam..."; o chi promuove qualsiasi tipo di degenerazione filo-marxiana, il post-modernismo, la "spiritualità", qualsiasi tipo di dannosa roba da testa tra le nuvole.

Pensate a un tipo come Russell Brand. A volte comico, attore, conduttore radiofonico, autore, attore e ora YouTuber e voce "spirituale", con un enorme seguito di fan. Certo, l'ho sentito vomitare stronzate pseudo-spirituali, ma la cosa più significativa è la sua inclinazione apertamente marxista. In passato ha collaborato con il New *Statesman*, una famosa rivista socialista creata dalla Fabian Society. È anche chiaramente un attivista di "sinistra". È interessante notare che ha pubblicato un libro intitolato *Revolution* (2014), con le lettere e,v,o,l colorate di rosso marxista sulla copertina, cercando di equiparare l'ideologia/rivoluzione marxista all'amore.[32] A volte si è presentato come un

---

[32] https://en.wikipedia.org/wiki/Revolution_(libro)

"neutrale", ma ha un atteggiamento decisamente marxiano nei confronti degli affari mondiali. Cita anche fonti come il *World Socialist Web Site* (WSWS).[33] [34] Brand apre i suoi video con "Salve a voi, meraviglie del risveglio! Grazie per esservi uniti a noi nel viaggio verso la verità e la libertà che stiamo intraprendendo insieme".[35] "Risveglio" in senso marxiano? In senso "sveglio"?

Un altro esempio è lo YouTuber britannico Tom Nicholas. Il suo canale conta attualmente quasi 500.000 iscritti. Uno dei suoi video si intitola "Come riconoscere un (potenziale) fascista".[36] Potremmo fermarci qui.

Un altro è il canale dal nome inequivocabile "Marxism Today".[37] È condotto dal membro irlandese della setta Paul Connolly, che "istruisce" il pubblico sulle virtù del socialismo e del comunismo, abbagliandolo con informazioni di parte. Lo stile di produzione del video mostra come il culto cerchi sempre di ri-impacchettare il marxismo come un'idea cool e benevola, per attrarre soprattutto i giovani. Il serpente rosso che si spoglia di nuovo.

Nel suo video "Perché il comunismo? Socialism 101", Connolly afferma con un sorriso orgoglioso: "Benvenuti a Socialism 101, una serie progettata per aiutare a educare le persone senza alcuna conoscenza preliminare sulle basi del socialismo e del comunismo da una prospettiva esplicitamente marxista-leninista e marxista-leninista-maoista con video brevi e facilmente digeribili".[38] Accidenti. Preferirei dipingere un muro enorme, poi prendere uno sgabello e mettermi gli occhiali da vista. Immaginate di appoggiare tre dei peggiori esseri umani di tutti i tempi con il sorriso sulle labbra, per farli vedere al mondo intero. Con 71k subs al momento dell'editing, è pieno di immagini di idoli comunisti e del colore rosso.

Un altro è lo YouTuber britannico Harris "hbomberguy" Brewis, con 1,6 milioni di abbonati al momento della redazione. Un'altra serpe rossa sorridente, sottoposta a lavaggio del cervello, squilibrata e manipolatrice che promuove/difende varie sotto-agende, tra cui il cambiamento climatico, le vaccinazioni di massa e il femminismo, negando al contempo l'esistenza della

---

[33] Russel Brand, «È una guerra a tutto campo!». - Nessuno è pronto per quello che sta arrivando!», 18 gennaio 2024. https://www.YouTube.com/watch?v=_w8psH6NKNw

[34] https://www.wsws.org/en

[35] https://www.YouTube.com/@RussellBrand

[36] Tom Nicholas, «Come riconoscere un (potenziale) fascista», 19 luglio 2020. https://www.YouTube.com/watch?v=vymeTZkiKD0

[37] https://www.YouTube.com/@Marxismo_Oggi

[38] Marxismo oggi, «Perché il comunismo? | Socialismo 101», 2 aprile 2021.

https://www.YouTube.com/watch?v=N52bJRe0Gg8&list=PL0J754r0IteXABJntjBg1 YuNsn6jItWXQ

sotto-agenda anti-cristiana o del "marxismo culturale".

Un video si intitola "La negazione del clima: Una risposta misurata". I video sono un misto di "commedia" PC (marxiana) e la solita presa in giro/stronzaggine nei confronti di chiunque non sia d'accordo con il culto/ideologia. Alcuni di essi contengono il suo commento a video realizzati da voci non marxiste ("nazisti" e "razzisti"), consentendogli di "sfatare" questi punti di vista opposti. [39] Sono sicuro che per gli altri membri del culto si presenta come articolato, spiritoso, perspicace, affascinante, ecc. È interessante notare che usa il termine "veri credenti" a proposito delle voci nazionaliste/non marxiane o dei loro seguaci, quasi insinuando che queste persone facciano parte di una setta. Un'altra inversione.

Brewis si "identifica" come bisessuale e una volta si è descritto come "un tipo di socialista di estrema sinistra con una venerazione per gli attuali filosofi del movimento comunista e i loro scritti". Quindi, sotto tutte le facce sciocche e le prevedibili "gag", è solo un altro fanatico che spaccia l'ideologia online.[40]

Questi sono solo alcuni dei numerosi esempi. YouTube ovviamente sosterrà questi canali, permettendo loro di esistere e crescere. Al contrario, e contemporaneamente, i canali che non si conformano al marxismo saranno soppressi. Qualsiasi critica seria al culto/ideologia, che spieghi che si tratta di un culto massiccio, folle e globale, non sarà consentita. Tuttavia, vi sarà permesso di diffondere la gloriosa rivoluzione o di criticare gli oppositori del culto quanto volete.

La propaganda sopra elencata deve essere eliminata dalla rete e le persone coinvolte devono essere contenute. Non si può permettere a persone indottrinate di infettare gli altri, soprattutto non su questa scala. Forse dovremmo inventare e implementare le leggi "Marx-speech"?

---

[39] Canale YouTube di Hbomberguy.
https://www.YouTube.com/channel/UClt01z1wHHT7c5lKcU8pxRQ

[40] https://rationalwiki.org/wiki/Hbomberguy

Sezione XI - Le nazioni divise

"Non c'è salvezza per la civiltà, o addirittura per la razza umana, se non la creazione di un governo mondiale".[1]

Il famoso scienziato "genio" e membro di una setta Albert Einstein

"L'umanità soffre... L'umanità è più forte quando siamo uniti".[2]

Il Segretario generale delle Nazioni Unite António Guterres, Messaggio di Capodanno del 2023

Introduzione

Le Nazioni Unite sono un'entità marxista? Promuove e sostiene in qualche modo questa ideologia? È un'organizzazione internazionalista che accentra il potere a spese della sovranità dei Paesi membri? L'ONU è una bestia intrigante e grande, che meriterebbe un libro a sé stante, ma ecco alcune informazioni rilevanti:

Panoramica

L'ONU ha sede a New York, in territorio internazionale. Come organizzazione intergovernativa globale, ha uffici principali a Nairobi, Vienna e Ginevra e sei lingue ufficiali. Costituita nel 1945 e attualmente composta da 193 Stati membri, l'ONU ha come scopo apparente la "pace" e la "sicurezza". Oltre a sostenere il diritto internazionale, svolge funzioni umanitarie e di mantenimento della pace, oltre a una serie di funzioni apparentemente benevole.[3]

La struttura dell'ONU o Sistema delle Nazioni Unite comprende sei gruppi: l'Assemblea generale, il Consiglio di sicurezza, il Consiglio economico e sociale, il Consiglio di amministrazione fiduciaria, la Corte internazionale di giustizia e il Segretariato dell'ONU. Altre sotto-organizzazioni di alto profilo collegate all'ONU sono: OIL (Organizzazione Internazionale del Lavoro);

---

[1] Albert Einstein citato da Charles Kegley, *World Politics: Trend and Transformation* (2008), pag. 537. https://en.wikiquote.org/wiki/World_government

[2] Nazioni Unite, «Messaggio del Capo delle Nazioni Unite per il nuovo anno 2024», 28 dicembre 2023.

https://www.YouTube.com/watch?v=cxFvUbhVz50

[3] https://www.britannica.com/topic/United-Nations

OMC (Organizzazione Mondiale del Commercio); OMS (Organizzazione Mondiale della Sanità); UNESCO (Organizzazione delle Nazioni Unite per l'Educazione, la Scienza e la Cultura); e il FMI (Fondo Monetario Internazionale). (Oltre alla già citata WMO (Organizzazione meteorologica mondiale)).[4]

Altre entità degne di nota sono nate dall'ONU: UNHCR (Alto Commissariato delle Nazioni Unite per i Rifugiati); UNIFEM (Fondo delle Nazioni Unite per lo Sviluppo delle Donne) e UN WOMEN (Entità delle Nazioni Unite per l'Uguaglianza di Genere e l'Empowerment delle Donne), entrambe fuse insieme in UN WOMEN nel 2011; UNRWA (Agenzia delle Nazioni Unite per il Soccorso e l'Occupazione dei Rifugiati Palestinesi nel Vicino Oriente).

Chiaramente si tratta di un sottogruppo di organizzazioni che facilitano le migrazioni di massa, il femminismo e i diritti dei palestinesi, sotto-agende marxiane del culto/ideologia.

La pagina "Sistema delle Nazioni Unite" del sito web *un.org* mostra altri "Fondi e programmi", tra cui: UNICEF (Fondo delle Nazioni Unite per l'Infanzia) che lavora "per salvare la vita dei bambini, difendere i loro diritti e aiutarli a realizzare il loro potenziale, dalla prima infanzia all'adolescenza". Questo ovviamente si riferisce ai bambini senza genitori o con genitori chiaramente inadeguati, giusto? Il Programma di sviluppo delle Nazioni Unite (UNDP) aiuta a "sradicare la povertà, ridurre le disuguaglianze". L'UNFPA (Fondo delle Nazioni Unite per la Popolazione) mira a realizzare "un mondo in cui ogni gravidanza sia desiderata, ogni nascita sia sicura e il potenziale di ogni giovane sia realizzato"; questo ha un tono eugenetico e significa che sostiene l'aborto.[5]

Fondazione

L'ONU fu apparentemente creata per svolgere il ruolo che la Società delle Nazioni avrebbe dovuto svolgere per la "pace nel mondo", ma in un mondo successivo alla Seconda Guerra Mondiale per "salvare le generazioni successive dal flagello della guerra, che per due volte nella nostra vita ha portato indicibili dolori all'umanità"; oltre a promuovere il "progresso sociale".[6] Al momento dell'istituzione dell'ONU, il Segretario generale in carica era Alger Hiss, una spia comunista attiva negli Stati Uniti. Hiss era stato Segretario generale della *Conferenza delle Nazioni Unite sull'Organizzazione Internazionale* nel 1945. Questo gruppo fu responsabile della creazione della Carta delle Nazioni Unite, con Hiss nel ruolo centrale. (Fu poi condannato per

---

[4] https://en.wikipedia.org/wiki/United_Nations_System#United_Nations

[5] «Sistema ONU«. https://www.un.org/en/about-us/un-system

[6] «Carta delle Nazioni Unite e Statuto della Corte internazionale di giustizia», 1945, pag. 2. https://treaties.un.org/doc/publication/ctc/uncharter.pdf

due capi d'accusa di falsa testimonianza nel 1950, dopo essere stato smascherato da alcuni disertori membri della setta).[7]

È interessante notare che la famigerata ComIntern (Internazionale Comunista o Terza Internazionale) fu sciolta nel maggio 1943, nello stesso periodo in cui iniziò a formarsi l'ONU. L'insegna dell'ONU sulla bandiera azzurra delle Nazioni Unite - la Terra affiancata da due foglie di ulivo - è molto simile all'emblema dell'Unione Sovietica. Anche in questo caso, credo che il colore blu ti disorienti un po'...[8][9][10]

Leader passati e presenti

Nella prima leadership di questa nuova organizzazione internazionale per la "pace" c'era una presenza innegabilmente marxista. Il primo Segretario generale ufficiale dell'ONU (1946-1952) fu Trygve Lie (1896-1968); un cognome molto azzeccato.[11] Lie era un membro di alto rango del partito socialdemocratico norvegese. Il secondo (1953-1961) fu un socialista svedese di nome Dag Hammarskjold (1905-1961), che spinse apertamente le politiche "comuniste" del culto.[12] Il terzo (1961-1971) fu U Thant (1909-1974), un marxista birmano.[13] Sto individuando uno schema qui...

Annan

Kofi Annan (1938-2018) è stato il settimo Segretario generale (1997-2006). Ha ricevuto la sua "formazione" studiando economia presso la *Kwame Nkrumah University of Science and Technology del Ghana* e il *Macalester College* del Minnesota negli Stati Uniti. [14]

(Il primo prende il nome dall'avido membro del culto panafricanista menzionato in precedenza, nella sezione Africa, mentre il secondo è apertamente a favore dell'internazionalismo e del multiculturalismo).[15][16] Ecco

---

[7] Federal Bureau of Investigation, «Alger Hiss». https://www.fbi.gov/history/famous-cases/alger-hiss

[8] https://en.wikipedia.org/wiki/Communist_International

[9] https://www.britannica.com/topic/flag-of-the-United-Nations

[10] https://en.wikipedia.org/wiki/State_Emblem_of_the_Soviet_Union

[11] https://www.britannica.com/biography/Trygve-Lie

[12] https://www.britannica.com/biography/Dag-Hammarskjold

[13] https://www.britannica.com/biography/U-Thant

[14] https://www.britannica.com/biography/Kofi-Annan

[15] https://www.knust.edu.gh

[16] «Una forza per il cambiamento positivo». https://www.macalester.edu/about/

alcune delle sue citazioni:

Il primo riassume bene l'ONU. Nel 2004, nel suo messaggio per celebrare la Giornata internazionale della pace, ha affermato: "Niente può essere più pericoloso per i nostri sforzi di costruire la pace e lo sviluppo di un mondo diviso lungo linee religiose, etniche o culturali. In ogni nazione, e tra tutte le nazioni, dobbiamo lavorare per promuovere l'unità basata sulla nostra comune umanità".[17] Poiché le persone tendono naturalmente a dividersi lungo queste linee, questo insinua che le Nazioni Unite debbano cambiare il modo in cui il mondo funziona naturalmente, cercando di rimuovere la religione, la razza e la cultura dalla coscienza delle persone (che è esattamente ciò che sta facendo). Altrimenti, non saranno in grado di raggiungere la "pace".

Nel settembre 2002, a Johannesburg, in occasione del Vertice mondiale sullo sviluppo sostenibile, ha parlato del cambiamento climatico affermando: "Ma non lasciamoci ingannare, quando guardiamo un cielo azzurro e limpido, pensando che tutto vada bene. Non va tutto bene. La scienza ci dice che se non prendiamo subito le giuste misure, il cambiamento climatico porterà scompiglio, anche nel corso della nostra vita".[18] Quindi, in sostanza, non fidatevi dei vostri sensi: la fine del mondo è alle porte.

Nel giugno 2000, nella sua dichiarazione alla sessione speciale dell'Assemblea Generale "Donne 2000: Gender Equality, Development and Peace for the Twenty-first Century", ha dichiarato: "Non c'è strategia di sviluppo più vantaggiosa per la società nel suo complesso - sia per le donne che per gli uomini - di quella che coinvolge le donne come attori centrali".[19] Come già detto altrove, è nell'interesse del culto/ideologia mettere sempre più donne in posizioni di autorità in questo momento, poiché ciò rafforza la sua presa. Sul razzismo, nel settembre 2016 ha dichiarato: "Possiamo avere religioni diverse, lingue diverse, pelle di colore diverso, ma apparteniamo tutti a un'unica razza umana".[20]

In occasione della Giornata internazionale della donna del marzo 1999, ha dichiarato: "La violenza contro le donne è forse la più vergognosa violazione dei diritti umani, ed è forse la più pervasiva. Non conosce confini geografici, culturali o di ricchezza. Finché continuerà, non potremo pretendere di fare veri

---

[17] «Citazioni di Kofi Annan«. https://www.kofiannanfoundation.org/kofi-annan/kofi-annan-quotes/

[18] «Citazioni di Kofi Annan«. https://www.kofiannanfoundation.org/kofi-annan/kofi-annan-quotes/

[19] Comunicato stampa delle Nazioni Unite, «Il Segretario Generale, nel discorso alla sessione speciale Women 2000, afferma che il futuro del pianeta dipende dalle donne», 5 giugno 2000. https://press.un.org/en/2000/20000605.sgsm7430.doc.html

[20] https://www.kofiannanfoundation.org/kofi-annan/kofi-annan-quotes/

progressi verso l'uguaglianza, lo sviluppo e la pace".[21] Che sciocchezze da virtuosi! L'aborto è la più vergognosa violazione dei diritti umani! È interessante notare che Annan è stato anche coinvolto in un gruppo di matti del Nuovo Ordine Mondiale chiamato The Elders.

Luna

Il fanatico membro del culto Ban Ki Moon è stato l'ottavo Segretario generale delle Nazioni Unite (2007-2016). Nel gennaio 2011, a Davos, in Svizzera, in un discorso al Forum economico mondiale (WEF), Moon è diventato marxista a tutti gli effetti: "Non abbiamo più tempo. Tempo per affrontare il cambiamento climatico. È tempo di assicurare una crescita verde sostenibile e resistente al clima. È tempo di generare una rivoluzione energetica pulita", sostenendo che l'attuale modello economico mondiale è essenzialmente "un patto suicida".

E ha aggiunto: "Qui a Davos - questo incontro tra i potenti e i potenti, rappresentati da alcuni Paesi chiave - può sembrare strano parlare di rivoluzione, ma è ciò di cui abbiamo bisogno in questo momento. Abbiamo bisogno di una rivoluzione. Pensiero rivoluzionario. Un'azione rivoluzionaria".[22]

Nel febbraio 2014, in occasione della Giornata mondiale della giustizia sociale, ha dichiarato che questa giornata "viene osservata per evidenziare il potere della solidarietà globale di far progredire le opportunità per tutti" e che "dobbiamo fare di più per dare potere agli individui attraverso un lavoro dignitoso, sostenere le persone attraverso la protezione sociale e garantire che le voci dei poveri e degli emarginati siano ascoltate... rendiamo la giustizia sociale centrale per raggiungere una crescita equa e sostenibile per tutti".[23] Impressionante! Quest'uomo conosce bene il marxismo.

All'evento COP22 del novembre 2016 ha dichiarato: "Non smetterò mai, anche dopo il mio pensionamento, di lavorare con le Nazioni Unite, con i miei colleghi e con i leader mondiali per assicurarmi che questo accordo sui

---

[21] Comunicato stampa delle Nazioni Unite, «La violenza contro le donne è la più vergognosa e pervasiva violazione dei diritti umani, afferma il Segretario generale nelle sue osservazioni sulla Giornata internazionale della donna», 8 marzo 1999. https://press.un.org/en/1999/19990308.sgsm6919.html

[22] Comunicato stampa delle Nazioni Unite, «Avvertendo del 'suicidio globale', Ban chiede una rivoluzione per garantire lo sviluppo sostenibile», gennaio 2011. https://news.un.org/en/story/2011/01/365432

[23] Ki-Moon, B., «Giornata mondiale della giustizia sociale», 20 febbraio 2014. https://www.cepal.org/en/articles/2014-world-day-social-justice

cambiamenti climatici sia pienamente attuato".[24] Qualcuno vuole fare il drammatico? Moon è stato anche uno dei protagonisti dell'Agenda 2030 delle Nazioni Unite e dei suoi obiettivi di "sviluppo sostenibile".

Oltre a essere un salvatore planetario, Moon si è espresso in modo esplicito su diverse altre questioni secondarie. In occasione della Giornata della parità delle donne, nell'agosto 2016, ha dichiarato: "I Paesi con maggiore uguaglianza di genere hanno una crescita economica migliore. Le aziende con un maggior numero di donne leader hanno risultati migliori... Le prove sono chiare: l'uguaglianza per le donne significa progresso per tutti".[25] (simile a quanto detto da Kofi Annan, sopra).

Ha parlato in difesa della sub-agenda LGBTQ quando ha detto questo nel suo discorso "The Time Has Come" nel marzo 2012: ""È un oltraggio che nel nostro mondo moderno, così tanti Paesi continuino a criminalizzare le persone semplicemente per aver amato un altro essere umano dello stesso sesso".[26] Molto intelligente l'uso della parola "amare" (invece di dire "essere attratti da"), per allontanare la nozione di attrazione (potenzialmente) superficiale e suggerire relazioni potenzialmente casuali o prive di significato.

Guterres

L'attuale e nono segretario generale è Antonio Guterres, che è stato per un certo periodo premier del Portogallo e membro del Partito Socialista Portoghese. Significativamente, è stato presidente dell'Internazionale socialista dal 1999 al 2005.[27] Nel settembre 2018 ha fatto queste osservazioni sul cambiamento climatico, descrivendolo come "la questione fondamentale del nostro tempo e siamo in un momento decisivo. Siamo di fronte a una minaccia esistenziale diretta". Ha dichiarato: "Dobbiamo abbandonare la nostra dipendenza dai combustibili fossili per sostituirli con l'energia pulita dell'acqua, del vento e del sole... Dobbiamo cambiare il nostro modo di coltivare". Ha anche detto delle stronzate anti-capitaliste: "Le nazioni più ricche del mondo sono le maggiori responsabili della crisi climatica, eppure gli effetti si fanno sentire

---

[24] COP 22, «Osservazioni del Segretario generale alla stampa in occasione della COP2», 15 novembre 2016.
https://www.un.org/sustainabledevelopment/blog/2016/11/secretary-generals-remarks-to-the-press-at-cop22/

[25] Tavares, C., «Questo #WomensEqualityDay, ricorda cosa significa il tuo voto», 26 agosto 2016. https://www.huffpost.com/entry/this-womensequalityday-re_b_11705836

[26] Diritti umani delle Nazioni Unite, «Messaggio del Segretario generale delle Nazioni Unite al Consiglio dei diritti umani», 7 marzo 2012.
https://www.YouTube.com/watch?v=qtxU9iOx348

[27] «Segretario Generale, Biografia». https://www.un.org/sg/en/content/sg/biography

prima di tutto sulle nazioni più povere e sulle popolazioni e comunità più vulnerabili".[28] Di nuovo quei maledetti ricchi borghesi che opprimono i proletari vulnerabili...

Altre perle di Guterres. Un tweet del 25 marzo 2020: "La tratta transatlantica degli schiavi è uno dei più grandi crimini della storia dell'umanità. E noi continuiamo a vivere nella sua ombra. Possiamo andare avanti solo affrontando insieme l'eredità razzista della schiavitù".[29] Il capo dell'ONU, un'organizzazione governativa mondiale a favore della migrazione di massa, che si fa portavoce di un senso di colpa europeo, razzista e bianco.

Un altro nell'aprile 2020, che spinge la narrativa Covid dell'ONU: "Mentre il mondo combatte il #COVID19, stiamo anche combattendo un'epidemia di falsità e bugie dannose. Sto annunciando una nuova iniziativa di risposta alle comunicazioni dell'ONU per diffondere fatti e scienza, contrastando il flagello della disinformazione, un veleno che mette a rischio altre vite".[29] Grazie compagno Guterres!

In un tweet del luglio 2020, spinge contemporaneamente diverse sotto-agenzie marxiane: "@COVID19 ha approfondito le disuguaglianze e le vulnerabilità esistenti per donne e ragazze. Nella Giornata mondiale della popolazione di sabato e ogni giorno, dobbiamo proteggere i diritti delle donne e delle ragazze, porre fine alla violenza di genere e salvaguardare l'assistenza sanitaria sessuale e riproduttiva".[29] Questo è divertente: dalla disuguaglianza sociale ("lotta di classe") all'eugenetica, al femminismo, al pestaggio delle mogli, alla contraccezione/eugenetica, tutto in un solo Tweet!

Teniamo presente che, anche se questi uomini erano/sono alla guida dell'entità intergovernativa globale probabilmente più grande e potente, i loro atteggiamenti sono simili a quelli dei membri della setta marxista di tutti i giorni. Stessi pensieri e parole. Stessa ideologia.

L'OMS?

Costituita nel 1948, l'Organizzazione Mondiale della Sanità (OMS) è il braccio (o tentacolo) "medico" delle Nazioni Unite. È un'organizzazione che "mette in contatto nazioni, partner e persone per promuovere la salute, mantenere il mondo sicuro e servire le persone vulnerabili, in modo che tutti, ovunque, possano raggiungere il più alto livello di salute".[30] Sembra molto bello. "Mantenere il mondo sicuro" è un'espressione di virtù a livello di capo.

---

[28] Discorso di New York, «Osservazioni del Segretario Generale sul cambiamento climatico [come consegnate]», 10 settembre 2018. https://www.un.org/sg/en/content/sg/statement/2018-09-10/secretary-generals-remarks-climate-change-delivered

[29] https://en.wikiquote.org/wiki/Antonio_Guterres

[30] «Informazioni sull'OMS«. https://www.who.int/about

"Vulnerabile" equivale a "oppresso".

Questa sotto-organizzazione, insieme al Club di Roma, è stata determinante per la creazione e l'attuazione dell'agenda Covid 19. Le Nazioni Unite, attraverso l'OMS, sono state fondamentali per garantire il blocco globale. Questa organizzazione è stata fondata sul principio fabiano di utilizzare tutte le vie disponibili per promuovere l'agenda marxiana del Governo Unico Mondiale senza frontiere, comprese le vie "mediche". Ovviamente, questa organizzazione mondiale della "salute" non è stata creata per favorire la salute di nessuno! È stata creata per promuovere l'agenda mondialista, attraverso un'altra struttura.

Quindi, aggiorniamo la nostra definizione di OMS: è il braccio medico di un'organizzazione marxista globale. L'attuale direttore generale dell'OMS è Tedros Ghebreyesus, membro di una setta somala e presunto ex membro del Fronte di Liberazione del Popolo del Tigray (un altro gruppo terroristico marxista).[31]

Il primo direttore generale dell'OMS fu uno psichiatra canadese, veterano della Prima Guerra Mondiale e fanatico membro di una setta, di nome George Brock Chisholm.[32] Era un campione della "salute mentale" marxiana e cercava di usare i mezzi psichiatrici per distruggere i valori morali tradizionali.

A pagina cinque de *La psichiatria della pace duratura e del progresso sociale* (1946), afferma che: "La reinterpretazione e infine l'eliminazione del concetto di giusto e sbagliato che è stato alla base della formazione dei bambini, la sostituzione del pensiero intelligente e razionale alla fede nelle certezze degli anziani, questi sono gli obiettivi tardivi di praticamente tutte le psicoterapie efficaci".[33] Una "terapia" per cambiare la percezione della moralità di una persona?

Egli desiderava apparentemente un mondo di "pace" e riteneva che per raggiungere questo obiettivo il comportamento umano dovesse essere "modificato in modo molto esteso". Riteneva che gli psicologi, gli psichiatri, i sociologi e i politici dovessero essere responsabili "di tracciare i cambiamenti

---

[31] Reuters, «L'Etiopia dice che il capo dell'OMS ha legami con le forze ribelli del Tigrai», 15 gennaio 2022. https://www.reuters.com/world/africa/ethiopia-accuses-who-chief-links-rebellious-tigrayan-forces-2022-01-14/

[32] https://www.britannica.com/topic/World-Health-Organization

[33] Chisholm, G., «La psichiatria della pace duratura e del progresso sociale», 1946, pag. 5.

https://mikemcclaughry.files.wordpress.com/2012/12/psychiatry-of-enduring-peace-and-social-progress-chisholm-and-sullivan-1946.pdf

necessari".[34]

Inoltre, nasconde a malapena il suo odio per qualsiasi nozione di moralità religiosa, descrivendola come "il concetto di giusto e sbagliato, il veleno che molto tempo fa è stato descritto e messo in guardia contro il 'frutto dell'albero della conoscenza del bene e del male'".[35] Ha fatto molte affermazioni come questa, che rivelano la sua mentalità morale relativista (satanica): l'idea che possiamo truccare la nostra idea di "giusto e sbagliato". Possiamo considerarlo il padrino psichiatrico psicotico della "coscienza" dell'ONU. Si noti il riferimento al Giardino dell'Eden (e per estensione a Lucifero/Satana, di nuovo).

È significativo che Chisholm abbia anche co-fondato la *World Federation of Mental Health* (WFMH) nel 1948 a Londra. Sono certo che i lettori occidentali avranno notato tutto il parlare di "salute mentale" degli ultimi decenni. Secondo il sito web della WFMH, Chisholm "pensava alla WFMH come a un organismo internazionale e non governativo che fornisse un collegamento alle organizzazioni di salute mentale 'di base' e alle agenzie delle Nazioni Unite".[36] Eh? Collegare la salute mentale (le menti) delle persone a un'entità marxista internazionalista di governo unico mondiale?

Si è già accennato al fatto che molti dei membri del personale che oggi popola i servizi di salute mentale sono passati attraverso un sistema educativo intriso di marxismo, e quindi saranno, come minimo, solidali con la setta/ideologia, beatamente inconsapevoli dell'ironia della loro posizione.

Vertici e Agende della Terra 21 e 30

> "Le Nazioni Unite non sono altro che una botola per l'immenso campo di concentramento del Mondo Rosso. Noi controlliamo praticamente le Nazioni Unite".[37]

> Harold Rosenthal, "La tirannia nascosta", 1978

La mostruosità marxista del governo unico mondiale (l'ONU) ha messo in atto molte manovre per spingere la sub-agenda del cambiamento climatico. C'è stata la "Convenzione quadro sui cambiamenti climatici" (UNFCCC) al Vertice della Terra di Rio De Janeiro nel giugno 1992; poi il Protocollo di Kyoto nel 1997 e l'Accordo di Copenhagen, seguito dall'Accordo di Parigi nel 2016. Questi hanno dato vita all'"Agenda per l'ambiente e lo sviluppo" o

---

[34] Ibid. P. 7.

[35] Ibid. P. 9.

[36] «Chi siamo - Storia«. https://wfmh.global/who-we-are/history

[37] Rosenthal, H., «La tirannia nascosta», 1978.
https://ia803207.us.archive.org/9/items/rosenthal-document-hidden-tyranny-1983/Rosenthal%20Document-HiddenTyranny%281983%29.pdf

Agenda 21.

Nel settembre 2015, il "Vertice sullo sviluppo sostenibile" delle Nazioni Unite ha portato alla creazione dell'Agenda 2030. [38] [39] [40]

Una parola onnipresente nella propaganda è "sostenibilità", che proviene dalle menti dei membri del culto che presumono che le società capitaliste siano destinate a fallire (come previsto dai profeti marxisti). Suggerisce che la civiltà non può sopravvivere a meno che non ci sia un comunismo globale. Naturalmente, il documento dell'Agenda 2030 ha il solito tono marxiano da virtuosismo.

Dopo il paragrafo 59, a pagina 18 del documento Agenda 2030 (91 paragrafi in totale), sono elencati 17 obiettivi di sviluppo sostenibile (note tra parentesi): "porre fine alla povertà in tutte le sue forme ovunque (fantasia socialista); porre fine alla fame, raggiungere la sicurezza alimentare e una migliore nutrizione e promuovere un'agricoltura sostenibile (basta con gli allevamenti di animali); garantire vite sane e promuovere il benessere per tutti a tutte le età (nota: non c'è il libero arbitrio di fare altrimenti?); garantire un'istruzione inclusiva ed equa di qualità e promuovere opportunità di apprendimento permanente per tutti (più controllo dei sistemi educativi); raggiungere l'uguaglianza di genere e l'empowerment di tutte le donne e le ragazze (nota: quanto suona infantile tutto ciò? Per non parlare del sessismo); garantire la disponibilità e la gestione sostenibile dell'acqua e dei servizi igienico-sanitari per tutti (compreso il controllo dell'approvvigionamento di acqua potabile); garantire l'accesso a un'energia economica, affidabile, sostenibile e moderna per tutti (rendere il mondo intero "verde"); promuovere una crescita economica sostenuta, inclusiva e sostenibile, un'occupazione piena e produttiva e un lavoro dignitoso per tutti (salvare i lavoratori); costruire infrastrutture resilienti, promuovere un'industrializzazione inclusiva e sostenibile e favorire l'innovazione; ridurre le disuguaglianze all'interno dei Paesi e tra i Paesi (cercare di imporre l'uguaglianza all'interno dei Paesi e tra i Paesi! Sopprimere la prosperità nazionale); rendere le città e gli insediamenti umani inclusivi, sicuri, resilienti e sostenibili (quindi molta diversità, rispetto delle "pandemie" e nessun pericoloso pensiero di "estrema destra", ecc); garantire modelli di consumo e produzione sostenibili (ad esempio, controllare come le persone mangiano, come vivono, ecc.); intraprendere azioni urgenti per combattere il

---

[38] Nazioni Unite, «Convenzione quadro delle Nazioni Unite sui cambiamenti climatici», 1992.

https://unfccc.int/files/essential_background/background_publications_htmlpdf/applic ation/pdf/conveng.pdf

[39] «Che cos'è il Protocollo di Kyoto?«. https://unfccc.int/kyoto_protocol

[40] Nazioni Unite, «Accordo di Copenhagen», 18 dicembre 2009.
https://unfccc.int/resource/docs/2009/cop15/eng/l07.pdf

cambiamento climatico e il suo impatto (sigh); conservare e utilizzare in modo sostenibile gli oceani, i mari e le risorse marine per uno sviluppo sostenibile (un ulteriore attacco alle industrie della pesca delle nazioni); proteggere, ripristinare e promuovere l'uso sostenibile degli ecosistemi terrestri, gestire in modo sostenibile le foreste, combattere la desertificazione, arrestare e invertire il degrado del territorio e fermare la perdita di biodiversità; promuovere società pacifiche e inclusive per lo sviluppo sostenibile, fornire l'accesso alla giustizia per tutti e costruire istituzioni efficaci, responsabili e inclusive a tutti i livelli (far diventare i Paesi completamente marxisti); rafforzare i mezzi di attuazione e rivitalizzare il partenariato globale per lo sviluppo sostenibile (le Nazioni Unite costringeranno il mondo a conformarsi)".[41]

Il Club di Roma

Un altro gruppo di pazzi maniaci del controllo strettamente collegato all'ONU è il Club di Roma (COR).[42] Alcuni hanno commentato che il COR ha un rapporto di "think tank" con l'ONU; che "suggerisce" cose che poi l'ONU mette in pratica a livello globale (concordo con questa valutazione). Fondato nel 1968, il Club di Roma è considerato da molti come uno dei "6 grandi" gruppi di "governo mondiale" della Tavola Rotonda che, a quanto pare, esercitano un notevole controllo sugli affari mondiali.

(Gli altri cinque sono: Royal Institute of International Affairs (fondato nel 1920); Council on Foreign Relations (1921); Nazioni Unite (1945); Gruppo Bilderberg (1954); Commissione Trilaterale (1973). Si noti che sono emersi nel periodo successivo alla Rivoluzione russa del 1917, quando l'ideologia stava iniziando a guadagnare uno slancio significativo a livello globale).

La pagina "Chi siamo" del sito web della COR e la pagina informativa in PDF contengono la solita retorica marxiana: "Decenni di consumo esponenziale e di crescita demografica sono arrivati a mettere in pericolo il clima e i sistemi di supporto alla vita della Terra, rafforzando al contempo le disuguaglianze sociali ed economiche e impoverendo miliardi di persone a livello globale". A quanto pare, "i limiti della biosfera terrestre" sono stati raggiunti, "destabilizzando le fondamenta della vita come la conosciamo". Il COR vuole che si agisca subito per salvare la Terra e che si debba "passare a modelli economici, finanziari e socio-politici più equi" (in codice per "avere un pianeta

---

[41] Nazioni Unite, «Trasformare il nostro mondo: l'Agenda 2030 per lo sviluppo sostenibile», pag. 18.
https://sustainabledevelopment.un.org/content/documents/21252030AgendaforSustain ableDevelopmentweb.pdf

[42] «Organizzazione:Club di Roma«.
https://handwiki.org/wiki/Organization:Club_of_Rome

socialista"). [43] [44] Per semplificare il suo ruolo, il COR è un dipartimento scientifico, biologico, ambientale e tecnologico del sistema internazionalista "globalista". Quando si sentono iniziative relative a vaccini/malattie, clima, tecnologie di tracciamento, Organismi Geneticamente Modificati spinte dal sistema, si sa che questo gruppo è coinvolto. In breve, si oppone alla natura/Dio e alla libertà umana. Il COR rappresenta un approccio moderno al raggiungimento del Governo Unico Mondiale: la creazione di presunte crisi e di soluzioni (da loro suggerite) che favoriscono il loro programma generale (dinamica hegeliana). È gestita da un comitato esecutivo, ma i suoi sponsor includono molte élite di potere, dai reali ai politici, agli uomini d'affari, ecc.

Limiti o rivoluzione

Le pubblicazioni associate al COR includono l'opera anticapitalistica *Limits to Growth* (1972) e la pubblicazione più dichiaratamente marxista *The First Global Revolution* (1991). [45][46] Queste opere e altri materiali sostenuti dal COR includono temi come: la nozione di sovrappopolazione e che gli esseri umani sono problematici per il mondo; l'idea che abbiamo vissuto in modo eccessivo nelle società capitalistiche (anticapitalismo); l'idea che abbiamo bisogno di una "rivoluzione" internazionale (retorica trotskista), che tutti i Paesi dovrebbero essere uniti (solidarietà) per affrontare questi evidenti problemi ambientali/biologici/demografici (l'agenda del governo unico mondiale).

I limiti alla crescita sono un pezzo di propaganda marxiana che ha origine da uno studio del 1970 del Massachusetts Institute of Technology (MIT). L'obiettivo dello studio era "le implicazioni di una continua crescita mondiale". È stato condotto da un team di ricercatori internazionali che "ha esaminato i cinque fattori fondamentali che determinano e, nelle loro interazioni, limitano in ultima analisi la crescita su questo pianeta: l'aumento della popolazione, la produzione agricola, l'esaurimento delle risorse non rinnovabili, la produzione industriale e la generazione di inquinamento". Il team del MIT ha inserito i dati relativi a questi cinque fattori in un modello computerizzato globale e ha poi testato il comportamento del modello in base a diverse ipotesi per determinare modelli alternativi per il futuro dell'umanità. The Limits to Growth è la relazione non tecnica dei loro risultati". [45]

Wow! Mappare il futuro dell'umanità usando modelli al computer?!? Roba da

---

[43] «Chi siamo«. https://www.clubofrome.org/about-us/

[44] «Il Club di Roma».https://www.clubofrome.org/wp-content/uploads/2023/11/CoR_Flyer_A4_Oct2023-digital.pdf

[45] Diversi autori, *I limiti della crescita* (1972). https://www.clubofrome.org/publication/the-limits-to-growth/

[46] King e Schneider, *La prima rivoluzione globale* (1991).

https://www.clubofrome.org/publication/the-first-global-revolution-1991/

Star Trek! Al limite della stregoneria! Teniamo presente che anche i supercomputer del 1970 erano potenti quanto il popolare PC Commodore Amiga 500, uscito nel 1987.[47] Probabilmente potrei costruirne uno con i pezzi che ho qui nei cassetti della mia scrivania...

La copertina del libro La prima rivoluzione globale mostra il globo con tutti i Paesi colorati di rosso (comunista). Considerando che il libro è stato pubblicato subito dopo il crollo dell'URSS, questo non è altro che un'evidenza. Inoltre, le prime pagine contengono la stessa quartina di Omar Khayyam citata in precedenza nella sezione Fabian Society, immortalata nella finestra Fabian della London School of Economics: "... non vorremmo forse frantumarlo in mille pezzi e poi rimodellarlo più vicino al desiderio del cuore". (il piano per distruggere/ricostruire il mondo).[48]

Questo libro suggerisce che l'umanità stessa è il problema della Terra (messaggio anti-umanità/anti-Dio). A pagina 115, c'è un sottotitolo "Il nemico comune dell'umanità è l'uomo", che afferma: "Alla ricerca di un nuovo nemico che ci unisse, abbiamo pensato che l'inquinamento, la minaccia del riscaldamento globale, la scarsità d'acqua, la carestia e simili sarebbero stati adatti a questo scopo... Tutti questi pericoli sono causati dall'intervento dell'uomo e possono essere superati solo cambiando atteggiamento e comportamento. Il vero nemico, quindi, è l'umanità stessa".[49] Capisco, il problema è l'umanità. Il diavolo sorride. In un mondo sano di mente, chiunque venisse sorpreso a scrivere o a pronunciare queste sciocchezze incendiarie verrebbe immediatamente arrestato e sottoposto a una valutazione psichica. Altro tradimento contro l'umanità.

Dal sito web del COR, un "articolo" del 2020 intitolato "Un rilancio verde dopo la pandemia" afferma che: "La pandemia di coronavirus è un campanello d'allarme per smettere di superare i limiti del pianeta. Dopo tutto, la deforestazione, la perdita di biodiversità e il cambiamento climatico rendono le pandemie più probabili. La deforestazione spinge gli animali selvatici ad avvicinarsi alle popolazioni umane, aumentando la probabilità che virus zoonotici come la SARS-CoV-2 compiano il salto tra le specie. Allo stesso modo, l'Intergovernmental Panel on Climate Change avverte che il

---

[47] https://en.wikipedia.org/wiki/Amiga_500

[48] Khayyam, O., «[73] Ah Amore! Se tu e io potessimo cospirare con il destino», XI secolo.

https://www.poetry-chaikhana.com/Poets/K/KhayyamOmar/73AhLovecoul/index.html

[49] King e Schneider, *La prima rivoluzione globale* (1991). P. 115.

https://www.clubofrome.org/publication/the-first-global-revolution-1991/

riscaldamento globale probabilmente accelererà l'emergere di nuovi virus".[50] Che sciocchezze! Sembra scritto da uno studente universitario a cui è stato fatto il lavaggio del cervello e che lavora a tempo determinato per il Partito Comunista Cinese! Questo dovrebbe far ribollire il sangue: questi matti creano queste situazioni e poi danno la colpa al capitalismo! Potrebbe essere intitolato "Un rilancio marxista dopo la pandemia".

L'articolo era corretto: la pandemia è stata un vero e proprio campanello d'allarme, un campanello d'allarme del fatto che la Terra è infestata da attivisti maniaci del controllo che hanno subito il lavaggio del cervello.

---

[50] COR, «Un rilancio verde dopo la pandemia» (2020).

https://www.clubofrome.org/impact-hubs/climate-emergency/a-green-reboot-after-the-pandemic/

Sezione XII-Marxismo V Libertà

"La libertà non è mai a più di una generazione dall'estinzione. Non l'abbiamo trasmessa ai nostri figli nel sangue. Bisogna lottare per essa, proteggerla e tramandarla perché loro facciano lo stesso".[1]

Il presidente degli Stati Uniti Ronald Reagan

"Il conflitto tra comunismo e libertà è il problema del nostro tempo. Mette in ombra tutti gli altri problemi. Questo conflitto rispecchia la nostra epoca, le sue fatiche, le sue tensioni, i suoi problemi e i suoi compiti. Dall'esito di questo conflitto dipende il futuro di tutta l'umanità".[2]

Importante leader sindacale americano
e presidente dell'AFL-CIO George Meany (1894-1980)

Introduzione

Sappiamo tutti che ogni volta che esprimiamo qualsiasi tipo di opinione patriottica, nazionalista o anti-PC, o siamo critici nei confronti dell'internazionalismo/globalismo, potete essere certi che prima o poi un marxista (o tre) si materializzeranno per dissuadere, discutere, deridere, calunniare o minacciare. Sì, questo è stucchevolmente prevedibile (spesso divertente), e sappiamo che è perché sono programmati per farlo. Il santo marxista Lev Bronstein (alias Leon Trotsky) scrisse una volta in "La loro morale e la nostra" (1938) "Chi calunnia la vittima aiuta il carnefice"[3] (potremmo scambiare "carnefice" con "oppressore"; nel linguaggio moderno, si tratta di "victim-blaming"). Non è forse indicativo che i membri della setta, soprattutto quelli più fanatici, "attacchino" in modo aggressivo quelli di noi che si trovano ai margini di questa tirannia internazionalista? In questa equazione, agendo come sopra, la setta si schiera con l'"oppressore".

Per quanto questo comportamento possa essere irritante e frustrante, non

---

[1] Reagan, R., «*Un tempo per scegliere: The Speeches of Ronald Reagan, 1961-1982*» (1983).

https://www.azquotes.com/quote/241175

[2] Skousen, W., *Il comunista nudo* (1958), prefazione.

https://ia601509.us.archive.org/13/items/B-001-002-046/B-001-002-046.pdf

[3] Trotsky, L., «La loro morale e la nostra», 1938.
https://www.marxists.org/archive/trotsky/1938/morals/morals.htm

dobbiamo considerare la situazione come negativa. Al contrario, è la prova che stiamo mostrando gli atteggiamenti giusti (quelli che le "élite" internazionaliste non vogliono che abbiamo). In effetti, un modo rapido per giudicare quanto desiderio di libertà c'è in una società è la quantità di soppressione marxista. Questo perché esiste una correlazione molto chiara tra il livello di intensità dell'attività marxista traditrice (globalista/internazionalista) in una società e il livello di sentimento anti-globalista/internazionalista esistente.

Ogni volta che qualcuno inizia a esprimere idee/ideologie opposte (compresa l'obiezione al globalismo/internazionalismo), ci sarà una reazione immediata da parte del culto una volta che questi sentimenti vengono rilevati. La reazione è proporzionale al livello di prevalenza e frequenza di queste idee, così come appaiono nel discorso di una società.

Tutto il vetriolo che i membri del culto sputano è una misura di quanto considerino una minaccia queste idee "pericolose e di estrema destra". Da qui la tanto citata frase "Se non prendi la contraerea, non sei sopra l'obiettivo". Pertanto, il livello di vetriolo antipatriottico proveniente dal culto traditore in un determinato Paese è un indicatore di quanto una società si stia svegliando di fronte ai piani dei globalisti internazionalisti; di quanto si stia rifiutando di conformarsi.

Per dirla in un altro modo, se un'intera nazione fosse piena di persone zombificate, a favore dell'internazionalismo, a cui è stato fatto il lavaggio del cervello, senza un accenno di atteggiamenti "malvagi" di destra o di amore per il proprio paese, non si sentirebbe un solo abbaio lamentoso da parte dei cagnolini marxisti. L'intero Paese sarebbe pieno di degenerati fottuti proprio come loro - tutti farebbero parte del grande culto - e i mocciosi non avrebbero nessuno che non sia d'accordo con loro. Non ci sarebbe resistenza al flusso globalista: tutti nuoterebbero verso la luce del Governo Unico Mondiale totalitario con emozioni indotte dalla soia, lacrime color arcobaleno e sorrisi maniacali con gli occhi spalancati, dicendo (voce da robot) "Siamo uno".

Un'altra frase appropriata è "È sempre più buio prima dell'alba": il sistema - e il culto marxista che lo serve - si lamenterà con sempre maggiore intensità quando una società si sveglierà, rifiuterà di conformarsi e si scontrerà con esso. Inevitabilmente le cose si metteranno male e, mentre l'era del marxismo si avvia alla morte, ci aspetta una rappresaglia di proporzioni gigantesche (ad esempio la terza guerra mondiale). Nel frattempo, dovremmo prendere tutto il vetriolo e le azioni del culto come un complimento: dimostra che siamo percepiti come una minaccia. Anzi, speriamo in qualcosa di più! Per loro equivale a scavarsi la fossa per vocazione. Tutte le loro azioni criminali sono debitamente annotate da noi, e ognuno di loro sarà giudicato e pagherà il prezzo del suo tradimento.

L'AIDS delle nazioni

"Il comunismo è come una malattia autoimmune: non uccide da solo, ma indebolisce il sistema a tal punto che la vittima rimane indifesa e incapace di combattere qualsiasi altra cosa".[4]

Leggenda degli scacchi e attivista politico
Garry Kasparov, L'*inverno sta arrivando*, 2015

Il marxismo fa alle nazioni quello che il virus dell'HIV fa al corpo umano. Non è il virus vero e proprio a uccidere una persona. Tuttavia, può neutralizzare il sistema immunitario, rendendolo inefficace. Quando si raggiunge questo stato di indebolimento immunitario, a una persona sieropositiva può essere diagnosticata la sindrome da immunodeficienza acquisita (AIDS). Una persona può quindi morire per cause multiple che, in circostanze normali, verrebbero affrontate dal sistema immunitario. In sostanza, un sistema immunitario inefficace porta a un organismo indebolito e vulnerabile.[5] Se un Paese è un organismo, il suo sistema immunitario è il senso di unicità, le tradizioni, il patriottismo, la religiosità, la cultura, ecc. Come abbiamo visto, il culto/ideologia erode e infine neutralizza questi aspetti. Una volta rimosso questo sistema immunitario dall'equazione, l'organismo/nazione si apre all'attacco. Non solo il marxismo abbatte il muro che protegge la nazione, ma invita anche pericolosi agenti patogeni: le varie sotto-agenzie marxiane (femminismo, immigrazione di massa, LGBTQ, attivismo per il cambiamento climatico che distrugge l'economia, ecc. La sua ossessione per la distruzione delle nazioni è evidente nelle sue stesse posizioni su questi temi. Il culto/ideologia, in un certo senso, è una palla da demolizione malata per il muro perimetrale di una nazione (sia simbolicamente che letteralmente, se includiamo il confine internazionale di un Paese).

Cercare di far nascere un movimento patriottico, antinazionalista/globalista in un Paese in cui è presente troppo marxismo, sarebbe come cercare di riempire d'acqua una vasca da bagno mentre non c'è un tappo nella voragine. C'è un problema sotto la superficie che deve essere affrontato per primo. Vi chiederete: "Perché la vasca non si riempie? Qui i rubinetti sono al massimo!".

Forse non riuscite a vedere la spina perché la vostra visuale è oscurata da tutte le bolle progressiste LGBTQIXY+ color arcobaleno al sapore di Presidente Mao che vi intralciano? Le bolle sono il simbolo delle innumerevoli distrazioni che una cultura infettata dal marxismo ci getta costantemente addosso. Non lasciamoci distrarre. Affrontiamo il problema che ci frena di più. Tappiamo la falla con un grosso dildo maschile, patriottico e colorato, contrario al marxismo

---

[4] Kasparov, G., L'*inverno sta arrivando* (2015), pag. 33.

[5] Scaccia, A., «Fatti sull'HIV: Aspettativa di vita e prospettive a lungo termine», 23 gennaio 2023.

https://www.healthline.com/health/hiv-aids/life-expectancy

e arrabbiato come Hitler.

Il marxismo sabota il patriottismo

Il marxismo è il luogo in cui la struttura globalista incontra le masse, in un certo senso. L'ideologia permette al sistema globalista di controllare psicologicamente una parte significativa della popolazione di ogni Paese, per mantenerla sufficientemente divisa in modo che non sia in grado di opporre resistenza. Questo elemento marxista serve al sistema globalista sopprimendo la parte patriottica/liberista/non marxista della popolazione. In sostanza, il marxismo sabota il nazionalismo, a livello di base; questo è il suo ruolo. Nel momento in cui appare il nazionalismo patriottico, loro sono lì per farlo deragliare.

Il marxismo non solo trasforma le persone in traditori, ma amputa loro anche la nazionalità, rispetto a chi non è infetto. Ad esempio, un irlandese non è pienamente irlandese se è infetto. Può avere un aspetto, un suono, un'apparenza irlandese ed essere etnicamente irlandese, ma la sua mente, il suo cuore e la sua anima non lo sono. A livello ideologico, sono anti-irlandesi. Questa è la brutale realtà della situazione in cui ci troviamo (e questo vale anche per altre nazionalità). Una volta indottrinata, una persona va contro la propria nazionalità/gruppo etnico, volontariamente o meno. Se fa parte di una nazione, diventa un nemico di quella nazione, spesso mentre si trova al suo interno.

Il cosiddetto "nazionalismo" è una risposta razionale al mostro del totalitarismo internazionalista. Il ruolo del culto o dell'ideologia è quello di deviare o diffondere quell'energia; di spegnere quella fiamma; di soffocare quelle grida; di bloccare la luce (ad esempio, la luce emanata da quella lampadina "nazista").

Questo movimento naturale mondiale verso la libertà (proveniente dalla porzione di popolazione non infetta di ciascun Paese) sarebbe in grado di crescere e di raccogliere un certo slancio e, alla fine, di ribaltare l'intera nave. In effetti, abbiamo visto tutti questo movimento svilupparsi negli ultimi tempi come una genuina reazione al "globalismo". L'ostacolo che si frappone è il culto/ideologia. È il peso che ci trascina a fondo. Ecco perché affrontarla direttamente deve essere una priorità assoluta. Se doveste correre su una collina molto ripida e lunga, o se aveste una montagna da scalare, e poi vi accorgeste di avere un pesante sacco di sassi sulla schiena, non sarebbe saggio prima di tutto abbatterlo? Potreste provare comunque, ma non stupitevi se inizierete a rompere dischi e legamenti a destra e a manca mentre inevitabilmente fallite (e cadete) in continuazione.

I detenuti incolpano gli agenti penitenziari

Considerando lo stato attuale delle cose a livello globale, dobbiamo considerare l'ignoranza come un crimine. L'ignoranza del mostro globalista e dei suoi metodi ideologici di controllo è un crimine. È un crimine di cui il marxismo approfitta volentieri. È un crimine per il quale tutti noi, collettivamente, abbiamo scontato abbastanza tempo. Sollevo questo punto perché, ancora oggi, spesso si sente la gente dare la colpa al partito o ai partiti politici attualmente al potere. Oppure incolpano qualche uomo/donna politico/a di facciata. Potrebbe essere Leo Varadkar come Taoiseach (premier) dell'Irlanda, o il presidente degli Stati Uniti Joe Biden, o Sadiq Khan come sindaco di Londra, o Justin Trudeau come premier in Canada, o potrebbe essere Emmanuel "Micro" Macron in Francia, o il premier del Regno Unito Rishi Sunak, ecc.

Per quanto riguarda il livello di infezione marxista nei nostri Paesi - e il caos internazionalista anti-libertà che ne deriva - la responsabilità di ciò deve ricadere sulla popolazione stessa. È così facile proiettare la colpa su una certa figura, su un gruppo, ecc. Sfortunatamente, questo non è affatto costruttivo e fornisce semplicemente un bersaglio emotivo per le nostre frustrazioni; sono un sacco da box politico fuori portata, simile a una celebrità, a cui possiamo sferrare un colpo verbale. È una cattiva abitudine che blocca il vero progresso e la comprensione.

È anche incredibilmente infantile. Come se una singola figura politica (come quelle elencate) avesse il controllo di questa massiccia, complessa e coordinata agenda mondiale, o stesse guidando l'ideologia/culto nella propria città? Ce ne saranno innumerevoli altri da dove sono venuti! Per me sono cose senza significato. Sono solo dei portavoce di cui possiamo studiare i rumori di bocca, alla ricerca di indizi su ciò che ci aspetta... Questo atteggiamento - pensare che questi tipi dirigano davvero lo spettacolo o prendano le grandi decisioni - mostra solo l'ingenuità del quadro generale, che siamo controllati da una macchina marxista "globalista" e l'ideologia/culto le permette di funzionare. Lo stesso vale anche per i partiti politici, in generale. I loro orientamenti ideologici sono spesso un riflesso degli orientamenti ideologici del pubblico in generale (o di una parte significativa di esso, almeno).

È anche molto marxiano che un popolo gridi alla vittima e dichiari di essere oppresso! C'è sempre qualcuno fuori di sé da incolpare! L'emancipazione nazionale, o la libertà in qualsiasi altro senso, non può mai arrivare in questo modo! L'opinione pubblica (non indottrinata) dei paesi colpiti deve assumersi la responsabilità di non aver individuato prima l'infezione marxista (e in alcuni casi di averla inconsapevolmente sostenuta). Lasciandoci alle spalle il passato (e le nostre scuse), possiamo ora assumerci noi stessi la responsabilità e iniziare a invertire la tendenza ideologica nelle nostre società, scegliendo il nazionalismo patriottico.

Invece di incolpare i leader politici, possiamo concentrare le nostre energie per risolvere questo grande problema che ci circonda. Abbiamo più potere di quanto non ne abbiano questi leader, perché se ci rifiutiamo di acquietarci ancora e ci opponiamo attivamente al controllo e alle ideologie internazionaliste, allora non importa chi siano i leader ufficiali. I "leader" internazionalisti come Biden, Trudeau, Varadkar, Macron, ecc. non sono il problema, sono i sintomi del problema.

I sani di mente diventano meno "progressisti" con l'età

Avete notato che molti passano dall'essere "progressisti"/"PC" quando erano più giovani, all'essere più "conservatori"/"non-PC" quando sono più vecchi, ma non il contrario? (Potreste trovare alcuni esempi apparenti di quest'ultimo, ma ne verificherei la sincerità; probabilmente si tratta di ingannatori marxisti). Perché? Sto parlando della differenza tra chi è più giovane (tarda adolescenza e 20 anni, per alcuni anche 30 anni) e chi è più maturo. Perché questa tendenza generale?

Perché le persone non diventano più stupide/più ignoranti con l'età, ma essere stupidi/ignoranti a causa dell'immaturità non solo è comune, ma è la norma. Questo vale per ogni singolo essere umano, in una misura o nell'altra. Le persone non si de-evolvono con il passare del tempo!

Tuttavia, con il passare del tempo potrebbero "svegliarsi". Dico "potrebbero" perché, ovviamente, ci sono molti che non si svegliano mai. Alcune persone riescono a rimanere distaccate dalla realtà per tutta la vita! Rallegratevi perché non siete una di queste persone (a meno che un membro di una setta non stia leggendo queste righe, con quell'espressione cerebrale e compiaciuta).

Per quelli di noi che hanno un potenziale maggiore, tendiamo a progredire di più con il passare del tempo. Questo può essere solo leggermente o più pronunciato, a seconda della nostra costituzione emotiva (ego/paura/autostima), dell'atteggiamento verso l'apprendimento/miglioramento, dell'abilità, della curiosità/entusiasmo, del nostro stato di salute psicologica/fisiologica e della forza di volontà, ecc.

Alcuni di noi possono valutare e rivalutare il proprio sistema di credenze con il passare del tempo. Questo ci dà l'opportunità di "aggiornare" i nostri atteggiamenti, per così dire. Abbiamo maggiori possibilità di renderci conto che potremmo aver assorbito alcune idee dall'indottrinamento (ad esempio, dalla programmazione marxista "progressista"). Una volta che ci rendiamo conto di questo, possiamo scegliere di smettere di avere quelle prospettive vecchie e inferiori, essenzialmente disintossicandoci da esse, e di sceglierne di nuove e superiori.

In sostanza, il passaggio da credenze/punti di vista "progressisti" a quelli non progressisti significa che si sviluppa una coscienza: ora si capisce la differenza tra giusto e sbagliato. Una vera coscienza! Questa coscienza vera e propria si può sviluppare ancora di più man mano che si progredisce nella vita. Ma non accade il contrario: non è possibile trovare qualcuno che sia passato dall'essere una persona intelligente con una coscienza ben sviluppata a 20 anni, all'essere una persona moralmente degenerata e senza coscienza a 30 anni (a meno che non ci siano stati danni/traumi cerebrali estremi, uso di psicofarmaci e lavaggio del cervello per cambiare essenzialmente la persona che è, ecc.) Questo processo dovrebbe essere spiegato ai bambini dai genitori e dovrebbe essere radicato in loro.

Naturalmente, coloro che appartengono alla categoria dei "progressisti" hanno un livello di coscienza più limitato. Questo è il nocciolo della questione. Non riescono a unire i puntini, mancano alcune viti (compresa la conoscenza) e possiedono una coscienza inferiore. Coloro che hanno un livello di coscienza più elevato, finiranno (prima o poi nella vita) per essere più tradizionalisti/"conservatori" e anti-globalisti/internazionalisti, poiché si rendono conto che questo è l'atteggiamento corretto da tenere.

Le ali destra e sinistra di un uccello

"Nel mondo di oggi, se sei neutrale, sei già un nemico".[6]

Il disertore sovietico Yuri Besmenov, Summit
University Forum di Los Angeles, 1983

La "sinistra" e la "destra" sono davvero la stessa cosa, a un livello più ampio? Sono entrambe solo le due ali di un unico grande uccello internazionalista e globalista del "Nuovo Ordine Mondiale"? Alcuni pensano che questo sia un dibattito stupido, dal momento che entrambe le ali devono essere ovviamente controllate da alcune "élite" globaliste oscure, simili a quelle degli Illuminati (i proverbiali uomini nefasti dietro le tende). Abbiamo visto questa convinzione diventare quasi di moda in alcuni ambienti, in altri un assioma. Ma il dibattito è stupido? Questa convinzione è corretta?

Se è vero che abbiamo un sistema di controllo "globalista" che dirige gli affari del mondo (e molti credono che sia così), questo non significa che noi, le umili masse votanti, e il governo/politica, la democrazia e il voto, ecc. sono tutti irrilevanti e l'intera dicotomia destra/sinistra è solo una grande distrazione? È tutto un grande spettacolo circense per distrarci dalla verità: che non abbiamo alcun potere? Sono in molti a pensarla così. Inoltre, molte di queste persone ritengono che chiunque la pensi diversamente (cioè chi "crede" nella politica di sinistra/destra) sia poco intelligente, poco informato, o una persona di "bassa coscienza", ecc.

Vediamo chiaramente questa percezione nel cosiddetto movimento New Age e in quella che possiamo definire la cultura della "teoria del complotto". Naturalmente, avere un atteggiamento cinico e senza speranza nei confronti della politica è comprensibile, quindi esiste anche altrove nella società.

Tuttavia, questa è una situazione esasperante e inaccettabile! La percezione che

---

[6] Intervista e conferenza di Yuri Bezmenov 1983 (1080p HD).

https://youtu.be/Z0j181tR5WM?feature=shared&t=6231

la politica di sinistra e quella di destra siano tutte uguali e prive di significato è estremamente inutile, irresponsabile e depotenziante per la causa della libertà autentica! Inoltre, dà potere al totalitarismo internazionalista (che il marxismo è/serve). È una percezione distorta di come funziona il mondo e di ciò che gli sta accadendo in questo momento. Quindi, è un comportamento contraddittorio messo in atto da coloro che presumono di aver già capito tutto! Siamo diretti: o si è a favore del totalitarismo internazionale, o si è contro, in una misura o nell'altra. A meno che non vi piaccia l'idea che i vostri simili vivano come miseri schiavi sottomessi in un futuro mondo infernale distopico e degenerato, è consigliabile scegliere collettivamente (e con entusiasmo!) la seconda opzione.

Essere "giusti" in questo momento è giusto

"Il cuore del saggio inclina a destra, ma il cuore dello stolto a sinistra".[7]

Bibbia Internazionale Nuova, Ecclesiaste 10:2

Date le condizioni del mondo in questo momento e le circostanze in cui ci troviamo, è chiaro che essere un "nazionalista" è una posizione saggia da prendere. (Non sentitevi a disagio con questa etichetta, ma se insistete, sceglietene un'altra che abbia lo stesso significato). Se "nazionalista" significa avere un Paese separato e sovrano, allora logicamente questo permette un certo grado di separazione dalla struttura di controllo internazionalista e globalista. Questa è in realtà una buona idea (!). Considerando che la civiltà sta letteralmente collassando intorno a noi a causa dell'internazionalismo, è probabilmente la migliore idea che l'umanità abbia mai avuto.

Se tutto questo rientra nella categoria di "destra", e l'essere di "sinistra" no (anzi, fa il contrario), allora la scelta è chiara, no? In questa equazione, essere "di destra" è oggettivamente superiore all'essere "di sinistra", poiché il primo si traduce potenzialmente in libertà per il Paese in questione, mentre il secondo si traduce nell'opposto (nessuna vera sovranità, distruzione dei nostri Paesi, popoli, culture, società ultra-degenerate, ecc).

Ciò che viene chiamato "sinistra"/"sinistrismo" o qualsiasi cosa associata al marxismo - a prescindere da ciò che è nato, da ciò che la "sinistra" è o non è oggi, da ciò che "doveva" essere in origine, dal fatto che sia etichettato come "liberale" o meno, eccetera - è generalmente il problema. Pertanto, tutto ciò che si oppone in generale a questo è parte della soluzione. Non lo sottolineeremo mai abbastanza! Questa è una delle grandi verità fondamentali non discusse sulla vita in questo mondo negli ultimi due secoli, in particolare dall'inizio del XX secolo. Questo dovrebbe essere un assioma tattico per il movimento patriottico mondiale.

---

[7] Bibbia Internazionale Nuova, Ecclesiaste 10:2. https://biblehub.com/ecclesiastes/10-2.htm

L'idea che "sinistra" e "destra" siano entrambe uguali in termini di valore per l'umanità nella nostra situazione attuale è falsa. È una distorsione dei fatti. Per quei tipi "new age/spirituali" o per coloro che hanno una visione principalmente cospiratoria delle parole, insistere che lo siano, ci mostra solo quanto qualcuno possa essere distaccato dalla realtà. Il solo fatto che una persona comune possa sentirsi imbarazzata, timorosa o paranoica anche solo nell'associarsi a qualcosa di "di destra" è un chiaro indicatore di quale sia l'estremità dello spettro politico che esercita la maggiore influenza sulla società.

L'idea che "destra" e "sinistra" siano alternative fasulle controllate da un'oscura élite borghese e che non vi sia alcuna differenza tra loro ha un effetto demoralizzante. Fa sì che molti credano che non abbiamo alcun controllo sulla situazione - che l'internazionalismo globalista sia inevitabile - mentre impedisce alle nazioni di scegliere la strada liberatoria "giusta".

In sostanza, qualunque sia l'etichetta o le etichette che scegliamo di usare, c'è una soluzione "politica" a tutto questo, e liquidare completamente la politica è estremamente poco saggio. Inoltre, sarebbe estremamente utile per un maggior numero di noi impegnarsi vigorosamente nella sfera politica, a patto che lo si faccia nel modo giusto.

Sinistra V Destra = Oppresso V Oppressore

La dicotomia destra-sinistra contiene anche la formula oppressore vs oppresso, con la solita inversione/distorsione della verità. La narrazione marxiana dice: sinistra = bene, e destra = male. Dice che chi è a destra sta dalla parte degli oppressori (oligarchi capitalisti borghesi imperialisti ecc.), mentre chi è a sinistra sta dalla parte degli "oppressi" (minoranze, non ricchi/proletari ecc.).

In realtà, quelli di "sinistra", in generale, sostengono le suddette sotto-agenzie marxiane che pretendono di aiutare gli "oppressi", ma sono anche al servizio di questi globalisti borghesi totalitari (che sono i veri oppressori!). Quindi, anche in questo caso, la formula rossa viene utilizzata ancora una volta sui termini descrittivi più elementari dello spettro politico, capovolgendo la realtà.

Questa distorsione della realtà, questa inversione (che coloro che sono a "destra" sono alleati con gli oppressori) è enfatizzata costantemente per rafforzare il lavaggio del cervello e fermare qualsiasi opposizione all'agenda globalista marxista internazionalista. Da qui la mentalità chiaramente evidente e bizzarramente capovolta emanata dai membri del culto nella parola di oggi, che dice: se sei veramente contro il sistema di controllo (come lo sono i "destri"/nazionalisti), sicuramente stai sostenendo il malvagio sistema borghese capitalistico oppressivo! Questo è al contrario!

In questa recente epoca della storia mondiale, gravemente infettata dal marxismo, i termini "destra" e "sinistra" sono stati usati per dividere le opinioni delle persone e classificarle in base alla loro volontà di conformarsi o meno all'idea di essere governati all'interno di un sistema di governo mondialista "globalista". Viene anche usato per indicare chi si oppone al culto/ideologia.

Come già detto, "destra" e "fascista" sono usati come termini dispregiativi/soppressivi, mentre al contrario termini come "progressista" sono usati come termini complimentosi/commendativi, e questo viene costantemente sottolineato. Si tratta di un'efficace tattica di lavaggio del cervello che incoraggia le pecore a sorvegliare altre pecore.

Per quanto riguarda l'uso di questi termini da parte di un membro di una setta moderna, tutto è legato a ciò che è accaduto durante il periodo della Prima e Seconda Guerra Mondiale. Sebbene l'attivismo traditore e la sovversione dei membri delle sette sia molto più antica, è di fondamentale importanza per quanto riguarda il loro comportamento odierno. I membri dei culti di tutto il mondo - che assistono l'agenda globalista internazionalista - sono traditori che etichettano i loro compatrioti come "fascisti" e così via, nel tentativo di equiparare le loro azioni nel presente con atti malvagi apparentemente commessi nel passato da altri gruppi. Mi riferisco ovviamente agli atti commessi dai vari regimi non marxisti/"fascisti" nel XX secolo, come il fatto di avere ambizioni imperiali e di voler conquistare il mondo, di essere autoritari e violenti, di sopprimere la libertà di parola (marxista), ecc.

Fascismo vs Marxismo

Ecco un pezzo monumentale di verità che la parte relativamente sana e non indottrinata della popolazione mondiale deve comprendere appieno. Il culto/ideologia e ciò che viene ampiamente definito "fascismo" sono nemici mortali perché sono avversari/rivali ideologici. Inoltre, considerando la prevedibile tendenza del culto a diffamare tutto ciò che gli si oppone, ciò significa che il fascismo sarà costantemente sostenuto come l'epitome dell'ingiustizia e del male in una società sufficientemente contaminata dal marxismo. Il culto ovviamente fa questo mentre ipocritamente distrugge tutto, sostenendo di essere esso stesso l'epitome della giustizia, della benevolenza, del "progressismo", ecc. Si spera che qualche centesimo cada per il lettore in questa sezione...

Nel primo dopoguerra, l'ideologia stava rapidamente guadagnando popolarità in Europa e ci furono molti tentativi di conquista marxista, con vari livelli di successo. Ispirati dai bolscevichi assassini in Russia, vari gruppi di culto fecero la loro mossa. È importante comprendere il significato storico complessivo degli eventi nei campi di battaglia ideologici di Italia, Germania e Spagna e il modo in cui la setta fu affrontata in quei casi. L'odio che la setta emana nei confronti di tutto ciò che considera "fascista" deriva da questi conflitti storici, in particolare da quelli in cui è stata battuta o sconfitta completamente dai suoi avversari ideologici. Ecco perché il culto odia i fascisti! Nemici mortali! I "fascisti" in Germania e in Italia nel periodo tra le due guerre hanno trattato i membri della setta come tali. In primo luogo, Benito Mussolini (1883-1945) e le sue "camicie nere" fasciste si occuparono di loro in Italia, creando il precedente per la lotta che altri patrioti avrebbero condotto nei rispettivi Paesi.

Prima di continuare, dobbiamo affrontare una questione importante, perché spesso genera confusione; questa confusione può limitare la nostra comprensione dell'odio della setta per il fascismo (e dobbiamo comprendere appieno la setta). Alcuni pensano che il fascismo sia solo un'altra forma di marxismo. Anche se si tratta di un argomento piuttosto complesso e vasto, la risposta breve è no: non erano la stessa cosa (approfondiremo questo punto dopo aver esaminato alcuni eventi storici).

La nascita del fascismo

"Dichiariamo guerra al socialismo, non perché è socialismo, ma perché si è opposto al nazionalismo".[8]

Benito Mussolini, discorso a Milano, 23 marzo 1919

"Non abbiamo compassione e non chiediamo compassione a voi. Quando verrà il nostro turno, non troveremo scuse per il terrore".[9]

Karl Marx, *Soppressione della Neue Rheinische Zeitung* (1849)

La lotta ideologica per il controllo dell'allora Regno d'Italia durò dalle ultime fasi della Prima Guerra Mondiale fino a circa il 1926, quando il culto fu relativamente neutralizzato. In questo periodo la setta utilizzò le tipiche tattiche per ottenere il controllo: scioperi operai, occupazione di fabbriche e proprietà, violenza, assassinii, ecc.

Poiché la setta, guidata dal *Partito Socialista Italiano*, cercava di "rivoltarsi" contro i proprietari terrieri e imprenditoriali, questi avevano naturalmente un alleato nei fascisti di Mussolini, che non erano marxisti (in effetti, questo fu uno dei molti motivi per cui Mussolini ottenne il sostegno popolare: non cercava di dividere la nazione lungo linee di classe/economiche, come fa la setta). Fu questo sostegno che permise ai fascisti anti-marxisti di prevalere alla fine, insieme all'appoggio del Regio Esercito Italiano.[10]

La Marcia su Roma di Mussolini, nell'ottobre 1922, vide l'inizio del regime fascista quando il re Vittorio Emanuele III (1869-1947) lo nominò primo

---

[8] Pugliese, S., *Fascismo, antifascismo e Resistenza in Italia: dal 1919 a oggi*, (2004) p. 43. (Discorso di Mussolini a Milano, 23 marzo 1919). https://libquotes.com/benito-mussolini/quote/lbw9x1q

[9] Marx, K., «Soppressione della *Neue Rheinische Zeitung*», 1849. https://www.marxists.org/archive/marx/works/1849/05/19c.htm

[10] https://www.britannica.com/biography/Benito-Mussolini

ministro.[11] Ciò che portò a questa situazione - e questo è il punto cruciale - fu l'uso della forza brutale da parte dei sostenitori e degli alleati di Mussolini contro il culto. Si era trattato di una sorta di tira e molla, con assassinii da entrambe le parti e persino tentativi successivi contro il Duce stesso. Le sue "camicie nere" aggredirono ed eliminarono i membri della setta, sopprimendola essenzialmente per tutta la durata del suo regno (circa due decenni). Tra i caduti c'era anche un profeta marxista, Antonio Gramsci.[12] Ovviamente, i membri della setta - allora come oggi - considerano tutto ciò come "oppressione" e "autoritarismo". Due decenni sono un periodo lungo per un gruppo di pazzi marmocchi che non riescono ad avere la loro strada! Si sarebbero vendicati di Mussolini alla fine della Seconda Guerra Mondiale.

Mussolini era un socialista e si identificava come tale, ma creò un nuovo tipo di ideologia nazionalista, separata dal socialismo marxiano, come opposizione ad esso. Con il suo Partito Fascista riportò l'Italia in carreggiata e non solo, ma fu anche un'Italia più stabile, prospera e (relativamente) libera dal marxismo e dalla mafia. In sostanza, il periodo tra le due guerre in Italia è stato il primo grande conflitto che il culto ha perso, e il culto non dimentica mai. Essere aspramente antifascisti è scritto nel DNA dell'indottrinamento, e Mussolini è stato l'uomo maggiormente responsabile.

La rivoluzione tedesca

In Germania si formò la Repubblica di Weimar (1919-1933), sotto il *partito socialdemocratico* filo-marxista. Questo periodo vide una Germania in grave difficoltà.[13] Nel gennaio 1919, la *Lega Spartaco* guidò le rivolte in tutta la Germania.

Questo gruppo fu fondato da personaggi come Rosa Luxemburg e Karl Liebknecht (1871-1919) e fu un precursore del *Kommunistiche Partei Deutschlands* (KPD) (Partito Comunista di Germania).[14] Repubbliche sovietiche sorsero a Lipsia, in Baviera (anche nota come Repubblica sovietica di Monaco), ad Amburgo e a Brema. Ci furono scontri aperti nelle strade tra questi gruppi di culto e le forze statali.

Come in Italia, questo movimento fu represso con la forza, anche se non in modo immediato o costante (nel corso degli anni). Poiché l'esercito tedesco

---

[11] https://www.britannica.com/event/March-on-Rome

[12] https://military-history.fandom.com/wiki/Italian_Civil_War

[13] «La Repubblica di Weimar (1918 - 1933)».

https://www.bundestag.de/en/parliament/history/parliamentarism/weimar/weimar-200326

[14] Cavendish, R., «L'insurrezione spartachista a Berlino», 1 gennaio 2009.

https://www.historytoday.com/archive/spartacist-uprising-berlin

era ormai allo sbando, il governo assunse un gruppo di mercenari veterani della Prima Guerra Mondiale chiamato *Freikorps Oberland* per sostenere le truppe.[15] Naturalmente, era comprensibile che i veterani non apprezzassero che questo movimento anti-tedesco e bolscevico prendesse il sopravvento, soprattutto dopo i loro sacrifici nella Prima Guerra Mondiale.

Alla fine, la Luxemburg e Liebknecht furono nuovamente catturati, ma questa volta furono giustiziati e il corpo della Luxemburg fu gettato senza tanti complimenti nel canale della Landwehr. Il suo corteo funebre vide migliaia di persone nelle strade (piene di membri del culto, consapevoli e inconsapevoli, senza dubbio).[16] La Luxemburg, in particolare, è considerata un profeta marxista, che ha continuato a sputare bile rivoluzionaria fino alla fine.

Il 14 gennaio 1919, la sera della sua esecuzione, scrisse: "da questa "sconfitta" scaturiranno future vittorie. "L'ordine prevale a Berlino!" Stupidi lacchè! Il vostro "ordine" è costruito sulla sabbia. Domani la rivoluzione "si solleverà di nuovo, cozzando con le sue armi" e, con vostro orrore, proclamerà a squarciagola: "Io ero, io sono, io sarò!".[17] La pazza aveva ragione: il culto/ideologia non è morto con lei, purtroppo. Come già detto, anche in punto di morte, non c'è un passo indietro, né una presa di coscienza di ciò che sono.

Per quanto riguarda Liebknecht, Marx ed Engels erano i suoi padrini, il che è tutto ciò che dobbiamo sapere su chi fosse (mi chiedo chi dei due indossasse la gonna da trans?).[18] I loro "omicidi" sono ancora commemorati e nel gennaio 2019 i membri della setta in Germania ne hanno celebrato il centenario.[19] Quindi questa occasione ha mostrato membri di una setta antitedesca sottoposti a lavaggio del cervello nella Germania di oggi che onorano i membri di una setta antitedesca che sono stati uccisi per essere membri di una setta un secolo fa. Pazzesco! È inaccettabile che ciò sia permesso.

Nonostante gli sforzi dei Freikorps, l'infezione marxista avrebbe finito per prendere piede in Germania, contribuendo a creare un luogo diviso e caotico. Questa situazione prevalse fino a quando questo tizio chiamato "Adolf Hitler" e il partito NSDAP presero il controllo del Paese, che erano (nonostante le

---

[15] «Freikorps».https://www.studysmarter.co.uk/explanations/history/democracy-and-dictatorship-in-germany/freikorps/

[16] https://www.britannica.com/biography/Rosa-Luxemburg

[17] Luxemburg, R. «L'ordine prevale a Berlino», gennaio 1919. https://www.marxists.org/archive/luxemburg/1919/01/14.htm

[18] https://www.britannica.com/biography/Karl-Liebknecht

[19] Connolly e LeBlond, «La Germania ricorda Rosa Luxemburg 100 anni dopo il suo assassinio», 15 gennaio 2019. https://www.theguardian.com/world/2019/jan/15/germans-take-to-the-streets-to-celebrate-rosa-luxemburg-karl-liebknecht-berlin

argomentazioni fuorvianti del contrario) fermamente e brutalmente anti-marxisti.

Anche loro utilizzarono gruppi organizzati e repressioni violente per negare il potere alla setta, infliggendole la seconda grande sconfitta del periodo. Come in Italia, un gruppo rivale ha impedito loro di prendere il controllo di un Paese.

La guerra civile "spagnola"

"Una cosa di cui sono sicuro, e a cui posso rispondere sinceramente, è che qualunque siano le contingenze che possono sorgere qui, ovunque io sia non ci sarà il comunismo".[20]

Il Generalissimo Francisco Franco, in discussione con Niceto Alcalá-Zamora (1938)

Ecco una lezione molto importante sul tema dell'infezione nazionale, che fornisce un esempio precoce e drammatico. A differenza delle infezioni in Italia e in Germania, ciò che è accaduto in Spagna ci mostra le conseguenze catastrofiche che derivano dal permettere alla setta di stabilire un comodo punto d'appoggio nell'establishment politico. È per questo che è necessario affrontarli prima, altrimenti si infiltreranno subito e non sarà possibile tirarli fuori senza una lotta sanguinosa.

La setta raccolse un impulso politico grazie alla nuova situazione democratica creatasi in quel paese durante gli anni dell'instabilità degli anni Venti, il cui culmine fu l'istituzione della Seconda Repubblica spagnola nel 1931. Questo periodo fu essenzialmente una lotta tra nazionalismo e marxismo, durante la quale la setta commise crimini contro i suoi nemici "fascisti" (tra cui il clero e i proletari non marxisti); inoltre, come è prevedibile, cercò di mettere in ginocchio il Paese in tutti i modi possibili quando non aveva il controllo (proteste, scioperi, ecc.). Ovviamente, gli spagnoli nazionalisti, religiosi e non indottrinati li volevano fuori. Con altre elezioni e la conseguente spinta nazionalista, gli eventi che seguirono crearono un conflitto orribile.[21] [22]

Questi eventi culminarono naturalmente nella brutale e sanguinosa guerra civile spagnola (1936-1939). I membri della setta ("volontari") arrivarono da tutto il mondo per aiutare la "rivoluzione", con un significativo sostegno da parte del regime di Stalin in Russia. La guerra comportò l'uccisione di migliaia di sacerdoti e suore cattolici, che furono costretti a prendere le armi. Con la

---

[20] Franco, F., in un colloquio con Niceto Alcalá-Zamora, citato in Francisco Franco: i tempi e l'uomo (1938) di Joaquin Arraras, pag. 159. https://libquotes.com/francisco-franco/quote/lbi7y5y

[21] https://www.britannica.com/place/Spain/Primo-de-Rivera-1923-30-and-the-Second-Republic-1931-36

[22] «Terrore rosso Spagna«. https://academic-accelerator.com/encyclopedia/red-terror-spain

vittoria della Spagna nazionalista alla fine del conflitto (grazie anche al supporto logistico della Germania di Hitler), il generale Francisco Franco (1892-1975) emerse come dittatore.[23]

Mi piace chiamarla "guerra civile spagnola", perché chiamarla "guerra civile spagnola" è una distorsione della verità. Si trattò di un conflitto tra spagnoli sani di mente e folli traditori e invasori marxisti sottoposti a lavaggio del cervello. Solo una parte del conflitto era veramente spagnola, quindi non era una guerra civile. Questa è la natura di tutti i conflitti di questo tipo: dividere le popolazioni dei Paesi infetti tra coloro che sono indottrinati e coloro che non lo sono.

Il generale Franco incolpò il comunismo e la massoneria per quanto accaduto alla Spagna (ed entrambi sono collegati, come detto). In un articolo del dicembre 1946 su *Arriba* scrisse: "L'intero segreto delle campagne scatenate contro la Spagna può essere spiegato in due parole: Massoneria e comunismo... dobbiamo estirpare questi due mali dalla nostra terra".[24]

Nel settembre 1945, in un discorso a un gruppo falangista a Madrid, disse: "Abbiamo fatto a pezzi il materialismo marxista e abbiamo disorientato la massoneria. Abbiamo ostacolato le macchinazioni sataniche del superstato massonico clandestino. Nonostante il suo controllo della stampa mondiale e di numerosi politici internazionali. La lotta della Spagna è una Crociata; come soldati di Dio portiamo con noi l'evangelizzazione del mondo!".[25] Dovremmo chiamarlo "Generale 'teorico della cospirazione' Franco"? O "Franky teorico della cospirazione"?

La Spagna di Franco era avidamente anticomunista e non diede tregua alla setta fino alla sua morte nel 1975, reprimendola con arresti, interrogatori, torture ed esecuzioni. Possiamo vedere come tali regimi attirino l'eterna ira della setta. Il Generalissimo ha dato loro la terza grande sconfitta dell'epoca, questa volta sulla scena mondiale, nonostante abbia affrontato il peso della comunità marxista internazionalista. Nel 1977, due anni dopo la morte di Franco, fu revocato il bando del Partito Comunista di Spagna.

Il "fascismo" come altra forma di marxismo

Per riprendere il discorso fatto in precedenza, no, il cosiddetto "fascismo" (e i vari regimi a cui è stato dato questo nome) non erano variazioni del marxismo.

---

[23] https://www.britannica.com/event/Spanish-Civil-War

[24] Franco, F., Scrivendo con lo pseudonimo di Jakin Boor nella rivista *Arriba* in un articolo, «Massoneria e comunismo» (14 dicembre 1946), come citato in *Franco: A Biography* by Juan Pablo Fusi Aizpurú?, P. 71. https://libquotes.com/francisco-franco/quote/lbs2d0t

[25] Franco, F., Discorso alla sezione femminile della Falange a Madrid (11 settembre 1945). https://libquotes.com/francisco-franco/quote/lbp4a9v

In generale, i regimi "fascisti" erano collettivisti, certo, ma non erano uguali al culto a livello ideologico. Inoltre, esistevano diverse varianti di quelli che vengono definiti movimenti "fascisti", e i regimi di Mussolini, Hitler, Franco, Salazar (Portogallo), Pinochet (Cile) ecc. erano diversi tra loro.

In effetti, usare il termine "fascista" in tutti i casi è un po' un termine improprio. Tutti avevano alleanze con la Chiesa cattolica romana, il principale nemico organizzativo della setta nel corso della storia, ed erano prevalentemente cristiani. Erano tutti orientati a mantenere intatti i propri Paesi e a non far parte di un collettivo internazionalista che erode l'identità nazionale (come invece fa il culto). E, cosa più importante, erano tutti anti-marxisti.

Italia

Il movimento fascista in Italia aveva come obiettivo l'elevazione dell'intera nazione, non solo specificamente della classe operaia/proletaria (come nel socialismo marxiano). A differenza del culto, non era anti-capitalistico, ma cercava di metterlo sotto controllo al servizio della nazione. Gli scioperi dei lavoratori non erano permessi dal regime (poiché sono usati come forma di ricatto economico anticapitalistico). Abbiamo già esaminato l'assoluta stupidità di demonizzare e attaccare la ricchezza e i ricchi come fa il culto, quindi queste posizioni erano molto più razionali e non creavano divisione di classe.

Mussolini diede la definizione definitiva di fascismo ne *La dottrina del fascismo* (1932). Il fascismo rifiutava il liberalismo classico, che poneva maggiore enfasi sull'individuo: "La concezione fascista della vita, anti-individualistica, sottolinea l'importanza dello Stato e accetta l'individuo solo nella misura in cui i suoi interessi coincidono con quelli dello Stato. Si oppone al liberalismo classico... Il liberalismo negava lo Stato in nome dell'individuo; il fascismo lo riafferma".

Ovviamente, questo sarebbe sensato solo se lo Stato fosse etico; cosa che noi, nella moderna società occidentale, facciamo fatica a immaginare.[26] Il fascismo era inteso come un compromesso tra il forte potere dello Stato e la sovranità individuale, per riportare le cose essenzialmente in equilibrio, dato che il liberalismo classico ovviamente non ha fatto/fa nulla per fermare il marxismo (a differenza del fascismo, che è stato creato per fermarlo).

Come scrisse Mussolini, il fascismo "non vede solo l'individuo, ma la nazione e il Paese; individui e generazioni legati da una legge morale".[27] Riconosceva

---

[26] Mussolini, B., La dottrina del fascismo Benito Mussolini (1932), pag. 3.

https://ia600800.us.archive.org/14/items/TheDoctrineOfFascismByBenitoMussolini/The Dottrina del fascismo di Benito Mussolini.pdf

[27] Ibid. P. 2.

anche l'edonismo superficiale, parlando di "soppressione dell'istinto di vita chiuso in un breve cerchio di piacere".[28]

Si opponeva a "tutte le utopie e le innovazioni giacobine... rifiuta quindi l'idea che in un momento futuro la famiglia umana possa trovare una soluzione definitiva a tutte le sue difficoltà". [29] Il fascismo non credeva nell'idea dell'utopia marxiana, in cui tutti si tengono per mano e cantano insieme "Kumbaya" in solidarietà in tutto il mondo, e questa è un'altra grande differenza.

Inoltre non era d'accordo con il socialismo (sottolineatura per enfasi): "Nessun individuo o gruppo (partiti politici, associazioni culturali, sindacati economici, classi sociali) (esiste) al di fuori dello Stato. Il fascismo si oppone quindi al socialismo che non conosce l'unità all'interno dello Stato (che amalgama le classi in un'unica realtà economica ed etica) e che non vede nella storia altro che la lotta di classe. Il fascismo si oppone anche al sindacalismo come arma di classe. Ma quando è portato nell'orbita dello Stato, il fascismo riconosce le esigenze reali che hanno dato origine al socialismo e al sindacalismo, dando loro il giusto peso nel sistema corporativo o corporativo in cui gli interessi divergenti sono coordinati e armonizzati nell'unità dello Stato".[30]

Quindi non solo il fascismo è diverso dal culto/ideologia, ma mira a batterlo al suo stesso gioco di miglioramento della società (che i membri del culto credono falsamente essere la sua raison d'etre). Questo è un altro grande motivo per cui il culto/ideologia è storicamente ostile al fascismo e lo considera un acerrimo rivale.

Come ultima osservazione sul fascismo italiano, anche a questo punto è facile capire da dove derivi l'odio della setta/ideologia per il suo rivale, dal momento che il fascismo si è opposto o ha superato il marxismo. E ai mocciosi non piace quando non ottengono la loro strada (o non ottengono l'attenzione che desiderano).

Germania

"Il comunismo non è socialismo. Il marxismo non è socialismo. I marxiani hanno rubato il termine e ne hanno confuso il significato. Io toglierò il socialismo ai socialisti... Il marxismo non ha il diritto di travestirsi da socialismo. A differenza del marxismo, non comporta la negazione della personalità e, a differenza del marxismo, è patriottico. Abbiamo scelto di chiamarci Nazionalsocialisti. Non siamo internazionalisti. Il nostro socialismo

---

[28] Ibid. P. 2.

[29] Ibid. P. 3.

[30] Ibid. P. 3.

è nazionale".[31]

Adolf Hitler, intervista con George Sylvester Viereck, Monaco, 1923

Naturalmente, alcuni pensano anche che il nazionalsocialismo tedesco fosse solo un'altra forma di marxismo; senza dubbio in parte a causa della parola "socialista" nel nome scelto.

La Germania di Hitler - il "Terzo Reich" - era uno Stato autoritario, ovviamente. Sì, c'era un controllo virtuale dello Stato sui mezzi di produzione in molti casi in tutta l'industria (con una forte supervisione in altri), ma il loro metodo di fare ciò ebbe un grande successo (a differenza del culto); la Germania si trasformò in una potenza economica. È vero che il regime era forse il più anticapitalistico nella sua retorica (rispetto ad altri regimi "fascisti"), ma non nel modo in cui lo è il culto marxista; questo era in parte dovuto al fatto che il sistema "capitalista" internazionalista non era stato gentile con loro (ad esempio, i debiti della prima guerra mondiale, che hanno distrutto la nazione, imposti dal Trattato di Versailles nel 1919).[32] In sostanza, non erano così stupidi da distruggere il proprio potenziale/potere economico (come fa la setta con il suo socialismo), soprattutto perché la Germania era fallita dopo la Prima Guerra Mondiale. Poiché ponevano una forte enfasi sul fatto che la Germania fosse etnicamente tedesca, sono stati definiti "ultranazionalisti" - un'altra differenza tra loro e la setta. (considerando che il culto spinge fanaticamente per l'apertura delle frontiere e l'immigrazione di massa al giorno d'oggi, è logico che li considerino ultranazionalisti razzisti, suprematisti bianchi, ecc.)

Inoltre, il regime nazionalsocialista era anche un convinto promotore e difensore della cultura tedesca, come ritorsione alla contaminazione/desacrazione del culto durante la Repubblica di Weimar (gli anni "pre-nazisti"). L'elenco (di differenze) continua...

Signor Hitler

Cerchiamo di ottenere qualche parola dalla bocca del cavallo per chiarire questi aspetti. Forse avete sentito parlare di questo personaggio? Ampiamente considerato l'uomo più malvagio della storia, soprattutto dai membri delle sette, Adolf Hitler (1889-1945) è stato il leader della Germania nazionalsocialista dal 1933 fino alla sua morte, avvenuta alla fine della Seconda Guerra Mondiale.[33] Ecco un estratto da un eccellente libro dello scrittore americano

---

[31] Hitler, A., intervista di George Sylvester Viereck *The American Monthly* (1923).

https://famous-trials.com/hitler/2529-1923-interview-with-adolf-hitler

[32] «Trattato di Versailles«. https://www.britannica.com/event/Treaty-of-Versailles-1919

[33] «Adolf Hitler - dittatore della Germania«.
https://www.britannica.com/biography/Adolf-Hitler/Rise-to-power

Benton L. Bradberry intitolato *The Myth of Germany Villany* (2008):

"Hitler disse questo sul significato di "socialismo" per la Germania, come riportato in un articolo del "Guardian, Sunday Express" del 28 dicembre 1938: "'Socialista' lo definisco dalla parola 'sociale' che significa principalmente 'equità sociale'. Un socialista è colui che serve il bene comune senza rinunciare alla propria individualità o personalità o al prodotto della propria efficienza personale. Il termine "socialista" da noi adottato non ha nulla a che vedere con il socialismo marxiano. Il marxismo è anti-proprietà, il vero socialismo no. Il marxismo non attribuisce alcun valore all'individuo, allo sforzo individuale o all'efficienza; il vero socialismo valorizza l'individuo e lo incoraggia all'efficienza individuale, sostenendo allo stesso tempo che i suoi interessi come individuo devono essere in consonanza con quelli della comunità... Mi si accusa di essere contro la proprietà, di essere ateo. Entrambe le accuse sono false".[34] Sono certo che il lettore può notare le analogie con il regime fascista in Italia. In effetti, Hitler si ispirò ai successi di Mussolini.

"... il parassita del mondo marxista...".

Ecco le parole profetiche di Hitler sulla democrazia e sul marxismo, tratte dal suo libro *Mein Kampf* del 1925*:* "La democrazia, come viene praticata oggi in Europa occidentale, è il precursore del marxismo. Infatti, il secondo non sarebbe concepibile senza il primo. La democrazia è il terreno di coltura in cui possono crescere e diffondersi i bacilli del parassita mondiale marxista".[35] (Una rapida ricerca in un lettore PDF conferma che il libro era pieno di vetriolo nei confronti della setta/ideologia; una verità importante non sottolineata nelle narrazioni ufficiali, politicamente corrette/marxiste).

Se vi siete mai chiesti perché alcuni popoli nella storia erano così "pazzi" da sostenere i dittatori nazionalisti, ecco perché un sistema democratico permette al culto di ottenere il potere politico. Naturalmente, il culto parla di "democrazia" solo quando non è al posto di guida, allora si tratta di marxismo totalitario (cosa che i non indottrinati in tutto l'Occidente stanno scoprendo in questi giorni).

Il 10 febbraio 1933, durante il suo primo discorso da cancelliere tedesco allo Sportpalast di Berlino, Hitler dichiarò: "In quel momento, la lotta contro il marxismo fu, per la prima volta, dichiarata un obiettivo di battaglia. Fu allora che feci per la prima volta il voto, come individuo sconosciuto, di iniziare questa guerra e di non riposare fino a quando questo fenomeno non fosse stato definitivamente sradicato dalla vita tedesca".[36] È interessante notare che gli

---

[34] Bradberry. B., *Il mito della cattiveria tedesca* (2008), p. 148.

[35] Hitler, A., *Mein Kampf* (1925), p. 71.

[36] Hitler, A., «Proclama alla nazione tedesca», Sportpalast, Berlino, 10 febbraio 1933.

striscioni nazisti presenti a questo evento recitavano "Mach deutschland uom marxismus frei" ("rendete la Germania libera dal marxismo") e "Der marxismus mub sterben domit die nation wieder oufer" ("il marxismo deve morire e la nazione risorgerà").[37] Il discorso è disponibile su Bitchute ("Adolf Hitler's First Speech") e alcuni estratti sono stati inseriti in diversi documentari di Netflix.

Da pagina 149 de "Il mito della malvagità tedesca" (leggermente modificata): "In un articolo apparso sul giornale nazista "Volkischer Beobachter" l'11 maggio 1933, poco dopo essere diventato Cancelliere, Hitler scrisse: "Per quattordici o quindici anni ho continuamente proclamato alla nazione tedesca che considero mio compito, di fronte ai posteri, distruggere il marxismo, e questo è un giuramento solenne che seguirò finché vivrò... Noi vediamo nel marxismo il nemico del nostro popolo che sradicheremo e distruggeremo senza pietà... Il comunismo è il precursore della morte, della distruzione nazionale e dell'estinzione. Ci siamo schierati contro di esso e lo combatteremo fino alla morte".[38] Hitler mantenne la sua promessa nel giugno 1941, quando l'esercito tedesco eseguì l'Operazione Barbarossa, il tentativo fallito di annientare l'Unione Sovietica.[39] Quel tentativo di distruggere la patria del comunismo internazionale sarebbe stato l'inizio della fine per il Terzo Reich, che non avrebbe mai più avuto un vantaggio nella Seconda Guerra Mondiale. Il risultato, purtroppo, fu che l'Unione Sovietica sarebbe sopravvissuta come principale punto di contagio del culto/ideologia nel mondo (un altro fatto importante che non viene compreso da tutti).

I successi ottenuti dall'Italia e dalla Germania sotto questi regimi "fascisti" e il fatto che i leader di entrambi i Paesi fossero molto rispettati prima della Seconda Guerra Mondiale (insieme alla loro brutale repressione dei membri delle sette), sono stati certamente fattori importanti per evocare l'odio eterno della setta. I famosi campi di concentramento della Seconda Guerra Mondiale erano pieni di membri delle sette, cosa che spesso viene trascurata. Questo è il motivo per cui furono costruiti all'inizio: ospitare tutti i nemici dello Stato.

L'odio che questi regimi "fascisti" nutrivano per la setta/ideologia ci aiuta anche a capire la portata del problema con cui abbiamo a che fare oggi, poiché ci mostra quanto fosse fastidioso e irritante già a quei tempi. Il mondo ha avuto a che fare con questi disturbatori in gran parte dalla fine della Prima Guerra Mondiale, eppure oggi, a un quarto del XXI secolo, molti non sono nemmeno pienamente consapevoli del problema, per non parlare del suo significato!

---

http://www.emersonkent.com/speeches/proclamation_to_the_german_nation.htm

[37] «Il primo discorso di Adolf Hitler come cancelliere del Reich«.
https://www.bitchute.com/video/IKpfU2NBnoWc/

[38] Bradberry. B., *Il mito della cattiveria tedesca* (2008), pag. 149.

[39] https://www.britannica.com/event/Operation-Barbarossa

Questo è oltremodo inquietante!

Inoltre, le opinioni confuse che confondono i regimi "fascisti" con la setta hanno contribuito a nascondere il fatto che erano acerrimi nemici, che la setta/ideologia era problematica e odiata anche all'epoca e che questo conflitto con il marxismo ha imperversato costantemente dalla Rivoluzione russa del 1917.

Pinochet

Notevole antimarxista in Sudamerica, Augusto Pinochet (1915-2006) è stato un militare che ha preso il controllo del Cile dopo che questo si era gravemente infettato. Il suo regno iniziò con un colpo di Stato militare contro l'establishment marxista nel 1973. In una conferenza stampa dell'11 settembre di quell'anno dichiarò: "Le forze armate hanno agito oggi unicamente per l'ispirazione patriottica di salvare il Paese dal tremendo caos in cui lo stava facendo precipitare il governo marxista di Salvador Allende".[40]

Il suo regno, durato diciassette anni, fu particolarmente brutale e ricorda la Spagna di Franco. Si impegnò in violenze sistematiche e diffuse, torture ed esecuzioni di membri delle sette. A un certo punto, durante l'Operazione Condor (la già citata epurazione transfrontaliera dei membri delle sette sostenuta dalla CIA), Pinochet e gli alleati "di destra" utilizzarono i "voli della morte": i membri delle sette venivano imbarcati su aerei e scaricati - in alcuni casi ancora vivi - in un corpo idrico o sulle montagne delle Ande.[41]

Ha fatto diverse dichiarazioni sull'epurazione, tra cui: "Abbiamo praticamente ripulito questa nazione dai marxisti", e "Roma tagliava le teste dei cristiani e questi continuavano a riapparire in un modo o nell'altro. Qualcosa di simile accade con i marxisti".[42] [43] In una dichiarazione dell'8 novembre 1998 ha affermato che: "Ho ben chiaro in mente che il ritorno in Cile della vera democrazia, e da questa la vera libertà a cui tutti gli individui hanno diritto, non si sarebbe potuto ottenere senza la rimozione del governo marxista".[44]

Prevedibilmente, la percezione che Pinochet fosse un mostro è stata coltivata

---

[40] Pinochet, A., Conferenza stampa (11 settembre 1973, YouTube.com).
https://libquotes.com/augusto-pinochet/quote/lbs2j2o

[41] «Voli della morte«. https://academic-accelerator.com/encyclopedia/death-flights

[42] Pinochet, A., Discorso (23 febbraio 1988), citato in «Las frases para el bronce de Pinochet». https://libquotes.com/augusto-pinochet/quote/lbu2d0v

[43] Pinochet, A., Discorso (10 novembre 1995), citato in «Las frases para el bronce de Pinochet». https://libquotes.com/augusto-pinochet/quote/lbg5e9a

[44] Pinochet, A., Dichiarazione, 08 novembre 1998.
https://www.azquotes.com/quote/1096354

dalla setta durante e dopo il suo regno.[45] Questo è fatto per la sopravvivenza stessa del culto. È necessario per loro spargere costantemente odio per i loro nemici storici, per evitare che il resto di noi possa intraprendere un'azione brutale simile contro di loro.

Quindi, d'ora in poi, ogni volta che li sentiremo parlare di "soppressione della libertà di parola", di "diritti umani", di "fascismo", di "autoritarismo" e di "dittature", ecc. Vogliono continuare a essere folli membri di una setta e quindi a distruggere l'umanità senza opporsi, senza alcun tipo di punizione.

Le guerre mondiali come strumento di propaganda

Il periodo della Seconda Guerra Mondiale è stato trasformato in uno strumento di propaganda molto efficace, che aiuta notevolmente il culto/ideologia. La costante enfasi/rimprovero su quel periodo - e sulla Germania di Hitler in particolare - ha alcuni scopi: nasconde i crimini del culto per tutto il 20 secolo, distogliendo l'attenzione da esso, e aiuta ad associare qualsiasi idea di genuina sovranità nazionale, nazionalismo o patriottismo ad atti malvagi. Rafforza l'idea che "se non sei marxista, sei malvagio!" (da qui l'etichettatura dei nazionalisti antiglobalisti come "feccia nazista").

È possibile che gli internazionalisti globalisti non vogliano che il grande pubblico conosca la verità nascosta e anti-marxista sui regimi "fascisti" del XX secolo, perché potrebbe potenzialmente essere un'enorme spinta morale per i patrioti nazionalisti di tutto il mondo di oggi?

Inoltre, creerebbe un'enorme rabbia nei confronti dei bugiardi e degli pseudo-intellettuali che non hanno informato il grande pubblico di questa verità, per ignoranza, ristrettezza di vedute, indottrinamento o vero e proprio inganno.

---

[45] https://en.wikipedia.org/wiki/Augusto_Pinochet

Sezione XIII-Epilogo: Un'apocalisse zombie

"Zombie di tutto il mondo unitevi! Non abbiamo nulla da mangiare se non i vostri cervelli!".

Marl Karx

"Hai il rosso addosso"[1]

Shaun of the Dead, 2004

Una guerra mondiale di zombie rossi

I film sugli zombie sono una grande analogia per la nostra attuale situazione globale, e ce ne sono stati molti nel corso dei decenni. Li vedo come una profezia, una prefigurazione apocalittica. Nel mondo di oggi, ci sono alcuni che sono infetti e altri che non lo sono, proprio come in quei film. Gli zombie non sono veramente vivi, ma sono un po' vivi - ci sono segni di vita - proprio come i membri di una setta. Non sono uguali a coloro che non sono infetti, ovviamente, in termini di coscienza (come sottolineato in precedenza; quanto una persona è veramente presente/consapevole/intelligente). Gli zombie possono infettare gli altri, "trasformandoli" quando entrano in contatto (tramite il tocco, il morso, ecc. a seconda del film); in modo simile a come i membri della setta "infetti", sottoposti a lavaggio del cervello, influenzano/contaminano le loro "vittime" - gli ingenui e i non ancora infetti. Possono usare la violenza contro i loro nemici o istigare altri alla violenza, ma la maggior parte delle volte non è forse psicologica? Cercheranno di prosciugare la vostra energia mentale, il vostro entusiasmo e il vostro morale. Mangiando essenzialmente la vostra mente.

Siamo tutti in una guerra mondiale ideologica, psicologica e spirituale contro un esercito globale di "persone" zombie a cui è stato fatto il lavaggio del cervello. L'immagine degli infetti che mangiano il cervello dei non infetti è simbolica: è il "divoramento" della coscienza umana da parte di un comportamento simile a quello degli zombie. Quando si vede il mondo in termini di indottrinamento e mancanza di coscienza, questi film assumono un significato completamente nuovo. Gli zombie sono stupidi e mancano

---

[1] «You've Got Red on You», *Shaun of the Dead* (2004)

https://www.YouTube.com/watch?v=T1GYsCMCLpo

essenzialmente di qualcosa, per questo mangiano il cervello: hanno bisogno del tuo perché non ne hanno.

Chiamateli membri di una setta marxista

È ora che tutti noi riconosciamo e diciamo la verità, in massa. In generale, come società, non siamo abbastanza onesti e diretti con loro riguardo all'appartenenza al culto. È un problema che tutti noi dobbiamo affrontare personalmente nella nostra vita, se abbiamo la costituzione per farlo. Potremmo dover essere diretti, persino brutalmente onesti. Non è il momento di preoccuparsi di essere "educati" e di risparmiare i sentimenti delle persone! Non c'è nulla di nobile nell'essere "gentili" se così facendo si accelera il crollo del mondo che ci circonda; non avete il diritto di rivendicare tale status in questo caso.

Dobbiamo tutti iniziare a confrontarci con gli indottrinati/indovinati, dicendo loro che quello che stanno facendo è sbagliato e perché lo stanno facendo. Bisogna dire loro che sono anche ipocriti, perché spesso "opprimono" il resto di noi mentre si comportano da gloriosi rivoluzionari (presumendo di agire in modo anti-oppressione). In molti casi, non dovremmo fare questo e poi aspettarci risultati positivi nella persona con cui abbiamo a che fare. Non necessariamente per convincere o "de-cervellare", no, perché questo è inutile in molti casi.

Piuttosto, dovremmo confrontarci per principio. Chi è in grado di "uscirne" lo farà; chi non lo è ci dimostra di essere al di là della redenzione, il che ci aiuta a tracciare una linea nella sabbia (spesso li respinge anche a vostro vantaggio). Lo faremo anche per creare pressione sociale, per reprimere e umiliare e per rendere socialmente scomodo essere apertamente un membro di una setta, per togliere al movimento l'ossigeno sociale della setta. Questa sarà la grande sfida dell'era moderna; anzi, la più grande sfida che l'umanità abbia mai affrontato...

Consigli ai genitori: mantenere i bambini immuni

"Se il vostro cuore rimane puro e batte in modo puramente umano, e nessuno spirito demoniaco è in grado di allontanare il vostro cuore dai sentimenti più sottili, solo allora troverei la felicità che per molti anni ho sognato di trovare attraverso di voi; altrimenti vedrei andare in rovina lo scopo più bello della mia vita".[2]

Una lettera del 1837 di Heinrich Marx al figlio posseduto dal demonio, che era già troppo avanti...

Questo consiglio vale solo per i genitori che non sono stati contaminati, ovviamente. Diffidate di chiunque lavori con o per conto dello Stato! In

---

[2] Marxists.org, «Lettera di Heinrich Marx al figlio Karl», 1837

https://marxists.architexturez.net/archive/marx/letters/papa/1837-fl2.htm

particolare, fate attenzione a chi ha un ruolo "educativo" o di influenza. È molto probabile che abbiano ricevuto un'educazione marxista contaminata e che la trasmettano ai vostri figli. Purtroppo i genitori devono anche tenere d'occhio chiunque altro possa influenzare i loro figli. Questo può venire da amici, parenti, colleghi di lavoro, compagni di squadra nello sport, ecc. e non dimentichiamo le influenze dei media, dell'intrattenimento e dei social media! Il vostro lavoro è fatto per voi...

È una tragedia quando un genitore perde il proprio figlio a causa del lavaggio del cervello marxista (a meno che non sia già indottrinato). Questa schifosa ideologia provoca persino la divisione all'interno delle famiglie. Quindi, i genitori devono essere vigili e proteggere i loro figli dalla setta/ideologia, oltre a tutte le consuete e basilari responsabilità genitoriali come: fornire cibo, riparo, vestiti, protezione, e le altre responsabilità (in molti casi non fornite) come insegnare loro l'amore, la salute, la disciplina, la fiducia, la pazienza, l'umiltà, ecc. Questo è davvero un ambiente di merda in cui crescere un bambino per tante ragioni, ma tuttavia dobbiamo essere vigili e queste cose devono essere fatte. Il panorama è molto più tossico e probabilmente più complesso che mai, ma mantenere i bambini immuni è essenziale o il futuro è perduto...

Qualsiasi genitore razionale e sano di mente proteggerebbe i propri figli da un aggressore, da un pedofilo o da chiunque altro voglia far loro del male. I genitori responsabili devono iniziare a considerare in questo modo i membri delle sette marxiste, o chiunque possano sospettare di esserlo, compresi: insegnanti e professori a tutti i livelli; impiegati statali; organizzatori di comunità; assistenti sociali, ecc. Il sospetto, in questo caso, è molto utile. Tutti devono essere controllati per l'indottrinamento marxista prima di poter entrare in contatto con i giovani.

Naturalmente, come già detto, una persona (genitore o meno) deve comprendere a sufficienza l'ideologia/culto per poter identificare chi è membro di una setta e chi no! Quindi, oltre a tutte le altre responsabilità del genitore menzionate sopra, deve dedicare un po' di tempo allo studio e alla comprensione di questo argomento.

Un libro come questo è un punto di partenza ideale. Il mio desiderio è che i genitori si armino di queste conoscenze, per poter giudicare bene con chi interagiscono i loro figli e a quali informazioni sono esposti. Considerate questa conoscenza/formazione un saggio investimento; un "upgrade" della vostra personalità per il bene dei nostri figli.

In un vecchio documentario (non ricordo il nome) su ciò che è accaduto in Cambogia con Pol Pot e i suoi compagni di setta dei Khmer Rossi, una donna ha detto di aver cresciuto bene suo figlio, che però è andato a lavorare per Pol Pot; sono riusciti comunque a indottrinarlo. Questo solleva una questione: molti genitori in passato non erano in grado di prepararsi a questo, perché non erano a conoscenza della minaccia marxista. Certo, ci sono molti genitori che hanno educato i loro figli "bene", ma senza essere consapevoli dell'ideologia e del rischio di indottrinamento, i loro figli possono ancora caderne vittime. Questa è la tragedia della situazione, purtroppo. Pertanto, non possiamo essere troppo vigili.

C'è un predatore là fuori nel mondo, un predatore nascosto, complesso, psicologico, che può pregare su chiunque, ma i giovani sono particolarmente a rischio. Dobbiamo perdonare i genitori ben intenzionati del passato per non essere stati in grado di vedere questo fenomeno. È difficile per la gente comune accorgersi dell'esistenza di questo mostro nel nostro mondo, per non parlare della capacità di galvanizzare i propri figli contro di esso. Detto questo, è importante che questo messaggio raggiunga il maggior numero possibile di genitori, in modo che nessuno possa affermare di non essere stato informato. Dobbiamo tutti fare in modo che questa non sia una scusa accettabile.

Le recensioni degli zombie

Naturalmente, alcuni riconosceranno il valore di questo lavoro. Molti non lo faranno o cercheranno attivamente di offuscarlo, proteggendo così il culto/ideologia (intenzionalmente o meno). In questo modo, l'impatto del libro può essere soppresso. Più fervente è l'impatto previsto, maggiore sarà l'attacco soppressivo da parte dei membri del culto. Naturalmente, si ricorrerà alle solite critiche, e ci saranno le prevedibili recensioni su varie piattaforme marxiste (siti web, giornali, spettacoli, podcast, ecc.). Metteranno in evidenza qualsiasi tipo di debolezza percepita e la ingigantiranno, oltre a essere meschini nel trovare qualsiasi errore/percezione di errore o a impegnarsi in una presa in giro generale. Cercheranno inutilmente di inventare, scavare, esagerare e ripetere tutto ciò che possono usare sull'autore.

Se questo libro viene discusso attraverso alcuni media (o dovunque si possa vedere una risposta collettiva), noterete i seguenti commenti che sono le solite 'critiche' usate dagli zombie offesi; alcuni sono più apertamente marxisti e altri apparentemente 'neutrali': "Non è questo il marxismo! Non sa nemmeno cosa significhi!"; "Beh, sono d'accordo con lui su alcuni punti, ma non su altri"; "Sta dando la colpa di tutto al marxismo!"; "Sta confondendo il marxismo/socialismo con il comunismo/stalinismo/marxismo-leninismo!"; "Scritto come un vero fascista. 2 stelle"; "Ripete le cose!"; "Ha davvero letto Marx ed Engels?!?"; Parole del tipo "Molti esperti non sono d'accordo con (questo o quel punto) quindi come si può prendere questo libro sul serio"; il libro è "iperbolico" o "teoria della cospirazione senza senso!", o "Ho smesso di leggere dopo pagina (X) a causa di un errore su (Y)" ecc. ecc.

Fanno tutto questo perché, nel profondo, sono arrabbiati. Sono arrabbiati perché loro e la loro (errata) visione del mondo vengono criticati. Questo tipo di veleno meschino può provenire solo da chi non ha una parvenza di spina dorsale, nel profondo. L'elemento infantile è un misto di turbamento, arroganza, pseudo-intellettualismo, ecc. Lo vediamo manifestarsi nel vetriolo:

non c'è capacità di controllare le emozioni. Questo tipo di reazioni al libro dimostra che è corretto, oltre a dimostrare che è importante e necessario.

Se questo tipo di reazioni sono tentativi di sopprimere il libro, allora non potrebbero essere più auto-sabotanti. Ogni volta che i tipi indottrinati ci provano, non fanno altro che esporsi maggiormente per quello che sono. Incoraggiano anche persone come noi a smascherarli ancora di più. La tomba di Karl Marx riporta la grandiosa affermazione "I filosofi hanno solo interpretato il mondo, in vari modi; il punto, tuttavia, è cambiarlo".[3] Certo, solo se lo si può fare in modo positivo. Da questo punto di vista, Marx e il culto marxista sono gli eterni falliti.

Per quanto riguarda coloro che non sono necessariamente indottrinati, ma che ostacolano l'impatto del libro, anche loro sono un problema. Nella società manca la capacità di riconoscere la verità. Spesso l'ego e/o l'eccessivo intellettualismo possono essere d'intralcio, in quanto una persona mette la propria gratificazione personale al di sopra di ciò che è meglio per il gruppo. Questa è una tendenza che il culto/ideologia può sfruttare appieno, poiché vuole questa reazione da/verso i suoi nemici. Ama l'idea che le reazioni a questo libro possano essere divergenti; più divergenti sono, meno le idee del libro sono una minaccia per il culto/ideologia.

Mettiamola così: quando vivremo in una società in cui ciò che è vero e benefico viene trattato con un riconoscimento/supporto collettivo e gli viene dato il rispetto che merita, vivremo in una società in cui si vedranno cambiamenti positivi. Spetta davvero agli individui coinvolti nel discorso pubblico su questo tema avere la maturità, l'intelligenza e il coraggio necessari per mettersi al servizio della verità. Devono mettere da parte tutto il resto - compresi gli intellettualismi egoistici - e portare avanti il messaggio di questo libro in ogni modo possibile, per il bene di tutti .

---

[3] https://en.wikipedia.org/wiki/Tomb_of_Karl_Marx

Altri titoli

OMNIA VERITAS
OMNIA VERITAS LTD PRESENTE:
JOHN COLEMAN
Oltre la COSPIRAZIONE
SMASCHERARE IL GOVERNO MONDIALE INVISIBILE
Tutti i grandi eventi storici sono pianificati in segreto da uomini che si circondano di totale discrezione.
di John Coleman
I gruppi altamente organizzati hanno sempre un vantaggio sui cittadini

OMNIA VERITAS
OMNIA VERITAS LTD PRESENTA:
JOHN COLEMAN
LA DINASTIA ROTHSCHILD
LA DINASTIA ROTHSCHILD
di John Coleman
Gli eventi storici sono spesso causati da una "mano nascosta"...

OMNIA VERITAS
OMNIA VERITAS LTD PRESENTA:
JOHN COLEMAN
L'ISTITUTO TAVISTOCK di RELAZIONI UMANE
L'ISTITUTO TAVISTOCK
di RELAZIONI UMANE
Dare forma al declino morale, spirituale, culturale, politico ed economico degli Stati Uniti d'America
Senza Tavistock, non ci sarebbero state la Prima e la Seconda guerra mondiale...
di John Coleman
I segreti dell'Istituto Tavistock per le relazioni umane

OMNIA VERITAS®
I PORTATORI DI LUCE DELLE TENEBRE
Questo libro è un tentativo di dimostrare, attraverso prove documentali, che le attuali condizioni del mondo sono sotto l'influenza di società mistiche e segrete attraverso le quali il Centro Invisibile cerca di dirigere e dominare le nazioni e il mondo.

OMNIA VERITAS®
LE TRACCE DEL SERPENTE
Un tentativo di rintracciare il culto dell'antico Serpente, il Principio Creativo, il Dio di tutti gli iniziati degli gnostici e dei cabalisti, emanato dagli ebrei ellenizzati di Alessandria.

OMNIA VERITAS®
www.omnia-veritas.com